Demokratie oder Faschismus
Was heute auf dem Spiel steht

Blätter für deutsche
und internationale Politik (Hg.)

Demokratie
oder Faschismus

Was heute auf dem Spiel steht

Edition Blätter
Blätter Verlagsgesellschaft mbH, Berlin

**Blätter für
deutsche und
internationale
Politik**

www.blaetter.de

1. Auflage, Juli 2024

ISBN: 978-3-9821323-3-4
Fotonachweise Titel (v.l.n.r.): Meloni: IMAGO / ZUMA Press,
Orbán: IMAGO / ZUMA Wire, Modi: IMAGO / ZUMA Wire,
Höcke: IMAGO / Christian Ditsch, Trump: IMAGO / USA TODAY
Network, Putin: IMAGO / ZUMA Wire
Druck und Bindung: LOCHER Print + Medien GmbH, Rösrath

III.   DEUTSCHLAND RECHTSAUSSEN

IV.   AMERICA FIRST

VII. GEGENSTRATEGIEN UND GEGENPERSPEKTIVEN

EDITORIAL

E in historischer Untoter ist wiederauferstanden. Der Faschismus kehrt zurück, wenn auch in einer modernisierten Form. Bald 80 Jahre nach Ende des Zweiten Weltkrieges stehen wir erneut vor einer fundamentalen Herausforderung. Längst genügt es nicht mehr, den Aufstieg autoritärer und nationalistischer Kräfte als bloßen Rechtspopulismus zu kritisieren. Denn was zunächst als populistischer Aufmarsch gegen Einwanderung und Eliten daherkam, hat sich längst zu einem grundlegenden Angriff auf die liberale, menschenrechtsbasierte Demokratie ausgewachsen.

Gewiss lassen sich nicht alle Rechtsaußenkräfte schon als offen faschistisch charakterisieren. Gemeinsam ist ihnen aber die Hetze gegen Minderheiten, der Kampf gegen Frauenrechte und gegen wirksamen Klimaschutz, ein aggressiver Nationalismus – und vor allem der Wunsch, die Demokratie nach und nach durch eine Form autoritärer Herrschaft zu ersetzen.

Ein solches Programm überzeugt vielerorts starke Minderheiten, wenn nicht gar Mehrheiten. Diese gesellschaftliche Radikalisierung hat Folgen: Selbst Parteien, die klar aus einer neofaschistischen Tradition kommen, sind heute mancherorts regierungsfähig. Dort, wo sie an die Macht gelangen, schwächen rechtsextreme Parteien systematisch die Kontrollinstanzen des Rechtsstaates: Justiz, Parlament und Medien. Dieser Rechtsruck vollzieht sich in den Kernländern des Westens, aber längst auch weltweit.

Wir erleben Schicksalsjahre der Demokratie, die global auf dem Prüfstand steht: Während Putins inzwischen zumindest faschistoid zu nennendes Russland seinen Angriffskrieg gegen die Ukraine fortsetzt, während in Westeuropa Kräfte mit Wurzeln im historischen Faschismus zu (potenziellen) Regierungsparteien aufsteigen, sind ausgerechnet die völkischen Landesverbände der AfD in Ostdeutschland zur neuen Volkspartei geworden. Und mit einem möglichen Wahlsieg Donald Trumps bei den US-Präsidentschaftswahlen droht nichts weniger als das Ende der amerikanischen Demokratie.

Wie aber kann die Demokratie verteidigt werden und wie sollte ein zeitgemäßer Antifaschismus aussehen? Die „Blätter für deutsche und internationale Politik" widmen sich seit langem kontinuierlich dem globalen Rechtsruck und präsentieren in diesem Band die wichtigsten Texte zur autoritären Gefahr aus den vergangenen Jahren.

Der erste Teil des Buches „Der Rechtsruck und seine Vordenker" beleuchtet die Ausprägungen und ideologischen Orientierungen der gegenwärtigen extremen Rechten. Dabei zeigt sich, dass die Neue Rechte – ungeachtet ihrer eigenen Begriffsschöpfungen – oft eine ganz alte ist und sich stark auf faschistische Intellektuelle des 20. Jahrhunderts wie Julius Evola und Carl Schmitt bezieht. Diese historischen und ideengeschichtlichen Parallelen sind wichtig, wenn es darum geht, ob man diese Kräfte tatsächlich als faschistisch bezeichnen sollte.

Deutlich jünger hingegen sind die ideologischen und politischen Verbindungen der extremen Rechten in gesellschaftliche Milieus, bei denen dies auf den ersten Blick überrascht. In der Coronapandemie haben Impfgegner und Rechtsextreme teilweise Gemeinsamkeiten entdeckt, oft über geteilte Verschwörungserzählungen. Auch zwischen anarchokapitalistischen Staatsverächtern und sozialdarwinistisch orientierten Ultrarechten gibt es markante Berührungspunkte. Davon handelt der zweite Teil „Neue Allianzen: Rechtslibertäre, Querdenker und Rechtsextreme".

Der dritte Teil „Deutschland rechtsaußen" wirft einen vertieften Blick auf die Lage in der Bundesrepublik. Obwohl derzeit erneut vor allem Ostdeutschland im Fokus steht, konnte sich mit der AfD doch erstmals in ganz Deutschland eine Partei rechts der CDU/CSU etablieren. Das hat massive Auswirkungen in vielen gesellschaftlichen Bereichen, von der drohenden Unterwanderung der Justiz bis zur Zunahme rechter, auch terroristischer Gewalt.

Die wohl folgenschwerste Rechtsentwicklung weltweit vollzieht sich derzeit indes in den USA. Das analysiert der vierte Teil „America first" – eine Parole, die Donald Trump popularisiert hat, deren Ursprünge aber bis zu den faschistischen Bewegungen in den USA der Zwischenkriegszeit zurückreichen. Sollte Trump erneut Präsident der Vereinigten Staaten werden, könnte er den demokratischen Institutionen der USA irreparablen Schaden zufügen und das Land in einen offenen Autoritarismus führen.

Das hätte auch global schwerwiegende Folgen, nicht zuletzt für jenen Konflikt, der wie kein anderer Frieden und Demokratie in Europa bedroht: Moskaus Angriffskrieg gegen die Ukraine. Den Hintergründen dieser Aggression widmet sich der fünfte Teil „Putins Russland: Autoritär, anti-westlich, imperial". Ob die Russische Föderation unter den derzeitigen Machthabern schon in einen offenen Faschismus abgeglitten ist, bleibt umstritten. Fest steht aber: Putin übt seine Macht zunehmend aggressiv aus – nach innen wie nach außen.

Damit befindet er sich in einer Reihe weiterer autoritärer Herrscher und Bewegungen weltweit. Diese stehen im Mittelpunkt des sechsten Teils „Die rechte Internationale". Denn die Demokratie wird nicht nur in EU-Ländern wie Italien angegriffen, sondern auch in Brasilien oder Indien. Mehr noch: Zunehmend vernetzen sich rechtsextreme Akteure global, ein wichtiges Bindeglied dabei ist der Anti-Feminismus.

Was aber lässt sich dieser Entwicklung entgegensetzen? Nach Antworten suchen die Beiträge des siebten Teils „Gegenstrategien und Gegenperspektiven" – und finden sie im Kleinen wie im Großen, von der stärkeren Präsenz demokratischer Kräfte auf TikTok über ein AfD-Verbotsverfahren bis hin zur Veränderung der politischen Kultur und einer klaren Abgrenzung gegen rechts.

Alle Beiträge teilen eine grundlegende Erkenntnis: Der Kampf gegen den neu-alten Faschismus ist, allen Rechtsschwenks zum Trotz, noch lange nicht verloren – und das Eintreten für eine humane, friedliebende, demokratische Gesellschaft ist alle Mühen wert. Dieser Reader will, indem er die Krise der Demokratie und den Aufstieg der radikalen Rechten analysiert, einen Beitrag dazu leisten, dieses demokratische Engagement zu stärken.

DIE BEITRÄGE IN KÜRZE

I. DER RECHTSRUCK UND SEINE VORDENKER

Thomas Assheuer: Rechte Systemsprenger: Die Politik mit dem Mythos, S. 23-34

Keine Frage, die Weltlage erzeugt eine verstärkte Nachfrage nach beruhigenden Narrativen. Doch linke Erzählungen werden dabei gegenüber rechten den Kürzeren ziehen, so der langjährige „Zeit"-Redakteur Thomas Assheuer. Denn auf die rechte Mythisierung von Nation und Volk kann die Linke nicht mit eigenen Mythen antworten. Ihr bleibt einzig die Verbesserung der materiellen Lebensbedingungen.

Paul Mason: Das radikal Böse. Die unheimliche Wiederkehr des Faschismus, S. 35-44

Im Angesicht des Faschismus kann niemand neutral bleiben – das ist eine moralische Lehre, die heute wieder erschreckend aktuell geworden ist. Doch gerade der Marxismus hatte dem radikal Bösen, das Europa von Nazideutschland aus mit Grauen überzog, keine widerständige Moral entgegenzusetzen, kritisiert der Publizist Paul Mason. Diesen Fehler müsse die heutige Linke korrigieren. Nur mit einer Theorie des „radikal Bösen" und einer globalen Moralphilosophie lasse sich der Faschismus besiegen.

Berthold Franke: Für einen neuen Faschismusbegriff. Warum wir bei Putin, Orbán und Co. nicht nur von Rechtspopulismus sprechen sollten, S. 45-58

Putin, Orbán, Modi oder Höcke bloß Populisten zu nennen, ist eine Verharmlosung, so der Sozialwissenschaftler Berthold Franke. Er analysiert die Geschichte des F-Wortes und identifiziert strukturelle Ähnlichkeiten des heutigen Rechtspopulismus mit dem Faschismus des 20. Jahrhunderts.

Micha Brumlik: Das alte Denken der neuen Rechten. Mit Heidegger und Evola gegen die offene Gesellschaft, S. 59-70

Rechtes Denken ist in Europa auf dem Vormarsch, wie der Erfolg von nationalistischen Bewegungen und rechtspopulistischen Parteien zeigt. Doch die neue Rechte steht auf einem Fundament alten Denkens, analysiert „Blätter"-Mitherausgeber Micha Brumlik. Als zentrales Merkmal sieht er eine Politisierung des Raumes im Rahmen einer „eurasischen" Ideologie sowie eine Sakralisierung der Politik.

Seyla Benhabib: Konterrevolution gegen den Kosmopolitismus. Der Hass auf Frauen, die Natur und das Andere, S. 71-78

Rechte Ideologen sind ersichtlich auf dem Vormarsch, verkünden dabei aber das Gegenteil: Die angebliche Bedrohung, das sind „die Anderen". Dieses Spiel sollten wir nicht mitspielen, so die Philosophin Seyla Benhabib, denn es favorisiert die misogynen, heldenhaften Führerfiguren. Worauf es daher ankommt, ist eine plurale, linke Gegenstrategie.

Jason Stanley: Anleitung zum Völkermord: Der Mythos vom »Großen Austausch«, S. 79-84

In rechten Kreisen wird zunehmend der Mythos vom „Großen Austausch" populär, der eine Verschwörung gegen die weiße Bevölkerung zugunsten nicht-weißer Migranten behauptet. Der US-Historiker Jason Stanley spürt dem Ursprung des Mythos nach und identifiziert ihn als antidemokratische Legitimationsbasis völkermörderischer Gewalt.

II.   NEUE ALLIANZEN

Quinn Slobodian: Staat ohne Macht. Die Geburt des Anarchokapitalismus aus dem Geist des Rechtsradikalismus, S. 85-97

Mit dem neuen argentinischen Präsidenten Javier Gerardo Milei ist erstmals ein Vertreter des Anarchokapitalismus an der Macht. Die Ideologie hat Anhänger vor allem unter den Superreichen. Der Historiker Quinn Slobodian analysiert diese Denkrichtung und erklärt, was ihre Vordenker im Kern vertreten: die Aufspaltung der Staatenwelt in ethnisch-homogene Zonen.

Carolin Amlinger und Oliver Nachtwey: Libertär und autoritär. Wie das Ich auf Kosten der Gemeinschaft regiert, S. 98-108

Mit den Querdenkern hat der „libertäre Autoritäre" Einzug in den politischen Diskurs gefunden. Die Soziologin Carolin Amlinger und der Soziologe Oliver Nachtwey beschreiben einen Protesttypus, der mit seinem Kampf gegen Solidarität und Regeln letztlich unsere Gesellschaft bedroht.

Markus Linden: Im Bürgerkrieg: Die neuen Querfrontpartisanen, S. 109-118

Mit den Querdenkern hat sich während der Coronapandemie eine Widerstandsbewegung formiert, die den Staat und seine Institutionen rigoros ablehnt. Dieses neue Phänomen ist das Ergebnis einer strategischen Öffnung des Rechtsextremismus, wie der Politikwissenschaftler Markus Linden aufzeigt. Als Leitfigur dient ihnen der individuell agierende Partisan, wie ihn schon Carl Schmitt gedacht hat.

III. DEUTSCHLAND RECHTSAUSSEN

Norbert Frei, Franka Maubach, Christina Morina und Maik Tändler: Viel Neues vom Alten. Die AfD und die langen Linien des bundesdeutschen Rechtsradikalismus, S. 119-126

Lange blieben alle Versuche, eine salonfähige Rechtspartei in Deutschland zu etablieren, ohne Erfolg. Doch mit der AfD hat sich das geändert. Ihr gelang der Spagat zwischen konservativem Bürgertum, verunsicherten Protestwählern und Rechtsradikalen, so die Historiker Norbert Frei, Franka Maubach, Christina Morina und Maik Tändler. Dabei steht sie jedoch ganz in der Tradition der bundesdeutschen radikalen Rechten.

Johannes Hillje: It's the identity, stupid! Wie sich der anhaltende Erfolg der AfD erklären lässt, S. 127-132

Spaltet die Identitätspolitik die Linke?, lautet die gängige Frage. Allzu oft wird dabei übersehen, dass gerade die Rechte erfolgreich über Identitätsfragen mobilisiert, so der Politikwissenschaftler Johannes Hillje. Dann werde das Schnitzel politisch und müsse von „den ganz normalen Deutschen" vor dem Ersatz durch eine vegetarische Alternative geschützt werden.

Sascha Ruppert-Karakas: Die Politik des Zorns. Wie die Vordenker der Neuen Rechten den Umsturz vorbereiten, S. 133-142

Martin Sellner, Frontmann der Identitären Bewegung, und der AfD-Politiker Maximilian Krah gelten als Vordenker der Neuen Rechten. Der Politikwissenschaftler Sascha Ruppert-Karakas analysiert ihre jüngsten Schriften und zeigt auf, wie die beiden Ideologen mittels einer „Metapolitik" die Bedingungen für den rechten Umsturz schaffen wollen.

Markus Linden: Der Aufstieg der Mosaik-Rechten. Negative Öffentlichkeit und die prekäre Zukunft der Demokratie, S. 143-154

Die Neue Rechte setzt auf eine Mischung aus Provokation und Selbstverharmlosung. Ihre Strategie, kulturelle Hegemonie mit Hilfe negativer Gegenöffentlichkeiten zu erlangen, droht aufzugehen, analysiert der Politikwissenschaftler Markus Linden. Nur ein Konzept der positiven Öffentlichkeit könne dem entgegenwirken.

Liane Bednarz: Christen mit Rechtsdrall. Corona oder die Legende von der großen Weltverschwörung, S. 155-166

Mit der Coronapandemie haben sich die schon zuvor massiven Radikalisierungsprozesse in beiden christlichen Konfessionen noch einmal deutlich verschärft, analysiert die Publizistin Liane Bednarz. Hinter dieser Agitation verbirgt sich eine große Verschwörungserzählung: Nach dem „Great Reset" drohe eine „Neue Weltordnung", das Christentum und seine Werte endgültig aufzulösen.

Sören Musyal und Patrick Stegemann: Christchurch, Halle, Hanau: Vom Online-Hass zum rechten Terror, S. 167-178

Der rechte Terroranschlag von Hanau wurzelt im rassistischen Weltbild des Täters. Aber ohne den weit verbreiteten Hass im Netz ist diese Tat nicht zu verstehen. Längst findet Radikalisierung zunehmend online statt, so die Journalisten Patrick Stegemann und Sören Musyal. Der Jargon aus Foren wie *4chan* prägt die Bekennerschreiben der Attentäter von Christchurch und Halle, die sich bewusst an einen Teil der Gamerszene wenden.

Heike Kleffner und Matthias Meisner: Bedrohung von innen. Rechtsextreme in den Sicherheitsbehörden, S. 179-186

Ob beim Nordkreuz-Netzwerk, der Drohserie des NSU 2.0 oder den Umsturzplänen der Reichsbürger: In all diesen Fällen geht es auch um die Beteiligung ehemaliger oder aktiver Staatsbediensteter. Wie groß aber ist die Gefahr rechtsextremer Netzwerke in staatlichen Sicherheitsbehörden tatsächlich? Die Journalisten Matthias Meisner und Heike Kleffner warnen: Die Bedrohung von innen wird systematisch unterschätzt.

Joachim Wagner: Lauter verheerende »Einzelfälle«. Die blinden Flecken der Justiz im Umgang mit AfD-Richtern und -Staatsanwälten, S. 187-194

Diverse Richter und Staatsanwälte sitzen für die AfD im Bundestag oder in Landesparlamenten. Und trotz deren teils eindeutig rechtsradikaler Gesinnung erweist sich die Justiz als zahnlos. Der Jurist und Journalist Joachim Wagner bilanziert das Versagen – von langem Dulden oder Wegschauen über defizitäre Dienstaufsicht bis hin zu viel zu schwachen Sanktionen.

Peter Reif-Spirek: Gefährdete Demokratie oder: Die langen Linien des Thüringer Faschismus, S. 195-202

In Thüringen könnte die AfD bei den Landtagswahlen 2024 zur stärksten Kraft aufsteigen – also ausgerechnet dort, wo sich eine fortschreitende Faschisierung der Partei zeigt. Erklären lässt sich das, so der Sozialwissenschaftler Peter Reif-Spirek, nicht zuletzt mit den langen Linien der Thüringer Geschichte: Schon die NSDAP feierte dort ihren ersten Durchbruch.

Annett Mängel: Folgenloses Erschrecken: Sachsen als Exempel, S. 203-207

Die Bilder der rechten Hetzjagd aus Chemnitz erschütterten 2018 die Bundesrepublik. „Blätter"-Redakteurin Annett Mängel zeigt auf, wie rechtsextreme Netzwerke in Sachsen über Jahrzehnte florieren konnten – ungehindert von der Politik. Soll das Erschrecken von Chemnitz nicht folgenlos bleiben, gilt es jene zu stärken, die sich vor Ort gegen rechts engagieren.

David Begrich: Ostdeutschland: Was nach den Demos kommen muss, S. 208-213

Die bundesweiten Demonstrationen gegen rechts von Anfang 2024 setzten besonders in Ostdeutschland als Hochburg der AfD ein starkes Zeichen. Nun aber müsse aus dem Protest demokratisches Engagement erwachsen, fordert der Theologe David Begrich. Es gelte, die ostdeutsche Zivilgesellschaft zu stärken und die Brandmauer gegen rechts zu verteidigen.

IV.   AMERICA FIRST

Charles King: Der neue Aristopopulismus. Wie US-Konservative die Demokratie beerdigen, S. 215-224

Traditionell waren US-Konservative stets Verfechter der liberalen Demokratie. Nun aber attackieren republikanische Politiker massiv liberale Vorstellungen – und stellen zuweilen selbst die Demokratie infrage. Das hat Methode, argumentiert der Politikwissenschaftler Charles King. Er analysiert die wachsenden autoritären Tendenzen bei den Republikanern.

Steven Levitsky und Daniel Ziblatt: Das Ende der amerikanischen Demokratie? Donald Trump und die Politik der Feindschaft, S. 225-236

Noch nie in ihrer Geschichte war die amerikanische Demokratie so bedroht wie heute. Schuld daran ist aber nicht allein Donald Trump, so die Politikwissenschaftler Steven Levitsky und Daniel Ziblatt. In der extrem polarisierten US-Gesellschaft wächst seit einiger Zeit die Neigung, politische Ziele auch unter Preisgabe elementarer demokratischer Normen durchzusetzen – wie das Beispiel der Republikaner zeigt.

Sarah Churchwell: Der amerikanische Faschismus: Vom Ku-Klux-Klan zu Trump, S. 237-248

Oft heißt es, Donald Trumps Präsidentschaft könne nicht mit den historischen Faschisten verglichen werden. Diese seien ein europäisches Phänomen der Zwischenkriegszeit, Trump hingegen sei durch und durch amerikanisch. Doch diese Sicht ist allzu bequem, warnt die Literaturwissenschaftlerin Sarah Churchwell: Auch die Vereinigten Staaten haben eine lange Tradition faschistischer Organisationen, vom Ku-Klux-Klan bis zu den US-Braun- und Schwarzhemden der 1930er und 1940er Jahre. Und deren Slogans greift Trump heute offen auf – allen voran „America First".

Timothy Snyder: Nach dem Putsch ist vor dem Putsch. Trumps große Lüge und der drohende Faschismus, S. 249-258

Die Besetzung des US-Kapitols durch Trump-Anhänger im Januar 2021 hat weltweit für Entsetzen gesorgt. Donald Trumps große Lüge vom Wahlbetrug könnte das politische Klima in den Vereinigten Staaten nachhaltig vergiften – und einer regelrecht faschistischen Koalition aus rechtem Mob und republikanischen Politikern den Weg ebnen, warnt der Historiker Timothy Snyder.

Ibram X. Kendi: Der amerikanische Albtraum, S. 259-265

Die gewaltsame Tötung des Afroamerikaners George Floyd durch einen weißen Polizisten schockierte 2020 die amerikanische Öffentlichkeit. Doch die Gewalt steht in einer langen Tradition, wie der Historiker Ibram X. Kendi zeigt. Auch nach dem Ende der Sklaverei wird schwarzes Leben permanent abgewertet, leben Afroamerikaner in einem fortwährenden Albtraum, den viele weiße Amerikaner bewusst ignorieren. Um dies zu beenden, müssen sich die Amerikaner entscheiden: für oder gegen den Rassismus.

V.   PUTINS RUSSLAND: AUTORITÄR, ANTI-WESTLICH, IMPERIAL

Oleg Orlow: Sie wollten den Faschismus. Und sie haben ihn bekommen, S. 267-270

Mit dem Ukrainekrieg hat sich das Putinregime auch im Inneren radikalisiert: Es sei nun offen faschistisch, so der inzwischen inhaftierte russische Menschenrechtler Oleg Orlow. Zugleich markiert der Krieg einen kritischen Moment für das Regime: Ein Sieg würde Putins Herrschaft festigen.

Vittorio Hösle: Macht und Expansion. Warum das heutige Russland gefährlicher ist als die Sowjetunion der 1970er Jahre, S. 271-280

Die Annexion der Krim 2014 und die Einflussnahme im Osten der Ukraine offenbarten schon lange vor Beginn des Angriffskriegs im Februar 2022 eine russische Außenpolitik jenseits des Völkerrechts. Der Philosoph Vittorio Hösle beschreibt, was die Politik des Kremls so bedrohlich macht: Russland fehlt eine demokratische Tradition ebenso wie eine echte Opposition.

Manfred Quiring: Putins Staatsräson: Der Feind steht im Westen, S. 281-286

Vor der Dumawahl im September 2021 verschärfte die russische Führung ihren autoritären Kurs gegenüber Oppositionellen und westlichen Einflüssen. Damit aber setzt sie um, was die von Präsident Wladimir Putin zuvor unterzeichnete Sicherheitsdoktrin fordert, so der Journalist Manfred Quiring. Diese erhebt das Feindbild des Westens zur Staatsräson.

Andreas Umland: Faschismus à la Dugin, S. 287-290

Alexander Dugin ist der wohl einflussreichste Vordenker des neuen russischen Imperialismus. Bereits 2007 analysierte der Politikwissenschaftler Andreas Umland, wie dessen faschistische Ideologie des „Neoeurasismus" Einzug in den russischen Mainstream hielt, und warnte: Die Verharmlosung seiner Ideen verheiße nichts Gutes für die Zukunft des Landes.

Dokumentiert Dmitri Medwedew: Russlands historische Mission, S. 291-298

Anlässlich des 80. Jahrestags des Sieges über Nazi-Deutschland veröffentlichte der ehemalige russische Präsident Dmitri Medwedew einen Text, der nicht nur die Geschichtsauffassung seiner Partei „Einiges Russland" deutlich macht, sondern auch die russischen Kriegsziele. So wie London und Washington einst den Nationalsozialismus gefördert hätten, stützten sie nun die angeblichen Neonazis in der Ukraine. Der Sturz der Regierung in Kiew sei daher nur der erste Schritt für die Neuordnung der Welt.

Irina Scherbakowa: Ist Frieden mit Putin möglich? Eine skeptische Binnensicht, S. 299-308

Angesichts der verfahrenen Lage in der Ukraine werden Rufe nach Verhandlungen lauter. Doch ein echter Friede bleibt so lange außer Reichweite, wie Wladimir Putin in Moskau herrscht, so die russische Menschenrechtlerin Irina Scherbakowa. Putins autoritären Schwenk bekamen zunächst all jene zu spüren, die wie sie die Verbrechen der Sowjetzeit aufarbeiteten. Heute rechtfertigt der Kreml seinen Krieg mit pseudohistorischen Mythen.

VI.   DIE RECHTE INTERNATIONALE

Arundhati Roy: »Wir sind zu Nazis geworden«. Indiens Weg in den Faschismus, S. 309-318

Im Westen gilt Indien als „größte Demokratie der Welt" und wird zunehmend als Bündnispartner hofiert. Tatsächlich aber hat das Land unter dem Hindu-Nationalisten Narendra Modi längst einen ganz anderen Weg eingeschlagen, so die indische Schriftstellerin Arundhati Roy: Auf dem Subkontinent herrscht heute eine Tyrannei der Mehrheit, die zu einem vollständig entwickelten Faschismus zu führen droht.

Luiz Ruffato: Brasilien: Der neue Faschismus?, S. 319-330

Im Mai 2019 hielt Luiz Ruffato die Democracy Lecture der „Blätter" in der Berliner Volksbühne. In seinem Vortrag zeichnet der brasilianische Schriftsteller und Journalist den Aufstieg des rechten Antidemokraten Jair

Bolsonaro zum Präsidenten Brasiliens nach und warnt vor einem neuen Faschismus mit brasilianischem Antlitz.

Niklas Franzen und Ulli Jentsch: Isoliert und doch vernetzt: Die AfD, Lateinamerika und die globale Rechte, S. 331-338

Nicht erst seit der Europawahl 2024 befindet sich die Rechte im Aufwind, auch global. Während die spanische Vox mit großen Events die Vernetzung mit Lateinamerika vorantreibt, bleibt die AfD zumeist außen vor. Dabei verfügt sie durchaus über Netzwerke auf dem Subkontinent, wie die Journalisten Niklas Franzen und Ulli Jentsch aufzeigen. Noch aber bleiben diese meist sporadischer Natur und abhängig von persönlichen Beziehungen.

Ágnes Heller: Von Mussolini bis Orbán: Der illiberale Geist, S. 339-345

Viktor Orbán verkündet offen, er wolle Ungarn in eine „illiberale Demokratie" verwandeln. Auch andernorts zeigt sich eine Abwendung vom liberalen Modell. Diese Entwicklungen haben historische Vorläufer, so die Philosophin Ágnes Heller. Sie erkennt in ihnen eine Form des Antiliberalismus, die völkisch-nationalistische Motive der totalitären Parteien des 20. Jahrhunderts aufgreift. Der Nationalismus ersetzt dabei zunehmend andere Identitäten wie die Klassenzugehörigkeit.

Tamara Ehs: Österreich: Das Drehbuch des »Volkskanzlers«. Lehren aus der Geschichte des Austrofaschismus, S. 346-354

Die Umfragen zur Nationalratswahl in Österreich 2024 deuten auf einen Wahlsieg der FPÖ unter Herbert Kickl hin. Die Journalistin Tamara Ehs beschreibt die Strategie der Rechtsnationalen, zieht Parallelen zum Aufstieg des Austrofaschismus und warnt vor einem schleichenden Übergang in die Autokratie.

Ida Dominijanni: Maskierte Ohnmacht: Berlusconi als Ikone des Populismus, S. 355-361

Mit dem Tod Silvio Berlusconis am 12. Juni 2023 endete eine politische Vita, die eine ganze Epoche geprägt hat. Die Philosophin Ida Dominijanni beschreibt, wie Berlusconi die politische Landschaft Italiens über seinen Tod hinaus verändert hat und fragt: Wie war der gesellschaftliche Nährboden Italiens beschaffen, auf dem der Berlusconismus gedeihen konnte?

Steffen Vogel: Giorgia Meloni: Der schleichende Weg in den autoritären Staat, S. 362-366

Fast könnte man meinen, Italiens postfaschistische Ministerpräsidentin habe sich zur Rechtskonservativen gemäßigt. Doch Georgia Meloni darf keinesfalls unterschätzt werden, warnt „Blätter"-Redakteur" Steffen Vogel. Denn Melonis geplante Verfassungsänderung verdeutlicht das im Kern faschistische Programm: Den autoritären Umbau des Staates im Namen eines vermeintlichen Volkwillens.

Christa Wichterich: Die antifeministische Internationale, S. 367-376

Dass Frauen und Männer gleiche Rechte haben, ist eine der größten Errungenschaften des letzten Jahrhunderts. Sie wird jedoch zunehmend infrage gestellt – und zwar längst nicht nur vom rechten Rand, analysiert die Soziologin Christa Wichterich. Weltweit ist der Kampf gegen Frauenrechte ein zentrales Motiv rechtspopulistischer, ultra-religiöser und illiberaler Bewegungen; ein Motiv, das zunehmend die Mitte der Gesellschaft mit der extremen Rechten verbindet.

Susanne Kaiser: Gekränkt und militant: Der Angriff der Maskulinisten, S. 377-385

Männliche Dominanz ist in dieser Gesellschaft allgegenwärtig. Zugleich etabliert sich eine neue Form weiblicher Autorität. Susanne Kaiser analysiert die Diskurse frauenfeindlicher Männergruppen, die dagegen zum gewaltsamen Kampf aufrufen – ihr Einfluss reicht bis zum Attentäter von Halle.

VII.   GEGENSTRATEGIEN UND GEGENPERSPEKTIVEN

Jürgen Habermas im Gespräch: Für eine demokratische Polarisierung. Wie man dem Rechtspopulismus den Boden entzieht, S. 387-394

Vielerorts in Europa treiben rechte Populisten die Parteien vor sich her. Die etablierten Politiker suchen ihr Heil in scharfer Abgrenzung oder kommen den Rechten rhetorisch und faktisch entgegen. Doch beide Strategien führen nicht weiter, so der Philosoph und „Blätter"-Mitherausgeber Jürgen Habermas: Sie akzeptieren die Frontstellung der Rechtspopulisten, statt die eigentliche Frage zu diskutieren – die nach einer supranationalen Zähmung der Märkte.

Rebecca Solnit: Warum wir Nazis nicht entgegenkommen sollten, S. 395-401

Seit dem Jahr 2016 stellt sich die Frage, was Trump-Anhänger fühlen und denken. Wir sollten endlich damit aufhören, die andere Seite verstehen und versöhnlich stimmen zu wollen, mahnt die Kulturhistorikerin Rebecca Solnit, und stattdessen lieber mit Nachdruck die demokratischen Prinzipien verteidigen.

Oskar Negt: Gegen den autoritären Kältestrom: Lernen wir, utopisch zu handeln!, S. 402-409

Am 2. Februar 2024 verstarb der Sozialphilosoph und linke Vordenker Oskar Negt. Bereits 2016 warnte er in den „Blättern" vor dem gesellschaftlichen Kältestrom, der nicht nur Deutschland nach rechts treibe, und diagnostizierte einen gefährlichen Utopieverlust. Er plädiert dafür, die Demokratie durch Mut und Leidenschaft mit neuem Leben zu füllen.

Sheila Mysorekar: Rechtsextremismus: Wir haben Euch gewarnt, S. 410-414

Solingen 2024: Wieder stirbt eine Familie mit Einwanderungsgeschichte in den Flammen eines brennenden Hauses, wieder ist es Brandstiftung. Doch trotz aller Erfahrungen mit Anschlägen auf migrantisch gelesene Menschen vermelden die Ermittler sofort: „Es liegen keine Hinweise auf fremdenfeindliche Motive vor." Die Journalistin Sheila Mysorekar warnt davor, die von rechten Netzwerken ausgehende Gefahr zu verharmlosen, und fordert, endlich zu reagieren. Möglichkeiten dazu gibt es genug.

Manfred Pappenberger: Den »Anfängen« wehren, die AfD verbieten, S. 415-419

Spätestens seit den Enthüllungen der Rechercheplattform Correctiv vom Januar 2024 über das Potsdamer Geheimtreffen rechter Kräfte, bei dem diese über Pläne zur massenhaften Deportation nach rassistischen Kriterien sprachen, ist die AfD-Verbotsdebatte in vollem Gange. Der Pädagoge Manfred Pappenberger ist sich sicher: Die AfD ist eine Gefahr für die Bundesrepublik und muss dringend verboten werden – zum Schutz der Demokratie.

Johannes Hillje: Social Media: Die digitale Dominanz der AfD brechen!, S. 420-424

Ob auf Tiktok, Insta- oder Telegram: In den sozialen Netzwerken hat die AfD ihr Ziel, zur stärksten Partei Deutschlands aufzusteigen, bereits erreicht. Diese parallelen Öffentlichkeiten aber sind hochgradig demokratiegefährdend, warnt der Kommunikationswissenschaftler Johannes Hillje. Doch es gibt Wege, wie die demokratischen Parteien die Diskurshoheit im digitalen Raum wieder zurückgewinnen können.

Rechte Systemsprenger: Die Politik mit dem Mythos

Von **Thomas Assheuer**

Der russische Überfall auf die Ukraine, darüber besteht Einigkeit, ist eine Schocklüftung im Raum westlicher Illusionen. Der Traum von einer friedlichen Weltgesellschaft ist ausgeträumt, und anstatt kooperativ zusammenzuwachsen, zerfällt sie in feindliche Großräume, in Blöcke und Einflusszonen. Künftig, so heißt es, stehen sich zwei Systeme unversöhnlich gegenüber. Auf der einen Seite der neue Ostblock aus Russland und China mit Führerkult, Ultranationalismus, Hightech-Überwachung, Willkür, Massenmanipulation, Gehirnwäsche, Straflagern und einem autoritär erstickten Dasein. Auf der anderen, der westlichen Seite bleibe trotz innerer Anfechtungen alles beim Alten. Nach Putins Krieg wissen Liberale wieder, warum sie auf der Welt sind. Sie verteidigen den letzten Hort der Freiheit. Sie verteidigen den aufgeklärten Westen.

Waschechte Demokratien gegen lupenreine Despotien: Die Beschreibung klingt griffig, aber sie greift nicht. Es fehlt der Hinweis, dass auch in westlichen Staaten Systemsprenger am Werk sind und entlang einer identischen ideologischen Linie die Axt an den Liberalismus legen. David Brooks hat recht, wenn er bemerkt, die „verbitterten Hassreden illiberaler Herrscher wie Putin, Modi und Jair Bolsonaro" klängen genau so „wie die populistische Rhetorik, die die Trumpsche Rechte, die französische, die italienische und die ungarische Rechte benutzt".[1]

Komplizierter gesagt: Der Systemkonflikt zwischen Demokratie und Autokratie beschränkt sich nicht auf geopolitisch getrennte Großräume, sondern wiederholt sich als asymmetrische Spiegelung im Binnenraum westlicher Gesellschaften. Anders als die populäre Behauptung von der neuen Weltspaltung Glauben machen will, wird „der Westen" nicht nur von außen bedroht, sondern auch durch sich selbst.

In Italien regiert die Postfaschistin Giorgia Meloni, deren Partei sich mit einem Wappen schmückt, das unter anderem den Sarg Mussolinis symbolisiert. In Frankreich schleicht die schwarze Katze eines „geläuterten" Faschismus durchs Gelände, sie ist, auch dank Putins Zufütterung, dick und fett geworden; fast 42 Prozent der Wähler schenkten Marine Le Pen bei der letzten Präsidentschaftswahl ihre Stimme. In Ungarn gewann mit Viktor Orbán

---

1   David Brooks, Abschied vom Globalen Dorf, in: „Blätter", 5/2022, S. 85.

ein Mann die Wahl, der mitten in Europa ein zweiter Putin werden möchte. Im österreichischen Nachbarland führten FPÖ-Mitglieder über Jahre mit dem Kreml ihr Tänzchen auf, und die Alternative für Deutschland unterhält herzliche Beziehungen zur rechtsradikalen russischen Intelligenz.[2]

Derweil erweckt in den Vereinigten Staaten der Journalist Tucker Carlson (Fox News) stellvertretend für eine Vielzahl „patriotischer" Rechter den Eindruck, seine Liebe zur russischen Diktatur sei größer als die zur eigenen Demokratie. Auch der Klerikalfaschist Franco kommt wieder zu Ehren, der Republikaner Anthony Sabatini verbreitet dessen Parole „Ich verantworte mich nur vor Gott und der Geschichte".

Das alles wäre bloß bizarr, besäßen die politischen Kämpfe in den USA nicht eine weltgeschichtliche Dimension. Für den Fall, dass der Putschist Donald Trump (oder einer seiner ideologischen Doppelgänger) die nächste Wahl gewinnt, könnte die Rechte im Herzland des Westens ihr autoritäres Projekt vollenden. Als Präsident, sagt Fiona Hill, die frühere Russland-Direktorin des National Security Council, habe Trump „im Verlauf seiner Amtszeit Putin sowohl in seinen politischen Methoden als auch in seinen Vorlieben stärker geähnelt als seinen amerikanischen politischen Vorgängern der jüngeren Zeit".[3]

Blockübergreifende Bündnisse der Neuen Rechten

Um es auf eine Formel zu bringen: Während die Welt in feindselige Lager zerfällt, schmiedet die internationale Rechte blockübergreifende Bündnisse und arbeitet an einer historisch neuen Konvergenz der Systeme.

Ihre Vordenker organisieren Austauschdiskurse und machen mobil für einen globalen Kulturkampf gegen den Liberalismus. Aufschlussreich ist dabei, dass dessen Inhaltsstoffe aus jenem Mythen- und Gedankendepot stammen, mit dem bereits die Abwehrschlacht gegen Aufklärung und Französische Revolution gespeist wurde.[4] Doch während sich der Antiliberalismus des 19. Jahrhunderts weitgehend innerhalb der europäischen Nationalstaaten entfaltete, so operiert er heute auf Weltebene. Im orchestrierten Gleichklang und über Ländergrenzen hinweg besingen russische, amerikanische und europäische Rechte die Herrlichkeit von Reich und Vaterland und machen, so Timothy Snyder, Reklame für eine reaktionäre „Politik der Ewigkeit".[5] Mit wachsendem Erfolg bringen sie die „Wahrheit" der Mythen gegen „die totalitären Tendenzen im Liberalismus"[6] in Stellung, gegen die Ideen von Fortschritt und Freiheit, Gleichheit und Gerechtigkeit.

Es ist nicht ohne Ironie, dass Intellektuelle, die vom Rückzug in nationale Räume träumen, weltweit dieselben Gewährsleute in den Zeugenstand

2   Vgl. Michel Reimon und Eva Zelechowski, Putins rechte Freunde, Wien 2017.
3   „Frankfurter Allgemeine Zeitung" (FAZ), 22.4.2022.
4   Einen guten Überblick über die Gleichursprünglichkeit von Moderne und Antimoderne gibt Karl-Heinz Ott, Verfluchte Neuzeit, München 2022.
5   Vgl. Timothy Snyder, Der Weg in die Unfreiheit, München 2018.
6   Ryszard Legutko, Der Dämon der Demokratie, Wien 2017.

rufen, vorneweg Edmund Burke, Friedrich Nietzsche, Martin Heidegger, Oswald Spengler, Julius Evola, Alain de Benoist sowie den deutschen Exportschlager Carl Schmitt.

Auch der gesichert konservative Philosoph Leo Strauss, der 1938 vor Hitler in die USA flüchten musste, ist ein gern zitierter Kronzeuge der antiliberalen Allianz und gehört sogar an chinesischen Universitäten zur Pflichtlektüre.[7] Vor allem das Claremont Institute nordöstlich von Los Angeles steht ganz im Zeichen von Strauss' Liberalismuskritik, und man sagt nichts Falsches, wenn man die „Claremonsters" als intellektuelle Eskorte der trumpistischen Revolution bezeichnet. Am Institut lehrt zum Beispiel der Jurist John Eastman, der Trump im Vorfeld des Kapitol-Sturms beratend zur Seite stand, und Senior Fellow ist jener Glenn Ellmers, der dem Ex-Präsidenten Versagen vorwirft. Trump habe die Disziplin gefehlt, um das „postamerikanische Amerika" endgültig umzustürzen und eine Konter revolution anzuzetteln. Zerstörung, nicht Bewahrung müsse das konservative Prinzip sein. Alles, auch die „großen Kirchen, die Universitäten, die Populärkultur und die Unternehmenswelt sind durch und durch verdorben […]. Was wir brauchen, ist ein Staatsmann, der sowohl die Krankheit, an der die Nation leidet, als auch die revolutionäre Medizin, die zur Heilung erforderlich ist, versteht."[8]

Die Linke wiederholt ihre alten Fehler

Weit vor den Wahlen in Italien hat sich der englische Politikwissenschaftler und Autor Paul Mason alarmiert darüber gezeigt, dass die Öffentlichkeit die Faszinations- und Verführungskraft rechter Bewegungen unterschätzt. Auch die Linken, schreibt er in seinem Buch „Faschismus", seien nicht gut gerüstet und wiederholten ihre alten Fehler im Kampf gegen die Weimarer Reaktion.[9] Fixiert auf die rechte Ideengeschichte, seien sie blind für die kulturrevolutionären Strategien, mit denen die globalisierte Anti-Moderne auf vorpolitische Gefühlslagen zielt, auf Deklassierungsängste und Weltbewältigungsstress. Mit ihren Mythen, so Mason, bewirtschaften rechte Politiker eben nicht nur die Wut der Unterprivilegierten, sondern auch den Zorn der Unglücklichen; sie dringen in psychische Resonanzräume ein, die linken und liberalen Politikern verschlossen bleiben. Linke, so ließe sich mit Mason sagen, fordern das Vernünftige und Richtige; sie fordern höhere Mindestlöhne, höhere Renten, bessere Schulen, mehr Kitaplätze und mehr Gerechtigkeit sowieso. Die Rechte verspricht – solange sie in der Opposition ist – zwar ebenfalls mehr Gerechtigkeit, doch darüber hinaus verspricht sie noch viel mehr. Sie verspricht nicht bloß praktische Erleichterung, sondern existenzielle Erfüllung. Nicht einen verbesserten Alltag, sondern ein neues Leben.

7   Vgl. Mark Lilla, Reading Strauss in Beijing. China's strange taste in Western philosophers, www.newrepublic.com, 16.12.2010.
8   Glenn Ellmers, „Conservatism" is no Longer Enough, www.americanmind.org, 24.3.2021.
9   Vgl. Paul Mason, Faschismus, Berlin 2022; vgl. ders., Das radikale Böse. Die unheimliche Wiederkehr des Faschismus, in: „Blätter", 6/2022, S. 41-50.

Nichts an diesem Programm ist überraschend. Rechte Theoretiker wie Carl Schmitt haben den Liberalismus schon immer wegen seiner „blutleeren" Nüchternheit angegriffen und die imaginative Armut seiner Verfahren beklagt. Weder im demokratischen Prozess noch in Fetischbegriffen wie Menschheit und Vernunft, schrieb er 1926, liege „der stärkere Mythus"; er liege vielmehr „im Nationalen", im „Bewusstsein einer Schicksalsgemeinschaft", in Tradition, Sprache, gemeinsamer Kultur. Nicht leblose Verträge, sondern lebendige Affekte, nicht blasse demokratische Prozeduren, sondern plastische Mythen bildeten „das Prinzip der politischen Wirklichkeit". Gegen den kollektiven Enthusiasmus, den Mythen erzeugen, habe der „relative Rationalismus des parlamentarischen Denkens seine Evidenz verloren".

Schmitts Paradebeispiel ist der italienische Faschismus. Weil Benito Mussolini erkannt habe, dass die Gesellschaft nicht von demokratischer Übereinkunft, sondern von mythischem Begehren getragen werde, sei es ihm gelungen, „unter bewusster Berufung auf den Mythos Menschheitsdemokratie und Parlamentarismus verächtlich beiseite" zu schieben. Und das, nachdem der „nationale Enthusiasmus auf italienischem Boden bisher [...] ganz von der Ideologie des angelsächsischen Liberalismus beherrscht zu sein schien".[10]

Überflüssig zu sagen, dass die Überzeugung, nur konkrete Mythen (und nicht abstrakte Verfahren) konstituierten „das Prinzip der politischen Wirklichkeit", auch heute noch zum Glaubensbestand der kulturrevolutionären Rechten gehört. Niemand ist so besessen von schlagkräftigen Bildern und mythischen Formeln wie sie – „Gott, Familie, Vaterland", so der Slogan der italienischen Postfaschisten –, und wenn die Sache nicht so ernst wäre, müsste man lapidar feststellen, dass die rechte Ideologieproduktion bloß die modulare Plattformstrategie der Autoindustrie kopiert. Das tragende Element ist überall identisch, es ist der Kampf gegen alles, was dem Autokraten störend im Wege steht, also unabhängige Gerichte, Medien, Künste, Wissenschaften und so weiter. Was dagegen je nach Land, Region und Gelegenheitsstruktur variiert, das ist die mythologische Lackierung des Produkts, die in Frankreich naturgemäß anders aussieht als in Polen.

Kulturkampf mit rechten Mythen gegen die »liberale Kultur«

Gewiss, auch in den Tempojahren der Globalisierung waren nationale Mythen nie vollständig verschwunden, einige erlebten sogar ein Revival. Der uniformierende Zwang, den das internationale Rechts- und Handelssystem ausübte, nötigte die Staaten dazu, durch Nation-Branding ein Alleinstellungsmerkmal zu erzeugen, ein kulturell zwar signifikantes, im Grunde aber beliebiges und politisch folgenloses Unterscheidungsmerkmal in der Arena der Weltgesellschaft. Heute, nach dem angeblichen Scheitern der Globalisierung, ist für rechte Vordenker die Ära der nationalfolkloristischen Selbsttätowierung vorbei. Die Kultur ist für sie kein Identitätsmarker mehr, keine Rest-

---

10 Carl Schmitt, Die geistesgeschichtliche Lage des heutigen Parlamentarismus, Berlin 1985, S. 88 f.

und Randerscheinung in der Moderne, sondern ein Selbstbehauptungsmittel gegen die Moderne. Der Sieg über den Liberalismus, davon sind sie überzeugt, kann nur mit den Mitteln des Kulturkampfs errungen werden, mit der mythischen Reserve der Nation. Der Gegner heißt nicht Kapitalismus. Der Gegner heißt „liberale Kultur".

Erst vor diesem Hintergrund wird der zähe Eifer verständlich, mit dem rechte Programmplaner nach sagenhaften Vergangenheiten und völkischen Narrativen graben. Vor allem Ursprungsmythen erfreuen sich großer Beliebtheit, zum Beispiel heldenhafte Geschichten aus dunkler Vorzeit, zarte reichsrussische Regungen im Quellgebiet der Kiewer Rus, siegreiche Schlachten auf Amselfeldern, der Kosovo als mythische Wiege Serbiens oder das Sacrum Imperium des Abendlands im Ganzen. Hinzu kommen triviale synthetische Neuschöpfungen. Auch sie verschmelzen die Erinnerung an eine glorreiche Vergangenheit mit der Kritik an der elenden Gegenwart zum kontrastiven Versprechen einer wieder goldenen Zukunft. Neo-Mythen verheißen die Rückkehr in eine Zeit, in der die Nation groß, der Kapitalismus unschuldig, das Klima mild, die Männer weiß, die Verhältnisse patriarchal und der nationale Raum geschlossen war.

Die Zukunft als Wiederholung der Vergangenheit

Berühmt und berüchtigt ist das „Take back control" der Brexiteers und ihr Mythos vom „Global Britain": „Unsere gemeinsame Zukunft ist golden" (Boris Johnson). In Frankreich stellt Marine Le Pen die Wiederkehr der *Trente Glorieuses* in Aussicht, jene zum Mythos gewordene Nachkriegsepoche, als das französische „Leben" (ihr Lieblingswort) weder von Zuwanderern noch von deutschen Autos, noch von der *mondialisation* belästigt wurde. In den USA wiederum bilden nicht die 1950er, sondern die 1930er Jahre die Referenzepoche der Rechten. Damals tauchte zum ersten Mal der Schlachtruf „America First" auf, übrigens als Kampfformel gegen Franklin D. Roosevelts New Deal. Damals wie heute ist es angeblich „das Volk", das diese Politik einfordert, denn im rechten Weltbild ist das Volk revolutionär aus restaurativem Interesse. Der Sturm aufs Kapitol, weiß Putins Wunschkandidat Donald Trump, „stellte die größte Bewegung in der Geschichte unseres Landes dar, um Amerika wieder großartig zu machen".[11] Wie der von Hedgefonds mitfinanzierte Brexit gezeigt hat, sind solche Neomythen kinderleicht zu fabrizieren und finden bei falschen Propheten rasend schnell Absatz, und zwar weltweit.

Längst ist die rhetorische Figur, wonach die Zukunft in der erlösenden Wiederkehr einer glücklichen Vergangenheit besteht, keine Spezialität der europäischen Rechten mehr, sondern existiert in allen möglichen Ausführungen, sogar in einer chinesischen. In seinem Buch „Alles unter dem Himmel" preist der Pekinger Philosoph Zhao Tingyang eine uralte chinesische

---

11 Torsten Teichmann, „Höhepunkt eines versuchten Staatsstreichs", www.tagesschau.de, 10.6.2022.

Herrschaftsordnung an, die zum Mythos verklärte „Tianxia". Aufgrund ihrer föderalen Struktur sei sie bestens dazu geeignet, das amerikanische Modell der Globalisierung abzulösen und einer vom kapitalistischen Konkurrenzliberalismus zerfressenen Welt den Frieden zu bringen – die Zukunft liegt in der „Wieder-Holung" der Vergangenheit.[12] Verblüffend ähnlich argumentiert Alexander Dugin. Zwar ist dem rechtsradikalen Moskauer Philosophen jede unipolare Weltordnung zuwider, selbst eine chinesische, doch auch das Idol aller westöstlichen Querfronten ist davon überzeugt, nur die Wiederbelebung des Alten könne Russland davor bewahren, von westlicher Dekadenz überrollt zu werden. „Nihilistisch" nennt Dugin den Westen deshalb, weil er das Lebendige auslösche: Zuerst neutralisiere er die Geschlechterpolarität, dann schaffe er den Menschen selbst ab und ersetze ihn durch Maschinen. Dugins Alternative ist ein retrofuturistisches Regime, das Kommunismus, Faschismus und Liberalismus zugunsten einer – im Sinne des Wortes – postmodernen Gesellschaft überwindet.

In seiner Schrift „Die Vierte Politische Theorie" fordert er, kein Witz, die Umkehrung der Zeit, genauer: die Ersetzung der linear-progressiven Zeit der Moderne durch eine zyklische, original russische Traditionszeit.[13] Notwendig sei die Zeitrevolution deshalb, weil das moderne Fortschrittsversprechen sich an der Präsenz des Lebens versündige, an der Fülle des gelebten Augenblicks. Im Gegensatz zur chronisch enttäuschenden Westzeit sei die russische Zeit eine räumlich erfüllte Zeit, denn in ihr herrsche, wie im Mittelalter, temporale Gleichzeitigkeit. Die Ebenen von Vergangenheit, Gegenwart und Zukunft durchdringen sich wechselseitig und erscheinen als integraler Teil des Ewigen. Alles ist an seinem Platz, alles hat seine Ordnung und seinen kosmischen Sinn. „Die Moderne", schreibt Dugin, „hat die Ewigkeit ermordet" – und Russland mache sie wieder lebendig. „Wer darüber lacht, ist Gefangener der Moderne und ihrer Hypnose."[14]

»Goldgrund Eurasien«

Es sagt viel über Dugins theorieadaptives Geschick, dass seine „Vierte Politische Theorie" ihren kulturrevolutionären Honig aus dem postmodernen Konstruktivismus saugt. Wenn alles konstruiert ist, wenn die westliche Fortschrittszeit nur eine Erfindung ist, dann lassen sich die Verhältnisse politisch wieder ändern – das Zeitempfinden der Bürger „ist etwas, das durch die Politik institutionalisiert wird".[15] Natürlich weiß Dugin, dass es kein Zurück gibt in eine „authentische" Vergangenheit, weshalb es für seine Chronopolitik auch keine Rolle spielt, ob die aufgerufenen Mythen nun „echt" oder synthetisch sind – Hauptsache, sie geben ein Weltdeutungsschema vor, das Seele und System nicht – wie im Liberalismus – trennt, sondern zur organischen

---

12 Vgl. Micha Brumlik, Der Kampf der Weltanschauungen. China gegen den Westen: Von Kant über „Habeimasi" zu „Tianxia", in: „Blätter", 10/2020, S. 81-90.
13 Vgl. Alexander Dugin, Die Vierte Politische Theorie, London 2013, S. 70ff.
14 Ebd., S. 73.
15 Ebd.; vgl. zur Chronopolitik Putins: Nils Markwardt, Angriff auf die Zeit, www.zeit.de, 20.3.2022.

Einheit des wahren, wieder „lebendigen" Lebens verschaltet. Das ist kein harmloser Gedanke. Was als skurrile Nachgeburt des Konstruktivismus erscheint, entpuppt sich als ein Wiederverzauberungskonzept, das nur nach einem verlangt: nach dem Großinquisitor.

Man kann endlos darüber streiten, wie viel Einfluss Alexander Dugin auf den Kreml ausübt. Unzweifelhaft jedoch hinterlässt der Mythologe auch dort seine Spuren, wo er gar nicht groß zitiert wird, zum Beispiel bei Dimitrios Kisoudis. Der studierte Anthropologe arbeitet als Stratege im metapoliti-schen Dunstkreis der AfD und ist ein begeisterter Anhänger der eurasischen Idee einschließlich ihres irdischen Statthalters Wladimir Putin. Zum Glück, schreibt er in seinem Buch „Goldgrund Eurasien", habe der russische Präsi-dent nach kurzem Zögern dem europäischen Sirenengesang widerstanden und Russland auf den Weg der Wahrheit geführt, den Weg zurück in den Mythos. „Putin ist der Präsident, der als Europäer antrat und zum Eurasier wurde."[16] Andernfalls wäre es Russland so ergangen wie Deutschland – es wäre zum ökonomistischen Vasallenstaat der USA degeneriert, zum Land ohne Zentrum und ohne Wahrheit. Das „nihilistische Geldwesen der EZB", schreibt er, lasse sich „am ehesten durch das Action Painting des Jackson Pol-lock veranschaulichen, durch das von keiner kompositorischen Idee geleitete Verschütten von Farbe".[17] Im Sog der universalen Auflösung sei „Deutsch-land bunt wie nie. Aber bunt sind auch die Zufallsgemälde des Schimpansen Congo".[18]

Alles »Heilige« im Exil im Osten

Im Kern läuft Kisoudis Lamento auf den Befund hinaus, der Diversity-Libera-lismus sei dem eigenen Säkularisierungsfuror zum Opfer gefallen und habe alles „Heilige" gen Osten ins Exil getrieben. Heute ist es Russlands „auto-ritärer Liberalismus", der dem Geflüchteten Asyl gewähre und ihm seinen angestammten Platz zurückerstatte, den Platz an der Seite der Macht. Putins Pakt mit der Orthodoxie bringe zusammen, was der Westen getrennt habe: das Heilige und das Profane, den Mythos und die Macht. Für Kisoudis ist Moskau das Dritte Rom; hier, in der „Präsidialdemokratie mit cäsaristischen Anklängen", überwintert das Heilige unter der „Krakelee" der Moderne. Russland, schreibt er mit Tränen in den Augen, sei „das eschatologische Ziel im Übergang der Imperien". Dann zitiert er den Mönch Filofej: „Zwei Rome sind gefallen, aber das dritte steht, und ein viertes wird es nicht geben."[19]

Fairerweise muss man hinzufügen, dass Kisoudis seine Stiefelleckerprosa vor Putins Barbarei in der Ukraine zu Papier gebracht hat, und vielleicht glaubt er inzwischen selbst nicht mehr, das russische Modell sei eine Alter-native für Deutschland. Unerschütterlich aber scheint sein Glaube zu sein,

16 Dimitrios Kisoudis, Goldgrund Eurasien, Waltrop und Leipzig 2015, S. 47.
17 Ebd., S. 113.
18 Ebd., S. 114.
19 Ebd., S. 32.

Deutschland gehöre – rein metaphysisch gesehen – zum eurasischen Block und müsse an der Seite Russlands den liberalistischen Weltfeind bekämpfen. Kisoudis spielt hier auf die Verschwörungserzählung vom Great Reset an, wonach namenlose Davoser Eliten zusammen mit dem Silicon Valley ein „universalistisches" Imperium errichten wollen, das alles Leben unter die Knute eines gleichmacherischen Liberalismus zwingt.

Verrückt? Nein, was bei Kisoudis wie eine rechtsradikale Spinnerei klingt, ist längst in bürgerliche Kreise eingesickert und dort salonfähig geworden. In den USA zum Beispiel malt die Edmund-Burke-Foundation ebenfalls den Teufel der „universalistischen Ideologie" an die Wand und wagt in einem Manifest den Schulterschluss zwischen Radikallibertären, Konservativen und Rechten. Unterschrieben haben nämlich nicht nur der Platon-Kenner und PiS-Politiker Ryszard Legutko und der katholisierende Orbán-Fan Rod Dreher, sondern auch der (zwischenzeitlich von Österreichs Ex-Kanzler Sebastian Kurz unterstützte) Investor Peter Thiel, der auf die Spaltung des Landes zu wetten scheint und horrende Summen in Trumps Wahlkampf pumpt.[20] Auf den ersten Blick steht Thiels Ultraliberalismus im schroffen Gegensatz zur autoritären Staatsvorstellung jener Mitunterzeichner, die die Universitäten wieder nach nationalen Interessen ausrichten und missliebige linke Elemente durch Mittelentzug mundtot machen möchten. Doch auch Thiel, so scheint es, verspürt Sehnsucht nach dem starken Mann; jedenfalls sucht der Tech-Milliardär die Nähe rechter Influencer und glaubt nicht mehr daran, dass Freiheit und Demokratie zu vereinbaren sind.[21] Seinen deutschen Fans gefällt das. Im vergangenen Jahr erhielt Peter Thiel den Frank-Schirrmacher-Preis.

Globale Anarchie: Das Game of Thrones aus Kapitalismus und Nationalismus

Wer den Rückzug in die nationale Wagenburg predigt und jeden Gedanken an eine in Überlebensfragen kollaborative Weltgesellschaft zum linken Hirngespinst erklärt, der bekommt ein Problem: Er muss besorgten Bürgern verständlich machen, warum die globale Anarchie, das Game of Thrones aus Kapitalismus und Nationalismus, das alternativlos letzte Wort der Weltgeschichte sein soll.

Interessant ist, dass auch bei diesem Thema russische, amerikanische und europäische Rechte an einem Strang ziehen und eine gleichlautende, nämlich mythologische Begründung unterbreiten. Anders als man vermuten müsste, begnügen sich beispielsweise die MAGA-Republikaner (Make America Great Again) nicht mit der Doktrin der realistischen Schule, wonach jede zwischenstaatliche Kooperation am Fels des nationalen Interesses zerschellen muss.[22] Stattdessen behaupten sie, die natürliche Expressivität des

---

20 Edmund Burke Foundation, National Conservatism: A Statement of Principles, www.theamerican-conservative.com, 15.6.2022.
21 Vgl. Peter Thiel, The Education of a Libertarian, www.cato-unbound.org, 13.4.2009.
22 Vgl. Herbert R. McMaster und Gary D. Cohn, America First Doesn't Mean America Alone, www.wsj.com, 30.5.2017.

Politischen, vulgo der gottgegebene Egoismus der Nation, dürfe nicht an der Entfaltung gehindert werden. Auf der freien Wildbahn der Weltgesellschaft, so hieße das, ist der Starke am mächtigsten allein, und er muss es auch sein, weil er sich nur auf diese Weise die Verliererstaaten vom Hals halten kann – jene *free rider*, die wie die innergesellschaftlichen „Versager" und „Schwächlinge" den Siegern das Leben schwer machen. „Es ist Zeit, dass wir ein bisschen grob werden, Leute. Wir werden von praktisch jeder Nation der Welt ausgenutzt. Das wird nicht mehr passieren."[23]

Wer in diesen Trump-Sätzen das Echo sozialdarwinistischer Mythen aus dem Hochkapitalismus des 19. Jahrhunderts hört, liegt richtig. Wie der irische Publizist Fintan O'Toole in einem brillanten Essay gezeigt hat, erklärt sich auch Trumps tödliches Zögern bei der Pandemiebekämpfung aus einer intuitiven Nähe zum Sozialdarwinismus des 19. Jahrhunderts. In seinem *mindset* sind gesellschaftliche Krisen das funktionale Äquivalent zur natürlichen Auslese; sie lichten den nivellierenden Nebel der Gleichheit und trennen die Spreu vom Weizen. Oben ist wieder oben und unten wieder unten.[24]

Das mythische Recht des Stärkeren, Kampf statt Kooperation, Kulturrelativismus statt Universalismus: Angesichts dieses breiten Angebots werden die Rechten in Russland und Europa ihr Glück kaum fassen können. Wenn die konservative Elite der USA willens ist, den Universalismus einzuäschern und jeden normativen Selbstanspruch preiszugeben, dann ist der Westen am Ende.

Triumphator Alexander Dugin

Kaum einer dürfte darüber mehr triumphieren als der erwähnte Alexander Dugin, der schon seit längerem verkündet, die westliche Zivilisation sei „der Geschichte überdrüssig geworden" und fände „keine Inspiration mehr in den hohen Horizonten ihrer Freiheit".[25] Wie seine Mitstreiter hält er die Zeit für gekommen, die regulatorischen Ketten des internationalen Rechts abzustreifen und der Parole „Make Russia great again" zu folgen. Dafür liefert Dugin eine globaldarwinistische Begründung, die ebenso gut aus der Feder von Trumpisten stammen könnte: Jeder Versuch, die „Elementargewalt" eines souveränen Imperiums zu fesseln, hemmt dessen „existenzielle Energien" und stellt „den Lauf der lebendigen, unvorhersagbaren Geschichte"[26] still. Dugin verachtet alles supranationale Recht und will es durch die natürliche „Kommunikation der Mächte" ersetzen. Man darf sich nicht täuschen lassen. Das Wort „Kommunikation" ist nur die semantische Ausgehuniform für eine Ontologie des Krieges, denn auch das Massenabschlachten zählt für Dugin zur normalen zwischenstaatlichen Kommunikation. Wie Tod und Opfer ist

---

23 Donald Trump, Rede beim National Prayer Breakfast, 2.2.2017.
24 Richard Hofstadter hat gezeigt, dass diese Muster seit dem Gilded Age des späten 19. Jahrhunderts einen festen Platz im amerikanischen Denken haben. Vgl. Richard Hofstadter, Social Darwinism in American Thought, Boston 1992; vgl. Fintan O'Toole, Vector in Chief, www.nybooks.com, 14.5.2020.
25 Alexander Dugin, Konflikte der Zukunft, Selent 2015, S. 166.
26 Ebd., S. 157.

der Krieg ein natürlicher Bestandteil des geschichtlichen Lebens. „Praktisch alle bekannten Staaten wurden mit dem Schwert geschaffen" – nur Frauen betrachteten dies „rein negativ".[27]

Die mythische Behauptung, Tod und Opfer gehörten zur existenziellen Normalität der Geschichte, klingt klirrend abstrakt und lässt sich doch, wie die AfD bewies, in konkrete Politik verwandeln. Hatte die Partei in der Corona-pandemie anfangs noch darüber geklagt, das gefährliche Virus werde von der Regierung sträflich unterschätzt, so vollzog sie über Nacht eine radikale Kehrtwende – plötzlich schien das Virus eine ganz normale Grippe zu sein, eine pandemische Bagatelle im gewöhnlichen Infektionsgeschehen einer Gesellschaft. Aufschlussreich war dabei der Versuch, die Elementardifferenz zwischen einem natürlichen und einem vermeidbaren Tod zu verwischen. Jeder Tod, so klang es aus Teilen der AfD, sei Teil des großen schicksalhaften Lebens, denn sterben müssten wir alle.[28] Kein Staat, das folgt daraus, darf sich anmaßen, durch übertriebene Schutzmaßnahmen und erst recht nicht um den Preis seiner wirtschaftlichen Selbstgefährdung in das tragische Walten des Schicksals einzugreifen. Kurzum, ohne diese mythische Prämisse bleibt unverständlich, warum Alexander Gauland die dramatische Zeile Friedrich Schillers zitierte „Das Leben ist der Güter höchstes nicht" (übrigens ohne zu erwähnen, dass dieser Satz bei Schiller bloß die private Entscheidung einer Figur erläutert): Anstatt durch „Ermächtigungsgesetze" einen „Ausnahmezustand" herbeizuführen und die Normalität von Tod und Sterben zu bekämpfen, solle sich die Regierung Schillers Maxime zu eigen machen. Mit diesem Zynismus war die AfD international anschlussfähig. Auch auf Plakaten von Trumps Fanbase war die Forderung zu lesen, der Staat solle die Freiheit schützen und nicht den Tod abschaffen.

Die besondere Anziehungskraft rechter Mythen

Bleibt die Frage, worin die Anziehungskraft rechter Mythen besteht. Welche Ängste werden hofiert, welche Hoffnungen ausgebeutet?

„Statistisch gesehen", schrieb Roland Barthes Mitte der 1950er Jahre, „ist der Mythos rechts. Dort ist er essentiell, gut genährt, glänzend, mitteilsam, geschwätzig, er erfindet sich unablässig". Der linke Mythos will Veränderung, der rechte will Unverantwortlichkeit – er entpolitisiert die Gesellschaft, verwandelt ihre Verhältnisse zurück in Natur und behauptet deren Ewigkeit. Für rechte Mythen, so Barthes, gibt es nichts Neues unter der Sonne; sie erklären die Dinge für unschuldig und leugnen die Komplexität menschlicher Verhältnisse. Im Vergleich dazu bleibe der linke Mythos trocken und ungeschickt. Niemals erreicht er „das ungeheure Feld der menschlichen Beziehungen […]. Eine entscheidende Kraft, die der Fabulierung, fehlt ihm. Was er auch macht, es bleibt in ihm etwas Steifes und Wörtliches".[29]

27 Ebd., S. 161.
28 Thomas Assheuer, „Das Leben ist der Güter höchstes nicht", in: „Die Zeit", 2/2021.
29 Roland Barthes, Mythen des Alltags, Frankfurt a. M. 1964, S. 138 f und S. 137.

Barthes hat recht, die Macht der mythischen Fabulierung gehört den Rechten. Wer mythisiert, erzielt in einer bilderlos ernüchterten Gesellschaft plakative Effekte und besetzt die Gegenposition zur monotheistischen Religion. Dabei erinnern sich rechte Intellektuelle zunächst an die klassische Aufgabe von Mythen, an ihren „Kampf" gegen den – so der Philosoph Hans Blumenberg – „Absolutismus der Wirklichkeit". In diesem Fall dienen Mythen der Austreibung von Weltangst; sie bieten Globaldeutungen in unklaren Lagen und überführen eine „numinose Unbestimmtheit […] in nominale Bestimmtheit".[30]

Der Boom der Verschwörungserzählungen

Das gilt auch für Verschwörungserzählungen. Auch sie versuchen, eine unverständliche Gegenwart fasslich zu machen; sie erfinden einen ungreifbaren Feind, der angeblich alles Leben in den Bann schlägt und überall seine Finger im Spiel hat. Solche Neo-Mythen stellen handliche Deutungsschablonen bereit, die die Realität vorsortieren und einen mentalen Kontrollgewinn versprechen. Zugleich machen sie Propaganda für das „Zurück in die Zukunft", für die Rückkehr in eine Vergangenheit, die es nie gab.

Vielleicht kann man es so sagen: Reformistische Linke versprechen dem Bürger, das Leben gerechter zu machen; kulturrevolutionäre Rechte versprechen ein Leben, das in mythischer Alternativlosigkeit so unbeschwert lebendig ist wie früher, störungsfrei homogen und ohne das Korsett politischer Korrektheit. Lustvoll emittieren rechte Mobilisierungsexperten den Hass auf linke Volksfeinde, auf Ausländer, „das Kapital" und den Juden George Soros. Skrupellos füttern sie die „befreiende" Wut auf alles Normative und provozieren im Reich der niederen Dämonen einen obszönen Genuss bei der Übertretung von Moral und Verantwortung. Doch am Ende der Scheinrebellion wartet der Führer und verlangt Unterwerfung unter seine „durch Fakten unberührbar gewordene Gemeinschaft".[31] So wird es kein Zufall sein, dass der gefährlichste Mann der USA lange Zeit eine TV-Sendung moderierte, die die *ups and downs* des kapitalistischen Wettbewerbs als fröhlich-fatalistisches Spektakel inszenierte. In der Reality-Show „The Apprentice" gab Donald Trump jedem Kandidaten eine Chance, und wer sie nicht nutzte, für den hieß es: „You are fired". Einmal mehr bestätigt sich hier Hans Blumenbergs Einsicht, dass mythische Erzählungen den Einzelnen zu einer Entscheidung zwingen. Er soll „seinen Adler erkennen und in das Entweder-Oder von Gefressenwerden oder Fressen eintreten".[32]

Keine Frage, die Weltlage erzeugt eine stark erhöhte Nachfrage nach narrativer Beruhigung. Das Stakkato aus Krisennachrichten und Katastrophenbildern überfordert den seelischen Immunschutz und belastet die kognitiven

---

30 Hans Blumenberg, Arbeit am Mythos, Frankfurt a. M. 1979, S. 32.
31 Dominik Finkelde, Phantaschismus, Berlin 2016, S. 49. – Den Hinweis auf die rechte Pseudo-Erlösung verdanke ich Thomas M. Schmidt.
32 Hans Blumenberg, Arbeit am Mythos, a.a.O., S. 683.

Verarbeitungskapazitäten. Der Zerfall der Weltordnung, neue Kriege, endlose Machtkämpfe, Terror, Inflation, empörende Ungleichheit, Pandemien, Artensterben, Dürrekatastrophen, Monsterhurrikane, Erdfieber – die impertinente Krisendichte erzeugt das Bild einer unerzählbaren Gegenwart, in der es für den Einzelnen immer schwieriger wird, einen angstfreien Ort zu finden.

Die Konjunktur der rechten Internationale

Angesichts dieser Lage wittert die rechte Internationale ihre historische Chance. Sie präsentiert ein Sanierungsprogramm, das sich systemübergreifend als Soforthilfe versteht, als wirksames Überlebensrezept inmitten einer „gescheiterten" Globalisierung. Im Kern kombiniert es einen als schicksalhaft akzeptierten Kapitalismus mit einem Präsidialregime und einem staatlich manipulierten Weltbild. Dass darin Mythen und Feinderklärungen eine entscheidende Rolle spielen, liegt auf der Hand. Beim Kampf um die künftige Macht dienen sie zunächst als Lock- und Botenstoff für sozial Gekränkte und Verunsicherte; sie absorbieren allfällige Ressentiments und leiten sie auf die Mühlen der Rechten, während die ökonomischen Machtverhältnisse selbst unbehelligt bleiben.[33] Doch sobald Rechte Wahlen gewinnen, wird sich die Funktion der Mythen ändern; dann füllen sie das Loch der verweigerten Demokratie und liefern den Legitimitätsbedarf für illegitime Politik. Armut und Entzivilisierung werden mythisch kompensiert, denn im rechten Erzählkosmos gehören Not und Opfer zur Tragik des Daseins. Wer Gerechtigkeit erwartet, der ist ein Träumer und verlangt zu viel vom Leben. Mit diesem trostlosen Trost ist der rechte Mythos ganz bei sich. Er erpresst die Einwilligung in den Weltlauf, die Totalakzeptanz von Macht und Markt. Im Mythos sind Wahrheit und Leben identisch.

Nein, Rechte sind keine Aliens, sie fallen nicht vom Himmel, und es wird kein Zufall sein, dass sie erst nach dem Beinahe-Crash des Finanzkapitalismus richtig Wind unter die Flügel bekamen. Kurzfristig hilft gegen die penetrante Mythisierung gewiss die Arbeit an den Tatsachen, denn Tatsachen sind Mythenkiller. Allerdings, selbst auf die Erderwärmung könnten rechte Weltbildmodellierer eine Antwort geben, und auch sie wäre an Menschenfeindlichkeit kaum zu überbieten. Man muss nur ein paar Sätze aus dem Werk von Ernst Jünger oder Martin Heidegger zusammenrühren, und schon erscheint die ökologische Katastrophe als höheres Geschick, als Veränderung der Seinsordnung. Der Text der Zivilisation vergeht, während die Melodie der Erde immer gleich bleibt. Der Mensch war wichtig, aber so wichtig nun auch wieder nicht.[34] Die Rechte trägt auch das mit Fassung, sprich: mit dem ihr eigenen Zynismus.

33 Vgl. Joseph Vogl, Kapital und Ressentiment, München 2021.
34 Vgl. Ernst Jünger, Siebzig verweht, in: ders., Sämtliche Werke, Band 4, Stuttgart 1982, S. 180.

Das radikal Böse

Die unheimliche Wiederkehr des Faschismus

Von **Paul Mason**

Versucht, ein ausländisches Mädchen für die Rolle zu finden." Diese Notiz war dem ersten Entwurf des Drehbuchs für „Casablanca" angeheftet.[1] Im März 1942 versenkten deutsche U-Boote vor der Küste Neuenglands vollkommen ungehindert amerikanische Schiffe; die US-Truppen hatten sich gerade von den Philippinen zurückziehen müssen; und Hitler hatte in einer Rede die „Vernichtung des Judentums" angekündigt.[2] Aber für Philip und Julius Epstein war das größte Problem, wie man einen antifaschistischen Film unterhaltsam machen konnte.

Den Epstein-Zwillingen – jüdischen Liberalen aus der Lower East Side in New York, die als Drehbuchautoren bei Warner Brothers arbeiteten – war ein Theaterstück mit dem Titel „Everybody Comes to Rick's" in die Hand gedrückt worden. Das Stück handelt von einem amerikanischen Playboy, der in Marokko lebt und einem antifaschistischen Widerstandskämpfer bei der Flucht vor den Nationalsozialisten hilft, um eine Wette zu gewinnen. Die Epsteins sollten aus dem Textbuch ein Drehbuch machen. Aber sie befürchteten, dass kein Film daraus werden würde, wenn sie die Handlung nicht mit geistreichem Humor und romantischen Verwicklungen aufpäppelten. Auch vier Monate nach dem japanischen Angriff auf Pearl Harbor wussten die wenigsten Amerikaner, was in diesem Krieg auf dem Spiel stand. Der Großteil der Bevölkerung war gegen die amerikanische Kriegsbeteiligung.

Die Epsteins schlossen sich in einem schicken Hotel in Washington in einer Suite ein und bereicherten die Geschichte durch ironische Komik. Sie drängten den Regisseur, die weibliche Hauptrolle – ursprünglich war die Figur eine leichtlebige Amerikanerin, die die Ehefrau des Widerstandskämpfers, zufällig aber auch Ricks ehemalige Geliebte war – mit einer glamourösen Schauspielerin zu besetzen. Nachdem die Verantwortlichen von Warner einen Blick auf das Drehbuch geworfen hatten, beauftragten sie Howard Koch, es umzuschreiben. Die Epsteins waren Anhänger Roosevelts und des New Deal. Koch war ein Kommunist und einer der radikalsten Drehbuchautoren in Hollywood. Koch erhöhte in seinem Entwurf überall den Einsatz: Rick rettet den Widerstandskämpfer, aber er tut es nicht mehr für Geld oder für den Ner-

1 Aljean Harmetz, The Making of Casablanca: Bogart, Bergman and World War II, New York 1992, S. 48.
2 Adolf Hitler in einer Rede am 30. Januar 1942 im Sportpalast in Berlin; www.worldfuturefund.org/ wffmaster/reading/hitler%20speeches/Hitler%20Rede%201942.01.30.htm.

venkitzel. Im Stück ist er ein dekadenter Rechtsanwalt; im Film verwandelt er sich in einen hartgesottenen Veteranen des spanischen Bürgerkriegs. Die Heldin verwandelt sich von einer lebenslustigen jungen Amerikanerin in die schwedische Radikale Ilsa Lund. Im Stück geht sie mit Rick ins Bett, um an die Visa heranzukommen, die sie und ihr Mann für die Flucht aus Marokko brauchen; im Film verliebt sie sich erneut in Rick. In der letzten Szene des Theaterstücks händigt Rick einem deutschen Offizier seinen Revolver aus und verlangt zynisch das Geld, das er gerade in der Wette gewonnen hat; im Film erschießt er den Deutschen und schließt sich dem Widerstand an.

Koch verwandelte „Casablanca" auf diese Weise in eine Geschichte darüber, wie man die Kraft findet, sich dem Faschismus zu widersetzen, selbst wenn man desillusioniert ist und seine Ideale verloren hat. Rick hat schon einmal gegen den Faschismus gekämpft und verloren, doch jetzt lässt er sich dazu bewegen, den Kampf erneut aufzunehmen. So wie er sich entscheidet, Widerstand zu leisten, müssen alle anderen Figuren – von der Frau, die an der Bar sitzt, bis zu den Musikern in der Band – ihre eigene Entscheidung fällen. Selbst der korrupte französische Polizeichef wählt schließlich die richtige Seite der Geschichte.[3] Die moralische Lehre aus „Casablanca" lautet, dass angesichts des Faschismus niemand neutral bleiben kann. Wenn es darauf ankommt, verlieren Niederlagen, Rivalitäten und Betrug in der Vergangenheit jede Bedeutung. Damit bringt der Film die Ideale der Volksfront zwischen Linken und Liberalen zum Ausdruck.

In „Casablanca" werden keine Todeslager gezeigt. Die Gewalt wird euphemistisch dargestellt: Es werden drei Menschen erschossen, aber wir sehen sie nicht bluten. Es gibt keine Folter und keine Erschießungskommandos, und das Wort „Jude" wird nie ausgesprochen. Aber am Rand jeder Szene ist das Böse allgegenwärtig. „Ein Teufel hat die Leute an der Kehle", sagt eine aus Bulgarien geflohene Frau, die um ein Visum fleht: Sie ist nicht auf der Flucht vor den Nationalsozialisten, sondern vor ihren Nachbarn.

Was würdest du tun?

Indem Hollywood die Handlung an die Peripherie des „Dritten Reichs" verlagerte, in eine Grenzzone, in der Menschenleben nicht viel wert sind, führte es die Zuschauer an den Abgrund einer moralischen Entscheidung. In jeder Szene lautet die unausgesprochene Frage: Was würdest du tun? Heute ist jeder von uns – metaphorisch – ein Gast in Ricks Café. Angesichts einer globalen rechtsextremen Bedrohung gibt es nur noch wenige Orte, an denen man sich verstecken kann.

Die Dreharbeiten für „Casablanca" wurden am 22. Juli 1942 abgeschlossen. Am selben Tag begannen die deutschen Besatzer in Polen mit der Deportation der Juden aus dem Warschauer Ghetto. Ziel der Aktion Reinhardt war die Ausrottung der gesamten jüdischen Bevölkerung des besetzten Südpo-

---

3   Das Skript des Theaterstücks ist online verfügbar unter: http://vincasa.com/Screenplay-Everybody_Comes_to_Rick%27s.pdf.

len in drei Vernichtungslagern – Treblinka, Sobibor und Belzec – sowie im Konzentrationslager Majdanek am Stadtrand von Lublin. Als „Casablanca" am 23. Januar 1943 ins Kino kam, hatten die Deutschen – nach ihren eigenen geheimen Angaben – allein in diesen vier Lagern 1 274 166 Menschen vergast, totgeschlagen, an Erschöpfung sterben lassen oder erschossen.[4] Als die Rote Armee im Juli 1944 das KZ Majdanek befreite, fand sie den ersten Beweis dafür, dass das NS-Regime eine industrielle Tötungsmaschinerie betrieben hatte. Die Alliierten waren skeptisch gegenüber den sowjetischen Behauptungen über Massenmorde, aber hier war der Beweis: ein riesiges, von Stacheldrahtzäunen umgebenes Lager aus Holzhütten, in dem die Russen sorgfältig getrennte Berge von Schuhen, Brillen, Pässen, jüdischen Gebetsschals gefunden hatten. Aber vor allem hatten sie Überlebende gefunden.

Alle Russen als Helden, alle Deutschen schlecht – und alle Fakten gewiss

Der russische Autor Konstantin Simonow war der erste Journalist, der einen Bericht aus dem Lager übermittelte. Der sowjetische Journalismus hielt sich an eine Formel, in der alle Russen Helden, alle Deutschen schlecht und alle Fakten gewiss waren – weshalb Simonows erste Worte besonders aufschlussreich sind: „Was ich beschreiben werde, ist von zu gewaltigen Ausmaßen und zu grauenhaft, um es vollkommen zu begreifen [...]. Ich selbst kenne gegenwärtig nur einen Bruchteil der Fakten: Ich habe nur mit einem Hundertstel der Opfer gesprochen und vielleicht ein Zehntel der Spuren gesehen. Aber ein Mann, der gesehen hat, was ich gesehen habe, kann nicht schweigen. Er kann es nicht ertragen, nicht zu sprechen."[5]

Trotz aller Fehler, die er begehen sollte, hatte Simonow eine grundlegende Wahrheit ausgesprochen: Mit den Fakten des Holocaust konfrontiert, fällt es unserem Verstand noch heute schwer, zu begreifen, womit wir es zu tun haben. Simonow setzte die Zahl der im Lager ermordeten Menschen viel zu hoch an. Er behauptete fälschlich, dass Léon Blum, der ehemalige Leiter der französischen Volksfront, dort gestorben sei (Blum war in Buchenwald und überlebte). Aber sein größter Fehler war, das Lager als Mordmaschine für Kriegsgefangene und politische Häftlinge zu beschreiben; tatsächlich diente es spezifisch der Vernichtung der Juden. Simonow behauptete, in Majdanek seien mehr Polen als Juden getötet worden. Er listete die Pässe und Herkunftsländer der Opfer auf, sagte jedoch nichts über ihre ethnische Zugehörigkeit. Obwohl er wusste, dass einige Häftlinge sofort nach der Ankunft ermordet worden waren, ließ er die Tatsache unerwähnt, dass es sich bei diesen Opfern um Juden gehandelt hatte. Simonows Darstellung entsprach der offiziellen sowjetischen Ideologie, die den antisemitischen Charakter der nationalsozialistischen Verbrechen unterschlug. Aber auch auf Seiten der demokratischen Regierungen wollte man nicht wahrhaben, was geschehen

---

4 Siehe das sogenannte Höfle-Telegramm vom 11. Januar 1943; www.nationalarchives.gov.uk/education/resources/ holocaust/hoefle-telegram.
5 Konstantin Simonov, The Death Factory near Lublin, London, 1944, S. 3.

war. Die alliierten Regierungen zogen den Bericht in Zweifel. Ein Journalist der „New York Times", der entsandt wurde, um die Fakten zu überprüfen, erklärte, dass „Juden, Polen, Russen und tatsächlich Angehörige von insgesamt 22 Nationalitäten" nach der Ankunft in die Gaskammern getrieben worden seien. „Manche", schrieb er, seien sofort vergast worden, während „andere Häftlinge lange Zeit am Leben blieben".[6] So wie Simonow ließ der „Times"-Reporter die wesentliche Tatsache außer Acht: das Kriterium, von dem abhing, wer ermordet wurde. Als der BBC-Journalist Alexander Werth im selben Monat einen zutreffenderen Bericht aus Majdanek übermittelte, weigerte sich der Sender, ihn auszustrahlen. „Man dachte, es handle sich um ein Meisterstück russischer Propaganda", erinnerte sich Werth später.[7]

Wer hat die Schuld – Subjekte oder das System?

Das Lager Majdanek ist in allen Details erhalten geblieben: die Brillen, Schuhe, Koffer, Hütten, Öfen und ein riesiger Aschehaufen. Die Wände einer Gaskammer sind blau und grün verfärbt von den Chemikalien, die eingesetzt wurden, um die Opfer zu ersticken. Die Wachtürme ragen aus der ländlichen Umgebung heraus. Heute wissen wir sehr viel mehr über die Geschehnisse der Aktion Reinhardt: Wir wissen, dass die meisten Menschen in den niedrigen Betonbunkern der großen Todeslager ermordet wurden; die Täter konnten sie zerstören, bevor sie die Flucht ergriffen. Wenn wir es ertragen, können wir nachlesen, welches die bevorzugten Foltermethoden einzelner Wärter in Majdanek waren, die Menschen zum Vergnügen töteten. Aber es ist nach wie vor nicht sicher, wer was anordnete.

Ende Oktober 1941 hatte die SS Gasexperten wie Josef Vallaster aus dem medizinischen Euthanasieprogramm abgeworben und mit dem Bau des Lagers in Belzec begonnen. Aber detaillierte Darstellungen zeigen, dass der regionale SS-Kommandant Odilo Globocnik bereits vorgeprescht war. Nach Einschätzung eines Historikers legte Globocnik im Streben nach einem rassistischen Genozid lange vor der Aktion Reinhardt einen „enormen Aktivismus" an den Tag. Er war von der Idee besessen, Südpolen mit Deutschen zu besiedeln und die gesamte polnische Bevölkerung „einzukreisen", um sie „schrittweise wirtschaftlich und biologisch zu erdrosseln".[8] Die Aufzeichnungen zeigen, dass Globocnik durch die Befehlskette Ansuchen an Hitler richtete, weil er „die Juden über den Fluss schicken" wollte. Ein Kollege bezeichnete ihn als „fanatisch von der Aufgabe besessen": „Sein waghalsiger Charakter verleitet ihn oft dazu, die bestehenden Grenzen zu überschreiten und die Beschränkungen in der SS-Ordnung zu vergessen, wenn auch nicht aus Gründen des persönlichen Ehrgeizes, sondern wegen seiner Besessenheit von der Sache."[9]

6 W. H. Lawrence, Nazi Mass Killing Laid Bare in Camp, in: „The New York Times", 30.8.1944, S. 1.
7 Alexander Werth, Russland im Krieg 1941-1945, München 1965, S. 594.
8 Bogdan Musial, The Origins of „Operation Reinhard": The Decision-Making Process for the Mass Murder of the Jews in the Generalgouvernement, in: „Yad Vashem Studies", 2000, S. 113-153.
9 Ebd.

Diese Mischung aus Anweisungen von oben und Improvisation an der Basis hat unter den Historikern eine erbitterte Debatte über den Einfluss von „Funktion" und „Intention" ausgelöst: Hatte Hitler einen Gesamtplan für den Völkermord? Oder kam es dazu, weil untergeordnete NS-Beamte die Juden hassten und in Eigeninitiative mit dem Morden begannen?

Beide Positionen haben erhebliche politische Implikationen: Wenn man alles Hitler und seiner „Absicht" zuschreiben kann, kann man den Nationalsozialismus als einmaliges, von einem machtbesessenen Individuum heraufbeschworenes Phänomen betrachten, anstatt ein Produkt tiefer liegender psychologischer und Klassenkräfte darin zu sehen. Verlagert man das Augenmerk hingegen auf die unteren Ebenen, so die Kritiker, so weist man „Systemen" statt Menschen die Schuld zu und relativiert damit die Verbrechen.[10]

Geschichte als Anleitung zum Widerstand

Wenn es unser Ziel ist, die Geschichte als Anleitung zum Widerstand zu verwenden, sind beide Interpretationen aufschlussreich. Hitler entwarf das Projekt, Russland zu erobern und die Juden auszulöschen, bereits in den zwanziger Jahren. Aber die nationalsozialistische Regierungsmethode – die bewusst chaotisch war – überließ die Initiative untergeordneten Bürokraten wie Globocnik, die improvisierten, gezielt unklare Aufzeichnungen hinterließen und große Anstrengungen unternahmen, um ihre Verbrechen zu vertuschen.

Der Fall Globocnik ruft uns in Erinnerung, dass wir es im Kampf mit dem Faschismus nicht immer mit einem Feind zu tun haben, der planmäßig vorgeht. Das Gedankengebäude des Faschismus liefert ein Handlungsmuster, das abhängig von den Umständen unterschiedlich aussehen kann. Die Unfähigkeit der Antifaschisten, Ethos und Mythologie des Nationalsozialismus ernst zu nehmen, hinderte viele von ihnen Mitte der dreißiger Jahre daran, die Möglichkeit eines Genozids zu sehen. Karl Loewenstein erklärte noch 1937, eine gesetzliche Unterdrückung des Faschismus werde wirksamer sein als massenhafter Widerstand nach Art der Volksfront, denn der Faschismus sei „keine ideologische Bewegung, sondern lediglich eine politische Technik unter ideologischem Vorwand".[11] Majdanek und andere als Gedenkstätten erhaltene Konzentrationslager beweisen, dass dies ein Irrtum war. Als die Nationalsozialisten an der Macht waren, lehnten sie alle Vorschläge ab, ihre Regierungsmethode zu systematisieren. Stattdessen praktizierten sie eine „Politik ohne Administration". Wie der Historiker Timothy Mason schrieb, herrschten sie durch „Nicht-Maßnahmen und Ausflüchte", fällten plötzliche, emotionale Entscheidungen und änderten angesichts des so entstehenden

10 Tim Mason, Intention and Explanation. A Current Controversy about the Interpretation of National Socialism, in: Gerhard Hirschfeld und Lothar Kettenacker (Hg.), The „Führer State": Myth and Reality, Studies on the Structure and Politics of the Third Reich, Stuttgart 1981, S. 25.
11 Karl Loewenstein, Militant Democracy and Fundamental Rights I, in: „The American Political Science Review", 31/3 (Juni 1937), S. 432.

Chaos ihre Pläne.[12] Dieses Regierungssystem konnte nur dank Männern wie Globocnik funktionieren, die das Projekt bereits in groben Zügen im Kopf hatten und bereit waren, mit oder ohne direkte Anweisungen den Massenmord in Angriff zu nehmen. Das System war darauf ausgelegt, ihren Rassenwahn zu wecken und ihre Verbrechen zu vertuschen. Welches Wort sollten wir also verwenden, um Männer wie Globocnik zu beschreiben?

Hannah Arendts Konzept des radikal Bösen

Um zu verstehen, welche Rolle gewöhnliche Deutsche im Holocaust spielten, griffen die Nachkriegsphilosophen auf das Konzept des Bösen zurück. Hannah Arendt verwendete in „Elemente und Ursprünge totaler Herrschaft" den Ausdruck des „radikal Bösen", um die Verbrechen des NS-Regimes einzuordnen; dies waren Verbrechen, die nicht in den Rahmen des gewöhnlichen Bösen passten. In der jüdisch-christlichen Überlieferung, erinnert uns Arendt, wird sowohl der Ursprung als auch das Ausmaß des Bösen als menschlich betrachtet. Es ist die „Abwesenheit des Guten", eine Art von Rückfall auf unsere tierischen Instinkte. Sünden, selbst schwerwiegende wie Vergewaltigung und Mord, sind das Produkt menschlicher Selbstsucht und menschlicher Begierden. Doch gleich ob sie spontan war oder Befehlen gehorchte, ist die systematische Auslöschung und Entmenschlichung eines ganzen Volkes nach Einschätzung von Arendt nicht mit der Vorstellung von der Sünde in menschlichem Maßstab vereinbar. Das radikal Böse der Vernichtungslager, schreibt sie, entstand in einem System, „in dem alle Menschen gleichermaßen überflüssig werden. Die totalen Machthaber sind von ihrer eigenen Überflüssigkeit genauso überzeugt wie von der aller anderen, und die totalitären Henker sind so gefährlich, weil es ihnen offenbar einerlei ist, nicht nur ob sie leben oder sterben, sondern ob sie je geboren wurden oder niemals das Licht der Welt erblickten."[13] Für Globocnik galt das: Nachdem er im Jahr 1945 von der britischen Armee gefangen genommen worden war, biss er auf eine Zyankalikapsel und war zwei Minuten später tot.[14]

Arendts Konzept des radikal Bösen stellt die historischen Materialisten vor ein Problem. Es kann keine einfache soziologische Erklärung für das Wesen eines Menschen wie Globocnik geben. Wir müssen die Quelle seines Verhaltens auf einer tieferen Ebene suchen. Wir dürfen nicht vor einer moralischen Kritik des Faschismus zurückschrecken. Aber die Moralphilosophie ist der modernen Linken fremd, und dieses Problem kann direkt auf die Positionen von Karl Marx zurückverfolgt werden.

Marx machte keinen Hehl aus seiner Geringschätzung für die Moralphilosophie. Er glaubte, jedes moralische System spiegle ein soziales System, Machthierarchien und Formen der Ausbeutung wider, weshalb es keine

---

12 Mason, Intention and Explanation, a.a.O., S. 25.
13 Hannah Arendt, Elemente und Ursprünge totaler Herrschaft, Frankfurt a. M. 1955, S. 722.
14 Max Williams, Odilo Globocnik: The Devil's Accomplice, Stroud 2020, S. 356.

absoluten Vorstellungen von Gut und Böse geben könne. Und dennoch findet man bei Marx eine implizite Moralphilosophie und eine Vorstellung von Gut und Böse. Das „Kapital", sein Buch über die politische Ökonomie, ist auch ein gewaltiges ethisches Traktat, dessen Prämisse lautet, dass es falsch ist, Menschen so auszubeuten, dass sie ihre Fähigkeit verlieren, ein erfülltes menschliches Leben zu führen. In diesem Sinn ist der historische Materialismus teleologisch: Er besagt, dass der Daseinszweck (griechisch „telos") des Menschen darin besteht, sich zu befreien, und zwar sowohl von materieller Not als auch von Entfremdung. Für die Marxisten sollte folgerichtig all das „gut" sein, was uns hilft, uns von geistloser Arbeit, Unterdrückung aufgrund von ethnischer Zugehörigkeit und Geschlecht, Ausbeutung und Entfremdung zu befreien. Wir brauchen weder ein göttliches Wesen noch irgendeine andere externe Instanz, die uns sagt, dass diese Dinge gut sind.

Auch das implizite marxistische Konzept des „Bösen" ist in diesem um den Menschen kreisenden Weltbild verankert. Das Böse entfremdet uns unserem menschlichen Wesen, es hemmt unsere Vorstellungskraft, es hindert uns daran, die von uns geschaffenen Technologien zu kontrollieren, es unterdrückt unsere Sexualität, es beutet uns aus, es tötet uns. Wie es der Philosoph Michel Henry ausdrückt: „Für Marx ist das *Wirtschaftliche* vor allem böse."[15]

Aber was ist mit dem radikalen Bösen? Welchen Platz nimmt dieses Böse in der marxistischen Theorie ein? Da die Moralphilosophie von Marx implizit blieb, gibt es auf der Linken – sieht man von ikonoklastischen Autoren wie Henry ab – keine Sprache für die Auseinandersetzung mit dieser Frage, ja es gibt beinahe keine Debatte darüber.

Die Tugendethik der Arbeiterklasse

Dabei entwickelte die Arbeiterklasse im 19. und frühen 20. Jahrhundert ihre eigene Moralphilosophie aus dem Marxismus, obwohl Marx darüber spottete. Sie bezeichnete dieses ethische System als „Klassenbewusstsein". Ausgehend von den jüdisch-christlichen Prinzipien von Selbstlosigkeit, Demut und Kampf für Gerechtigkeit in dieser Welt statt nur für die Erlösung in der nächsten, entwickelten sie eine Tugendethik mit impliziten „Geboten". Diese Ethik gab eine Antwort auf die aristotelische Frage: Wie sieht eine gute Gesellschaft aus, und was kann ein guter Mensch tun, um diese Gesellschaft zu errichten und darin zu leben?

Aber in den 20er Jahren des vergangenen Jahrhunderts kollidierte das vom Proletariat gestaltete ethische System mit etwas, das eine andere Größenordnung hatte: mit dem militanten Antihumanismus von Männern wie Globocnik. Das Auftauchen dieses neuen Widersachers erschütterte das proletarische Weltbild. So wie kein marxistischer Theoretiker den Faschismus vorausgesagt hatte, konnte ihn sich keine Arbeitergemeinde vorstellen, bevor er ihr widerfuhr.

---

15 Michel Henry, Marx: An Introduction, London 2019, Loc. 623; Hervorhebung d. A.

Diesen Fehler muss die heutige Generation der Linken korrigieren. Der Marxismus scheiterte sowohl als politische Doktrin als auch als Massenbewegung im Kampf gegen den Faschismus, weil er keine explizite Theorie des Bösen hatte und weil er, als er mit einem systemischen, militarisierten, genozidalen Antihumanismus konfrontiert wurde, kaum eine Erklärung dafür anbieten konnte.

Damit sich der Marxismus in einen umfassenden, radikalen Humanismus für das 21. Jahrhundert verwandeln kann, braucht er ebenfalls ein theoretisch ausgestaltetes Konzept des „radikal Bösen". So wie bei Arendt sollte der Ausgangspunkt dieses Konzepts die Erfahrung der Vernichtungslager sein. Der Anblick der Stacheldrahtzäune und des Betons genügt nicht, um zu verstehen, wie vollkommen die Menschen in den Todeslagern entmenschlicht wurden. Der Zweck dieser Lager war nicht einfach, Menschen zu töten, sondern, wie die Philosophin Claudia Card erklärte, einen „sozialen Tod" herbeizuführen.[16]

Im Jahr 2018 traf ich mich in Warschau mit dem Auschwitz-Überlebenden Marian Turski, der sich in gebrochenem Englisch bemühte, die Nürnberger Gesetze, die Juden verboten, sich an Orten wie öffentlichen Parks und Schwimmbädern aufzuhalten, mit dem Endergebnis zu verknüpfen: „Man könnte meinen, das sei einfach nur unangenehm. In Ordnung, du darfst dort nicht schwimmen, aber was soll's? In Berlin gibt es Hunderte andere Orte, an denen man schwimmen gehen kann. Du darfst nicht auf dieser Parkbank sitzen, aber es gibt andere, auf denen du sitzen kannst. So gewöhnen sich sowohl die Opfer als auch die Täter und die unbeteiligten Zuschauer daran. Und dann kommen die Ghettos. Dann werden Menschen vertrieben. Dann in die Lager, dann in die Vernichtungslager."

„Was war das Schlimmste?", fragte ich Turski. Seine Antwort: „Die Erniedrigung. Dass sie dich nicht einmal wie ein Tier, sondern wie ein Insekt behandelten, wie eine Kakerlake, wie eine Bettwanze. Und das ist normal für jedermann – was tut man mit einem Insekt?" Er schlug die Hände zusammen und stampfte mit dem Fuß auf, so als würde er etwas zertreten.

Der Täter als Maschine und die Entmenschlichung des Menschen

Das NS-Regime versuchte unter den Mördern in den Lagern Ernst Jüngers „neuen Mann" zu schaffen. Während die Häftlinge grausam entmenschlicht wurden, wurde den Leuten, die in den Lagern arbeiteten, beigebracht, sich selbst als Maschinen zu betrachten: als nicht menschliche Menschen. Sie waren bereit, Leid zuzufügen und wie von Jünger angekündigt zu sagen: „Die Technologie ist unsere Uniform."

Jünger sah im Auftauchen entmenschlichter und unmenschlicher Menschen im 20. Jahrhundert keinen Rückschritt in die Unzivilisiertheit, sondern das Ergebnis des technologischen Fortschritts. Unsere Fähigkeit, Maschi-

16 Claudia Card, Confronting Evils: Terrorism,Torture, Genocide, Cambridge 2010, S. 237.

nen zwischen uns selbst und die Natur zu setzen, so als wären sie künstliche Glieder, unsere Fähigkeit, Kameralinsen zwischen unsere Augen und
die Außenwelt zu setzen, hatte in seinen Augen ein „zweite[s] und kältere[s]
Bewusstsein" hervorgebracht, das „in der sich immer schärfer entwickelnden Fähigkeit" zutage trete, „sich selbst als Objekt zu sehen".[17] Obwohl sich
Jünger in einen Gegner der Nationalsozialisten verwandelte, war er in diesem Sinn ihr hellsichtigster Prophet.

Die naive Moralphilosophie der Arbeiterklasse, in der lediglich normale
menschliche Mängel existierten, konnte den Kontakt mit einem systematischen und absoluten Antihumanismus nicht überleben. Ihr naives Klassenbewusstsein wurde zerstört. Einmal mehr kommen uns Jan Petersens Worte
in den Sinn, der im Januar 1933 durch Berlin taumelte: „Ich bin benommen."

Der Antifaschismus als globale Moralphilosophie

Den Platz dieses Klassenbewusstseins nahm der Antifaschismus ein, der
zu dem Zeitpunkt, als die Dreharbeiten für „Casablanca" begannen, keine
linke Parole und auch keine politische Strategie mehr war, sondern eine globale Moralphilosophie. Das spiegelte sich auch in der Besetzungsliste von
„Casablanca" wider. Nur 3 der 14 dort genannten Schauspielerinnen und
Schauspieler waren in den Vereinigten Staaten zur Welt gekommen. Die
Mehrheit der 75 Personen, die in dem Film zu sehen sind, waren Geflüchtete aus Europa. Paul Henreid, der den Widerstandskämpfer Victor László
spielte, war in Deutschland zu einem Feind des „Dritten Reichs" erklärt worden, und das Regime hatte seinen gesamten Besitz beschlagnahmt. Helmut
Dantine, der Darsteller des jungen Bulgaren, der ein Visum braucht, hatte
in Wien eine antifaschistische Jugendbewegung geleitet, an Unruhen teilgenommen und eine Weile in einem Gefängnis verbracht. Marcel Dalio, der
den Croupier in Ricks Casino spielt, war schon in den antifaschistischen Filmen von Jean Renoir aufgetreten. Während der Besatzung Frankreichs setzten die Deutschen Dalios Gesicht auf ein Propagandaplakat mit dem Titel
„Der Jude". Dalios Ehefrau Madeleine Lebeau spielte die Nachtschwärme-
rin Yvonne; das Schauspielerpaar war auch im wirklichen Leben gemeinsam
mit falschen Visa aus Europa geflohen und über Lissabon und Mexiko in die
Vereinigten Staaten gelangt.[18]

Der kollektive Beitrag dieser Personen, die im wirklichen Leben den
Faschismus bekämpften, verleiht „Casablanca" sein Ethos. Einige der
schönsten Sätze in dem Film sind moralische Stellungnahmen. Als Rick von
László wissen will, ob er sich nie frage, ob sich sein Kampf lohne, antwortet
der Widerstandskämpfer: „Dann könnten wir uns auch fragen, warum wir
atmen. Wenn wir aufhören zu atmen, sterben wir. Wenn wir aufhören, unsere
Feinde zu bekämpfen, stirbt die Welt." Jemand am Set – vielleicht Koch, viel-

17 Ernst Jünger, Über den Schmerz, in: ders.,Werke, Bd. 9: Essays I Betrachtungen zur Zeit, Stuttgart
   1980 [1934], S. 181.
18 Aljean Harmetz, Making of Casablanca, S. 208-25.

leicht Henreid oder auch Bogart (der einen Hang dazu hatte, „Einzeiler aus einer Whiskyflasche zu holen") – hatte das tiefere Wesen der faschistischen Bedrohung verstanden und in einem einzigen Satz zum Ausdruck gebracht.

Organisierte Ablehnung menschlichen Lebens – Faschismus als Antimoral

Der Faschismus ist die organisierte Ablehnung des menschlichen Lebens. Er ist eine Antimoral. Sein erster philosophischer Grundsatz, der direkt auf Nietzsches Worte zurückgeführt werden kann, besagt, die Übermenschen dürften sich in „frohlockende Ungeheuer" verwandeln, „welche vielleicht von einer scheußlichen Abfolge von Mord, Niederbrennung, Schändung, Folterung mit einem Übermute und seelischen Gleichgewichte davongehen, wie als ob nur ein Studentenstreich vollbracht sei".[19] Es ist unmöglich, das zu lesen, ohne an Globocnik und Tausende andere wie ihn zu denken, die diesen „Übermut" nicht aus den Werken Nietzsches, sondern aus den SA-Kneipen, von Hitlers Auftritten und aus den vergnüglichen Momenten außer Dienst kannten, von denen man sich anhand der erhaltenen Sammlungen ihrer widerwärtigen persönlichen Fotos ein Bild machen kann.

So gründlich wir die Befehlskette auch bis zu Hitler zurückverfolgen, der Faschismus war nicht einfach ein Regierungsprogramm, sondern ein auf Kooperation angewiesenes Vorhaben, an dem sich Millionen Menschen beteiligten, um sich ihre Mitmenschen zu unterwerfen und ihnen ihr Recht auf Freiheit zu verweigern.

Anders ausgedrückt: Der Faschismus ist die organisierte Verweigerung unserer menschlichen Freiheit, begründet in der Überzeugung, dass Menschen einfach maschinenartige Objekte sein sollten, die Gleichgültigkeit gegenüber dem Leiden erlernen können, kein Interesse am Streben nach Freiheit haben und ausgerottet werden sollten, wenn sie nicht gebraucht werden, um die Bedürfnisse einer selbstdefinierten Elite zu erfüllen.

Der Faschismus kann nicht allein durch Appelle an die Vernunft, ja nicht einmal durch den kollektiven Kampf besiegt werden. Er muss moralisch besiegt werden; seine logische Verwirrung muss aufgedeckt werden; er muss dazu bewegt werden, sich auf die „gewöhnlichen" rassistischen, sexistischen und nationalistischen Vorurteile zu beschränken, die – so widerwärtig sie auch sein mögen – durch eine vernünftige Argumentation in Schach gehalten werden können. Wann immer er den Mythos des bevorstehenden ethnischen Bürgerkriegs verbreitet, muss er zum Schweigen gebracht werden – weil die ständige Wiederholung der Phantasievorstellung die Täter nur darauf vorbereitet, sie am Ende tatsächlich zu verwirklichen.

---

19 Friedrich Nietzsche, Zur Genealogie der Moral, in: ders.,Werke in zwei Bänden, Bd. 2, München 1985 [1887], S. 196.

Für einen neuen Faschismusbegriff

Warum wir bei Putin, Orbán und Co. nicht nur von Rechtspopulismus sprechen sollten

Von **Berthold Franke**

Der fortwährende Skandal des russischen „antifaschistischen" Verteidigungskriegs zur „Denazifizierung" der Ukraine scheint die westlichen Beobachter in eine Art Schockstarre versetzt zu haben. Während die politische Koalition gegen die russische Aggression bislang überraschend stabil und handlungsfähig ist, hat eine terminologische Gegenwehr seither kaum stattgefunden. Dabei war schon lange vor dem 24. Februar 2022 absehbar, dass die globale Landkarte politischer Ideen und Bewegungen neu vermessen werden muss, und zwar nicht nur wegen der zynischen Behauptung „antifaschistischer" Ziele einer imperialistischen russischen Politik, die Moskau vor allem mit Blick auf die eigene Bevölkerung geschichtspolitisch instrumentalisiert. Weit über die aktuellen Ereignisse in Osteuropa hinaus erweist der Blick auf eine lange Reihe internationaler politischer Bewegungen, Parteien und Regimes – von Ungarn und Belarus über Brasilien und die Türkei bis zu den Philippinen oder Indien, aber auch in gestandenen Demokratien wie den USA, Frankreich, Italien, Österreich bis hin zu den skandinavischen Ländern – ein deutliches Defizit im begrifflichen Instrumentarium. „Rechts", „rechtspopulistisch", „rechtsextrem", „national-autoritär" – all diese Titel und deren Abwandlungen vor allem in der Wortfamilie um „Populismus" werden wieder und wieder bemüht, um sehr heterogene, im Kern aber strukturverwandte politische Phänomene zu kennzeichnen. Aber nicht erst seit der kriegerischen Aggression Putins bleibt ein Gefühl des Ungenügens.

Dabei hatte sich die Politikwissenschaft redlich bemüht und mit einer reichhaltigen Literatur dem neuen Populismus gewidmet. Das erschien den meisten alles in allem relativ geheimnislos und stimmig beschrieben, etwa in Jan-Werner Müllers Essay „Was ist Populismus?" von 2016, und das Begriffsregal war aufgeräumt. Wenn da nicht dieses Unbehagen geblieben wäre: Orbán, Trump und Bolsonaro, Erdoğan, Putin und Modi – sie alle sind gewiss Populisten, aber verbindet diese Figuren nicht mehr als das? Und gibt es nicht augenfällige Verwandtschaften mit historischen Figuren wie Mussolini, Horthy oder Franco?

Auffällig ist, dass ein Begriff so gut wie gar nicht fällt: Faschismus. Dass keiner der größeren politischen „Ismen" (inklusive des Kommunismus) so gründlich desavouiert ist wie der Faschismus, kann als Ergebnis der welthistorischen Niederlage des deutschen Nationalsozialismus verstanden werden, der als extremste und destruktivste Variante des europäischen Faschismus 1945 seine ganze weitere politische Verwandtschaft mit sich in den Abgrund riss. Seitdem hielten viele den Fall für historisch erledigt, neofaschistische Bewegungen konnten im Konsens der westlichen Demokratien symbolisch und politisch an der Relevanzschwelle niedergehalten werden. Das änderte sich aber spätestens mit dem Ende des Sowjetkommunismus und der neuen, man darf sagen: globalen Blüte rechtsnationalistischer Bewegungen, die allerdings weiter vermieden, unter ihrem historischen Banner aufzutreten. Politische Erfolge der nationalistischen Rechten, wie etwa in Italien zu beobachten, verlangen offensichtlich dauerhaft die Distanznahme vom historisch zu belasteten Label „Faschismus". Interessanterweise folgt die politische Publizistik und Wissenschaft den so agierenden Organisationen in dieser Camouflagestrategie und meidet den kontaminierten Begriff, der durch seine weite Gebrauchsgeschichte sinnentleert oder historisch aufgebraucht erscheint.

Wahlverwandtschaft oder Gemeinsamkeit?

Im deutschen Kontext, in dem die fahrlässige Gleichsetzung von Faschismus und Nationalsozialismus sowie die polemisch-sorglose Anwendung der Begriffe Faschismus und Neofaschismus in der Linken seit 1968 besondere Konjunktur hatten, ist diese Zurückhaltung nicht schwer zu verstehen. Die „Fascho-Keule" will hierzulande im Spektrum der Nachdenklichen niemand leichtfertig herausholen. In der politischen Terminologie bleibt mit „Fa" der Faschismus lediglich als verschämtes Kürzel in der autonomen Antifa hörbar.

Das ansonsten eifrige Weitergebastel am Populismus-Wortfeld wird der Sache aber erkennbar nicht gerecht. Wenn etwa eine Koryphäe wie der vielleicht beste deutsche Kenner Osteuropas und Russlands, Karl Schlögel, sich in einer mehr als widersprüchlichen Argumentation zur Charakterisierung des russischen Regimes am Ende auf einen Begriff wie „Putinismus" festlegt, erscheinen Einwände angebracht.[1] Zumal es in der internationalen Debatte offenbar weniger Skrupel gibt, dass schwierige „F-Wort" zu verwenden. Relativ unbeirrt und mit klarer begriffspolitischer Zielrichtung fordert etwa der US-Historiker Timothy Snyder gerade von seinen deutschen Kollegen, deren besondere Zurückhaltung er natürlich kennt, die Hinwendung zu einer faschismustheoretischen Perspektive auf die russische Politik der Putin-Jahre.[2]

---

1   Vgl. Der Ruf nach Verhandlungen hat etwas mit völliger Unkenntnis der Lage zu tun, „Tagesspiegel", 11.1.2023. Dabei gibt Schlögel zunächst zu erkennen, dass er mit dem Begriff „russischer Faschismus" keine Probleme habe, allerdings die „entwertete Schärfe" eines „inflationären Gebrauchs des Faschismus-Begriffs" befürchte. Wenn Schlögel dann vor dem Verschwinden der „sowjetisch-stalinistischen DNA der heutigen russischen Gewaltherrschaft" hinter dem wuchtigen Faschismusbegriff warnt, bezieht er sich allerdings auf Spezifika des Stalinismus, die bei genauerem Hinsehen gar keine sind: „Tötung von Oppositionellen", „Gewalt in den Gefängnissen und Lagern", „Straflosigkeit, mit der Verbrechen begangen werden", „imperial-völkische Vorstellungen" des Führers etc.
2   Timothy Snyder, Wir hatten damals recht, also haben wir auch heute recht und werden immer recht haben – neun Thesen zu Putins Faschismus, in: „Neue Zürcher Zeitung", 22.5.2022; ders., Prigozhin's March on Moscow, snyder.substack.com, 26.6.2023.

Auch die israelisch-französische Soziologin Eva Illouz lässt uns (ausgerechnet mit Blick auf die aktuelle Politik in Israel) wissen: „Heute würde ich einen stärkeren Ausdruck wählen als Populismus. Vielleicht Postfaschismus, vielleicht Protofaschismus."[3]

Sind es nur Ähnlichkeiten? Sind es Wahlverwandtschaften, historische Parallelen (die vielberufene Wiederholung der Geschichte als Farce), oder haben wir es vielleicht mit strukturellen Gemeinsamkeiten zu tun, die die Anwendung bzw. Aktualisierung des Faschismusbegriffs nicht nur erlauben, sondern sogar fordern? Die Klärung dieser Frage verlangt eine adäquate analytische Perspektive, nämlich die Weitwinkeloptik der Politischen Theorie und Ideengeschichte, die, im Vergleich zum Teleobjektiv der Geschichtsschreibung, bei der am Ende in der Konzentration auf die vielen Details und Differenzen die Gemeinsamkeiten verblassen, stärker das Verallgemeinerbare, Idealtypische zutage fördert. Der Bedarf nach guten und validen Begriffen und Idealtypen ergibt sich aber genauso dringend in der praktischen Politik: Putin, Orbán oder Höcke bloße Populisten zu nennen, ist nicht nur begrifflich unzureichend, sondern eine Verharmlosung.

Modernisierung und Bonapartismus

Wenn im Folgenden nicht nur mit Blick auf Russland ein aktualisierter Faschismusbegriff empfohlen wird, bedeutet dies eine historische Kontextualisierung. Faschistische Programme und Ideologien beruhen heute wie vor hundert Jahren auf nahezu identischen sozioökonomischen und politischen Dynamiken. Als angstgeleitete – und politische Angst in Regie nehmende – Bewegungen und Regime bieten sie im Wesentlichen die gleichen „Lösungen" und Antworten für im Grundsatz gleiche Probleme und Fragen, die sich aus Krisen moderner Gesellschaften ergeben, sei es im Europa nach dem Ersten Weltkrieg, sei es in der postkolonialen, digitalkapitalistischen Welt von heute. In sich modernisierenden, differenzierenden Gesellschaften, deren Fortschritt immer Gewinner und Verlierer kennt, fällt den faschistischen Bewegungen die Frustrationsenergie der von der gesellschaftlichen Dynamik Abgehängten und von ihren Prämien Ausgeschlossenen – bzw. der sich abgehängt und ausgeschlossen Fühlenden – zu. Diese zu mobilisieren, verlangt ein offenes Feld politischer Rivalität, wie sie Demokratien oder Teildemokratien bieten.

Da der Faschismus aus den Widersprüchen und Defiziten der Demokratie mit deren Mitteln ihre Abschaffung betreibt, kann man ihn als Pathologie (Theodor W. Adorno spricht von „Wundmalen" oder „Narben") unvollständiger Demokratisierung begreifen. Im Sinne einer populistischen Erweckungs- und Ermächtigungsbewegung der verängstigten Verlierer ist er reguläres Symptom gesellschaftlicher Entwicklungskrisen, zunächst

---

3   Vgl. Gefährliche Gefühle, in: „Frankfurter Allgemeine Zeitung" (FAZ), 23.4.2023; auch der Historiker Timothy Garton Ash berichtet von der Erfahrung, dass der Faschismus wieder da ist, „nicht zuletzt in Wladimir Putins Russland", vgl. ders., Europa, München 2023, S. 100.

(aber nicht nur) ökonomischer Art.[4] So hat die ältere Faschismustheorie den Faschismus wiederholt als Phänomen der „Modernisierung" von „verspäteten", durch Sonderbedingungen in ihrer Entwicklung gehemmten Gesellschaften und Nationen beschrieben. Auch wenn nach dieser Definition, etwa bei Ralf Dahrendorf, Modernisierung als übergreifender Prozess sozialer Transformation begriffen wird, ist ihre Herkunft aus einem geschichtsphilosophischen Denken augenscheinlich. Ihre erste Prägung hat sie denn auch in den frühen 1930er Jahren durch den Marxisten Franz Borkenau erfahren, der Modernisierung auf historisch-materialistischem Pfad primär als kapitalistische erfasste und den Faschismus in kapitalistisch verspäteten Ländern wie Italien und Deutschland als Modernisierungs- und Industrialisierungsdiktaturen charakterisierte. In diesem Sinne fügte sich die faschistische Modernisierung als Deblockierung und Beschleunigung eines prinzipiell mit historischer Notwendigkeit anstehenden nächsten Entwicklungsschritts in eine übergeordnete Fortschrittserwartung, die, je nach gesellschaftstheoretischem Hintergrund, marxistisch als Übergang von der feudalen zur kapitalistischen Produktionsweise oder liberal zur modernen Industriegesellschaft modelliert war.

Derartige Fortschrittserwartungen sind heute perdu und andere Einsichten der älteren Faschismustheorie (wenn man klugerweise nicht ganz bei null anfangen will) aktueller. Hier fällt insbesondere ein gleichfalls der marxistischen Schule entstammender Strang der Debatte ins Auge, nämlich die auf August Thalheimer in seiner Schrift „Über den Faschismus" (1928) zurückgehende Bonapartismus-These.[5] Inspiriert von Marx' Schlüsselschrift „Der achtzehnte Brumaire des Louis Bonaparte" von 1852 blickt Thalheimer auf den in den 1920er Jahren gewachsenen Faschismus in Europa. Die von Marx als Machtchance für die „cäsaristisch-plebejische" Herrschaft von Napoleon III. im nachrevolutionären Frankreich beschriebene Pattsituation der großen antagonistischen Klassen Bourgeoisie und Proletariat erkennt Thalheimer 80 Jahre nach Marx wieder. Wo sich die großen Akteure gegenseitig neutralisieren, fällt der Schlüssel zur Macht einem dritten Akteur quasi in den Schoß: Die Faschisten übernehmen die Macht bzw. sie wird ihnen aus Angst vor der drohenden proletarischen Revolution von der kapitalistischen Bourgeoisie übertragen.

Zwar zeigt sich bei Thalheimer die Blindstelle einer marxistischen Lesart, die sich Politik nicht anders als aus dem gesellschaftlichen „Hauptwiderspruch" ableitbar denkt – ein Nachteil, den sie mit vielen Faschismus-Deutungen marxistischer Provenienz teilt, etwa mit der berühmten „Dimitroff-These" von 1933, wonach der Faschismus die „terroristische Diktatur der am meisten reaktionären, chauvinistischen und imperialistischen Elemente des Finanzkapitals" sei, aber der grundsätzliche Hinweis auf die Klassenanalyse ist wichtig. Faschismus ist mehr als eine Spielart autoritär-personaler Herrschaft, wie es etwa im Begriffsvorschlag „Putinismus" analog zu „Bonapartismus" nahegelegt wird, nämlich ein Politikformat, das auf

---

4   Theodor W. Adorno, Aspekte des neuen Rechtsradikalismus, Berlin 2019, S. 18.
5   August Thalheimer, Über den Faschismus, marxists.org.

einem bestimmten Muster der Verarbeitung von Krisen durch die hiervon betroffenen Menschen beruht. Dieser Verarbeitungsmechanismus ist im einfachen „Histomat"-Schematismus der Verknüpfung von Klassenlage, Interessen, Ideologie und politischer Option nur oberflächlich erfasst.

Schon Thalheimer fasst die von Marx beschriebene soziale Basis des Bonapartismus im Begriff „die Deklassierten aller Klassen" zusammen und legt damit eine wichtige Spur: Faschismus nicht als politische Wahl einer Klasse oder einer Schicht, sondern als Angebot für die Abgehängten, Enttäuschten, Betrogenen, Frustrierten aller Klassen und Schichten. Entgegen der vulgärmarxistischen Lesart, wonach der Faschismus eine von kapitalistischen Eliten im Krisenfall zynisch installierte Herrschaftsform zur Sicherung ihrer Interessen und insofern lediglich eine „Form bürgerlicher Herrschaft" sei, rückt in dieser Lesart seine Massenbasis ins Zentrum der Analyse.

Politik mit der Angst

Der Zusammenhang von Kapitalismus und Faschismus, wie er im viel zitierten Satz von Max Horkheimer „Wer aber vom Kapitalismus nicht reden will, sollte auch vom Faschismus schweigen" formuliert ist, erweist sich als ein vermittelter. Der Kapitalismus ist insofern Nährboden für den Faschismus, als er aus seiner inneren Logik heraus neben immensen Produktionserfolgen im Verlauf wellenförmiger Krisenzyklen in großer Zahl deklassierte und frustrierte Menschengruppen hervorbringt, die für faschistische Politikangebote empfänglich sind. Wo das liberale Versprechen von Emanzipation und „Wohlstand für alle" immer nur für einen begrenzten Teil der Bürger und konkurrenzfähigen Marktteilnehmer eingelöst wird, haben faschistische Ideologie und Mobilisierung ihre Dauerchance – auch in Demokratien, die ihre Stabilität ja vor allem in ruhigen Zeiten erweisen.

Nun kennt der Kapitalismus seit eh und je eine exemplarische „Verliererklasse", die seine Urtheoretiker Marx und Engels seit Vormärzzeiten als Soziotop von Reaktion und politischer Rückständigkeit brandmarkten und entsprechend mit endlosen Schimpfkanonaden belegten: die von Industrialisierung und Finanzkapital bedrängten und in ihrer Existenz bedrohten Kleinbürger. Diese Vertreter des alten Mittelstands, Handwerker und Kleinhändler zumal, suchen in ihrer Verzweiflung und politischen Obdachlosigkeit Zuflucht unter den Fittichen eines starken, autoritären Staats und hängen einem irrealen Traum von der Wiederherstellung der alten ständestaatlich-zünftigen Ordnung nach.[6]

---

6 Besonders scharf formuliert Leo Trotzki: „Nicht jeder erbitterte Kleinbürger könnte ein Hitler werden, aber ein Stückchen Hitler steckt in jedem von ihnen." Vgl. ders., Porträt des Nationalsozialismus, in: „Die neue Weltbühne", 10.7.1933. Alle marxistischen Analysen münden in einer Klassifizierung des Faschismus als „Form bürgerlicher Herrschaft", vgl. Reinhard Kühnl, Formen bürgerlicher Herrschaft: Liberalismus, Faschismus, Reinbek bei Hamburg 1981. Nicht wenig spricht demgegenüber für eine Einordnung als „Form kleinbürgerlicher bzw. angstbürgerlicher Herrschaft". Vgl. Berthold Franke, Die Kleinbürger, Frankfurt und New York 1988.

Hier, in der retrograden Utopie deklassierter unterer Mittelschichten formt sich ein Reaktionsmuster, das man als „kleinbürgerlich" bezeichnen kann, wiewohl es in der späteren Entwicklung ein weit über dieses Milieu hinaus wirksames Schema wird: Die Angst vor den Erschütterungen des (nicht nur ökonomischen) Fortschritts mit seinen harten Enteignungs- und Entfremdungsfolgen wird zur ideologiebildenden und die politischen Bewegungen speisenden Kraft, die der Faschismus im 20. Jahrhundert immer wieder aus nahezu allen Bereichen der Gesellschaft mobilisieren kann – bis hin zum Nationalsozialismus, der, wie die historische Wahlforschung zeigt, eine im Vergleich zu den anderen Parteien der Weimarer Republik verblüffend breite soziale Basis hatte (die NSDAP als frühe Volkspartei). Dabei zählt mindestens genauso sehr wie die reale sozioökonomische Lage deren mentale Verarbeitung. Faschismus wird zur Option nicht nur für die „Abgehängten", sondern auch für diejenigen, die sich abgehängt fühlen, denen etwa die Anerkennung für ihre Lebensleistung verwehrt wird oder die sich im medialen und kulturellen Mainstream ihres Landes nicht mehr repräsentiert fühlen. Hier finden sich in einer diffusen Stimmung oft unbegriffener symbolischer Demütigung nicht nur Verlierer, die eine rasant modernisierte und kapitalisierte Welt immer produziert, sondern auch jede Menge „enttäuschter Gewinner", denen trotz objektiv guter Behauptung ihrer materiellen Interessen subjektiv ihre alte Welt und die Sicherheit in ihr abhandengekommen ist.

Universelle Bedürfnisproduktion und Frustrationsenergien

Aus dem bisher Gesagten lassen sich für eine Bestimmung sozialer Entstehungsbedingungen des Faschismusbegriffs folgende Schlüsse ziehen. Erstens: Der Faschismus ist eine politische Krisenreaktionsbildung in modernen, sich schnell entwickelnden und verändernden Gesellschaften. Zweitens: Der Faschismus formuliert Angebote an diejenigen, die, relativ unabhängig von ihrer konkreten sozialen Lage, sich in der Krise subjektiv verletzt, abgehängt oder gedemütigt fühlen und nimmt ihre Frustrationsenergie in Regie. Drittens: Der Faschismus formuliert Krisen-„Lösungen" als radikale, systemsprengende Revisionismusprojekte in Form der Wiederherstellung einstiger, vorgeblich besserer Zustände. Viertens: Im Zeitalter eines durch die Grenzen des Wachstums und die ökologischen Probleme des Planeten porös gewordenen Fortschrittsnarrativs besteht ein strukturelles Vakuum für plastische, massenhaft kommunizier- und politisierbare „Lösungs"-Entwürfe, das faschistischen Bewegungen und ihren retrograden Utopien breiten Raum bietet. Fünftens: Durch die zuvor nicht gekannte, über die entgrenzte Kommunikation heute in Echtzeit ablaufende Vergleichbarkeit der Lebensressourcen und -chancen im Weltmaßstab sowie die idealisierte Zurschaustellung von Wohlstand und Lebensstil der Mittel- und Oberschicht des Globalen Nordens und die damit einhergehende universelle Bedürfnisproduktion erhält das Reservoir sich als Verlierer empfindender Bevölkerungsteile ärmerer Länder kontinuierlichen Zulauf.

Der historische wie der aktuelle Faschismus als giftige Mischung aus aggressivem Nationalismus und radikal antidemokratischem Autoritarismus mit entsprechenden inneren und äußeren Feindbildern mündet typischerweise in geschichtsrevisionistische Zielsetzungen. Die Parallelen radikaler und revolutionärer Rhetorik in den faschistischen und kommunistischen Bewegungen des 20. Jahrhunderts sind in der Analyse des europäischen Totalitarismus ausführlich dargelegt worden. Dabei zeigt sich ein Hauptunterschied: Die bolschewistische Verheißung liegt nach marxistischer Dogmatik immer in der Zukunft. Der Faschismus hingegen verspricht – in Absetzung von konservativen Positionen, die eher durch ein pessimistisches Festhalten am Bestehenden und Vergehenden gekennzeichnet sind – das Heil in Form eines „Vorwärts in die Vergangenheit". Kulminationspunkt faschistischer Propaganda ist eine endgültige Umwälzung, ein großes, disruptives Abrechnen mit den angeblich korrupten Eliten und ein Aufräumen des von ihnen vermeintlich unrechtmäßig besetzten Staats und seiner Institutionen. Das große Versprechen des Faschismus in seiner „Bewegungsphase" ist immer die nationale Wiedergeburt, wobei die Betonung auf „wieder" liegt.[7] Bestimmend ist das retrograd-utopische Leitmotiv: Die faschistische Zukunft verheißt nichts weniger als die große Zurücknahme von Moderne, Liberalismus und Demokratie.

Vorwärts in die Vergangenheit

Alle Standardideologeme faschistischer Provenienz variieren das Motiv des Rückbaus des modernen Gesellschaftsmodells und seiner liberaldemokratischen Errungenschaften: nationalistische und imperialistische, oft auch territoriale Ziele zur Restitution verlorener nationaler Größe; autoritäre Gleichschaltung als Renaissance vordemokratischer Ordnung; identitäre Abwehr multikultureller Vielfalt und die Diskriminierung des inneren wie äußeren Feindes in xenophoben, rassistischen Stereotypen; Propagierung der Rücknahme des liberalkapitalistischen Primats der Politik und des Zurück in die vorkapitalistische, ständische Ökonomie. „Wieder" hergestellt werden soll die autoritäre Verbindlichkeit eines patriarchalischen, auf antifeministischen und homophoben Motiven basierenden Modells der Lebensführung. Übrig bleiben ein autokratischer Führer und ein Staat, der seinem Volk über von oben gewährte Zuwendung soziale Wohltaten und andere Früchte des technologischen Fortschritts zuteilwerden lässt. Damit machen sich diese Regime die alte Erkenntnis zunutze, dass politische Nostalgie besonders trefflich funktioniert, wo sie Angst-, Ohnmachts- und Verlustgefühle instrumentalisiert. Denn auf die sachlich genaue Überprüfung dessen, was da an vorgeblich so herrlicher Vergangenheit wiederhergestellt werden soll, wird in der Regel verzichtet.

---

7   Auf das Motiv der Palingenese hat führend der italienische Historiker Emilio Gentile hingewiesen. Die Unterscheidung von faschistischer „Bewegungsphase", „Durchsetzungsphase" und „Regimephase" geht zurück auf Wolfgang Schieder.

Der faschistische Geschichtsrevisionismus, der hierin ein Urmotiv der deutschen Politischen Romantik variiert, ist längst zum Weltphänomen geworden. „Great again" heißt es nicht nur bei den US-Republikanern, sondern auch in der postosmanischen Türkei, bei den indischen Hindu-Nationalisten, in Serbien und Ungarn sowie bei den Brexiteers, wobei immer wieder an Narrative vergangener nationaler Größe angeknüpft wird, die wiederherzustellen sei. Offensichtlich ist diese Erzählung höchst effektiv ausbeutbar, indem sie durch ihre Parameter „Größe" und Macht ein Urmotiv überkommener männlicher Selbstbilder nährt. Das faschistische Heils- und Heilungsversprechen wirkt insofern besonders sichtbar und erfolgreich an den kulturellen Flanken einer sich durch Angst vor Machtverlust und „Kleinerwerden" bedroht fühlenden Männlichkeit, und Antifeminismus ist immer ein guter (wenngleich nicht hinreichender) Faschismus-Indikator. Die Beschwörung verlorener historischer Größe ist ein weit verbreitetes Phänomen, das sich in Ausprägungen zwischen eher harmloser Nostalgie („Rule Britannia"), wirrer Phantasie (Reichsbürger), imperialistischer Kriegsführung (Wiederherstellung des russischen Imperiums in den Grenzen der Sowjetunion) und brutalstem Terrorismus (Errichtung des IS-Kalifats) zeigen kann. Die deutsche Ausgabe war das „Dritte Reich".[8]

Wo endet Populismus, wo beginnt Faschismus?

Besonders attraktiv ist das faschistische Angebot offensichtlich für männlich-junge Milieus, wenn in militanten Organisationen gezielt aktionistische Gewalt propagiert und geprobt wird. Aus oft jämmerlichen Existenzen werden junge Helden, die für Karrieren aller Art bereitstehen. Ideale Soziotope dieser Art bilden sich zuverlässig unter den Heimkehrern aus verlorenen Kriegen, wie etwa in Deutschland nach 1918. Vollgepumpt mit Phantasien von imperialer Größe und der Überlegenheit ihrer Mission, zugleich durch Kriegserlebnisse traumatisiert und verroht, mussten diese jungen Männer eine unverstandene totale Niederlage verarbeiten und sich zusätzlich als Verlierer in einer krisengeschüttelten Nachkriegswelt sozial und ökonomisch behaupten. Daraus wurden in der Weimarer Zeit die Nazi-Schlager „Dolchstoß" und „Versailles", und die verlorene Generation der Kriegsteilnehmer entwickelte sich zur Hauptbrutstätte des Nationalsozialismus.[9] Vergleicht man damit die historischen Einlassungen des in den 1990er Jahren aus dem Kalten Krieg, Einsatzort Dresden, ins postsowjetisch zerfallende Russland heimgekehrten heutigen russischen Präsidenten, hört man im Grundsatz die gleiche Melodie.[10]

---

8 Vgl. Herfried Münkler, Der Traum von einstiger Macht und Größe, in: „Die Zeit", 9.7.2023. Vgl. auch: Berthold Franke, Kleinerwerden, in: Karsten Rudolph und Werner Wobbe (Hg.), Eurobrüssel von innen, Bochum und Freiburg 2014, S. 191-206.
9 Insofern bleibt Klaus Theweleits Beschreibung dieses Milieus ein faschismustheoretischer Grundlagentext. Vgl. ders., Männerfantasien, Reinbek bei Hamburg 1980.
10 Und natürlich geht es nicht nur um Gefühle und Revanchegelüste, sondern immer auch um Karrierechancen. Vgl. Ulrich Herbert, Best. Biographische Studien über Radikalismus, Weltanschauung und Vernunft 1903–1989, Bonn 1996.

Wo endet autoritärer Rechtspopulismus und wo beginnt Faschismus? Beide nähren sich aus den gleichen Quellen. Den Vorschlag, als im engeren Sinne faschistisch nur diejenigen Bewegungen zu kennzeichnen, die offen die Demokratie angreifen, hatte der liberale Staatsrechtler Hermann Heller schon Ende der 1920er Jahre verworfen.[11] Wer die Strategie und Taktik von Mussolini oder Hitler und ihrer Spießgesellen zur Zerstörung der Demokratie mit deren eigenen Mitteln der Massenmobilisierung und des Meinungskampfs studieren will, braucht nur einen Blick in die Hexenküche des Nationalsozialismus zu werfen, wie sie in Gestalt der Tagebücher von Joseph Goebbels jedermann zugänglich ist. Dort lernt man, dass der Faschismus so siegt, wie die Demokratie stirbt: scheibchenweise, graduell und durch planvolles Handeln vieler.

So muss der Faschismus an jedem Einzelphänomen durch Anwendung eines hinreichend ausgebauten Idealtypus nachgewiesen werden. Für empirische Zeitanalysen heißt die Frage: Wo sind im Sinne des vorgeschlagenen funktional-ideologischen Faschismusbegriffs etwa in der AfD, in Erdoğans Türkei, in den Massenorganisationen des indischen Hindu-Nationalismus oder in Ungarn die Übergänge zum Faschismus ablesbar? Und bei den Antworten werden entsprechend eine Variation der Präfixe „krypto", „proto", „neo", „retro" oder weitere Epitheta wie „klerikal", „korporatistisch", „digital" oder „oligarchisch" zu erwarten sein.[12] Und natürlich: Nicht jeder Programmpunkt und jede Forderung, nicht jeder Akteur aus diesem Spektrum ist eindeutig und lupenrein als faschistisch zu kennzeichnen, sondern politische Bewegungen, Ideen und Führungspersonen verdienen sich diese Charakterisierung, wenn sie mit den genannten Kernelementen des Idealtypus identifiziert werden können. Damit wäre einer kritischen Publizistik und Politikwissenschaft ein wichtiges Feld der Analyse eröffnet, das ergebnisoffen und wachsam zugleich auf aktuelle Phänomene wie Le Pen, Höcke oder die Schwedendemokraten anzuwenden ist.

Propaganda als Bindeglied zwischen Ökonomie und Gefühl

Markantester Unterschied zwischen dem alten europäischen und dem neuen globalen Faschismus ist die Genese des früheren aus Bürgerkrieg, Revolution und Gewalt. Selbst wenn man Phänomene wie den Sturm auf das US-Kapitol am 6. Januar 2021, die massive Einschüchterung von Lokalpolitikern und Antifaschisten in rechtsdominierten Landstrichen Deutschlands oder die Praxis der hindunationalistischen Miliz RSS in Indien einbezieht, wird man im aktuellen Faschismus strukturell ganz andersartige Methoden der Massenmobilisierung und -propaganda finden als in den „klassischen" faschistischen Bewegungen. Die sich hieraus ergebende Frage ist, ob es einen Faschismus ohne organisierte militante Mobilisierung gibt und was zu

11 Vgl. Hermann Heller, Europa und der Fascismus, Berlin und Leipzig 1929, S. 81 ff.
12 „Sie [Putin und Prigoschin] sind oligarchische Faschisten – eine Gattung, die es auch in den USA zu beobachten gilt.", vgl. Timothy Snyder, Prigoshin's March on Moscow, a.a.O.

verlieren und zu gewinnen ist, wenn wir bei der Sammlung eines kleinsten gemeinsamen Nenners von Definitionskriterien auf dieses Merkmal verzichten.[13] Nicht weit hergeholt scheint jedenfalls, dass unser Begriff vom Faschismus so stark von den Bildern marschierender Schwarzhemden und SA-Trupps geprägt ist, dass wir die tiefe Verwandtschaft zu heutigen Bewegungen übersehen, deren Aufmärsche vor allem in Telegram und ähnlichen Medien stattfinden.

Faschismus als Inszenierung retrograd-fundamentalistischer Antworten auf die Ängste der Verunsicherten (jeder Fundamentalismus basiert auf Verunsicherung!) erfordert Aufmerksamkeit für die emotionale, subjektive Seite. Dieser Faktor ist mindestens genauso bedeutsam wie äußere, objektive Einflussgrößen, etwa in Form von Einkommens- oder Arbeitsplatzverlusten.[14] Ökonomie und Gefühl finden zusammen im ureigensten Metier rechtsradikaler Bewegungen, der Propaganda, die Adorno als „Substanz" ihrer Politik ausmacht.

Auch hierfür ist die paradigmatische Figur der ehemalige „Reichsminister für Volksaufklärung und Propaganda", Joseph Goebbels, dessen visionäre, technologieaffine Praxis über hundert Jahre bis zu den heutigen Lügenformaten in den Sozialen Medien weist. Keine Analyse des heutigen Faschismus ohne vertieften Blick in diese Welten! Was diese Propaganda zu leisten vermag, wissen wir aus der Werbung, deren raffinierteste Methoden die neue faschistische Kommunikation effizient einsetzt. Konkretistisch verkürzte „Informationen", Angst-, Hass- und Verschwörungserzählungen, gemischt mit grellen, identifikatorisch einladenden Bildern und Szenen, über Big Data auf spezielle Kundenprofile eingestellt, erzielen zuverlässig ihren manipulativen Erfolg. Der besteht in der kontinuierlichen Fütterung und Dynamisierung einer altbekannten Disposition, der Verkettung von Größen- und Verfolgungsphantasien.

Dieser paranoide Mechanismus basiert auf der Identifikation des sich von finsteren Mächten verfolgt und bedroht fühlenden Einzelnen mit der in vielen Fällen biographisch vom faschistischen Führungspersonal verkörperten und von diesem wiederum auf die faschistische Mission übertragenen Phantasie von Macht, Größe und Überlegenheit. Daraus kann der Einzelne nicht nur eine Rationalisierung für jede Form persönlicher Niederlage, sondern auch einen narzisstischen Gewinn ziehen. Wem finstere Mächte aller Art („der Westen", „die Juden", „Brüssel", „die Muslime", „die Elite in Washington") Übles wollen, muss über beneidete, groß- und einzigartige Eigenschaften verfügen. Und wer sich daraufhin wehrt, tut dies nicht zur Befriedigung niederer Revanchegelüste, sondern zur legitimen Abwehr, zur Verteidigung von Familie, Religion und Vaterland.

„Nichts verkauft sich besser als Aggression, getarnt als Verteidigung", sagt die Historikerin und Expertin für Gefühlspolitik Ute Frevert und sieht

---

13 Die historische „vergleichende Faschismusforschung" hält für dieses „faschistische Minimum" (Ernst Nolte) einige Vorschläge bereit. Vgl. Sven Reichardt, Neue Wege der vergleichenden Faschismusforschung, in: „Mittelweg 36", 1/2007, S. 9-25; Roger Eatwell, On defining the „Fascist Minimum": the centrality of ideology, in: „Journal of Political Ideologies", 3/1996, S. 303-319.
14 Vgl. Simon Langemann und Robert Pausch, Rauf runter rauf, in: „Die Zeit", 26/2023.

etwa im Regime Putins besonders „versierte Gefühlsingenieure am Werk".[15]
Viel Feind, viel Ehr – als Verursacher der eigenen Misere wird lieber eine
Verschwörung oder ein Sündenbock „enttarnt", demgegenüber man seine
Aggression ausagieren kann, als sich mit den zugleich banalen und analy-
tisch herausfordernden Phänomenen der anonym laufenden globalen Ökonomie zu befassen. So wird aus der unverstandenen Niederlage rasch die
Legitimation zum identitären Endkampf um die bedrohte eigene Kultur oder
„Rasse". Die in der älteren Faschismusanalyse bedeutende, mit ihren „freudo-
marxistischen" Verkürzungen der 68er-Epoche in Verruf und heutzutage
völlig aus der Mode gekommene Politische Psychologie oder Sozialpsycho-
logie hat hier auch heute noch ihre Aufgabe und Gültigkeit. Das zeigt ein
kurzer Blick in die von Adorno und anderen in den 1940er Jahren in den Studien zur Authoritarian Personality erarbeitete berühmte „F-Skala" zur empirischen Ermittlung entsprechender Persönlichkeitsanteile.[16]

Gemeinschaft und Anerkennung

Rechtspopulismus und erst recht Faschismus sind als Protestbewegungen
nur oberflächlich beschrieben. Der rechte Reflex ist keine kindliche Trotz-
reaktion, sondern Menschen wählen Faschisten, weil ihnen deren Angebote
gefallen. Sie lieben, was Faschisten sagen, wie sie es sagen und die, die es
sagen. Insofern ist der antielitäre Impuls im Rechtspopulismus und Faschismus viel weniger ein politisches Angebot als ein emotionales. Faschismus
verspricht so verstanden nicht Politik, sondern Gemeinschaft, was besonders gut funktioniert, wenn innerhalb des demokratischen Meinungsbogens
keine klar konturierten Unterschiede mehr zu erkennen sind. Während dort
die Vertreter der „politischen Klasse" immer verzweifelter an noch besseren
Lösungen basteln und sich wundern, dass auch der nächste Doppelwumms
die Menschen nicht glücklich und zufrieden macht, inszenieren die Gefühls-
manager von rechts in der Wendung gegen „Lügenpresse", „System" und
„die da oben" ein Willkommenstheater völkischer Zugehörigkeit und gegenseitiger Bestätigung, das emotionale Prämien verteilt, wie es kein Verfassungspatriotismus je vermag. Insofern erscheint auch die Hoffnung, dass sich
mit der Übernahme von politischer Verantwortung die Kargheit des faschistischen Politikangebots schlussendlich erweise und der auf diese Weise
demaskierte Faschismus sich quasi automatisch selbst erledige, als naiv.
Das Paradox, dass ein durchgeknallter Medien- und Immobilien-Tycoon, der
nichts anderes als Politik für Milliardäre macht, von Millionen von Proleta-
riern mit heißem Herzen unterstützt wird, löst sich vor diesem Hintergrund
auf. Dieser Mann formt aus ihnen eine Gemeinschaft, aus der sie das nehmen, was ihnen offensichtlich am dringendsten fehlt: Anerkennung.[17]

15 Vgl. „Putins Botschaft ist: Wir sind Opfer, nicht Täter, in: FAZ, 7.4.2023.
16 Vgl. Theodor W. Adorno, Bemerkungen zu „The Authoritarian Personality" und weitere Texte, Berlin 2019; ders., Studien zum autoritären Charakter, Frankfurt a.M. 1976.
17 Das Phänomen Trump scheint allerdings einen schillernden Grenzfall darzustellen, vielleicht so
etwas wie einen retrograden, oligarchischen Bonapartismus.

Faschismus ist erfolgreich, wo Modernisierung Verlierer hervorbringt und Verlustängste schürt. Im Globalen Norden eröffnet sich damit auch außerhalb der Mehrheitsgesellschaften ein Rekrutierungsfeld innerhalb der migrantischen Milieus. Hier kann sich das faschistische Angebot in besonders unter jungen, ökonomisch erfolglosen Männern weitverbreiteten Kränkungs- und Frustrationsszenarien einhaken. Insofern sind die unter deutschrussischen Einwanderern oder in der türkischen Diaspora vorfindlichen Identifikationen mit vermeintlich starken Führern wie Putin oder Erdoğan keineswegs überraschend.

Antikoloniale Revanche

Die fundamentalistisch-identitäre Aufladung traditionaler, den Menschen nahestehender religiöser Werte und des zugehörigen Brauchtums ist für viele der in der fremden, postkonventionellen, individualistisch-hedonistischen Welt Ankommenden eine hochplausible Angelegenheit. Der von den Verlockungen und Ausschließungen seiner Ankunftswelt verunsicherte Migrant kann in Gestalt der Religion auf ein vermeintlich starkes, umfassende Welterklärung lieferndes und vom dekadenten liberalen Lebensstil bedrohtes Eigenes zurückgreifen, für das es sich zu kämpfen lohnt – von der Verteidigung religiöser Ess- und Kleidungsvorschriften bis zum Gewaltakt. Faschismus als „politische Religion" kann sich insofern sowohl in Form säkularer als auch religiös-fundamentalistischer Mythologie entfalten. Jede (!) Religion kann jederzeit zum Stellvertreter von Staat und Nation erklärt werden, und ist „das Land einmal zum heiligen gemacht, dann wird die Forderung nach Loyalität zur Nation total".[18] Die sakralisierte Nation als irdische Repräsentanz des Göttlichen und die Religion als Essenz des Staates – so geht seit Generationen die hermetische Definition des klerikalen Faschismus.

Die Vielzahl islamistischer Bewegungen ist vor diesem Hintergrund als faschistische Erscheinung *sui generis* zu bezeichnen, was die Rede vom neuen „Islamo-Faschismus" gerechtfertigt erscheinen lässt. Alles ist hier beieinander: autoritärer Antidemokratismus, aggressive nationale und kulturelle Feindbestimmung (Israel, die USA, der „dekadente Westen") und ein revisionistisches Großprojekt, die Wiederherstellung und Verbreitung des salafistisch-orthodoxen Islam bis hin zum neuen Kalifat des IS. Die konkrete Ausgestaltung solcher Pläne kann in den Diktaturen der iranischen Mullahs und der afghanischen Taliban besichtigt werden, die zudem mit ihrer radikal antifeministischen Politik das Schema perfekt ergänzen. Aber auch im indischen antimuslimischen Hindu-Nationalismus finden sich sämtliche Motive und Aktionsformen eines religiös formatierten Faschismus, zu dessen inneren Feindbild die islamische „Minderheit" (immerhin fast 200 Millionen Menschen) und zu dessen Ziel die Wiedererrichtung eines angeblich vormals „reinen" Hindu-Indiens erklärt wird, in dem für die multireligiösen

18 Eva Illouz, Undemokratische Emotionen, Berlin 2023, S. 205.

und multikulturellen Institutionen des demokratischen Gandhi-Indiens kein Platz mehr ist. Hier sehen wir in Form eines giftigen Amalgams aus völkisch-rassistischer und religiöser Rhetorik exemplarisch das Wachsen einer retrograd-faschistischen Utopie, die über die millionenstarke Miliz- und Kadertruppe RSS (aus der bereits der Mörder Mahatma Gandhis hervorging und deren politischer Flügel die Regierungspartei des Ministerpräsidenten Modi ist) massenwirksam verbreitet wird.

Faschismus als postkoloniale Befreiungsbewegung

Dabei zeigt sich bei genauerem Hinsehen, dass sowohl in den arabisch-muslimischen Ländern als auch in Südasien neben das religiöse Motiv das der postkolonialen Emanzipation in Stellung gebracht wird. Wie auch die indische Hindutva-Bewegung zeigt – die nicht zufällig der antikolonialen, neohinduistischen Bewegung seit dem späten 19. Jahrhundert entstammt –, wird die als Identitätsfetisch leicht agitierbare Religion in ihrer politischen Mobilisierungsfunktion verkoppelt mit der Erfahrung von Souveränitätsverlust und kolonialer Unterwerfung durch den übermächtigen Aggressor, wobei das Verfolgungsnarrativ problemlos vom damaligen Kampf gegen die europäische Herrschaft bis heute verlängert werden kann. Entsprechend wird die Erzählung passend gemacht: Nach dem vorgeblich reinen, authentisch-hinduistischen Indien kam zuerst die islamische Fremdherrschaft der Sultane und Moguln, dann die der Briten; und mit den daraus entstandenen Spätfolgen weltanschaulicher und konsumistischer Entfremdung wird jetzt endlich aufgeräumt und in einem Akt endgültiger innerer Dekolonisierung die hinduistische Monokultur wiederhergestellt.

Die Pointe dieser Verkettung erscheint innovativ: Faschismus als postkoloniale Befreiungsbewegung. Aber schon den militärischen Kopf der indischen Unabhängigkeitsbewegung, Subhash Chandra Bose, hatte in den 1940er Jahren sein abenteuerlicher Weg nach einem intensiven Flirt mit den Nazis in einem deutschen U-Boot zu den japanischen Besatzern nach Südostasien geführt. Diese spielten zur Legitimation ihrer riesigen Landnahme im Pazifikkrieg seit 1937 den Bevölkerungen in den besetzten Territorien eine Art von „antikolonialem Faschismus" vor, indem sie etwa den von britischer und niederländischer Herrschaft niedergedrückten Indonesiern die Besetzung ihres Landes Ende 1942 als Befreiung von kolonialer Herrschaft durch eine „asiatische Brudermacht" verkaufen wollten.[19]

„Antikolonialer Faschismus" ist auch heute am Werk, wenn beispielsweise die Freunde Putins den russischen Krieg gegen die Ukraine als Beitrag zur Dekolonisierung der von den USA dominierten Weltpolitik preisen – offenbar nicht ohne Erfolg in vormals von westlichen Mächten kolonisierten Weltgegenden. Dem Zurück ins vorkoloniale Hindu-Indien der Hindutva-

19 Vgl. David van Reybroeck, Revolusi. Indonesien und die Entstehung der modernen Welt, Berlin 2022, S. 288ff; Sanya Dhingra, How Hindu Nationalists Redefined Decolonization in India, newlinesmag.com, 14.8.2023.

Fanatiker in Südasien entspricht in gewisser Weise der Mythos von Moskau als „Drittem Rom", in dem uralte Träume von der russischen imperialen Mission heilsgeschichtlich ausgedeutet werden.

Das Karussell der faschistischen Projektion

Die Erfahrung von kolonialer Unterwerfung und Souveränitätsverlust kann womöglich auch als eine Ursache für die neuen Faschismen in den älteren westlichen und jüngeren östlichen Demokratien des Globalen Nordens verstanden werden. Als koloniale Prozesse lassen sich nämlich auch die Krisenerfahrungen der jüngsten Zeit in diesen Ländern verstehen. Die von Ivan Krastev und Stephen Holmes als halb freiwillige, halb unfreiwillige „Nachahmung" beschriebene Komplettübernahme des neoliberalen Wirtschafts- und Gesellschaftsmodells in Mittelost- und Osteuropa kann ohne weiteres als Kolonisierung beschrieben werden (die Autoren sprechen von „Nachahmung als Enteignung") und hat in diesen Ländern zweifellos den mentalitären Rohstoff für antidemokratische und faschistische Überzeugungen und Bewegungen geliefert.[20] Und die Sounds aus dem US-Rust Belt, aus dem aggressiven Brexiteer-Lager, den Hochburgen des Rassemblement National in der französischen wie der AfD in der sächsischen Provinz klingen identisch: Wieder(!)-Herstellung der durch Verlust kultureller Hegemonie und die Machenschaften finsterer Mächte („Deep State", „Brüssel" und andere verkommene kosmopolitische Eliten) verlorenen Souveränität.

Willkommen im Karussell der faschistischen Projektion: Die Ukraine muss überfallen werden, um zu verhindern, dass sie der Nato beitritt – denn würde sie das tun, könnte man sie ja nicht mehr so einfach überfallen! Imperiale Aggression wird als antiimperialistische Maßnahme, faschistische Landnahmepolitik als „Denazifizierung" ausgegeben, und wer im Inneren dagegen auftritt, muss ein Terrorist sein. Dass Staaten wie die Türkei oder Russland mit explizit kolonialer Geschichte und Gegenwart ihre aggressive territoriale Politik als Beitrag zu einer neuen, dekolonisierten Weltordnung darzustellen versuchen, ist dabei eine besonders delikate Fußnote. Man muss davon ausgehen, dass, wer so spricht, auch wirklich so denkt. Und die Zukunft lässt erwarten, dass die Quellen solcher Dummheit nicht versiegen, sondern anschwellen werden.

Ohne Freiheit, Fairness und Bildung bleibt der Faschismus Wegbegleiter und permanente Bedrohung der politischen Moderne. Und zwischen den heutigen Ereignissen und denjenigen in Europa vor hundert Jahren gibt es zu viele Parallelen, als dass man es sich leisten könnte, auf einen starken, erneuerten Faschismusbegriff zu verzichten. Überrascht von der Rückkehr des Krieges in Europa, müssen die Demokraten in aller Welt sich dringend auf die neue Aktualität des Faschismus einstellen.

---

20 Vgl. Ivan Krastev und Stephen Holmes, Das Licht, das erlosch, Berlin 2019.

Das alte Denken
der neuen Rechten

Mit Heidegger und Evola gegen die offene Gesellschaft

Von **Micha Brumlik**

Daran, dass sich derzeit in beinahe allen Ländern Europas eine explizit rechte, nicht mehr nur konservative Grundstimmung verfestigt, kann kein Zweifel bestehen. Und dies dem Umstand zum Trotz, dass keineswegs alle Länder von den üblichen Ursachen derartiger Stimmungen betroffen sind. In Deutschland zum Beispiel ist die soziale und ökonomische Lage so gut wie seit mehr als zwanzig Jahren nicht mehr: Die Arbeitslosigkeit hat sich bei etwa sechs Prozent eingependelt, die Steuereinkommen sprudeln, sogar die Renten sind leicht angestiegen, das Exportgeschäft boomt noch immer ungebrochen und der Handel verbucht (auch infolge der Fluchtbewegung) eine anhaltende Nachfrage.

Einzuräumen ist, dass die Kluft zwischen den höchsten und niedrigsten Einkommensgruppen immer größer wird und die Zahl prekärer Beschäftigungsverhältnisse konstant hoch bleibt. Aber erklärt das bereits die erstaunliche Konjunktur rechtspopulistischer Stimmungen und rechtsradikaler Einstellungen? Und kann diese Neue Rechte überhaupt auf ein theoriefähiges Programm zurückgreifen – gerade in Deutschland, da ja noch immer zu gelten scheint, dass alles, was in irgendeiner Weise an die Zeit des Nationalsozialismus erinnert, in der Arena der Öffentlichkeit tabu ist?

Von den Identitären zur AfD

Der dem systemtheoretischen Denken Niklas Luhmanns verpflichtete Soziologe Armin Nassehi, er lehrt und forscht an der Universität München, hat 2015 ein bemerkenswertes, provokatives Buch unter dem Titel „Die letzte Stunde der Wahrheit. Warum rechts und links keine Alternative mehr sind und Gesellschaft ganz anders beschrieben werden muss" publiziert. In diesem Buch, das nicht zuletzt durch seinen Briefwechsel mit dem Rechtsintellektuellen Götz Kubitschek auffällt, will Nassehi nicht nur nachweisen, dass linkes, universalistisches Denken schon deshalb die Gesellschaft nicht ändern kann, weil die Vertreter dieses Denkens de facto „rechts" leben, sondern auch eine – freilich zu kurz greifende – Charakterisierung „rechten" Denkens geben: „Rechts zu denken, heißt" laut Nassehi, „dass man menschliche Existenz nur als unhintergehbare Gruppenexistenz denken kann – mit allen Konsequenzen, die das dann theoretisch normativ und auch politisch hat. Menschen sind dann in erster Linie Mitglieder größerer Gemeinschaften, und die Lösung gesellschaftlicher Probleme wird letztlich der Homogenität beziehungsweise der inneren Kohäsion einer solchen Gruppe auferlegt. Die Vorbedingung für die *rechte* Idee der Volkssolidarität war die *linke* Idee der Volkssouveränität. Beide sind gleichursprünglich entstanden."[1]

Zweifellos stellen kulturalistisch gedeutete Homogenitätsannahmen eine Grundlage des neuen, rechten Denkens dar – allerdings nur eine. Mindestens so bedeutsam sind Konzepte einer Politisierung des Raums sowie Überlegungen zur (Re)sakralisierung sozialer Funktionen, insbesondere von Herrschaft.

Alle drei Elemente – kulturalistisch gedeutete Homogenität, Politisierung des Raumes sowie Wiederverzauberung gesellschaftlicher Funktionen – schießen in den politischen Überzeugungen jener Gruppen zusammen, die sich in Österreich und Deutschland mit Blick auf Frankreich als „Identitäre" bezeichnen, auf die französische „Nouvelle Droite" des noch immer aktiven Alain de Benoist zurückgehen und dessen ethnopluralistische Vorstellungen vertreten. Demnach hat jede Ethnie ein eigenes Lebensrecht, aber nur in dem ihr zustehenden Raum. Im Internetauftritt des österreichischen Arms der Bewegung wird die identitäre Idee als „eine Botschaft der Freiheit und Selbstverwirklichung jedes Volkes und jeder Kultur im Rahmen ihres eigenen Charakters" dargestellt, ihre Botschaft beinhalte daher „0 % Rassismus".[2]

Wer sich zu seiner regionalen, nationalen und kulturellen Herkunft bekennt, ist und lebt damit „identitär". Bei alledem geht es nicht um die dumpfen Ressentiments der Pegida-Demonstranten, sondern um ein Spektrum von Personen und Medien, die – angefangen von der rechtsreformistischen Wochenzeitung „Junge Freiheit" über die Bücher des „Antaios Verlages", die Publikationen des „Instituts für Staatspolitik", die Jugendzeitschrift„Blaue Narzisse" bis hin zur Zeitschrift „Sezession" – darum bemüht sind, rechtes Denken zu rehabilitieren. Nicht zu vergessen Jürgen Elsässer und die von ihm herausgegebene Zeitschrift „Compact", der – mit pazifistischen Begründungen – ein schon von der „Konservativen Revolution" der Zwischenkriegszeit angestrebtes deutsch-russisches Bündnis und damit ein fremdenfeindliches, autoritäres Regierungsprojekt propagiert. Dass es hier durchaus Verbindungen in die AfD gibt, zeigt sich nicht zuletzt daran, dass ein ehemaliger Assistent Peter Sloterdijks, der Philosoph Marc Jongen, als Hausphilosoph der AfD in Baden-Württemberg um eine entsprechende Grundlegung seiner Partei bemüht ist – ein Unternehmen, das er – weitestgehend unbemerkt – bereits in der Januarausgabe der Zeitschrift „Cicero" 2014 angekündigt hatte.[3]

Autoren und Autorinnen all dieser Publikationsorgane sehen sich dem verpflichtet, was sie mit einem Ausdruck Martin Heideggers als „Metapolitik"

1   Armin Nassehi, Die letzte Stunde der Wahrheit. Warum rechts und links keine Alternative mehr sind und Gesellschaft ganz anders beschrieben werden muss, Hamburg 2015, S. 35.
2   Siehe https://iboesterreich.at/?page_id=505.
3   Marc Jongen, Das Märchen vom Gespenst der AfD, in: „Cicero", 1/2014.

bezeichnen, also einer sich philosophisch gebenden Lehre von der Politik, die jedoch so kommuniziert werden soll, dass sie als „Gramscianismus von rechts" kulturelle Kommunikationsmuster bereits im vorpolitischen Raum verändert, um so die Bereitschaft zur Hinnahme von nationaler Schließung, autoritärer Unterordnung und ethnischer Homogenität zu fördern.

Von Martin Heidegger zu Alexander Dugin

Dabei sind die Grenzen zum historischen Faschismus schnell überschritten: Zeitgeistige Kommunikationsformen wie etwa „Metapolitika", ein Blog der identitären Bewegung, propagieren den Mussolini von rechts kritisierenden Philosophen Julius Evola sowie vor allem den zeitweise auch von Wladimir Putin protegierten Alexander Dugin. Evola, diese hierzulande bisher eher unbekannte Gestalt, wurde – wie neuerdings zu erfahren war – auch von einem der wohl wichtigsten Philosophen des 20. Jahrhunderts, von Martin Heidegger, zustimmend rezipiert.[4] Hier herrschte eine Wahlverwandtschaft, weil sich Evola wie Heidegger gegen Kommunismus und „Amerikanismus" wandte.

Immer wieder Martin Heidegger: Es ist kein Zufall, dass die Debatte um diesen Mann, der seine Mitgliedschaft in der NSDAP niemals aufgab, der – wie die seit 2013 bekannten „Schwarzen Hefte" unwiderleglich beweisen – ein überzeugter Antisemit war und den Juden ihre Ermordung selbst zurechnete, bis heute nicht enden will. Wird sich doch an der Debatte um ihn, zumal nach dem Bekanntwerden seines „Seinsgeschichtlichen Antisemitismus" (Peter Trawny) erweisen, ob ein der Aufklärung, den Menschenrechten, dem Individualismus und der liberalen Demokratie feindliches Denken überhaupt noch eine Chance hat.

Für Alexander Dugin firmiert Heidegger jedenfalls als wesentlicher Gewährsmann seiner radikal antiuniversalistischen Theorie. Gleichzeitig richtet sich die Neue Deutsche Rechte zunehmend an Alexander Dugin aus. So publizierte Jürgen Elsässer in seiner Zeitschrift „Compact" ein Interview mit dem Philosophen, in dem dieser auf die Frage, warum er die eurasische Idee propagiere, Folgendes zu Protokoll gab: „Weil es sich dabei um ein Konzept handelt, welches den Herausforderungen Russlands und der russischen Gesellschaft begegnet. Was sind die Alternativen? Es gibt den westlich-liberalen Kosmopolitismus, doch die russische Gesellschaft wird diese Idee niemals akzeptieren. Dann gibt es den Nationalismus, der sich für das multiethnische Russland ebenfalls nicht eignet. Auch der Sozialismus eignet sich nicht als tragendes Ideal für Russland, im Prinzip hat er auch in der Vergangenheit dort nie wirklich funktioniert. Die eurasische Idee ist daher ein realistisches und idealistisches Konzept. Es ist nicht nur irgendeine romantische Idee, es ist ein technisches, geopolitisches und strategisches Konzept, welches von all jenen Russen unterstützt wird, die verantwortungsbewusst denken."[5]

4   Siehe „Frankfurter Allgemeine Zeitung", 30.12.2015.
5   Siehe „Compact", 10/2013.

Entweder – oder: Selbstmord der Gattung oder die Kehre

Alexander Dugin, geboren 1962, war in den 1990er Jahren stellvertretender Vorsitzender der inzwischen verbotenen nationalbolschewistischen Partei Russlands und von 2010 bis 2014 Professor an der Moskauer Lomonossow-Universität. Als Theoretiker eines „eurasischen" Kulturraums (im Gegensatz zum „atlantischen") propagiert er eine „Vierte politische Theorie", die nach Liberalismus, Faschismus und Kommunismus am ehesten geeignet sei, das Überleben der Menschheit im Zeitalter der Globalisierung zu sichern.

In dem von Dugin verfassten „Manifesto of the Global Revolutionary Alliance" stellt er fest, dass die Phase des Kapitalismus an ihre natürlichen Grenzen gestoßen, die Ressourcen erschöpft seien, der westlich liberale, kosmopolitische Lebensstil sowie die Kälte des Internets zum Zerbrechen aller gesellschaftlichen Bindungen geführt haben und damit auch das herkömmliche Bild von Individualität und Individuen zerstört worden sei: „Niemals zuvor wurde der Individualismus so vergöttlicht, während gleichzeitig niemals zuvor die Menschen auf der ganzen Welt so ähnlich waren – in ihrem Benehmen, Gewohnheiten, Erscheinungen, Techniken und Geschmäckern. In dem Versprechen der individuellen Menschenrechte hat die Menschheit sich selbst verloren. Bald wird sie durch das Posthumane ersetzt werden: einen geklonten Androiden."[6]

In diesem Denken führen Globalisierung und „Global Governance" zum Ende von Völkern und Nationen, zum Ende eines gehaltvollen Wissens zugunsten einer von den Medien verbreiteten „Realität" sowie zum Ende eines jeden Fortschritts. Bei Weiterentwicklung der gegebenen Zustände sei nichts anderes als eine apokalyptische Katastrophe zu erwarten. All diese Phänomene zeigen das Ende eines langen historischen Zyklus an, der durch Aufstieg und Niedergang der westlichen Welt seit der Antike, spätestens seit der Renaissance, gekennzeichnet ist – am Ende, so Dugin, steht der Selbstmord der Gattung. Eine Rettung sei nur durch eine radikale Umkehr, eine grundlegende Neubesinnung auf andere Kategorien des Denkens möglich, eine Besinnung, die schließlich zur Bildung politischer Formationen führen werde, die den Niedergang des Westens und der USA so beschleunigen, dass sie ihn überleben: raumgebundene Völker ohne jeden wechselseitigen Überlegenheitsanspruch.

Die Kehre ins Rechte, Völkische

Es ist dieser Gedanke einer radikalen Umkehr, einer „Kehre", weswegen Dugin neben dem geopolitischen Denken der Eurasier besonders auf Martin Heidegger verweist.[7] An Dugins Überlegungen zu Heidegger wird übrigens auch deutlich, dass es keineswegs erst der Heidegger der „Schwarzen Hefte"

---

6 Alexander Dugin, The Manifesto of the Global Revolutionary Alliance, in ders., Eurasian Mission. An Introduction to Neo-Eurasianism, London 2014, S. 129-133.
7 2011 publizierte er auf Russisch das Buch „Heidegger: Die Möglichkeit der russischen Philosophie"

war, der sich ideell dem Nationalsozialismus angenähert hatte, sondern bereits der Autor des wichtigen, allemal Philosophiegeschichte machenden Buches „Sein und Zeit". An der Rezeption dieses Buches durch Dugin ist unter anderem klärungsbedürftig, warum der völkische, rechte Gehalt dieses Buches Heideggers Schülern und Freunden wie Herbert Marcuse, Karl Löwith und – last but not least – Hannah Arendt nicht aufgefallen ist. Dugin jedenfalls bezieht sich ausdrücklich auf „Sein und Zeit" und die Kategorie des „Daseins".

„Das Volk bedeutet Dasein. Heidegger sagte: *Dasein existiert völkisch.* [...] Ein konkretes menschliches Wesen zu sein, meint zuallererst Deutscher, Franzose, Russe, Amerikaner, Afrikaner u.s.w. zu sein. [...] Das Völkische ist die Realität, die der Essenz des Menschen am nähesten kommt."[8]

Tatsächlich zitiert Dugin ungenau, bezieht sich aber grundsätzlich auf die richtigen Passagen in Heideggers „Sein und Zeit", nämlich auf den Paragraphen 74, in dem es heißt: „Wenn aber das schicksalhafte Dasein als In-der-Welt-sein wesenhaft im Mitsein mit anderen existiert, ist sein Geschehen ein Mitgeschehen und bestimmt als *Geschick.* Damit bezeichnen wir das Geschehen der Gemeinschaft, des Volkes. Das Geschick setzt sich nicht aus einzelnen Schicksalen zusammen, sowenig als das Miteinandersein als ein Zusammenkommen mehrerer Subjekte begriffen werden kann. Im Miteinandersein in derselben Welt und in der Entschlossenheit für bestimmte Möglichkeiten sind die Schicksale im vorhinein schon geleitet. In der Mitteilung und im Kampf wird die Macht des Geschickes erst frei. Das schicksalhafte Geschick des Daseins in und mit seiner ‚Generation' macht das volle, eigentliche Geschehen des Daseins aus."[9]

Diese Sätze sind – etwa bei Emmanuel Faye bereits 2005[10] sowie später bei Johannes Fritsche[11] – als tragende Motive einer letztlich völkischen Philosophie erkannt worden. Tatsächlich werden diese Motive auch nicht erst im späteren Paragraphen 74, sondern bereits in der Exposition von „Sein und Zeit", im Paragraphen 6, eingeführt. In diesem Paragraphen geht es Heidegger darum, eine objektivierende Betrachtung der Geschichte zurückzuweisen und klarzumachen, dass die je richtig ergriffene Vergangenheit dem „Dasein" vorausgeht, das heißt sein Schicksal in seiner Generation bestimmt – sofern dieses Schicksal kämpferisch ergriffen wird.

Vom Sein zum Raum: Ein eurasischer Denker

Für Alexander Dugin gewinnt diese seinsgeschichtliche Bestimmung allerdings nur in einer kulturalistischen Theorie des Raumes Bedeutung, einer Theorie, deren Motive er frühen „eurasischen" Denkern sowie – wiede-

---

8 Alexander Dugin, Heidegger: Die Möglichkeit der russischen Philosophie, Moskau 2011, S. 115.
9 Martin Heidegger, Sein und Zeit, Tübingen 1967, S. 384f.
10 Emmanuel Faye, Heidegger. Die Einführung des Nationalsozialismus in die Philosophie, Berlin 2005.
11 Johannes Fritsche, Geschichtlichkeit und Nationalsozialismus in Heideggers „Sein und Zeit", Baden-Baden 2014.

rum – jetzt aber dem späteren Heidegger entnimmt. Indem sich Dugin auf den Ethnographen, Dichter und Philosophen Lew Nikolajewitsch Gumiljow (1912-1992), einen Sohn der Dichterin Anna Achmatowa, bezieht, kann er als „eurasischen" Idealismus eine Weltsicht bestimmen, gemäß deren jedes „Ethnos" ein natürliches Gebilde ist, das unter dem Einfluss kosmischer Energien steht, die sein Schicksal verändern können.

Unter „Ethnos" versteht diese Theorie jede Form menschlicher Gruppen, sofern sie eine gemeinsame Geschichte haben. Die politische Form jedoch, die derlei Gruppen im eurasischen Bereich annehmen, ist – anders als im westlichen Denken – nicht die der „Demokratie", sondern die der „Demotie": „Eine solche Partizipation", so wiederum Dugin, „negiert keine Hierarchien und muss nicht durch parlamentarische Parteistrukturen formalisiert werden. Demotia unterwirft sich einem System von Landgerichten, von regionalen oder nationalen Regierungen. Es entwickelt sich auf Basis sozialer Selbstherrschaft und der bäuerlichen Welt. Ein Beispiel für Demotia war die kirchliche Hierarchie, die durch die Gemeindemitglieder der frühen Moskauer Rus gewählt wurde."[12]

Diese „neo-eurasiatische" Theorie des Politischen beerbt bewusst das Denken der deutschen „Konservativen Revolution" und setzt dem modernen Denken einen nicht mehr linearen, sondern zyklischen Zeitbegriff ebenso entgegen wie eine Lehre radikal verschiedener Seinsweisen und einer „heiligen Geographie". Daraus aber folgt eine Lehre von der Nicht-Übersetzbarkeit verschiedener in sich geschlossener Kulturen und die Forderung nach wechselseitiger Anerkennung und wechselseitigem Respekt: „Wir sind tief davon überzeugt, dass unser gemeinsames Ziel darin besteht, die spezifische Natur von Nationen, Kulturen, Konfessionen, Sprachen, Werten und philosophischen Systemen zu schützen, denn gerade dies als ein Ganzes bedeutet den ‚blühenden Reichtum' unseres Kontinents."[13] Der höchste Wert dieses Weltverständnisses besteht dann darin, die eigene Identität – also jenes Geschick, jene Geschichte, aus der man hervorgegangen ist – zu bewahren, weshalb auch niemandem das Recht zusteht, einem anderen seine eigene „Wahrheit", sein eigenes „Wertsystem", aufzunötigen: „Westen und Osten, jede Konfession, ethnische Zugehörigkeit und Kultur", so Dugin, „haben ihre eigene Wahrheit. Wir haben jeden Grund, unsere Wahrheit mit anderen zu teilen, aber wir dürfen sie niemals durch Gewalt aufzwingen."

Mit Volk und Raum gegen den Globalismus

Indem der „Neo-Eurasianismus" die gegenwärtige Globalisierung als das politische Projekt des atlantischen Westens ansieht, kann er dieser Form der Globalisierung eine andere Form der politischen Gestaltung der Welt entgegensetzen, nämlich das Projekt einer strategischen, geopolitischen und ökonomischen Integration des eurasischen Kontinents als der Wiege der

---

12 Hier und im Folgenden: Alexander Dugin, Eurasian Mission, a.a.O., S. 21.
13 A.a.O., S. 39.

europäischen Geschichte und ihrer Völker.[14] Doch spielt auch beim „Neo-Eurasianismus", wie ihn Dugin propagiert, Heidegger eine nicht geringe Rolle. Wie erst jetzt – nach Erscheinen der „Schwarzen Hefte" – bekannt wurde, hegte Heidegger – und auch das verbindet ihn mit den Ideologen der „Konservativen Revolution" – große Hoffnungen mit Blick auf Russland, auf das russische Volk, auf die russische Seele. 1938/1939 jedenfalls notierte Heidegger, offensichtlich in Kenntnis der Nürnberger Gesetze: „Warum sollte nicht die Reinigung und Sicherung der Rasse dazu bestimmt sein, einmal eine große *Mischung* zur Folge zu haben: die mit dem Slawentum (dem Russischen – dem ja der Bolschewismus nur aufgedrängt und nichts Wurzelhaftes ist)? Müsste da nicht der deutsche Geist in seiner höchsten Kühle und Strenge ein echtes Dunkel meistern und zugleich als seinen Wurzelgrund anerkennen?"[15]

In anderen Notaten beschwört Heidegger Dostojewski (der doch in seinen Dämonen habe sagen lassen: „Wer aber kein Volk hat, der hat auch keinen Gott"), um dann programmatisch – in etwa zur Zeit von Hitlers Überfall auf die Sowjetunion – zu behaupten: „Im Wesen des Russentums liegen Schätze der Erwartung des Gottes verborgen, die alle Rohstofflager wesentlich übertreffen."[16] Heidegger schien zu ahnen, dass die Hebung dieser Schätze nicht ohne Krieg gegen die Sowjetunion möglich sein werde, indes: „Grausiger aber noch ist, wenn ohne Blutopfer und äußere Zerstörung ein gegen seine Entwurzelung blindes Volk der Geschichtslosigkeit mit dem größten historischen Lärm aller seiner Redner und Zeitungsschreiber entgegentaumelt."[17]

Vor diesem Hintergrund wird deutlich, warum – nach dem Ende des bürokratischen, staatskapitalistischen „Kommunismus" der Sowjetunion – sich die radikale europäische Rechte dem Russland Putins verbunden fühlt und warum Putin die europäische Rechte von Marine Le Pen bis zu Viktor Orbán finanziell und ideell fördert. Die guten Beziehungen zwischen dem Front National und Putin erscheinen zunächst widersprüchlich, da Le Pen sich doch gar nicht genug mit den Errungenschaften der Französischen Revolution und der Republik brüsten kann, indes: Indem Le Pen Revolution und Republik als ausschließlich nationale Errungenschaften Frankreichs ebenso feiert wie etwa Jeanne d'Arc, zieht sie dem Revolutionsgedanken seinen universalistischen, grenzüberschreitenden Stachel und macht das französische Erbe damit – ganz im Geiste de Gaulles – zu einer Ausformung des „Europas der Vaterländer." Dabei folgen ihr nicht wenige ehemals antitotalitäre linke, jetzt aber immigrationsfeindlich und nationalistisch gesinnte Intellektuelle, wie zuletzt Alain Finkelkraut, der erst kürzlich in die Académie française berufen wurde, jenen Weihetempel französischer Sprache und Kultur. Damit reicht der politische Raum für das „eurasische Projekt" inzwischen von Sibirien bis zu den Pyrenäen.

14 Bei diesem Programm sind die Schnittflächen mit manchen Formen postkolonialer Theorie nicht zu verkennen – etwa mit dem „postkolonialen" Theorieangebot des Argentiniers Walter Mignolo, der eine epistemische Entkolonialisierung fordert, das heißt eine Befreiung von westlichen Denkformen.
15 Martin Heidegger, Überlegungen VII-XI, Gesamtausgabe Bd. 95, Frankfurt a. M. 2014, S. 68.
16 Martin Heidegger, Überlegungen XII-XV, Gesamtausgabe Bd. 96, Frankfurt a. M. 2014, S. 128.
17 Ebd., S. 131.

Eine politische Theorie des Raumes

Allerdings ist an dieser Stelle auf eine, jedenfalls relative, Richtigkeit der eurasischen Idee hinzuweisen, insofern sie darauf beharrt, dass „Raum" eine wesentliche politische Kategorie ist, ein Umstand, den westlich-liberale Gesellschaften in den letzten Jahrzehnten zu vergessen sich leisten konnten. Pointiert ließe sich sogar von einer „Raumvergessenheit" des größten Teils des aktuellen politischen Denkens sprechen. Wenn überhaupt über räumliche Aspekte des Politischen gesprochen und gestritten wurde, dann mit Bezug auf den Raum als „Umwelt" in der ökologischen Debatte oder mit Bezug auf Planung im kommunalen Bereich.

Dass aber „Raum" nicht nur – wie Kant in der „Kritik der reinen Vernunft" meinte – eine Form der Anschauung ist, sondern auch ein wesentlicher Modus menschlicher Existenz, darauf hat nicht zuletzt Heidegger in „Sein und Zeit" hingewiesen; Menschen befinden sich demnach zunächst und vor allem in (!) bereits wie auch immer gestalteten Räumen.

Es bedurfte offenbar der nur durch die Globalisierung möglich gewordenen Flüchtlingskrise, in der sich Menschen auf langen, gefährlichen Wegen auf die Suche nach einer besseren Heimat machen, um westlichen Gesellschaften diesen Umstand wieder unmissverständlich zur Kenntnis zu bringen. Diese Raumgebundenheit des Menschen war übrigens auch dem nicht nur erkenntnistheoretisch, sondern eben auch politisch-ethisch denkenden Immanuel Kant stets bewusst. Im Paragraphen 62 der „Metaphysik der Sitten" lesen wir: „Die Natur hat sie [nämlich die Völker der Erde, M.B.] alle zusammen (vermöge der Kugelgestalt ihres Aufenthalts, als globus terraqueus) in bestimmte Grenzen eingeschlossen, und, da der Besitz des Bodens, worauf der Erdbewohner leben kann, immer nur als Besitz von einem Teil eines bestimmten Ganzen, folglich als ein solcher, auf den jeder ein ursprüngliches Recht hat, gedacht werden kann: so stehen alle Völker ursprünglich in einer Gemeinschaft des Bodens, nicht aber der rechtlichen Gemeinschaft des Besitzes." Mit anderen Worten: Nur wenn der Lebensraum der Menschheit eine unbegrenzte, unendliche Fläche wäre, entfiele die Notwendigkeit einer rechtlich – und das heißt dann in letzter Instanz politisch – gestalteten Form des von Menschen bewohnten Raums.

Freilich sind auch innergesellschaftliche, politische Instanzen und Institutionen nicht ohne Raumbezug zu verstehen – insbesondere nicht die zumal im breiten linksliberalen Milieu seit Jürgen Habermas sowie Alexander Kluge und Oskar Negt immer wieder beschworene Kategorie der „Öffentlichkeit". Es war Hannah Arendt, die in ihrem Buch „Vita Activa" darauf hinwies, dass das „Politische" nicht ohne die konkrete Räumlichkeit eines allen (freien) Bürgern zugänglichen Raumes, der „Agora" der griechischen Polis (im Unterschied zur Geschlossenheit des privaten Haushalts), zu denken ist. Kein Zufall ist es auch, dass im aktuellen zivilgesellschaftlichen Begriff der „Öffentlichkeit" die Raumkategorie des „Offenen" – im Unterschied zum „Ge-" oder „Verschlossenen" – mitschwingt, eines Raumes also, in dem sich die Mitglieder des politischen Gemeinwesens mit dem Zeigen ihres Antlitzes und also ihrer Individualität wechselseitig anerkennen, zugleich verschonen und sich aufeinander beziehen.

Wer flüchtet, bewegt sich von einem Ort zum anderen, wer flüchtet, passiert „natürliche" Grenzen, also Landschaftsbarrieren sowie „politische" Grenzen – Demarkationslinien. Die ausgrenzende „eurasische" Ideologie stellt daher gerade vor dem Hintergrund der Flüchtlingskrise und zumal für Vertreter und Vertreterinnen einer universalistischen, globalen politischen Ethik eine gewaltige Herausforderung dar, die von nun ab anzunehmen ist, will man nicht rechtem Denken den politischen Raum überlassen.

„Raum" ist insofern als fundamentale politische Kategorie unbedingt wiederzuentdecken – auch und sogar dann, wenn dazu als Bezugsautoren vorerst nur „rechte" Denker wie Carl Schmitt oder eben Heidegger zur Verfügung stehen.[18]

Ungarn als Beispiel, Evola als Theoretiker

Wenn aber „Raum" politisch zu gestalten ist, dann bietet das aktuelle rechte Denken dazu zunächst Abwehrforderungen an: gegen Immigration, gegen eine multikulturelle Gesellschaft, gegen den Islam bzw. die Islamisierung. Als politische Form wird der geschlossene, klassische Nationalstaat propagiert, in dem freilich – wie gegenwärtig in Ungarn und Polen – Bürger- und Menschenrechte, vor allem Oppositionsrechte, schrittweise zunehmend eingeschränkt werden. Als Ergebnis werden dann Verfassungen in Kraft gesetzt, in denen Demokratie und Menschenwürde zwar noch vorkommen, jedoch eine deutlich nachgeordnete Rolle spielen. Das wird etwa an der im April 2011 mit großer Mehrheit angenommenen neuen ungarischen Verfassung deutlich, die das politische Programm des Ethnopluralismus in Reinform darstellt.

Die Präambel dieser Verfassung lautet in ihrer offiziellen deutschen Übersetzung wie folgt: „WIR, DIE MITGLIEDER DER UNGARISCHEN NATION, erklären zu Beginn des neuen Jahrtausends, in der Verantwortung für alle Ungarn Folgendes: Wir sind stolz darauf, dass unser König, der Heilige Stephan I., den ungarischen Staat vor tausend Jahren auf festen Fundamenten errichtete und unsere Heimat zu einem Bestandteil des christlichen Europas machte. Wir sind stolz auf unsere Vorfahren, die für das Bestehen, die Freiheit und Unabhängigkeit unseres Landes gekämpft haben. Wir sind stolz auf die großartigen geistigen Schöpfungen ungarischer Menschen. Wir sind stolz darauf, dass unser Volk Jahrhunderte hindurch Europa in Kämpfen verteidigt und mit seinen Begabungen und seinem Fleiß die gemeinsamen Werte Europas vermehrt hat. Wir erkennen die Rolle des Christentums bei der Erhaltung der Nation an. Wir achten die unterschiedlichen religiösen

---

18 Dass die Thematik von „Raum und Grenzen" derzeit wieder verstärkt Aufmerksamkeit findet – etwa in den Arbeiten der Historikerin Susanne Rau (vgl. deren Interview in „die tageszeitung", 6./7.2.2016) oder den Forschungen zur Raumsoziologie von Martina Löw –, ist wohl weit mehr als ein Zufall.

Traditionen unseres Landes. Wir leisten das Versprechen, dass wir die geistige und seelische Einheit unserer in den Stürmen des vergangenen Jahrhunderts in Stücke gerissenen Nation bewahren. Die mit uns zusammenlebenden Nationalitäten sind staatsbildender Teil der ungarischen politischen Gemeinschaft. Wir verpflichten uns, unser Erbe, unsere einzigartige Sprache, die ungarische Kultur, die Sprache und Kultur der in Ungarn lebenden Nationalitäten, die durch den Menschen geschaffenen und von der Natur gegebenen Werte des Karpatenbeckens zu pflegen und zu bewahren. Wir tragen die Verantwortung für unsere Nachfahren, deshalb beschützen wir die Lebensgrundlagen der folgenden Generationen durch den sorgfältigen Umgang mit unseren materiellen, geistigen und natürlichen Ressourcen. Wir glauben, dass unsere Nationalkultur einen reichhaltigen Beitrag zur Vielfalt der europäischen Einheit darstellt. Wir achten die Freiheit und die Kultur anderer Völker und streben eine Zusammenarbeit mit allen Nationen der Welt an. Wir bekennen uns dazu, dass die Würde des Menschen die Grundlage des menschlichen Seins ist."

An dieser Stelle muss offen bleiben, ob und in welchem Ausmaß sich die Verfasser basaler Texte der Neuen Rechten bedient haben – nicht zu übersehen ist jedenfalls, dass diese Verfassung in einer überaus erstaunlichen Weise nicht nur dem eurasischen Programm Dugins entspricht, sondern auch dem Werk eines bisher der Allgemeinheit weitgehend unbekannt gebliebenen Theoretikers, nämlich des italienischen Philosophen und Geistesgeschichtlers Julius Evola (1898-1974).[19] In der Nachfolge vor allem Oswald Spenglers legte Evola, der zur Zeit Mussolinis den Faschismus – wenn man so will – von „rechts" kritisierte, eine seit mehr als zweitausend Jahre während Verfallsgeschichte vor, eine Geschichte, die durch die ständige Aufhebung und Destruktion aller Transzendenzbezüge seit der griechischen Sophistik gekennzeichnet ist.

Evola, der Nationalismus und Imperialismus als Formen der modernen Massengesellschaft kritisiert und der auch die katholische Kirche nicht mehr als „Bollwerk" gegen den modernen Zeitgeist will gelten lassen, setzt daher am Ende auf widerständige Einzelne, die sich illusionslos und geradezu stoisch dem Gedanken eines höheren geistigen Lebens verpflichten, um dadurch zu erproben, „inwieweit, dank einer inneren Unerschütterlichkeit und einer Ausrichtung nach dem Transzendenten hin, das Nicht-Menschliche der modernen realistischen und handlungsbesessenen Welt, statt ins Untermenschliche zu führen, wie es zum Großteil in der Letztzeit geschieht, Erfahrungen eines höheren Lebens und einer größeren Freiheit begünstigen kann."[20] Evola, der sich am hinduistischen Kastensystem orientiert und einen Hauptgegensatz im Kampf des „männlich-solaren" gegen ein „weiblich-lunares" Denken sieht, lässt seine Verfallsgeschichte mit dem Niedergang des frühhochkulturellen Gottkönigstums beginnen, also dem Niedergang sakraler Herrschaft. Daher könnte er in der ungarischen Verfassung von 2011

---

19 Auf Deutsch liegen dessen umfangreiches Hauptwerk „Revolte gegen die moderne Welt" sowie kleinere Schriften, etwa „Tradition und Herrschaft", vor.
20 Hier und im Folgenden: Julius Evola, Revolte gegen die moderne Welt, Interlaken 1982, S. 419.

Anfänge einer „Kehre" sehen, wird dort doch der „Heilige König Stephan" an herausragender Stelle beschworen und damit der Gedanke einer „heiligen", das heißt an eine „Transzendenz" rückgebundenen politischen Seinsweise behauptet.

Völkischer Aktivismus und Gramscismus von rechts

Alexander Dugin, Julius Evola und noch und immer wieder Martin Heidegger: Das sind die Theoretiker, auf die sich die intellektuellen Vertreter der identitären Bewegung, der Neuen Rechten beziehen – etwa der Wiener Martin Sellner und der Bundesbürger Walter Spatz, die in Kubitscheks Antaios-Verlag ein Gespräch über Heidegger publizierten. Nebenbei: Der Name dieses rechtsextreme Literatur publizierenden Verlages bezieht sich auf eine Gestalt der griechischen Mythologie, eines Riesen, den Herakles immer wieder beim Ringen zu besiegen suchte, der aber stets, sobald er wieder auf dem Boden lag, aus diesem Boden neue Kräfte empfing und mithin unbesiegbar war. Ein irdischer Gigantensohn, den selbst der Halbgott Herakles nicht besiegen konnte.

In kenntnisreichen Gesprächen, zumal über den Heidegger der „Schwarzen Hefte", loten die beiden Autoren einer intellektuellen Rechten die Handlungs- und Zukunftsmöglichkeiten einer entsprechenden Bewegung aus. Die Ziele sind klar: Neben einer ethnischen Schließung des Nationalstaats soll vor allem Immigration verhindert werden, der Islam ausgeschlossen und eine liberale und daher multikulturelle Gesellschaft bekämpft werden – wozu in erster Linie eine Ablehnung des Gedankens der Menschenrechte gehört: „Der Sammelbegriff ‚Mensch' ist", so Walter Spatz, „in seiner identitären Bedeutsamkeit nur für die jeweiligen Völker angebracht. Einen weltweiten An- und Zuspruch gibt es nicht. Dieser ist letztlich Ausdruck der Machenschaft einer abstrahierten Idealität, die uns vom Eigenen trennt."[21] Mit Heidegger weiß sich die identitäre Bewegung daher einig in ihrem Widerstand gegen die „angloamerikanisch dominierte Lebensart", gegen Globalisierung, „Kulturindustrie" und „Mediokratie", eine Bewegung, die dazu führte, „die Vielfalt der Völker zu negieren und ihre Selbstbehauptung und Selbstbesinnung zu verhindern."[22]

Das Gespräch der beiden Rechtsintellektuellen offenbart eine tiefliegende strategische Differenz: zwischen einer Politik öffentlichen Aufbegehrens – wie bei Pegida und zahlreichen AfD-Politikern – und eines im Sinne von Gramsci geduldig kulturelle Hegemonie anstrebenden „gelassenen Widerstandes", der freilich das Bündnis mit auch gewalttätigen Aktivisten nicht scheut. Indem etwa Martin Sellner an Heidegger dessen mangelnde Kritik am nationalistischen Auserwähltheitswahn, an der Personalisierung politischen Denkens (ein Hinweis auf Heideggers Glaube an Hitler) sowie dessen

---

21 Martin Sellner und Walter Spatz, Gelassen in den Widerstand. Ein Gespräch über Heidegger, Steigra 2015, S. 33.
22 Ebd., S. 51 f.

Glaube an eine „kämpferische Erringung" eines bedeutsamen politischen „Ereignisses" kritisiert, bezieht er im ethnopluralistischen Sinne Stellung gegen jeden chauvinistischen Nationalismus. Das ändert freilich nichts am politischen Ziel des Widerstands gegen Immigration, Islam und multikulturelle Gesellschaft: „Unser Ziel ist die geistige Verschärfung. Wir wollen die Herzen in Brand setzen, etwas in Bewegung bringen, die entscheidenden Fragen erneut, tiefer und mit politischen Folgen stellen. Die geistige Unruhe, der schlafende Furor teutonicus, das ewig unzivilisierbare, urdeutsche Fieber, das uns aus germanischen Urwäldern wie aus gotischen Kathedralen entgegenstrahlt, versammelt sich in uns. Unsere Gegner wissen das, und sie haben Angst. Sie wissen von der Möglichkeit der spontanen Eruption und Regeneration. Und sie wissen, dass wir nicht mehr in ihre Fallen laufen, dass wir ihren Schablonen und Gängelbändern entwachsen sind. Ich glaube", so beschließt Sellner dieses politische Glaubensbekenntnis, „wir leben in einer Zeit der Entscheidung. Ich glaube, dass unsere Arbeit als Kreis, im Denken und Hören auf das Sein, organisch in den politischen Kampf einer Massenbewegung, in die politische Arbeit einer Partei eingebunden ist."[23]

Man mag all das für esoterischen Unsinn halten und der durchaus begründeten Überzeugung sein, dass die Dumm- und Wirrköpfe, die bei Pegida-Demonstrationen mitlaufen oder bei künftigen Landtags- und Bundestagswahlen der AfD ihre Stimme geben, an komplizierten philosophischen Debatten nicht das geringste Interesse haben, also eine Kritik dieser Ideologeme verlorene Zeit oder Liebesmüh ist.

Indes: Gerade weil die Theorien der identitären Bewegung erhebliche Schnittmengen mit linken Ansichten und Haltungen zu Kapitalismus, Globalisierung, Hegemonie der USA, Digitalisierung und Kulturindustrie aufweisen, dürfte es unumgänglich sein, demgegenüber – im Sinne der Aufklärung – das linke Projekt als ein menschheitliches, universalistisches zu rekonzipieren und sich darüber klar zu werden, dass heute, morgen und übermorgen eine linke Politik sich nicht nur um Europa, sondern um die Welt als Ganzes zu kümmern hat – der Internationalismus der Linken mithin seine Bewährung in Theorie und Praxis noch vor sich hat.

23 Ebd., S. 90.

Konterrevolution gegen den Kosmopolitismus

Der Hass auf Frauen, die Natur und das Andere

Von **Seyla Benhabib**

Bevor am 24. Februar 2022 der Ukrainekrieg begann, war unter Intellektuellen und Politiker:innen oft vom „Tod" oder dem „Ende" der Demokratie die Rede. In einem vieldiskutierten Buch analysierten beispielsweise die Politikwissenschaftler Daniel Ziblatt und Steven Levistky, „Wie Demokratien sterben",[1] während der britische Philosoph David Runciman das „Ende der Demokratie" prophezeite.[2] Doch der Wille des ukrainischen Volkes, seine eigene, von russischer Herrschaft freie, Zukunft zu bestimmen, zeigt paradoxerweise: In der heutigen Welt hat der Wunsch vieler Menschen, in einer Demokratie zu leben und ihr Leben selbst zu bestimmen, trotz der in breiten Kreisen des Westens verbreiteten Untergangsstimmung und Schwarzmalerei nicht nachgelassen.

Zu diesem Pessimismus hinsichtlich der Zukunft der Demokratie kommen die anhaltenden, von der Coronapandemie ausgelösten Ängste. Unsere Welt schien auf einmal geschrumpft zu sein: Das Virus war überall. Gleichzeitig wurden wir alle in unseren Privaträumen unter Quarantäne gestellt; Länder zogen ihre Zugbrücken hoch und machten ihre Grenzen zu Bollwerken gegen Gäste und Freund:innen, wehrten sich unterschiedslos gegen Geflüchtete und Migrant:innen. Mediengiganten wie Google, Facebook, Amazon, Instagram und Twitter beherrschten die Kommunikations- und Informationsflüsse, während sich die öffentlichen Plätze zusehends leerten.

Die Covid-19-Pandemie hat den Schleier der neoliberalen Ideologie beiseite gerissen, der die in unseren Gesellschaften nach wie vor existierenden gewaltigen Spaltungen zwischen Klassen, „Rassen", Ethnien und Geschlechtern zum Teil verdeckte. Die Dialektik von Interdependenz und Fragmentierung, die seit Jahrzehnten so bezeichnend für den Zustand dieser Welt war, wurde ein weiteres Mal offenbar. Die inneren Brüche und Risse sind offen zutage getreten – zwischen Reich und Arm, zwischen geistig und körperlich Arbeitenden, zwischen angelsächsischen, europäischen und

---

1 Steven Levitsky und Daniel Ziblatt, Wie Demokratien sterben, München 2018. Vgl. auch dies., Politik als Kriegsführung. Von der Verfeindung zur Zerstörung der US-Demokratie, in: „Blätter", 8/2018, S. 53-68.
2 David Runciman, So endet die Demokratie, Frankfurt a.M. 2018.

amerikanischen Eliten auf der einen und schwarzen, südamerikanischen oder „rassifizierten" Minderheiten – deren Infektions- und Mortalitätsraten unvorstellbar viel höher lagen – auf der anderen Seite. Eine der heute wichtigsten Bewegungen gegen Rassismus und für soziale Gerechtigkeit – Black Lives Matter in den USA – hat sich vor dem Hintergrund haarsträubender sozioökonomischer Ungleichheit und Polizeigewalt formiert.

Wie soll sich angesichts dieser Umstände jemals wieder ein gemeinsames Gefühl von Mitbürgerschaft und Zugehörigkeit entwickeln? Wird der Impfnationalismus in Zukunft Schule machen, oder werden die Länder dieser Erde einen Weg zu intelligenteren Formen der Solidarität und Teilhabe finden?

Der Populismus ist vielerorts die Reaktion auf die Herausforderungen unserer Zeit: Gefestigte Demokratien wie die USA oder Großbritannien sind, ebenso wie Frankreich, die Niederlande, Deutschland oder Schweden, von einer Welle des Populismus ergriffen worden. Im Sommer dieses Jahres hat eine Koalition von Rechtspopulisten die italienische Regierung zu Fall gebracht, und zum ersten Mal seit Ende des Zweiten Weltkriegs wurde eine Partei stärkste Kraft, deren Wurzeln in der damaligen faschistischen Bewegung liegen.[3]

Immer wenn populistische Parteien und Politiker an die Macht kommen, errichten sie eine Art von Regime, das wahlweise als „illiberale Demokratie", „kompetitiver Autoritarismus", „missbräuchlicher Konstitutionalismus" und/oder „autokratischer Legalismus" bezeichnet wird. Vom Trumpismus in den Vereinigten Staaten, aus dem mittlerweile eine konservativ-aufständische Bewegung mit offenen Verbindungen ins ultranationalistische rechte Lager geworden ist, bis zu Narendra Modi in Indien, Viktor Orbán in Ungarn, Recep Tayyip Erdoğan in der Türkei und dem gerade mit knapper Mehrheit abgewählten Jair Bolsonaro in Brasilien[4] hat sich unter den Anführern dieser Bewegungen eine gemeinsame Weltsicht herauskristallisiert. Ich interpretiere diese Ideologie als eine Form von regressivem Männlichkeitswahn, in dem sich verdinglichende und ausbeuterische Einstellungen zur Natur mit einer Feindlichkeit gegenüber dem „Anderen" – gegenüber Einwandernden, Geflüchteten und Asylsuchenden – verbinden.

Die dreigliedrige Struktur der heutigen Rechtspopulismen

Woher rührt diese dreigliedrige Struktur der heutigen Rechtspopulismen? Zu jedem Populismus gehört ein Opfernarrativ: das Gefühl, von der Geschichte ungerecht behandelt worden zu sein. Trump will die USA wieder „great again", also groß und großartig machen, nachdem sie infolge der desaströsen Kriege in Afghanistan und Irak an Macht und Ansehen in der Welt verloren haben. Derartige Impulse sind nicht auf die USA oder Europa beschränkt: Wie Pratap Mehta mit Blick auf Indien erläutert, ist der wichtigste Grund-

---

3 Vgl. Steffen Vogel, Italien: Der vermeidbare Triumph der Giorgia Meloni, in: „Blätter", 11/2022, S. 17-20.
4 Vgl.: Claudia Zilla, Lulas Hypothek: Demokratie auf Bewährung, in: „Blätter", 12/2022, S. 9-12.

satz von Narendra Modis Indischer Volkspartei, BJP, „die Idee des Opfer-
seins [...]. Hindus sind ewig die Opfer, ein Zustand, der sich nur durch die
Konsolidierung der hinduistischen politischen Macht überwinden lässt."[5]
Viktor Orbán wiederum betont unablässig, dass Ungarn, eine kleine Nation
im Herzen Europas, nicht nur historisch gesehen der Bedrohung durch den
Islam standhalten musste, sondern sich auch heute wieder dem Druck der
Europäischen Union ausgesetzt sieht, mehr Migranten aufzunehmen, die
Rechte von LGBTIQ+-Personen zu dulden und damit letztlich seine christ-
lichen Familienwerte zu verraten. Und Recep Tayyip Erdoğan versucht, der
heutigen Türkei mittels unterschiedlichster Formen der Einflussnahme im
Nahen Osten und auf die asiatischen Turk-Republiken der früheren Sowjetunion etwas vom verblichenen Glanz des Osmanischen Reichs zurückzu-
geben. Bolsonaros Groll schließlich scheint weniger dem verlorenen Ruhm
der Nation zu gelten, als den Grenzen, die jene internationalen, ein weiteres
Vordringen in das Amazonasgebiet verhindernden Klimaabkommen Brasiliens Zukunft in seinen Augen setzen. Die Ausbeutung des Amazonasgebiets
ist für ihn der unmittelbare und ungebrochene Ausdruck jenes Eroberungs-
geistes, mit dem weiße Europäer ursprünglich einmal das Land kolonisiert
hatten.

Opfernarrative und Legenden von vergangenem Ruhm

Diese Opfernarrative und Legenden von vergangenem Ruhm richten sich
gegen kosmopolitische Eliten, die angeblich ihre eigenen Nationalgeschich-
ten und die ihren Nationen angetanen Ungerechtigkeiten ignorieren und
sich lieber auf die Seite des internationalen Rechts und internationaler Organisationen, Menschenrechtskomitees, Flüchtlingshilfswerken usw. stellen.
Nicht nur strafen die kosmopolitischen Eliten aus Sicht des Populismus also
die Nationalgeschichte mit Missachtung, sie verbündeten sich zudem mit
jenen Kräften, die der Restauration des verloren gegangenen Ruhms einen
Riegel vorschieben wollen. Populisten hassen Kosmopoliten und den Kosmopolitismus, internationale Frauenrechte, die Rechte von Schwulen, Lesben,
Transgender und anderen queeren Menschen, den Schutz der Umwelt und
der Artenvielfalt sowie den Kampf für die Rechte von Migrant:innen und
Asylsuchenden. All das betrachten sie als Kuckuckseier der kosmopolitischen Eliten, die angeblich mittels internationaler Konventionen versuchen,
unwilligen Nationen verbindliche Vorschriften zu machen. Populisten dagegen bestreiten die Legitimität des internationalen Rechts.

Mit der für diese Weltbilder typischen Ablehnung des Kosmopolitismus
und des internationalen Rechts geht, erstens, ein tiefsitzender Antifeminismus, ja Frauenhass einher, der sich nicht nur gegen Frauen richtet, sondern
ebenso gegen homosexuelle und Trans-Menschen. Wie sich aktuell auch an
den Protesten für Frauenrechte im Iran zeigt, sind sexueller Autoritarismus

---

5   Pratap Bhanu Mehta, Hindu Nationalism. From Ethnic Identity to Authoritarian Repression, in:
    „Studies in Indian Politics", 1/2022, S. 31-137, hier: S. 36.

und politische Unterdrückung zwei Seiten ein und derselben Medaille. Zwar können populistische Bewegungen durchaus von Frauen angeführt werden, etwa in Frankreich von Marine Le Pen – diese gelten dann allerdings, im Gegensatz zu emanzipierten oder Transfrauen, als „echte" Frauen. Traditionelle Weiblichkeit ist das Pendant zu einer autoritären Männlichkeit, und nach Ansicht des Populismus ist nur letztere imstande, einem verletzten Ehrgefühl Genugtuung zu verschaffen. Dieser Logik folgend kündigte Erdoğan kurzerhand die Istanbul-Konvention auf – jene 2011 unterzeichnete Konvention des Europarates zur Verhütung und Bekämpfung von Gewalt gegen Frauen und häuslicher Gewalt –, mit dem Argument, derlei Dinge kämen in seinem Land nicht vor. Ein bestimmtes Bild von Männlichkeit steht im Zentrum dieser Weltanschauung: Demzufolge muss ein Mann hart, ungebildet und kriegerisch sein, voller Widerwillen gegen Homo- und Transsexualität und voller Verachtung für Frauen, die er entweder als Mütter oder als Huren ansieht.

Die ungerührte Ausbeutung und Manipulation von Natur und Umwelt

Zweitens sind die Leugnung des Klimawandels, das aggressive Abwehren entsprechender Prognosen und die ungerührte Ausbeutung und Manipulation von Natur und Umwelt weitere Elemente dieser Weltsicht. Viele Wissenschaftler:innen, die bei unverändertem Energieverbrauch einen katastrophalen Klimawandel prognostizieren, werden als Teil einer Verschwörung angesehen, die angeblich das Ziel verfolgt, Länder von ihrem Weg zu Entwicklung und Wohlstand abzubringen. Eine der ersten Maßnahmen der Trump-Administration war folglich, die US-amerikanische Behörde zum Schutz der Umwelt und der menschlichen Gesundheit, die Environmental Protection Agency, zu untergraben, der jüngst durch den Supreme Court auch noch die letzte verbliebene Befugnis genommen wurde.[6] Trump billigte die Fortsetzung des Baus der mittlerweile gestoppten Keystone-Pipeline von Kanada in die Vereinigten Staaten, die unter anderem weite Siedlungsgebiete von *Native Americans* zerstört hätte. Den ganz ähnlich gelagerten Traum Erdoğans, einen künstlichen Kanal parallel zum Bosporus anzulegen, der das Schwarze Meer mit dem Marmarameer verbindet, haben viele Architekten und Umweltschützer als größenwahnsinnig und für die Umwelt hochgefährlich bezeichnet. Bolsonaros Einstellung zur Abholzung des Amazonas-Regenwalds – und deren Folgen – sind zur Genüge bekannt.[7]

Der Hass auf Fremde, Migrant:innen und Asylsuchende als die unerwünschten Anderen, als angebliche Gefahr für das Gemeinwesen, ist, drittens, der vielleicht augenfälligste Aspekt populistischer Ideologie und Politik. Die Bedeutung des „Anderen" aber variiert in den unterschiedlichen Erzählungen von verlorener Ehre und verletztem Stolz. Während es in dem

---

6 Vgl. Naomi Klein, Schockstrategie des Supreme Court, in: „Blätter", 8/2022, S. 37-38.
7 Vgl. Niklas Franzen, Nicht totzukriegen: Das Gespenst des Bolsonarismus, in: „Blätter", 8/2022, S. 93-102.

einen Narrativ der historische Nationalfeind ist, der diese Funktion erfüllt – hier werden etwa Muslime gegen Hindus ausgespielt oder Türken und kosmopolitische Juden gegen Ungarn –, sind es im anderen Migrant:innen aus Afrika, dem Nahen Osten oder Lateinamerika, die die weiße „Rasse" bedrohen und zu verdrängen versuchen. Letzteres vertritt auch die Theorie vom „Great Replacement", vom „Großen Austausch", ein Amalgam aus Nationalismus und weißem Rassismus.[8] Auch sie stellt Kosmopoliten als Verräter dar, die sich für die Rechte der „Anderen" auf Kosten „unserer" Rechte und „unseres" Heimatlandes einsetzen.

Diese Konterrevolution unserer Tage ist ein Versuch der global herrschenden Klassen, ihren Anspruch, sie allein seien der Inbegriff des Allgemeinen, theoretisch wie praktisch zu verteidigen. Ihr Ziel ist es, ihre exklusive Sichtweise von Geschlecht, „Rasse" und Hautfarbe durchzusetzen und zugleich das modernistische Projekt einer wissenschaftlich-technologischen Unterwerfung der Natur fortzuschreiben.

Diese neuen herrschenden Klassen bestehen zum einen aus den alten Geldeliten, die nicht nur in den kapitalistischen Demokratien des Westens, sondern auch in staatskapitalistischen Gesellschaften wie China und Russland die Stahl-, Kohle-, Öl-, Waffen-, Automobil- und sonstigen Industrie- bzw. Technologiekonzerne der ersten Generation kontrollieren. Zum anderen gehören dazu sowohl die neuen Milliardäre des neoliberalen Kapitalismus im Finanz- und Bankensektor als auch milliardenschwere Medienmogule wie Amazon-Gründer Jeff Bezos. Auch aus den postsowjetischen Ökonomien Russlands, Ungarns und der Ukraine sind mächtige Oligarchen hervorgegangen. Und Länder wie die Türkei und Indien haben eine neue Bourgeoisie geschaffen, indem sie ihre nationalen Bau- und Waffenindustrien gegen den internationalen Wettbewerb abschotteten.

Diese neuen hegemonialen Gruppen versuchen, eine Ideologie der Männlichkeit und der Mannhaftigkeit am Leben zu erhalten, die sie zum einen durch die wirtschaftliche und politische Macht von Frauen und zum anderen durch deren sexuelle Freiheit bedroht sehen. Den Warner:innen vor dem Klimawandel halten sie stolz die Errungenschaften der frühen wissenschaftlich-technologischen Moderne entgegen, deren Ziel es nach dem geflügelten Wort René Descartes' war, uns zum „Herrn und Meister" der Natur zu machen.

Der Odysseus-Mythos und die Furcht vor dem »Anderen«

In diesen drei Komponenten der Weltsicht heutiger autoritärer Bewegungen – verdrängte Sexualität, fortgesetzte Ausbeutung der Natur ungeachtet des offensichtlichen Klimawandels und rassistische Ängste vor dem Fremden und „Anderen" – erkennen wir eine Konstellation wieder, die Adorno und Horkheimer ursprünglich als Kennzeichen der faschistischen Bewegungen

---

8 Vgl. Jason Stanley, Anleitung zum Völkermord: Der Mythos vom „Großen Austausch", in diesem Band.

des 20. Jahrhunderts, insbesondere des Nationalsozialismus, beschrieben haben. Erinnern wir uns an den berühmten Exkurs zum Odysseus-Mythos aus der „Dialektik der Aufklärung". Adorno und Horkheimer vertraten darin die These, dass die radikale Trennung von Natur und Kultur und die Reduzierung ersterer auf ein manipulierbares Objekt nicht nur zur Ausbeutung und Auszehrung der äußeren Natur, sondern auch zu einer Unterdrückung und Verdrängung *(repression)* der inneren Natur führe. Sie schrieben: „Die Weltherrschaft über die Natur wendet sich gegen das denkende Subjekt selbst, nichts wird von ihm übrig gelassen als eben jenes ewig gleiche Ich denke, das alle meine Vorstellungen muss begleiten können."[9]

Mit dieser Anspielung auf die „Einheit der Apperzeption", die alle Vorstellungen des Selbst begleitet, verabschieden Adorno und Horkheimer das epistemologische Subjekt Kants. Die Sage des Odysseus dient ihnen dazu, die Geschichte der westlichen – und hier möchte ich ergänzen: männlichen – Subjektivität freizulegen. Odysseus wird von Homer als „listenreich" bezeichnet, und seine List besteht darin, die dunklen Kräfte der Natur zu besänftigen, indem er sich ihnen erst anverwandelt und sie dann bezwingt. Odysseus gibt dem Kyklopen Wein zu trinken, und nachdem er betrunken ist, blendet er ihn. Er schläft mit der Verführerin Kirke und er lauscht den Sirenen, an einen Schiffsmast gefesselt, nachdem er seinen Männern die Ohren mit Wachs verstopft hat. Unbeirrt vom Gesang der Sirenen, dem bis zu jenem Zeitpunkt noch niemand zu widerstehen vermochte, hält sein Schiff Kurs, und Odysseus fleht seine Männer vergeblich an, ihn loszubinden; natürlich hört ihn die Mannschaft ebenso wenig wie den Gesang der Sirenen. Odysseus besiegt die Naturgewalten, indem er sich ihrer Macht beugt und sich ihren Qualen ausliefert; am Ende aber kann er dank seines Scharfsinns und seiner Intelligenz Tod und Vernichtung entkommen.

Der kapitalistische Unternehmer als männlicher Held

Adorno und Horkheimer legen auch eine Klassendimension dieses Mythos frei: Der männliche Held ist, so wie der kapitalistische Unternehmer, ein mutiger und trickreicher Mann. Er ist es, dessen Klugheit alle davor rettet, dem Sirenengesang ins Verderben zu folgen. Es ist die Mannschaft, die Masse der Arbeiter, die – ein Symbol für die Muskelkraft – das Schiff aus der Gefahrenzone rudert.

Ihre psychoanalytisch inspirierte Darstellung des Odysseus-Mythos betrachteten Adorno und Horkheimer als die Geschichte vom „Unbehagen in der Kultur", wie Freud diesen Prozess genannt hatte. Kultur – oder Zivilisation – entsteht durch Verdrängung jener Triebe, die uns zurück zur Natur, gewissermaßen in den Uterus oder an die Brust der Mutter, drängen. Das Selbst wird zu einem disziplinierten, autonomen Individuum, indem es jene Wünsche meistert, die ihm Lust und Begehren verheißen. Wie der

---

9   Max Horkheimer und Theodor W. Adorno, Dialektik der Aufklärung. Philosophische Fragmente, in: Theodor W. Adorno, Gesammelte Schriften, Band 3, Frankfurt a. M. 1981 [1944], S. 43.

schlaue Odysseus wusste – und wie uns Hegel in Erinnerung ruft –, muss die Begierde durch Arbeit sublimiert und in einen dauerhaften Gegenstand verwandelt werden. Den Triumph des Geistes über die Natur preisend fügt Hegel noch hinzu, dass nur der Knecht Geschichte schreiben wird, weil er die Natur transformiert.

Mit der Rückbesinnung auf diese berühmte Diskussion aus der „Dialektik der Aufklärung" möchte ich mir nicht etwa eine orthodox psychoanalytische Theorie vom Unbehagen in der Kultur zu eigen machen, sondern vielmehr mit Nachdruck festhalten, dass die Analyse von Adorno und Horkheimer immer noch unerhörten Erklärungswert besitzt: Indem sie nämlich die Entstehung des Ideals eines listigen, selbstbeherrschten, verdrängenden männlichen Egos zugleich an die Ausbeutung der Natur und an die Unterdrückung derjenigen knüpft, die, anders als der Held, nicht in der Lage sind, ihre Wünsche zu sublimieren.

Adorno und Horkheimer wollten zeigen, wie die westliche Rationalität durch Regression auf den Mythos in ihr Gegenteil umschlagen konnte und wie sich die Dialektik von Vernunft und Mythos im Aufstieg der faschistischen Bewegungen des 20. Jahrhunderts entfaltete. In ihren Kommentaren zu den zahlreichen Abenteuern, in denen Odysseus ein Teil jener Gewalten wird, die ihn zu zerstören versuchen, schreiben sie: „Wenn Mimesis sich der Umwelt ähnlich macht, so macht falsche Projektion die Umwelt sich ähnlich."[10] Durch falsche Projektion stempelt der Faschismus den „Anderen" als Feind ab. Für die Faschisten ist der Jude der „Andere", der Fremde; derjenige, der menschlich und clever ist und der beabsichtigt, die „Herrenrasse" mit seiner List, seinem Geld und seiner Sexualität zu verführen. Der Jude wird aber auch für hässlich, trügerisch und feige gehalten. Man ersetze den Juden durch den Islamisten, der in unsere Gesellschaften eindringt, unter dem Vorwand, ein Fremder in Not zu sein, der aber durch seine Verschlagenheit und Gewaltbereitschaft Zerstörung bringt, dann klingt es wie die heutige Theorie vom „Großen Austausch". Wir können das Subjekt der Formel auswechseln, doch die auf einer Art von paranoider Projektion basierende Furcht vor dem „Anderen" bleibt erhalten. „Strangers are dangers", so formulierte es der große Soziologe Zygmunt Bauman, Fremde sind Gefahren, oder vielmehr: Sie werden zu Gefahren gemacht.

Das Projekt eines Kosmopolitismus von unten

Jede hegemoniale Kraft provoziert eine Gegenreaktion, und das ist auch in der gegenwärtigen Konstellation der Fall. Obwohl populistische Bewegungen um die Vorherrschaft kämpfen, sind sie noch nicht hegemonial. In seinem wichtigen Buch „The Cosmopolitan Imagination" macht Gerard Delanty folgende Beobachtung: „Auf der einen Seite", schreibt er, „gibt es – in Europa genau wie im Rest der Welt – viele Anzeichen für eine gesellschaftliche Diffe-

---

10 Ebd., S. 212.

renzierung und, damit einhergehend, Infragestellungen des westlichen Kultur- und Politikmodells; auf der anderen Seite formiert sich gerade im Hinblick auf Demokratie, Menschenrechte und Klimawandel so etwas wie eine globale normative politische Kultur [...]. Das bedeutet letztlich, dass man die politische Gemeinschaft weder einfach als Import eines westlichen Einheitsmodells oder globaler Uniformität verstehen kann noch im Sinne des Rückzugs auf einen partikularistischen Nativismus oder eine antiwestliche Haltung."[11]

Das Projekt eines Kosmopolitismus von unten ist ein Beispiel für dieses neue Gemeinschaftsverständnis, dem es wesentlich um ein Zusammenwirken des Lokalen mit dem Nationalen, des Transnationalen mit regionalen Bewegungen, Praktiken, Einsichten und Ideen geht. Genau wie die Reproduktionsfreiheit der Frauen und die bürgerlichen und politischen Rechte von LGBTIQ+-Menschen in Polen, Brasilien, Ungarn und der Türkei ausgehöhlt werden, muss sich auch der Widerstand gegen diese Angriffe lokal und transnational, regional und kosmopolitisch organisieren.

Und so wie die Anschläge auf Muslime in Kaschmir, die dort mehr und mehr ihrer indischen Bürgerrechte beraubt werden, offenbar zugleich lokal und transnational organisiert sind, so muss auch die Empörung gegen das Zusammenschlagen eines behinderten afrikanischen Migranten in Italien sowohl lokal als auch transnational organisiert sein. Kosmopolitische Solidarität mit dem „Anderen" lässt die alten Dichotomien von Ost und West, Nord und Süd hinter sich.

Genau wie die fortgesetzte Entwaldung des Amazonasgebiets einen Anschlag auf die Gesundheit des gesamten Planeten darstellt, so ist sie auch ein Anschlag auf die Lebensweise der indigenen Völker in dieser Region.[12] Auch der Raub von hunderttausenden Hektar Land, von Wasser und anderen natürlichen Ressourcen in Afrika durch multinationale Großkonzerne oder Staaten wie China ist nicht nur ein Anschlag auf die Umwelt, sondern ebenfalls auf die demokratischen Rechte der Menschen, ihr eigenes Land und ihre Bodenschätze zu kontrollieren. Der Widerstand gegen solche Formen des Land- und Ressourcenraubs erfordert eine kosmopolitische Solidarität von unten.

Entgegen populistischer Vorhersagen hat sich das kosmopolitische Projekt noch nicht erschöpft. Wenn überhaupt, dann ist jetzt seine Verwirklichung auf wahrhaft globaler Ebene fällig – durch Bewegungen, die nicht den Ehrgeiz haben, das Allgemeine zu beherrschen, sondern sich von der Vision einer differenzierten, nicht-identitären Menschheit leiten lassen, für die die Besonderheit des Selbst und des „Anderen" Quelle kreativer Spannung und Kampf zugleich ist.

---

11 Gerard Delanty, The Cosmopolitan Imagination. The Renewal of Critical Social Theory, Cambridge 2009, S. 10f.
12 Vgl. Anna Jurkevics, Land Grabbing and the Perplexities of Territorial Sovereignty, in: „Political Theory", 1/2021, S. 32-58.

Anleitung zum Völkermord: Der Mythos vom »Großen Austausch«

Von **Jason Stanley**

Was verbindet den ungarischen Premierminister Viktor Orbán, den französischen Rechtsaußen Éric Zemmour, rechte Demonstranten im amerikanischen Charlottesville und den Massenmörder Anders Behring Breivik? Sie alle stützen sich auf ein wirkmächtiges Phantasma: den „Großen Austausch". Dieser Begriff ist in rechtsextremen und zunehmend auch in rechtspopulistischen Kreisen seit einigen Jahren populär. Rechtsterroristen beziehen sich zur Legitimation ihrer Gewalttaten immer wieder auf diese angebliche Verschwörung zum Austausch der weißen Bevölkerung, insbesondere durch nicht-weiße Migranten. Die Ideen, die der Vorstellung vom „Großen Austausch" zugrunde liegen, sind jedoch viel älter als der Begriff und gehen auf Kolonialismus und Faschismus zurück. Da der Mythos vom „Großen Austausch" Fremde als existenzielle Bedrohung für die angeblich ethnisch und religiös homogene Nation, ihre Traditionen und Werte darstellt, kann er auch als Begründung für massenhafte Gewalt gegen diese Fremden und ihre Repräsentanten benutzt werden. Der „Große Austausch" ist damit ein Paradebeispiel für völkermörderische Sprache.

Völkermörderische Sprache ist eine Sprache, die auf eine bestimmte gesellschaftliche Gruppe zielt und eine Rechtfertigung für ihre Auslöschung liefert. Sie baut eine stark negative, kollektive Einstellung gegenüber dieser Gruppe auf, indem behauptet wird, dass die Existenz der eigenen Gruppe direkt und unmittelbar von dem vermeintlichen Feind bedroht wird. Eine Art und Weise, diese existenzielle Bedrohung zu zeigen, ist die „spiegelverkehrte Anklage", wie es Susan Benesch und ihre Mitarbeiter im *Dangerous Speech Project* nennen. „[D]em Feind [werden] genau die gewalttätigen Akte [zugeschrieben], die der Sprecher selbst ihm gegenüber vollziehen will." In Thukydides' „Geschichte des peloponnesischen Krieges" hält der Athener Kleon eine Rede, um das Abschlachten aller Bürger von Mytilene zu rechtfertigen. Er sagt, dass diese alle Athener abschlachten würden, wenn sie die Gelegenheit dazu hätten. Kleons demagogische Rede, deren narrative Struktur der „spiegelverkehrten Anklage" entspricht, ist ein antikes Paradebeispiel für völkermörderische Sprache.

Ihre Macht bezieht völkermörderische Sprache aus Geschichten von Konflikt, Unterdrückung und Rache zwischen gesellschaftlichen Gruppen. Lynne Tirrell beschreibt dies als „soziale Einbettung": „[A]bwertende

Begriffe sind am effektivsten, wenn sie mit Netzwerken von Unterdrückung und Diskriminierung verbunden sind, mit dem Gewicht von Geschichte und gesellschaftlicher Missbilligung dahinter. Das unterscheidet stark abwertende Begriffe am deutlichsten von anderen Formen der Beschimpfung. Wir können dies die *Bedingung sozialer Einbettung* nennen. Der gesellschaftliche Kontext, seine etablierten Praxen und Konventionen sind die Hauptquellen der Macht abwertender Begriffe, die dazu benutzt werden, Menschen zu dominieren, zu erniedrigen oder zu entmenschlichen."[1]

Würde ein US-Politiker aus heiterem Himmel beginnen, angelsächsische Männer als „Ungeziefer" zu bezeichnen, hätte das keinen großen Effekt. Die Bezeichnung muss im Kontext einer tiefsitzenden Konfliktgeschichte mit einer Gruppe erfolgen, und der abwertende Begriff muss genau in den Kontext einer geschichtlichen Erzählung bedeutsamer Konflikte passen. So hat in Ruanda die postkoloniale Situation eine Spaltung zwischen Hutu und Tutsi erzeugt, die geprägt war von Neid, Wut und Konkurrenz. Hutus wurde erzählt, dass Tutsis so sehr Feinde seien wie Schlangen – giftige Schlangen sind in Ruanda eine verhasste Bedrohung, und sie mit der Machete zu töten, ist ehrenvoll. Die Konfliktgeschichte zwischen Hutu und Tutsi machte es möglich, den Hutus zu kommunizieren, dass Hutu zu sein auch bedeutete, Tutsis auf jene gewalttätige Weise zu vernichten, die gewöhnlich gegen Schlangen eingesetzt wurde. Auch die Wirkmächtigkeit der „Superpredator"-Kampagne gegen junge schwarze Männer in den USA der 1990er Jahre leitet sich von ihrer sozialen Einbettung ab.[2] In den USA werden schwarze Männer seit langem dämonisiert, indem man sie mit schrecklichen Gewaltverbrechen in Verbindung bringt. Viele Amerikaner verwenden dabei Begriffe, mit denen die rassistische Ideologie legitimiert wird, dass die meisten schwarzen Männer von Natur aus kriminell seien. Die Einführung eines Begriffs wie „Superpredator" muss im Kontext dieser langen Geschichte verstanden werden. Er war als Ergänzung einer bestehenden Rassenideologie effektiv und nicht in erster Linie wegen seiner Schockwirkung. Der Begriff war wie eine Granate für eine als Granatwerfer fungierende bestehende rassistische Ideologie.

Ideologien sind kollektive Einstimmungen in Verhaltensweisen, auch verbale. Ohne eine umfassende Hintergrundideologie hat die Einführung eines einzigen Worts zur Beschreibung einer Gruppe kaum einen Effekt. Eine auf Vorurteilen basierende Ideologie besteht aus einem Netz von Einstimmungen in Praktiken, Einstellungen und Affekten gegenüber den Mitgliedern der betroffenen Gruppen. Sie betont und essenzialisiert zufällige Eigenschaften einiger Angehöriger der Gruppe, beispielsweise eben verbrecherisches Verhalten. Angehörige der Gruppe als „Ungeziefer" zu bezeichnen, *schafft* allein keine solche Ideologie – das ist bloße Namensgebung. Fügt man dagegen einer bereits bestehenden rassistischen Ideologie die Praxis hinzu,

---

1 Lynne Tirrell, "Genocidal Language Games", in: Ishani Maitra und Mary Kate McGowan (Hg.), Speech and Harm: Controversies Over Free Speech, Oxford 2012, S. 192.
2 Der Superpredator-Mythos war eine in den 1990er Jahren von dem Kriminologen John J. Dilulio konzipierte und zeitweise einflussreiche Theorie über die angeblich zunehmende Zahl urbaner Jugendlicher, die ohne Reue zu Gewaltverbrechen bereit seien.

Angehörige der betroffenen Gruppe als „Ungeziefer" oder „Superpredatoren" zu bezeichnen, mobilisiert dies zu gewalttätigen Handlungen gegen sie.

Existenzielle Bedrohung als Schlüsselkonzept

Für Völkermorde haben Wörter wie „Ungeziefer", „Schlangen" und „Verräter" eine bestimmte Funktion – sie kennzeichnen diejenigen, für die Gewalt und oft massenhafter Tod vorgesehen sind. Damit diese Wörter aber ihre Funktion erfüllen können, müssen sie mittels einer Ideologie mit den gewalttätigen Praktiken verbunden werden. Es kostet Zeit, eine solche Ideologie zu entwickeln, die Gewalt gegen eine Gruppe rechtfertigt – aber ohne einen solchen Hintergrund wird eine bloße Bezeichnung wie „Ungeziefer" machtlos sein. Das Schlüsselkonzept für die Erforschung völkermörderischer Sprache ist das der *existenziellen Bedrohung*. Wie in Ruanda hängt die Mobilisierungsmacht völkermörderischer Sprache von lokalen Geschichten über Konflikt und Hass ab, welche die Vorwürfe existenzieller Bedrohung untermauern.

Das Erbe von Konflikt- und Hassgeschichte, das völkermörderischer Sprache ihre Macht gibt, anzugehen und zu thematisieren, kann ihre Effektivität einschränken. Will man beispielsweise die völkermörderische Ideologie schwächen, die Russlands Invasion der Ukraine 2022 motivierte, muss man zeigen, dass die moderne Ukraine kein „Anti-Russland-Konstrukt" ist, sondern ein lebendiger, im positiven Sinn gewöhnlicher Nationalstaat, mit eigener Sprache und eigenen Traditionen. Diese Arbeit, Ideologien zu entwurzeln, die es völkermörderischer Sprache erlauben, zu gewalttätigen Zielen zu mobilisieren, ist Kern der antifaschistischen Praxis der Kritischen Theorie.

Zentral für die massenhafte Gewalt des 20. Jahrhunderts ist der Verschwörungsmythos vom „Großen Austausch" (Great Replacement Theory, GRT). Er ist eine „spiegelverkehrte Anklage", eine Erzählung über eine Gruppe als existenzielle Bedrohung und setzt eine Ideologie der Nation voraus, die diese historisch als ethnisch wie religiös homogen und rein vorstellt, mit einer Reihe festgelegter, auch patriarchaler Traditionen. Diese Ideologie, ihre Traditionen und Anhänger werden laut GRT angeblich existenziell gefährdet, gewöhnlich von einem Zustrom fremder „Rassen", Ethnien oder Religionen. Diese Fremden werden als existenzielle Bedrohung der Nation, ihrer Traditionen und Werte dargestellt. Sodann wird die GRT als Begründung für massenhafte Gewalt gegen diese Fremden und ihre Repräsentanten benutzt.

Auch die offizielle Begründung der Nationalsozialisten für den Völkermord an den europäischen Juden gründete im Kern auf einer Form von GRT. So schreibt Adolf Hitler in „Mein Kampf": „Diese Verpestung unseres Blutes, an der Hunderttausende unseres Volkes wie blind vorübergehen, wird aber vom Juden heute planmäßig betrieben. Planmäßig schänden diese schwarzen Völkerparasiten unsere unerfahrenen, jungen blonden Mädchen und zerstören dadurch etwas, was auf dieser Welt nicht mehr ersetzt werden kann."[3] Hitler unterstellt also, dass die Juden eine massenhafte Ersetzung der „arischen" Bevölkerung Deutschlands durch Nicht-Weiße organisieren.

Auch Mussolini rechtfertigte Italiens Kolonialkrieg gegen Äthiopien 1935 mit rassistischer Paranoia über den angeblichen Niedergang und die Ersetzung der „weißen Rasse". 1934 schrieb er, dass die Verteidigung der „weißen Rasse" eine „Frage von Leben und Tod" sei: „Es geht darum zu wissen, ob angesichts des Wachstums der gelben und schwarzen Rassen die Zivilisation des weißen Mannes zum Untergang bestimmt ist." Dieser Text war die Basis für den Rassismus und die Segregation, die die Italiener während des Krieges gegen Äthiopien 1935 einsetzten und später für die rassistischen und antisemitischen Gesetze von 1938. In den USA wiederum gibt es die Fantasie des „rassischen" Austauschs seit der Staatsgründung. In ihrem Buch „Southern Horrors" von 1892 führt Ida B. Wells die rassenterroristische Lynchjustiz auf die Horrorvorstellung weißer Männer zurück, dass weiße Frauen Kinder aus einvernehmlichen Beziehungen mit schwarzen Männern haben könnten.

Madison Grants einflussreiches Buch aus dem Jahr 1916, „The Passing of the Great Race", beschäftigte sich mit der angeblichen Ersetzung der Weißen in Amerika durch die „Vermischung" mit Schwarzen und Immigranten wie den „polnischen Juden". All diese Gruppen betrachtete Grant als existenzielle Bedrohung der „nordischen Amerikaner", der für ihn wichtigsten unter den amerikanischen „einheimischen Klassen". Übrigens hatte Grant nichts gegen die Anwesenheit schwarzer Menschen in Amerika, solange diese eine untergeordnete Rolle spielten. Seine Argumente für die vermeintliche intellektuelle, kulturelle und moralische Überlegenheit von „nordischen Weißen" machten Grants Buch zum Paradebeispiel für den „wissenschaftlichen Rassismus" seiner Zeit. Die GRT bildete also den Kern der Massengewalt der Nationalsozialisten und der italienischen Faschisten. Sie war auch Kern des gewalttätigen Rassismus in den USA und der Ideologie des Ku-Klux-Klans. Diese Verbindung zwischen GRT und Faschismus ist kein Zufall, weder in Europa noch in den USA.[4] Und wenn die GRT für die faschistische Ideologie so zentral ist, dann stellt sich die Frage, ob die Ideologie des „großen Austausches" zur Demokratie genauso im Widerspruch steht wie der Faschismus. Faschisten nutzen die GRT, um zu argumentieren, dass die zentralen demokratischen Werte – Freiheit und Gleichheit – eine existenzielle Bedrohung für die Nation seien. Denn das demokratische Gleichheitsideal enthält eine Forderung nach „rassischer" Gleichheit. Dies aber verstößt gegen die rassischen Hierarchien, die die GRT voraussetzt. Das demokratische Freiheitsideal wiederum ist eine Bedrohung der faschistischen Vorstellung von Reinheit und Tradition. Freiheit für LGBTQ ermöglicht aus dieser Sicht beispielsweise Verstöße gegen traditionelle patriarchalische Normen. Madison Grant behauptet in seinem Buch denn auch, dass die Demokratie eine Bedrohung für die angebliche nordische Überlegenheit sei, weil sie unweigerlich zu mehr Immigration und „Rassengleichheit" führe.

3   Adolf Hitler, Mein Kampf, Zweiter Band, Kap. 10, S. 629-630.
4   Jason Stanley und Federico Finchelstein, „White Replacement Theory is Fascism's New Name", in: „Los Angeles Times", 24.3.2022. Einige der folgenden Passagen entstammen diesem Text.

Wichtig ist in diesem Zusammenhang auch die enge Verbindung zwischen Faschismus und Völkermord. Diese resultierte nicht nur aus der historischen Bedeutung faschistischer Regime, die Völkermorde begangen haben, sondern ist konzeptioneller Natur. Denn der Verschwörungsmythos des „Großen Austauschs", der Kern faschistischer Logik, kann dazu benutzt werden, Völkermorde zu rechtfertigen. Er dient zudem als Argument für die Notwendigkeit eines faschistischen Regimes. Die GRT kann auch kulturellen Völkermord legitimieren, weil sie von fixen Traditionen ausgeht, die angeblich von fremden Religionen bedroht sind. Die GRT ist daher bei europäischen rechtsradikalen Parteien beliebt, die gegen nicht-weiße und nicht-christliche Immigration agitieren. Sie spielt auch in christlich-nationalen Bewegungen in den USA eine Rolle, die einen christlichen Nativismus gegen die angebliche Bedrohung einer nicht-christlichen Immigration in Stellung bringen.

Kampagnen gegen Critial Race Theory und »Gender-Ideologie«

In der GRT gilt Gleichheit als Werkzeug zur Ersetzung der dominanten ethnischen Gruppe. Dies erklärt, dass die GRT zwei Propagandakampagnen unterfüttert, die derzeit in mehreren demokratischen Ländern laufen: die Kampagne gegen die *Critical Race Theory* (CRT) und die Kampagne gegen die sogenannte Gender-Ideologie. CRT, zuerst entwickelt von Wissenschaftlern wie Kimberlé Crenshaw und Derrick Bell, ist ein Ansatz zum Verständnis struktureller Unterschiede zwischen schwarzen und weißen Amerikanern, beispielsweise bezüglich Vermögen, Wohnsituation, Gefängnisstrafen und Bildung. CRT geht davon aus, dass die Institutionen der USA ursprünglich von denen entwickelt wurden, die ihren Status und ihre Macht auch mittels Aufrechterhaltung „rassischer" Hierarchien bewahren wollten, die weiße Amerikaner privilegieren. Zwar mögen sich Einstellungen verändert haben, ausschließende Praktiken und Strukturen bestünden aber fort, so die CRT, beispielsweise bezüglich der Segregation von Wohngebieten. Es fehle nach wie vor der politische Wille zu grundlegendem strukturellem Wandel. Denn erstens „gibt es immer wieder nicht-rassistische Gründe dafür, die von Rassisten geschaffenen Strukturen zu bewahren", so David French. Zweitens sind die Kräfte, die diese Strukturen verbissen verteidigen, um ihren Wohlstand und ihre Macht zu bewahren, nach wie vor mächtig. Die CRT zeigt, dass Praktiken, die oberflächlich betrachtet neutral oder meritokratisch wirken, vor dem Hintergrund deutlicher „rassischer" Ungleichheit dennoch Unterschiede verstärken können. So werden in den USA öffentliche Schulen zum großen Teil über lokale Steuern finanziert. Aufgrund der Segregation müssen viele schwarze Amerikaner schlecht ausgestattete Schulen besuchen. Dieser Bildungsnachteil schadet ihnen dann beispielsweise im angeblich „farbenblinden" akademischen Wettbewerb.

Worauf gründet nun die Kampagne gegen die CRT? Vordergründig will sie verbieten, dass diese Theorie in Schulen gelehrt werden kann. Aber wenn man Schülern nicht zeigen darf, dass in der ganzen US-Geschichte hinter

rassistischen Agenden angeblich „farbenblinde" Prinzipien stecken, verhindert dies eine Diskussion über die amerikanische Geschichte. Und das
ist das wahre Ziel der Kampagne. Die Effektivität der Kampagne gegen die
CRT beruht auf der Entdeckung, dass der *Begriff* „Critical Race Theory" als
politische Waffe benutzt werden kann, genauso wie der Begriff „Sozialhilfe".
Gemäß der als „White Replacement Theory" bekannten GRT-Variante ist der
Kampf für die Gleichberechtigung der Schwarzen in Wirklichkeit ein von –
oft als Juden identifizierten – Marxisten orchestrierter Versuch, die Macht zu
erlangen, indem man die Kultur und die politische Macht der weißen Amerikaner ersetzt. Diese rassistische Erzählung gibt es in den USA seit langem.
Sie entstammt historisch den „Protokollen der Weisen von Zion", einer den
Nationalsozialismus begründenden antisemitischen Verschwörungserzählung, die der Industrielle Henry Ford in den USA popularisierte. Die Kampagne gegen die CRT schürt nun Panik wegen der angeblichen Ersetzung
politischer und kultureller Macht der weißen Amerikaner durch schwarze
Amerikaner. Die CRT wird als marxistisches Werkzeug für die Zerstörung
weißer Traditionen und Identität dargestellt.

Auch hinter einer anderen für die radikale Rechte zentralen Propaganda-
kampagne steckt das Denken des „Großen Austauschs", nicht nur in den
USA, sondern weltweit. Die Kampagne gegen die als „Gender-Ideologie"
bezeichneten Vorstellungen entstand in den 1990er Jahren als Reaktion
auf den Erfolg feministischer und LGBTQ-Bewegungen.[5] Diese stellten das
dominante biologische Geschlechterverständnis infrage und verstanden
Geschlecht stattdessen als kulturell konstruiert. Die Gegenbewegung nahm
in der Katholischen Kirche ihren Anfang, hat sich aber inzwischen auf der
ganzen Welt ausgebreitet. Sie stellt die sozialkonstruktivistische Sichtweise
als existenzielle Bedrohung insbesondere von patriarchalen Traditionen
dar, die angeblich ersetzt werden sollen. Auch die internationale Kampagne
gegen Transgender folgt der Logik der GRT. Diese werden als existenzielle
Bedrohung von Frauen dargestellt.

Damit ist die Great Replacement Theory im Kern antidemokratisch. Die
Kampagnen gegen CRT und „Gender-Ideologie" beziehen ihren antidemokratischen Charakter vom Mythos des „Großen Austauschs". Die Grundlage
der Kampagne gegen die CRT ist der Wunsch, weiße kulturelle und politische Dominanz zu erhalten. Die Kampagne gegen die sogenannte Gender-
Ideologie lehnt feministische Ideale ab, weil diese die nicht-egalitäre Ideologie des Patriarchats bedrohen. Und für die nationalistischen Bewegungen
der radikalen Rechten weltweit sind die Freiheiten für Immigranten und
andere Mitglieder nicht-dominanter Gruppen, ihre eigenen Traditionen zu
leben, eine Bedrohung der Traditionen und Werte der Nation.

Wichtiger als die antidemokratische Beschaffenheit der GRT ist aber ihre
völkermörderische Sprache. Indem sie bestimmte Gruppen als existenzielle
Bedrohung darstellt, legitimiert sie massenhafte Gewalt – vom Terroranschlag bis zum Internierungslager.

---

5   Elizabeth Corredor, Unpacking 'Gender Ideology' and the Global Right's Antigender Countermove-
ment, Signs, in: „Journal of Women in Culture and Society", 44.5 (Spring 2019), S. 613-638.

Staat ohne Macht

Die Geburt des Anarchokapitalismus aus dem Geist des Rechtsradikalismus

Von **Quinn Slobodian**

Versuchen Sie, die folgende Frage zu beantworten, ohne Ihr Smartphone zur Hand zu nehmen: Wie viele Länder gibt es auf der Erde? Sie sind nicht sicher? Es sind etwa 200. Versuchen Sie sich jetzt vorzustellen, wie viele Länder es im Jahr 2150 geben wird. Mehr als 200? Weniger? Was, wenn es dann 1000 Länder gibt? Oder nur noch 20? Oder zwei? Oder nur noch ein einziges? Wie sähe die Zukunft mit einer solchen Landkarte aus? Was, wenn das Schicksal der Menschheit von der Antwort abhinge?"

Dieses Gedankenexperiment schlug 2009 der damals 41-jährige Wagniskapitalgeber Peter Thiel vor. Nachdem er mit der Gründung von Paypal und einer frühen Investition in Facebook ein kleines Vermögen verdient hatte, hatte Thiel im Jahr 2008 in der Finanzkrise viel Geld verloren. Jetzt verfolgte der frühe Trump-Sympathisant ein klares Ziel: Er wollte dem demokratischen Staat entkommen, der ihn zwang, Steuern zu zahlen. „Ich glaube nicht mehr, dass Freiheit und Demokratie vereinbar sind", schrieb er in einem selbsterklärten Forum für kontroverse Ideen. „Die große Aufgabe der Libertären besteht darin, einen Weg zu finden, um der Politik in all ihren Formen zu entkommen." Und Thiel war überzeugt, je mehr Länder es gebe, desto mehr Orte könnten als Zufluchtsort für das Geld dienen, womit die Wahrscheinlichkeit geringer werde, dass ein Land die Steuern anhebe, da es sonst befürchten müsse, die Gans zu verscheuchen, die goldene Eier legt. „Wenn wir mehr Freiheit wollen", erklärte er, „sollten wir die Zahl der Länder erhöhen."

Es ist jedoch gar nicht einfach, einen neuen Staat zu errichten. Denn der Planet ist bereits aufgeteilt. Wer einen Staat gründen will, muss einem bereits bestehenden Staat Territorium wegnehmen. Die Staaten versuchen daher mit gutem Grund zu verhindern, dass dies geschieht. Da sie keine Änderung der Grenzen wollen, verteidigen sie das bestehende Völkerrecht, das die Grenzen festschreibt. Selbst während der Entkolonialisierung Afrikas und Asiens behielten die neuen Staaten die oftmals willkürlichen kolonialen Grenzen bei. Das Streben von Minderheiten nach Unabhängigkeit wurde ignoriert oder unterdrückt, und die Staatengemeinschaft erhob keinen Widerspruch. Die Kartografie war jahrzehntelang Schicksal.

Doch in den 1990er Jahren verlor diese Ordnung ihre Gültigkeit. Die Auflösung des sowjetisch beherrschten Ostblocks brachte eine Vielzahl wiederhergestellter sowie neuer Nationen hervor und veränderte die Konturen Europas. An den Rändern der roten Fläche auf der Weltkarte, die das Territorium der Sowjetunion gewesen war, lösten sich zahlreiche bunte Republiken ab. Der Zerfall des sozialistischen Europa schien die Büchse der Pandora zu öffnen. Der Geist der Staatsbildung war freigesetzt worden.

Die Tschechoslowakei machte eine Mitose durch. Und das längliche Gebilde Jugoslawiens wurde zu einem Flickenteppich. Immer mehr nationale Gruppen verlangten das Recht auf Sezession: die Katalanen in Spanien, die Flamen in Belgien, die Tamilen in Sri Lanka. In meinem Geburtsland war die Provinz Quebec nahe daran, sich per Referendum von Kanada abzuspalten. In den 90er Jahren nahm die UNO winzige Länder auf, die lange ausgeschlossen gewesen waren: Andorra, San Marino, Monaco und Liechtenstein erhielten ihren eigenen Sitz in der Vollversammlung.

Die meisten Beobachter betrachteten das Auftauchen neuer Nationen unter politischen Gesichtspunkten, und einige machten sich Sorgen über die Geburt eines „Neonationalismus". Die radikalen Anhänger des freien Marktes hingegen sahen die Entwicklung durch die Linse des Kapitalismus – und freuten sich über das, was sie sahen. Jeder durch Sezession entstandene Staat war ein neuer Rechtsraum, ein Start-up-Territorium, das sich als Zufluchtsort für Kapital oder als Standort für eine nicht regulierte Unternehmens- oder Forschungstätigkeit anbieten konnte.

Die Mikronationen waren Zonen, rechtlich abgegrenzte Räume, die klein genug waren, um dort wirtschaftliche Experimente durchzuführen. Und sie waren Phylen – freiwillige Zusammenschlüsse gleichgesinnter Einwohner. Die Sezession war eine Methode, um die Erdoberfläche weiter zu unterteilen und den geschäftigen Markt des globalen Wettbewerbs durch neue Territorien zu erweitern. Der Neonationalismus war – aus neoliberaler Sicht – möglicherweise der Vorbote eines von stetig schrumpfenden Staatswesen geprägten goldenen Zeitalters der sozialen Sortierung.

Die neue Symbiose von Marktradikalen und Neokonföderierten

In Reaktion auf diese geopolitischen Umwälzungen schlossen sich in den Vereinigten Staaten zwei Gruppen zusammen: Marktradikale, die einen Weg zu einem kapitalistischen Gemeinwesen jenseits der Demokratie suchten, und Neokonföderierte, welche die alten amerikanischen Südstaaten wiederbeleben wollten, verschmolzen die Prinzipien des dezentralisierten kapitalistischen Wettbewerbs und der ethnischen Homogenität miteinander. Ihr rechtsextremes Bündnis träumte von eigenen Bantustans wie in Südafrika – von einer Apartheid von unten. Obwohl ihr unmittelbares Vorhaben scheiterte, lebte ihre Vision von einer Laissez-faire-Segregation weiter. In ihren Augen war die Sezession der Weg zu einer Welt, die sozial gespalten, aber wirtschaftlich integriert war – separat und global zugleich.

Die Hauptfigur im sezessionistischen Bündnis war Murray Rothbard. Er war 1926 in der Bronx zur Welt gekommen und hatte sich im Universum der neoliberalen Denkfabriken hochgearbeitet. Seit den 1950er Jahren war er Mitglied in der Mont Pèlerin Society. In seiner gesamten Laufbahn arbeitete er an der Entwicklung einer besonders radikalen Version des Libertarismus, die als „Anarchokapitalismus" bezeichnet wird. Er lehnte jede Art von Regierung ab, betrachtete Staaten als „organisiertes Banditentum" und Steuern als „Diebstahl in gewaltigem Ausmaß". In seiner idealen Welt sollte der Staat vollkommen beseitigt werden. Innere Sicherheit, Versorgungswirtschaft, Infrastruktur, Gesundheitswesen: Sämtliche Dienste sollten über den Markt angeboten werden, und ein Sicherheitsnetz für jene, die sie nicht bezahlen konnten, würde es nicht geben. Die Verfassungen sollten durch Verträge ersetzt werden, und die Menschen würden nicht länger Bürger eines Landes, sondern Klienten verschiedener Dienstleister sein. Das Gemeinwesen wäre eine Antirepublik, in der das Privateigentum und der wirtschaftliche Austausch jede Spur der Volkssouveränität auslöschen würden.

Durch Sezessionismus zur staatlichen Desintegration

Wie aber war Rothbard zu einer derart extremen Haltung gelangt?

Obwohl das moderne Staatssystem, dem er entkommen wollte, auf der Idee der nationalen Selbstbestimmung beruhte, sah er in deren Radikalisierung ein Instrument, um den Staat zu zersetzen. Der Sieg des Prinzips der Sezession würde eine Kettenreaktion der staatlichen Desintegration auslösen. Die meisten neuen Gemeinwesen würden nicht anarchokapitalistisch sein, aber der Prozess der Spaltung würde den Staat seiner größten Stärke berauben: des Eindrucks der Dauerhaftigkeit. Die Entstehung neuer Länder untergrub die Legitimität der alten und weckte Zweifel an deren eigennützigen Mythen. Wenn es den neuen Territorien gelang, sich der Rachsucht der alten Zentralstaaten zu entziehen, könnten sie unterschiedliche Formen annehmen.

Und wenn sich einige von ihnen für die von ihm bevorzugte Staatslosigkeit entschieden? „Je größer die Zahl der Staaten", schrieb Rothbard, „desto weniger Macht kann sich jeder einzelne Staat aneignen." In seinen Augen mussten Sezessionsbewegungen daher prinzipiell begrüßt und unterstützt werden, „wo und wie auch immer sie entstehen mögen". Die Zersplitterung der Staaten war das Schwungrad des menschlichen Fortschritts. Rothbard suchte sein Leben lang nach Hinweisen auf potenzielle Sezessionsbewegungen – nach Rissen im Gebäude des öffentlichen Vertrauens in existierende Staaten. Wenn er solche Risse entdeckte, tat er alles, um sie zu vertiefen.

In den 60er Jahren schien ihm der Widerstand der Neuen Linken gegen den Vietnamkrieg vielversprechend. Rothbard selbst lehnte den Krieg entschieden ab. Für ihn war die Rolle der USA als selbsternannter Weltpolizist ein Vorwand für die Zentralisierung der staatlichen Macht und für die Ausweitung von Vetternwirtschaft, Verschwendung und Ineffizienz im militärisch-industriellen Komplex. Eine mit Steuergeldern finanzierte stehende Armee mit einem Monopol auf moderne Waffen war unvereinbar mit seinen Prinzipien, und in der Wehrpflicht sah er eine „Massenversklavung".

Die sozialistische Neue Linke lehnte Rothbards Anarchokapitalismus ab, aber er fragte sich, ob ihr Widerstand gegen einige Eingriffe des Staates in eine Ablehnung des Staates als solchen umgewandelt werden konnte. War das „Aussteigen", konsequent betrachtet, nicht gleichbedeutend mit dem Austritt? In einer Zeitschrift namens „Left & Right", die Rothbard gemeinsam mit Gleichgesinnten aus der Taufe hob, warb er für die Sezession als revolutionäre Praxis. Radikale sollten den Staat nicht erobern, sondern verlassen, um ihre eigenen politischen Ordnungen zu errichten.

Der Nationalismus als positive Kraft

Da der Nationalismus ein Motor der Sezession war, war er in Rothbards Augen eine positive Kraft. Separatistische Bewegungen von Schottland über Kroatien bis Biafra, erklärte er, beruhten auf dem von den Mitgliedern einer Gruppe geteilten Gefühl, einer eigenen Nation oder Ethnie anzugehören. In den Vereinigten Staaten galt sein besonderes Interesse dem Potenzial des schwarzen Nationalismus. Er bewunderte jene schwarzen Freiheitskämpfer, die kommunitäre Selbsthilfe und kollektive Selbstverteidigung befürworteten, und gab dem Separatismus von Malcolm X den Vorzug vor Martin Luther Kings Aufruf zu Zurückhaltung und Gewaltlosigkeit.

Rothbard und seine Mitstreiter hielten eine Sezession der Schwarzen aus den Vereinigten Staaten für möglich und erklärten, die Gemeinden sollten das Prinzip der Segregation respektieren. Er war enttäuscht angesichts der ausbleibenden Zusammenarbeit zwischen weißen und schwarzen Radikalen. In seinen Augen sollten sich die Schwarzen mit Schwarzen zusammentun, so wie „die Weißen dafür verantwortlich sind, die weiße Bewegung aufzubauen".

Die Abweichung der Neuen Linken von seinem bevorzugten Skript des rassifizierten Ausstiegs bewegte Rothbard Anfang der 70er Jahre dazu, sie aggressiv zu bekämpfen. Ihr hartnäckiger Egalitarismus war unvereinbar mit seiner Überzeugung, Individuen und Gruppen unterschieden sich in ihrer Begabung und entsprechende Hierarchien seien biologisch festgelegt. Er lehnte die positive Diskriminierung und Quoten für unterrepräsentierte Gruppen ab, erinnerten ihn diese Eingriffe doch an den dystopischen Roman „Facial Justice", in dem der Staat plastische Chirurgie vorschreibt, damit die Gesichter aller Mädchen gleich hübsch sind. Er hielt eine Gegenbewegung für nötig – eine Revolte gegen die Gleichheit der Menschen.

Nachdem er den rechtskonservativen Multimilliardär Charles Koch im Jahr 1976 bei der Gründung des Cato Institute unterstützt hatte, beteiligte er sich 1982 am Aufbau einer neuen Denkfabrik im Herzen des amerikanischen Südens: In Auburn (Alabama) entstand das Ludwig von Mises Institute for Austrian Economics, benannt nach Friedrich August von Hayeks Mentor, dessen Seminare Rothbard zwischen 1949 und 1959 in New York besucht hatte.

Obwohl Mises selbst kein Anarchokapitalist war, wurde das nach ihm benannte Institut das Flaggschiff der radikalsten Strömung des Libertarismus. Dass die Denkfabrik so weit von Washington entfernt war, zeigte deutlich, dass sie das von Mainstream-Einrichtungen wie dem Cato Institute und der Heritage Foundation betriebene Lobbying ablehnte. Das Mises Institute vertrat Außenseiterpositionen und sprach sich für die Sezession, die Notwendigkeit einer Rückkehr zum Goldstandard und Widerstand gegen die Desegregation aus. Sein Leiter war Rothbards Geistesverwandter und engster Vertrauter, Llewellyn „Lew" Rockwell Jr., der seit seiner Tätigkeit für den konservativen Verlag Arlington House (der wenig subtil nach dem letzten Wohnort des Konföderiertengenerals Robert E. Lee benannt war) sowohl ein radikaler Libertärer als auch ein Befürworter des ethnischen Separatismus war. Als Lektor gab Rockwell Bücher über die katastrophalen Auswirkungen der Aufhebung der Apartheid und den Verrat an der weißen Politik im südlichen Afrika in Auftrag, die neben David Friedmans „Machinery of Freedom" und hysterisch schwarzmalerischen Bestsellern wie „How to Profit from the Coming Devaluation" erschienen. Ein Buch, das Rockwell einem Autor vorschlug, trug den Arbeitstitel „Integration. The Dream that Failed".

Möglichst radikal und möglichst weit entfernt von Washington

Persönlich war er überzeugt, die einzige Option sei eine „De-facto-Segregation" zumindest der Mehrheit der unterschiedlichen Bevölkerungsgruppen. Wie Rothbard verband Rockwell eine extreme Laissez-faire-Politik mit einer Fixierung auf das Thema Hautfarbe. Im Jahr 1986 begann er, den Investment-Newsletter des Politikers und Münzhändlers Ron Paul herauszugeben, der sich ähnlichen Fragen widmete. Die Publikation, deren Name im Jahr 1992 in „Ron Paul Survival Report" geändert wurde, war einträglich – die Abonnements spülten jedes Jahr fast eine Million Dollar in die Kassen. Der Newsletter, eine Art Ikea-Katalog für den kommenden „Rassenkrieg", kommentierte aktuelle Ereignisse und informierte über Bücher und Dienste, die dem Leser dabei helfen konnten, sein Hab und Gut zu vergraben, sein Vermögen in Gold anzulegen oder ins Ausland zu schaffen, das eigene Haus in eine Festung zu verwandeln und seine Familie zu verteidigen. „Seien Sie vorbereitet", empfahl die Redaktion. „Wenn Sie in der Nähe einer Großstadt mit einer nennenswerten schwarzen Bevölkerung leben, brauchen beide Eheleute eine Schusswaffe und müssen im Umgang damit geübt sein."
In Südafrika sahen die Autoren ein warnendes Beispiel. Sie beklagten sich über die „Säuberung von Weißen" und befürworteten eine Kantonisierung des Landes. Wenn die Palästinenser ein „Homeland" haben könnten, fragte der Newsletter, warum konnten dann die weißen Südafrikaner keines haben? Der Survival Report legte eine Vision für eine universelle Apartheid vor. „Die Integration hat nirgendwo Liebe und Brüderlichkeit hervorgebracht", verkündete er. „Die Menschen ziehen die Gesellschaft von ihresgleichen vor." Das „Verschwinden der weißen Mehrheit" bedeute, dass sich die Vereinigten Staaten langsam in Südafrika verwandelten. Die Weißen „ersetzen sich nicht selbst", und Minderheitengruppen eigneten sich die staatlichen Ressourcen

an. Die vorgeschlagene Lösung war altbekannt. „Der Alte Süden verstand es genau richtig: Sezession bedeutet Freiheit", hieß es 1994 im Survival Report.

»Sezession bedeutet Freiheit«

Es war kein Zufall, dass im Newsletter dieselben Themen behandelt wurden wie im Rothbard-Rockwell Report, den die beiden Männer im Jahr 1990 zu veröffentlichen begannen. (Die Publikation wurde später in „Triple R" umbenannt; als Paul nach Washington zurückkehrte, erhielten seine Leser kostenlose Abonnements.) Rockwell bezeichnete die Ideologie, die er gemeinsam mit Rothbard entwickelte, als „Paläolibertarismus". Das Präfix drückte ihre Überzeugung aus, dass der Libertarismus von den freigeistigen Trends der 60er Jahre „gereinigt" werden musste, um stattdessen konservative Werte hervorzuheben. Die Paläolibertären wollten „Hippies, Drogensüchtige und militant antichristliche Atheisten" in der breiteren libertären Bewegung abschütteln, um die jüdisch-christlichen Traditionen sowie die westliche Kultur zu verteidigen und Familie, Kirche und Gemeinde als Schutz gegen den Staat und als Bausteine für eine kommende staatslose Gesellschaft in den Mittelpunkt zu rücken.

Die Paläolibertären sehnten eine kapitalistische anarchistische Zukunft herbei, aber sie gingen nicht davon aus, dass eine amorphe Masse atomisierter Individuen entstehen würde. Stattdessen glaubten sie, dass die Menschen in auf der heterosexuellen Kernfamilie beruhenden Gemeinschaften verankert sein würden, die Edmund Burke als die „kleinen Unterabteilungen" *(little platoons)* bezeichnet hatte, denen wir in der Gesellschaft angehören. Es wurde als selbstverständlich betrachtet, dass sich diese kleinen Unterabteilungen abhängig von der ethnischen Zugehörigkeit voneinander trennen würden. „Der Mensch hat eine natürliche und normale Neigung dazu, sich mit Angehörigen der eigenen Hautfarbe, Nationalität, Religion, Klasse, des eigenen Geschlecht oder sogar der eigenen politischen Partei zusammenzutun", schrieb Rockwell. „Es ist nichts schlecht daran, dass Schwarze ‚das Schwarze' bevorzugen. Aber die Paläolibertären sagen dasselbe über Weiße, die ‚das Weiße', oder Asiaten, die ‚das Asiatische' bevorzugen."

In der Wiederbelebung des Sezessionismus nach dem Ende des Kalten Kriegs sahen die Paläolibertären eine Gelegenheit zur Neugestaltung der politischen Geografie. „So muss es gewesen sein, die Französische Revolution zu erleben", notierte Rothbard. „Normalerweise bewegt sich die Geschichte im Schneckentempo voran … und dann: Wumms!" Über die Auflösung der Sowjetunion schrieb Rothbard, es sei „wunderbar, mit eigenen Augen den Tod eines Staates zu sehen". Damit meinte er natürlich das Ende eines bestimmten Staats, aber zugleich auch den erhofften Tod aller Staaten. Die Sezession war das Mittel, die anarchokapitalistische Gesellschaft der Zweck. Die Paläolibertären hofften, die Auflösung werde sich auf der anderen Seite des Atlantik fortsetzen. Rothbard wählte harte Worte: „Wir müssen der Sozialdemokratie ein Ende machen", schrieb er. „Wir müssen der Great Society ein

Ende machen. Wir müssen dem Wohlfahrtsstaat ein Ende machen. [...] Wir müssen das 20. Jahrhundert rückgängig machen."

Ihre eigene Aufgabe sahen die Paläolibertären darin, sich auf den Tag nach dem Zusammenbruch vorzubereiten. Angesichts des Schicksals der Sowjetunion stellten sie verlockende Fragen: Was würde in ihrem eigenen Land geschehen, wenn die Staatsordnung über Nacht zusammenbräche? Wie könnte das kollektive Leben weiter funktionieren?

Der Gedanke war nicht unangenehm. Er eröffnete die reizvolle Möglichkeit, ein Jahrhundert weltfremder staatlicher Eingriffe ungeschehen zu machen und von vorn zu beginnen. Rockwell träumte von einer selbstverabreichten Schocktherapie, in der Luft, Boden und Wasser privatisiert werden sollten. Man würde Autobahnen und Flughäfen verkaufen, das Wohlfahrtssystem zerschlagen, den Dollar wieder ans Gold koppeln und die Armen sich selbst überlassen.

Allerdings waren sich die Paläolibertären der Tatsache bewusst, dass sie auf den Trümmern des Staates eine neue Ordnung errichten müssten. Mit der extremen Rechten teilten sie die Überzeugung, dass Traditionen und zivilisatorische Werte benötigt wurden, um die Gemeinschaften zusammenzuhalten. Beide Gruppen sprachen sich ausdrücklich für ein „Rassenbewusstsein" aus, was sie in der öffentlichen Meinung marginalisierte, aber Möglichkeiten für neue Allianzen eröffnete.

Ein Bündnis zwischen Wirtschaftsradikalen und Rechtsextremen

Rothbard vermittelte ein Bündnis mit einer rechtsextremen Gruppe, die ihre Basis im Rockford Institute in Illinois hatte und deren Mitglieder sich als „Paläokonservative" bezeichneten. Beide Partner in der „Paläo-Allianz" waren der Meinung, dass der Verleugnung der Realität kultureller und ethnischer Unterschiede ein Ende gemacht werden musste, und sie wollten die politischen Einrichtungen mit Blick auf grundlegende psychologische und biologische Tatsachen neu gestalten. Beide Gruppen spotteten über die Programme des „Kriegs-und-Wohlfahrtsstaats". Militärische Interventionen im Ausland, Bürgerrechte und Armutsbekämpfung dienten in ihren Augen lediglich der Beschäftigung träger Bürokraten und den Interessen parasitärer Politiker.

Das erste Treffen der Paläo-Allianz fand im Jahr 1990 in Dallas statt. Die weitläufige Ebene rund um Dallas und das südafrikanische Veld unterschieden sich nicht allzu sehr voneinander. An beiden Orten waren Mythen entstanden, die sich hartnäckig hielten. In beiden Ländern waren weiße Siedler in Wellen eingetroffen und hatten im 19. Jahrhundert das von einer indigenen Bevölkerung bewohnte Gemeinschaftsland in Privatbesitz umgewandelt. In Südafrika waren die Voortrekkers ins Landesinnere vorgestoßen, in Texas waren Wagenzüge aus dem Westen zum Golf vorgedrungen. Es wurden noch immer Geschichten über diese beiden Migrationsbewegungen erzählt: über die Formbarkeit der politischen Geografie, über weiße Hände, die vermeintlich unfruchtbarem Boden Früchte abgewannen, und über die Notwendigkeit der ethnischen Solidarität angesichts eines existenzbedrohenden dunkelhäutigen Feindes.

Die Siedlerideologie verband Menschen auf verschiedenen Seiten des Erdballs. Rothbard gestand Pionieren und Siedlern, in denen er die libertären Akteure par excellence sah, einen Sonderstatus zu: Sie waren „die ersten Nutzer und Verwandler" des Territoriums. Den Besitz von „unberührtem Land", das durch harte Arbeit in wertvollen Boden verwandelt worden war, rückte er in den Mittelpunkt des „neuen libertären Credos". Auf den Einwand, das von den Siedlern vorgefundene Land sei nie wirklich menschenleer gewesen, erwiderte Rothbard, selbst wenn die indigene Bevölkerung Nordamerikas ein Recht auf das Land gehabt habe, das sie gemäß dem Naturrecht bebaute, habe sie dieses Recht eingebüßt, da ihre Mitglieder es nicht individuell innegehabt hätten. Die indigene Bevölkerung, erklärte er, habe „unter einem kollektivistischen Regime" gelebt. Es habe sich um Protokommunisten gehandelt, also sei ihr Anspruch auf das Land nichtig.

»Ich liebe die Freiheit, ich hasse die Gleichheit«

Die neue Gruppe bezeichnete sich als John Randolph Club. Ihr Namenspatron war ein Sklavenhalter, dessen Leitspruch lautete: „Ich liebe die Freiheit, ich hasse die Gleichheit." Die Mitgliederliste war ein Who's who der extremen Rechten. Zu den Gründungsmitgliedern zählte Jared Taylor, dessen weiß-nationalistische Zeitschrift „American Renaissance" gegen eine fortschreitende „Enteignung" der Weißen durch Nicht-Weiße protestierte. Sodann war da Peter Brimelow, der bekannteste Gegner der nichtweißen Einwanderung, dessen Buch „Alien Nation" eine „ausdrücklich suprematistische Position" als Gegenstand der öffentlichen Debatte reetabliert hatte. Weitere Mitglieder waren der Kolumnist Samuel Francis, der die Amerikaner europäischer Herkunft dazu aufrief, ihre „Identität" und „Solidarität" mittels eines „weißen Rassenbewusstseins" zu bekunden, sowie der Journalist und Politiker Pat Buchanan, dessen nativistische Tiraden gegen die nichtweiße Einwanderung Vorboten der Rhetorik Donald Trumps darstellten.

Statt der indigenen Selbstbestimmung vertrat der John Randolph Club die Forderung nach Autonomie für die weiße Bevölkerung des amerikanischen Südens. Die Anhänger des Alten Südens, die als „neokonföderierte Bewegung" bekannt waren, trugen den globalen Geist der Sezession direkt in die amerikanische Politik. Die Neokonföderierten versuchten, ihre Forderungen mit dubiosen Forschungsergebnissen zu untermauern, denen zufolge sich die Amerikaner im Süden ethnisch von denen im Norden unterschieden, da sie nicht englischstämmig, sondern Nachfahren von Einwanderern aus Wales, Irland und Schottland waren.

Die These vom „keltischen Süden", die im Wesentlichen auf einem 1988 erschienenen Buch mit dem Titel „Cracker Culture" beruhte, wies zahlreiche Lücken auf – ganz zu schweigen von dem kleinen Problem der Geschichte der Sklaverei und ihres demografischen Vermächtnisses –, aber sie taugte als behelfsmäßige Übersetzung paralleler Entwicklungen auf der anderen Seite des Atlantiks.

Italiens Lega Nord als Vorbild

Die Neokonföderierten wurden explizit von europäischen Beispielen inspiriert. Ihre wichtigste Organisation, die Southern League (die später in League of the South umbenannt wurde), hatte ihren Namen bei der Lega Nord entlehnt, der rechtsradikalen Partei, die lange für die Loslösung Norditaliens vom übrigen Land eintrat. Im „New Dixie Manifesto", das in der „Washington Post" veröffentlicht wurde, rief die Southern League zur Abspaltung vom „multikulturellen kontinentalen Imperium" der Vereinigten Staaten und zur Gründung eines Commonwealth der Südstaaten auf. Auf ihrer Website fand der Besucher Material über Homelands mit Links zu Sezessionisten im Südsudan, auf Okinawa, in Flandern und Südtirol. „Unabhängigkeit. Wenn sie in Litauen gut klingt, wird sie auch in Dixie toll klingen!" Auf der Seite fand man auch einen Link zu einer Partei, die später den Austritt Großbritanniens aus der Europäischen Union durchsetzen sollte: zur UK Independence Party (Ukip).

Die meisten Neokonföderierten waren keine Anarchokapitalisten, aber Rothbard stimmte zu, dass „das Recht auf Sezession, das Recht verschiedener Regionen, Gruppen oder ethnischer Nationalitäten zum Ausscheiden aus der größeren Einheit und zur Gründung einer eigenen unabhängigen Nation" erhalten und verteidigt werden müsse. Er verfocht auch eine revisionistische Interpretation des Bürgerkriegs. Er verglich die Sache der Union mit der abenteuerlichen Außenpolitik der Vereinigten Staaten in den 90er Jahren: Die USA durchforsteten die Welt nach Ungeheuern, die sie im Namen der Demokratie und der Menschenrechte zur Strecke bringen konnten, doch dieser perverse Feldzug erreiche keines seiner erklärten Ziele, sondern führe lediglich zu Tod und Zerstörung. „Die Tragödie der Niederlage des Südens im Bürgerkrieg" sah er darin, dass sie „die Idee der Sezession in diesem Land beerdigte. Aber Macht macht kein Recht, und die Ursache der Sezession kann erneut auftreten."

Beim ersten Treffen der Paläo-Allianz erklärte Rothbard, beide Gruppen verträten den sozialen Konservatismus und befürworteten einen Austritt aus dem größeren Staat. In einer Welt ohne Zentralregierung werde die Form neuer Gemeinschaften von „Nachbarschaftsverträgen" zwischen Grundeigentümern festgelegt. An anderer Stelle bezeichnete er diese Einheiten, die große Ähnlichkeit mit Neal Stephensons Idee der Phylen hatten, als „Nationen durch Zustimmung" *(nations by consent)*. Das Programm bestand in Desintegration und Segregation, um die Homogenität der Gemeinschaft zur Grundlage des Gemeinwesens zu machen.

Die „alte amerikanische Republik" von 1776 war nach Rothbards Einschätzung zuerst von „Europäern und dann von Afrikanern, nichtspanischen Lateinamerikanern und Asiaten" überschwemmt und überwältigt worden. Da die Vereinigten Staaten „nicht länger eine einzige Nation" seien, schrieb er,

„sollten wir ernsthaft über eine nationale Trennung nachdenken". Man
könne klein anfangen und nur einen Teil des nationalen Territoriums beanspruchen. „Wir müssen es wagen, das Undenkbare zu denken", erklärte er,
„bevor wir irgendeines unserer edlen und weitreichenden Ziele erreichen
können." Wenn es nach ihm ging, würde der wunderbare Tod des Staates
auch nach Amerika kommen.

Sezession und Kapitalismus

Sezessionistische und rechtsextreme Bewegungen wie die Neokonföderierten werden oft ausschließlich unter politischen oder kulturellen Gesichtspunkten betrachtet, als Symptome einer manchmal krankhaften Fixierung
auf die Ethnizität, die alle wirtschaftlichen Überlegungen ausschließt. Aber
das ist ein Irrtum. Wir müssen die radikale Politik der 90er Jahre auch mit
Blick auf den Kapitalismus verstehen.

Denn Rothbard und Rockwell gingen stets von der Wirtschaft aus. Als
Anhänger des Goldstandards, den die USA in den 70er Jahren aufgegeben
hatten, waren sie der Meinung, das auf dem Fiatgeld beruhende monetäre
System sei dazu verurteilt, in eine Hyperinflation zu schlittern. Die Zerstü-
ckelung der großen Staaten war eine Möglichkeit, der drohenden monetären
Kernschmelze zu entgehen und kleinere Staaten zu gründen, die nach dem
Zusammenbruch besser in der Lage sein würden, sich zu reorganisieren. Ron
Paul äußerte die Überzeugung, der Wandel werde „mit einem Desaster und
einer Explosion" einhergehen. Er verglich die Vereinigten Staaten mit der
Sowjetunion und erklärte: „Unter den gegebenen Bedingungen wird der
Staat schließlich zerfallen." Er beschrieb seinen Traum von einer Republik
Texas „ohne Einkommenssteuer, mit einer stabilen Währung und einer blühenden Metropole". Selbst jene, die keine Katastrophe in der nahen Zukunft
erwarteten, waren überzeugt, dass die Globalisierung der 90er Jahre bessere
Bedingungen als je zuvor für das Gedeihen kleiner Staaten schuf. Singapur
zeigte, dass eine Konzentration auf Export und Freihandel eine Volkswirt-
schaft den Schwankungen der globalen Nachfrage ausliefern konnte, aber
ein Land brauchte keine eigene Landwirtschaft mehr, um seine Bevölkerung
zu ernähren. Die Marktradikalen wiesen immer wieder darauf hin, dass winzige Staaten wie Luxemburg und Monaco zu den reichsten der Welt zählten.
Die Paläolibertären hofften, die Ausbreitung der Option Sezession werde zur
Beschleunigung von Wirtschaftsreformen beitragen, welche die Sozialdemokratie durch eine schlankere Version des Kapitalismus ersetzen würden.
Der eloquenteste Vertreter dieser Argumentation war Rothbards Schützling
Hans-Hermann Hoppe, der die Fackel der Vision seines Mentors nach des-
sen Tod im Jahr 1995 weitertrug.

Hoppe, ein gebürtiger Österreicher, der in Frankfurt am Main Soziologie
studiert hatte, war in die Vereinigten Staaten ausgewandert und hatte sich
Rothbard 1986 an der wirtschaftswissenschaftlichen Fakultät der University
of Nevada in Las Vegas angeschlossen. Er war im John Randolph Club aktiv

und gelangte zu der Einschätzung, dass die Verhältnisse nach dem Kalten Krieg auf den Kopf gestellt wurden, da der sozialistische Ostblock, der lange Zeit vor sich hin gedämmert hatte, sich zum Vorreiter des globalen Kapitalismus entwickelte. Estland wurde von einem Mann Anfang dreißig regiert, der erklärte, das einzige Buch über Wirtschaft, das er je gelesen habe, sei Milton Friedmans „Free to Choose". Im winzigen Montenegro gründete man eine libertäre Privatuniversität. Überall in Osteuropa wurden auf Anraten neoliberaler Denkfabriken die Steuern gesenkt.

Hoppe war der Meinung, ein Osteuropa kleiner, offener Volkswirtschaften werde die westlichen Sozialstaaten unter Druck setzen, da die osteuropäischen Länder Investitionen aufsaugten und Industriearbeitsplätze dorthin verlagert wurden. „Die Entstehung einer Handvoll osteuropäischer ‚Hongkongs' oder ‚Singapurs'", schrieb er, „würde rasch beträchtliche Mengen Kapitals und unternehmerisches Talent aus dem Westen anlocken."

Das zweite Jahrtausend rückgängig machen (Hans-Hermann Hoppe)

Hoppe sah eine deutliche Verstärkung der Dynamik der nationalen Selbstbestimmung voraus, die Woodrow Wilson nach dem Ersten Weltkrieg angeregt hatte, als das Habsburgerreich und das Osmanische Reich in Staaten und Mandatsgebiete aufgespalten wurden. Die zukünftigen Staaten würden intern homogen sein, schrieb er; die „erzwungene Integration der Vergangenheit" werde durch die „freiwillige physische Trennung unterschiedlicher Kulturen" ersetzt. Wenn es nach Hoppe ging, würden die neuen Territorien sehr viel kleiner sein als die zeitgenössischen Nationalstaaten. „Je kleiner das Land", erklärte er, „desto größer der Druck, sich nicht für den Protektionismus, sondern für den Freihandel zu entscheiden." Er führte die Mikronationen und Stadtstaaten als Vorbilder an und forderte eine Welt von „Zehntausenden freien Ländern, Regionen und Kantonen, von Hunderttausenden freien Städten". Hoppe schwebte dabei so etwas wie das mittelalterliche Europa vor – im Jahr 1000 war der Kontinent von einem Flickenteppich von Tausenden verschiedenen Staatsorganisationen bedeckt gewesen, die im Lauf der Zeit zu wenigen Dutzend Nationalstaaten verschmolzen worden waren. Rothbard hatte gefordert, das 20. Jahrhundert rückgängig zu machen. Hoppe ging noch weiter: Er wollte das zweite Jahrtausend rückgängig machen.

Im Jahr 2005 veranstaltete Hoppe an der türkischen Ägäis im vergoldeten Ballsaal eines Hotels, das seiner Frau gehörte, das erste Treffen der „Property and Freedom Society" (PFS). In ihren jährlichen Versammlungen bringt die PFS frühere Mitglieder des 1996 aufgelösten John Randolph Club mit neuen Befürwortern des staatslosen Libertarismus und der rassifizierten Sezession zusammen. Propheten der ethnischen und sozialen Aufgliederung teilen sich die Bühne mit Investmentexperten und Finanzberatern. Bei einem Treffen präsentierte der Psychologe und „Rassen"-Theoretiker Richard Lynn sein neues Buch über Hautfarbe und Intelligenz, „The Global Bell Curve", während andere Redner über Themen sprachen wie „Das öffentliche Gesundheits-

wesen als Hebel für die Tyrannei", „Wie man sich auf Kosten anderer berei-
chert, ohne dass es jemand merkt" oder „Das Trugbild der billigen Kredite".

Bei einem Treffen, bei dem auch Leon Louw einen Vortrag hielt, sprach
Carel Boshoffs Sohn Carel Boshoff IV. über das „Experiment" in Orania. Einer
der Organisatoren pries Orania als ein „seltenes Beispiel" für eine friedliche
Sezession. Peter Thiel, der in dieser Mischung aus Sozialkonservatismus
und antidemokratischem Marktradikalismus zu Hause war, sollte ebenfalls
bei einer PFS-Versammlung sprechen, sagte seinen Auftritt jedoch in letzter
Minute ab.

Der Kampf gegen das allgemeine Wahlrecht

Beim Jahrestreffen 2010 betrat ein in Texas aufgewachsener Weißer die
Bühne. Er war jünger als die anderen Teilnehmer, trug einen Tweed-Blazer
und stellte ein Macbook auf das Rednerpult. Richard Spencer sah aus wie der
Geschichtsstudent, der er vor Kurzem noch gewesen war. Er hatte gerade ein
Onlinemagazin namens „The Alternative Right" gegründet, eine Bezeich-
nung, die ihn berühmt machen sollte. In seinem Vortrag zeichnete Spencer
das Bild einer zukünftigen Welt, die große Ähnlichkeit mit der Vision der
Paläo-Allianz hatte. Die Trennung von Menschen mit unterschiedlichen
Hautfarben würde die neue Norm sein: „Nationalistische Latino-Gemein-
schaften" in Kalifornien und dem Südwesten, schwarze Gemeinden in den
„Innenstädten", ein „christlicher rekonstruktivistischer protestantischer
Staat" im Mittleren Westen. In Spencers Augen steuerte die zeitgenössische
Politik auf die Desintegration zu. Die Aufgabe bestand darin, den Zusam-
menbruch zu beschleunigen und sich darauf vorzubereiten.

Die breite Öffentlichkeit lernte Spencer sechs Jahre später kennen, als
er den nationalsozialistischen Gruß „Sieg Heil!" abwandelte und bei einer
Kundgebung in Washington „Heil Trump! Heil unserem Volk! Heil dem
Sieg!" rief. Manche sahen die Verwirklichung des Traums vom großen Bruch
nach Trumps Wahlsieg näherrücken. Der Präsident des Mises Institute
schrieb, Trump habe „die Risse im globalistischen Narrativ" von einer geein-
ten Weltregierung aufgedeckt, und die Libertären sollten dies nutzen, indem
sie alle Formen der Sezession unterstützten.

Vor allem Hoppe wurde zu einer Ikone der extremen Rechten. Er verdankte
sein Ansehen in diesen Kreisen insbesondere seinem Buch „Democracy: The
God That Failed", in dem er das allgemeine Wahlrecht als die Erbsünde der
Moderne bezeichnete, habe es doch die Kaste der „natürlichen Eliten" ent-
machtet, die im Feudalismus die Gesellschaft organisiert hatten. Der von der
Demokratie hervorgebrachte Sozialstaat habe dysgenische Auswirkungen,
da er die Reproduktion der weniger Fähigen fördere und die Talentierten an
der Entfaltung hindere. Hoppe stützte sich auf die Behauptungen von „Rassen"-Forschern, um seine These zu untermauern, laut welcher der Prozess
der „Entzivilisierung" nur rückgängig gemacht werden könne, indem sich
die Gemeinwesen in kleinere, homogene Gemeinschaften aufspalteten.

Besonderen Anklang bei der extremen Rechten fand eine Passage, in der sich Hoppe für die Ausweisung politisch unerwünschter Personen aussprach: „In einer libertären Gesellschaftsordnung kann es keine Toleranz gegenüber Demokraten und Kommunisten geben. Sie werden physisch von der übrigen Gesellschaft getrennt und ausgestoßen." Hoppes Konterfei taucht regelmäßig in den sozialen Medien auf; die „Hoppean Snake", eine Schlange, die die Mütze des chilenischen Diktators Augusto Pinochet trägt und bisweilen zusammen mit einem Helikopter abgebildet wird (eine Anspielung auf südamerikanische Todesschwadronen, die linke Oppositionelle ins offene Meer warfen), ist ein beliebtes Meme unter Rechtsextremen, die über die Möglichkeit der „physischen Beseitigung" *(removal)* fantasieren.

Für ethnisch homogene Zonen und eine radikal-militante Intoleranz

In einem seiner letzten Vorträge vor seinem Tod malte sich Rothbard auf einer Plantage in der Nähe von Atlanta den Tag aus, an dem die Statuen von Generalen und Präsidenten der Union „gestürzt und eingeschmolzen" würden wie die Statue Lenins in Ost-Berlin; an ihrer Stelle sollten Monumente für Helden der Konföderierten errichtet werden. Natürlich existierten bereits zahlreiche entsprechende Statuen. Die Verteidigung eines dieser Denkmäler, eines Reiterstandbilds von General Robert E. Lee in Charlottesville (Virginia), wurde im August 2017 zu einem symbolischen Akt für weiße Nationalisten. In Uniformen aus weißen Poloshirts und Khakihosen gekleidet, marschierten sie mit Ölfackeln durch die Stadt und gaben ihrer Angst vor einem weißen Bevölkerungsschwund Ausdruck: „Ihr werdet uns nicht ersetzen." Einer der Organisatoren der Kundgebung, ein weißer Nationalist und Anhänger Hoppes, verkaufte Aufkleber mit dem Slogan „I love Physical Removal". Und anstatt sich von solchen Anhängern zu distanzieren, lobte Hoppe ihre Ansichten. Im Jahr 2018 schrieb er das Vorwort für ein Buch mit dem Titel „White, Right, and Libertarian", dessen Umschlag vom Bild eines Hubschraubers geziert wurde, an dem vier Körper hingen, deren Köpfe mit den Symbolen von Kommunismus, Islam, Antifa und Feminismus versehen waren. Hoppe war der Meinung, die extreme Rechte zeige mit ihrer Betonung einer gemeinsamen Kultur und sogar der gemeinsamen Hautfarbe, wie in einer zukünftigen staatslosen Gesellschaft soziale Kohäsion erreicht werden konnte. Ihr militanter Widerstand gegen die Einwanderung Nicht-Weißer war auch mit der Forderung nach geschlossenen Grenzen vereinbar, welche die Paläolibertären seit den frühen 90er Jahren erhoben. Er schien keine Einwände gegen ein Bild zu haben, das in Internetforen auftauchte und das Rothbard, Hoppe und Mises (gezeichnet im Stil von Pepe dem Frosch, einem beliebten Symbol der Far Right) vor der schwarz-goldenen anarchokapitalistischen Flagge zeigte. Hoppe trug darauf ein Sturmgewehr.

Hier zeigt sich in Reinkultur, was diese extreme Version des Anarchokapitalismus kennzeichnet – ethnisch homogene Zonen, die durch die Hautfarbe definiert sind, und eine radikal-militante Intoleranz.

Libertär und autoritär

Wie das Ich auf Kosten der Gemeinschaft regiert

Von **Carolin Amlinger und Oliver Nachtwey**

Im Vorwort von 1950 zu den Studien zum autoritären Charakter, in denen sich Theodor W. Adorno und andere Mitstreiter des Instituts für Sozialforschung in den 1940er Jahren mit dem aufziehenden Faschismus beschäftigt hatten, spricht Max Horkheimer vom Aufkommen einer „anthropologischen Spezies" des autoritären Menschen. Dieser verbinde Rationalismus mit Irrationalismus, sei „gleichzeitig aufgeklärt und abergläubisch, stolz auf seinen Individualismus und ständig in Sorge, nicht wie alle anderen zu sein, ängstlich auf seine Unabhängigkeit bedacht und sehr geneigt, sich blind der Macht und der Autorität zu unterwerfen".[1]

Auch heute mag es durchaus noch Exemplare dieser Spezies geben, doch dürfen Ähnlichkeiten zwischen Gestern und Heute nicht über die entscheidenden Veränderungen hinwegtäuschen: In den letzten Jahren tritt ein *libertärer Autoritarismus* in Erscheinung, der sich zunehmend extremisiert und sich damit weitestgehend von seinen konservativen, staatsfixierten Wurzeln verabschiedet. Dieser libertäre Autoritarismus ist das Produkt einer spätmodernen Gesellschaft, die von paradoxen Entwicklungen in den Bereichen Individualisierung, Demokratie und Gleichberechtigung geprägt ist. Zieht man noch einmal die von der Berkeley-Gruppe um Horkheimer und Adorno herauspräparierten Merkmale heran, finden wir stark ausgeprägte autoritäre Aggression, Projektivität, Aberglauben und Stereotype, Machtdenken, Destruktivität und Zynismus. Damit unterscheiden sich die Ergebnisse der damaligen Studie in einigen Aspekten von den Ergebnissen jener Einstellungen, die wir bei unserer Analyse der paradoxen Metamorphosen der spätmodernen Gesellschaft gewonnen haben.

In unserer charakterologischen Studie haben wir die gewandelten Einstellungen seit Beginn der Coronakrise untersucht und unterscheiden dabei drei Typen: regressive Rebellen, Querdenker:innen und gefallene Intellektuelle. Die gefallenen Intellektuellen, so unser Ergebnis, neigen weniger zum Aberglauben, sind dafür aber von einer starken Abwehr des Sensiblen und nichtbinärer Geschlechteridentitäten getrieben. Letzteres trifft auf die Querdenker:innen weniger zu, im Gegenzug sind bei ihnen Aberglaube und Projektivität umso stärker verbreitet, während schließlich bei den regressiven

---

1 Max Horkheimer, Vorwort zu Authoritarian Personality (1950), in: Gesammelte Schriften, Bd. 5, Frankfurt a. M. 1991, S. 415-420, S. 415.

Rebellen eher Destruktivität und Zynismus dominieren. Eines aber unterscheidet fast alle libertären Autoritären von den Menschen, die Adorno und seine Kolleg:innen in den 1940er Jahren untersucht haben: Sie sind keine starren Verfechter konventioneller Werte, sofern man unter „konventionell" vor allem klassisch konservative Einstellungen versteht. Sie vertreten stattdessen die üblichen Konventionen spätmoderner Mittelschichtmilieus: Häufig lehnen sie gesellschaftliche Autoritäten ab, allen voran den Staat und Expert:innen. Die einzige Autorität, die sie anerkennen, sind sie selbst.

Freiheit ist für sie ein unbedingter Wert, den sie nicht in sozialen Beziehungen mit anderen abgleichen oder gar einschränken wollen. Sie begreifen Freiheit als ihr alleiniges Recht, über das nur sie *verfügen* – wir sprechen deshalb von „verdinglichter Freiheit". Libertär sind sie also in dem Sinn, dass sie ihre individuelle Freiheit absolut setzen. Dies ist jedoch gleichzeitig der Ausweis ihrer autoritären Neigung: Sie werten jene ab, die ein anderes Verständnis von Freiheit vertreten. Durch diese Form der aggressiven Herabwürdigung werden sie zu libertären Autoritären – und ähneln damit den Subtypen „Spinner" oder „Rebell" in den ursprünglichen Untersuchungen zur autoritären Persönlichkeit.

Eine Metamorphose des klassischen Autoritarismus

Aus unserer Sicht haben die libertären Autoritären den klassischen Autoritarismus keineswegs abgelöst. Dieser ist nach wie vor stark präsent, wenn auch in domestizierter Form. Und wie vor uns die Berkeley-Gruppe sind auch wir uns bewusst, dass diese Theorie einen „Zeitkern" hat: Sie wurde in den 30er und 40er Jahren des vergangenen Jahrhunderts wie unter einem Brennglas entwickelt. Der libertäre Autoritarismus, den wir beschreiben, stellt insofern eher eine Metamorphose der genannten Subtypen des klassischen Autoritarismus dar, die nun stärker in den Vordergrund tritt.

Für diese Metamorphose spricht, dass der libertäre Autoritarismus in all seinen Facetten an spezifische Elemente des sozialen Wandels in der Spätmoderne anschließt. Das geschieht in einer nervösen Welt, in der sich Normen permanent ändern und der Fortschritt zum einen ins Stolpern gerät, zum anderen von direkten Rückschritten begleitet wird. Wir sind zwar – individuell wie kollektiv – frei wie nie zuvor, allerdings sind die Zwänge nicht verschwunden. Sich zu unterscheiden, sich selbst zu verwirklichen, sich zu verbessern – dies sind vielfach keine selbst gewählten Optionen mehr, sondern Anforderungen, die von außen an uns herangetragen werden. Wenn das spätmoderne Individuum jedoch seine Ansprüche auf Selbstentfaltung nicht realisieren kann, ist die subjektive Kränkung größer denn je. Denn mit seiner Ausrichtung auf Selbstverwirklichung und Authentizität ist es ganz auf sich und seinen immanenten Horizont ausgerichtet.

Auf diese Sehnsucht nach Transzendenz und die Suche nach ihren *alternativen Spielarten* sind wir in unserer Feldforschung und in unseren Gesprächen immer wieder gestoßen. Nährboden dieser Sehnsucht war und ist der kapitalistisch moderne, permanente Prozess der Rationalisierung und Säkularisierung, der, wie Georg Lukács es genannt hat, einen Zustand „transzendentale[r] Obdachlosigkeit" produziert.[2] In diesem Prozess hat der moderne Mensch seine Einbettung in spirituelle Sinnstrukturen verloren. Vor nun bald hundert Jahren war für Lukács die Romanlektüre eine Möglichkeit, mit diesem Problem umzugehen: In Literatur lässt sich eintauchen, man kann eine andere Welt imaginieren. Aus unserer Sicht ist das Revival von Esoterik und anderen Formen spiritueller Sinngebung ein Hinweis darauf, dass es heute immer noch eine große Nachfrage nach transzendentalem Obdach gibt. Gerade in einer weitgehend durchrationalisierten Gesellschaft, in der die spätmoderne Marktwirtschaft selbst zur Kultur wird, besteht ein Sinndefizit.

Ein weiterer zentraler Faktor, den wir für den libertären Autoritarismus feststellen konnten, die antiautoritäre Erziehung, scheint im ersten Moment paradox. Die nach dem Krieg geborenen Angehörigen der Babyboomer-Generation (in Deutschland ungefähr die Jahrgänge 1955-1970) wurden zwar noch stärker autoritär erzogen. Für jüngere Kohorten gilt das in diesem Ausmaß allerdings nicht mehr, weder für die familiäre noch die schulische und politische Sozialisation. Sie waren die meiste Zeit ihres Lebens links, liberal oder gemäßigt konservativ. Sie partizipierten an einer demokratischen Ordnung, die sie in vielen Bereichen kritisierten, aber insgesamt akzeptierten. Doch seit Beginn der Coronakrise begreifen sie sich als erweckt oder erwacht und sehen die Gesellschaft auf dem Weg in die Diktatur oder längst dort angekommen.

Die Trope des *Erwachens* fanden wir durchgehend im empirischen Material. Dies war insofern umso erstaunlicher, als sich ja nicht wenige von ihnen explizit oder implizit von den *woken* (also ebenfalls erwachten) Vertreter:innen der sogenannten „Identitätspolitik" abgrenzen und sich stark auf ihren eigenen Resonanzraum zurückziehen.

Die von uns untersuchten libertär-autoritären Erwachten machen nur einen kleinen Teil der Bevölkerung aus, allerdings ist bei ihnen ein erstaunliches Einschrumpfen sozialer Kreise festzustellen. Gerade bei den regressiven Rebellen hat sich die Welt verkleinert, sie haben viele Kontakte verloren. Bei den Querdenker:innen oder gefallenen Intellektuellen stellt sich die Sache freilich etwas anders dar: Während der Pandemie drangen Konflikte um Freiheit und Solidarität tief in den privaten Alltag ein. Freundschaften und Verwandtenkreise zerbrachen, jahrzehntealte Bande wurden innerhalb weniger Wochen oder Monate getrennt. Doch schnell fanden die Querdenker:innen in *Neogemeinschaften des Misstrauens* eine neue Heimat, manche sogar eine intellektuelle.

Trotz ihrer scharfen Kritik an der liberalen Demokratie verstehen sich die libertären Autoritären als Demokraten – und begeben sich dennoch auf den rutschigen Abhang der antipolitischen Demokratie, der Abhängigkeitsleugnung und verdinglichten Freiheit. Gleichwohl sind es in der Regel keine

---

2   Georg Lukács, Die Theorie des Romans, Darmstadt und Neuwied 1971 [1916], S. 32.

faschistoiden Persönlichkeiten, als die Adorno noch jene betrachtete, die hohe Werte auf der F-Skala erzielten. Die libertären Autoritären der Gegenwart sind dagegen demokratisch sozialisiert und bekennen sich zu partizipativen Werten – haben jedoch oft keine Berührungsängste mit Faschist:innen. Sie sind von der Demokratie derart enttäuscht, dass ihre autoritäre Drift droht, nicht nur vorübergehend eine Rechtskurve zu nehmen, sondern diese auch beizubehalten. Allerdings muss es nicht so weit kommen – dazu am Ende mehr.

Staatskritik und die Paradoxien des Fortschritts

Die libertären Autoritären richten ihren Zorn in erster Linie auf den *modernen Staat*. Dieser ist schon lange kein Klassenstaat Bismarckscher Prägung mehr, sondern ein komplexer Interventionsstaat, also ein Instrument zur Durchsetzung sozialer Fortschritte. Und gleichzeitig reproduziert er Ungleichheiten, Klassenlagen und Ausschlüsse.

In den letzten zwanzig Jahren hat sich die Rolle des Staates noch einmal erheblich verändert. Zwar hat er auch weiterhin die strategische Funktion, den Kapitalismus am Laufen zu halten und die ihn tragenden Klassenstrukturen zu stabilisieren. In ihm verdichten sich aber auch die Konflikte um normative Fortschritte, und gerade angesichts wachsender globaler Risiken ist er nicht mehr nur der ideelle „Gesamtkapitalist" (wie Friedrich Engels ihn nannte), sondern auch der reale „Gesamtvergesellschafter" – er sieht sich verantwortlich für die gelingende Reproduktion sozialer Beziehungen.

In der Pandemie haben sich beispielsweise die Ungleichheiten nicht verringert, mitunter sogar verschärft; aber der Staat hat eine Politik des universellen Gesundheitsschutzes betrieben. In der Vergangenheit zielte die Kritik am Staat (vor allem von links) insbesondere darauf, dass er letztendlich nichts gegen die Ungleichheiten unternehme, ja sie am Leben erhalte und sogar noch steigere. In der Wahrnehmung klassischer Neoliberaler stellte er hingegen eine Bedrohung für die Funktionsfähigkeit der Märkte und der Wettbewerbsfähigkeit dar.

Für die libertären Autoritären der letzten Jahre erscheint er nun als Maschine, die individuelle Freiheiten einschränkt – sei es durch Inklusionspolitik, Multikulturalismus oder durch das Erzwingen von Solidarität in der Pandemie. Einige soziale Gruppen, darunter Männer höheren Alters, büßen ihre unangetastete Machtposition ein – und deuten dies als Freiheitsverlust. Die normative Demokratisierung, Inklusion und Egalisierung der Gesellschaft beschränken die subjektiven Freiheiten derer, die sie zuvor in ihrer Klassen- und Hierarchieposition genossen haben.

An der staatlichen Macht und ihrer Kritik kristallisieren sich die meisten Fragen heraus: Libertäre Autoritäre sehen sich durch den Staat in der Ausübung ihrer unveräußerlichen Freiheiten eingeschränkt. Viele von ihnen betrachten sich als Opfer vermeintlicher progressiver, „linksliberaler Kosmopolit:innen", die sich des Staates, der Universitäten und der Medien bemächtigt haben. So entsteht aus ihrer Sicht eine neue Frontstellung: der Antagonismus zwischen einer illiberalen Herrschaft linksliberaler Eliten und einer demokratischen Mehrheit, zwischen einem universitär gebildeten Zentrum und einer hart arbeitenden Peripherie – wobei die Kosmopolit:innen in urbanen Milieus angeblich auf Letztere herabblicken.[3]

Wechselseitige Ressentiments zwischen Stadt und Land, Arbeiter:innen und Angestellten etc. hat es schon immer gegeben; real sind allerdings die neuen Machtverschiebungen im Staat. Exklusionen und Ungleichheiten in den Statusordnungen wurden sukzessive verringert. In diesem Sinne ist es genau umgekehrt, als von der sentimentalen Freiheitsnostalgie („Früher konnte man noch alles sagen!") suggeriert wird: Frauen beispielsweise konnten in den retrospektiv idealisierten Zeiten eben keineswegs alles sagen oder tun, dazu hatten sie weder die Macht noch die notwendigen Sprechpositionen. So wurde in der Schweiz das allgemeine Frauenwahlrecht erst 1971 eingeführt, und in der Bundesrepublik galt bis 1977 die Hausfrauenehe, das heißt, der Ehemann hatte beispielsweise das Recht, die Arbeitsstelle seiner Gattin zu kündigen. Dass damals viele Dinge gesagt oder getan werden konnten, die heute als anstößig gelten, hat weniger mit einem Verfall der Meinungsfreiheit als vielmehr damit zu tun, dass damals niemand die Macht hatte, solchen Äußerungen zu widersprechen. Und dass außerdem damals eine Art Schere im Kopf existierte: Viele kamen gar nicht erst auf die Idee, gegen sexistische Konventionen oder rassistische Bezeichnungen aufzubegehren.

Der Preis der Egalisierung: Ein neues Tocqueville-Paradox

Auch heute existieren Diskriminierungen fort, etwa im Haushalt, bei der Vergabe von Führungspositionen und vor allem beim Einkommen. Aber zumindest normativ war der Anspruch auf Gleichheit nie so weit fortgeschritten wie in der Gegenwart. Die affektiven Aufladungen aktueller Konflikte resultieren nicht aus einer neuen Empfindlichkeit, sondern aus Machtfragen, die im Register der Moral ausgetragen werden. Die erkämpften Fortschritte haben sich kumuliert und ein neues Tocqueville-Paradox hervorgebracht: Gerade die Verringerung der Ausschlüsse hat dazu geführt, dass sich infolge der eingetretenen Sensibilisierung der Kampf gegen Diskriminierung, Nicht-Repräsentation und Nicht-Berücksichtigung aufgrund von Geschlecht oder Ethnie noch verschärfte.

Die Ausweitung von demokratischer Inklusion und Egalisierung hat jedoch einen Preis, der die Freiheitskonflikte der Gegenwart befeuert. Zum einen wurden parallel zu demokratischen Inklusionen soziale Rechte abgebaut. Insbesondere für Arbeitnehmer:innen, Arbeitslose und Arme bedeutete dies eine Reduzierung individueller positiver Freiheitsrechte. Für die etablierten

---

3   Wir würden nicht bestreiten, dass es unangenehme, als herablassend wahrnehmbare Wortmeldungen von Linksliberalen gibt. Dass solche Konflikte real häufiger auftreten, halten wir allerdings nicht für ausgemacht.

Eliten dagegen liefen die Egalisierung und die Inklusion bisher exkludierter Gruppen auf einen Machtverlust hinaus. In diesem neuen Machtkampf verhalten sich Linksliberale nicht selten genau wie diejenigen, die ihre Privilegien nun teilweise eingebüßt haben: wie Eliten. Sie bekämpfen die Konkurrenz und gehen dabei nicht zimperlich vor. Indem der Linksliberalismus, wenn er als „progressiver Neoliberalismus" auftritt, jedoch materielle soziale Fragen ignoriert, hat er es nicht nur in ihrem Freiheitsverständnis gekränkten, libertären Autoritären erlaubt, sich als Vertreter der „kleinen Leute" zu gerieren. Von dieser Gelegenheit machen auch Rechtspopulisten eifrig Gebrauch. Libertäre Autoritäre kämpfen aus ihrer Sicht gegen eine Diktatur, sie sehen sich als Heroen im Namen der Demokratie, unterlaufen jedoch demokratische Normen.

Das ist zuweilen verwirrend. Zur Unordnung unserer Tage gehört ein gewisses babylonisches Sprachgewirr: Auch diejenigen, die Demokratie und Freiheit subversiv zersetzen wollen, tun dies im Namen von Demokratie und Freiheit. Die häufig anzutreffende Sprache der Emanzipation und Herrschaftskritik, die jedoch in ihrer Bedeutung verkehrt wird, reflektiert auch die Schwäche traditioneller progressiver Bewegungen, die sich entweder deradikalisiert haben oder in die staatlichen Institutionen eingezogen sind – oft sogar beides zugleich.

Ältere emanzipatorische Bewegungen zogen ihre Kraft aus dem gemeinsamen Kampf gegen Stände, Hierarchie und Herrschaft, gegen Könige und die Kirche. Sie stritten für eine allgemeine Befreiung, für eine demokratische Gesellschaft der Bürger:innen, für eine Demokratie, die sich selbst konstituierte, regierte und kontrollierte.

Seit dem letzten Drittel des 20. Jahrhunderts glaubten viele Beobachter:innen, Freiheitsbewegungen hätten diese Kraft eingebüßt, da die große Disruption – die Konstitution von Bürgerrechten und Demokratie – bereits passiert war. Ab jetzt ging es eher um die inkrementelle Ausdehnung individueller Rechte. Damit veränderte die Kritik aber ihren Standort, ging es ihr doch nicht länger um die Transformation der kapitalistischen Totalität, sondern allein um ihre Korrektur.

Grundsätzliche und umfassende Kritik an der kapitalistischen Moderne ist seither kaum noch vernehmbar – und wenn doch, dann praktisch ohne jede Chance auf praktische Umsetzung. Die traditionelle Herrschaftskritik ist schwach und orientierungslos, sie weist so viele blinde Flecke auf, dass sie im Dagegensein keine Orientierung und keinen Halt mehr bietet. Da die progressiven Kräfte sich nach dieser Metamorphose nicht länger gegen den Staat, gegen die Doxa der Medien (wo sie nun selbst einflussreiche Positionen bekleiden) oder gegen die biopolitischen Regierungsmaßnahmen zur Wehr setzen und da sie aus der Sicht zahlreicher Menschen nicht länger gesellschaftskritisches Denken, ja den „Volkswillen" repräsentieren, haben linke Parteien oder soziale Bewegungen, die für ein kollektives Realitätsprinzip stehen, als Stimme der Herrschaftskritik ihre Glaubwürdigkeit verloren, während der libertäre Autoritarismus diese Leerstelle der Kritik zunehmend besetzt.

Der neue »Extremismus der Mitte« und die neuen Wahrheitskonflikte

Ist der libertäre Autoritarismus möglicherweise nur ein temporäres Phänomen? Oder wird er spätmoderne Gesellschaften dauerhaft begleiten?

Die Flüchtlingskrise von 2015 wurde relativ erfolgreich bewältigt, und auch die Coronapandemie wird irgendwann vorbei sein. Möglich auch, dass sich die Konflikte im intellektuellen Feld bereinigen, sei es durch Klärung, Annäherung oder schlicht, weil eine neue Generation Intellektueller nachrückt, die weniger unversöhnlich ist. Dennoch ist zu befürchten, dass es selbst in solch eher optimistischen Szenarien mit dem libertären Autoritarismus so schnell nicht zu Ende gehen wird. Vielmehr erkennen wir hier Symptome des „wachsende[n] Potential[s] eines ganz neuen, in libertären Formen auftretenden Extremismus der Mitte", wie ihn Jürgen Habermas mit Blick auf die Coronaproteste ausgemacht hat.[4] Was uns mit großer Wahrscheinlichkeit auch nach der Pandemie noch beschäftigen wird, ist die Epidemie der Halbwahrheiten und Verschwörungstheorien. Dies hat mit der veränderten Ordnung von Wissen, Expertise und Handlungsfähigkeit in spätmodernen Gesellschaften zu tun.

Alexander Bogner sieht in den diversen Bewegungen von „Konsensleugnern" einen „ideologischen Feldzug gegen die Kolonialisierung der Gesellschaft durch die Wissenschaft". Einerseits ist der Zugang zu Informationen demokratisiert, andererseits versteht man durch den Fortschritt in den Wissenschaften, ihre Spezialisierung und der damit einhergehenden Wissenskomplexität am Ende weniger von der Welt, die einen umgibt. Dennoch will man auch weiterhin ein gleichberechtigtes Subjekt im Diskurs sein, allerdings weniger wegen des eigenen Wissens als vielmehr mit der eigenen Meinung.

In diesem Kontext ist es hilfreich, zwischen Fake News und Postfaktizität zu unterscheiden. Erstere sind im wesentlichen Falschaussagen, die als Fakten ausgegeben werden, während Postfaktizität als Haltung auf einen tieferen epistemischen Wahrheitskonflikt hindeutet. Postfaktizität meint in dieser Hinsicht das Pochen darauf, dass die eigene Meinung, das eigene Gefühl das gleiche Gewicht in der Bewertung einer Situation haben soll wie wissenschaftliche Evidenz.[5]

Hier scheint uns eine entscheidende Pathologie in der Gleichzeitigkeit von Nicht-wissen-Können und Partizipationsansprüchen zu liegen, auf der die postfaktische Politik der libertären Autoritären basiert. Sie wollen, dass alle (aber in erster Linie ihre) Meinungen berücksichtigt werden. In diesen Konflikten belegen libertäre Autoritäre ihre Ansichten mit protowissenschaftlicher Evidenz, Gerüchten auf Telegram oder schlichten Fake News. Auch klassische Herrschaftskritik rekurriert natürlich auf eigene Empfindungen, auf der subjektiven Wahrnehmung einer Sache. Bei den libertären Autoritären sind die Register der Kritik jedoch oft verrückt, schiefgestellt oder ver-

---

4 Jürgen Habermas, Corona und der Schutz des Lebens. Zur Grundrechtsdebatte in der pandemischen Ausnahmesituation, in: „Blätter", 9/2021, S. 65-78.
5 Vgl. Frank Fischer, Truth and Post-Truth in Public Policy, Cambridge 2021, S. 6f.; Rose McDermott, Psychological underpinnings of post-truth in political beliefs, in: „Political Science & Politics", 2/2019, S. 218-222, S. 219.

tauscht, damit sie am Ende der ohnehin bereits zuvor gefassten Meinung entsprechen. Es ist der beschleunigte soziale Wandel, der Verschwörungstheorien heute einen stärkeren Resonanzboden als früher verschafft. Denn es gibt schlicht keinen Transmissionsriemen, über den sich Ohnmachtsgefühle in rationale Herrschaftskritik übersetzen ließen. Und so kapitulieren die libertären Autoritären vor den Komplexitätszumutungen der spätmodernen Welt. Die positive Konsequenz: Falls sich die Verhältnisse beruhigen, falls wieder eine gewisse „Normalität" einkehren sollte, finden möglicherweise auch wieder Menschen aus ihrem epistemischen Widerstand gegen die Realität heraus. Doch damit wären die Probleme noch lange nicht gelöst, denn es ist ja gerade die *vermeintliche Normalität,* die die Voraussetzungen sozialer Kränkungserfahrungen so umfassend produziert hat.

Was passiert also, wenn wir nicht mehr zur Normalität zurückkehren, was ja, horribile dictu, gar nicht so unwahrscheinlich ist? Wenn die spätmodernen Gesellschaften in eine Abfolge – teilweise parallel laufender – schwerwiegender Krisen geraten, die jeweils neue Einschnitte und Freiheitseinschränkungen bedeuten?

Zukunft ohne Normalität

Von einigen Problemen wissen wir bereits heute, dass sie kommen werden. Schon jetzt ist klar, dass der Klimawandel eine dauerhafte Herausforderung für die Weltgesellschaft sein wird. Andere Großkrisen hätten wir erahnen können, wieder andere, wie die Pandemie, haben so eine geringe Wahrscheinlichkeit, dass uns ihr Auftreten immer als singuläres Ereignis überraschen wird. Durch die Globalität spätmoderner Gesellschaften greifen die Krisen ineinander und verstärken sich wechselseitig: Corona und der Ukrainekrieg beispielsweise gefährden zusammen globale Lieferketten und die Nahrungsmittelversorgung. Die Verknappung in den entsprechenden Feldern treibt wiederum die Inflation an, die in der lockeren Geldpolitik der letzten Jahre angelegt war, die ihrerseits auf globale ökonomische Probleme reagierte.

Auch wir können nicht vorhersagen, welche Risiken sich realisieren werden, wir halten es dennoch für mehr oder weniger ausgeschlossen, dass die spätmodernen Gesellschaften auf einen Pfad linearen Fortschritts zurückkehren und eine dauerhaft stabile alltägliche Normalität erreichen werden. Deshalb fürchten wir, dass der libertäre Autoritarismus so schnell nicht wieder von der Bildfläche verschwinden wird. Das deutete sich bereits im Sommer 2022 an: Personen, die die Coronamaßnahmen übertrieben fanden, sahen nun auch in der Berichterstattung über den Ukrainekrieg eine künstliche Dramatisierung oder gar eine willkommene Ablenkung von der Coronapolitik.[6] In vielen Telegram-Gruppen der Querdenker-Szene wurde der Angriff Russlands relativiert oder sogar gerechtfertigt.[7]

---

6   Vgl. dazu etwa Umfragedaten des COSMO-Projekts, die online verfügbar sind unter: https://projekte.uni-erfurt.de/cosmo2020/ web/topic/vertrauen-ablehnung-demos/30-verschwoerung.
7   „Querdenker' für Putin", www.tagesschau.de, 4.3.2022.

Dabei wird – soweit wir das derzeit einschätzen können – allerdings nicht unbedingt eine autoritäre Idealisierung Putins vorgenommen. Dies würde der Vorstellungswelt der libertären Autoritären auch gar nicht entsprechen. So sehnten sich in unserem Survey 2020 nur wenige Querdenker:innen nach einem starken Führer. Und in nach dem 24. Februar 2022 geführten Interviews galt Putin ebenfalls als unattraktive Figur. Allerdings wurde der Krieg teilweise als Konstrukt des Westens betrachtet.

In unserem Survey war die Zustimmung zu verschwörungstheoretischen Aussagen zum Klimawandel zwar eher schwach ausgeprägt, aber schon jetzt ist absehbar, dass Coronaskeptiker:innen und Verschwörungstheoretiker:innen auch Maßnahmen zur Eindämmung des Klimawandels stärker ablehnen werden. Und so halten wir es für denkbar, dass sich in kommenden Krisen weitere verquere Fronten bilden werden, die sich über eine schiefgestellte Herrschaftskritik verbinden, ergo sich auch in der Zukunft nicht abschwächen werden.

Soziale Freiheit und Demokratie

Horkheimer und Adorno beschäftigten sich in ihrer „Dialektik der Aufklärung" mit der Frage, wie Fortschritt sich in sein Gegenteil verwandeln, wie die Menschheit, statt „in einen wahrhaft menschlichen Zustand einzutreten, in eine neue Art von Barbarei" versinken kann.[8] Eine Antwort lautete, dass die Aufklärung sich selbst zerstöre, wenn sie zu einem positivistisch durchdrungenen Mythos werde. Sie hatten dabei eine Wissenschaft vor Augen, die ihre gesellschaftliche Funktion nicht reflektiert, eine Technologie, deren Folgen nicht in den Blick geraten, und einen Markt, dessen historische Funktion der Befreiung aus feudalen Banden in eine selbstzweckhafte Apotheose kapitalistischer Beziehungen überführt wurde. Ihre Skepsis erweist sich auch in der Gegenwart noch als hochaktuell.

In drei zentralen Feldern – der Austeritätspolitik der vergangenen 25 Jahre, der konkreten Form der Pandemiepolitik wie der absolut gesetzten neoliberalen Marktwirtschaft – verschmelzen heute scheinbare Sachzwänge, die hinter ein Grundprinzip der Aufklärung zurückfallen: das Denken in Alternativen.

Horkheimer und Adorno waren zutiefst davon überzeugt, dass „die Freiheit in der Gesellschaft vom aufklärenden Denken unabtrennbar ist". Aufklärung müsste demnach stärker selbstreflexiv sein, stärker in Alternativen denken – und diese auch öffentlich zur Wahl stellen. Eine spätmodern erneuerte Aufklärung wäre gefordert, die Produktionsbedingungen wissenschaftlicher Evidenz bei ihrer Interpretation zu berücksichtigen, sodass sie nicht in einen Positivismus zurückfällt, bei dem die Aufklärung zu einem „Mythos dessen [wird], was der Fall ist".[9]

8   Max Horkheimer und Theodor W. Adorno, Dialektik der Aufklärung, in: Gesammelte Schriften Bd. 3, Frankfurt a. M. 1985, S. 16.
9   Ebd., S. 14.

War die Austerität der vergangenen 25 Jahre alternativlos? Nach mehrmaligem Einsatz finanzieller Bazookas wissen wir heute, dass sie das nicht war, dass vielmehr politische Motive im Vordergrund standen. War die konkrete Form der Pandemiepolitik alternativlos? Sicher nicht in Gänze. Sie war auch das Resultat einer wenig vorausschauenden Politik und mangelnder systematischer Vorsorge. Dabei war das Risiko einer Pandemie schon lange bekannt. Ist die neoliberale Marktwirtschaft alternativlos? Keineswegs. Aber sie wird als einzig mögliche Alternative zu autoritären Regimes wie in China oder Russland präsentiert. Dass auch andere Alternativen denkbar sind, etwa eine Wirtschaftsdemokratie, findet im öffentlichen Diskurs kaum Widerhall.

Viele der konkreten und sich verschärfenden Auseinandersetzungen der Gegenwart resultieren aus einem Konflikt um Demokratie und staatliches Handeln. Regierungen müssen häufig sehr schnell auf Ereignisse reagieren, für die es noch kein erprobtes Skript gibt.

Es fehlt eine selbstreflexive Haltung, ein kollektives Lernen

In der real existierenden Demokratie wurde häufig falsch oder zu langsam gehandelt. Gewiss, Fehler werden immer gemacht, das gehört zur Politik. Zuweilen werden Maßnahmen dann auch noch dezisionistisch, mitunter autoritär exekutiert. Was jedoch regelmäßig ausbleibt, ist ihre systematische Aufarbeitung, eine selbstreflexive Haltung, ein kollektives Lernen. Beispiel Coronapandemie: Bis heute haben weder Politiker:innen noch Behördenvertreter:innen selbstkritisch erklärt, warum zuerst behauptet wurde, man müsse keine Maske tragen, ja dass dies möglicherweise sogar schädlich sei. Und im Zusammenhang mit dem russischen Angriff auf die Ukraine findet eine solche Selbstkritik nun zwar statt, allerdings teilweise mit umgekehrten Vorzeichen: Man gesteht zwar ein, sich bezüglich des faschistoiden Charakters der Putin-Diktatur geirrt zu haben, reagiert nun aber selbst angesichts vorsichtig vorgetragener Kritik wie jener von Jürgen Habermas am teils bellizistischen Ton mancher Forderungen mit Spott und Häme.

Natürlich muss die Politik am Ende kollektivbindende Entscheidungen treffen, sie kann und sollte aber erstens stärker die Alternativen offenlegen und so den Bürger:innen die jeweiligen Konsequenzen erläutern, statt sich auf Sachzwänge zu berufen. Zweitens erscheint uns eine weit ausgeprägtere Form der Selbstreflexion und gegebenenfalls auch Selbstkritik angebracht.

Ein dritter Punkt wäre schließlich der Ausbau der Institutionen und der normativen Grundlagen der Freiheit: Soll sie mehr sein als bloß negative Freiheit, müssen wir sie als etwas zutiefst Soziales begreifen; sie beruht schließlich auf einem Geflecht subjektiver Rechte und institutioneller Voraussetzungen.[10] Deshalb wird gerade ökonomische, politische und soziale Planung

---

10 Elisabeth Anker kritisiert den Begriff der negativen Freiheit weitergehend als üble Freiheit („ugly freedoms"), da er auch das Recht beinhalte, andere auszubeuten und zu unterjochen und das Klima zu zerstören; vgl. Elisabeth R. Anker, Ugly Freedoms, Durham 2022.

in der ausgehenden Spätmoderne zu einer Garantin individueller Freiheit. Erforderlich ist daher ein Sozialstaat, der die Risiken des Lebens wirksam abfedert, ein Gesundheitssystem, das auf kommende Pandemien vorbereitet, und ein Katastrophenschutz, der in der Lage ist, auf extreme Wetterereignisse zu reagieren.

Für all das ist aber ein erneuertes Verständnis von Individualismus unabdingbar. Individuen sind wir immer nur in Kopräsenz mit anderen Individuen, mit der Gesellschaft und der Natur.[11] Dies spricht keineswegs gegen Selbstverwirklichung oder Singularisierung. Sie müssen sich aber im Bewusstsein ihrer gesellschaftlichen Voraussetzungen entfalten und nicht auf die Sezession aus dem Gemeinwesen zielen. Die Freiheit der Zukunft braucht Solidarität. Denn wie Axel Honneth in „Das Recht der Freiheit" argumentiert, ist der Mensch erst wirklich frei, wenn er „im Rahmen institutioneller Praktiken auf ein Gegenüber trifft, mit dem [ihn] ein Verhältnis wechselseitiger Anerkennung deswegen verbindet, weil [er] in dessen Zielen eine Bedingung der Verwirklichung seiner eigenen Ziele erblicken kann".

Honneth hat hier eine Gesellschaft vor Augen, in der eine demokratische Sittlichkeit vorherrscht. Solch eine Gesellschaft würde gerade die Individualität nicht zu lebloser Konformität einkochen, sondern sie im Gegenteil erst zur wirklichen Entfaltung bringen.

Bis dahin ist es jedoch ein weiter Weg. Ein erster Schritt läge darin, wieder in gesellschaftlichen Alternativen zu denken, Optionen offenzuhalten und nicht den Status quo als die beste aller Welten zu affirmieren, weil die real existierenden Alternativen allzu grausam erscheinen.

Die dafür erforderliche Demokratisierung der Demokratie wie der Wirtschaft ist im Möglichkeitsraum der Welt durchaus angelegt. Sie würde den gewachsenen Partizipationsansprüchen der Menschen entgegenkommen und ihre Entfremdung von einer politischen Ordnung reduzieren, die für sie im Alltag oft nur mittelbar erfahrbar und damit ein abstraktes Prinzip ist.

Alternativen entstehen jedoch erst in Konflikten. Der französische Philosoph Miguel Abensour tritt daher für eine rebellierende Demokratie ein, die den Staat herausfordert, die Demokratie dadurch erneuert und in eine wahrhafte Demokratie verwandelt. Damit ist er alles andere als ein Theoretiker des Querdenkertums, sondern plädiert vielmehr für das genaue Gegenteil: eine vitale Herrschaftskritik von unten, die die Realität nicht bestreitet, sondern versucht, die Verhältnisse zum Besseren zu verändern.

---

11 Vgl. Benjamin Bratton, The Revenge of the Real. Politics for a Post-Pandemic World, London 2021.

Im Bürgerkrieg:
Die neuen Querfrontpartisanen

Von **Markus Linden**

Ende September 2021 schockierte der tödliche Angriff auf einen Aushilfs-kassierer einer Tankstelle in Idar-Oberstein das Land. Der 20jährige Student wurde erschossen, nachdem er den Kunden zuvor auf die Maskenpflicht hingewiesen hatte. Der Täter tötete geplant und gab an, keinen „Ausweg" mehr gesehen zu haben. Er habe ein „Zeichen" gegen die Corona-Maßnahmen setzen wollen.[1] Offensichtlich handelt es sich bei dem Täter um einen sogenannten Corona-Leugner. Es war der erste politisch motivierte Mord im Kontext des deutschen Corona-Protests. Daher ist diese Tat keineswegs isoliert zu betrachten, sondern im Zusammenhang dessen, was sich im Zuge der Corona-Pandemie unter dem „Querdenker"-Label als eine Widerstands-bewegung neuer, eigener Art entwickelt hat – mit direkten Verbindungen in die Politik. So erzielte die neu gegründete Hauspartei der Querdenker, „Die Basis", bei der Bundestagswahl immerhin 1,6 Prozent der Erst- und 1,4 Prozent der Zweitstimmen. Das sind in absoluten Zahlen 730 000 bzw. 630 000 Stimmen. Als zweite Pro-Querdenker-Partei errang die rechtsradikale AfD 10,3 Prozent der Zweitstimmen und 16 Direktmandate in Ostdeutschland.

Die Querdenken-Bewegung ist jedoch weit mehr als das, nämlich die aktuelle Erscheinungsform neuer, fundamentaloppositioneller Querfront-tendenzen,[2] die sich auch in individuell-destruktiven, partisanenähnlichen Verhaltensweisen von Agenda-Setzern und -Empfängern, wie dem Mörder von Idar-Oberstein, manifestieren. Ein entscheidender Ausgangspunkt der neuen Widerstandskoalitionen ist die sukzessive Öffnung des deutschen Rechtsradikalismus hin zur instrumentellen Bejahung von Unruhe und Aufruhr. So sehr die Akteur*innen im Einzelnen von unterschiedlichen Motiven ausgehen, eint sie doch alle, dass sie dem angeblichen Unrechtsstaat ablehnend bis feindlich gegenüberstehen. Die daraus entstandene Melange aus Widerstandspropaganda und pseudointellektueller Diktaturanalogie tran-szendiert ideologische Widersprüche zu einer generellen Antibewegung gegen die parlamentarische Demokratie. Wie daraus sukzessive eine neue Querfront-Bewegung erwächst, zeigt der Blick auf die Agitation der Total-ablehner in (alternativen) Medien, auf der Straße und in der Politik.

---

1 „Frankfurter Allgemeine Sonntagszeitung", 26.9.2021.
2 Wolfgang Storz, „Querfront" – Karriere eines politisch-publizistischen Netzwerks, OBS-Arbeits-papier 18, Frankfurt a. M. 2015.

Corona sei eine bloße „Inszenierung" mit der ein „neuer Überwachungs-staat" errichtet werden soll, behauptet AfD-Volkstribun Björn Höcke.[3] Schon vor der Pandemie propagierte er die Errichtung einer breiten „Widerstands-koalition" und „neue[r] ‚Querfronten'" gegen „das herrschende Parteienkar-tell".[4] Die direktdemokratisch daherkommende Partei „Die Basis" setzt im Protest auf wohlklingende „Schwarmintelligenz", was aber Handfestes kei-neswegs ausschließt. So sieht ihr Frontmann, der Rechtsanwalt Reiner Fuell-mich, auf einem Parteitag die Zeit gekommen, um die „Wahnsinnigen wieder in ihre Rattenlöcher zurückzutreiben".[5] Gemeint sind die für die Corona-Maßnahmen Verantwortlichen, also im Zweifel alle ernstzunehmenden Poli-tiker*innen und Medien. An selber Stelle hatte kurz zuvor der Mediziner und Basis-Politiker Wolfgang Wodarg, von 1994 bis 2009 Abgeordneter der SPD-Fraktion im Bundestag, der Politik geplanten Mord vorgeworfen. „Sie brau-chen Tote, damit wir Angst haben. Und sie machen die Toten selbst",[6] lässt er den buntgemischten Rebellenhaufen per Videoschalte wissen. Und keiner widerspricht. Die Notstandslage scheint für die selbsternannten Repräsen-tant*innen der „Schwarmintelligenz" offensichtlich zu sein.

Etwas distinguierter beschreiben wichtige gesellschaftliche Scharnierak-teure die Lage. Dabei wird der radikale Grundtenor aber bewusst untermau-ert. Die Kabarettistin Lisa Fitz machte sich schon vor einiger Zeit mit dem wirr argumentierenden (aber ja immerhin buddhismus- und friedensaffinen) Verschwörungstheoretiker Heiko Schrang gemein. Zu Corona formuliert sie nun im „Mainstream-TV" die folgende Weisheit: „Die Irrwege einiger weniger führen immer wieder Millionen ins Verderben."[7] Fitz macht ihrem Adressatenkreis aus Widerständigen und „Wahrheitssuchende[n]"[8] aber auch Hoffnung, denn „Gras" bahne „sich den Weg auch durch Asphalt".[9]

Der Sound des „sanften" Widerstands verfängt. Aufgegriffen und als Bodenpersonal umgesetzt werden die zumindest impliziten Handlungsauf-rufe eines Höcke oder Fuellmich von den verschiedensten Akteur*innen. In einem gemeinsamen Stück des Schmusesängers Xavier Naidoo und des Hooligan-Rockers Hannes Ostendorf heißt es: „Es ist ernst, wenn sie die Nadel ansetzen. Die Injektion soll ein ganzes Volk zersetzen. […] Ja, es gibt noch viel zu tun. Sitzen wir nicht alle im gleichen Boot. Der Widerstand darf nicht wieder ruhen."[10] Der Videoclip zeigt vor allem kampfbereite Männer auf Motorrädern, Pick-Ups oder als Fußtruppe. Naidoo braust im Sportwa-gen zur Tat. Kämpfer*innen müssen aber nicht martialisch aussehen. Beim

---

3 Rede in Paderborn am 15.9.2021, www.youtube.com.
4 Nie zweimal in denselben Fluss. Björn Höcke im Gespräch mit Sebastian Hennig, Lüdinghausen und Berlin 2018, S. 238 f.
5 Aufstellungsparteitag der „Basis" in Sachsen-Anhalt am 24.4.2021, www.youtube.com/watch?v=Yce1tfiWoXw (Zitat bei 1:02:00).
6 A.a.O., Min. 58:12.
7 Lisa Fitz über den „Lockdown light", SWR Spätschicht, 6.11.2020, www.youtube.com/watch?v=o_wei7eIFWE (Min. 2:55).
8 Lisa Fitz rechnet mit der Medien-Welt ab, SWR Spätschicht, 10.2.2021, www.youtube.com/watch?v=MV511hZFjhQ (ab Min. 5:42).
9 Lisa Fitz über Verschwörungstheorien, SWR Spätschicht, 15.12.2020, www.youtube.com/watch?v=mGZuCyw1QCU (Min. 6:01).
10 „Deutschland krempelt die Ärmel hoch", 27.8.2021, www.youtube.com/watch?v=aNup4sAJeE8 (Min. 3:02 und 5:27).

sogenannten Sturm auf den Reichstag im August 2020 ging der direkte Aufruf von der Heilpraktikerin Tamara K. aus, die Donald Trump in der Stadt wähnte und, absurder geht immer, vom „Weltfrieden" fabulierte.[11] Sie wollte der Welt ein Bild liefern.[12] Nach der Ermordung des jungen Aushilfskassierers hieß es im mittlerweile täglich befüllten Video-Kanal der AfD-nahen Postille „Compact": „Heute darf sich jede kleine Aushilfe selbst zum Sheriff ernennen und das Gesetz selbst in die Hand nehmen."[13] Angesichts solcher Medien ist es kein Wunder, dass der Täter das Opfer für die Maßnahmen mitverantwortlich machte.

Das große Hoffen auf den Bürgerkrieg

„Ich freue mich auf den nächsten Krieg. Ja, das mag sich jetzt destruktiv anhören, aber wir kommen aus dieser Spirale einfach nicht raus", hatte der Mörder von Idar-Oberstein bereits vor etlichen Jahren seine ausgeprägten Gewaltphantasien in die Welt getwittert. Und auch damit steht er exemplarisch für eine zunehmend weitverbreitete Stimmung. Angesichts einer nicht nur von Rechtsradikalen angefachten Stimmung gegen vermeintlich „totalitäre Verhältnisse"[14] macht neben der Widerstandsvokabel immer mehr das Schlagwort vom drohenden oder bereits ablaufenden „Bürgerkrieg" die Runde. Die Argumentationsweisen sind dabei völlig willkürlich. Wahlweise handelt es sich um eine scheinobjektive Verfallsdiagnose,[15] die angeblich mittels NS-gleicher Angstpolitik[16] künstlich erzeugte „Plandemie" zum Nutzen der „Eliten"[17], um direkte Querdenker-Handlungsaufrufe in Chats – oder es wird konstatiert, Regierungen hätten die Menschen absichtlich aufeinandergehetzt, um den drohenden Kollaps ihres Systems mittels Unterdrückung abwenden zu können.[18] Fast schon ein Klassiker ist dabei die These, der Staat betreibe einen „Krieg gegen die einheimische Bevölkerung".[19]

Zu den Akteur*innen im breiten Feld zwischen Rechtsextremismus und esoterischem Friedensbekenntnis zählen Menschen, deren Gemeinsamkeit darin besteht, dass sie sich in einem Partisanenkampf gegen Unterdrückung sehen – oder zumindest ein solches Selbstbild verkaufen. Militärisch handeln diese Querfrontpartisanen nur im übertragenen Sinne. Sie stacheln an, rufen auf, protestieren oder gerieren sich als publizistische Widerstands-

11 Video veröffentlicht von Bild.de, 31.8.2020, www.youtube.com/watch?v=-GivW0ecIj0.
12 Reichstagssturm? Jetzt redet Tamara K., Interview mit Compact-TV, 17.9.2020, www.youtube.com/watch?v=e87FcpEoKtw (Min. 14:47).
13 Compact-Der Tag, 22.9.2021, https://tv.compact-online.de/compact-der-tag-vom-22-9-2021/ (11:04).
14 David Engels, Die Gier der Mächtigen, in: „Junge Freiheit", 3.9.2021, S. 2.
15 So z.B. Stefan Schubert, Der Bürgerkrieg kommt! Die Vorboten von Aufstand und Revolution in Deutschlands Städten, Rottenburg 2021; ähnlich David Engels, Interview mit Rubikon: „Totalitäre Endzeitstimmung", 23.9.2021, www.youtube.com/watch?v=5UQizr4ttKc.
16 So Ulrich Teusch, Politische Angst. Warum wir uns kritisches Denken nicht verbieten lassen dürfen, Frankfurt a.M. 2021.
17 Hans-Joachim Maaz, Pandemie – Panikdemie – Plandemie, in: ders., Dietmar Czycholl und Aaron B. Czycholl, Corona-Angst. Was mit unserer Psyche geschieht, Berlin 2021, S. 19-57.
18 So z.B. Maaz u.a, a.a.O., S. 36.
19 Stefan Schubert, Vorsicht Diktatur! Wie im Schatten von Corona-Krise, Klimahysterie, EU und Hate Speech ein totalitärer Staat aufgebaut wird, Rottenburg 2020, S. 159.

kämpfer*innen gegen die „Corona-Diktatur", die nur als Chiffre für generell angenommene Unterdrückung fungiert. Im angeblichen „kulturellen Bürgerkrieg"[20] gegen den Common Sense sehen sich die zum Reichstagssturm aufrufende Trump-Anbeterin, „Alternativjournalisten" mit Handycam (Boris Reitschuster), viele Funktionäre und Anhänger*innen von Basis und AfD, faktenferne Wissenschaftler*innen mit Twitter-Fanbase (Stefan Homburg) und sonstige „Querdenker" im Recht, mit ihren jeweiligen Mitteln radikalen Widerstand zu leisten. Das „System" und seine Protagonist*innen gelten als Bedrohung für Wahrheit, Recht und Freiheit – mithin also als Gegner oder gar Feind. Auch einstmals links verortete Autor*innen rufen inzwischen zur Bildung von „Kreuz- und Querfronten" auf – dabei müsse man „sich […] auch gar nicht groß absprechen – getreu dem Motto: getrennt marschieren, vereint schlagen".[21] Auf den „Nachdenkseiten" hätte man denn auch den Einzug der „Basis" in den Bundestag durchaus begrüßt.[22]

Partisanentaktiken von Subversion und Gegenöffentlichkeit

Hier artikuliert und inszeniert sich eine sehr weit gespannte Querfront, deren Akteur*innen eines gemein haben, nämlich dass sie sich in ihrem Selbstverständnis darauf berufen, gegen ein bloß scheindemokratisches Unrechtssystem vorzugehen, und dabei je nach Rolle unterschiedliche Taktiken von Subversion und Gegenöffentlichkeit anwenden. Die metaphorisch gebrauchte Figur des Querfrontpartisanen bezeichnet dementsprechend nichtmilitärisch handelnde Widerständler*innen gegen das herrschende System. Teilweise geschieht das – worin man ein generelles Merkmal des Typus „Partisan" erkennen kann[23] – chamäleonhaft. Die eine faselt am Reichstag vom bevorstehenden Sieg (Tamara K.). Ein anderer, der Journalist Boris Reitschuster, untergräbt die Bundespressekonferenz und zielt erfolgreich auf die öffentlich bekundete Solidarität durch Prominente.[24] Max Otte spricht und singt bei Querdenken,[25] übernimmt dann den rechten CDU-Mitgliederverein Werteunion und prophezeit als Ökonom regelmäßig den nächsten Crash. Und bei der AfD-nahen Desiderius-Erasmus-Stiftung war er auch schon.

Das angenommene Unrecht, der elitäre Betrug am „Volk" und die zumindest sinnbildliche Diagnose von Ausnahmezustand und drohendem Bürgerkrieg werden von solchen Akteur*innen als Legitimation für ihr Tun herangezogen. Die Handlungsformen reichen dabei von der Medienarbeit (Ken Jebsen, Jürgen Elsässer, Anselm Lenz) über das individuelle Medien-

20 „Wir sind im kulturellen Bürgerkrieg", Punkt.PRERADOVIC mit Norbert Bolz, 23.8.2021, www.youtube.com/watch?v=F0nNTc38zgk.
21 Teusch a.a.O., S. 110 (E-Book).
22 Tobias Riegel, Die Basis (Serie zu den Parteien im Wahlkampf), 27.8.2021, www.nachdenkseiten.de/?p=75540.
23 So Herfried Münkler, Die Gestalt des Partisanen. Herkunft und Zukunft, in: ders. (Hg.), Der Partisan. Theorie, Strategie, Gestalt, Wiesbaden 1990, S. 16.
24 Bernd Haasis, Selfie mit „Querdenker" Boris Reitschuster. Wird Til Schweiger zum Verschwörungstheoretiker?, in: „Stuttgarter Nachrichten", 15.6.2021, S. 9.
25 „Max Otte – Seine Rede bei der Demo in Darmstadt", 24.5.2020, www.youtube.com/watch?v=KKO7GAxDGAc.

teilen (Telegram statt ARD und ZDF) bis hin zur Demonstrationsteilnahme, anwaltlichen oder parlamentarischen Arbeit. Dabei dominiert eine reine Antihandlung ohne übergeordnetes gemeinsames Ziel – ausgenommen die Delegitimation der angestammten Öffentlichkeit und ihrer Akteur*innen. Der Aufruhr ohne institutionelle Vermittlungsmöglichkeit, eigentlich die Diagnose von Querfrontpartisanen und ihren Vorredner*innen, gerät zum unhinterfragten Selbstzweck einer Bewegung, deren Anhänge*innen und Protagonist*innen ideologisch völlig unterschiedliche Ausgangs- und Zielpunkte haben. Das Feld umfasst Crashpropheten mit ökonomischen Eigeninteressen, esoterisch Entrückte, maßlos Verbitterte (Vera Lengsfeld) oder andockfreundliche Rechtsextremist*innen mit menschlichem Antlitz.

Quantitativ betrachtet allerdings ist die aktuelle Querdenken-Bewegung nicht sehr stark. Ihre Wirkung entfaltet sie aber durch alternativmediale Lautstärke und durch (alliierte) Akteur*innen, die mitunter den Status von Intellektuellen einnehmen und den narrativen Boden bereiten. Außerdem hat sie bemerkenswerte Vorläufer, die überhaupt erst das gemeinsame Agieren der unterschiedlichen Akteur*innen erklären.

Die Querfront der Totalablehner

Die Querdenken-Bewegung und ihre bisweilen instrumentellen Fürsprecher reihen sich ein in ein alternativmedial vermitteltes Widerstandsfeld, welches schon seit längerem gemeinsam gegen die Institutionen der liberalen Demokratie in Deutschland agitiert.[26] Es handelt sich um die gesteigerte Wiederbelebung einer Bewegung der Totalablehner, deren erster Kulminationspunkt der nach einer Filmproduktionsfirma benannte NuoViso-Kongress in Leipzig im Jahr 2009 war. Auf diesem sprach Jürgen Elsässer von einer „Generation 9/11", die durch „ungeheure Lügen" geprägt sei.

In der Folge verbanden sich Elsässer, Ken Jebsen (KenFM) und andere zusammen mit Galionsfiguren wie dem Schweizer „Friedensforscher" Daniele Ganser zu einer medial-netzwerkartigen Struktur. Die erste Hochzeit der deutschsprachigen Alternativmedien war die Ukrainekrise. Von dieser Seite wurde, etwa auf sogenannten Montagsmahnwachen, eine konsequent prorussische Position eingenommen. Analog zur abstrusen Fiktionalität der Querdenken-Bewegung wurden die Annexion der Krim und der Einmarsch in der Ostukraine als Notwehrhandlungen dargestellt. Mit Pegida und der sogenannten Flüchtlingskrise zerbrach die Bewegung, die Wolfgang Storz[27] mit einigen guten Argumenten als „Querfront" bezeichnet hatte. Die neue Situation erforderte über die reine Ablehnungshaltung hinaus eine eigene Positionierung. Elsässer entschied sich mit „Compact" für den Gang in den verschwörungstheoretischen Rechtsextremismus und

---

26 Vgl. zum Folgenden Markus Linden, Zwischen alternativer Sicht und Verschwörungstheorie – Entwicklungstendenzen und Argumentationsmuster digitaler „Alternativmedien" in Deutschland, in: Verschwörungstheorien im Diskurs, 4. Beiheft der „Zeitschrift für Diskursforschung", hg. von Sören Stumpf und David Römer, Weinheim und Basel 2020, S. 303-331.
27 Ebd.

zur AfD. Andere Akteur*innen mit linksaffinem Publikum, insbesondere KenFM, beließen es bei Verschwörungstheorie und Anti-Politik-Hetze.

Anlässlich der Corona-Pandemie konnte das Feld wieder zusammenkommen, und zwar als reine Negativphalanx ohne übergreifende Agenda. Mit Anselm Lenz von der Zeitschrift „Demokratischer Widerstand" und Michael Ballweg von „Querdenken" waren etwa zentrale Akteur*innen des fundamentaloppositionell und verschwörungstheoretisch ausgerichteten Corona-Protests sowohl bei KenFM (das jetzt „Apolut" heißt) als auch bei CompactTV zu Gast. Lenz fabuliert, um nur ein Beispiel zu nennen, über Corona als „Ausplünderungsprogramm" zur Installation eines „US-amerikanisch geführte[n] [...] Tributsystem[s]".[28] Daniele Ganser empfiehlt in einem typischen Vortrag Achtsamkeitsübungen, um die persönliche Angst zu überwinden.[29] Zuvor hat er seinem verzückten Publikum gewohnt suggestiv dargestellt, wie Corona-Politik und Diktatur Hand in Hand gehen.

Schmitt, Strauß, Kubitschek und die neue Mosaikrechte

An der permanenten Betonung des Gegensatzpaares von Diktatur und Demokratie zeigt sich zudem die enorme Relevanz der geistesgeschichtlichen Vorarbeit für die Querdenker-Bewegung. Das Querfrontpartisanentum im Rahmen der Corona-Proteste ist nicht zuletzt ein Produkt der strategischen Öffnung des Rechtsradikalismus und des wahlweise naiven, geltungssüchtigen oder berechnenden Ankoppelns anderer.

Der Entwicklungsstrang reicht dabei von Carl Schmitt über Botho Strauß zu Götz Kubitschek. Der Erste ist lange tot, der Zweite will im Zweifel nur laut gedacht haben und der Dritte dürfte sich die Hände reiben, wer mittlerweile mitsingt im angestimmten Chor von Diktaturvergleich, Aufruhrdiagnose und Widerstandsappell. Die neue Mosaikrechte heißt nämlich so ziemlich jeden willkommen, wenn es der Desintegration des Staatswesens und seiner Institutionen, also der Zerstörung von liberaler Ordnung, dient.

Eben hier besteht ein entscheidender Unterschied zum angestammten rechten Denken und seinem zentralen ideengeschichtlichen Protagonisten. Die Weimarer Schriften zur „Geistesgeschichtlichen Lage des heutigen Parlamentarismus" und zum „Begriff des Politischen" schrieb Carl Schmitt ja gerade in vehementer Abgrenzung vom Szenario des Bürgerkriegs. Sein darin dargebotener Antipluralismus gegen Parteien, Parlament und innerstaatlichen Meinungspluralismus markiert das klassische Ordnungsideal rechtsautoritären Denkens, demzufolge die Freund-Feind-Unterscheidung stets nur nach außen zu treffen sei, während im Staatsinneren das Homogenitätspostulat zu gelten habe. Ein innerer Pluralismus zerstöre „mit der Einheit auch das Politische selbst", nämlich die Fähigkeit zur „Entscheidung" über

---

28 Lässt sich der Ewig-Lockdown noch stoppen?, Compact-Live, 14.4.2021, www.youtube.com/watch?v=UJnj6vYmsB8 (Min. 9:16).
29 Daniele Ganser, Corona und die Angst, Vortrag vom 29.10.2020, www.youtube.com/watch?v=zoagh8deyRo.

die Bestimmung des Feindes.[30] Schmitt lehnte die Weimarer Demokratie ab, weil sie seines Erachtens keine Ordnungsmacht besaß, ebenso vermied er aber den direkten Aufruf zur Revolte und Gruppenbildung von unten.

Diese Setzung gerät allerdings in Schmitts 1963 erschienener Spätschrift „Die Theorie des Partisanen" ins Wanken. Das Buch formuliert eine analytische Theorie des militärischen Partisanentums, wobei Schmitt aber betont, dass der Partisan auch als „Metapher [...] zur Kennzeichnung geschichtlicher Figuren oder Situationen" der individuellen Nonkonformität fungieren kann.[31] „Irregularität, gesteigerte Mobilität, Intensität des politischen Engagements und tellurischer", also ein das Hergebrachte erdverbunden verteidigender „Charakter", kennzeichnen den Partisanen laut Schmitt. Eine im schmittschen Sinne positive Konnotation erhält der Partisan, da er seines Erachtens genuin politisch in der Lage ist, den „wirklichen Feind" zu bestimmen. Die in den früheren Schriften normativ nur dem Staat obliegende Qualität der Feindbestimmung überträgt Schmitt also auf das ihm eigentlich verhasste Individuum. Außerdem gibt er Hinweise, wann dieses Verhalten angezeigt sein kann. Für den Partisanen ist kennzeichnend, dass „das Gehäuse von Schutz und Gehorsam zerbricht, das er bisher bewohnte, oder das Normengewebe der Legalität zerreißt, von dem er bisher Recht und Rechtsschutz erwarten konnte. Dann hört das konventionelle Spiel auf." Mithin erhält sein Tun als für Schmitt zumindest nachvollziehbare Verteidigungshaltung dann eine potentielle Rechtfertigung, wenn jemand droht, die „Nation zu entreißen" oder „der Staat einfach ‚abstirbt'". In der Folge berufe sich der Partisan auf seine eigene Legitimität, gegen die eigentliche Legalität des Staates, die er nicht mehr anerkennen kann. Partisanen schaffen laut Schmitt einen „Raum der Nicht-Öffentlichkeit", der dem Gemeinwesen gegenübersteht, in dem man dessen „Öffentlichkeit wirksam desavouiert". Sie treten ihm zufolge vor allem im „Bürgerkrieg" und im „Kolonialkrieg" auf.

Man kann, um diese positive Konnotation zu Ende zu denken, in der Figur des Partisanen sogar den wahren „Citoyen" verorten, während „der Bourgeois das partisanische Projekt strikt ab[lehnt]".[32] Wer die politische Klasse als kolonial fremdgesteuerte und rechtlos handelnde Macht begreift, die mittels „Lügenpresse" die Öffentlichkeit gekapert hat, sieht somit im Partisanentum Sinn. Für ihre destabilisierende Tätigkeit in modernen Alternativöffentlichkeiten erteilt Schmitt den daran orientierten Akteur*innen also eine erste Prokura. Bürgerkriegsapologet*innen von rechts wissen das nur zu genau.

Wirkmächtig hat Botho Strauß den Grundgedanken von Schmitt aufgegriffen. Sein Essay „Anschwellender Bocksgesang" aus dem Jahr 1993 ist als zeitgeschichtlich angepasste Adaption der bei Schmitt angedeuteten rechtsradikalen Rechtfertigung der Partisanenfigur anzusehen. Für die Geistesgeschichte der Neuen Rechten ist das Stück entscheidend, auch weil

---

30 Carl Schmitt, Der Begriff des Politischen, Berlin 1963 (zuerst 1932), S. 45.
31 Carl Schmitt, Theorie des Partisanen, Berlin 1963, Zitat S. 25 und im Folgenden S. 28, 65, 87-91, 92, 68, 87, 92, 75 und 17.
32 Vgl. Münkler, a.a.O., S. 32.

Diagnose und Programm klar zu Tage treten, aber trotzdem intellektualisiert wurden.[33] Strauß erzählt eine Zerfallsgeschichte.[34] Die Demokratie sei zum „Demokratismus" verkommen und Deutschland durch einen „verklemmten [...] Selbsthaß" geprägt. Demgegenüber erscheint „[r]echts zu sein" bei Strauß als legitime Gegenbewegung. „Der Rechte" sei „ein Außenseiter", der „den Wiederanschluß an die lange Zeit" sucht, bekämpft von einem „libertären bis psychopathischen Antifaschismus" des – das Wort fällt mehrfach – „Mainstreams". Selbst Verschwörungstheoretiker*innen fänden an Strauß Gefallen, denn er schreibt: „Es wird vermutlich so sein, daß die niedergehende Gesellschaft, ohne ihr System aufzugeben, in die Hände einer systemkonform arbeitenden Schattengesellschaft fällt. Daß hinter den schwachen Drahtziehern dann stärkere Drahtzieher auftauchen und diese in ihre Züge nehmen." Zusammengerührt wird Strauß' rechter Abgesang mit zwei bis heute querfronttauglichen Zutaten: Kapitalismus- und Medienkritik.

Der »Partisan des Geistes« als eine Leitfigur für »Rechtsintellektuelle«

Doch eine gewisse Hoffnung bestehe weiter, denn, so Strauß, „[i]rgendwann wird es zu einem gewaltigen Ausbruch gegen den Sinnbetrug kommen". Gegen „[d]as Regime der telekratischen Öffentlichkeit", diesen „umfassendste[n] Totalitarismus der Geschichte" setzt er den Typus des „Außenseiter-Heros". Strauß lobt zwar „Autorität" und „Meistertum", skizziert die rechte Gegenbewegung aber als Ausfluss individuell empfundener und durchgeführter Bottom-up-Dissidenz: „Es ist überhaupt keine Frage, daß man glücklich und verzweifelt, ergriffen und erhellt leben kann wie eh und je, freilich nur außerhalb des herrschenden Kulturbegriffs. Was sich stärken muß, ist das Gesonderte. Das Allgemeine ist mächtig und schwächlich zugleich. Der Widerstand ist heute schwerer zu haben, der Konformismus ist intelligent, facettenreich, heimtückischer und gefräßiger als vordem, das Gutgemeinte gemeiner als der offene Blödsinn, gegen den man früher Opposition oder Abkehr zeigte." Analog zur schmittschen Partisanenfigur vollzieht sich der Widerstand des Individuums bei Strauß vor der Kulisse einer Ordnung, die ihre Legitimität scheinbar verloren hat, auch weil ihre liberalen „Intellektuelle[n] [...] grimmig sind gegen das Unsere und alles begrüßen, was es zerstört". Die Diagnose vom Bürgerkrieg darf da nicht fehlen, wobei Gut und Böse klar benannt werden: „Zwischen den Kräften des Hergebrachten und denen des ständigen Fortbringens, Abservierens und Auslöschens wird es Krieg geben", prophezeit der Dramatiker.

Für Götz Kubitschek vom Institut für Staatspolitik stellt der „Anschwellende Bocksgesang" erklärtermaßen einen Schlüsseltext dar. Der Zeitschriftenname „Sezession" ist ihm entnommen. Er sieht den Text als Auftrag, „Verantwortung zu übernehmen und den Krieg nicht auf unsere Kinder zu

---

33 Vgl. Heimo Schwilk und Ulricht Schacht (Hg.), Die selbstbewusste Nation. „Anschwellender Bocksgesang" und weitere Beiträge zu einer deutschen Debatte, Berlin 1994.
34 Vgl. zum Folgenden Botho Strauß, Anschwellender Bocksgesang, in: „Der Spiegel", 6/1993.

verschleppen". Das schreibt Kubitschek 2018 in explizitem Bezug zum zitierten Kriegssatz von Strauß.[35] Im selben Text skizziert er den „Partisan des Geistes" als eine Leitfigur für „Rechtsintellektuelle".

Das Ziel einer schnell herbeizuführenden Konfrontation macht es geradezu folgerichtig, dass Querdenken-Thesen auch über die verschiedenen Medienportale aus Schnellroda verbreitet werden. Schon in seiner kurzen programmatischen Schrift „Provokation" aus dem Jahr 2007 hatte Kubitschek die Ansicht vertreten, dass die Diagnose von Ordnungszerfall und Bürgerkrieg ein Fenster für seine Form von Politik eröffnet. Dieses Zerfallsbild muss also agitatorisch skizziert werden. Kubitschek bedient sich dazu der Analogie zur nationalsozialistischen Partisanentruppe „Werwolf": „Wir bewegen uns auf das zu, was wir den Vorbürgerkrieg nennen sollten, wohl wissend, wie groß das Wort vom ‚Bürgerkrieg' ist, wie unvorstellbar die Angst und Zerrüttung, wenn eine echte Wolfszeit anbricht. Dennoch: Vorbürgerkrieg."[36]

Die Befeuerung der Zerfallsdiagnose ist für Kubitschek, der sich generell am Politikbegriff Carl Schmitts orientiert, eine explizite Voraussetzung politischen Handelns: „Wünschen wir uns die Krise! Sie bedrängt, sie bedroht unser krankes Vaterland zwar, aber gerade dies weckt vielleicht seinen Mut, ins Unvorhersehbare abzuspringen und das zu wagen, was den Namen ‚Politik' verdiente: Nur kein Rückfall ins Siechtum, ins Latente, ins Erdulden!" Laut Kubitschek hat man den „Anti-Deutschen" einen „geistige[n] Bürgerkrieg" erklärt, damit ihnen „so etwas wie Verachtung und echter Mangel an Versöhnung" entgegenschlägt. Im 2019 verfassten Nachwort zu „Provokation" beklagt sich Kubitschek über das Nichteingehen auf seine angebliche Diskurs- und Dialogbereitschaft.[37] Dabei zeigt der militärtaktisch gehaltene Text von 2007, dass er selbst jederzeit gewillt ist, die maximale Krise herbeizureden, um aus den Trümmern siegreich hervorzugehen.

Erzählungen von Bürgerkrieg und Diktatur

Es ist nicht verwunderlich, wenn Rechtsradikale an den Niedergangs- und Bürgerkriegsdiskurs von Strauß und Kubitschek andocken, um im Interesse ihrer Sache den Zerfall der liberaldemokratischen Ordnung zu betreiben. Für David Engels dienen populistische Parteien der anzustrebenden „Selbstaufhebung des gegenwärtigen politischen Systems".[38] Einen solchen Verfall sollen offensichtlich auch Engels' Querdenker-Thesen über den angeblichen diktatorischen „Posthumanismus" der Corona-Politik befördern.[39] Offen plädiert er für eine Wiederbelebung mittelalterlicher Grundwerte, und zwar mittels eines „reaktionären Revolutionismus", der den „links-grünen

35 Götz Kubitschek, „Anschwellender Bocksgesang" – ein Auslöser-Text, Vortrag gehalten am 15.2.2018 in Kopenhagen im Rahmen der Tagung „25 Jahre Anschwellender Bocksgesang", www.sezession.de/wp-content/uploads/2018/07/vortrag-bocksgesang-kubitschek.pdf, S. 3.
36 Götz Kubitschek, Provokation, Schnellroda 2007, Zitate S. 10 f., 13, 26.
37 Ebd., Nachwort zur Neuauflage 2019, S. 85 f.
38 David Engels, Leben mit dem Niedergang, in: „Renovatio-Analysen", 1/2020, S. 5.
39 David Engels, Lockdown und das Ende der Demokratie: Mit dem Fußtritt der Regierungen in den Posthumanismus, www.tichyseinblick.de, 3.4.2021.

Kollektivismus" nach dessen Zusammenbruch ersetzen soll.[40] Auch Botho Strauß fand schon Gefallen am Typus des „Reaktionärs" und entsprechenden Tugenden.[41] Die Maxime vom äußersten Aufruhr mit Aussicht auf Reorganisation der guten alten Ordnung ist so zu einer Strategie der Neuen Rechten geworden.

Ideologisch sind die Diktaturanalogie und die Bürgerkriegsrhetorik jedoch keineswegs exklusiv festgelegt. Die linksliberal verortete Ulrike Guérot hatte die Bürgerkriegsmetapher schon vor der Coronakrise präsentiert. Sie konstatierte für Europa einen „Neuen Bürgerkrieg" zwischen progressiven Kräften und den Anhängern des Nationalstaats. Diese Situation sei durchaus begrüßenswert, denn die Populisten könnten die „Abrissarbeit" verrichten, indem sie „die Nationalstaaten, die zu einen sie vorgeben, de facto spalten und damit kaputtmachen. Das würde es ermöglichen, die inzwischen von tatsächlicher Souveränität weitgehend entkernten Gehäuse der Nationalstaaten von der europäischen Landkarte zu entfernen", so Guérot, die so eine Europäische Republik anstrebt.[42] Ganz im Sinne dieser Abrissbirnentheorie wurde die Autorin im Zuge der Corona-Pandemie dann selber zur Akteurin, deren Kritik sich in ihrer Grundsubstanz kaum von den Diktaturvergleichen des Querdenkermilieus unterscheidet.[43] Dabei bezieht sie sich auch auf Giorgio Agamben, den Theoretiker des Ausnahmezustands, der seine Corona-Pauschalkritik vom totalitären Überwachungsstaat und der erfundenen Pandemie aktuell von ganz rechts bis ganz links vermarktet.

Man sieht, wie breit die neue Anti-Corona-Querfront der Diktatur- und Totalitarismusdiagnostiker*innen aufgestellt ist. Das immergleiche Widerstandsparadigma wird dabei nur in unterschiedlicher Nuancierung verkündet. Allen gemein ist die Ablehnung eines vermittelnden liberaldemokratischen Institutionalismus. Als „wirklicher Feind" des lose gekoppelten Feldes fungiert das Zerrbild vom diktatorischen Lügengebäude in Form eines politisch-medialen Komplexes. Bei alledem spielt der hier skizzierte Typus des Querfrontpartisanen eine entscheidende Rolle. Mit ihm geht die Bejahung einer Aufruhragenda durch die Neue Rechte einher, die Anknüpfungspunkte für ein illustres Feld von Fundamentaloppositionellen bietet. Elsässer, Höcke, Otte, Jebsen, Lenz, Fuellmich, Wodarg, Eva Rosen, Reitschuster und andere agieren heute alle unter dem Vorwand, der permanente Unrechtsstaat legitimiere ihre radikal-systemablehnende Dissidenz. Dass diese Legitimationsgrundlage der Figur des Querfrontpartisanen auch aus dem Kreis vermeintlicher Intellektueller gestützt wird, macht die Sache umso gefährlicher. Trotz des Metapherhaften geht es beim Partisanen nämlich in letzter Konsequenz immer um die Rechtfertigung von vermeintlich gebotener Notwehr in Ausnahmesituationen und damit faktisch um den Widerstand bis zum Letzten gegen das dämonisierte „System", sprich: die Demokratie.

40 Interview von David Engels mit „Radio Poland", 11.3.2021, www.polskieradio.pl/400/8130/Arty kul/2695014, Wie-steht-es-um-den-Konservatismus-in-der-EU (Min. 15:43-17:28).
41 Botho Strauß, Der Plurimi-Faktor, in: „Der Spiegel", 31/2013.
42 Ulrike Guérot, Der neue Bürgerkrieg. Das offene Europa und seine Feinde, Berlin 2017, S. 9 (E-Book).
43 Vgl. (mit Nachweisen) Markus Linden, Die Legende vom „Konformitätsdruck" – Zur zweifelhaften Kritik an der Corona-Debatte, in: „Merkur", 7/2021, S. 34-45.

Viel Neues vom Alten

Die AfD und die langen Linien des bundesdeutschen Rechtsradikalismus

Von **Norbert Frei, Franka Maubach, Christina Morina und Maik Tändler**

Nationalismus, Rechtspopulismus und Fremdenfeindlichkeit erleben derzeit in Deutschland eine beunruhigende Konjunktur. Wenn Historikerinnen und Historiker diese Entwicklung beurteilen sollen, geht es meist um die Frage, ob die Republik erneut auf „Weimarer Verhältnisse" und damit auf ihren Untergang zusteuert.[1] So nachvollziehbar solche Erwägungen sind und so erhellend manche der Antworten sein mögen: Der ritualisierte Rückbezug auf das Scheitern der ersten deutschen Demokratie, der seit den frühen Nachkriegsjahren zum westdeutschen Selbstverständigungsdiskurs gehörte, hat vermutlich dazu beigetragen, dass die Geschichte der rechten Mobilisierungsversuche gegen die zweite deutsche Demokratie weitgehend unbeachtet blieb. Damit aber finden weder die in die Geschichte vor 1945 zurückreichenden Kontinuitäten noch die neuen Entwicklungen, die unsere Gegenwart prägen und nicht zuletzt in den immensen Wahlerfolgen der AfD zum Ausdruck kommen, eine angemessene Einordnung.

Die bundesdeutsche Zeitgeschichtsschreibung hat lange gezögert, dem Schweizer Journalisten Fritz René Allemann zuzustimmen, der überraschend früh, nämlich bereits 1956, das berühmt gewordene Diktum prägte: „Bonn ist nicht Weimar". Noch in den 70er und 80er Jahren gehörte diesbezügliche Skepsis zumindest unter Intellektuellen zum guten Ton. Erst in den Jahren seit der deutschen Vereinigung setzte sich die Ansicht durch, dass die Geschichte der Bundesrepublik im Großen und Ganzen eine Erfolgsgeschichte sei. Nicht zuletzt dieser vergleichsweise spät, dann aber recht selbstgewiss eingenommenen Perspektive war es geschuldet, dass die dunklen Ecken der zweiten deutschen Demokratie unausgeleuchtet blieben, dass Nationalismus und Rassismus lange Zeit relativ wenig Aufmerksamkeit erfuhren. Überdies nährte der enorme Ansehensgewinn, den das vereinigte Deutschland als Stabilitätsanker in Europa und der Welt seit 1990 verbuchen konnte, das Gefühl, in einer starken Demokratie zu leben. Die Mehrzahl der Bundesbürger – wie das Gros der Beobachter von außen – betrachtete Natio-

---

1   Andreas Wirsching, Berthold Kohler und Ulrich Wilhelm (Hg.), Weimarer Verhältnisse? Historische Lektionen für unsere Demokratie, Stuttgart 2018.

nalismus, Rassismus und Rechtsradikalismus allzu lange als im Absterben begriffene Randphänomene, und viele glaubten, die globale populistische Welle werde an der „Berliner Republik" vorbeischwappen. Doch das war ein Trugschluss. Inzwischen steht die liberale Demokratie als Staats- und Lebensform auch in Deutschland vor Herausforderungen wie nie zuvor seit dem Ende des Zweiten Weltkriegs.

Der genauere Blick auf die Jahrzehnte seit 1945 zeigt, dass die vermeintlichen Randprobleme auf der Rechten die bundesdeutsche Geschichte kontinuierlicher durchzogen und stärker geprägt haben als vielfach angenommen: Ende der 40er Jahre hob im Westen die bis heute anhaltende Rede vom „endlich" nötigen Schlussstrich unter die NS-Vergangenheit an, während man im Osten begann, diese Vergangenheit unter den großen Teppich des Antifaschismus zu kehren. Ende der 50er Jahre offenbarte die antisemitische „Schmierwelle" die Beharrungskraft rechter Feindbilder in der westdeutschen Gesellschaft, aber Schändungen jüdischer Friedhöfe gab es auch in der DDR. In den späten 60er Jahren manifestierte sich in der Bundesrepublik erstmals der – freilich nicht zwingende – Zusammenhang von Wirtschaftskrise und rechten Mobilisierungserfolgen, und die NPD zog in mehrere Landesparlamente ein.

Seit den späten 70er und vor allem in den 80er Jahren verdichteten sich diese Phänomene zu jenen massiven Herausforderungen, vor denen wir heute stehen. Damals verstärkte sich auf beiden Seiten der Mauer Fremdenfeindlichkeit bis hin zur offenen Gewalt. Zur selben Zeit entstanden die Neue Rechte und bis dahin ungekannte Strukturen rechten Terrors, aus denen jene Täter kamen, die Anfang der 90er Jahre – nicht selten unterstützt von scheinbar braven Bürgern – vor allem im Osten, aber auch im Westen der Republik Hunderte von rassistisch motivierten Anschlägen verübten; vereinzelt gab es sogar Pogrome. Die Wucht der Parolen-Politik, die gegenwärtig von einer sich in der AfD und ihrem Umfeld sammelnden nationalistischen und fremdenfeindlichen Bewegung ausgeht, ihre Fähigkeit, die politische Agenda der Republik zu bestimmen, sind ohne diese Vorgeschichte kaum zu verstehen.

Öffentliche Debatten ohne zeithistorisches Bewusstsein

Wenn die öffentliche Debatte über die Erfolge der AfD anfangs oft ausgesprochen hilflos wirkte, so lag das – gewiss nicht nur, aber doch auch – am mangelnden zeithistorischen Wissen über frühere Konjunkturen rechter Mobilisierung. So wurden in den Diskussionen über die Anschläge auf Flüchtlingsunterkünfte seit 2015 nur selten Bezüge zur Gewalt gegen Asylbewerber nach 1989/90 hergestellt. Und zeitlich noch weiter zurückreichende Fragen nach strukturellen, politischen und gesellschaftlichen Ermöglichungsbedingungen rechter Mobilisierung kamen kaum jemals auf. Dabei macht erst eine Analyse, die sowohl die Geschichte der alten Bundesrepublik als auch die der DDR einbezieht, den Rechtsruck der letzten Jahre als jenes gesamtdeutsche Problem erkennbar, das er ist.

Zweifellos stehen die jüngeren Wahlerfolge der AfD, die 2013 als eurokriti-
sche „Professorenpartei" ins Leben gerufen wurde, im Zusammenhang mit
der „Flüchtlingskrise" seit 2015. Doch schon im Jahr zuvor gelang der AfD
der Einzug in die Landesparlamente von Sachsen, Brandenburg und Thüringen (wo folglich im kommenden Herbst die nächsten Wahlen anstehen),
und bereits damals zeichnete sich die Verschärfung des besonders von ihren
ostdeutschen Landesverbänden vorangetriebenen Rechtskurses bis hin zu
einem völkischen Nationalismus ab.

Aufstieg und Etablierung der inzwischen in sämtlichen Landtagen und im
Bundestag vertretenen AfD lassen sich also nicht allein auf eine anlassbe-
zogene Mobilisierung von Protestwählern zurückführen. Vielmehr ist es der
Partei vor dem Hintergrund globaler Krisenstimmungen gelungen, in Ost-
und Westdeutschland unterschiedliche, über lange Jahre gewachsene Frus-
trationen zu kanalisieren und wie Wasser auf ihre rechtspopulistischen Mühlen zu leiten. Auch aus diesem Grund ist ihre Wählerschaft schwer auf einen
gemeinsamen sozialen Nenner zu bringen. Sie erschöpft sich jedenfalls nicht
in ökonomisch oder alltagskulturell „abgehängten" Globalisierungsverlie-
rern. Die Parolen der AfD – von wirklichen politischen Konzepten kann kaum
die Rede sein – finden bis weit in die gesellschaftliche Mitte hinein und in
ganz unterschiedlichen Milieus Gehör.

Die alte Sehnsucht nach einer »normalen« nationalen Identität

Warum aber ist der AfD gelungen, woran zahlreiche Vorläufer scheiterten?
Seit Gründung der Bundesrepublik haben rechtsradikale Kräfte die parlamentarische Demokratie als Oktroi fremder Mächte denunziert und sich
als „nationale Opposition" oder „nationaler Widerstand" inszeniert. Während der offene Angriff auf die Demokratie und die Leugnung des Holocaust
jedoch bis heute nur am äußersten Rand Applaus bekommen, finden die
Rechten deutlich größere Resonanz für ihre Forderung nach einer Abkehr
von der kritischen Auseinandersetzung mit der NS-Vergangenheit; sie
aktualisieren damit eine jahrzehntealte Sehnsucht nach dem historischen
„Schlussstrich" und nach einer „normalen" nationalen Identität.

Mit der AfD hat sich ein politisch scheinkorrekter Rechtspopulismus etabliert, dessen Protagonisten immer wieder betonen, auf dem Boden des Grundgesetzes zu stehen. Die Verbrechen des Nationalsozialismus stellen sie nicht
grundsätzlich in Abrede. Vielmehr verkaufen sie ihre Partei als (basis-)demo-
kratische Opposition gegen eine von vermeintlich abgehobenen Eliten gesteu-
erte und von „Mainstream"-Medien gestützte „Altparteiendemokratie". Die
Themen Asyl und Einwanderung funktionieren dabei als idealer Treibstoff,
mit dem sich der vermeintliche „nationale Widerstand" befeuern lässt.

Auch hier verdeutlicht die zeithistorische Perspektive, dass es nicht um
neue Themen geht, wohl aber um neuartige Zuspitzungen und Vereinnah-
mungen. Dass dieser jüngste Anlauf von rechts so erfolgreich war und immer
noch ist, liegt nicht zuletzt daran, dass sich Staat und Gesellschaft – genauer:

die breite demokratische Mitte einschließlich ihrer Parteien – dieser Themen mehr als drei Jahrzehnte lang bestenfalls halbherzig angenommen haben.

Immer noch und immer wieder: »Das Boot ist voll«

Schon in den 80er Jahren profitierte mit den Republikanern eine Partei rechts der CDU/CSU von der sich verschärfenden Einwanderungsdebatte, die sich zunächst um die sogenannten Gastarbeiter und dann um die rasch wachsende Zahl von Asylbewerbern drehte. Seit dieser Zeit steht die mehr oder weniger offen rassistische Abwehr von Einwanderung zum Schutz der „nationalen Identität" im Mittelpunkt rechter „Das Boot ist voll"-Rhetorik. Eine pragmatische, auf Anerkennung des Faktischen zielende Integrationspolitik hätte die aus Flucht und Migration resultierenden sozialen und kulturellen Konfliktlagen frühzeitig einhegen können. Dazu jedoch hätte es eines Eingeständnisses bedurft, dem sich die meisten Entscheidungsträger aus ideologischen oder taktischen Gründen viel zu lange verweigerten: der Feststellung nämlich, dass die Bundesrepublik spätestens seit den 70er Jahren zu einem Einwanderungsland geworden war.

Der Untergang der DDR und die deutsche Vereinigung haben dieses Problem der Realitätsverdrängung noch verschärft, zumal eine Reihe westdeutscher Rechter dort bald eine von Achtundsechzig, „Vergangenheitsbewältigung" und Einwanderung weitgehend unberührte politische Landschaft entdeckte und manche Alteingesessenen für deren Erhalt zu gewinnen wusste. Tatsächlich birgt das Thema Migration im Osten bis heute größere politische Sprengkraft als im Westen. Zwar hatte es, wenngleich in geringerer Zahl, auch in der DDR ausländische Arbeitskräfte gegeben, doch deren rigide gesellschaftliche Isolierung erstickte schon im Ansatz jede Chance, Nachbarn und Mitbürger zu werden – eine Möglichkeit, die sich vielen Zugewanderten im Westen trotz zahlreicher Hindernisse und Anfeindungen über die Jahrzehnte eröffnete. Hinzu kam, dass die verordnete Solidarität mit ausgewählten „sozialistischen Bruderländern" wenig Raum für echte Empathie ließ und der zur Staatsräson erklärte Antifaschismus der SED jede offene Auseinandersetzung mit Fremdenfeindlichkeit und Rechtsradikalismus unterdrückte: Es gab nicht, was es nicht geben durfte.

Zwar ist noch viel zu wenig erforscht, wie die staatlichen Instanzen, vor allem auf lokaler und regionaler Ebene, nach der deutschen Einheit mit dem Rechtsradikalismus umgegangen sind. Ganz offensichtlich aber trug im Osten eine über 1990 hinauswirkende Ignoranz der Behörden dazu bei, dass in manchen Gegenden rechtsradikale Strukturen als „normal" betrachtet wurden und bis heute werden. Hinzu kommt ein zu DDR-Zeiten teils offiziell geförderter, teils aus Oppositionsgeist gepflegter „Heimatsinn", der sicherlich nicht zwangsläufig zu Fremdenfeindlichkeit führt, sich aber augenscheinlich leicht nationalistisch mobilisieren lässt.

Dabei spielen in Ostdeutschland die vielfältigen wirtschaftlichen und gesellschaftlichen Verlusterfahrungen seit dem Kahlschlag der 90er Jahre eine wichtige Rolle. Sofern sich die davon Betroffenen nicht überhaupt aus dem demokratischen Willensbildungsprozess heraushielten, begriffen sie die PDS beziehungsweise die Linkspartei lange als ihr Sprachrohr. Doch im Osten wie im Westen ist es der AfD gelungen, neben enttäuschten national-konservativen Unions- und vormaligen NPD-Wählern auch das Milieu der Nichtwähler sowie strukturkonservative Sozialdemokraten und frühere Anhänger der Linken anzusprechen. Parolen wie „Wir sind das Volk!" und Selbstbezeichnungen wie „bürgerliche Sammlungsbewegung" verknüpfen Ressentiment mit Hoffnung: auf Mitsprache, Mitbestimmung, Elitenabwehr, auf Identitäts- und Fürsorgesicherheit durch Ausgrenzung von Fremden und manches mehr.

Gesellschaftspolitischer Spagat – Erfolgsrezept und Dilemma der AfD

Der gegenwärtige Erfolg der AfD beruht auf dem gelungenen Spagat zwischen konservativem Bürgertum, verunsicherten Protestwählern und Rechtsradikalen, an dem die NPD nach 1969 gescheitert ist und der danach auch andere Rechtsparteien immer wieder überfordert hat. Die drohende Beobachtung durch den Verfassungsschutz stellt die AfD deshalb vor ein besonderes Dilemma, denn beide möglichen Reaktionsweisen gefährden ihr Erfolgsrezept: Ein konsequentes Vorgehen gegen den rechtsradikalen Parteiflügel schwächt das Image als unbeugsame Opposition gegen die „linke Meinungsdiktatur", während Untätigkeit die gemäßigten Wähler und Mitglieder abschrecken und zur weiteren Radikalisierung der Partei führen kann.

Einer der Gründe dafür, dass die AfD ins Blickfeld des Verfassungsschutzes geraten ist, liegt in ihrem zweifelhaften Verständnis der Geschichte des „Dritten Reiches". Eine „erinnerungspolitische Wende um 180 Grad" soll die Deutschen ermutigen, sich „endlich" als ein „normales" und „selbstbewusstes" Volk unter vielen zu verstehen, das nicht länger die Verantwortung für die mit dem Namen Auschwitz verbundenen Massenverbrechen tragen muss. Von dieser Position ist der Weg zur Relativierung oder gar Leugnung des Holocaust und anderer NS-Verbrechen nicht weit. Tatsächlich negiert der als „Wende" verharmloste Generalangriff auf unser gewachsenes politisch-kulturelles Selbstverständnis, wie sehr die selbstkritische Auseinandersetzung mit der Geschichte eine Quelle des aufgeklärten Selbstbewusstseins der Bundesrepublik, ja ihrer inneren und äußeren Souveränität geworden ist. Gerade in der „Gebrochenheit", so Navid Kermani, liegt „Deutschlands bundesdeutsche Identität und, ja, Stärke und Vitalität".[2] Dies ist eine jener zeithistorischen Einsichten, die es wider die Rückkehr des Nationalismus hochzuhalten gilt; zugleich ist es eine der Antworten, die die Zivilgesellschaft den Rechtspopulisten geben kann und geben sollte.

Ein zentrales Element des erinnerungspolitischen „Wende"-Manövers – wie populistischer Politik insgesamt – ist die systematische Verzerrung und Ins-

---

2   Navid Kermani, Auschwitz morgen. Die Zukunft der Erinnerung, in: „Frankfurter Allgemeine Zeitung", 7.7.2017, S. 9.

trumentalisierung historisch-politischer Zusammenhänge. In ihren fortwährend Versuchen der Umwertung und Einverleibung liberaler und
freiheitlicher Traditionslinien aus der deutschen Geschichte kennt die
Unverfrorenheit der Rechten keine Grenzen. Das demonstrierten bereits
jene Pegida-Spaziergänger, die Ende 2014 „Wir sind das Volk!" skandierend
durch Dresdens Straßen zogen. Deren Anführer experimentierten dabei
ganz bewusst mit Reminiszenzen an das demokratische Aufbegehren gegen
den SED-Staat im Jahr 1989. Als die enorme Mobilisierungskraft der Parole
deutlich wurde, behaupteten sie, eine „Bürgerbewegung" gegründet zu
haben, die – „endlich wieder" – Volkes Stimme Gehör verschaffe.

Die Instrumentalisierung des Widerstands

Als nicht weniger manipulativ erweist sich das Bemühen der Neuen Rechten, den konservativen Widerstand gegen den Nationalsozialismus für die
eigene Gegnerschaft zur liberalen Demokratie zu vereinnahmen. Aus dieser
Sicht erscheint man dann als dritte oder vierte Generation von Vorkämpfern
– mit Botho Strauß: „Fortführern" – eines vermeintlich ewig unterdrückten
„anderen Deutschlands". Wie dessen Vertreter schon seinerzeit Widerstand
gegen Hitler geleistet hatten, weil der „Führer" letztlich die „wahren deutschen Interessen" verraten habe, gehe es heute darum, die Herrschaft der
„Altparteien" zu beenden und die deutsche Nation aus der Unterwerfung
unter Merkels „Kanzlerdiktatur" zu befreien. Der geschmacklose Slogan
„Sophie Scholl hätte AfD gewählt", mit dem ein Kreisverband der Alternativen Anfang 2017 auf seiner Facebook-Seite für Aufregung sorgte, war
kein Ausrutscher, sondern passgenauer Ausdruck dieser neurechten Wider-
standsrhetorik.

Jenseits der taktischen Aktualisierung und pragmatischen Anreicherung
alter Positionen haben Pegida, AfD und Identitäre Bewegung inzwischen
auch neue Organisations- und Kommunikationsformen etabliert, über die
sich breitere und vor allem junge Bevölkerungsschichten erreichen lassen.
Schon seit den 70ern versucht die Neue Rechte, theoretisch und praktisch
von der politisch-kulturell durchschlagskräftigeren Neuen Linken zu lernen,
die freilich zugleich ihr ideologischer Hauptgegner bleibt. Das findet seinen Ausdruck etwa in dem auf jugendlichen Nonkonformismus getrimmten
Aktionismus der Identitären Bewegung oder in der seit 2016 von der AfD kul-
tivierten Strategie der „sorgfältig geplanten Provokationen",[3] die politische
Gegner zu unüberlegten Reaktionen verleiten und damit das fundamental-
oppositionelle Parteiprofil schärfen sollen.

So bezieht sich das heutige Spektrum neurechter Aktivitäten eben nicht
mehr nur auf den politischen Raum, sondern auf sämtliche Felder des gesellschaftlichen Lebens – und greift dabei auf Formen zurück, die einst vor allem
linke Gruppen nutzten: Störung öffentlicher Veranstaltungen, Besetzung

---

3   Zit. nach Andreas Wirsching, Weimar mahnt zur Wachsamkeit. Eine Bilanz, in: Wirsching/Kohler/
    Wilhelm (Hg.), Weimarer Verhältnisse?, a.a.O., S. 105-116, hier S. 110.

prominenter Orte, Kultivierung soziokultureller Alltagsangebote, die eng an lokale, oft ländliche Akteure und Gemeinschaften gebunden sind, bis hin zu eigenen populärkulturellen Milieus samt Merchandising für Musik, Mode und Kitsch. Zum Preis von 2,50 Euro kann der neurechte Bürger von heute seine Einkäufe in einen ökologisch einwandfreien Stoffbeutel packen, in Che-Guevara-Optik bedruckt mit dem Konterfei Björn Höckes und dem Slogan „Geht aufrecht".

Wachsendes Engagement für die Republik

Die gute Nachricht ist, dass parallel zum Vordringen des Rechtspopulismus in die Mitte der Gesellschaft genau dort auch das Bedürfnis nach Orientierung, Selbstvergewisserung und demokratischer Standfestigkeit wächst. Der Aufstieg der Rechten hat viele Bürgerinnen und Bürger aktiviert, der rechte Kampf gegen das „System" ein ungekanntes Engagement für die Republik hervorgebracht. Selten zuvor wurden deren Grundlagen und Grundwerte so eindringlich diskutiert wie in den letzten Jahren.

Aber diese Diskussion markiert zugleich eine folgenreiche Veränderung in der politischen Kultur der Bundesrepublik: Zunehmend überschatten kulturelle, weltanschauliche und Identitätsfragen die Auseinandersetzung um immer unschärfer umrissene Sachfragen. Wenn gefühlt das halbe Land im Dauerdebattenmodus darüber streitet, was Patriotismus und wo „Heimat" ist und wer oder was „deutsch", dann hat sich die politische und gesellschaftliche Tektonik bereits deutlich nach rechts verschoben – in Richtung jener altdeutsch-gehämmerten, bis dato eher als vordemokratisch begriffenen semantischen und emotionalen Sphären, in denen lange Zeit nur noch ein paar versprengte Nationalisten hausten.

Aber vielleicht ist alles, was die Renaissance des Patriotismus betrifft, auch nur eine Frage der Dosis. Vielleicht genügt am Ende ein „Patriotismus mit leisen Tönen und gemischten Gefühlen", von dem der Bundespräsident kürzlich sprach, aus Anlass immerhin der Ausrufung der ersten deutschen Demokratie vor hundert Jahren.[4] Das wäre eine treffende Versinnbildlichung, keine Preisgabe jenes „Verfassungspatriotismus", den Dolf Sternberger zum 30. Geburtstag der Bundesrepublik einem „nationalen Patriotismus" gegenüberstellte[5] und den Jürgen Habermas dann weiterdachte: mit dem klaren Plädoyer, die Loyalität der Bürger an Rechtsgarantien und demokratische Verfahren zu binden statt an Herkunft und Schicksal.

Es war kein Zufall, dass Habermas dies um 1990 tat, als sich zwischen Einheitstaumel, Asyldebatte und Vereinigungskrise zum ersten Mal seit Kriegsende eine gesamtdeutsch-nationalistische Stimmung auszubreiten drohte. Auch Habermas riet übrigens zu verhaltenen Tönen, als er später mahnte,

---

4 Frank-Walter Steinmeier, Es lebe unsere Demokratie! Der 9. November 1918 und die deutsche Freiheitsgeschichte, München 2018, S. 39.
5 Vgl. Dolf Sternberger, Verfassungspatriotismus (1979), in: ders., Schriften, Band X, Frankfurt a.M. 1990, S. 13-17; das Zitat aus ders.: Verfassungspatriotismus. Rede bei der 25-Jahr-Feier der „Akademie für Politische Bildung" (1982), in: ebd., S. 17-31, hier S. 20.

mit den „kulturellen Quellen schonend umzugehen, aus denen sich das Normbewusstsein und die Solidarität von Bürgern speisen".[6]

Damals wie heute ermöglicht die Bezugnahme auf Rechtsstaat und Verfahrensloyalität, zumal wenn sie sich mit einem Bekenntnis zu immer wieder neu und kritisch reflektierten Traditionen und Werten verbindet, Gemeinsinn in einer Gesellschaft zu stiften, in der Menschen mit verschiedener Herkunft und mehreren Heimaten leben, die weder an denselben (oder überhaupt an einen) Gott glauben noch dieselbe Lebensweise teilen. Ein solcher ruhig und zugleich emphatisch vertretener Verfassungspatriotismus ermöglicht aber auch eine Haltung, die gegenüber antidemokratischen Herausforderungen standfest bleibt.

Die große Hilfsbereitschaft gegenüber den Geflüchteten, die Deutschland seit dem Sommer 2015 gezeigt hat, ist trotz aller Bemühungen der Rechten und mancher, auch schwerwiegender Widrigkeiten nicht versiegt. Die in Jahrzehnten gewachsene Wertschätzung des Grundgesetzes vermag einen gelebten Humanismus zu begründen, den nach wie vor eine Mehrheit der Bundesbürger als identitätsbestimmend empfindet. Nicht Schicksalsbeschwörung, sondern eine solidarische, an der Lösung von Problemen orientierte Praxis schafft gesellschaftlichen Zusammenhalt. Diese Einsicht lohnt es zu verteidigen.

6   Jürgen Habermas, Vorpolitische Grundlagen des demokratischen Rechtsstaates?, in: ders., Zwischen Naturalismus und Religion. Philosophische Aufsätze, Frankfurt a.M. 2009, S. 106-118, hier S. 116.

It's the identity, stupid!

Wie sich der anhaltende Erfolg der AfD erklären lässt

Von **Johannes Hillje**

Nachdem die AfD bei der Landtagswahl am 9. Oktober 2022 in Niedersachsen mit 10,9 Prozent trotz eines hoch zerstrittenen Landesverbandes ein bemerkenswertes Comeback nach einer Reihe von Wahlniederlagen feiern konnte, wurde erneut jene äußerst irreführende Frage diskutiert, die wir seit dem Einzug der Rechtspopulisten in das deutsche Parteiensystem kennen: Wird die AfD aus Überzeugung oder doch nur aus Protest gewählt?

Das Fatale daran: Die Zahlen, die dazu in der einschlägigen Wahlberichterstattung verabreicht werden, entfalten auf anfänglich schockierte Demokratinnen und Demokraten regelmäßig eine höchst beruhigende Wirkung. So auch nach der Niedersachsen-Wahl: Ein entsprechendes Balkendiagramm wies aus, dass nur 38 Prozent der AfD-Wählenden ihre Entscheidung aus Überzeugung getroffen hätten, aber 53 Prozent aus Enttäuschung über die anderen Parteien. Die „tageszeitung" ging sogar so weit, diese Zahlen erleichtert einen „positiven Fakt" des niedersächsischen Wahlergebnisses zu nennen.[1] Doch das äußerst Suggestive dieser Daten ist nicht mehr als ein trügerischer Placeboeffekt. Die Zahlen vermitteln den Eindruck, dass die AfD-Wählenden nur ein Problem mit der Performance der demokratischen Parteien hätten. Man könnte daraus schlussfolgern, dass die anderen Parteien einfach nur eine bessere Politik machten müssten, um die Rechtsradikalen kleinzuhalten und Wähler zurückzugewinnen. Die Wirklichkeit ist jedoch leider deutlich ungemütlicher: Denn AfD-Wähler sind treue Wähler.

Eine Studie der Konrad-Adenauer-Stiftung hat gezeigt, dass die AfD über den größten Anteil von Anhängern mit stabiler Parteibindung verfügt.[2] Für knapp die Hälfte kommt keine andere Partei infrage. Bei allen anderen Parteien besteht die Anhängerschaft mittlerweile zu rund drei Viertel aus Wechselbereiten. Wer AfD wählt, ist für andere Parteien erst einmal nicht mehr zu erreichen. Denn bei der AfD ist der Protest das Programm, genauso wie die Delegitimierung der Demokratie zur Identität der Partei gehört. Man könnte auch sagen: Der Protest ist die Überzeugung. Diese beiden Faktoren demoskopisch voneinander zu trennen, führt politisch in die Irre.

1 Gareth Joswick, Es rechtsruckt wieder, www.taz.de, 10.10.2022.
2 Viola Neu und Sabine Pokorny, Vermessung der Wählerschaft vor der Bundestagswahl 2021, Konrad-Adenauer-Stiftung, www.kas.de, 19.7.2021.

Das Politikangebot der AfD ist in erster Linie ein Identitätsangebot. Das binäre Denken in *Ingroup* („Wir") und *Outgroups* („die anderen"), in Freund und Feind, ist konstitutiv für die eigene Weltanschauung. Wie intensiv die AfD mittels In- und Exklusion eine kollektive Identität unter ihrer Anhängerschaft konstruieren will, offenbart sich auf ihrem Facebook-Kanal, dem eigenen Massenmedium der Partei. Eine quantitative und qualitative Textanalyse des Autors von 1175 Facebook-Posts der AfD-Bundespartei aus der Legislaturperiode 2017 bis 2021 hat ergeben, dass die Botschaften der Partei sehr stark von Identitätspolitik geprägt sind: In über 75 Prozent der Posts konstruiert die AfD eine kollektive Identität und versucht damit ein Gemeinschaftsgefühl unter den Anhängern zu erzeugen. Die qualitative Ausgestaltung dieser Identität ist für den aktuellen Aufstieg der AfD in der kriegsgetriebenen Wirtschafts- und Energiekrise von hohem Informationswert: Die AfD konstruiert eine Doppelidentität, sie versteht sich und ihr Umfeld als Opfer und Retter zugleich.

Zentraler Konfliktgegenstand sind dabei jedoch nicht etwa ökonomische oder soziale Fragen, sondern kulturelle Themen, konkreter: ein Lebensstil, den sie zum „kulturtypischen" deutschen, nahezu naturgesetzlich verbrieften Lebensstil erhebt. Dieser Umstand war schon vor realer Inflation und drohender Rezession bemerkenswert, schließlich ist eine wichtige Gemeinsamkeit der AfD-Wählerschaft die sozioökonomische Abstiegsangst aus der Mittelschicht. Aber die AfD deutet die gegenwärtige Energie- und Wirtschaftskrise zu einer Identitätskrise um. Statt Klassenkampf führt sie Kulturkampf. Statt Entlastung von Preissteigerungen bietet sie Entlastung von Veränderungsdruck. Die kurzfristige Krisen- und die langfristige Transformationspolitik der Bundesregierung deutet sie als Angriff auf ihren Lebensstil statt als Folge des Angriffs Russlands auf die Ukraine oder der Klimakrise.

Zwar bewirtschaftet die AfD ihre kulturelle Identität als völkisch-nationalistische Kraft auch über Kategorien wie Ethnie, Herkunft oder Religion, ebenso steht aber ihre Vorstellung vom „normalen Leben" im Zentrum des Selbstverständnisses. Diese „Normalität" macht sie an alltäglichen Dingen wie Mobilität, Ernährung, Kleidung oder Freizeitgestaltung fest. Also jene Bereiche des eigenen Lebens, die direkt von der Inflation betroffen sind.

Die AfD zieht die Grenze zwischen den Insidern, die einen „typisch deutschen" Lebensstil pflegen, und jenen Outsidern, die sich angeblich davon entfremdet hätten, mitten durch die Gesellschaft: Bei der Ernährung wird die Trennlinie zwischen Fleisch und Vegan gezogen, bei der Mobilität zwischen Diesel und E-Auto, bei der Urlaubsplanung zwischen Billigflug und Nichtflug. Die Outsider gelten als Verräter der eigenen Kultur, und dazu zählt die AfD die politischen Eliten genauso wie zivilgesellschaftliche Gruppen, beispielsweise Fridays for Future.

Schließlich ist der materielle Treibstoff ihrer kulturellen Identität billige fossile Energie. Die Öffnung von Nord Stream 2 ist daher als Hauptforderung der AfD konsistent und hat eine zweifache Funktion: Erstens werden mit der Kulturalisierung ökonomischer Themen die Verunsicherten von Veränderungsdruck entlastet, ein Angebot, das auch für viele Westdeutsche attraktiv zu sein scheint. Zweitens kommen Putin-Fans, die in Ostdeutschlander zahlreicher sind, auf ihre Kosten. Für beide gilt: Die Pipeline ist das Versprechen von Identitätswahrung. Das ist in Umbruchszeiten ein nicht zu unterschätzendes Angebot. So notierte kürzlich der Soziologe Andreas Reckwitz zu den gegenwärtigen Verlustängsten: „Verluste sind schmerzhaft, wenn das, was man verliert, ein wichtiger Teil der eigenen Identität war."[3] Und weiter: „Der Abschied von Automobil, Fernurlaub und fleischlicher Ernährung fällt auch deshalb schwer, weil sie für den Lebensstil der traditionellen Mittelklasse identitätsstiftend wirken."

»Russland als natürlicher Partner unserer Lebensweise« (Björn Höcke)

Es überrascht daher nicht, dass Björn Höcke in Putins Russland den „natürlichen Partner unserer Lebensweise" sieht, wie er in seiner Rede zum Tag der Deutschen Einheit am 3. Oktober 2022 in Gera bekannte. Der Freund im Kreml hat ja nicht nur das benötigte Gas, sondern passenderweise auch die gleichen illiberalen Ansichten zu LGBTIQ-Rechten oder Pressefreiheit. Die Bundesregierung wird hingegen in der Erzählung der AfD zum „internen Outsider" erklärt und somit als Feind im Inneren markiert. Mit ihrer Dekarbonisierungsagenda ist sie der „natürliche Gegner" dieser Lebensweise.

Hier zeigt sich auch eine neue Flexibilität der heutigen Identitätspolitik der AfD: In der Migrationspolitik geht die radikale Rechte gegen jeden von außen vor. In der Energiekrise kommt der Freund von außen, der Feind sitzt im Inneren. Mit dem positiven Selbstverständnis, „Retterin" zu sein, schafft die AfD hingegen einen emotionalen Heldenmythos für sich und ihre Basis. Man erhebt sich zum tatkräftigen Bollwerk gegen den kulturellen Untergang, zur einzigen Kraft für die Überwindung der krisenhaften Gegenwart und zur letzten Chance auf einen positiven Ausgang der Geschichte. Diese Zukunftsperspektive skizziert die AfD als einen soziokulturellen Zustand der Gesellschaft, der durch eine ethnisch homogene Zusammensetzung sowie einen vorherrschenden Lebensstil – siehe oben: Diesel, Schnitzel, Billigflug – gekennzeichnet ist. Dieser kulturelle Kampf um das „normale Leben" ist flexibel bzw. willkürlich auf sämtliche Themenfelder anwendbar und macht die Partei auch in dieser Hinsicht unabhängiger von ihren einstigen Mobilisierungsthemen wie Migration oder Euro-Politik. Und es befreit die AfD von einem sachpolitischen Angebot, mit dem sie auch in dieser Krise nicht aufwarten kann. So stark die AfD in den Umfragen ist, so schwach sind ihre Kompetenzwerte in den krisenrelevanten Politikfeldern. Ob bei sozialer Gerechtigkeit, Wirtschaft oder Energie, der AfD werden in der Sachpolitik selbst von den eigenen Wählern kaum Lösungen zugetraut. Würde bei Wahlen nach Kompetenzwerten entschieden werden, käme die Partei kaum über die Fünfprozenthürde.[4]

---

3 Andreas Reckwitz, Alles wird besser, alles wird mehr? Das war einmal, in: „Der Spiegel", 38/2022, 18.9.2022.
4 Infratest dimap, ARD-DeutschlandTREND, September 2022, www.infratest-dimap.de.

Um Sachkompetenz geht es also gar nicht. Aber um ein Identifikationsange-
bot. Eine der wichtigsten Zutaten für das Gemeinschaftsgefühl der AfD sind
Emotionen. Auch dazu gibt es interessante Analysedaten aus der Facebook-
Kommunikation der Partei: Im Durchschnitt enthält jede „Wir"-Botschaft
mehr als einen emotionalen Trigger. Anders als oftmals angenommen, handelt es sich dabei nicht nur um negative Affekte wie Empörung oder Angst.
Positive und negative Emotionen kommen in gleichem Verhältnis vor. Überlegenheit, moralische Aufrichtigkeit, Mut und Machertum sind von der AfD
häufig eingesetzte positive Gefühle. Die Facebook-Seite der AfD ist somit
keinesfalls allein eine „Wutmaschine". Die selbstbewussten und optimistischen Zuschreibungen erzeugen eine Selbstheroisierung, die wiederum der
Selbstaufwertung des individuellen AfD-Unterstützers dient. Ohne dieses
positive Gruppengefühl und die hoffnungsvolle Zukunftsperspektive würde
der AfD keine nachhaltige Mobilisierung gelingen. Die Beschreibung einer
düsteren Gegenwart, verursacht von inneren und äußeren Feinden, mag
kurzfristig Affekte und Aufmerksamkeit generieren, eine langfristige Bindung der Wählerinnen und Wähler ist jedoch auf eine hoffnungsvolle Botschaft angewiesen, auf eine Brücke von der Krise im Heute zur Erlösung im
Morgen. „Deutschland zuerst" und „Deutschland, aber normal" sind die Ver-
dichtungen dieses Angebots. Normalität als Identität.

Der Haken an der Sache: Es ist eine bloße Scheinnormalität, deren Ansteu-
erung in der Realität von Krieg und Klima allenthalben krisenverschärfend
wirken würde. Der Deutschland-zuerst-Kurs ist damit in Wahrheit ein Krise-
für-immer-Kurs.

Das intensive *identity building* in der Kommunikation der AfD erklärt sich
letztlich nicht nur durch deren identitären Wesenskern, sondern auch durch
ihre Funktion für die Etablierung der Partei. Traditionell sind Parteien durch
ihre Verbindung zu einem bestimmten sozialen Milieu entstanden: SPD und
Arbeiterklasse, CDU und Katholiken, auch den Grünen half das einende
Band zur Umweltbewegung. Die gesellschaftliche Verankerung und somit
auch politische Mobilisierungsfähigkeit von Parteien gründeten lange Zeit
auf einem Gemeinschaftsgefühl zwischen ihnen und bestimmten sozialen
Gruppen. Längst aber sind die klassischen sozialen Milieus zerbröselt und
Parteien gesellschaftlich verwundbar geworden, weil die Quellen für große
Stammwählerschaften versiegten. Der Aufstieg der AfD ist in Teilen auch
damit zu erklären, dass sie auf diese Entwicklung von Beginn an eine zeitge-
mäße Antwort gefunden hat: Nicht das soziale Milieu, sondern die sozialen
Medien sind der Ort der Identitätsbildung. Wenn der Winter kalt wird, bleibt
es zumindest in der eigenen Echokammer kuschelig warm.

Spätestens an dieser Stelle muss eingewendet werden: Mit Identität kann
man weder heizen noch den Kühlschrank füllen. Die unbedingte Frage lautet also: Warum kann die AfD trotzdem von der gegenwärtigen Krise profitieren?

Diese Frage ist auch deshalb so relevant, weil die AfD nicht einfach nur
das vorhandene, oben beschriebene Potenzial stärker mobilisiert als zuvor,
sondern in den letzten Monaten ihr Wählerpotenzial sogar vergrößert hat.

Daten des Meinungsforschungsinstituts Insa zeigen, dass die AfD ihr Potenzial – also den Wähleranteil, der sich grundsätzlich vorstellen kann, die Partei zu wählen –, innerhalb dieses Jahres um zehn Prozentpunkte gesteigert hat.[5] Wohlgemerkt, als eine Partei, die der Verfassungsschutz als rechtsextremen Verdachtsfall beobachtet.

Die Causa Wagenknecht und das Versagen der Linken

Für die Erklärung des AfD-Erfolgs konkurrieren bis heute eine sozioökonomisch angelegte „Modernisierungsverlierer-These" und eine soziokulturell begründete „Cultural-Backlash-These".[6] Am plausibelsten erscheint jedoch ein Mittelweg: Kulturelle Konflikte stehen zwar im Vordergrund, schließlich überwiegen auch in der Programmatik der AfD die kulturellen gegenüber den sozioökonomischen Positionen. Allerdings dienen solche Positionen eben auch dazu, ökonomische Verteilungskonflikte kulturell aufzuladen und somit stärker zu emotionalisieren. So ging es etwa in der Migrationsthematik niemals ausschließlich um die angebliche Bedrohung der kulturellen Identität, sondern auch um eine steigende Konkurrenz um materielle Ressourcen. Günstige Bedingungen entstehen für die Kulturalisierung sozioökonomischer Fragen, wenn andere Parteien die verteilungsbezogene Konfliktdimension vernachlässigen. Womit wir zurück in der Gegenwart wären: In der heutigen Krise muss nicht imaginiert werden, dass irgendwer von außen irgendwem im Inneren etwas wegnehmen könnte. Längst ist für die allermeisten real wahrnehmbar, dass im Portemonnaie etwas fehlt. Knapp die Hälfte der Deutschen geht laut der Forschungsgruppe Wahlen davon aus, dass es im nächsten Jahr noch schlechter um ihre persönliche Wirtschaftslage bestellt sein wird.[7] Im Jahresbericht des Ostbeauftragten der Bundesregierung war Ende September zu lesen, dass weniger als ein Viertel der Ostdeutschen mit der sozialen Gerechtigkeit im Land zufrieden ist.[8] In Westdeutschland ist der Wert mit knapp einem Drittel der Bevölkerung kaum erfreulicher.

Nach der soziokulturellen Wende erfordern die heutigen Gegebenheiten also eigentlich eine Renaissance der sozioökonomischen Konfliktdimension im Parteienwettbewerb. Allein, es mangelt dem Parteiensystem auf der Angebotsseite, also bei den Parteien, in dieser Frage an Responsivität gegenüber der Nachfrageseite, also bei der Wählerschaft. Das gilt für die sozialdemokratisch geführte Bundesregierung, die etwa die Frage der Ver-

---

5　Insa-Daten gilt es zwar mit Vorsicht zu genießen, aber Forsa kam auf ähnliche Ergebnisse, weshalb sich durchaus ein Trend konstatieren lässt, der eine gesteigerte Anschlussfähigkeit der AfD anzeigt.

6　Westeuropäische Parteiensysteme werden meist mit einem zweidimensionalen Modell beschrieben, das aus einer verteilungsbezogenen (sozioökonomischen) und einer wertebezogenen (soziokulturellen) Konfliktdimension besteht. Lange Zeit galt die sozioökonomische Dimension als die entscheidende. In den 1980er Jahren vollzog sich dann mit dem Aufstieg der Grünen eine erste kulturelle Wende. Die AfD-Erfolge werden teilweise als zweite Etappe dieses „cultural turn" gewertet.

7　Forschungsgruppe Wahlen, Politbarometer Oktober 2022, www.forschungsgruppe.de.

8　Beauftragter der Bundesregierung für Ostdeutschland, Ostdeutschland. Ein neuer Blick, Jahresbericht 2022, www.bundesregierung.de.

mögenssteuer auch nach der „Zeitenwende" weiterhin in die Bannmeile der Koalition abschiebt, genauso wie für die Opposition. Die Konservativen, die in sozioökonomischen Fragen traditionell zum Pol der Marktfreiheit tendieren, scheinen in Person der CDU- und CSU-Vorsitzenden lieber Kulturkämpfe um vermeintliche *Cancel Culture* und *Wokeness* zu befeuern und dabei kaum zu merken, wie sie damit eine zentrale Argumentationsgrundlage der radikalen Rechten legitimieren.

Besonders schwer wiegt aber das Versäumnis der linken Opposition, wenn man von einer solchen in Deutschland überhaupt noch sprechen kann. So sehr die Linkspartei der verteilungsbezogenen Konfliktdimension historisch entsprungen ist, so wenig trägt sie vernehmbare Antworten auf die gegenwärtigen Gerechtigkeitsfragen bei. Im Gegenteil: Interne Zerfleischung, programmatische Orientierungslosigkeit und zweifelhafte Nähe zu Putin verhindern die Austragung sachpolitischer Debatten, die etwa mit den Themen Wohnen, Altersarmut, Mobilität, Klimagerechtigkeit und ländliche Räume weit mehr als nur die Umverteilung von oben nach unten umfassen müssten. Und als wäre der Schaden durch den Verlust von Deutungshoheit über Gerechtigkeitsfragen nicht schon groß genug, verschiebt Sahra Wagenknecht zusätzlich linke Diskursräume auf das weltanschauliche Terrain der AfD. In ihrem Youtube-Kanal nennt sie die Grünen „die gefährlichste Partei im Bundestag" (und entlastet damit im Umkehrschluss die AfD), entwertet die Energiewende als desindustrialisierendes Untergangsszenario und bezeichnet die Russlandsanktionen als „Wirtschaftskrieg gegen die eigene Bevölkerung".[9] Man kann Wagenknecht im Vergleich zu vielen anderen Politikerinnen und Politikern des Landes nicht vorwerfen, dass sie nicht in die Echokammer der AfD durchdränge. Mit jeweils über einer halben Million Abonnierenden ist ihr Publikum auf Facebook und Youtube nicht nur größer als jenes der AfD, man kann auch davon ausgehen, dass es viele Überschneidungen zwischen diesen Communities gibt. Dafür spricht nicht zuletzt, dass Wagenknecht auf rechten Demos wie ein Popstar gefeiert wird. Diesen Status könnte sie durchaus zur Unterbreitung eines Gegenangebots nutzen, stattdessen verstärkt sie Erzählungen der AfD und wird damit für die extrem Rechte zu einer Kronzeugin aus den Reihen der Etablierten – mit fatalen Folgen auch für die Linke. Denn während die AfD im Jahresverlauf 2022 in den Umfragen von zehn auf 15 Prozent zugelegt hat und somit als Krisengewinnerin gelten kann, schaffte es die Linkspartei kaum über die Fünfprozentmarke. Kurzum: Die Schwäche der linken Verteilungspolitik ist die Stärke der rechten Identitätspolitik. Der AfD gelingt die Kulturalisierung ökonomischer Themen, weil es an einer Materialisierung sozialer Fragen mangelt. Um daran etwas grundlegend zu ändern, helfen sicher keine linken Rezepte von gestern. Kulturelle Veränderungen dürfen nicht ignoriert werden, sondern sollten mit auf das sozioökonomische Feld geholt werden. Nur auf dem Feld der Identitätspolitik gibt es dagegen wenig zu gewinnen, dort wird die AfD immer ihren Heimvorteil erfolgreich ausspielen.

9   Sahra Wagenknecht, Von wegen cool und öko – wie die Grünen Wirtschaft und Natur zerstören, www.youtube.com, 20.10.2022.

Die Politik des Zorns

Wie die Vordenker der Neuen Rechten den Umsturz vorbereiten

Von **Sascha Ruppert-Karakas**

Das TV-Duell im Frühjahr 2024 zwischen dem thüringischen AfD-Chef Björn Höcke und dem CDU-Spitzenkandidaten für die Landtagswahl in Thüringen, Mario Voigt, hat einmal mehr gezeigt: Im Zentrum der medialen Debatte über den sukzessiven Aufstieg der Alternative für Deutschland steht zumeist deren nationalchauvinistisches und rassistisches Profil, nicht selten verbunden mit dem Appell, die inhaltliche Auseinandersetzung mit den Protagonist:innen der Neuen Rechten zu verweigern. So verständlich diese Position als Akt der Empörung gegenüber den grobschlächtigen Provokationen von rechts auch sein mag, so selbstbeschränkend ist dieser Ansatz, wenn es darum geht, jene subversiven Interventionen zu erkennen, die der rechten Revolte vorgeschaltet sind.

Die von Thomas Assheuer in den „Blättern" treffend als „rechte Systemsprenger" bezeichneten Protagonisten verfolgen vorrangig das Ziel, die liberaldemokratische Ordnung der Bundesrepublik Deutschland nachhaltig zu schädigen und letztlich komplett zu demontieren.[1] Wie für autoritäre Militante üblich, kommuniziert die Neue Rechte diese Ziele ganz ungeniert. So postulierte Götz Kubitschek als führender Kopf einer neurechten Avantgarde bereits im Jahr 2007 den deutschen „Vorbürgerkrieg"[2], im Sommer 2023 läutete er dann offen den „geistigen Bürgerkrieg" ein.[3] Trotz seiner zentralen Rolle in der ethnonationalen Radikalisierung der AfD wird Kubitschek in den medialen Debatten äußerst stiefmütterlich behandelt. Dabei ist er Leiter des sogenannten Instituts für Staatspolitik (IfS) – *dem* Think-Tank der Neuen Rechten und ein zentrales Organ der identitären Agitation, das mit der Konzeption von Kampfbegriffen wie der „Remigration" zur Popularität der Bewegung beiträgt.

Abseits dieser Kampfbegriffe versteht sich das IfS als Keimzelle einer geistespolitischen Rüstwerkstatt, die die Rekruten für den Kampf um die Nation ausbildet. Da dieser neben Waffen vor allem einer guten Logistik bedarf, macht sich das IfS schon länger Gedanken über die Bedingungen einer

---

1 Thomas Assheuer, Rechte Systemsprenger: Die Politik mit dem Mythos, in: „Blätter", 1/2023, S. 49-60.
2 Götz Kubitschek, Provokation, Schnellroda 2007.
3 „In Deutschland tobt ein geistiger Bürgerkrieg" – Götz Kubitschek begrüßt 160 Schüler und Studenten, youtube.com, 25.9.2023.

erfolgreichen Revolution. Diese versucht sie mit der sogenannten Metapolitik zu schaffen. Der sperrige polittheoretische Begriff steht für die Einflussnahme auf das kulturelle Fundament des Staatswesens, durch die sich die Institutionen der liberalen Demokratie überhaupt erst konstituieren.[4] Was an dieser Stelle noch recht abstrakt klingt, wurde in den letzten Jahren durch die Publikationen der hauseigenen Verlagsorgane des IfS zu einer Art theoriegeleiteten Praxis mentaler Pionierarbeit, mit der jenes Schlachtfeld ausgelotet werden soll, auf dem die Neue Rechte zu triumphieren gedenkt. Da sich Krieg nur mit jenen führen lässt, die zornig genug sind, die Waffen zu erheben, versteht die Neue Rechte Metapolitik vor allem als eine Strategie der Wahrnehmungsbeeinflussung, mit der emotionalisierte „Widerstandsformen gegen das System in ihrer ganzen Vielfalt und Breite" generiert werden können.[5] Um den Erfolg der Metapolitik als sozialpsychologische Subversionsstrategie der AfD greifbar zu machen, lohnt ein genauerer Blick auf das synergetische Wirken von Martin Sellner, dem Frontmann der Identitären Bewegung, und Maximilian Krah, dem EU-Spitzenkandidaten der AfD. Als Publikationstandem haben beide 2023 maßgeblich die neurechte „Reconquista" ausdefiniert.

Martin Sellner: Die rechte Metapolitik in der Praxis

Jenseits seiner durch die Correctiv-Recherche bekanntgewordenen Funktion als Sprachrohr der Idee von der Deportation von Millionen von Menschen mit Migrationsgeschichte aus Deutschland versucht Martin Sellner in seinem Werk „Regime Change von rechts" den abstrakten Begriff der Metapolitik in eine greifbare Praxis zu überführen. Angereichert mit ziemlichem leninistischen Pathos verspricht das 2023 im Antaios-Verlag erschienene Buch eine Revolutionstheorie für eine rechte Agitation, die sich dem Hauptziel verschreibt, „ethnokulturelle Identität" in einem Umfeld des „Bevölkerungsaustauschs" sicherzustellen.[6] Obwohl Sellner seinem Buch damit eine konkrete Vision zugrunde legt, offenbart die Lektüre, dass es vielmehr der Weg selbst ist, der hier zum Ziel gemacht wird. Im Sinne der Kriegslust seines Mentors Götz Kubitschek plädiert Sellner nämlich vor allem für eine neue Flexibilität rechter Mobilisierung, die darauf ausgerichtet ist, breite Massen von einem antiliberalen Denken zu überzeugen.

Was der französische Gedankenvater einer neuen antiliberalen Querfrontstrategie, Alain de Benoist, unter einer von linken Theorien beeinflussten Kulturrevolution von rechts propagierte, findet mit Martin Sellners Systemanalyse eine beispiellose Konkretisierung. Unter Verweis auf polittheoretische Schwergewichte des linken Lagers wie Louis Althusser oder Antonio Gramsci führt Sellner aus, dass Staatsmacht nicht einfach die Summe der

4   Thor von Waldstein, Metapolitik: Theorie – Lage – Aktion, Schnellroda 2015.
5   Helmut Kellersohn, „Es geht um Einfluss auf die Köpfe" – Das Institut für Staatspolitik, bpb.de, 7.7.2016.
6   Martin Sellner, Regime Change von rechts: Eine strategische Skizze, Schnellroda 2023.

gegebenen politischen Institutionen ist, sondern das System durch den sogenannten ideologischen Staatsapparat angetrieben wird (S. 33). Explizit meint
Sellner damit eine konspirative Macht über „das gesellschaftliche Klima",
die außerhalb der regulären politischen Institutionen maßgeblich Einfluss
auf die Politik nimmt und die die tatsächliche Möglichkeit der demokratischen Partizipation auf eine „Demokratiesimulation" reduzieren würde.
Systemische Eckpfeiler der herrschenden Politik seien nämlich nicht Exekutive und Judikative, sondern „die Massenmedien, die Schule, die Universitäten, die Kirchen, Gewerkschaften und die Unterhaltungsindustrie", die „alle
Mechanismen zur Desinformation, Meinungskontrolle, Sedierung und mentalen Steuerung des Wahlvolks" kontrollieren würden (S. 35).

Eingebettet in einen vermeintlichen historischen Schuldkomplex rund um
den Holocaust bewirke der ideologische Staatsapparat die Gleichschaltung
eines Großteils der deutschen Gesellschaft, die durch das ständige Taktieren
der Meinungsmacher „objektiv bereits sehr weit nach links gerückt" worden sei (S. 36). Den Beweis für diese geistige Kontrolle sieht der Autor durch
eine Vielzahl nichtstaatlicher Repressalien gegen rechtes Gedankengut
erbracht, die sich in sozialen und wirtschaftlichen Maßnahmen bis hin zur
Gewalt „linker Terroristen" äußern würden (S. 38-41). Daneben komme der
„sanfte Totalitarismus" jedoch auch in konkreten Staatsakten zum Ausdruck
(S. 38), etwa in Polizeiaktionen gegen aktivistische Organisationen und Individuen, in juristischen Verfahren gegen Meinungsdelikte oder in Gesetzes-
entwürfen zur Stärkung der Zivilgesellschaft gegen rechts.

Ein neuer Weg für die Neue Rechte

Maßgebliches Ziel des Agierens inoffizieller und offizieller Funktionäre des
herrschenden Systems sei es laut Sellner, rechten Mehrheiten, die auf lega-
lem Weg über den Parlamentarismus eine Veränderung innerhalb der politischen Institutionen zu erreichen suchten, Fußfesseln anzulegen. In defätisti-
scher Weitsicht antizipiert Sellner, dass auf einen rechten Wahlsieg „die linke
Metapolitik in den Blockademodus" treten und wie ein „tiefer Staat" „Legitimität" verweigern, „Autorität" untergraben und damit als Speerspitze eines
dem liberaldemokratischen System zugrundeliegenden totalitären Wesens
fungieren würde (S. 47). Die landesweiten Proteste gegen rechts in Reaktion
auf das von der Rechercheplattform Correctiv aufgedeckte Treffen in Potsdam betrachtet Sellner als Beleg für das von ihm beschriebene konspirative
Kontrollsystem.[7]

Da neben der Militanz der altrechten Bewegungen nun auch die parlamentarischen Bemühungen ungeeignet seien, einen Wandel des Systems
herbeizuführen, plädiert Sellner für einen neuen Weg. Im Rahmen der sogenannten Reconquista soll ein sukzessiver Aufbau von „meta-politischen Ressourcen" generiert werden, die einen sozialen Wandel nach rechts ermög-

---

7   Martin Sellner, Repression? Fünf Mal „Danke" an Ministerin Faeser, sezession.de, 21.2.2024.

lichen (S. 154). Sellner nimmt sich dabei den Erfolg der 68er-Generation zum Vorbild, welche er als nichtmilitante Pioniere einer geistigen Unterwanderung der politischen Verhältnisse ansieht. Unter der Reconquista von rechts versteht er entsprechend die Etablierung gesellschaftlicher Macht außerhalb des parlamentarischen Betriebs, und zwar als „Ergebnis einer neurechten Weltanschauung in Verbindung mit marxistischer Systemanalyse und Revolutionstheorie sowie progressiv-links-liberaler Praxis" (S. 158).

Dabei gehe es darum, die „kulturelle Lufthoheit über die Köpfe und Herzen der Menschen" zu gewinnen, indem der Bevölkerung der Zustand ihrer selbstverschuldeten Unmündigkeit im liberalen System klargemacht werde (S. 160). Indem liberale Geltungsansprüche gezielt infrage gestellt würden, soll die Deutungshoheit über die soziale Realität ins rechte Lager übergehen und die herrschende Klasse zu einer Anpassung ihrer Politik an rechte Ziele gezwungen werden. Als notwendigen Multiplikator, um dieses Etappenziel zu erreichen, sieht Sellner die „anschlussfähige Provokation" an, mit der ein sukzessiver Tabubruch liberaler Standpunkte erfolgen soll „und die Normalisierung der verfemten Tat oder des verbotenen Begriffs" erreicht werden könne (S. 166).

Die anschlussfähige Provokation funktioniert dabei primär darüber, dass gesellschaftliche Probleme und soziale Umstände dahingehend übertrieben werden, dass nur eine an radikale Agitation grenzende Antwort als einzig rationale Antwort erscheint. Ergebnis dieser Intervention soll die Diskursverschiebung zugunsten rechter Positionen sein, wobei neben der Etablierung von Begriffen wie „Remigration" oder „Bevölkerungsaustausch" auch ein Wandel der Denkstrukturen bewirkt werden soll. Die psychologische Kriegsführung der Neuen Rechten setzt darauf, „ein Bewusstsein für die herrschende Diktatur" zu generieren (S. 190), womit neben der bestehenden rechten Bewegung vor allem die allgemeine Bevölkerung mobilisiert werden soll. Da zur Mobilisierung der Gesellschaft eine zunehmende „materielle Verschärfung der Lage, das Bestehen von Krisen und Fehlern der machthabenden Elite" nötig seien (S. 191), setzt Sellner nicht auf eine positive Vision identitärer Gesellschaftsformation, sondern einzig und allein auf die möglichst negative Wahrnehmung der gegebenen Realitäten. Ziel dabei ist es, die Empfänger der Erzählung in einen Zustand wutentbrannter Empörung zu versetzen und damit von der Illegitimität gegebener sozialer Institutionen zu überzeugen.

Um diese geistige Verschärfung innerhalb der Gesellschaft zu erreichen, plädiert Sellner für eine Flexibilität rechten Denkens, um durch Pluralität im eigenen Lager anschlussfähig an eine breite Masse der Bevölkerung zu werden. Überzeugt von dem Mehrwert, den die Adaption linker Theorien bisher für die Ziele der rechten Bewegung hatte, sucht Sellner nach einem antiliberalen Konsens und damit nach Schnittmengen mit anderen politischen Lagern. Als Instrument zur Identifikation dieser Schnittmengen dient ihm die gezielte „Kampagne", die Sellner als die „Königsdisziplin der Meta-Politik" bezeichnet (S. 232). Gemeint ist damit eine narrative Intervention, die selbst Themen setzt, „um Solidarität und Akzeptanz der Bewegung rechts der Mitte bis in konservative, libertäre und sozialistische Zusammenhänge" zu über-prüfen und damit neue Zielgruppen für den Widerstand zu gewinnen (S. 242).

Maximilian Krahs antiliberales Manifest

Um sich eine Vorstellung davon zu machen, wie die von Sellner geforderte metapolitische Kampagne ausgestaltet werden kann, lohnt ein Blick in das 2023 erschienene Buch des EU-Spitzenkandidaten der AfD, Maximilian Krah. Im Sinne der Reconquista als anschlussfähige Wendebewegung einer breiten Masse beinhaltet Krahs Buch eine Systemdiagnose, deren Adressatenkreis weit über das traditionelle rechte Publikum hinausgeht. Dabei soll einer negativen Wahrnehmung der politischen Realitäten in der Bundesrepublik zur Durchsetzung verholfen werden, mit dem Ziel, die Gesellschaft weg von der überwiegend sachlichen Deliberation des liberalen Politikstils hin zu stärker affektgeladenen Formen der Entscheidungsfindung zu lenken.

Krah offenbart diese Intention vor allem durch die Betonung des populistischen Wesens der AfD, deren Erfolgsmodell seit jeher darauf ausgerichtet sei, „Menschen über die Ablehnung einer Entwicklung zu mobilisieren, statt über die Zustimmung zu einer positiven Aussage".[8] Beflügelt von diesem Erfolg einer Kritik um der Kritik willen setzt sich Krah in seinem Manifest das Ziel, mit der gleichen Taktik ein maximal anschlussfähiges Frustrationsidentifikationsangebot zu politischen und sozialen Verhältnissen zu konstruieren. Schlüssel dafür soll die von Sellner geforderte metapolitische Delegitimierung der Ordnung sein, und zwar durch eine Gesellschaftsanalyse, die bewusst auf der affektiven Ebene ansetzt. Unter Rückgriff auf eine Vielzahl verkürzter libertärer und sozialistischer Argumentationen gegen das herrschende System sucht Krah dem Individuum das Gefühl zu vermitteln, vom bestehenden Gesellschaftsvertrag hinters Licht geführt worden zu sein. Perfide ist diese Intervention nicht nur deshalb, weil sie sich unter dem Vorwand der ideologischen Offenheit einer breiten Bevölkerung anbiedert, sondern auch, weil sie im Kern explizit auf jene zugeschnitten ist, die sich in fragilen Lebenssituationen befinden.

Krahs Manifest für eine Politik von rechts versteht sich als Versuch, die diffuse Wut all jener zu repräsentieren, die sich von der liberalen Demokratie enttäuscht fühlen. Mit seiner vermeintlichen Ursachenforschung liefert Krah ein emotionales Ventil für das empfundene Unbehagen, ohne jedoch Lösungen für die benannten Probleme anzubieten, die das freigesetzte Übermaß an negativen Gefühlen auffangen könnten. Im Gegenteil. Durch die Verknüpfung aller relevanten Themen und Konfliktlinien des deutschen Politikdiskurses – seien sie kultureller, sozioökonomischer oder internationaler Natur – kultiviert Krah bewusst Zorn und Angst und nährt damit Zweifel an jenen Überzeugungen, die das Fundament des liberaldemokratischen bundesrepublikanischen Systems seit dem Niedergang des Nationalsozialismus bilden.

---

8   Maximilian Krah, Politik von rechts: Ein Manifest, Schnellroda 2023, S. 200-201.

Ausgangspunkt von Krahs Angriff auf das ideologische Fundament des politischen Systems bildet die Kritik an der Herausforderung gelebter Freiheit des Individuums: Diese bestehe darin, dass der bzw. die Einzelne zur Autor:in der eigenen Lebensgeschichte werden müsse. Analog zur Parabel des Großinquisitors in Dostojewskis „Die Brüder Karamasow", der Jesus dafür kritisierte, den Menschen durch das Geschenk der Eigenverantwortung ihr selbstgewähltes Elend zu überlassen, verurteilt Krah die Selbstbestimmung in einer liberalen Ordnung als untragbare Last, die für die meisten Menschen verheerende individuelle und soziale Konsequenzen habe. Die liberalen Unsicherheiten kämen Krah zufolge sowohl in einer sozialen Entkoppelung und Atomisierung der Gesellschaft zum Ausdruck als auch in der Auflösung von kulturellen Strukturen, anhand derer sich Menschen seit Anbeginn der Geschichte zur Gestaltung ihrer Lebenswege orientiert hätten. Indem die liberale Geisteshaltung „natürliche Maßstäbe" verwässere und konkrete Merkmale wie die soziale, kulturelle sowie politische Herkunft als Orientierungspunkt für eine persönliche Entwicklung relativiere, werde einem Großteil der Menschen „die Frage nach dem eigentlichen Ich" untersagt (S. 32).

Die dem Liberalismus zugrundeliegende Vorstellung, dass jeder seinen eigenen Lebenssinn nach Belieben gestalten könne, bleibt Krah zufolge lediglich einer kleinen, reichen Elite vorbehalten, die diese Illusion nutze, um eine sozialdarwinistische Agenda durchzusetzen. Für die übrige Gesellschaft sei die Nachahmung dieses Lebensstils ein Einfallstor für einen selbstgewählten Zustand der Unterwerfung, wobei der gewöhnliche Bürger durch eine Vielzahl unnatürlicher und somit unerfüllbarer Bedürfnisse kontrollierbar gemacht werde. Die im Liberalismus forcierte Reduktion von äußeren Zwängen produziere „eine Generation", die „nicht mehr eindeutig weiß, wer sie ist, und ihre Haltlosigkeit mit Freiheit verwechselt" (S. 35). Diese vom „Wokeismus" gepredigte Haltlosigkeit sei für die individuelle und damit langfristig auch für die gesellschaftliche Entwicklung existenzgefährdend. Identität werde hierbei von einer „Übereinstimmung mit dem, was man ist" zu einem trügerischen Projekt darüber, „was man gerade gern wäre" (S. 37). Das liberale Versprechen von Selbstverwirklichung entpuppt sich laut Krah also als eine Illusion, ja vielmehr als ein facettenreicher Weg in die selbstverursachte Entwürdigung. Indem Krah geschiedene Familien, ein unerfülltes Sexualleben, den fehlenden beruflichen Erfolg oder die Irritation über die moderne Komplexität als verhängnisvolle Konsequenzen des liberalen Freiheitsversprechens beschreibt, ermöglicht er, individuelle Frustration vollständig auf systemische Ursachen zurückzuführen (S. 35-62). Darauf verweisend, dass der „ehrliche Einzelne" in „einer Gesellschaft der Unehrlichen hoffnungslos verloren" sei (S. 54), richtet Krah seine metapolitische Intervention darauf aus, das Vertrauen in die Möglichkeit zur Selbstbestimmung und Eigenverantwortung durch ein Gefühl des Betrogenseins zu ersetzen. Wie Morpheus im Film „Matrix" drängt Krah seinen Rezipienten eine rote Pille über die vermeintlich realen Umstände der liberalen Gesellschaftsordnung auf: Der lange nicht erkannte Zustand des Betrogenwerdens habe die deutsche Bevölkerung zur Sklavin ihrer Illusion von einer Freiheit gemacht, die dem Kontrollverlust der Vielen und der Privilegierung der Wenigen diene.

Das Narrativ von der »betrogenen Gesellschaft«

Im Sinne der Pluralisierung des rechten Denkens als Voraussetzung für den metapolitischen Landgewinn bringt Krah vielfältige systemische Argumentationen gegen die Legitimität des Liberalismus ins Spiel. Analog zu Sellner identifiziert er als Quelle des Betrugs der Gesellschaft das deutsche Geschichtsverständnis, welches durch einen Schuldkomplex gegenüber der gesamten Welt geprägt sei und damit eine „juristisch schwer fassbare Menschenwürde" zur Richtschnur der Politik mache (S. 84). Unter Verweis auf den apodiktischen Nihilismus des Kronjuristen der Nationalsozialisten, Carl Schmitt, der behauptete, dass jeder, „der von der Menschheit spricht", lediglich betrügerische Absichten hege (S. 71), kritisiert Krah die Weltbezogenheit des liberalen Demokratiebegriffs als perfiden Trick jener, die in Wirklichkeit Nutznießer der liberalen Freiheit seien. Der Fetisch von Liberalismus und Menschenwürde habe nämlich zu einer „autoritative[n] Festlegung des globalen Gemeinwohls durch eine Elite" geführt (S. 72), durch die der nach Freiheit strebende Mensch mit einem immer weiter expandierenden Zwangsstaat konfrontiert werde.

In typisch libertärer Manier vor der Tyrannei des „tiefen Staats" warnend, versucht Krah, verschiedene Krisen externen Ursprungs als Produkte elitärer Machenschaften darzustellen. Dabei suggeriert er, die deutsche Politik sei von einer Sphäre des Handelns in einen obrigkeitshörigen Zustand des masochistischen Ertragens partikularer Fetischismen übergegangen. Beispielhaft hierfür seien Masseneinwanderung, Pandemiegesetze und verschiedene Klimaschutzmaßnahmen. Sie dienten als Instrumente eines umfassenden Staatswesens, mittels derer die Freiheit der autochthonen Mehrheit einer raffgierigen Minderheit geopfert werde (S. 83-88). Für Krah stellt die Tragödie des deutschen Falls lediglich einen Aspekt eines umfassenderen Unterdrückungsprogramms dar, in dem die Politik den Partikularinteressen einer wohlhabenden Elite unterworfen werde – ein Prozess, der sich seit dem Ende des Kalten Krieges im Rahmen des ideologischen Prestigeprojekts des „Globalismus" in allen Teilen der Welt ausbreite. Um diese manichäische Argumentation zu bekräftigen, bedient sich Krah Diskursfragmenten einer sozialistischen Kritik, durch die er den Liberalismus im Allgemeinen und den Kapitalismus im Besonderen als imperialistische Herrschaftsmethoden zu entlarven versucht. Nach einer langen Periode der gewinnbringenden Ausbeutung der nichtwestlichen Welt verlange die Expansionslogik des liberalen Globalismus nun danach, die ihr inhärente Profitgier durch die Anwendung kolonialer Praktiken gegenüber der heimischen Bevölkerung zu befriedigen.

Die Profiteure des liberalen Globalismus sind laut Krah die sogenannten *anywheres* (S. 141) – international orientierte, mobile Menschen, die wenig identitäre Zugehörigkeit zu einer nationalen Gemeinschaft verspürten und deren Ausbeutungspläne daher in keinen Loyalitätskonflikt mit dieser gerieten. Personifiziert werde dieser Elitismus der globalen Unterdrückung durch den Multimilliardär Georg Soros und den Vorsitzenden des Weltwirtschaftsforums in Davos, Klaus Schwab. Als Duo Infernale verursachten die beiden maßgeblich weltweite Konflikte und ökonomische Rezession. Während er in Soros den heimlich agierenden Verschwörer eines „Menschenrechtsimperialismus" sieht, der zur „Durchsetzung der linksliberalen, woken Agenda" weltweit Konflikte anheize (S. 124), stehe Klaus Schwab für den „großen Neustart" und die damit einhergehende ökonomische Verarmung der kleinen Leute (S. 123, 132-136). Dass dieser intendierte „Wahnsinn" einer globalen, ausländischen Elite mit einer ausbeuterischen Praxis ihrer Vertreter im Inland verknüpft sei, will Krah anhand des vermeintlich „parasitären Sozialisierungseffekts" des deutschen Sozialstaats verdeutlichen. Obwohl er in althergebrachter rechtsradikaler Manier erwerbslose „Afrikaner:innen" als Ursprung des gesamtgesellschaftlichen Elends ausmacht, wähnt er diese selbst als Opfer einer liberalen Globalherrschaft. Geplagt mit niedrigem IQ und unfähig, sich den sozialen Anforderungen der westeuropäischen Umwelt anzupassen, würden die afrikanischen Migrant:innen durch die Raffgier der Kapitalelite in ein System getrieben, welches um seiner selbst willen funktioniere. Der stetig wachsende Sozialstaat fungiere dabei als Selbstbedienungsladen einer Heerschar von Beamten, deren Aufgabe es sei, die menschlichen Kollateralschäden eines stetigen Flusses billiger Arbeitskräfte in einem ausbeuterischen Markt zu verwalten. Die „vernünftige Mitte" der deutschen Leistungsgesellschaft werde Krah zufolge damit von oben wie von unten durch ein parasitäres Ausbeutungsprinzip angegriffen (S. 153-156).

Krahs offensichtliche Intention dabei ist es, die liberale Gesellschaft als eine Masse von Verlierer:innen darzustellen, die sich in einem Zustand der sozialen Desintegration befände. Während unter den sozial Bedürftigen ein Kampf der Kulturen vorbereitet wird, bei dem die Migrant:innen als Grund für die marginalen Sozialleistungen der autochthonen Deutschen herhalten müssen, dient deren Elend als Projektionsfläche für eine Kanalisierung des Frusts der mittleren Einkommensschichten der Gesellschaft: Letztlich geht es darum, politisches Kapital aus der Reziprozität von Sozialneid nach oben und Wohlfahrtsneid nach unten zu schlagen (S. 211). Krah suggeriert so ein Szenario des sozioökonomischen Überlebenskampfes, mit dem die diffusen Abstiegsängste aller Gesellschaftsschichten bespielt werden können.

Frontalangriff auf das Konkordanzsystem

Wer sich nach all dieser Kritik einen tiefgründigen Gegenentwurf, ja eine rechte Alternative erhofft, wird jedoch weitestgehend enttäuscht. Appelle für eine „Rückbesinnung auf die natürliche Ordnung" und eine Staatskonzeption im Sinne einer „Stärkung der Identität als Einzelner, als Mann und Frau, als Familie, lokale Gemeinschaft" bleiben bloße Worthülsen, die für die

Romantisierung einer nostalgischen Vorstellung von einer *Conservative New World* der 1950er Jahre stehen (S. 88). Dass sich Krah der Konkretisierung eines solchen Gesellschaftsmodells verweigert, erklärt sich indessen aus dem eigentlichen metapolitischen Zweck dieser kulissenhaften Kritik an der vermeintlichen Entfremdung von einer idealisierten Vergangenheit. Als Utopie einer persönlichen Glückseligkeit, die das Individuum von sozialer Komplexität und damit den Herausforderungen einer flexiblen Strebsamkeit erlöst, fungiert sie lediglich als Katalysator für die soziale Wut über die Gegenwart.

Während die diffuse Wut für das Individuum als eine Art Kompensationsmechanismus gegen das subjektive Gefühl der Ohnmacht fungiert, erfüllt sie im politischen Kalkül Krahs einen strategischen Zweck. Da ihm zufolge „der notwendige Umbau" der Ordnung nicht an den Mehrheiten für rechte Politik, sondern vor allem an den „Beharrungskräften der überkommenen Strukturen und der an sie gebundenen Vorstellungen" scheitert (S. 210), müsse man den akkumulierten Zorn kanalisieren, um jene sozialen und individuellen Selbstverständlichkeiten zu demontieren, auf denen die sozialen Interaktionen des liberalen Systems basieren. Die Macht des vermeintlich totalitären Wesens der Bundesrepublik zu brechen, müsse laut Krah damit beginnen, dass sich die Gesellschaft vom herrschenden Diktat einer liberalen Interaktionslogik befreit, welche die Politik dazu verpflichtet, durch inklusive Kommunikation und konsensfähige Entscheidungen Brücken zwischen den verschiedenen gesellschaftlichen Gruppen und Parteien zu schlagen. Durch die Wut soll der Bürger wieder zu jenem „Grundakt der Politik" zurückgeführt werden, der gemäß Carl Schmitt darin besteht, „den Feind zu definieren" und sich damit bewusst von einem universellen Blick auf die Menschheit abzuwenden (S. 205).

Krahs Schrift als Element der von Sellner formulierten rechten Reconquista zu lesen bedeutet, sie als Frontalangriff auf die für eine liberaldemokratische Gesellschaft konstitutive Bereitschaft zur Konkordanz zu verstehen. Vor jeder rechten Programmatik verfolgt Metapolitik eine Rekalibrierung liberaldemokratischer Emotions- und Denkstrukturen auf die Prinzipien von „Selbsterhaltung und Selbstbehauptung", um die Gesellschaft in eine politische Welt der Gegnerschaft zu überführen, in der die rechte Ideologie seit jeher einen Heimvorteil geltend machen kann (ebd.).

Das trojanische Pferd der autoritären Revolte und die Bedingungen der Brandmauer gegen rechts

Dass der von der rechten Reconquista angestrebte lange Weg hin zu einer Politik der Feindschaft offenbar geglückt ist, verdeutlichen abseits des wachsenden Zuspruchs für die AfD deren Erfolge, den politischen Betrieb im Sinne eines geistigen Bürgerkrieges zu gestalten. Die Früchte dieser metapolitischen Kur zeigen sich beispielsweise in den Erkenntnissen der sogenannten Mitte-Studie, die seit mehreren Jahren offenlegt, wie ein stetig wachsender Anteil der Bevölkerung, unabhängig von ihrer politischen

Selbstpositionierung, durch eine gesteigerte Krisenwahrnehmung anfälliger für die Programmatik eines antagonistischen Politikstils wird.[9] Diese Nachfrage nach demokratiegefährdendem Gedankengut spiegelt sich vor allem in einem sich sukzessiv verändernden politischen Angebot in der deutschen Parteienlandschaft wider. Neben diversen populistischen Parteineugründungen mit ähnlichem Profil wie dem der AfD, von Maaßens Werteunion bis Wagenknechts BSW, manifestiert sich diese Demokratiegefährdung auch in den zunehmend antagonistischen Tendenzen zwischen den politischen Akteuren, die seit Jahrzehnten das politische Konsenssystem geprägt haben.

Sowohl der Streit über das Gebäudeenergiegesetz als auch der über die Agrardieselsubventionen und die sogenannten Bauernproteste zeigen, dass die konservative Opposition aus CDU/CSU ohne konkrete Gegenvisionen auf maximale Konfrontation setzt, um das schon von Beginn an konfliktgeplagte Ampelprojekt zum eigenen politischen Vorteil zu delegitimieren. Problematisch ist diese Frontalhaltung vor allem deshalb, weil sie sich inhaltlich mit der Fundamentalkritik der Neuen Rechten vergleicht, diese jedoch unter scheinbar legitimen Prämissen zu verkaufen versucht.[10] Damit legitimiert sie nicht nur spezifische Geisteshaltungen im Sinne einer Diskursverschiebung nach rechts, sondern torpediert ein zukünftiges parlamentarisches Arrangement aller liberaldemokratischen Parteien, welches angesichts von Wahlszenarien wie in Thüringen oder Sachsen immer notwendiger erscheint.

Eine Bedingung für eine Brandmauer gegen rechts wäre dagegen, jenseits des unmissverständlichen Bekenntnisses aller Parteien zum Grundgesetz, dass diese ihr eigenes Politikangebot nicht auf Kosten einer vollständigen Negierung der bestehenden Politik und der ihr inhärenten Begrenzungen formulieren. Letzteres wirkt nicht nur selbstentlarvend und unglaubwürdig, sondern verkennt auch, dass die Gestaltung von Politik im bundesdeutschen System immer auch diverse Pfadabhängigkeiten berücksichtigen muss. Die Akteure des politischen Betriebs sollten sich daher zur politischen Komplexität bekennen und dazu verpflichten, ihre Alternativangebote so zu formulieren, dass damit nicht die Funktionslogik des Konsenssystems infrage gestellt wird. Wenn sich dagegen selbst der Kanzler angesichts der durch die sogenannte Flüchtlingskrise gefühlten Unsicherheiten einen politischen Vorteil davon verspricht, dass er Abschiebungen „im großen Stil" ankündigt, obwohl diese faktisch gar nicht möglich sind, kann dies durchaus als Etappensieg der rechten Bürgerkrieger und ihres Freund-Feind-Denkens interpretiert werden.[11] Demokratie tatsächlich wehrhaft zu machen, erfordert eben nicht nur, ideologische Überzeugungsarbeit für den Wert dieser Ordnung zu leisten, sondern auch und vor allem eben jener Logik der Feindschaft zu widerstehen, die die Grundprinzipien untergräbt, auf denen das liberaldemokratische System gerade basiert.

9   Andreas Zick, Beate Küpper und Nico Mokros, Die distanzierte Mitte: Rechtsextreme und demokratiegefährdende Einstellungen in Deutschland 2022/2023, Bonn 2023.
10 Alisha Mendgen, „Alternative für Deutschland mit Substanz": Merz löst Kopfschütteln in der CDU aus, rnd.de, 21.7.2023.
11 „Wir müssen endlich im großen Stil abschieben", Int. mit Olaf Scholz, in: „Der Spiegel", 21.10.2023.

Der Aufstieg der Mosaik-Rechten

Negative Öffentlichkeit und die prekäre Zukunft der Demokratie

Von **Markus Linden**

Von der Verächtlichmachung demokratisch gewählter Politiker über massive Bedrohungen bis hin zu tätlichen Angriffen im Europawahlkampf: Die Republik erlebt im Wahljahr 2024 Angriffe auf die Demokratie, wie es sie in dieser Breite in ihrer jetzt bereits 75-jährigen Geschichte noch nicht gegeben hat. Immerhin zeugten die Demonstrationen gegen Rechtsextremismus zu Jahresbeginn von einer immensen Besorgnis innerhalb der Bevölkerung. Die offene Manifestation dieser realen Mehrheitsverhältnisse ist begrüßenswert, denn es liegt auf der Hand, dass gerade in Deutschland konsequent auf antidemokratisch-völkisches Denken reagiert werden muss – insbesondere wenn es mehr und mehr regionale Machtpositionen einnimmt, dabei Allianzen mit Teilen der Gesellschaft bildet und sich so schleichend normalisiert.

Trotzdem gibt es auch Kritik am Protest gegen Rechtsaußen. Tatsächlich ist auch die Zivilgesellschaft eine Macht- und Kapitalressource. Bei den Protesten gegen rechts handelt es sich somit auch um einen Selbstvergewisserungsdiskurs, bei dem mitunter solche Akteure exponiert in Erscheinung treten, deren Image selbst zweifelhaft oder ramponiert ist. Dies zu ignorieren wäre naiv und würde dem Anspruch objektiver Betrachtung politischer Prozesse nicht gerecht.

Die Kritik aus rechtspopulistischen Kreisen an den Protesten geht jedoch weit darüber hinaus. Der wortgewaltige Politikwissenschaftler Werner Patzelt, der heute als Forschungsdirektor eines Brüsseler Instituts im Dienst des ungarischen Staates steht, spottet über hilflose „Bußprozessionen", wie sie bei Pestausbrüchen im Mittelalter vorgekommen seien. Dabei sei doch die Wahl der AfD lediglich eine legitime Ausübung des Wahlrechts.[1] Das aufstrebende Webportal Nius.de will sogar herausgefunden haben, dass die Demonstrationen von der Regierung orchestriert seien, um nicht nur die AfD, sondern auch die Union und konservative Anschauungen per se zu schwächen. Es handle sich um eine „klare Taktik der Einschüchterung und Demobilisierung", meint Nius-Chefredakteur und Ex-„Bild"-Chef Julian Reichelt.[2]

---

1 Interview mit WeltTV, welt.de, 22.1.2024.
2 Dokumentation „NIUS Original: Wer wirklich hinter den ‚Demos gegen rechts' steckt", nius.de 24.2.2024, Zitat bei Min. 2:48.

Demzufolge drohe der Demokratie also weniger eine Gefahr von rechts. Sie werde vielmehr durch Phänomene unterwandert, von welchen schon in Flüchtlingskrise- und Coronazeiten inflationär die Rede war: „Konformitäts-druck" lautet das dazugehörige Schlagwort. Damit argumentieren Reichelt und Patzelt vordergründig aus einer emanzipatorischen Perspektive, näm-lich antiexekutiv, antielitär und mit Verweis auf die liberale Meinungsfrei-heit. Obwohl sie illiberale Agenden relativieren oder sogar für Viktor Orbáns expliziten Illiberalismus[3] arbeiten, gerieren sich beide als Vertreter der Auf-klärung, als pluralistische Verteidiger der Andersdenkenden.

Die Vorzeichen haben sich also scheinbar umgekehrt: Die traditionell autoritär gepolte Rechte übt sich in rhetorischer Demokratie- und Freiheits-beschwörung. Davon grenzt sich ein großes liberaldemokratisches Lager ab, dem von rechts antidemokratische Verbotsautorität unterstellt wird.

Mit »militanter Demokratie« gegen die AfD

Besonders deutlich wird das im Rahmen der Debatte über die mehr als sym-bolischen Konsequenzen des drohenden AfD-Aufstiegs. Ernstzunehmende Betrachter bringen rechtliche Instrumente ins Spiel, die eher von souve-räner Durchsetzung der Staatsmacht als von liberaler Empathie für das Abweichende zeugen, also unweigerlich Erinnerungen an Thomas Hobbes wecken. Der linksliberale Verfassungsrechtler Andreas Fischer-Lescano sieht die Staatsorgane in der Pflicht, ein Verbotsverfahren einzuleiten.[4] Sein Kollege Klaus Ferdinand Gärditz argumentierte schon zuvor ähnlich. Er hält den Fürsprechern der rein inhaltlichen Auseinandersetzung mit der AfD aus realistischer Perspektive entgegen: „Liberales Urvertrauen in die Vernunft des politischen Diskurses kann unvernünftig sein, weil Demokratie immer mit den Menschen leben muss, die sie nun einmal hat."[5] Gärditz plädiert daher für ein Verbot einzelner AfD-Landesverbände.[6]

Es ist absehbar, was in der Öffentlichkeit passieren wird, wenn solche oder niedrigschwelligere Maßnahmen der wehrhaften Demokratie angepeilt würden. Karl Loewenstein verwendete für die (von ihm vehement begrüß-ten) demokratischen Selbstschutzmaßnahmen gegen den Faschismus schon in den 1930er Jahren den unglücklichen Ausdruck „militante Demokratie".[7] Die Redeweise vom angeblich diktatorischen Charakter des nur scheinlibe-ralen Staates liegt nahe und dürfte aktuell zu Solidarisierungseffekten füh-ren, die über das engere rechtsextreme Lager und auch über die Grenzen Deutschlands hinausgehen.

3   Agnés Heller, Von Mussolini bis Orbán: Der illiberale Geist, in: „Blätter", 8/2017, S. 73-79.
4   Andreas Fischer-Lescano, AfD-Verbotsverfahren als demokratische Pflicht, verfassungsblog.de, 18.1.2024.
5   Klaus Ferdinand Gärditz, Abgebrühte Liberalität, taz.de, 11.8.2023.
6   Klaus Ferdinand Gärditz, Für ein Verbot der AfD – zum Schutz der Demokratie, in: „Blätter", 11/2023, S. 37-40; siehe auch ders., Interview mit der „Frankfurter Allgemeinen Sonntagszeitung", 10.9.2023.
7   Karl Loewenstein, Militant Democracy and Fundamental Rights, in: „American Political Science Review", 3 und 4/1937, S. 417-432 und S. 638-658.

Dabei liegen die Argumente für die Verfassungsfeindlichkeit und die hetzerische Agitationsagenda der AfD alle auf dem Tisch. Es bedarf keiner Geheimrecherchen, um zu dem Schluss zu kommen, dass der Staat gegenüber seinen Institutionen und seiner Bevölkerung eine Schutzpflicht besitzt, die spätestens dann greift, wenn sich Machtoptionen für Apologeten ethnischer Homogenität, Ablehner der Gewaltenteilung und parteipolitische Flugzeugträger des neuen russischen Totalitarismus ergeben.

Schon der „furchtbare Jurist" Carl Schmitt bereitete dem Nationalsozialismus den Weg, indem er den Parlamentarismus und die Parteiendemokratie an utopisch-liberalen Maßstäben maß.[8] Immerhin war Schmitt aber *offen* antiliberal und ein *offener* Unterstützer der Identität von Diktatur und Demokratie, während sich AfD-Unterstützer, AfD-„Versteher" und die Partei selbst aufgeklärt, pluralistisch und volkssouverän geben. In diesen Kreisen weiß man halt, wie sehr Loewensteins Gedanke, Feuer müsse mit Feuer bekämpft werden[9], am Selbstverständnis offener Gesellschaften nagt.

Dass die pseudoliberale Solidarität mit der AfD heute so ausgeprägt ist, hat aber noch mehr mit konkreteren Rahmenbedingungen zu tun, vor denen sich die Rechtsextremismusdebatte abspielt. Hier ist einerseits zu beobachten, wie eine neurechte Strategie aufzugehen droht, für die das Milieu inzwischen selbst den Begriff „Mosaik-Rechte" gewählt hat. Diese Konzeption ist wiederum passgenau abgestimmt auf die Entstehung einer neuen Öffentlichkeitskonstellation, die ich als „Negative Öffentlichkeit" bezeichne. Die zitierten Parteinahmen von Patzelt und Reichelt, die man um einschlägige Beiträge etwa aus „Tichys Einblick" oder auch der Schweizer „Weltwoche" ergänzen könnte, sind Ausdruck des Zusammenspiels von Mosaik-Rechter und „Negativer Öffentlichkeit".

Das radikale rechte Mosaik

Das Konzept der Mosaik-Rechten stammt von dem neurechten Autor Benedikt Kaiser. Im Gegensatz zum Macher des (jüngst umbenannten) Instituts für Staatspolitik, Götz Kubitschek, der als Germanist und Ex-Soldat eine althergebrachte Traditionslinie pflegt und von links eher Aktionsformen übernahm, rezipiert und adaptiert Kaiser auch Ideen anderer Lager sowie verstärkt internationale Literatur. Angetan haben es ihm vor allem der französische Rechtsextremismus sowie ein jüngerer linkspopulistischer Theorieapparat.

Was von Kaiser intellektuell präsentiert wird, ist jedoch im Kern nicht ideologische Theoriearbeit, sondern die Bereitstellung eines machtpolitisch nutzbaren Instrumentariums. Schon Loewenstein sah im Faschismus vor allem eine Technik zur Nutzung und Usurpation demokratisch-toleranter Institutionen.[10] Laut Armin Pfahl-Traughber gibt Kaiser „dem eigenen politischen

8   Carl Schmitt, Die geistesgeschichtliche Lage des heutigen Parlamentarismus [1926], Berlin 1985.
9   Loewenstein, a.a.O, S. 656.
10 A.a.O., S. 423.

Lager innovative Vorgaben, die auf Bündnispolitik, Diskurse, Themenfelder oder Vereinnahmungsversuche bezogen sind".[11] Beispielhaft dafür steht Kaisers Aufsatz „Querfrontpotential?" aus dem Jahr 2017.[12] Er adaptiert den Linkspopulismus von Ernesto Laclau und Chantal Mouffe, macht Parallelen zum neurechten Denken von Alain de Benoist aus und ist erfreut darüber, dass die Linke hierzulande das titelgebende Querfrontpotential abstrakten Systemprotests brachliegen lässt.

Sahra Wagenknecht hat sich dies augenscheinlich zu Herzen genommen. Sie nimmt für sich in Anspruch, für das angeblich qua Diskurshegemonie unterdrückte Volk und gegen die „selbstgerechte" bzw. „lifestyle-linke" Elite zu sprechen[13] – und zwar strikt führungszentriert, also offen schmittianisch. Souverän ist, wer über die eigene Parteimitgliedschaft entscheidet.

Kaiser[14] erkennt folglich im BSW nur einen „Nebengegner" und warnt entsprechend vor einer fundamentalen Auseinandersetzung mit dem neuen Querfrontkonkurrenten, der schließlich dabei dienlich sein kann, den „Hauptgegner" in Form von „Ampel und Union" zu Fall zu bringen. Er beschreibt die derzeitige Konstellation als „Konvergenz der Krisen, in der sich ungeahnte Fenster für Partei und Vorfeld öffneten". Auf der inhaltlichen Ebene sei es wichtig, weiterhin auch soziale Ideen zu propagieren und nicht in eine neoliberale Falle zu laufen, denn dafür steht ja schließlich der Hauptgegner. „Solidarischer Patriotismus"[15] nennt Kaiser diese Ausrichtung, bei der völkisch-organisch verstandene „Solidarität und Identität"[16] nach Bedarf querfronttauglich präsentiert werden: also poppig-verschleiernd mit starkem Sozialstaatsbezug.

Die skizzierten Querfrontanleihen, die etwa Björn Höcke gerne darbietet, sind wiederum eingebettet in ein größeres strategisches Konzept: die Mosaik-Rechte. Kaiser wendet auch hier sein „Erfolgsrezept" an und kapert ein früheres linkes Plädoyer für eine „Mosaik-Linke", das vom IG Metall-Vordenker und „Blätter"-Herausgeber Hans-Jürgen Urban stammt.[17] Letztlich geht es dabei aber nicht um den Inhalt, sondern wesentlich um den Begriff, der von Kaiser strategisch und machtpolitisch gefüllt wird. Mosaik-Rechte ist für ihn ein Werkzeug, um kulturelle Hegemonie in Form neu etablierter Diskurse herzustellen. Diese Hegemonie fungiert als Vorbedingung für Wahlerfolge. Kaiser nennt Patzelts Arbeitgeber Viktor Orbán ein Vorbild.[18]

---

11 Armin Pfahl-Traughber, Benedikt Kaiser: „Lernen von links". Eine Analyse zur Philosophie einer Produktpiraterie, in: Vojin Saša Vukadinović (Hg.), Randgänge der Neuen Rechten. Philosophie, Minderheiten, Transnationalität, Bielefeld 2022, S. 173.
12 Bendikt Kaiser, Querfrontpotentiale. Populismus bei Mouffe und Laclau, in: „Sezession", 79, August 2017, S. 26-30.
13 Sahra Wagenknecht, Die Selbstgerechten. Mein Gegenprogramm – für Gemeinsinn und Zusammenhalt, Frankfurt a. M. und New York 2021.
14 Benedikt Kaiser, Sammelstelle (66). Drei Antworten zum „Bündnis Sahra Wagenknecht", sezession.de, 24.10.2023.
15 Benedikt Kaiser, Solidarischer Patriotismus – ein Umriß, in: „Sezession", 97, August 2020, S. 47-51.
16 Benedikt Kaiser, Solidarität und Identität oder Die Dialektik des Staates, in: „Sezession", 98, Oktober 2020, S. 28-33.
17 Hans-Jürgen Urban, Die Mosaik-Linke. Vom Aufbruch der Gewerkschaften zur Erneuerung der Bewegung, in: „Blätter", 5/2009, S. 71-78.
18 Interview mit Info-Direkt, youtube.com, 17.2.2024.

Skizziert wird das Konzept der Mosaik-Rechten in mehreren Beiträgen Kaisers, die ab 2017 erschienen sind. Der Rechtsextremist Martin Sellner, Kopf der Identitären Bewegung, hat die Konzeption im Jahr 2019 explizit übernommen.[19] Sie bildet somit auch die Grundlage für den Versuch, das genuin verfassungsfeindliche Paradigma von der millionenfachen Remigration der angeblich Nichtassimilierten[20], das die AfD ganz unverblümt vertritt, als Doktrin des Rechtsaußen-Lagers bis in angeblich konservative Kreise hinein zu etablieren.

Sellner spricht von „Assimilation oder Remigration"[21]. Das ist aktuell der zentrale Programmpunkt der AfD, und zwar bis in die Niederungen hinein. Der rheinland-pfälzische Kader Joachim Paul fordert beispielsweise den Entzug der Staatsbürgerschaft bei „illoyale[m] Verhalten" nichtethnischer Deutscher. Darunter falle der anhaltende Bezug von Sozialleistungen, auch wenn Staatenlosigkeit entstehe.[22]

»Eine Rechte, in der viele Rechte Platz haben«

Benedikt Kaisers erster Beitrag[23] über die Mosaik-Rechte bezieht sich auf das Verhältnis zwischen dem aktivistischen Vorfeld, etwa der Identitären Bewegung oder dem Institut für Staatspolitik, und der Partei AfD. Er plädiert dafür, „eine Rechte zu schaffen, in der viele Rechte Platz haben". Vorfeld und parlamentarischer Raum sollten sich eine gewisse Unabhängigkeit voneinander bewahren, „als dialektisches Paar ergänzen, gegenseitig vorantreiben und zugleich korrigieren". Kaiser geht es um die Vermeidung einer demokratischen Domestizierung der sogenannten Parlamentspartei. Ohne Vorfeld drohe eine Deradikalisierung, eine Abkehr vom Ziel der Unterminierung des liberaldemokratischen Systems. An diesem Programm wirkt er als AfD-Mitarbeiter samt Büro im Bundestag mit.[24]

2019 konkretisiert und erweitert Kaiser sein Konzept.[25] Es gehe bei der Mosaik-Rechten um Arbeitsteilung und inhaltliche Heterogenität. Den „‚populistischen Augenblick' (Alain de Benoist)" müsse man nutzen. Wichtig seien „Elitenbildung (intern) *und* quantitatives Maximalwachstum (extern)". Damit meint Kaiser, dass sich die Avantgarde der Bewegung, zu der er sich sicher selbst zählt, ihrer Ziele bewusst sein müsse. Potenzielle Verbündete und Helfer dürften aber nicht verprellt werden. Deshalb sollten außenstehende Akteure „temporär" und nach einer „Kosten-Nutzen-Prüfung" eingebunden werden. Es geht also um die Verbreiterung der Bewegung durch die instrumentelle Einbindung unterschiedlicher Gruppen. Gemeinsam sein müsse ihnen „das Bekenntnis zum Eigenen, die Akzeptanz des Vorrangs

19 Martin Sellner, Das patriotische Mosaik – ein Vorschlag, sezession.de, 13.6.2019.
20 Vgl. z.B. die „Stellungnahme der Fraktionsvorsitzenden Ost zur Remigration", afd-thl.de, 15.1.2024.
21 Interview mit dem Heimatkurier, heimatkurier.at, 10.1.2024.
22 Video vom 13.2.2024, „AfD im Dialog mit Joachim Paul", youtube.com, ab Min. 21:24.
23 Benedikt Kaiser, Mosaik-Rechte und Jugendbewegung, in: „Sezession", 77, April 2017, S. 46-47.
24 In: „Die Welt", 30.5.2023.
25 Benedikt Kaiser, Mosaik-Rechte: Eine Aktualisierung, in: „Sezession", 93, Dezember 2019, S. 34-37.

eines ‚Wir' und die Gegnerschaft zu individualistischen Ideologien samt ihrer Praxisresultate".

Daraus folgt: Ein wenig Nationalchauvinismus, Antiliberalismus, Protest gegen „die da oben" sowie Antiwokeismus reichen aus, um Gruppen oder Akteure für die Mosaik-Rechte einzuspannen. Der Trick besteht auch darin, dass diese Gruppen oder Akteure bisweilen von ihrem Glück gar nichts wissen müssen (meistens stellen sie sich aber einfach nur dumm). Das Konzept der Mosaik-Rechten verweist also einerseits auf die Beibehaltung ideologischer Stringenz. Es setzt aber andererseits auch auf nützliche Protestakteure und Karrieristen, die bei der Systemtransformation dienlich sein können. Die Neue Rechte kann sich dann ganz charmant geben. Zum Beispiel wenn sie Alice Weidel oder den inzwischen auffallend reumütigen Jörg Meuthen in Schnellroda empfängt, oder wenn Ellen Kositza vom Institut für Staatspolitik mit schleimigen Buchrezensionen Wertschätzung an andere Lager verteilt.

In einem jüngeren Gespräch mit Götz Kubitschek bringt Kaiser sein Konzept der Mosaik-Rechten auf den Punkt. In Bezug auf Akteure wie Hans-Georg Maaßen, Vera Lengsfeld oder den Publizisten Klaus Kelle hält er fest: „Diese Leute können uns in einer bestimmten Art und Weise helfen, indem sie Begriffe sagbar machen, indem sie den Raum des Sagbaren erweitern in bestimmte Milieus hinein. Aber dann ist ein Zeitpunkt gekommen zu sagen, wir machen da weiter. Wir treiben das Feld weiter."[26] Nach der diskursiven kommt die faktische Koalition, und danach die Alleinregierung. So zumindest der Plan, für dessen Offenlegung es wiederum keiner Geheimrecherchen bedarf.

Die Strategie der Selbstverharmlosung – und ihre Gefahren

Die Schaffung einer ideologischen und aus Akteursnetzwerken bestehenden Mosaik-Rechten, so wie sie von Kaiser skizziert wird, fügt sich ein in andere neurechte Strategien. Dazu gehört zunächst die Selbstverharmlosung. Einen genau so betitelten Aufsatz hat Götz Kubitschek im Februar 2017 veröffentlicht.[27] Darin fordert er „die Auflösung klarer Fronten zu dem Zweck, die feindliche Artillerie am Beschuss zu hindern". Zur Selbstverharmlosung gehört denn auch die Selbstdarstellung der Neuen Rechten als intellektuelles, als lesendes und in sich gekehrtes Milieu. Während Carl Schmitt die Romantik in Weimar noch ablehnte, weil sie subjektiv und damit individualistisch sei, hat sich die Neue Rechte längst für romantische Motive geöffnet. Anregungen dazu findet man etwa in Schmitts spätem Buch „Theorie des Partisanen".[28]

---

26 Buchpräsentation auf dem Sommerfest 2023 des IfS, Video des Kanal Schnellroda vom 8.9.2023, youtube.com, Min. 9:58.
27 Götz Kubitschek, Selbstverharmlosung, in: „Sezession", 76, Februar 2017, S. 26-28.
28 Vgl. Markus Linden, Rattenfängerromantik – Zu einer Strategie der Neuen Rechten, in: „Athenäum – Jahrbuch der Friedrich Schlegel Gesellschaft", Sonderband „Romantisierung der Politik – Historische Konstellationen und Gegenwartsanalysen", hg. von Sandra Kerschbaumer und Matthias Löwe, Paderborn 2022, S. 179-210.

Das wiederum beinhaltet aus Sicht der rechten Ideologen natürlich die Gefahr, beliebig und damit uninteressant zu werden. Hierzu passt, dass Kubitschek bei seinem Selbstverharmlosungs-Konzept davor warnt, im ständigen Wechsel zwischen „Angriffslust" und gespielter Harmlosigkeit irgendwann „aus der Harmlosigkeit nicht mehr herauszufinden". Deshalb bedarf es seines Erachtens der stetigen „Provokation" – passenderweise ein Buchtitel Kubitscheks aus dem Jahr 2007. Vor einigen Monaten hat Kubitschek denn auch ganz in diesem Sinnne wieder provoziert, als er einen Vortrag über den angeblichen „geistigen Bürgerkrieg in Deutschland" explizit mit den folgenden Worten beendete: „Lasst uns Krieg führen".[29] Deutlicher könnte die Kampfansage an die Demokratie nicht sein.

Die will Kubitschek (natürlich) rein diskursiv verstanden wissen. Im Kern sind denn auch die skizzierten Konzepte – also das der Mosaik-Rechten mitsamt den zugehörigen Ablegern Querfront, Selbstverharmlosung, Romantisierung und Provokation – Leitideen für eine auf Hegemonie zielende Debattenführung. Dass diese Strategie aufgehen könnte, liegt an ihrem passgenauen Zuschnitt auf eine neu entstandene Konstellation, die immer größere Bereiche politischer Öffentlichkeit erfasst: die Negative Öffentlichkeit. Sie bildet die publikumsrelevante Arena für die Mosaik-Rechte und die sie unterstützenden Akteure der Destruktion.

Schmitt oder Habermas: Negative oder positive Öffentlichkeit

Schon Carl Schmitt war die positive Konnotation des Begriffs „Öffentlichkeit" bewusst. Warum sonst hätte er die Parteiendemokratie von Weimar, die er und seine Mitstreiter a priori ablehnten, anhand der instrumentell gebrauchten und zugleich idealisierten Kriterien Diskussion, Öffentlichkeit und Gewaltenteilung kritisieren und auf diese Weise radikal niederschreiben sollen.[30] Hinter Schmitts eigenem Öffentlichkeitsbegriff steckt wiederum ein antipluralistisches, dezisionistisches und völkisches Einheitsideal. Er propagiert die Einheitsbildung durch kollektive Abgrenzung vom „öffentliche[n] Feind"[31] und skizziert damit den Archetyp des rechtsradikalen Programms.

1928 notiert der Antisemit Schmitt nach einem beruflichen Misserfolg selbstmitleidig: „Trotzdem ist Dezision, Freund- und Feindunterscheidung, Öffentlichkeit und Repräsentation in mir; ich bin sicherlich noch der einzige Träger dieser Begriffe in einer verjudeten, organisierten und verhurten Welt. Armes Kerlchen." Es folgt eine historische Schuldzuschreibung für den Niedergang der von Schmitt präferierten Öffentlichkeit, die an heutige Kritiken der angeblichen Doppelzüngigkeit des Liberalismus erinnert: „Einfach und offensichtlich: dass das 18. Jahrhundert das Zeitalter der Aufklärung,

---

29 „In Deutschland tobt ein geistiger Bürgerkrieg", Video des Kanal Schnellroda vom 25.9.2023, youtube.com, Min. 8:52.
30 Schmitt, a.a.O.
31 Carl Schmitt, Der Begriff des Politischen, Berlin 1963 [1932], S. 29.

des Rechts, der Öffentlichkeit [war], während [es zugleich] das Zeitalter der geheimen Gesellschaft, Freimaurer und Illuminaten war! Daraus folgt: Das Zeitalter, in welchem mit Geist von Freiheit gesprochen wird, hat am wenigsten Freiheit, ist das Zeitalter der Sklaverei κατεξοχήν [schlechthin]."[32] Bei Alexander Dugin, im „Compact"-Magazin oder im Sender „Auf1" würde die Stelle passgenau ins verschwörungstheoretische Programm passen. Höcke würde das Zitat aktualisieren und die Geheimgesellschaften durch Hinterzimmerrunden ersetzen. Patzelts oder Reichelts Aktualisierung besteht in der Kontrastierung von ‚echter' Freiheit und diktatorischer Verbotsideologie. Dazu haben sich der Nius-Journalist Ralf Schuler und Roland Tichy schon beim Tischgespräch mit Viktor Orbán besprochen.[33]

»Kritik und Krise«: Von Schmitt zu Koselleck

Schmitts Gedanken fanden in den 1950er Jahren Eingang in Reinhart Kosellecks einflussreiche Schrift „Kritik und Krise"[34], gegen die sich wiederum der junge Jürgen Habermas in einem aufschlussreichen Besprechungsessay wandte.[35] Auch das ebenfalls 1959 erschienene Buch „Geschichtsphilosophie und Weltbürgerkrieg" von Hanno Kesting folgte Gedanken Schmitts.[36] Habermas kritisierte es in derselben Rezension. Bei Koselleck und Kesting wird der Liberalismus (bzw. die Aufklärung) verbunden mit Moralisierung, Geheimgesellschaften und Utopismus. Letztlich wird er für die totalitären Auswüchse sowohl der Französischen Revolution als auch des 20. Jahrhunderts verantwortlich gemacht. Armin Mohler, der Doyen der deutschsprachigen Neuen Rechten, hielt in seiner Doppelrezension im Jahr 1960 fest, Koselleck und Kesting würden eindrucksvoll belegen, dass der „Keim der utopischen Tyrannis" darin liege, andere mit dem „Makel moralischer Verwerflichkeit" zu belegen. Dies führe „zu den Konzentrationslagern, Säuberungsinstitutionen und zum ‚Genozid' unserer Zeit".[37] Kesting skizziert Faschismus und Nationalsozialismus knapp als Gegenbewegungen, die durch „Maßlosigkeit und Beschränktheit [...] die historische Stunde verspielt" hätten.[38]

Folgt man diesem, in unterschiedlichen Graden dargebotenen Schmittianismus, so wurzelt das Totalitäre im liberal-moralischen Utopismus oder stellt eine übertriebene, aber verständliche Notwehr dagegen dar. Sebastian

32 Carl Schmitt, Tagebücher 1925 bis 1929, hg. von Martin Tielke und Gerd Giesler, Berlin 2018, S. 448.
33 Vgl. Markus Linden, Viktor Orbán – Der rechte Obernetzwerker, zeit.de, 3.5.2023.
34 Reinhart Koselleck, Kritik und Krise. Eine Studie zur Pathogenese der bürgerlichen Welt, Freiburg und München 1969 [1959]. Dazu Sidonie Kellerer und Reinhart Koselleck – Aufklärer der Aufklärung oder Stratege kultureller Hegemonie?, in: „Deutsche Zeitschrift für Philosophie", 5/2023, S. 695-720; und Sebastian Huhnholz, Von Carl Schmitt zu Hannah Arendt? Heidelberger Entstehungsspuren und bundesrepublikanische Liberalisierungsgeschichten von Reinhart Kosellecks „Kritik und Krise", Berlin 2019.
35 Jürgen Habermas, Verrufener Fortschritt – verkanntes Jahrhundert. Zur Kritik an der Geschichtsphilosophie, in: „Merkur", 5/1960, S. 468-477.
36 Hanno Kesting, Geschichtsphilosophie und Weltbürgerkrieg. Deutungen von der Französischen Revolution bis zum Ost-West-Konflikt, Heidelberg 1959.
37 Nius (Armin Mohler), Politische Literatur, in: „Die Tat", 28.12.1960, S. 8. Dazu Kellerer, a.a.O., S. 705.
38 Kesting, a.a.O., S. XVIII.

Huhnholz wirft den Gedanken in den Raum, dass Habermas im Jahr 1960 möglicherweise deshalb so scharf auf Koselleck und Kesting reagiert habe, weil er fürchtete, die betreffenden Kreise könnten es ernst meinen mit dem Weltbürgerkrieg[39] – also aus der antiliberalen Diagnose ein Programm machen, das den Kampf gegen das angeblich Totalitäre aufnimmt. Nichts anderes sind Kubitscheks Kriegserklärung, die Rhetorik der AfD und deren Listenaufstellung. Kubitschek und Benedikt Kaiser, zentrale Einflüsterer der AfD, sehen sich als Vertreter der sogenannten Konservativen Revolution im Sinne Armin Mohlers. Habermas erwähnt die Denkrichtung schon in seiner damaligen Reaktion auf Koselleck und Kesting. Er riecht den Braten.

Einseitige Schuldzuschreibungen an den Liberalismus sind bis heute en vogue. Die AfD ist für manche nur eine Reaktion auf vermeintliche liberal-totalitäre Abgründe – seien es Klimaschutzmaßnahmen, Supranationalismus, Migration, NGOs, geheime Agenden, strukturelle Scheinheiligkeit, Konformitätsdruck, das Gendern oder Minderheitenrechte. Und auch Putin schießt ja irgendwie nur zurück, weil man ihn mit zu viel Osterweiterung, Homoehe und sonstiger „transhumanistischer" Verwestlichung gereizt haben soll. Alles antitotalitäre Kämpfer, in die Ecke gestellt, falsch beschuldigt oder zur Notwehr getrieben – so der Tenor in einschlägigen rechtsradikalen Medien und im weiteren Bereich der krawalligen Negativen Öffentlichkeit, die um diese Narrative kreist.

Der »Strukturwandel der Öffentlichkeit« – einst und jetzt

Jürgen Habermas hat hingegen ein positives Bild liberaler Öffentlichkeit populär gemacht. Schon in seiner Besprechung des Buches von Koselleck teilt er viele empirische Beobachtungen, lehnt jedoch Kosellecks negative Sicht auf die bürgerliche Öffentlichkeit und ihre angeblich krisenhaften Folgen entschieden ab. Das kritische Räsonnement und die Orientierung an vernunftgenerierter Wahrheit werden vielmehr zur Leitidee, die Habermas, beginnend mit dem „Strukturwandel der Öffentlichkeit" im Jahr 1962, konsequent verfolgt. In der „Theorie des kommunikativen Handelns" aus dem Jahr 1981 wird dieses Programm mit den „Neuen Sozialen Bewegungen" in Verbindung gebracht und in „Faktizität und Geltung" (1992) endgültig an die bestehenden demokratischen Institutionen gekoppelt. Den letzten Sprung vollzieht Habermas kurz danach, indem er sein Projekt als politische Entsprechung kosmopolitischer Vorstellungen ausflaggt. Er spricht von der „postnationalen Konstellation".[40]

Aus pluralistischer Sicht zieht sich freilich ein Problem durch dieses faszinierende Werk: das Festhalten an der konsensualistischen Wahrheitsorientierung. Mitunter spricht Habermas von der Alternative zwischen „einem Carl Schmitt'schen Verständnis von Politik" und „rational motivierte[r] Ver-

---

39 Interview mit dem „Merkur", 21.3.2024, youtube.com, ab Min. 33:20.
40 Jürgen Habermas, Die postnationale Konstellation und die Zukunft der Demokratie, in: „Blätter", 7/1998, S. 804-817.

mittlung"[41] – und verkennt damit den Wert des vermittelnden, Unterschiede und Macht aber nicht transzendierenden Urteilens. Er bleibt damit einer idealistischen Weltanschauung verpflichtet.

Doch dann kommt das Internet und damit die große Ernüchterung. Schon 2008 konstatiert Habermas eine drohende Fragmentierung und einen Zerfall politischer Öffentlichkeit in digitale „Zufallsgruppen".[42] 2021 schreibt er einen Aufsatz über den „Neuen Strukturwandel der Öffentlichkeit"[43]. Er beobachtet zersplitterte „Halböffentlichkeiten", in denen Fake News ebenso gedeihen wie „Lügenpresse"-Vorwürfe. Die demokratisierende Wirkung politischer Öffentlichkeit werde systematisch unterlaufen. Es fehlten qualitätssichernde „Gatekeeper" für privatisierte Autoren auf kapitalisierten Plattformen sowie übergreifende Bezugspunkte. Habermas spricht von einem „Kampfplatz konkurrierender Öffentlichkeiten".

Negative Öffentlichkeit als transnationale Gegenkonstellation

Das alles ist richtig, aber ein Aspekt wird dabei noch zu wenig beachtet. Möglicherweise erfüllt sich Habermas' Leitbild politischer Öffentlichkeit heute in negativer Form und weist dabei eine vergleichsweise stabile innere Strukturierung auf, die der angestammten, demokratisch-politisierend-inklusiv wirkenden Öffentlichkeit diametral entgegengesetzt ist. Im deutschsprachigen Bereich kam es dementsprechend nicht nur zur Fragmentierung von Echokammern, sondern auch zur transnationalen Herausbildung einer Gegenkonstellation[44], die ich als Negative Öffentlichkeit bezeichnen würde. Ihr gemeinsamer Identitätskern ist jene Kritik, die Schmitt, Koselleck und Kesting am Liberalismus vorbringen – gepaart mit einer Attitüde der gelebten Meinungsfreiheit, die jeglichen Nonsens zur diskutablen Position erklärt. Hier können sich die Akteure der Mosaik-Rechten ausleben und werden dabei von „regierungskritischen" Querfrontakteuren nach Kräften unterstützt. Anschauungsmaterial bietet eine handelsübliche Talkshow der Kanäle Nuoflix oder FairTalk.

Habermas sah in den neuen Schmittianern Koselleck und Kesting vor allem die „Tradition einer Verherrlichung des ‚politischen Elements' der Staatsgewalt".[45] Dabei greifen ihre politischen Erben heute auf eine liberale Attitüde zurück, um den Liberalismus dann mit den alten Kategorien der genannten Autoren brandmarken zu können. Die aktuelle Generation hat den Kampf aufgenommen und fügt ihm emanzipatorische Rhetorik bei.

41 Jürgen Habermas, Die Einbeziehung des Anderen, Frankfurt a. M. 1996, S. 325.
42 Jürgen Habermas, Hat die Demokratie noch eine epistemische Dimension? Empirische Forschung und normative Theorie, in: ders.: Philosophische Texte, Band 4, Frankfurt a. M. 2009, S. 111.
43 Jürgen Habermas, Ein neuer Strukturwandel der Öffentlichkeit und die deliberative Politik, Frankfurt a. M. 2022, S. 9–67.
44 Vgl. z.B. Markus Linden, Zwischen alternativer Sicht und Verschwörungstheorie – Entwicklungstendenzen und Argumentationsmuster digitaler „Alternativmedien" in Deutschland, in: „Verschwörungstheorien im Diskurs", 4. Beiheft der „Zeitschrift für Diskursforschung", hg. von Sören Stumpf und David Römer, Weinheim und Basel 2020, S. 303–331 sowie ders.: Im Bürgerkrieg. Die neuen Querfrontpartisanen, in: „Blätter", 11/2021, S. 95–104.
45 Habermas, Einbeziehung des Anderen, a.a.O., S. 379.

Ebenso wie Schmitts Parlamentarismuskritik beruft sich auch die Negative Öffentlichkeit auf einen erst einmal unverdächtigen Kriterienkatalog, um darauf eine fundamentale Abgrenzung und Delegetimierung der bestehenden politischen Institutionen gründen zu können. Die AfD und ihr Umfeld sind Akteur und Profiteur dieser Konstellation, aber längst nicht der einzige Bestandteil Negativer Öffentlichkeit. Das Feld reicht von den „Nachdenkseiten" bis „Nius", von „Multipolar" bis „Tichys Einblick", vom „Deutschlandkurier" bis zu „Auf1", von der „Weltwoche" bis zu „Kontrafunk", von „Apolut" bis hin zum RT-Nachfolger „Infrarot". Mehrere Parteien wurzeln hier (BSW, AfD, Werteunion, Basis) und finden eine Öffentlichkeit, die eigene Experten und eigene Wahrheiten besitzt, nie diskursiv ist und immer ihren Gegner kennt.

Unterschieden werden muss zwischen Scharnierportalen zum „Mainstream", etwa Nius, und alternativmedialen „Originalen" wie Auf1. Die Protagonistinnen und Themensetzungen überschneiden sich aber. Etwa wenn Gloria von Thurn und Taxis die Welt erklärt, eine Teilnehmerin des Potsdam-Treffens, Silke Schröder, sich in verschiedenen Rollen übt oder der ebenfalls in Potsdam gesichtete AfD-Hausjurist Ulrich Vosgerau seine Version der Geschichte präsentiert. Der neoliberale Roland Tichy macht jetzt eine Talkshow mit dem Putinisten Dieter Dehm. Maaßen hat zwar den extremistischen Libertären („Wahlrecht nicht für Leistungsempfänger") Markus Krall aus der Werteunion geworfen, aber beim jüngsten Onlinekongress der Verschwörungstheoretiker des Portals „Wissensmanufaktur" im März 2024 waren trotzdem beide dabei.[46] Tichy hielt laut Programm das folgende Thema bereit: „Clique von Abgreifern macht das Volk zu Sklaven".

Gegen den »Mainstream«

Die in all diesen personell miteinander verzahnten und durch eigene Gatekeeper geprägten Kanälen vorgebrachten Leitkategorien Negativer Öffentlichkeit lassen sich bei Schmitt, Koselleck und Kesting nachschlagen. Der vermeintlichen liberalen „Elite", die in Wahrheit das komplette demokratische Spektrum umfasst, wird eine utopisch-totalitäre Ideologisierung unterstellt. Man bescheinigt ihr Ausgrenzung durch Moralisierung und konstatiert, dem „alternativ"-öffentlichen Gegner würde das Existenzrecht abgesprochen. Selbst grenzt sich die Negative Öffentlichkeit strikt vom öffentlichen Feind ab und rekurriert dabei auf die Meinungsfreiheit, die natürlich auch für die Platzierung von Falschbehauptungen in Anspruch genommen wird. Außerdem operiert der vielgescholtene „Mainstream" aus Sicht der Negativen Öffentlichkeit mit den Mitteln der Propaganda und des Geheimnisses. Den Platz, den bei Koselleck und Kesting die Freimaurer und Illuminaten einnehmen, besetzt die Negative Öffentlichkeit je nach Bedarf mit dem Weltwirtschaftsforum, dem Robert-Koch-Institut, der ARD oder einem Virologen.

---

46 Programm abrufbar unter https://kraftvollindendurchbruch.net/s/kongress/agenda.

Die Übersteigerung der legitimen Kritik gehört dabei zu den immer einzuhaltenden Leitmotiven, damit in der Außenwirkung aus Fehlern ein System und aus unzureichender Erfüllung geäußerter Ansprüche eine doppelzüngige „Tyrannei der Werte" (Carl Schmitt) wird. Auch den langjährigen Beobachter überrascht, welche ausgeprägte Strukturierung Negative Öffentlichkeit mittlerweile besitzt. Hier lässt sich Macht fundieren und Geld machen.

Welche Arena obsiegt – und welche Logik?

Was folgt aus dem Nebeneinander von liberaler und Negativer Öffentlichkeit und aus dem Nutzen, den die Neue Rechte mit ihrer Konzeption der Mosaik-Rechten derzeit daraus zieht? Zentral ist, welche Arenenlogik obsiegt. Hofiert man die radikaloppositionellen Portale, selbst in deren soften Charmebereichen, geht die Normalisierungsstrategie auf, wobei sich das Programm Negativer Öffentlichkeit alleine aus seinen Funktionsgrundsätzen heraus nicht mäßigen wird. Form und Integration folgen hier nämlich schmittianisch aus der öffentlichen Feinderklärung mit regelmäßiger Aktualisierung des Opfermythos. Sonst wären die getätigten Allianzen unmöglich.

Mithin kann die liberal-pluralistische Öffentlichkeit bzw. Demokratie nur vor die Lage kommen, wenn sie sich auf ihre eigenen Regeln besinnt und das Publikum mit angemessener Repräsentation, Kritikfähigkeit, Reformbereitschaft und wahrgenommener Schutzverantwortung gegenüber den eigenen Institutionen sowie der Bevölkerung integriert. Die Notwendigkeit von Maßnahmen der wehrhaften Demokratie (die gerade kein Feuer sind, sondern Ausdruck rechtsstaatlicher Verantwortlichkeit für den Fortbestand der demokratisch-gewaltenteiligen Ordnung) ergibt sich aus dieser Schutzverantwortung. Anhänger verfassungsfeindlicher Bestrebungen können beispielsweise weder Beamte sein noch Parlamente leiten. Es ist zudem nicht ersichtlich, sie staatlich zu alimentieren. Wer ein Gefühl für Pogromstimmung bekommen möchte, schaue sich den politischen Aschermittwoch der AfD in Pirna 2018(!) an.[47] Hetze mit Blaskapelle. Es handelt sich um Wiedergänger des Nationalsozialismus.

Daneben geht es natürlich auch um eine adaptive Reform der vermittelnden Institutionen, insbesondere der Parteien, der öffentlich-rechtlichen Medien und des Parlamentarismus. An dieser Stelle sollte lediglich gezeigt werden, dass die „Revolte gegen die intermediären Institutionen"[48] als zielgerichtet geführter Kampf gegen die liberale Demokratie daherkommt. Einem Feldherrn im Osten und seinem zentraleuropäischen Fußvolk ist daran gelegen, dies mit forcierter Unkenntnis, naiver Ignoranz und falscher Beschwichtigung zu unterstützen. Dem kann nur mit entschiedener Aufklärung begegnet werden, sprich: mit einem Konzept Positiver Öffentlichkeit.

---

47 Abrufbar unter youtube.com/watch?v=aj01S0QrDhY.
48 Nadja Urbinati, A Revolt against Intermediary Bodies, in: „Constellations. An International Journal of Critical and Democratic Theory", 4/2015, S. 477-486.

Christen mit Rechtsdrall

Corona oder die Legende von der großen Weltverschwörung

Von **Liane Bednarz**

Kurz vor Weihnachten 2022 schreckte der deutsche Kardinal Gerhard Ludwig Müller die Öffentlichkeit mit schrillen Thesen zur Coronapandemie auf. Auslöser war ein am 6. Dezember auf dem Twitter-Kanal des katholischen österreichischen „St. Boniface-Instituts"[1] veröffentlichter Tweet mit einem Videoschnipsel, der einen Auszug aus einer fast halbstündigen Aufnahme mit Statements des damals 73jährigen Müller zeigt.[2] Aus dem Mund des hochrangigen Klerikers sind dort Worte zu vernehmen, die man gemeinhin eher aus dem „Querdenker"-Milieu kennt. Müller zufolge gibt es bei den Coronaschutzmaßnahmen „ein gewisses Chaos", „auch geboren aus dem Willen, die Gelegenheit zu nutzen, die Menschen jetzt gleichzuschalten, einer totalen Kontrolle zu unterziehen" und „einen Überwachungsstaat zu etablieren". Es gebe „Leute, die auf dem Thron ihres Reichtums sitzen" und jetzt „eine Chance" sehen, um ihre „Agenda der Hochstapelei" durchzusetzen, da sie glaubten, „nun mit Hilfe der modernen Technik oder des Kommunikationswesens eine neue Schöpfung hervorbringen" und „einen neuen Menschen erschaffen" zu können, „nach ihrem Bild und Gleichnis".

Müller nannte Namen, und zwar genau jene, die auch im „Querdenker"-Milieu" zu den Lieblingsfeinden zählen. Er wolle „nicht geschaffen und erlöst werden nach dem Bildnis von Klaus Schwab oder Bill Gates oder Soros". Klaus Schwab war bis 2024 Leiter des Weltwirtschaftsforums in Davos und gilt in der „Querdenker"-Szene als eine Art Spiritus Rector der Weltverschwörung, weil das Weltwirtschaftsforum im Jahr 2020 unter der Bezeichnung „Great Reset" – also „große Transformation" – Vorschläge zu einer gerechteren, sozialeren und nachhaltigeren Ausrichtung des Kapitalismus als Reaktion auf die Coronapandemie unterbreitet hat. Der unglücklich gewählte, da in der Tat radikal intervenierend oder steuernd klingende

---

1 Das St. Boniface-Institut wurde 2019 von dem Österreicher Alexander Tschugguel, einem traditionalistischen Katholiken, gegründet, der im Oktober desselben Jahres Aufsehen erregte, als er fünf Pachamama-Statuen, die anlässlich der vatikanischen Amazonas-Synode in der Kirche Santa Maria in Traspontina ausgestellt worden waren, entwendete und in den Tiber warf, da diese seiner Ansicht nach gegen das 1. Gebot verstießen, siehe: Österreichischer Lebensschützer warf „Pachamama"-Figuren in Tiber, www.katholisch.de, 4.11.2019.

2 Vgl. www.twitter.com/Inst_StBoniface/status/1467949581413535751. Das knapp halbstündige Gespräch mit Müller ist hier abrufbar: St. Boniface Institute, Kardinal Müller spricht über Impfzwang, die Sakramente und den Great Reset, www.youtube.com, 15.12.2021.

Begriff „Great Reset" wurde von Corona-Verharmlosern begierig aufge-
saugt, um die althergebrachte und sogleich näher vorzustellende Verschwörungstheorie von der „Neuen Weltordnung" neu zu beleben.

Doch Kardinal Müller ist nicht irgendwer. Er, der frühere Bischof von
Regensburg, war, noch von Papst Benedikt XVI. ernannt, ab 2012 Präfekt der
vatikanischen „Kongregation für die Glaubenslehre", damit oberster Hüter
der katholischen Lehre und von seiner Stellung her die Nummer 2 im Vatikan. Das Verhältnis zu dem seit 2013 amtierenden Papst Franziskus, der Müller 2014 noch mit der Kardinalswürde ausgestattet hatte, kühlte sich sodann
rasch ab, sodass Müllers Vertrag 2017 nicht verlängert wurde. Nichtsdestotrotz und für viele Kenner der katholischen Kirche überraschend, berief
Papst Franziskus ihn im Juni 2021 zum Mitglied des „Supremo Tribunale"
der Apostolischen Signatur und damit zum Richter am höchsten vatikanischen Kirchengericht, und zwar für eine satte Amtszeit von fünf Jahren.

Gerhard Ludwig Kardinal Müller – wie ein Kardinal sich radikalisiert

Überraschend war und ist die Berufung in dieses hohe Amt deshalb, weil
Müller nicht zum ersten Mal mit irritierenden Äußerungen und Taten aufgefallen ist. Ende Januar 2020 hat er die Entscheidungsprozesse der katholischen Reformbewegung „Synodaler Weg" mit dem Ermächtigungsgesetz
von 1933 verglichen,[3] was weit über eine legitime Skepsis aus konservativer Sicht gegenüber dieser Bewegung[4] hinausgeht. Bereits 2018 hatte er
zudem gemeinsam mit Gloria Fürstin von Thurn und Taxis aus Regensburg
ein Abendessen von Steve Bannon, dem rechten ehemaligen Berater von
Donald Trump, in Washington besucht, das dieser für bestimmte Katholiken
gegeben hat.[5] Bannon plante damals noch, eine Art rechtskatholische Kader-
schmiede in der Nähe von Rom zu errichten, was aufgrund eines Urteils des
Obersten Verwaltungsgerichts in Rom aber im vergangenen Jahr endgültig
gescheitert ist.[6] Und vor allem unterzeichnete Müller bereits im Mai 2020
den verschwörungstheoretischen „Viganò-Appell" gegen die Coronaschutzmaßnahmen, auf den sogleich näher einzugehen sein wird.

Vielleicht traut sich Papst Franziskus ja bloß nicht, jemanden wie Müller wirklich kaltzustellen, weil dieser de facto immer noch einflussreich
ist und viele Anhänger im Franziskus-kritischen Milieu hat. Besonders
viel Zuspruch erhält er inzwischen aus jener Szene, die breiten Teilen der
Öffentlichkeit immer noch weitestgehend unbekannt ist, aber doch zunehmend stärker in den Fokus gerät: Christen mit Rechtsdrall. Also Gläubige,
die in ihren Vorstellungswelten den bundesrepublikanischen Konservatis-

---

3 Kardinal Müller vergleicht Synodalen Weg mit Ermächtigungsgesetz, www.kirche-und-leben.de,
   4.2.2020.
4 In diesem Sinne die Verfasserin dieses Textes, Lebensgefährliche Lebensschützer, www.spiegel.de,
   4.7.2021.
5 Christoph Scheuermann, Unterwegs mit dem Mann, der Europas Rechte vereinen will, www.spie-
   gel.de, 19.10.2018.
6 Matthias Rüb, Bannons geplatzter Traum von der Gladiatorenschule, www.faz.net, 27.7.2021.

mus sprengen und zumindest teilweise für die am Ende dieses Beitrags noch näher zu beschreibende gedankliche rechte Trias aus Antipluralismus, Antiliberalismus und Ethnopluralismus offen sind.

Wie unter einem Brennglas kann man bei diesen Christen seit Jahren jene Rechtsdrift beobachten, die auch insgesamt in einem Teil des konservativen Milieus stattgefunden hat. Genau hier sind all jene zentralen Andockpunkte wie die Angst vor einem „Genderwahn" oder einer „Islamisierung" vorzufinden, über die es die Neue Rechte geschafft hat, anschlussfähig an bestimmte Bürgerliche zu werden. Wie sehr dies bereits gelungen ist, hat die Coronakrise mehr als deutlich gemacht.

Wie so viele jener, die gen rechts abdriften, ist auch Müller äußerst empfindlich, wenn Kritik an ihm geübt wird. Gegenüber der Deutschen Presseagentur hatte Jan Rathje, Politikwissenschaftler und Experte für Verschwörungsmythen, Müllers Corona-Äußerung als „größtenteils verschwörungsideologisch" bezeichnet. Auf „kath.net", einem aus dem österreichischen Linz betriebenen privaten katholischen Internetportal, das unter Katholiken mit Rechtsdrall sehr beliebt ist, schrieb Müller sodann empört, jede Kritik an einer Haltung wie der seinen werde mit „einem billigen Propagandatrick von angeblichen Verschwörungstheorien abgeschmettert",[7] um zugleich performativ reichlich ungünstig mit weiteren Statements zu verdeutlichen, wie tief er längst in ebensolchen Verschwörungsmythen gedanklich drinsteckt: „Vor einer globalistischen ‚Neuen Weltordnung ohne Gott' habe ich mit vielen anderen kompetenten Autoren schon lange vor der Coronakrise gewarnt. Nur jetzt kommt hinzu, dass die Agenten dieses Unternehmens selbst die Pandemie als eine Chance (!) für die schnellere Durchsetzung des ‚Großen Neustarts' (Great Reset) der ganzen Menschheit laut und vernehmlich begrüßt haben."

»Veritas liberabit vos« – der verschwörungstheoretische Appell von Erzbischof Viganò

Die verschwörungstheoretische Vorstellung einer beginnenden quasi-diktatorischen „Neuen Weltordnung" ist in der Tat nicht neu, wurde vor der Coronakrise aber, was christliche Zirkel betrifft, vornehmlich in apokalyptisch orientierten evangelikalen Kreisen kundgetan. Unter Katholiken mit Rechtsdrall hingegen spielte sie keine nennenswerte Rolle. Das aber sollte sich im Mai 2020 maßgeblich ändern. Und auch dabei spielte Kardinal Müller einen wichtigen Part. Anfang Mai 2020, also bereits relativ zu Beginn der Coronapandemie, erschien im Netz der Aufruf „Veritas liberabit vos", den Erzbischof Carlo Maria Viganò, der ehemalige Nuntius, also päpstlicher Botschafter des Vatikans, in den USA initiiert hatte.[8] Zu den Erstunterzeichnern gehörten diverse

---

7 Kardinal Gerhard Müller, Diffamierungskampagne: „Keine einzige der Unterstellungen hat Anhalt in meinen Äußerungen", www.kath.net, 16.12.2021.
8 Inzwischen ist die Seite nicht mehr online. Auf „kath.net" ist der Appell aber noch nachlesbar: Veritas liberabit vos!, www.kath.net, 7.5.2020.

nominell zwar hochrangige Kleriker, die aber seit Jahren als Gegner von Papst Franziskus bekannt und nicht mehr in der ersten Reihe präsent sind.[9] Ebenfalls mit dabei waren Impfgegner, Juristen und Mediziner.

Bereits dieser Aufruf, für den sich die Bezeichnung „Viganò-Appell" eingebürgert hat, orientiert sich stark an der Verschwörungstheorie der „New World Order" bzw. „Neuen Weltordnung", derzufolge mächtige Eliten die Errichtung einer Art gleichschaltenden Weltregierung beabsichtigen, welche zur Auflösung von Nationen, Kulturen und auch Religionen führen soll. Der Wortlaut ist eindeutig: „Wir haben Grund zur Annahme – gestützt auf die offiziellen Daten zur Epidemie in Bezug auf die Anzahl der Todesfälle –, dass es Kräfte gibt, die daran interessiert sind, in der Weltbevölkerung Panik zu erzeugen. Auf diese Weise wollen sie der Gesellschaft dauerhaft Formen inakzeptabler Freiheitsbegrenzung aufzwingen, die Menschen kontrollieren und ihre Bewegungen überwachen. Das Auferlegen dieser unfreiheitlichen Maßnahmen ist ein beunruhigendes Vorspiel zur Schaffung einer Weltregierung, die sich jeder Kontrolle entzieht." „Lassen wir nicht zu, dass Jahrhunderte der christlichen Zivilisation unter dem Vorwand eines Virus ausgelöscht werden, um eine verabscheuungswürdige technokratische Tyrannei aufzurichten, in der Menschen, deren Namen und Gesichter man nicht kennt, über das Schicksal der Welt entscheiden können, indem sie uns in eine virtuelle Wirklichkeit verbannen. Wenn das der Plan ist, mit dem uns die Mächtigen dieser Welt beugen wollen, dann sollen sie wissen, dass Jesus Christus, König und Herr der Geschichte, verheißen hat, dass die Mächte der Finsternis nicht siegen werden (vgl. Mt 16, 18)."

Der „Viganò-Appell" ist sogar so radikal, dass er – wie soll man ihn anders verstehen? – offenbar noch schlimmere Diktaturen als das NS-Regime und die Stalin-Herrschaft fürchtet: „Eine demokratische und ehrliche Debatte ist das beste Gegenmittel gegen die Gefahr subtiler Formen der Diktatur, vermutlich noch schlimmerer Formen als jene, die unsere Gesellschaft in der jüngeren Vergangenheit entstehen und vergehen sah."

Der christliche Ursprung der Verschwörungstheorie von der »Neuen Weltordnung«

Es dürfte kein Zufall sein, dass ausgerechnet Erzbischof Viganò die Verschwörungstheorie von der „Neuen Weltordnung" in bestimmte katholische Kreise hineingetragen hat. Immerhin war er wie erwähnt päpstlicher Nuntius in den USA. Und genau dort hat diese Verschwörungserzählung in ihrer christlichen Spielart ihren Ursprung. Sie entstammt, was in der deutschen Debatte bisher kaum thematisiert wurde, einer pessimistisch und vor allem apokalyptisch ausgerichteten Strömung dortiger Evangelikaler, die ihren ideengeschichtlichen Ausgangspunkt letztlich in der Person des Engländers und ehemaligen anglikanischen Priesters John Nelson Darby (1800-1882)

---

9   Siehe zu weiteren Namen Heinz Niederleitner, Abstieg und Vernunft, www.kirchenzeitung.at, 12.5.2020.

hat, der die „Brüderbewegung" ausgelöst hat. Der pietistisch-evangelikal geprägte Theologe Thorsten Dietz, Professor an der Evangelischen Hochschule TABOR in Marburg und seit 2016 ständiger Gast zur Mitarbeit in der Kammer für Theologie der evangelischen Kirche in Deutschland, grenzt sich wie das Gros der hiesigen Evangelikalen klar von rechten Tendenzen ab. Allerdings sind diese Tendenzen in einem Teil des Milieus auch hier in Deutschland stark ausgeprägt. In dem 2020/2021 von ihm gemeinsam mit dem studierten Medienpädagogen Martin Christian Hünerhoff produzierten Podcast-Zyklus „Das Wort und das Fleisch – Ein Atlas der Christenheit"[10] erklärt Dietz am Ende der zweiten Folge mit dem Titel „Die Aufbrüche der Evangelikalen und Liberalen in der 1960ern"[11] den Ursprung des Mythos von der Weltverschwörung unter Christen.

Er geht auf das 1970 erschienene Buch „The Late Great Planet Earth" des 1929 geborenen US-Evangelisten Hal Lindsey und seiner Co-Autorin Carole C. Carlson zurück. Dieses Werk ist vor dem Hintergrund der kulturellen Liberalisierung seit 1986 sowie des israelischen Sechstagekrieges entstanden – beides Entwicklungen, in denen dafür anfällige christliche Milieus apokalyptische Vorzeichen zu erkennen glaubten.

Eines der meistverkauften Bücher des 20. Jahrhunderts

Mit einer Auflage von über 30 Millionen (!) war „The Late Great Planet Earth" das damals populärste evangelikale Sachbuch und sogar einer der meistverkauften Bestseller des vergangenen Jahrhunderts. Hal Lindseys Bedeutung unter apokalyptisch orientierten US-Christen war so groß, dass selbst Bob Dylan sich während seiner christlichen Phase ab 1978 erheblich von Lindseys Thesen beeinflussen ließ[12] und diese mit dem Buch in der Hand in den Jahren von 1979 bis 1981 auch aktiv auf der Bühne verbreitete.[13] Wer sich anhört, wie Thorsten Dietz Lindseys Endzeitpublizistik beschreibt und zuvor die oben stehenden Worte von Erzbischof Viganò gelesen hat, erlebt ein Déjà-vu: „Die Botschaft ist: Der Antichrist kommt. Es wird eine Welteinheitsregierung geben. [...] Es wird eine Verschwörung antichristlicher Mächte geben. Der Kommunismus breitet sich aus."

Zwar sah Lindsey diese Dinge bis 1988 kommen, unter dem Vorzeichen des Kommunismus, und auch sonst lag er mit seinen Vorhersagen daneben, aber das sollte seinem Erfolg keinen Abbruch tun. In Dietz' Worten hat Lindsey „fast immer falsch gelegen und damit die Menschen gewonnen". Letzteres gilt de facto bis heute, denn Lindsey hat, so Dietz weiter, eine „Matrix" mit einem „einfachen dualen Weltbild" entwickelt, „die sich durchzieht" und

---

10 Thorsten Dietz und Martin Christian Hünerhoff, Das Wort und das Fleisch – Ein Atlas der Christenheit, www.wort-und-fleisch.de.
11 Thorsten Dietz und Martin Christian Hünerhoff, Die Aufbrüche der Evangelikalen und Liberalen in den 1960ern, https://wort-und-fleisch.de.
12 Steve Turner, Bob Dylan finds God – a classic article from the vaults, www.theguardian.com, 11.9.2021.
13 David Boucher und Lucy Boucher, Bob Dylan and Leonard Cohen: Deaths and Entrances, London 2021, S. 79.

die denjenigen, die sie sich aneignen, „bei allem, was geschieht", zeigt, wo sie „Alarm rufen müssen". Das prägende duale Weltbild fasst Dietz wie folgt zusammen: „Es läuft hinaus auf die Konfrontation: der Antichrist gegen die letzten Gläubigen. Und den Antichrist erkennst Du an eindeutigen Markern. [...] Der Antichrist will weltweite Versöhnung und Vereinigung aller Religionen und er verspricht Frieden und Gerechtigkeit. Wie wird er das schaffen? Er wird Chaos errichten. Er wird Chaos schaffen dadurch, dass er moralische Verwahrlosung schafft. Drogensucht, sexuelle Lüste und so weiter. Und es wird so weit kommen, dass im Grunde die 68er erst einmal alle moralischen Bastionen schleifen. [...] Der Antichrist wird sich dann anbieten als Weltherrscher, der alle Religionen zusammenführt, alle Staaten zusammenführt, Medien, Presse. Und alle werden sich sehnen nach Einheit, Frieden und nach Gerechtigkeit. Und so wird er ans Ziel kommen und die Welt beherrschen. [...] Alles was jetzt schon geht Richtung Weltgemeinschaft, Ökumene, UNO, das wird alles des Antichristen Reich."

Eine zutiefst kulturpessimistische Grundhaltung

Vermittelt werde so laut Dietz „eine kulturpessimistische Grundhaltung", die ihre Adepten immer genau wissen lasse, „was falsch ist" und dass man „gegen die Medien, Kultur und eigene Zeit stehen" müsse. Kein Wunder also, dass das Gerede von „Lügenpresse" und das Jammern über den „Zeitgeist" längst auch in Deutschland unter Christen mit Rechtsdrall en vogue ist. Auch gegen die EU und die UNO wird seit Jahren Stimmung gemacht. Zugleich, und das ist besonders bitter, sind Lindsey und seine Anhänger realiter auch als Erneuerer jenes verschwörungstheoretischen Denkens zu sehen, das in den gefälschten und antisemitischen „Protokollen der Weisen von Zion" (1903) zum Ausdruck kommt, gewissermaßen dem Schnittmuster schlechthin für die Idee von der kommenden antichristlichen Welteinheitsregierung. Denn unter apokalyptisch orientierten US-Evangelikalen wurde dieses Machwerk ziemlich positiv rezipiert.

Der Zusammenbruch des Kommunismus tat der Verbreitung der faktisch immer wieder auch antisemitisch grundierten Verschwörungstheorie von der „Neuen Weltordnung" keinen Abbruch. Statt des Kommunismus sah man nun „Finanzeliten", sonstige „Mächtige" oder „Freimaurer"[14] am Werk, die eine „Weltregierung" errichten wollen. Fürchtete man zu Beginn der 1990er Jahre vor allem die US-„Trilaterale Kommission", ein 1973 unter anderem von David Rockefeller gegründeter privater politischer Thinktank, und die schon seit 1921 bestehende Denkfabrik „Council on Foreign Relations", wurden später die ominösen „Bilderberger" zur Verkörperung der heimlichen Weltregierung, während man mittlerweile bei Klaus Schwab und „Davos" sowie Bill Gates und George Soros angekommen ist. Wer nun glaubt, zumindest die Verknüpfung der Verschwörungstheorie der „Neuen Weltord-

---

14 Auch Viganò spricht von einer „relativistischen Ideologie freimaurerischen Denkens": Viganò verteidigt Appell: „Neue Weltordnung muss entlarvt werden", www.katholisch.de, 15.5.2020.

nung" mit Vorstellungen vom Aufstieg des Antichristen müsse doch heutzutage in christlichen Kreisen überholt sein, irrt empfindlich. Das zeigt nicht nur die oben wiedergegebene Behauptung im „Viganò-Appell", wonach „die Mächte der Finsternis nicht siegen werden", sondern auch eine ganz aktuelle neue Äußerung von Erzbischof Viganò, die nochmals radikaler als der Appell ist. Am 14. August 2021 erschien auf Youtube ein Grußwort von ihm an die damaligen Turiner Demonstranten gegen die italienische Coronaschutzmaßnahme des „Grünen Passes".[15] Darin warnt Viganò vor „einer Macht, die sich als in sich böse erweist, beseelt von einer höllischen Ideologie" sowie vor einer „höllischen Dystopie" und „den Dämonen", die „kläglich scheitern" werden.

Die Verschwörungstheorie der »Neuen Weltordnung« und ihre Verbreitung in christlichen Kreisen

In jenen evangelikalen Kreisen in Deutschland, die für die Verschwörungstheorie von der „Neuen Weltordnung" offen sind, wird vor allem die Errichtung einer Welteinheitsreligion gefürchtet, sprich ein Synkretismus, der das Christentum letztlich auflösen soll.

Ganz in diesem Geiste gaben bereits 1988 Peter Beyerhaus (1929-2020) und Lutz E. von Padberg (*1950) den Sammelband „Eine Welt – Eine Religion? - Die synkretistische Bedrohung unseres Glaubens im Zeichen von New Age" heraus. Beyerhaus war ab 1966 bis zu seiner Emeritierung immerhin Professor für Missionswissenschaft und Ökumenische Theologie an der Universität Tübingen, von Padberg bei Erscheinen des Buchs Dozent für Kirchen- und Philosophiegeschichte an der „Evangelisch-Theologischen Fakultät", einer staatlich anerkannten wissenschaftlichen Hochschule im belgischen Löwen. Ähnlich wie Müller und Viganò handelt es sich also nicht einfach bloß um obskure Randfiguren, sondern um Leute, die alleine qua Stellung durchaus Einfluss hatten bzw. haben. Beyerhaus war überdies ein enger Weggefährte von Joseph Ratzinger, dem späteren Papst Benedikt XVI., und 2009 sogar Referent beim jährlichen Treffen von dessen Schülerkreis im italienischen Castel Gandolfo[16].

Als „Eine Welt – Eine Religion?" herauskam, war die – wie bereits gesehen – stets mit der Zeit gehende Verschwörungstheorie der „Neuen Weltordnung" in christlichen Kreisen stark mit der Angst vor Esoterik und dem „New Age" verknüpft, die damals in Teilen der Gesellschaft en vogue waren. Dementsprechend schrieb Padberg in seinem Eröffnungsbeitrag: „Durch eine neue Spiritualität sollen die bisherigen Polarisierungen unter Menschen und Völkern endlich zu einer universalen Synthese in einer kommenden Weltgemeinschaft aus allen Rassen, Kulturen, Religionen und Ideologien

---

15 Marcellus, Erzbischof Carlo Maria Viganò deckt alles auf: Grußwort an die Demonstranten in Turin (15.10.2021), www.youtube.com, 14.11.2021.
16 Schülertreffen in Castel Gandolfo mit Papst Benedikt 2009, www.ratzinger-papst-benedikt-stiftung.de.

harmonisiert werden. [...] Auf breiter Front versucht man, mit dieser synkre-
tistischen Religiosität die herkömmlichen Denkweisen des Menschen gänzlich umzuformen."[17] Bereits 1979 hatte sich Beyerhaus sogar explizit offen für
den Glauben an eine durch „Illuminaten, Freimaurer, Bilderberg Club und
Council of Foreign Relations" geplante Errichtung einer „totalitären Weltregierung" gezeigt, da es „frappierende Informationen" gebe, „die diese
Theorie zu bestätigen scheinen".[18]

Vor diesem Hintergrund offenbart sich, in welcher Denktradition Kardinal
Müller inzwischen steht. Wer genau hinsah, konnte das schon 2019 erahnen,
als Müller im niederbayerischen Kloster Weltenburg der „Führungsschicht
der sogenannten politischen Eliten" attestierte, diese bastelten sich eine
„Einheitsreligion als eine Art spiritueller Vereinigung aller Menschen im
materiellen Lebensgenuss ohne jede Transzendenz".[19]

Neue Rechte und Christen mit Rechtsdrall

Damit siedeln Müller und Viganò verbal und gedanklich sehr nah an Björn
Höcke, dem Thüringer AfD-Vorsitzenden, den das Bundesamt für Verfassungsschutz bereits im März 2020 offiziell als Rechtextremisten eingestuft
hat. Höcke nämlich sagte bei einer Rede auf einer Pegida-Demonstration
im Mai 2018 in Dresden Folgendes: „Die schöne Neue Weltordnung, ist, wie
könnte es für waschechte Ideologen anders sein, eine waschechte Endzeit-
ideologie mit der Auflösung der Staaten, der Völker, der Kulturen, ja sogar,
der, und das ist, glaube ich, die perverse Spitze [...]: der Geschlechter. Also
allem natürlich Gewachsenen will man einfach alle Unterschiede und
Gegensätze dieser Welt eliminieren und eindampfen und gleichschalten."

In der Coronakrise sind Christen mit Rechtsdrall folglich de facto eine
höchst unappetitliche ideenweltliche Allianz mit echten Rechtsradikalen
eingegangen – unter der verbindenden Vorstellung von der Weltverschwörung. So verteidigte etwa der früher einmal angesehene und betont katholische Feuilletonist Matthias Matussek, der sich in den letzten zehn Jahren
in Turbogeschwindigkeit radikalisiert hat und etwa im Juni 2018 bei der
rechtsextremen „Identitären Bewegung" in Halle aufgetreten ist, Kardinal
Müller auf Facebook mit den Worten, dieser sei „aufrecht und mutiger als
seine deutschen Bischofskollegen".[20] Und Klaus Kelle, ein katholischer Publizist, der eigene Veranstaltungen von der „Jungen Freiheit" und der „Epoch
Times" begleiten lässt und seine Internetzeitung „The GermanZ" damit
anpreist, dass in dieser „Political Correctness weitgehend nicht stattfinden"
werde, schrieb eben dort zum „Viganò-Appell", dass er persönlich es „mit

---

17 Lutz E. Padberg, in: Peter Beyerhaus und Lutz E. Padberg (Hg.), Eine Welt – Eine Religion? Die synkretistische Bedrohung unseres Glaubens im Zeichen von New Age, Asslar 1988, S. 11.
18 Peter Beyerhaus: 10 Jahre Wegbereitung für eine weltweite bekennende Kirche. Bericht des Präsidenten des Theologischen Konvents, in: Peter Beyerhaus und Joachim Heubach (Hg.), Zwischen
Anarchie und Tyrannei. Vorträge und Ergebnisse des 3. Europäischen Bekenntniskonvents, Verlag
der Liebenzeller Mission, Bad Liebenzelll 1979, S. 14ff. (38).
19 Müller: Eliten hassen Kirche – Sarah sieht „Krise des Priestertums", www.katholisch.de, 22.11.2019.
20 Vgl. https://www.facebook.com/matthias.matussek/posts/10208943477021778.

Verschwörungstheorien" zwar „gar nicht" habe, jedoch sei der Appell aber nun einmal „nicht so einfach wegzuwischen".[21] In einem Beitrag der von Kelle geleiteten Redaktion von „The GermanZ" heißt es sogar euphorisch, dass „die Unterzeichner in atemberaubender Klarheit Meinungen zur Coronakrise (formulieren), die erhebliche Unruhe in allen Teilen der Welt auslösen dürften."[22] Nah dran sind Christen mit Rechtsdrall bei diesem Thema überdies an rechten Esoterikern, von denen, wie der evangelische Theologie Matthias Pöhlmann in seinem aktuellen Buch „Rechte Esoterik" durchgängig aufzeigt, ebenfalls viele in der Coronakrise die Verschwörungstheorie verbreiten, wonach die Schutzmaßnahmen die Errichtung einer Welteinheitsregierung einleiten sollen.[23]

Christliche »Lebensschützer« und Corona

Nicht alle Christen mit Rechtsdrall gehen so weit, in der Coronakrise die Verschwörungstheorie von der „Neuen Weltordnung" zu übernehmen. So oder so aber haben annähernd alle von ihnen praktisch von Beginn an das Virus verharmlost und später gegen das Impfen Stimmung gemacht. Bizarrerweise befinden sich darunter ausgerechnet viele Christen, die sich stets und ständig besonders lautstark als „Lebensschützer" etikettieren, sich also gegen Abtreibung ins Zeug legen.[24]

Naheliegend wäre es gewesen, dass gerade Christen, die sich als Konservative und „Lebensschützer" begreifen, in einer gefährlichen Krise wie Corona Kargheit und Verzicht üben und predigen. Dem stand jedoch ein massiver Zielkonflikt entgegen: Schon in den Jahren zuvor hatte sich dieses Milieu in ein ausgeprägtes Ressentiment gegen die damalige Bundeskanzlerin Angela Merkel hineingesteigert und fühlte sich auch sonst marginalisiert sowie „gegängelt", wie es dort gerne heißt. Praktisch seit Beginn der Krise machten solche Christen in den sozialen Medien Stimmung gegen die staatlichen Schutzmaßnahmen, vor allem gegen die Maskenpflicht – als „Unterwerfungssymbol" gegenüber der Merkel-Regierung. Und statt für Vorsicht gegenüber dem Coronavirus zu plädieren und Nächstenliebe sowie die Sorge um Vorerkrankte und andere Risikogruppen in den Fokus zu rücken, wertete man die Schutzmaßnahmen gegen das Virus lieber als neuerlichen Beleg für die angeblich autoritäre Bundeskanzlerin und entdeckte sich ganz neu als Freiheitskämpfer bzw. Grundrechtsschützer. So bezeichnete etwa der frühere evangelikale ZDF-Moderator Peter Hahne die Coronamaßnahmen jüngst im Podcast „in dubio" des Blogs „Die Achse des Guten" als „Verbrechen" gegenüber Älteren und Kindern.[25] Und anstatt sich zu freuen, dass in

---

21 Klaus Kelle, Ein Donnerschlag aus der Ewigen Stadt, www.the-germanz.de, 8.5.2020.
22 Gruppe katholischer Kardinäle bezweifelt Gefährlichkeit des Coronavirus: Warnung vor „Kontrolle von Menschen" und einer „Weltregierung", www.the-germanz.de, 8.5.2020.
23 Matthias Pöhlmann, Rechte Esoterik – Wenn sich alternatives Denken und Extremismus gefährlich vermischen, München 2021.
24 Näher dazu: Liane Bednarz, Lebensgefährliche „Lebensschützer", www.spiegel.de, 19.12.2020.
25 Achse des Guten, Indubio Folge 191 – Die Heidenangst der Christen, www.achgut.com, 26.12.2021.

Kirchen geimpft und so Leben geschützt wird, ereiferten sich viele, darunter auch der Österreicher Roland Noé, seinerseits Chefredakteur von „kath.net", im Juli 2021 darüber, dass der Wiener Kardinal Christoph Schönborn im Stephansdom Impfungen angeboten hatte. „Der Wiener Kardinal", so Noé, „verhält sich nicht nur nicht neutral beim Impfthema, er sorgt sogar dafür, dass sie als Heilmittel im Kirchengebäude selbst angeboten wird, was nicht nur unnötig ist, sondern meiner Meinung nach einen klaren Missbrauch für kirchenfremde Zwecke darstellt. ‚Mein Haus soll ein Haus des Gebetes für alle Völker sein. Ihr aber habt daraus eine Räuberhöhle gemacht' (Mk 11,17)."[26]

Antipluralismus, Antiliberalismus und Ethnopluralismus

Auf Außenstehende muss das Geschilderte ausgesprochen befremdlich wirken. In der Binnenlogik der Christen mit Rechtsdrall ist es allerdings leider konsequent und die Kulmination einer seit Jahren zu beobachtenden Entwicklung. Die zentralen Diskurse der Christen mit Rechtsdrall lassen sich gut der ideenweltlichen rechten Trias aus Antipluralismus, Antiliberalismus und Ethnopluralismus zuordnen. Mit Antipluralismus ist eine Haltung gemeint, die davon ausgeht, man selbst sei die alleinige „Stimme des Volkes" und im Besitz der politischen Wahrheit. Der Politologe Jan-Werner Müller spricht in seinem 2016 publizierten Essay „Was ist Populismus?" treffend von einem „moralischen Alleinvertretungsanspruch".[27] Hierin besteht eine entscheidende Schnittstelle zur religiösen Rechten, die sich im Begriff der christlichen Wahrheit glaubt und zugleich meint, diese „politreligiös" auf die Sphäre der Politik übertragen zu können. Eng damit verbunden ist die Verächtlichmachung Andersdenkender. Während man für sich selbst beständig „Meinungsfreiheit" einfordert, spricht man vielfach abfällig über „Mainstreammedien", „Lügen- und „Lückenpresse" oder „Altparteien". Der Dominikanerpriester Wolfgang Ockenfels, Emeritus für Sozialethik der Katholischen Theologischen Fakultät Trier, der mittlerweile im Kuratorium der AfD-nahen Desiderius-Erasmus-Stiftung sitzt, tat auf einem AfD-Kongress in Berlin im März 2017 sogar kund, man solle AfD-kritische Bischöfe als „Herr Hohlkopf" anreden. Zugleich, und das ist ein entscheidender Hebel, wähnen weite Teile der Szene sich aus ihrem großen Ressentiment gegen Angela Merkel heraus schon seit Jahren, insbesondere seit den Eurorettungsmaßnahmen und später der Flüchtlingskrise, in einer Art Quasi-Diktatur, gegen die man „Widerstand" leisten müsse, woraus sich auch die ausgeprägte Anfälligkeit für Verschwörungstheorien in der Coronakrise erklärt.

Der Antiliberalismus rechtschristlicher Zirkel ist ebenfalls stark anschlussfähig an antiliberale Diskurse der Neuen Rechten. Beide verachten die Moderne und den „Zeitgeist", da sie diese als „dekadent" und gegen die „natürliche Schöpfungsordnung" gerichtet empfinden. Es herrscht ein ausgeprägter Kulturpessimismus vor, der ebenfalls eine Erklärung für die Offen-

---

26 Roland Noé, „Wenn Impfung wichtiger als Jesus wird", www.kath.net, 27.7.2021.
27 Jan-Werner Müller, Was ist Populismus?, Berlin 2016, S. 18f.

heit gegenüber apokalyptischen Verschwörungstheorien ist. Hier kommt es ähnlich wie bei der Einforderung eigener Meinungsfreiheit einer-, aber der Verächtlichmachung politischer Gegner andererseits zu einem erheblichen Wertungswiderspruch.

Denn viele reagieren allergisch, wenn sich Kirchenvertreter kritisch zur AfD oder der Pegida-Bewegung äußern oder sich für das Impfen stark machen, und fordern plakativ, diese müssten sich aus der Politik heraushalten, obwohl sie tatsächlich nur die christliche Ethik gegen menschenverachtende Positionen bzw. für den Schutz des Lebens in Stellung bringen. Zugleich aber feierte die Szene 2017 ein damals erschienenes Buch der katholischen Konvertitin Gabriele Kuby. Der Titel dieses Buchs ist unmissverständlich: „Christliche Prinzipien des politischen Kampfes" lautet er.[28] Kuby postuliert darin eine „Dringlichkeit" für Christen", „die Gesellschaft neu- und mitzugestalten", da „offensichtlich" sei, „dass sie zusehends kulturell, sozial, rechtlich und geistlich verfällt".[29] Auch meint sie, dass sich die Demokratie „vor unseren Augen und unter unseren Händen [...] in eine neue Tyrannei [verwandelt], in welcher die politische Klasse die Massen manipuliert und das von ihr definierte politisch Korrekte mit sozialen Sanktionen und zunehmender Kriminalisierung abweichenden Verhaltens erzwingt".[30]

Feindbild Gender

Kuby ist überdies Teil jener christlichen Autoren, die seit Jahren Warnungen vor einer angeblichen „Homosexualisierung" von Schulkindern sowie einer „Gender-Ideologie" aussprechen, wobei im Milieu auch Begriffe wie „Genderwahn" und „Gendergaga" en vogue sind. Statt bei dem Thema „Gender" zu differenzieren und abzuwägen, etwa bei Quotenfragen oder Gendersprache, schlagen viele lieber schrille Töne an oder fordern wie die Aktivistin und Publizistin Birgit Kelle gleich in ganz und gar illiberaler Manier, der universitären Genderforschung sämtliche Budgets zu entziehen.[31]

Besonders drastisch agi(ti)erte 2017 der sich inzwischen im Ruhestand befindende Salzburger Weihbischof Andreas Laun, der 2020 ebenfalls den „Viganò-Appell" unterzeichnen sollte. Er stellte Gender in einem Hirtenbrief faktisch auf eine Stufe mit dem Holocaust und dem Gulag: „In unserer Zeit hat es bereits zwei besonders teuflische Auseinandersetzungen zwischen Gott und Seinem und unserem Feind gegeben, den Nationalsozialismus und den Kommunismus, die unendlich viel Leid über die Menschen brachten. Beide gründeten in gewaltigen Lügen über Gott und die Menschen. Man hätte es bis vor einigen Jahren nicht geglaubt, aber heute ist wieder eine grauenhafte Lüge groß und mächtig geworden. Sie nennt sich Gender, sie greift die Menschen in ihrer Intimsphäre an."[32] Auch der Antiliberalismus,

---

28 Gabriele Kuby, Christliche Prinzipien des politischen Kampfes, Kißlegg 2017.
29 Ebd., S. 22f.
30 Ebd., S. 9.
31 JF-TV: Birgit Kelle und Felix Krautkrämer, www.youtube.com, 15.10.2015.
32 Andreas Laun, Hinter der Gender-Ideologie steht die Lüge des Teufels!, www.kath.net, 25.3.2017.

zu dem eine starke Ablehnung der 68er-Bewegung gehört, kann eine Offenheit für Verschwörungserzählungen schaffen, wonach progressive Eliten eine un- oder gar antichristliche Weltregierung anstreben.

Schließlich vermittelt auch die dritte Säule des rechten Denkens, der „Ethnopluralismus", Anknüpfungspunkte für Verschwörungserzählungen. Nach diesem Konzept werden Ethnien und Kulturen zwar als gleichwertig erachtet, jedoch sollen sie sich untereinander möglichst nicht vermischen. Vielmehr gelte es, eine „Verteidigung des Eigenen" zu betreiben. In diesem Zusammenhang spielt die verschwörungstheoretische Vorstellung eines „Bevölkerungsaustauschs" eine zentrale Rolle. Die Angst vor einer „Vermischung von Völkern" kann ebenfalls den Geist für die Sorge vor einer beabsichtigten Weltregierung öffnen, welche Kulturen und Religionen ihrer Eigenständigkeit berauben soll. Unter Christen mit Rechtsdrall manifestieren sich ethnopluralistische Vorstellungen vor allem in Form einer flagranten Ablehnung des Islams und dem Phantasma einer „Islamisierung". Häufig wird dem Islam sogar abgesprochen, eine Religion zu sein. Er sei nur eine „politische Ideologie". Selbst harmlosen Dialogformaten der Kirchen unterstellt man gerne Synkretismus, also Religionsvermischung. So wird aus dem universalen christlichen Glauben eine Art nationale Abendlandreligion, in der man den Islam verbal bekämpfen muss, um das Christentum in Deutschland zu retten.

Das ausgeprägte Ressentiment gegenüber dem Islam dürfte zudem der Grund dafür sein, dass viele Christen mit Rechtsdrall die im Herbst 2014 in Dresden entstandene Pegida-Bewegung eifrig verteidigten. Ganz besonders tat sich der bereits erwähnte gefallene Star-Feuilletonist Matthias Matussek hervor. Er, dessen Drift gen rechts ab 2014 evident wurde, echauffierte sich über die „Verurteilung der Pegida-Demonstrationen" durch Bundeskanzlerin Angela Merkel, die in ihrer Neujahrsansprache zum Jahr 2015 vor den Dresdner Demos gewarnt hatte. Das, so Matussek, sei „überraschend undemokratisch".[33] Bereits zuvor hatte er Pegida-Kritikern in „Politik und Presse" eine „Gesinnung von HJ-Pöbel" unterstellt[34] und lieferte so ein eindrucksvolles Beispiel dafür, wie das rechtskatholische Milieu, das gerne „Nazikeulen" gegen sich beklagt, bisweilen selbst mit solchen um sich wirft.

Müller, Viganò, Matussek sind nur die wohl bekanntesten Beispiele von Katholiken, die aus der frohen Botschaft des Evangeliums eine finstere Religion des Ressentiments und Verschwörungstheorie im Namen Gottes machen. Das darf sich die katholische Kirche nicht gefallen lassen. Mehr denn je muss sie sich, muss vor allem der Vatikan sich klar dagegen positionieren – auch unter Nennung von bekannten klerikalen Namen.

---

33 Matthias Matussek, 15 Liebeserklärungen an den Osten, www.welt.de, 3.10.2015.
34 Stefan Winterbauer, „HJ-Pöbeln" – Matthias Matussek vergleicht Pegida-Kritiker mit der Hitler-Jugend, www.media.de, 30.12.2014.

Christchurch, Halle, Hanau: Vom Online-Hass zum rechten Terror

Von **Sören Musyal und Patrick Stegemann**

Am 19. Februar 2020 werden Ferhat Unvar, Gökhan Gültekin, Hamza Kurtović, Said Nesar Hashemi, Mercedes Kierpacz, Sedat Gürbüz, Kalojan Velkov, Vili Viorel Pāun und Fatik Saraçoğlu getötet – erschossen, weil der Mörder sie für Muslime, für nicht deutsch gehalten hatte.

Der Täter von Hanau paarte seine Wahnvorstellungen mit einem zutiefst rassistischen Denken: Er schrieb und sprach im Internet von „Rassen" und Kulturen, die zu eliminieren seien, von Volksgruppen, deren Existenz ein grundsätzlicher Fehler sei. Diese Überzeugung setzte er letztlich in die Tat um. Seine Verschwörungstheorien gaben ihm dabei Halt und die Gewissheit, das Richtige zu tun.[1] Und auch wenn zum jetzigen Zeitpunkt nicht klar ist, ob und inwiefern der Täter mit anderen Personen in Kontakt stand und in welchen Communities er sich online bewegte, so zeigt auch der Anschlag von Hanau: Verbinden sich Rassismus und Verschwörungstheorien, entsteht ein wirkmächtiges Weltbild, das aus Redenden und Schreibenden auch Handelnde zu machen vermag. Nach einer Welle rechten Terrors in den vergangenen Monaten ist auch in Deutschland das Bewusstsein gewachsen, dass Netzkulturen zur rechten Mobilmachung und Radikalisierung beitragen. Und dass diese Wechselwirkung zwischen Netzkulturen und rechtsextremer Ideologie Folgen hat – nicht selten tödliche.

In besonders eindringlicher Weise belegt dies das 35minütige Video, das der Attentäter von Halle am 9. Oktober 2019 live ins Internet gestreamt hat. „Hi, mein Name ist Anon, ich glaube, dass es den Holocaust nie gegeben hat", stellt sich der junge Mann vor. Er scheint zu lächeln, obwohl ihm der Schweiß im Gesicht steht. „Feminismus ist der Grund für die sinkenden Geburtenraten im Westen", fährt er fort. Der Westen sei der Sündenbock für die weltweite Massenmigration. „Und die Wurzel all dieser Probleme ist der Jude." Dann rotiert die Kamera, die an seinem Helm befestigt ist – von jetzt an sieht das Publikum, was „Anon" sieht. Man wird darauf sehen, wie er versucht, in die Synagoge einzudringen, um dort am höchsten jüdischen Feiertag, Jom Kippur, ein Massaker anzurichten. Man wird sehen, wie er mit seinen selbst gebauten Waffen an der Tür scheitert und daraufhin eine Passantin

---

1   Die Vorstellungen, die er in seinen Pamphleten entwarf, erinnern zwar an übliche Verschwörungstheorien, doch verweisen sie nie auf bekannte Vorbilder, nutzen nicht das übliche Vokabular wie der Täter in Halle, der sich aktiv auf andere Rechtsterroristen bezog.

erschießt. Man wird dabei sein, wie er sich auf die Suche nach neuen Opfern macht und einen Gast in einem Dönerladen hinrichtet. Man wird hören, wie er all das kommentiert, wie er flucht und mit seinem Publikum die nächsten Schritte zu besprechen scheint. Der Terror von Halle sollte eine Kopie des Massakers werden, das wenige Monate zuvor im neuseeländischen Christchurch 51 Menschen das Leben gekostet hatte. Damit steht der Anschlag in einer Reihe mit anderen Taten des Jahres 2019, die an verschiedenen Orten der Welt stattfanden. Sie alle verbindet, dass eine bestimmte Internetkultur sie ermöglicht hat.

Der 15. März 2019: Christchurch und West Virginia

März 2019, irgendwo in West Virginia, USA. Ein anderer junger Mann spricht in eine Kamera. Doch dieser hier ist besorgt: „This is getting out of hand", sagt er eindringlich. Das gerät hier alles außer Kontrolle. Caleb Cain, Amerikaner, Mitte 20, hat sich entschlossen, in einem YouTube-Video zu erklären, warum er sich von der sogenannten Alt-Right, der „alternativen Rechten" in den USA, habe verschlingen lassen.

Er sitzt in seiner Wohnung, ist sichtlich aufgeregt. „Mein Abstieg in die Pipeline der Alt-Right" heißt sein Video, in dem er in knapp 40 Minuten seine Geschichte erzählt: Wie er aus dem College ausschied, wieder bei seinen Eltern einzog und darüber in Depressionen versank. Wie er sich in seinem Zimmer vergrub und durchs Netz surfte – auf der Suche nach Identität. „Ich wollte stark sein und Macht haben", sagt Cain. Auf YouTube stößt er – wie so viele – irgendwann auf rechte Kanäle, saugt deren Videos auf, taucht immer tiefer ein in eine Welt aus Verschwörungstheorien, Rassismus und Homophobie. Innerhalb kurzer Zeit radikalisiert er sich. Seine Scherze über Minderheiten sind irgendwann keine Scherze mehr. Drei Jahre verbringt Caleb Cain im rechten Netz. Dann kommt der 15. März 2019 – der Tag, an dem er beschließt, dass sich etwas ändern muss, dass er sein Schweigen brechen wird.

Es ist ebenjener Freitag, an dem ein Terrorist in zwei neuseeländischen Moscheen 51 Menschen hinrichtet. Seine Tat kündigt er etwa eine halbe Stunde vorher im Internet an. In einem Forum namens *8chan* schreibt er, dass es an der Zeit sei, aufzuhören mit dem „Shitposting". Zeit für eine echte Aktion. Auch Caleb Cain ist in diesem Forum unterwegs. Es ist einer der wichtigsten Treffpunkte einer Szene, die als Alt-Right bezeichnet wird. Als er mit eigenen Augen sieht, wie aus dieser Community ein Anschlag entspringt und wie der Täter für den Massenmord gefeiert wird, beginnt er zu verstehen, an welcher Welt er all die Jahre mitgebaut hat. *4chan* und *8chan*, diese größtenteils unmoderierten Foren, gelten als Schmuddelecke des Netzes. Hier stehen Rassismus, Pornografie und dumme Witze nebeneinander. Schon immer. Dass nun eines dieser vermeintlichen Schmuddelkinder Ernst gemacht hat, schockiert und überrascht viele gleichermaßen. Wie konnte es nur dazu kommen?

Zum Zeitpunkt des Attentats hat die Onlinekultur, die sich auf 8chan versammelt, bereits einen jahrelangen Prozess der Politisierung und Radikalisierung hinter sich. Der Terroranschlag in Christchurch ist auf mehrfache Weise der vorläufige tragische Höhepunkt dieser Entwicklung. Denn wie sich zeigen wird, ist Christchurch zwar die verheerendste, nicht aber die erste Tat, die diesem Umfeld entspringt. Die *chans*, also verschiedene anonyme Foren, wurden lange als apolitische Räume belächelt, in denen Nerds und Freaks ihren kruden Humor und ihre Fetische ausleben. Mitunter werden sie mit dem Darknet verwechselt, jenem Teil des Internets, der nur über eine bestimmte Software zugänglich ist und in dem von Auftragsmorden über Waffen bis zu Drogen alles erhältlich ist. Die chans aber sind gewöhnlich aufrufbare Webseiten.

4chan – Längst kein apolitischer Raum mehr

Dabei ist vor allem 4chan einer der einflussreichsten Produzenten von Onlinekultur. Bilder, Witze, Memes, die wir von YouTube oder Facebook kennen, haben oftmals hier ihren Ursprung. Die chans sind sogenannte Imageboards. Auf ihnen werden Bilder gepostet, die dann von anderen verbreitet, verändert und mit anderen Botschaften versehen werden – Memes entstehen. Dabei handelt es sich um Wort- und Bildzitate, die aufgegriffen und in einen neuen Kontext gesetzt werden. Das Wort „Meme" erinnert englisch ausgesprochen an das Worte „Gene" für Gen und ist dem griechischen Wort für Imitieren entlehnt. Es ist also etwas, das sich durch Nachahmung immer weiter und weiter vererbt. Theoretisch kann das alles sein: Lieder, Gesten, Geschichten oder eben Bilder, die mit einem neuen Text versehen oder in einem ganz anderen Zusammenhang verwendet werden.

Auf Imageboards wie 4chan oder 8chan geht es lange vor allem darum, lustige Bilder zu posten und die besten Memes zu erfinden, die von anderen geteilt und verbreitet werden. Oftmals ist das witzig, nicht selten aber auch anstößig, rassistisch, frauenfeindlich.

Die Geschichte von 4chan beginnt relativ harmlos. Inspiriert von einem anonymen japanischen Textboard namens 2chan, gründet der damals 15jährige Amerikaner Christopher Poole es im Jahr 2003. Die Nutzer*innen tauschen sich vor allem über Anime und Mangas, asiatische Comics, aus. Sogenannte *Original Posters*, kurz OPs, verfassen einen Beitrag zu einem Aspekt, der sie interessiert, und fügen ein Bild an; andere Nutzer*innen können Kommentare hinterlassen oder eigene Bilder hochladen. All das passiert anonym und führt dazu, dass das Forum begeistert aufgenommen wird und schnell wächst. Andere Themen kommen hinzu, es werden neue Unterforen gebildet, sogenannte Boards. Heute ist 4chan eine viel besuchte Website und unterhält 70 Boards zu den unterschiedlichsten Themen wie Waffen, Fotografie, Fashion, Videospiele oder Pornographie. Dem Betreiber zufolge besuchen monatlich 27,7 Millionen Menschen die Plattform. Pro Tag werden zwischen 900 000 und einer Million Posts erstellt. Zum Vergleich: Die Website des „Spiegel" hat als meistgelesene Nachrichtenseite in Deutschland im Jahr 2019 knapp 23 Millionen Besucher*innen im Monat.

Ein Hort des Antifeminismus, Rassismus und Antisemitismus

Doch mit der Bekanntheit wächst auch der Hass im Forum. Vor allem das Board /new/, auf dem aktuelle Geschehnisse debattiert werden können, driftet bald in rassistische und antisemitische Diskussionen ab; aber auch in anderen Teilen 4chans ist die Atmosphäre vergiftet, etwa im Board /b/ für gemischte Themen. Weil es zur Philosophie von 4chan gehört, für radikale freie Meinungsäußerung einzutreten, wird nichts gelöscht, was nicht gegen US-Gesetze verstößt. Es muss also ein anderer Weg gefunden werden, wenn das Forum normale Nutzer*innen (und natürlich Werbekund*innen) nicht verschrecken soll. Gründer Poole entscheidet sich, den Hass zu kanalisieren, und gründet 2011 ein neues Board mit dem Namen /pol/, das zur bekanntesten und berüchtigtsten Abteilung der Website wird. Schnell sammeln sich hier Leute, die, wie die Journalistin Talia Lavin es ausdrückte, „das N-Wort offen sagen wollen, die Feminist*innen dämonisieren und glauben, es gäbe einen teuflischen jüdischen Einfluss". Kurz: Im Schatten der Anonymität und im Schutze der freien Rede wird /pol/ – das nicht etwa für „politics" steht, sondern für „politically incorrect" – zu einem Hort des konzentrierten Antifeminismus, Rassismus, Antisemitismus und der Verherrlichung des Nationalsozialismus. Laut der amerikanischen NGO *Southern Poverty Law Center* sind die Unterhaltungen auf /pol/ vom rassistischen Überlegenheitsdenken einer „weißen Rasse" geprägt.

Der Versuch Pooles, den Hass auf 4chan zu kontrollieren, scheitert. Der Hass wird nicht weniger, er konzentriert sich nur. 2013 folgen weitere Einschränkungen, wie die Einführung sogenannter Hausmeister und anderer Moderationstools, die die Schimpftiraden im Forum kontrollieren sollen. Der Begründer der einstigen Bastion der unbeschränkten freien Rede, bestehe sie auch aus Beleidigungen, Drohungen und Menschenfeindlichkeit, lenkt ein. Und obwohl das nicht bedeutet, dass solche Inhalte damit endgültig von 4chan verbannt wären, so führt Poole Wege ein, Diskussionen zumindest theoretisch zu regulieren – eine Entscheidung, die so etwas wie den kleinen, noch böseren Bruder 4chans hervorbringen wird. Als Reaktion auf die neuen Regeln gründet der damals 19jährige US-Amerikaner Fredrick Brennan im Oktober 2013 das funktionsgleiche 8chan. „Willkommen auf 8chan, die dunkelste Gegend im Internet", heißt es auf der Startseite. Hier also soll von nun an die „wahre" Meinungsfreiheit gelten. Doch die Zugriffszahlen bleiben lange niedrig, der große Bruder 4chan bleibt die erste Anlaufstelle für grenzüberschreitende Inhalte aller Art.

Viele chan-Nutzer*innen haben eine diebische Freude daran, mit besonders derben, rassistischen und frauenfeindlichen Witzen gesellschaftliche Normen zu verletzen. Ein Argument, das man in diesem Umfeld häufig hört: Es sind doch nur ein paar härtere Scherze in einem Internetforum. Was ist schon dabei? Tatsächlich zeigt sich bereits damals, wie die Kultur der chans sich und ihre Mitglieder schrittweise radikalisiert.

Und der Hass bleibt nicht im Internet. Insbesondere in der Geschichte von 4chan gibt es eine Reihe von Vorfällen, die zeigen, wie aus dem vermeintlichen Online-Spaß echter Offline-Hass wird.

Der Ort, an dem Attentäter verehrt werden

2006 werden für mehrere US-Bundesstaaten Bombendrohungen auf 4chan gepostet: Am letzten Tag des muslimischen Fastenmonats Ramadan sollen in mehreren Footballstadien Sprengsätze explodieren. Die Spiele können nur unter extremen Sicherheitskontrollen stattfinden. Später stellt sich alles als „Scherz" heraus. Der Täter gibt zu Protokoll, dass er nicht davon ausgegangen sei, dass jemand seine Posts ernst nehme, da er selbst nichts von dem glaube, was bei 4chan gepostet würde. Im Dezember 2008 wird ein 20jähriger Australier festgenommen, nachdem er im Forum geschrieben hatte, so viele Menschen wie möglich töten zu wollen. Im Februar 2009 wird eine Schule in Schweden evakuiert, nachdem „aus Spaß" auf 4chan ein „Shooting" angedroht worden war.

Doch es bleibt nicht bei makabren Scherzen: Im November 2014 erscheinen bei 4chan mehrere Bilder des Leichnams einer erdrosselten Frau. Dazu der Text: „Habe festgestellt, dass es viel schwieriger ist, jemanden zu erwürgen, als es in Filmen aussieht." Und weiter: „Checkt in ein paar Stunden die Nachrichten für Port Orchard, Washington." Tatsächlich findet die Polizei eine Leiche, der Täter wird später zu 82 Jahren Haft verurteilt. Hinzu kommen unzählige Hackerangriffe, die im Forum vorbereitet und geplant werden, Nutzer*innen veröffentlichen private Daten und Adressen von willkürlich ausgewählten Menschen oder verbreiten gestohlene Nacktbilder Dutzender prominenter Schauspielerinnen. Die Liste verbaler und nonverbaler Gewalttaten auf 4chan ist lang.

Besonders das Spiel mit Nazisymbolen aller Art erfreut sich großer Beliebtheit. 2008 schaffen es die 4channer, die Google-Liste der meistgesuchten Begriffe so zu manipulieren, dass ganz oben eine Swastika erscheint. Das mag man noch als dummen Scherz auffassen – die Nutzer*innen hatten den HTML-Code für das Hakenkreuz schlicht unzählige Male gegoogelt und so an die Spitze der Liste gebracht. Neben zumindest in Deutschland verbotenen Symbolen sind es jedoch auch Attentäter und Massenmörder, die auf 4chan Interesse erregen. So kursiert dort eine Art Attentäter-Quartett, das die Bilder von 16 Attentätern bzw. Attentäter-Duos zeigt, denen je nach Anzahl der Opfer, unterschieden nach Erwachsenen und Kindern, Punkte zugewiesen werden. Zusatzpunkte gibt es für getötete Polizist*innen sowie anschließenden Selbstmord. Auf den ersten Blick erscheint die Auswahl willkürlich: Der Norweger Anders Breivik steht neben den Columbine-Attentätern, den Tsarnev-Brüdern, die das Bombenattentat 2013 in Boston zu verantworten haben, oder auch neben dem Piloten Andreas Lubitz, der mit einer vollbesetzten Germanwings-Maschine in den Alpen Selbstmord beging. Dieses „Spiel" ist also zunächst einmal weniger eine politische Botschaft als vielmehr Ausdruck einer Faszination von Mord und Gewalt.

Doch schauen wir uns einige der in dem Quartett abgebildeten Massenmörder etwas genauer an, fallen mehrere Dinge auf: Da sind zum einen die beiden Schüler, die am 20. April 1999 in Columbine, Colorado, eines der wohl folgenreichsten Schulattentate verübten. Die Täter zeichnete nicht nur aus, dass sie starke psychische Probleme hatten, sondern auch, dass sie Gamer waren. Das Gleiche gilt für den Schützen, der am 14. Dezember 2012 in der Sandy-Hook-Grundschule in Newtown, Connecticut, Kinder, Lehrende und seine Mutter ermordete. Im zwei Jahre später veröffentlichten Bericht heißt es, dass seine Computerspielsucht und das Abdriften in eine kleine Cyber-Community, die sein dunkles und obsessives Interesse für Massenmorde teilte, die Tat begünstigten.

Auch Tim Kretschmer, der am 11. März 2009 in seiner Schule 15 Menschen erschoss, findet sich im Attentäter-Quartett. Der Amoklauf von Winnenden löste eine lautstarke Debatte über „Killerspiele" aus, denn auch dieser Täter war ein leidenschaftlicher Gamer. Häufig wurde beklagt, die Gewaltdarstellung in den Spielen mache junge Menschen aggressiv und in letzter Instanz womöglich zu „Killern". Dieses sehr einfache Reiz-Reaktions-Argument führt in die Irre – ein Spiel allein macht niemanden zum Mörder. *World of Warcraft,* ein sehr beliebtes Spiel in der Szene, ist beispielsweise, was die Darstellung von Gewalt angeht, ein relativ harmloses Online-Rollenspiel. Und mit *Minecraft* nimmt ein Kreativität verlangender Bausimulator einen wichtigen Platz ein. Weitaus wichtiger als das einzelne Spiel ist die umgebende Gamerkultur. Viele der im Quartett Gefeierten identifizierten sich stark mit dieser Szene: Einer der Columbine-Schützen gestaltete eigene Welten für einen Ego-Shooter, der Sandy-Hook-Attentäter war so süchtig nach einem Spielautomaten, dass der Betreiber der Spielhalle den Stecker ziehen musste, um ihn zum Gehen zu bewegen, und auch der Winnenden-Täter war leidenschaftlicher Zocker.

Incels – der Krieg gegen Frauen und seine Folgen

Die Zielgruppe der Gamingindustrie ist noch immer und trotz gewisser Anstrengungen, auch Frauen zu erreichen, sehr männlich geprägt. In ihrer stark männlichen Beschaffenheit bringt sie zusehends Frauenfeindlichkeit hervor, und so ist es nicht ganz zufällig, dass viele der jungen Männer im Attentäter-Quartett nicht nur Gamer waren, sondern auch mutmaßliche Frauenhasser. Nach dem Amoklauf von Winnenden wurde vermutet, dass Frauenhass ein Motiv der Tat gewesen sein könnte. Elf der zwölf in der Schule erschossenen Jugendlichen waren Mädchen. Auch Elliot Rodger, der 2014 in Isla Vista, Kalifornien, sechs Menschen erschoss, und Marc Lépine, der 1989 in Montreal, Kanada, vierzehn Frauen tötete, begingen ihre jeweiligen Taten aus Antifeminismus und der Überzeugung heraus, von Frauen in ein unfreiwilliges Zölibat gezwungen worden zu sein. Beide finden sich ebenfalls im 4chan-Attentäter-Quartett. Diese Strömung von Männern, die Feministinnen speziell und Frauen allgemein für ihre sexuelle Inaktivität verantwortlich machen, bezeichnet sich selbst als „Incels" (*Involuntary Celibacy* – unfreiwilliger Zölibat). Ursprünglich gegründet als Selbsthilfegruppe, um einsamen Männern etwas Selbstvertrauen und Zuspruch zu geben, hat sich die Bewegung inzwischen zu einer radikalen Männercommunity entwickelt, die offen ihren Frauenhass auslebt. Frauen sind für sie Stacys (attraktiv) oder Beckys (unattraktiv), während sich Männer in Chads, begehrenswerte Alphamänner, beziehungsweise schwache, unattraktive Beta-Männchen einteilen. Frauen werden in der Szene gerne als „Femoide" bezeichnet – eine Wortschöpfung aus „female" und „Humanoide", also etwas Menschenähnlichem. Weil „Incels" sich selbst für sexuell unattraktiv halten, versuchen einige, sich zu „maximieren", machen Diäten, Sport, arbeiten an ihrer Ausstrahlung. Alles, um dem *Inceldom*, dem unfreiwillig zölibatären Leben, zu entkommen. Manche jedoch glauben, dass es nur eine Lösung für ihre Männerprobleme gibt: wahlweise sich selbst oder andere umzubringen.

Es ist diese krude Weltsicht, die Elliot Rodger 2014 in Isla Vista dazu bringt, sechs Menschen zu ermorden. Weil Mädchen ihn in der Vergangenheit unattraktiv gefunden und ihm den Geschlechtsverkehr versagt hätten, wolle er sich nun stellvertretend für alle Frauen an einigen rächen. In seinem Tatmanifest schreibt er, dass er alle Frauen in Konzentrationslager stecken und verhungern lassen wolle. Er selbst werde dabei auf einem hohen Turm sitzen und zusehen. Inzwischen ist Elliot Rodger ein Held der Imageboards, in unzähligen Posts wird er als Vorbild gefeiert. Im Quartett trägt er seinen Szene-Spitznamen „The Supreme Gentleman". Vier Jahre nach ihm rast Alex Minassian in Toronto zehn Menschen tot. In einem Facebook-Post schreibt er und richtet sich dabei direkt an die 4chan-Community: „Die Incel-Rebellion hat begonnen! Wir werden alle Chads und Stacys besiegen! Heil dem Supreme Gentleman Elliot Rodger!" Minuten später beginnt er seine Amokfahrt.

Für die Incel-Bewegung spielen 4chan und 8chan schon lange eine zentrale Rolle. Hier treffen sich „NEETs" („Not in Education, Employment, or Training"), das heißt Menschen, die nicht in Ausbildung, Anstellung oder Praktikum sind, und beschweren sich über verpasste Lebenschancen, baden in Selbstmitleid und beklagen ihre Einsamkeit. Ein guter Nährboden für den Hass auf Frauen, die als Schuldige für diesen Umstand ausgemacht werden. In den Foren wird nicht nur der „Supreme Gentleman" als Held verehrt, junge Männer kündigen hier auch ihre eigenen Gewalttaten an.

Am Abend bevor Christopher Harper-Mercer in Roseburg, Oregon, unter anderem aus Hass gegen Frauen neun andere Menschen ermorden wird, warnt er seine Brüder im Geiste bei 4chan: „Manche von euch sind ganz in Ordnung. Geht nicht zur Schule morgen, wenn ihr im Nordwesten lebt. *Happening Thread* wird morgen gepostet. Bis später." Der erste Kommentar darunter lautet: „Geht der Beta-Aufstand endlich los?" „Beta-Aufstand" ist ein anderer Begriff für die „Incel-Rebellion", die der Täter von Toronto beschwor, oder für den „Krieg gegen Frauen", den Elliot Rodger in Isla Vista führen wollte. All diese Täter stehen stellvertretend für eine Gruppe junger Männer, die in einer gewaltsamen Revolution gegen die „Welt der Frauen" ihre Erlösung suchen. Rodger ist ihr Vorreiter. Dass er in der chan-Kultur verehrt wird, lässt Zweifel aufkommen an der These, dass es in den Foren um das harmlose, rein gedankliche Überschreiten kultureller Grenzen gehe. Vielmehr entsteht der Eindruck, dass sich hinter dem rüden Humor, der in den Foren gepflegt wird, ein gefährliches Weltbild versteckt. Und dieses besteht nicht nur aus dem Selbstmitleid gewaltbereiter Junggesellen, sondern ebenso aus rassistischem und antisemitischem Denken. Oftmals geht das eine mit dem anderen einher.

Besonders der Fall William Atchisons, der angibt, von Elliot Rodger zu seinem Attentat in seiner ehemaligen Highschool inspiriert worden zu sein, zeigt, wie die Ressentiments verschmelzen. Schon 2016 erhält Atchison Besuch vom FBI, weil er in einem Gaming-Forum gefragt hatte, wo er sich ein Sturmgewehr besorgen könne. Auch im Zusammenhang mit dem Attentat in München am 22. Juli 2016 taucht Atchison auf: Dort erschießt der 18jährige Schüler David Sonboly neun Menschen in einem Einkaufszentrum und tötet sich danach selbst. Seine Opfer hielt er für Ausländer*innen, und für seine Tat wählte er den Jahrestag des Anschlags von Anders Breivik. Und doch erkennen die Behörden den Anschlag lange nicht als rechtsmotiviert an. Erst über drei Jahre später – Ende Oktober 2019 – folgen sie der Einschätzung der Gutachter.

David Sonboly, das stellt sich im Zuge der Ermittlungen heraus, tauscht sich vor seiner Tat in Onlineforen mit Atchison über Amokläufe aus. Den Ermittler*innen, sowohl den amerikanischen als auch den deutschen, wird diese Verbindung offenbar erst später bekannt, und Atchison wird trotz seiner Bemühungen, an eine Waffe zu gelangen, nicht festgenommen.

Atchison feiert die Tat seines deutschen Gesinnungsbruders in einer von ihm gegründeten Gruppe auf der Gamer-Plattform *Steam*, wo Nutzer sonst Spiele kaufen und sich miteinander vernetzen. Der Name von Atchisons Gruppe: „Anti-Refugee club". Atchison ist überzeugter Troll und Sympathisant der Alt-Right. Er verfasst rassistische Posts auf YouTube und Steam, aber auch auf einschlägigen rechtsextremen Seiten wie *Daily Stormer* oder im */pol/*-Board von 4chan. Es dauert nur etwas mehr als ein Jahr, bis er selbst zur Tat schreitet: Am 7. Dezember 2017 erschießt Atchison eine Schülerin und einen Schüler der Aztec High School in New Mexico. Danach tötet er sich selbst. Bei der Obduktion entdecken die Ermittler auf seinem Körper verschiedene aufgemalte Botschaften: ein Hakenkreuz und die Buchstaben SS, aber auch den Slogan „Build the Wall", den die Anhänger*innen Trumps gern bei dessen Veranstaltungen rufen. Außerdem findet sich das Akronym AMOG, das für „Alpha Male Of the Group" steht und unter Incels verwendet wird, um die stärksten Männer der Gruppe zu bezeichnen.

Unter jenen, die sich aus der Anonymität der chans in das Rampenlicht der Gewalt begeben haben, steht Atchison ganz besonders für eine Überlappung der chauvinistischen Ideologien, die für die chan-Kultur von heute charakteristisch sind.

Wer in rechtsextremen Foren unterwegs ist, wird einer Frage häufig begegnen: „Was war deine *Red Pill*?" Der Begriff kommt aus dem Film *Matrix*, in dem die Hauptfigur Neo von Morpheus vor die Wahl gestellt wird: Willst du die Welt mit offenen Augen sehen, dann nimm die rote Pille. Sie bedeutet aber auch: Du führst ein Leben im Widerstand. Willst du weiter in einer Illusion leben, dann nimm die blaue. Der Moment des *Redpillings* ist also jener, in dem Menschen das wahre Wesen der Welt zu begreifen und der Scheinwelt des Establishments zu entkommen glauben.

»Was war deine Red Pill?«

4chan und artverwandte Seiten sind zu *Red-Pill*-Marktplätzen geworden. Neben der Incel-Rebellion, dem Aufstand der angeblich unterdrückten Männer, geht es nun auch um den Widerstand der Weißen, die Verteidigung der westlichen Zivilisation und die „Endlösung" der „jüdischen Frage". Ein Datenleck in US-amerikanischen rechtsextremen Foren von 2017 belegt diese Radikalisierung und zeigt unter anderem, was Rechtsextreme selbst als Grund für ihre Radikalisierung angeben. 75 solcher Redpilling-Berichte haben der Journalist Robert Evans und das Recherchenetzwerk *Bellingcat* in einem Datensatz, den das Medienkollektiv *Unicorn Riot* gesammelt hat, gefunden. Wirklich überraschend ist kaum einer. Denn sieht man mal von den vier Leuten ab, die einen LSD-Trip als Ursache ihrer „Erweckung" angeben, bezieht sich die größte Gruppe auf: die chan-Foren. Der User „Drinkbleach" etwa gibt an, im */pol/*-Board auf ein *Redpilling*-Starterpack gestoßen zu sein. „Max" schreibt, er sei auf das Forum gestoßen, weil er nach Hitler-Memes gesucht habe. Was er dort fand, habe ihm die Augen geöffnet. „Mole (NL)" berichtet, dass ihm ein Freund 4chan empfohlen und ihn sogar noch gewarnt habe: „Komm bloß nicht in diese ‚Hitler tat nichts Falsches'-Schiene!" Die Selbstverständlichkeit, mit der Männer in diesen Foren die chan-Kultur als maßgeblich für ihre persönliche Radikalisierung angeben, spricht Bände.

In den chan-Foren gibt es eine eigene Sprache, Codes, die nur versteht, wer schon tief in der Szene ist, und die dazu dienen, sich nach außen abzugrenzen. Immer wieder tauchen beispielsweise Begriffe wie „die Kekosphäre", „Kekismus" oder einfach „Kek" auf. Sie reichen aus, um zu signalisieren, welchen Weg man selbst gegangen ist: „Kek" ist so etwas wie das Codewort für die Online-Welt der radikalen chan-Boards. Ursprünglich stammt es aus dem Computerspiel *World of Warcraft*. Dort gibt es zwei Spielerfraktionen, die nicht miteinander kommunizieren sollen. Tun sie es dennoch, wird ihre Konversation in Kauderwelsch übersetzt. „Kek" ist in diesem System die Übersetzung für „lol", ein Internetwort, mit dem Lachen ausgedrückt wird. Ein Ausspruch, der Lachen bedeuten soll, steht in den rechtsextremen Foren für das Eingangstor zur Alt-Right, zur Holocaust-Leugnung und zum Antisemitismus. Aus der Geschichte der chans heraus ergibt das durchaus Sinn. Was als schwarzer Humor begann, führte über Gamergate zur

Alt-Right. Dass es Nutzer gibt, die angeben, in Diskussionen anfangs nur ironisch Nazi-Argumente verwendet oder sich aus Spaß antisemitisch geäußert zu haben, steht quasi symptomatisch für die Entwicklung, die diese Foren durchlaufen haben. Kek, das laute Auflachen, ist längst kein Spaß mehr. Es ist Symbol einer hochpolitisierten Ironiekultur geworden. Heute gibt es das Land „Kekistan", eine Phantasienation, deren Flagge der deutschen Reichskriegsflagge nachempfunden ist. Das Rot wurde durch Grün ersetzt, das Hakenkreuz durch ein Kek-Palindrom und das Kreuz der Wehrmacht durch das 4chan-Logo. Inzwischen taucht diese Fahne auch außerhalb des Internets auf: auf Demonstrationen der radikalen Rechten in den USA – zum Beispiel bei der „Unite the Right Rally" in Charlottesville, bei der eine Gegendemonstrantin von einem Neonazi getötet wurde, als dieser mit seinem Auto in die Menge fuhr. Die Kekistanfahne ist ein weiteres Beispiel für die gängige Argumentation der chan-Nutzer*innen. Darauf angesprochen, würden die meisten wohl antworten, dass die Flagge lediglich jene „Social Justice Warriors" auf den Arm nehme, die den Verweis auf die Reichskriegsflagge erkennen. In bestimmten Foren aber bedeutet „Kekistan" mehr. Dort stehen die Buchstaben als Abkürzung für „Kill Every Kike, Immediately Start The Aryan Nation". Töte alle Juden, gründe sofort die arische Nation.

Es ist diese Doppeldeutigkeit, die die chan-Kultur kennzeichnet. Rechte nutzen sie bewusst, um zu provozieren. Doch tragen Symbole eben auch dann eine Bedeutung in sich, wenn sie ironisch gezeigt werden. Selbst wenn „Kekistan" als Witz begann, ist es nun ein Symbol der Alt-Right. Das Praktische daran ist: Gegenüber Außenstehenden kann stets behauptet werden, es handle sich nur um einen Scherz. In der Gruppe aber werden diese Symbole selbstverständlich erkannt. Sie schaffen eine starke Abgrenzung nach außen und stärken das Gemeinschaftsgefühl. Sie erlauben es, mit dem Finger auf die anderen zu zeigen, auf die „Outsider", die sich durch ihre Empörung quasi selbst als Feind markieren. Typische Embleme der Alt-Right sind oftmals inhaltlich offen, wie ebenjene Flagge, die auch von simplen Trollen benutzt wird. Auf diese Weise werden Memes ebenso von jenen weitergetragen, die sie vielleicht ganz anders kennen, meinen und verstehen.

Prominentestes Beispiel ist die Comicfigur „Pepe der Frosch". Matt Furie erfindet sie schon 2005, seinen Durchbruch aber feiert der grüne Geselle erst 2015, als 4chan ihn für sich entdeckt und zu einem der größten Memes im Internet macht. Vor allem das Board /r9k/ ist wohl dafür verantwortlich, dass eine unschuldige Cartoonfigur zum Symbol der Alt-Right geworden ist. Die *Anti Defamation League,* eine Nichtregierungsorganisation, die sich dem Kampf gegen wie auch immer gearteten Hass verschrieben hat, führt ihn seit 2016 offiziell als rassistisches Symbol. Dabei wird er durchaus auch von nicht rechten Internetnutzer*innen verwendet. Doch die Assoziation der Comicfigur mit rassistischen Inhalten sorgt dafür, dass es zusehends schwieriger wird, sie als politisch neutral zu verstehen. Pepe ist ohne die Variationen in SS-Uniform oder als Grenzschützer an der mexikanischen Grenze nicht mehr zu denken. Auf diese Weise wird die Internetkultur bewusst für das *Memetic Warfare,* die Kriegsführung mit Memes, instrumentalisiert.

Nach dem Christchurch-Attentat dauert es nicht lange, bis Pepe in einem schwarzen Kampfanzug, mit Helm und dem rechtsradikalen Sonnenrad auf chan-Boards auftaucht. Mit der „Christchurch-Edition" des Frosches wird dem rechtsradikalen Täter gehuldigt. Genau darauf hat dieser gesetzt: Er kündigt seine Tat auf 8chan an und verwendet dabei das Meme eines australischen Shitposters. Während er den Anschlag live auf Facebook streamt, spielt er ein antimuslimisches Lied aus dem Jugoslawienkrieg – es grassiert seit Jahren im Netz und trägt dort den rassistischen Namen „Remove Kebab", wobei Kebab für muslimische Menschen steht. Diese Aufschrift findet sich auch auf einer der Waffen des Attentäters. Und kurz bevor er in die erste Moschee eindringt, legt er seinen Zuschauer•innen nahe: „Subscribe to PewDiePie". Ein Meme, das einst entstand, als ein indischer Bollywoodkanal den schwedischen Influencer „PewDiePie" von Platz eins der meistabonnierten YouTube-Kanäle zu verdrängen drohte. Dieser reagierte mit einer absurd riesigen Kampagne und startete so eine ironische Netzbewegung.

Der Attentäter legt also großen Wert darauf, Aufmerksamkeit von einer ganz bestimmten Zielgruppe zu bekommen. Der Christchurch-Attentäter adressiert direkt die chan-Kultur, entspricht mit seinem Livestream in Ego-Shooter-Optik der Gewalt- und Sensationslust der Community und hofft so auf eine möglichst große Resonanz in diesen Foren. Dort sieht er das meiste Potential für Nachahmungstaten und die Konservierung seiner Ideen. Der Terroranschlag von Christchurch zeigt überdeutlich die Verbindung zwischen Trollkultur und Rechtsextremismus. Er ist eine neue Form des Terrorismus, die nicht mehr nur auf Schrecken und Tod setzt, sondern mit den Mitteln der sozialen Medien direkt das zugeneigte Publikum sucht – live und in Farbe. Es ist Troll-Terrorismus.

Vom Feindbild der »Political Correctness« zum »Infowar«

Das gerate hier alles außer Kontrolle, das müsse ein Ende haben, sagt Caleb Cain in seinem Video über die Alt-Right. Für die Rechtsextremen der *chan*-Foren, der Alt-Right und der White Supremacists aber hat es gerade erst begonnen. Der Erfolg von Donald Trump ist ihr gemeinsamer Erfolg, die Tat von Christchurch ihre gemeinsame Tat, zumindest der Anfang einer langen Reihe ähnlicher Taten. Am 27. April 2019 tötet ein 19-Jähriger einen Menschen in einer Synagoge im kalifornischen Poway. Er versucht, seine Morde auf Facebook live zu übertragen, und veröffentlicht kurz vor der Tat ein Manifest auf 8chan. Am 3. August 2019 tötet ein 21-Jähriger in El Paso, Texas, 22 Menschen aus rassistischen Motiven. Auch er postet auf 8chan eine Ankündigung und ein Manifest. Am 10. August 2019 versucht ein Jugendlicher in Norwegen, ein Blutbad in einer Moschee anzurichten, wird jedoch von einem Gläubigen überwältigt. Seine Ankündigung postet er auf dem Imageboard *Endchan* – vermutlich, weil 8chan zu diesem Zeitpunkt wegen des Shootings in El Paso vom Netz genommen wurde. Außerdem stellt er ein Bild ein, das ihn in einer Reihe mit den Tätern von Christchurch, Poway und

El Paso zeigt. Am 9. Oktober 2019 erreicht der chan-Terrorismus Deutschland, als ein Mann versucht, die Synagoge in Halle zu stürmen, um dort ein Massaker anzurichten. Als er zwei Tage später dem Haftrichter vorgeführt wird, gibt sein Anwalt zu Protokoll, dass er vor allem auf 8chan unterwegs gewesen sei. Der Beschuldigte erklärt, dass er nach Christchurch angefangen habe, seine Tat vorzubereiten. Wie auch die anderen drei Nachahmer wollte er fortsetzen, was in Neuseeland begonnen wurde.

Der Massenmord von Christchurch hat augenscheinlich zu einer weiteren Radikalisierung in der Alt-Right und den chan-Foren geführt. Wie in Ego-Shooter-Spielen werden die „Kills" gezählt und mit dem neuseeländischen Vorbild verglichen: Es ist die Gamification des Terrors. Die Imageboards geraten nun immer mehr in den Fokus der Öffentlichkeit und der Behörden. Ein Internetanbieter stellt nach El Paso die Zusammenarbeit mit 8chan ein – die Seite verschwindet daraufhin vorübergehend aus dem Netz. Sogar ihr Gründer Fredrick Brennan, der inzwischen allerdings nicht mehr ihr Inhaber ist, kündigt an, alles dafür zu tun, um die Seite offline zu halten. „Weil die Welt ohne sie besser dran ist." Wie schon beim Gamergate, als die radikalsten *Channer* von 4chan zu 8chan abwanderten, ist auch jetzt davon auszugehen, dass sich neue Treffpunkte bilden werden. Mit *Endchan* steht ein Forum bereit, das die heimatlos Gewordenen aufnehmen will. Auf der Startseite heißt man die *„8ch*-Flüchtlinge" willkommen. Im Oktober 2019 geht mit *8kun* zumindest zeitweise ein identischer Nachfolger online. Es wird nicht der letzte Versuch gewesen sein.

Die Neue Rechte in Deutschland ist seit ein paar Jahren darum bemüht, diese Kultur des Hasses, der Menschenfeindlichkeit und der Lüge in den deutschsprachigen Raum zu importieren: „Political Correctness" ist schon lange das gemeinsame Feindbild der Rechten, doch seit der letzten Bundestagswahl wird nun zum „Infokrieg" getrommelt: Memes als Schwerter, Frösche als Symbol, Hass und Verschwörung als täglich Brot. Nicht zuletzt mit den Mitteln der Alt-Right arbeitet die Neue Rechte in Deutschland an einer Kulturrevolution von rechts. Angesichts der Drastik der Ereignisse des Jahres 2019 – Walter Lübcke wird ermordet, rechtsextreme, waffenhortende Gruppen führen „Todeslisten" über ihre politischen Feind*innen, ein 4channer versucht, in einer Synagoge ein Massaker anzurichten –, angesichts all dessen ist davon auszugehen, dass der in den chan-Foren ausgerufene Kulturkampf auch in Deutschland schon länger tobt.

Dabei ist nicht nur die Vereinnahmung von Internet- und Memekultur zentral, sondern ebenso die Tatsache, dass Gamergate und die Alt-Right Bewegungen des Social-Media-Zeitalters sind. Sie wurden groß, als die sozialen Netzwerke Mainstream wurden, und sind dementsprechend stark von ihnen geprägt. Influencer*innen kommt dabei eine besondere Rolle zu. Längst ist auch in Deutschland zu beobachten, wie die Neue Rechte darauf setzt, bekannte Internetpersönlichkeiten aufzubauen. Bei alledem zeigt sich: Die „sozialen" Medien sind längst das Schlachtfeld des rechten Kulturkampfes – und sie geben die Art der Kriegsführung vor.

Bedrohung von innen

Rechtsextreme in den Sicherheitsbehörden

Von **Heike Kleffner und Matthias Meisner**

Wie groß ist die Gefahr durch Polizist:innen und Soldat:innen, die sich nicht mehr dem Grundgesetz verpflichtet fühlen? Wie bedroht ist der Rechtsstaat, wenn langjährige Richter:innen, führende Verfassungsschutzvertreter:innen oder Staatsanwält:innen antisemitischen Verschwörungsnarrativen oder der Ideologie der White Supremacy anhängen und aktiv den demokratischen Rechtsstaat abschaffen wollen? Wie ernst nehmen die Institutionen des Rechtsstaats den eigenen Schutz und das Ausmaß der Bedrohung?

Das sind zentrale Fragen im Superwahljahr 2024, in dem die als rechtsextremistisch eingestufte Thüringer AfD zur stärksten Fraktion im Erfurter Landtag avancieren kann – und nicht nur dort. Die Folgen wären weitreichend: von der realen Gefahr, dass mit Björn Höcke ein NS-Apologet und Faschist ins Amt des Ministerpräsidenten von Thüringen gewählt werden könnte, bis hin zur rechten Neuausrichtung der Medien- und Asylpolitik und konkreter Einflussnahme auf die Justiz, etwa indem Richterämter mit politisch einschlägigen Jurist:innen besetzt werden. Wie groß die Gefahr ist, zeigen die Ergebnisse der Kommunalwahlen in Ostdeutschland: In Brandenburg, Sachsen-Anhalt und Mecklenburg-Vorpommern hat die rechtsextreme Partei jeweils die meisten Stimmen bekommen – in mehreren Gemeinden entfielen auf die AfD sogar mehr als 50 Prozent, etwa in den Landkreisen Görlitz und Bautzen, in der Sächsischen Schweiz sowie im Erzgebirge.

Angesichts dieser Ergebnisse stellt sich die Frage: Lassen sich demokratische Politiker:innen weiterhin von einem besorgniserregenden Optimismus leiten, dass es schon nicht so schlimm kommen werde, trotz gegenteiliger Faktenkenntnis und trotz des Drängens von Expert:innen? So mahnen etwa ehemalige Verfassungsrichter:innen eine Änderung des Bundesverfassungsgerichtsgesetzes zum Schutz vor Demokratiefeinden an. Je nach Bundesland, Perspektive und unmittelbarer Bedrohung durch rechtsextreme Netzwerke fallen die Antworten sehr unterschiedlich aus.

Wie groß die Bedrohung für demokratisch Engagierte ist, zeigt sich beispielsweise in Mecklenburg-Vorpommern: Seit fünf Jahren warten hier 29 Frauen und Männer, die sich als Asylrechtsanwält:innen, Politiker:innen von SPD, Linkspartei und Grünen oder in Initiativen und Bündnissen für Geflüchtete und gegen Rechtsextremismus engagieren, darauf zu erfahren, wie und warum ausgerechnet sie in die umfangreichen Datensammlungen über

„politische Gegner:innen" gelangten, die das rechtsextremistische Nordkreuz-Netzwerk anlegte. Ihre Gemeinsamkeit: Ihre persönlichsten Daten –
Wohnanschriften, Informationen zu ihren Freundeskreisen bis hin zu Woh-
nungsgrundrissen und Fotos – waren bei Durchsuchungen von Büro- und
Privaträumen von am Nordkreuz-Netzwerk beteiligten Personen in Dossiers
gefunden worden. Gegen zwei Mitglieder des rund 40-köpfigen Netzwerks
aus ehemaligen SEK-Beamten des Landeskriminalamts Mecklenburg-Vorpommern, ehemaligen NVA-Elitesoldaten und Reservisten der Bundeswehr
hatte die Bundesanwaltschaft wegen des Verdachts auf Vorbereitung einer
schweren staatsgefährdenden Straftat nach Paragraf 89 Strafgesetzbuch
ermittelt. Immerhin stand der Verdacht im Raum, dass das Netzwerk mehr als
20 000 Schuss Munition, zahlreiche Waffen, mehrere hundert Leichensäcke
und Löschkalk gehortet habe, um am „Tag X" gegen die vorher ausgespäh-
ten politischen Gegner:innen vorzugehen. Doch im Dezember 2021 stellte die
Bundesanwaltschaft das Ermittlungsverfahren gegen Haik Jaeger, Kriminal-
kommissar aus Grabow (Landkreis Rostock) und einen weiteren Beschuldigten sang- und klanglos ein. Als Konsequenz blieb eine Geldstrafe für Jaeger
wegen Verstößen gegen das Waffengesetz. Hat Jaeger die Daten für die Per-
sonendossiers der Feindesliste durch seine dienstlichen Privilegien als Poli-
zeibeamter aus den Polizei-Datenbanken an das Nordkreuz-Netzwerk wei-
tergegeben? Und droht den Betroffenen immer noch Gefahr? Das Schweriner
Innenministerium und auch die Justiz verweigern den Betroffenen bis heute
Akteneinsicht und Informationen.

Mecklenburg-Vorpommern: Feindeslisten aus dem Polizeiapparat?

Dabei hatte das Bundesinnenministerium noch im Sommer 2021, also noch
zur Amtszeit von Minister Horst Seehofer (CSU), erklärt, dass die Sicherheitsbehörden von einem Fortbestand des Netzwerks ausgehen würden. Im
zweiten Lagebericht „Rechtsextremisten, Selbstverwalter und Reichsbürger in Sicherheitsbehörden" berichtet das Bundesamt für Verfassungsschutz
im Jahr 2022: Das Nordkreuz-Netzwerk sei ein Beispiel für „das besondere
Bedrohungspotenzial rechtsextremistischer Netzwerkstrukturen, die die
speziellen Zugänge, Fähigkeiten und Wissensbestände von Behörden koor-
diniert für Selbstermächtigungsfantasien und gegen die Rechtsordnung zu
nutzen versuchten".[1]

Während die Betroffenen der Feindeslisten nun hoffen, dass zumindest
der zweite NSU-Untersuchungsausschuss im Schweriner Landtag Akteneinsicht erhält, tritt Haik Jaeger neue Ämter für die AfD an, nachdem er
zeitweilig stellvertretender Vorsitzender im AfD-Landesfachausschuss für
Innere Sicherheit, Justiz und Datenschutz war. Der suspendierte Polizeibe-
amte zieht für die AfD als Abgeordneter im Kreistag Nordwestmecklenburg
und als Stadtvertreter in Neukloster ein. Dort bekam er mit Abstand so viele

---

1   Bundesamt für Verfassungsschutz, Rechtsextremisten, Selbstverwalter und Reichsbürger in Sicherheitsbehörden, Berlin 2022.

Stimmen wie kein anderer Bewerber in der Kleinstadt. Die AfD wolle „die Attraktivität als Wohnort unter anderem durch eine höhere Polizeipräsenz steigern", vermeldete die Lokalausgabe der „Ostsee-Zeitung" zuvor.

Frankfurt am Main: »Konsequent konsequenzlos«

Auch in Hessen sind die fünf Polizist:innen des 1. Polizeireviers in Frankfurt am Main, die seit August 2018 im Verdacht stehen, in einer Chatgruppe mit der selbstgewählten Bezeichnung „Itiotentreff" täglich durchschnittlich mehr als zwei rechtsextreme und menschenverachtende Memes und Nachrichten geteilt zu haben, noch vom Dienst suspendiert – zum Teil seit fast sechs Jahren bei vollen Bezügen. Im Februar 2024 stellte die Staatsanwaltschaft Frankfurt die Ermittlungen gegen zwei der Polizist:innen des 1. Frankfurter Polizeireviers ein, die konkret im Verdacht standen, an der Drohserie des sogenannten NSU 2.0 beteiligt gewesen zu sein. Die Ermittlungsbehörden waren davon ausgegangen, dass mindestens zwei Polizist:innen aus der Chatgruppe „Itiotentreff" ohne dienstlichen Auftrag die geschützten Meldedaten der Frankfurter Rechtsanwältin Seda Başay-Yıldız, ihrer damals zweijährigen Tochter sowie die ihrer Eltern abgefragt hatten. Diese Daten waren Grundlage der Morddrohungen des NSU2.0. Seit fast sechs Jahren kämpft Seda Başay-Yıldız gemeinsam mit anderen von den NSU 2.0-Morddrohungen betroffenen Journalist:innen, Parlamentarier:innen und Engagierten für eine lückenlose Aufklärung und Konsequenzen. „Es ist einfach zu frustrierend. Konsequent konsequenzlos", lautet inzwischen das Fazit der Frankfurter Anwältin, das auf so viele andere Fälle auch zutrifft.

Denn Ende Mai 2024 wurde zudem bekannt, dass der Bundesgerichtshof das Urteil des Landgerichts Frankfurt am Main bestätigt hat, wonach für die fast drei Jahre währende Serie an Faxen, E-Mails und Briefen mit Morddrohungen des NSU 2.0 ausschließlich der heute 56-jährige Alexander M. aus Berlin als Einzeltäter verantwortlich gewesen sein soll. Auch der Bundesgerichtshof musste allerdings eine zentrale Leerstelle zugeben: „Das Landgericht hat keine konkreten Feststellungen dazu treffen können, wie der Angeklagte an die Daten gelangte. Zu vier Geschädigten gab es im Tatzeitraum örtlich und zeitlich lokalisierbare, unberechtigte Datenabfragen von Polizeicomputern aus, so im August 2018 von einem Rechner des 1. Polizeireviers in Frankfurt am Main."[2] Die Vorsitzende der Dritten Strafkammer des Landgerichts Frankfurt hatte bei der Urteilsverkündung im November 2022 erhebliche Zweifel daran geäußert, dass der 56-jährige Berliner auch für das erste Drohfax des NSU 2.0 verantwortlich sei. Seda Başay-Yıldız und ihre Anwältin Antonia von der Behrens hatten im Verfahren gegen Alexander M. einen beunruhigenden, auf viele Indizien gestützten Verdacht geäußert: Der Polizist Johannes S., der von Kollegen wegen seiner rechtsextremen Ein-

---

2   Vgl. Beschluss des Bundesgerichtshofs, 3 StR 300/23, 21.3.2024.

stellungen auch in der Uniform eines SS-Obersturmbannführers karikiert wurde, sei Urheber des ersten Drohfaxes des NSU 2.0 gewesen und habe möglicherweise im Darknet Kontakt zu Alexander M. aufgenommen. Johannes S. war auch Teil der Chatgruppe „Itiotentreff": So versandte Johannes S. nach Recherchen des Portals „FragDenStaat" beispielsweise am 1. Oktober 2015 ein Meme mit einem Hakenkreuz und einer Abbildung der Bepanthen-Salbe, versehen mit der Aufschrift „Sieg und Heilsalbe. Mit 100 % Zyklon B. Gegen Flüchtlinge und illegale Einwanderer. 50 gr NSDAP".[3]

Für Johannes S. und seine Kolleg:innen gibt es bis heute keine strafrechtlichen Konsequenzen. Im März 2023 lehnte die Sechste Große Strafkammer des Landgerichts Frankfurt die Zulassung der Anklage unter anderem wegen des Verwendens von Kennzeichen verfassungswidriger Organisationen, Volksverhetzung und Besitzes und Verbreitung pornografischer Schriften gegen Johannes S. und vier weitere beschuldigte Polizist:innen ab. Die Kammer geht offenbar davon aus, dass das für alle angeklagten Tatbestände notwendige Merkmal des „Verbreitens" der Inhalte nicht erfüllt sei, weil es sich um geschlossene Chatgruppen gehandelt habe. Ein Teil der Inhalte falle zudem unter „Satire". Über die Beschwerde der Generalstaatsanwaltschaft gegen die Nichtzulassung der Anklage ist bislang noch nicht entschieden worden.

Reichsbürger und QAnon-Gläubige: Umsturzpläne gegen den Staat

Wie groß ist die Bedrohung für den Rechtsstaat also auch aus dem Inneren seiner Institutionen? In wessen Händen liegt unsere Sicherheit? Und wem fühlen sich Funktionär:innen und Mandatsträger:innen der AfD verpflichtet, die vor ihrem Einzug in die Parlamente als Polizist:innen, Richter:innen oder Staatsanwält:innen arbeiteten? Diese Fragen begleiten auch die Prozesse gegen die mutmaßlichen Verschwörer:innen um Heinrich XIII. Prinz Reuß, und sie bewegen und beunruhigen viele Menschen. Denn schon lange bevor die Bundesanwaltschaft am 7. Dezember 2022 aus Sorge vor den gewaltsamen Umsturzplänen des großangelegten Netzwerks aus dem Milieu der Reichsbürger- und QAnon-Anhänger:innen bundesweit mehr als 300 Objekte durchsuchen ließ, ist offensichtlich geworden: Polizist:innen, aktive und ehemalige Bundeswehrangehörige sowie Richter:innen und Staatsanwält:innen, die in rechtsextremen Gruppen und Netzwerken aktiv sind, haben keine Skrupel, ihre dienstlichen Privilegien und Befugnisse einzusetzen, um den demokratischen Rechtsstaat zu unterminieren, zu dessen Schutz sie sich eigentlich verpflichtet haben. Bei den Durchsuchungen wurden mehr als 360 Schusswaffen, 347 Hieb- und Stichwaffen, 148 761 Munitionsteile sowie Pläne für deren Einsatz beschlagnahmt. Diesen Plänen zufolge sollten unter anderem Regierungsmitglieder und Bundestagsabgeordnete gemäß vorgefertigten „Feindeslisten" von einem bis zu 16-köpfigen Kommando entführt werden.

---

3 Aiko Kempen, Sabrina Winter und Arne Semsrott, Chatgruppe Ititiotentreff: Wir veröffentlichen den rechtsextremen Frankfurter Polizei-Chat, fragdenstaat.de, 29.9.2023.

Im Frühjahr 2024 haben an den Oberlandesgerichten Stuttgart, Frankfurt am Main und München die drei lang erwarteten Strafprozesse gegen insgesamt 26 Angeklagte aus dem weit gefassten Netzwerk der mutmaßlich rechtsterroristischen Vereinigung „Patriotische Union" begonnen, wie sich das Reichsbürger:innen-Netzwerk um Heinrich XIII. Prinz Reuß selbst gerne bezeichnete. Die Vorwürfe gegen die neun in Stuttgart angeklagten Männer im Alter von 42 bis 54 Jahren, darunter ein zum Zeitpunkt seiner Festnahme als Logistiker im Kommando Spezialkräfte (KSK) beschäftigter Bundeswehrsoldat, wiegen schwer: Mitgliedschaft in einer terroristischen Vereinigung, Vorbereitung eines hochverräterischen Unternehmens sowie versuchter Mord. Im seit 29. April laufenden Prozess in Stuttgart-Stammheim sitzt der sogenannte militärische Arm des Verschwörer:innen-Netzwerks auf der Anklagebank. Die Bundesanwaltschaft geht davon aus, dass sich die neun Angeklagten zwischen Anfang 2022 und Spätsommer 2022 der „Patriotischen Union" angeschlossen haben und in verschiedenen Funktionen für deren „militärischen Arm" aktiv waren. Dessen Aufgabe sei es gewesen, davon sind die Ermittlungsbehörden überzeugt, die geplante Machtübernahme der Verschwörer:innen mit Waffengewalt durchzusetzen. Dazu hätten die Angeklagten mit dem Aufbau eines deutschlandweiten Systems von 286 militärisch organisierten Verbänden begonnen, sogenannten Heimatschutzkompanien. Einer der Angeklagten hatte zudem bei seiner Festnahme auf die eingesetzten SEK-Beamten geschossen und zwei Polizisten verletzt.[4]

Gewalt-, Rache- und Tötungsfantasien gegen »das ganze Rattenpack«

Seit dem 21. Mai 2024 müssen sich zudem am Oberlandesgericht Frankfurt am Main die sechs Männer und drei Frauen verantworten, die nach Ansicht der Bundesanwaltschaft als Anführer:innen des mutmaßlichen rechtsterroristischen Netzwerks aktiv waren: Neben Heinrich XIII. Prinz Reuß zählen dazu auch die ehemalige Berliner Richterin und frühere AfD-Bundestagsabgeordnete Birgit Malsack-Winkemann, ein ehemaliger niedersächsischer Kriminalhauptkommissar und zwei ehemalige Bundeswehroffiziere. Einer von ihnen ist Maximilian Eder, der fast 40 Jahre lang im Dienst der Bundeswehr stand und im Jahr 2017 im Rang eines Obersts aus dem aktiven Dienst ausschied. Eders tiefe Verstrickung in rechtsextreme Netzwerke war spätestens mit Beginn der Coronapandemie unübersehbar. In einem bis heute auf YouTube abrufbaren und von diversen Reichsbürgerplattformen beworbenen Video kann man Eder dabei zusehen, wie er vor dem Reichstagsgebäude steht und im QAnon-Duktus ankündigt, ein vermeintliches Pädophilen-Netzwerk hochrangiger Politiker:innen aufzudecken und „diesen Laden auszuheben".

In München wiederum, wo seit dem 18. Juni verhandelt wird, sind unter anderem zwei weitere Ex-Soldaten angeklagt, Harald P. und Tomas M. Nach

4   Vgl. Konrad Litschko, Reichsbürger schießt auf Polizisten: Schusswechsel im Morgengrauen, taz.de, 22.3.2023.

Recherchen des Bayerischen Rundfunks (BR) war Harald P. aus dem Landkreis Schweinfurt in den 1980er Jahren als Zeitsoldat auf dem Fliegerhorst
Neuburg an der Donau stationiert.[5] Der zweite in München angeklagte Ex-
Soldat ist Tomas M., der aus einer kleinen Gemeinde im Landkreis Forch-
heim stammt. Er wollte Offizier werden, war in den Jahren 1995 und 1996
Soldat und absolvierte einen französischen Einzelkämpferlehrgang, ergab
die Recherche des BR. Aus der Offizierskarriere sei nichts geworden – M.
habe stattdessen einen Sicherheitsdienst gegründet. Beiden wird vorgeworfen, die mutmaßliche terroristische Vereinigung mitbegründet und eine
schwere staatsgefährdende Gewalttat vorbereitet zu haben.

Die Ermittler:innen gehen davon aus, dass Maximilian Eder, der sich in
Frankfurt vor Gericht verantworten muss, zu denjenigen Angeklagten
gehört, denen die damalige AfD-Bundestagsabgeordnete Malsack-Winkemann für die Ausspähung möglicher Ziele an einem Wochenende Zugang
zum Bundestag verschafft hatte. Zudem soll Eder versucht haben, mit Hilfe
eines hohen sechsstelligen Betrags über Mittelsmänner in der Schweiz Waffen für das Netzwerk zu beschaffen und aktive Bundeswehrsoldaten für die
Ziele der Gruppe zu rekrutieren. Kurz bevor er im Dezember 2022 in Italien
festgenommen wurde, hatte Eder noch in einem über Social-Media-Kanäle
verbreiteten Video eine „neue Justiz" und eine „Zeitenwende" angekündigt.
Schon in den ersten Prozesswochen wurde deutlich, dass der Oberst a. D. –
ebenso wie weitere Mitangeklagte – die bis über den Jahreswechsel
2024/2025 hinaus festgelegten Prozesstermine als Bühne nutzt: einerseits,
um sich in klassisch rechtsextremer Manier als Opfer zu präsentieren, und
andererseits, um die eigene Anhänger:innenschaft weiter auf die gemeinsamen politischen Ziele einzuschwören und die Fundamente des demokratischen Rechtsstaats und seiner Institutionen zu delegitimieren.

Einblicke in diese Verteidigungsstrategie gibt ein Briefwechsel zwischen
dem Untersuchungshäftling Eder und Reporter:innen des Magazins „Stern",
in dem der Oberst a.D. wenige Wochen vor Prozessbeginn im Duktus der
QAnon-Propaganda zugibt, mit der Mitangeklagten Birgit Malsack-Winkemann den Bundestag „erkundet" zu haben. In Vorbereitung war offenbar auch
die Erklärung für eine „Militärregierung", die die Bundesregierung nach dem
geplanten Umsturz zur Verantwortung ziehen und allen wegen der Verstöße
gegen die Coronaschutzmaßnahmen Verurteilten eine Amnestie gewähren
sollte. Waffengewalt sollte dafür angeblich nicht angewendet werden, wenngleich Eder in den von seiner Verteidigerin ausdrücklich „autorisierten"
Antworten auch die Zahlung an die Schweizer Waffenbeschaffer zugibt.[6]
Demgegenüber stehen zahlreiche Hinweise, die darauf hindeuten, dass die
Verschwörer:innen von vielen Toten ausgingen. So sind angehende Bewer-
ber:innen für die „Heimatschutzkompanien" der „Patriotischen Union" offenbar in einem Fragebogen auch gefragt worden: „Stellt es Ihnen eine Heraus-

---

5   Georg Florian Ulrich, Jonas Miller, Thies Marsen, „Gruppe Reuß" – Reichsbürger vor Gericht,
    BR 24, 16.6.2024.
6   Vgl. Tina Kaiser, Birte Maier und Marc Neller, Die Reichsbürger Akte: Erster Hauptangeklagter der
    mutmaßlichen Terrorgruppe Reuß äußert sich öffentlich – und gibt Ausspähung des Reichstags zu,
    stern.de, 4.4.2024.

forderung dar, mit Verstorbenen umzugehen?" In abgehörten Telefonaten und sichergestellten Chats wimmelt es von Gewalt-, Rache- und Tötungsfantasien sowie von Androhungen gegen „das ganze Rattenpack" der politischen Gegner:innen: von Impfärzt:innen über Bürgermeister:innen, Landrät:innen und andere Politiker:innen bis hin zu Staatsanwält:innen oder Richter:innen. Auch „die kleinen Schurken des Systems" seien nicht zu vergessen, heißt es dort.

Bedrohliche Gewöhnung: Routinierte Empörung, dann Verharmlosung

In der bisherigen Berichterstattung über die Pläne der Beschuldigten im Netzwerk der „Patriotischen Union" mangelte es nicht an Zuschreibungen, die die Beteiligten als vergreiste Verwirrte darstellen, gefolgt von dem Hinweis, dass diese „Pensionäre vom Typ Turnbeutelvergesser" nicht in der Lage gewesen wären, den Bundestag zu stürmen oder gar mit Waffengewalt die Bundesregierung abzusetzen. Außer Acht bleibt bei dieser verkürzten Analyse der Angeklagten deren Selbstlegitimierung als selbsternannte Elite und vermeintliche Retter:innen von angeblich in geheimen Tunneln verschleppten und gefangen gehaltenen Kindern, deren Blut in klassisch antisemitischer Verschwörungsmanier von einer als „Deep State" bezeichneten herrschenden Elite zum Machterhalt getrunken werde. Diese Selbstlegitimierung, an einem selbstbestimmten „Tag X" zuzuschlagen, steht in der langen Tradition deutscher Rechtsterrorist:innen seit dem Oktoberfestattentat 1980 bis hin zum Mord am Kasseler Regierungspräsidenten Walter Lübcke 2019 und den terroristischen Anschlägen von Halle und Hanau. Hinzu kommen die Ausbildung und langjährige Erfahrung eines Teils der Angeklagten im Umgang mit Waffen – und die Sorge der Ermittler:innen, dass Teile des Netzwerks und seiner Waffenlager immer noch unentdeckt sein könnten, wie zuletzt Razzien im Juni 2024 in Süddeutschland deutlich machten.

Angesichts der nicht abreißenden weiteren Enthüllungen über offenbar zum Äußersten entschlossene Staatsfeinde ist es zutiefst beunruhigend, dass vielerorts auf routinierte, kurzfristige Empörung die Abwehr und Verharmlosung der Vorfälle folgen – als handele es sich bloß um eine Rentnertruppe, umstrittene Chats oder bedauerliche Einzelfälle. Dabei ist es eben kein Thema wie jedes andere: Es geht immerhin um Institutionen und ihre Funktionsträger:innen, deren zentrale Aufgabe darin besteht, den demokratischen Rechtsstaat und die Menschen zu schützen, die hier leben. Die Bedeutung der Frage, inwieweit die gesellschaftliche Polarisierung auch diejenigen Institutionen erfasst hat, die ohne Ansehen der Person dem Staat und dem Wohl aller dienen sollen, scheint noch immer gefährlich unterschätzt. Das zeigt sich aktuell beispielsweise in Nordrhein-Westfalen, wo eine überfällige geplante Reform des Disziplinarrechts am Widerstand des CDU-geführten Innenministeriums scheitert. Dabei gibt inzwischen auch der Präsident des Bundesamtes für Verfassungsschutz, Thomas Haldenwang, zu, dass es sich bei dem Netzwerk der „Patriotischen Union" nicht um einen bedauerlichen weiteren Einzelfall, sondern um eine „durchaus gegenwärtigen Gefahr" für die innere Sicherheit handelt.

Gestritten wird jedoch viel weniger über diese Gefahr als vielmehr über das Ausmaß des Problems und die Anzahl der in rechtsextremen Netzwerken und Gruppen involvierten Polizist:innen, Soldat:innen, Justizvollzugsbeamt:innen, Richter:innen und Staatsanwält:innen. Nicht zuletzt, weil viele der Fälle nicht von den Ermittlungsbehörden oder den betreffenden Institutionen selbst aufgedeckt wurden, sondern auf journalistische oder antifaschistische Recherchen zurückgehen – oder auf Zufallsfunde im Rahmen von Ermittlungsverfahren wegen anderer Sachverhalte. Entsprechend wird sowohl im Bericht der Wehrbeauftragten als auch in den erstmals 2020 vom Bundesinnenministerium eigens in Auftrag gegebenen bislang drei Lageberichten des Verfassungsschutzes zu Rechtsextremisten und Reichsbürgern in den Sicherheitsbehörden vornehmlich nur das notiert, was ohnehin bekannt ist. Im dritten Lagebild, das Anfang Juli 2024 erschien, wurde erstmals auch die Kategorie „Verfassungsschutzrelevante Delegitimierung des Staates" aufgenommen, eine auch im Geheimdienst umstrittene Zuordnung. 739 Fälle in Bund und Ländern wurden untersucht, bei 364 Beschäftigten gab es konkrete Anhaltspunkte für Verstöße gegen die „freiheitlich-demokratische Grundordnung". Haldenwang verkündete, man spreche über „eine absolute Minderheit von Bediensteten".

Die Polizistin und Grünen-Innenpolitikerin Irene Mihalic sagte schon im November 2021 auf einem Podium der „WerteInitiative.Jüdisch-deutsche Positionen": „Das sind ja alles Fälle, die nicht deshalb aufgetaucht sind, weil die Institutionen sie zutage gebracht haben im Sinne einer guten Führungskultur, im Sinne von Mechanismen, dass man solche Dinge entdeckt." Nicht nur die Fälle selbst würden das Vertrauen in die Sicherheitsbehörden erschüttern, sondern auch der Umgang mit ihnen. „Wir müssen uns fragen, ob die Institutionen in der Lage sind, sich von solchen unguten Kräften zu reinigen. Das ist aus meiner Sicht ein Führungsproblem." Die Anfang April 2024 veröffentlichte Recherche des Magazins „Stern", wonach derzeit gegen mindestens 400 Polizeibeamt:innen der Länder entweder Disziplinarverfahren oder Ermittlungen wegen des Verdachts auf eine rechtsextremistische Gesinnung und/oder Verschwörungsideologie anhängig sind[7], dürfte daher vermutlich nur die viel bemühte Spitze des Eisbergs sein. Zumal Berlin, Bremen und Mecklenburg-Vorpommern keine aktuellen Angaben machen konnten oder wollten. Thüringen meldete lediglich sieben Ermittlungsverfahren zwischen 2020 und 2023.

Der Verweis darauf, die Gefahr, die von einigen hundert Rechtsextremist:innen ausgehe, sei angesichts der mehr als 300 000 Frauen und Männer im Polizeidienst von Bund und Ländern grundsätzlich überschaubar, kann weder beruhigen noch Anlass zur Entwarnung geben. Im Gegenteil. Auf viele Weckrufe sind wenig echte Konsequenzen gefolgt. Warnsignale werden allzu oft ignoriert, Strafverfahren blockiert, Disziplinarmaßnahmen verschleppt, Nachahmer:innen ermutigt und als Trittbrettfahrer:innen verharmlost. Es sind die vielen Dammbrüche im Alltag und die Gewöhnung an sie, die den demokratischen Rechtsstaat nachhaltig erschüttern.

---

7   David Holzapfel, Die Reichsbürger-Akte: Hunderte Beamte der Landespolizei stehen unter Extremismusverdacht, stern.de, 4.4.2024.

Lauter verheerende »Einzelfälle«

Die blinden Flecken der Justiz im Umgang mit AfD-Richtern und -Staatsanwälten

Von **Joachim Wagner**

S eit den Wahlerfolgen der AfD, ihrer Einstufung als „Prüffall" durch das Bundesamt für Verfassungsschutz und der Beobachtung des völkisch-nationalen „Flügels" als extremistisch steht die Justiz vor einer Herausforderung, auf die sie nicht wirklich vorbereitet ist: den Umgang mit Richtern und Staatsanwälten mit AfD-Parteibuch, AfD-Nähe oder rechter Gesinnung.[1]

Wie verbreitet dieses Phänomen ist, weiß derzeit niemand. Die Partei hat angeblich keine Erkenntnisse über die Zahl der Justizdiener in ihren Reihen. Außerdem verschweigen etliche AfD-Robenträger ihre Parteimitgliedschaft, um sich Beförderungschancen nicht zu verbauen oder im Kollegenkreis nicht ausgegrenzt zu werden. So erfuhr die Richterschaft am OLG Schleswig erst während des Bundestagswahlkampfes 2017 von der AfD-Mitgliedschaft ihres Kollegen Gereon Bollmann. Und auch der Berliner Staatsanwalt und heutige AfD-Bundestagsabgeordnete Roman Reusch behielt seine Mitgliedschaft bei den Rechtspopulisten lange für sich, was ihn sogar noch in den Genuss einer Beförderung brachte.

Bis 2021 sind zehn Richter und Staatsanwälte mit AfD-Parteibuch oder AfD-Nähe durch soziale Medien, Wahlkampfvideos und -auftritte sowie eine rechtslastige Amtsführung aufgefallen. Bundestagssitze auf dem AfD-Ticket eroberten der Freiburger Staatsanwalt Thomas Seitz und der Dresdner Landrichter Jens Maier, der soeben erst auf einem Präsenzparteitag mit 711 AfD-Mitgliedern Platz 2 der Landesliste für die Bundestagswahl 2021 erringen konnte. In seiner Rede warb er für sich mit den Worten, wer aktuell nichts als rechtsextrem bezeichnet werde, mache irgendetwas falsch. Wie Maier wird auch Seitz dem völkischen Flügel zugerechnet. Über die Brandenburger AfD-Landesliste zogen der Berliner Oberstaatsanwalt Roman Reusch und die Berliner Landrichterin Birgit Malsack-Winkemann in den Bundestag, die beide als eher gemäßigt gelten. Der Richter am OLG Schleswig Bollmann schaffte es dagegen nicht in den Bundestag – trotz eines dritten Platzes auf der AfD-Landesliste. Der Dresdner Landrichter Stefan Dreher und der Anklamer Amtsrichter Matthias Manthei haben dagegen nach einjährigen Intermezzi in den AfD-Fraktionen des Sächsischen bzw. mecklenburgischen Landtags die Partei wieder verlassen, wegen des Macht-

zuwachses des gerade im Osten immer dominanteren Höcke-„Flügels".
Christopher Emden agierte während seiner Zeit als Richter am Amtsgericht
Norden durchaus zurückhaltend, bevor er 2017 als AfD-Abgeordneter in den
Landtag Niedersachsen einzog. Aktiv in der Justiz ist schließlich noch die
AfD-nahe und notorisch auffällige Meißener Amtsrichterin Gritt Kutscher,
inzwischen belastet mit drei Disziplinarverfahren wegen Verstößen gegen
das richterliche Mäßigungsgebot.[2]

Die Neutralität der Justiz

Die Justiz hat dem Problem der AfD-Richter und -Staatsanwälte bisher wenig
bis keine Aufmerksamkeit geschenkt. Bei Treffen der Präsidenten der Ober-
landesgerichte und der Landgerichte waren sie bislang kein Thema, wie Teilnehmer berichten. Wenn nur bei zehn von 26 240 Richtern und Staatsanwälten bekannt ist, dass sie AfD-Parteibücher besitzen oder den Rechtspopulisten
nahestehen, sei dies nach Einschätzung des Dresdner Landgerichtspräsiden-
ten Martin Uebele „kein Problem, das über Einzelfälle hinausgeht": „Ich mache
mir keine Sorgen über die rechtsstaatliche Gesinnung der Richterschaft."
   Dabei übersieht der Landgerichtspräsident allerdings, welch verhängnisvolle Auswirkungen auch Einzelfälle auf das Ansehen und die Neutralität
der Justiz bei bundesweiter Publizität haben. Den „Verweis" gegen den AfD-
Richter Jens Maier hat das Landgericht Dresden ausdrücklich damit begründet, dass seine Wahlkampfausfälle „dem Ansehen der Justiz allgemein und
des Landgerichts Dresden im Besonderen Schaden zugefügt" haben.[3] Und
Uebele übersieht auch, dass rechte Staatsanwälte und Richter längst zum
Thema im politischen Meinungskampf geworden sind. In Schwerin ent-
spann sich beispielsweise eine Diskussion zwischen SPD und Grünen auf
der einen Seite und der CDU auf der anderen, ob Matthias Manthei als AfD-
Landevorsitzender wegen seiner „unheilvollen Nähe zur rechtsextremen
NPD" und „fremdenfeindlicher Äußerungen" als Richter noch tragbar sei.
Die CDU hielt dagegen, dass ihm „dienstrechtlich wenig vorzuwerfen" sei.[4]
   Allerdings sind Gerichtspräsidenten, wie sie in Nebensätzen verraten,
durchaus „froh, wenn sie keinen AfD-Problemfall in ihrem Haus haben".
Auch diese Haltung ist nachvollziehbar. Unter Umständen notwendig wer-
dende Disziplinarverfahren gegen Justizdiener kosten in der Regel viel Zeit,
Arbeit und Nerven. Dienstvorgesetzte müssen zudem immer damit rechnen, dass sich Betroffene rechtlich wehren, in jahrelangen Prozessen über
mehrere Instanzen mit häufig ungewissem Ausgang. Diese Mühen ersparen
sich Präsidenten gern, indem sie zunächst nichts tun oder, wenn Reaktionen
unvermeidbar sind, Betroffene zu einvernehmlichen Lösungen inklusive
Rechtsmittelverzicht bewegen. So geschehen beim Zuständigkeitswechsel

2   Speziell zum Fall von Gritt Kutscher siehe Joachim Wagner, Die Richterin, die AfD und die Frage
   nach dem „Prüffall", in: „Die Welt", 19.11.2020.
3   Presseerklärung des Landgerichts Dresden vom 11. August 2017.
4   Thomas Volgmann, AfD-Landeschef als Richter noch tragbar?, in: „Schweriner Volkszeitung",
   20.10.2015.

des AfD-Richters Jens Maier beim Landgericht Dresden. Das Vermeiden von arbeitsintensiven Rechtsstreitigkeiten ist daher ein Grund für das häufig zögerliche Vorgehen gegen rechte Robenträger. Hinzu kommt, dass Präsidenten hier politisch vermintes und rechtliches Neuland betreten müssen. Entsprechend tief reicht die Verunsicherung der Justizverwaltungen beim Umgang mit rechten Richtern und Staatsanwälten.

Insgesamt ist das Reaktions- und Sanktionsspektrum der Justiz ausgesprochen gemischt und weit: Es spannt sich von der Untätigkeit richterlicher und staatsanwaltlicher Dienstaufsicht über Versetzungen und „Verweise" für Richter bis zur Entlassung eines Staatsanwalts. Dass sich die Justiz bei AfD-Richtern bisher meist mit „Verweisen" als schwächster disziplinarischer Sanktion begnügt hat, rechtfertigt sie damit, dass diese in der Regel disziplinarisch nicht vorbelastet waren und ein schärferes Vorgehen gegen den Grundsatz der Verhältnismäßigkeit verstoßen würde. Zusammenfassend lässt sich somit feststellen: Die Justiz ist beim Umgang mit AfD-affinen Richtern und -Staatsanwälten bisher nur „bedingt abwehrbereit", um jene legendäre „Spiegel"-Titelgeschichte zu zitieren, die 1962 die „Spiegel"-Affäre ausgelöst hat.

Der politische Richter

Diese graue Bilanz hat neben den angesprochenen „Unannehmlichkeiten" vor allem rechtliche Ursachen. Das Richterbild des Deutschen Richtergesetzes ist von einem Zielkonflikt geprägt. Der Gesetzgeber wollte einen „politischen Richter", der sein Amt aber „politisch neutral" ausüben soll.[5] Er sollte politisch interessiert und aktiv sein und sich der (rechts-)politischen Bedeutung seiner Entscheidungen bewusst sein und sie bedenken, ohne die Pflicht zur Zurückhaltung zu verletzen. Dieses Richterbild schließt Mitgliedschaft und Engagement in Parteien ein – im Gegensatz etwa zu Frankreich, wo Richter nicht Mitglied einer Partei sein dürfen. „Es ist immer eine Gratwanderung zwischen parteipolitischer Neutralität und der Freiheit der Richter, sich politisch zu betätigen, begrenzt durch das Mäßigungsgebot", weiß der Dresdner OLG-Präsident Gilbert Häfner.

Dieses Richterbild übersteht den Praxistest daher nur, wenn Richter Amt und Teilnahme am politischen Meinungskampf strikt trennen und sich in der politischen Arena zurückhalten. Richter, die Mitglieder von CDU/CSU, SPD, FDP, Grüne und der Linkspartei waren, haben sich an diesen ungeschriebenen Verhaltenskodex gehalten – abgesehen von einigen wenigen Ausnahmen wie den Anzeigenaktionen und Sitzblockaden gegen die Raketenstationierung in den 1980er Jahren. Einige AfD-Richter und -Staatsanwälte verstoßen dagegen anscheinend ganz bewusst gegen ihn – gerichtlich wie außergerichtlich.[6] Bei ihnen verwandelt sich ein legitimes politisches

---

5 Jürgen Schmidt-Räntsch, Deutsches Richtergesetz. Kommentar, München 2009, Paragraph 39 Rdnr. 21 ff.
6 Ebd., Paragraph 39 Rdnr. 31 ff.

„Vorverständnis" schon mal in eine illegitime hoch parteiische „Voreingenommenheit". Oder es verschränken sich Amt und politische Propaganda,
wenn sie mit Amtsbezeichnungen oder mit Porträtfotos in schwarzer Robe
im Wahlkampf auftreten und sich im Wirtshaus oder – heute häufiger noch
– im Internet rhetorisch austoben. Ferner führt der besondere Schutz der
Parteien durch das Grundgesetz dazu, dass eine AfD-Mitgliedschaft für die
Justiz noch kein Grund ist, einen Juristen nicht einzustellen oder einen rechten Robenträger zu entlassen – solange die Partei nicht verboten ist. An diesem rechtlichen Rahmen ändern weder die Einstufung der AfD als Prüffall
durch das Bundesamt für Verfassungsschutz noch die Beobachtung des auch
nach der formellen Auflösung noch mächtigen völkisch-nationalen „Flügels"
wegen extremistischer Bestrebungen etwas. Es muss immer der individuelle
Nachweis geführt werden, dass rechte Robenträger verfassungsfeindliche
Auffassungen vertreten oder Ziele verfolgen.

Die Unabhängigkeit der Gerichte und die eng begrenzte Dienstaufsicht

Wegen der Garantie der Unabhängigkeit ist die „Dienstaufsicht im Bereich
der richterlichen Tätigkeit eng begrenzt".[7] So ist nach Auffassung von OLG-
Präsident Häfner eine „Voreingenommenheit" allein noch kein Disziplinar-
vergehen. Als Häfner, damals noch Landgerichtspräsident, aufgrund „eigener Erkenntnisse und Überzeugung" allerdings zu dem Schluss gekommen
war, dass der AfD-Richter Jens Maier in Verfahren mit AfD- oder NPD-Bezug
nicht mehr „unbefangen richten" konnte, legte er ihm nahe, die Zuständigkeit zu wechseln – „im Einvernehmen", wie es später hieß. Statt mit Presse-
und Medienrecht sowie Ehrenschutz musste er sich nun mit Verkehrsunfall-
sachen und allgemeinen Zivilsachen beschäftigen. Eine Disziplinarstrafe
schied aus Sicht Häfners damals aus.

Doch die Versetzung stoppte Maiers rechten Furor nicht. Als Vorredner von „Flügel"-Chef Björn Höcke warnte er im Januar 2017 im Brauhaus
Watzke vor der „Herstellung von Mischvölkern" und erklärte den „Schuld-
kult" für „endgültig" beendet.[8] Für diesen Ausflug in die NS-Rhetorik und
zwei Facebook-Einträge erteilte ihm der Präsident des Landgerichts Dresden
einen „Verweis", weil er mit ihnen gegen das richterliche Mäßigungsgebot
verstoßen habe.[9] Das Gebot begrenzt die politische Meinungsfreiheit von
Richtern und Staatsanwälten.[10] Nach ihm soll sich ein Richter „auch außerhalb des Amtes", also privat wie politisch, „so verhalten, dass das Vertrauen
in seine Unabhängigkeit nicht gefährdet wird".

Wie mit Disziplinarverfahren und Verweisen gegen rechte Justizdiener kommunikativ umzugehen ist, ist in der Dritten Gewalt umstritten. Die

---

7 Ebd., Paragraph 26 Rdnr. 23.
8 Matthias Meisner, Die Unabhängigkeit der Justiz und ihre Grenzen. Die Brandrede von Höcke, ein
   Dresdner Richter und ein Geraer Staatsanwalt, in: Matthias Meisner und Heike Kleffner (Hg.), Extreme Sicherheit, Rechtsradikale in Polizei, Verfassungsschutz, Bundeswehr und Justiz, S.211(212).
9 Presseerklärung des Landgerichts Dresden vom 11. August 2017.
10 Schmidt-Räntsch, a.a.O., Paragraph 39 Rdnr. 20.

Mehrheit der Gerichte behandelt politische Disziplinarverfahren bisher nicht anders als jene wegen Trunk- oder Spielsucht und verweigert Medien zum Schutz der Persönlichkeit der Betroffenen jede Auskunft – ausgenommen das Richterdienstgericht Leipzig, das das zweite Disziplinarverfahren gegen die notorisch rechtsradikal auffällige Meißener Amtsrichterin Gritt Kutscher sogar öffentlich verhandelte.

Auch Gilbert Häfner entschied sich als Landgerichtspräsident im Fall Maier für Transparenz. Bei dessen Zuständigkeitswechsel und Verweis gab er jeweils Presseerklärungen heraus. In diesen Ausnahmefällen überwog nach seiner Auffassung das „öffentliche Interesse" an Information den „Persönlichkeitsschutz" des Betroffenen. Im Gegensatz zu den meisten seiner Kollegen verstand Häfner es vorbildlich, dass Disziplinarverfahren gegen AfD-Richter und -Staatsanwälte eine politische Dimension haben, und er hat einen Weg gefunden, diese Dimension in die Durchführung zu integrieren.

Erstaunlich ist nur, dass es Präsident Häfner bei Maier mit einem Verweis bewenden ließ und auf eine Disziplinarklage mit schärferen Sanktionen wie Gehaltskürzungen oder sogar einer Kündigung verzichtete. Schließlich war Richter Maier in gewissem Sinne ein Wiederholungstäter, hatte er sich doch durch den „nahegelegten" Zuständigkeitswechsel wegen Befangenheit nicht veranlasst gesehen, sich bei seinen außergerichtlichen politischen Aktivitäten zu mäßigen. Dass die beiden gerügten Verhaltensweisen sich in unterschiedlichen Bereichen abspielten – gerichtlich und außergerichtlich –, dürfte hier zweitrangig sein, da beide in derselben rechtsextremen Grundhaltung wurzeln. „Eine Entlassung Maiers wäre beim Dienstgericht nie durchgegangen", ist Präsident Häfner trotzdem überzeugt. Der vom Richterdienstgericht Karlsruhe in erster Instanz gebilligte Rauswurf des Freiburger Staatsanwalts Thomas Seitz spricht jedoch eher für das Gegenteil – zumal angesichts Maiers völkisch-nationaler Wahlkampfausfälle.

Der »kleine Höcke« im deutschen Staatsdienst

Immerhin war der „kleine Höcke", wie Maier sich selbst schon mal genannt hat, zeitweise so weit nach rechts gedriftet, dass die Ex-Vorsitzende Frauke Petry ihn aus der AfD ausschließen wollte, was freilich misslang.[11] Auf seinem Facebook-Account hatte er vollverschleierte Muslima als „Schleiereulen" diskreditiert, ein „Gesindel", für das er „nur noch Wut und Zorn" „empfinde".[12] „Was der Nationalsozialismus auf der politischen Strecke war", ist nach Maiers Meinung „heute der Islam auf der religiösen". Asylsuchende verunglimpft er als „potentielle Kriminelle". Für den Bundesgeschäftsführer des Deutschen Richterbundes, Sven Rebehn, sind solche Äußerungen „unerträglich und völlig inakzeptabel": „Wer das Weltbild eines Björn Höcke

---

11 Stefan Locke, Petry vs. Maier, in: „Frankfurter Allgemeine Zeitung", 18.5.2017; Tilmann Steffen, Petry beantragt Parteiausschluss von Bundestagskandidat Maier, www.zeit.de, 19.5.2017.
12 Karin Schlottmann und Ulrich Wolf, Die Würde des Amtes, in: „Sächsische Zeitung", 20.1.2017; Ronja Ringelstein, Der Richter von der AfD: Ein Demagoge in Robe, in: „Der Tagesspiegel", 24.1.2017.

teilt, macht sich als Vertreter des deutschen Rechtsstaates unglaubwür-dig".[13] Und dennoch: Trotz dieses Verdikts könnte Maier eines Tages wieder eine schwarze Robe überstreifen, sollte er nicht in den nächsten Bundestag gewählt werden. Bei einem „Verweis" werden alle Eintragungen in seiner Personalakte nach zwei Jahren gelöscht. Dadurch wäre Maiers rechte Weste wieder blütenweiß. Er hätte einen Wiedereinstellungsanspruch, nicht an sei-nem Heimatgericht in Dresden, aber bei der sächsischen Justiz.

Entlassung wegen rechtsradikaler Äußerungen

Das ist nur eines der zahlreichen ungelösten Probleme der Dritten Gewalt im Umgang mit AfD-Robenträgern. Dass und wie es auch anders gehen kann, haben dagegen die Staatsanwaltschaft in Freiburg und das Justizministe-rium in Stuttgart demonstriert. Im Fall des Staatsanwalts Thomas Seitz voll-zogen sie einen radikalen Schnitt. Sie haben gewagt, was andere scheuen: einen rechtsradikalen Juristen zu entlassen. Allerdings auch in diesem Fall nicht aus eigenem Antrieb, sondern erst nach heftiger Kritik der SPD an Seitz im Landtagswahlkampf 2015/2016, aufgrund einer Initiative der Freiburger Anwaltschaft und öffentlichem Druck durch Medien.

Negativ aufgefallen war Seitz dem Freiburger Rechtsanwalt Jens Janssen zum ersten Mal in einem Strafprozess, als er meinte, dass das Wort „Neger" keine Beleidigung sei. Darüber schrieb er einen Aktenvermerk und nahm Kontakt zur Staatsanwaltschaft auf, die er mit dem Eindruck verließ, dass sie nichts unter den Teppich kehren wollte. Vor dem Hintergrund seiner Erfah-rung, dass die Justiz „immer eines Anstoßes aus der Zivilgesellschaft bedarf, bevor etwas passiert", organisierte er eine Erklärung gegen Seitz, die 22 Frei-burger Strafverteidiger unterschrieben und die am 9. März 2016 als Presseer-klärung veröffentlicht wurde. Dort äußerten die Verteidiger die Befürchtung, dass Seitz Mandanten mit „Migrationshintergrund, islamischen Glaubens und Mitbürgern" mit „diametral" anderen gesellschaftspolitischen Vorstel-lungen, „nicht unvoreingenommen entgegentritt".[14] Außerdem forderten sie, Staatsanwalt Seitz von Strafverfahren gegen Beschuldigte mit Migrations-hintergrund zu entbinden.

Einen Tag darauf berichteten die „Badische Zeitung" und etwas später die „Landesschau Baden-Württemberg" über den Vorstoß der Freiburger Straf-verteidiger. Im Urteil des Richterdienstgerichts Karlsruhe vom 13. August 2018 spielte diese Verteidigerinitiative eine Schlüsselrolle: „Das wohl bei-spiellose Vorgehen der in Freiburg ansässigen Verteidiger spricht für sich und hat bewirkt, dass der Beklagte (Seitz) nicht mehr zum Sitzungsdienst eingeteilt wurde."[15] Im Juli 2016, also Monate später, hat der Leitende Ober-staatsanwalt in Freiburg ein Disziplinarverfahren gegen Seitz „wegen Zwei-

13 Pia Lorenz, LG Dresden prüft Disziplinarmaßnahmen gegen AfD-Richter, www.lto.de, 19.1.2017.
14 Gemeinsame Erklärung der vor Freiburger Gerichten tätigen Strafverteidigerinnen und Strafverteidiger zum dienstlichen Verhalten von Herrn Staatsanwalt Thomas Seitz vom 9.3.2016.
15 Richterdienstgericht Karlsruhe, Urteil vom 13. August 2018 (Aktenzeichen RDG 1/17), S. 22.

feln an der Unvoreingenommenheit gegenüber Flüchtlingen und Muslimen" eingeleitet und das Verfahren, damals einmalig in der Republik, im September 2016 wegen nicht ausreichender Disziplinargewalt der Staatsanwaltschaft an das baden-württembergische Justizministerium abgegeben.

Das Versagen der Dienstaufsicht

Wer die Urteilsgründe des Richterdienstgerichts liest, fragt sich, warum auch bei Seitz die Dienstaufsicht versagt hat. Von den 15 Facebook- und Interneteinträgen, auf die sich das Urteil stützt, stammen 14 aus der Zeit vor der Einleitung des Disziplinarverfahrens und waren teilweise Thema im Landtagswahlkampf 2015/2016. Offenbar gehört es bisher nicht zum Selbstverständnis einer Dienstaufsicht, bei öffentlich bekannten Anhaltspunkten für ein amtswidriges Verhalten ins Netz zu schauen, ob sich Mitarbeiter außergerichtlich an das Mäßigungsgebot halten.

Dort hätten sie entdecken können, dass Seitz auf seinem Facebook-Account und im Internet mit Selbstporträts mit den Insignien seines Berufes und der Partei warb: AfD-Plakette, Robe über der Schulter, weißes Hemd und Langbinder sowie einer Gesetzessammlung „Strafrecht" unter dem Arm.[16] Außerdem wären sie auf zahlreiche ausländer-, islam- und verfassungsfeindliche Äußerungen von Seitz gestoßen.[17]

Einige Kostproben aus der Urteilsbegründung: Er bezeichnete Flüchtlinge als „Invasoren" und „Migrassoren" und den Propheten Mohammed als „sadistischen Blutsäufer und Kinderschänder". Ein Posting zeigte einen in der Toilette liegenden Koran. Der amerikanische Präsident Barack Obama war für Seitz eine „Quotenneger". Im Zusammenhang mit der Flüchtlingskrise hat er den Staat als „politisches Unterdrückungsinstrument" und die Dritte Gewalt als „Gesinnungsjustiz" desavouiert. Nach Auffassung des Richterdienstgerichts hatte Seitz durch diese „herabwürdigenden" und „unangemessen aggressiven" „Ausführungen" seine staatsanwaltlichen „Pflichten zur Mäßigung, Neutralität" und „Überparteilichkeit" sowie seine „Verfassungstreue" verletzt. Wie angekündigt hat Seitz gegen das Urteil beim Disziplinargerichtshof des OLG Stuttgart Berufung eingelegt. Er hält das Urteil „für falsch, weil eine mögliche Verletzung des Mäßigungsgebots eine Entlassung nicht rechtfertigt, und die Hintergründe seiner Äußerungen nicht hinreichend gewürdigt" worden seien.

Auch das Disziplinarverfahren gegen den Richter am OLG Schleswig, Gereon Bollmann, wurde erst durch einen Vertreter der Zivilgesellschaft angestoßen, nämlich durch einen Hinweis einer Rechtsanwältin „aus dem links-grünen Anwaltsmilieu", so Bollmann. Er erhielt einen Verweis, weil er in einem AfD-Wahlkampfvideo den Ausdruck „Systemparteien" benutzt hatte, mit dem die Nationalsozialisten die Parteien der Weimarer Republik verächtlich gemacht hatten. Angekreidet wurde ihm außerdem, dass er auf

---

16 Ebd., S. 2f.,15f.
17 Die folgenden Äußerungen sind zitiert aus dem Urteil des Richterdienstgerichts, S.15-22.

dem Video mit seiner Berufsbezeichnung „Richter am Oberlandesgericht" geworben hatte. Bollmann, der sich selbst als „gemäßigter Law-and-Order-Mann" versteht, ist schwer enttäuscht, dass das Verfahren nicht wegen geringer Schuld eingestellt wurde – nach 41 Jahren im Dienste Justitias.

Defizite in der Justizverwaltung, doch klare Haltung in der Kollegenschaft

Bilanziert man den bisherigen Umgang der Justiz mit AfD-affinen Richtern und -Staatsanwälten, kommt man auf zahlreiche Schwachstellen – langes Dulden oder Wegschauen bei rechtslastiger Amtsführung, eine defizitäre Dienstaufsicht vor allem bei außergerichtlichem Verhalten, Intransparenz bei Disziplinarverfahren, zu schwache Sanktionen gegen Robenträger bei rechtspopulistischen und rechtsextremistischen Äußerungen und zu kurze Löschungsfristen in Personalakten bei „Verweisen", um Wiedereinstellungen extremistischer Justizdiener bei Mandatsverlusten zu verhindern.

Im auffälligen Kontrast zum teils untätigen, teils zögerlichen und teils zu milden förmlichen Vorgehen der Justizverwaltung gegen AfD-affine Richter und Staatsanwälte stehen häufig die informellen Reaktionen der Kollegenschaft, wenn bekannt wurde, dass ihre Flurnachbarn oder Kammermitglieder Rechtspopulisten unterstützen oder mit ihnen sympathisieren. Das Echo war teils unpolitisch – nach Angaben von Thomas Seitz hat sein politisches Engagement für die AfD unter den Kollegen „niemanden interessiert": „Über politische Betätigung redet man nicht" –, überwiegend jedoch extrem politisch, so im Fall des Oberstaatsanwalts Roman Reusch.

Aus seiner Sicht gab es nur „erbitterte Gegner oder Sympathisanten": Einige Kolleginnen und Kollegen „grüßten nicht mehr, andere hielten den Daumen nach oben". An einigen Gerichten hat die Kollegenschaft sogar mit sozialer Ächtung und Ausgrenzung geantwortet. Im Landgericht Dresden haben Kolleginnen und Kollegen von Jens Maier es abgelehnt, künftig mit ihm zusammenzuarbeiten, oder sie haben ihn persönlich geschnitten, sich zum Beispiel geweigert, mit ihm in der Cafeteria an einem Tisch zu sitzen.

Auch Gereon Bollmann musste diese Erfahrung machen: Als er am Tage nach der Enthüllung seiner AfD-Kandidatur für den Bundestag in den „Kieler Nachrichten" die morgendliche Kaffeerunde aufsuchte, deren Mitglied er 20 Jahre lang war, stand die Mehrheit der Kollegen auf und verließ den Raum. Die meisten Richterinnen und Richter haben also zu einem entschlossenen Umgang mit den rechten Kollegen gefunden. Die Justiz als Verfassungsorgan ist davon noch weit entfernt.

Gefährdete Demokratie oder: Die langen Linien des Thüringer Faschismus

Von **Peter Reif-Spirek**

D ie Nationalsozialisten setzten sich in Apolda und Sonneberg durch, weil sie nicht auf das überkommene bürgerliche Lager beschränkt blieben, sondern außergewöhnlich viele Erst- und frühere Nichtwähler für sich mobilisieren und dazu noch ehemalige Anhänger des sozialistischen Lagers zu sich hinüberziehen konnten. [...] In Apolda und Sonneberg war die NSDAP 1932/33 nicht mehr nur Repräsentantin des nationalen Lagers, sie war hier tatsächlich so etwas wie eine klassenübergreifende Sammelpartei des Protests." So analysierte der Göttinger Politikwissenschaftler Franz Walter in seiner historischen Wahlanalyse die Entwicklung Thüringens in der Weimarer Republik „Von der roten zur braunen Hochburg".[1] Franz Walter beschreibt darin, auch am Beispiel Sonneberg, wie es der NSDAP gelingen konnte, in unterschiedlichen sozialen und politischen Milieus Fuß zu fassen und Anziehungskraft zu entfalten. In der Konsequenz führten diese Prozesse der Faschisierung in Thüringen bereits 1930 zur ersten Beteiligung der NSDAP an einer völkischen Koalitionsregierung und schon 1932 zur Regierungsübernahme der NSDAP, nach deren klarem Wahlsieg mit über 42 Prozent der Stimmen. Gestützt und vorbereitet wurde diese Entwicklung durch ein völkisches Netzwerk.

Gewiss, man sollte mit historischen Analogien vorsichtig sein, aber man muss die langen mentalitätsgeschichtlichen Prägungen einer Region kennen, um die Entwicklung der AfD in Thüringen zu begreifen. Denn solche Prägungen vergehen nicht, sie werden gewissermaßen in der politischen Kultur als Möglichkeit abgespeichert.[2] Angesichts der enormen Stärke der AfD stellt sich die Frage, ob Thüringen erneut zum Exerzierfeld und Vorreiter der Rechtsentwicklung der deutschen Gesellschaft wird.

Auf die Bedeutung der Mentalitätsgeschichte hat vor allem die Annales-Schule immer wieder hingewiesen und damit den Blick auf die langen Tiefen-

---

1 Franz Walter, Von der roten zur braunen Hochburg: Wahlanalytische Überlegungen zur NSDAP in den beiden thüringischen Industrielandschaften, in: Detlef Heiden und Gunther Mai (Hg.), Thüringen auf dem Weg ins „Dritte Reich", Erfurt 1996, S. 119-145, hier S. 132f.
2 Im Übrigen hat der DDR-Antifaschismus solche Mentalitätsbestände nicht gesellschaftlicher Bearbeitung zugeführt, sondern sie lediglich politisch in ebenso binärer Form umcodiert und in neuen autoritären Verhältnissen eingefroren.

strömungen einer Gesellschaft gerichtet. Schaut man speziell auf Thüringen, zeigt sich, dass Faschismus, bürgerliche Steigbügelhalter und eine schwache Linke zu dieser Tradition gehören, gewissermaßen eine thüringische *longue durée*.

Auf dieses Erbe ist nach dem „Tabubruch" vom 5. Februar 2020 wiederholt hingewiesen worden, als CDU, FDP und AfD gemeinsam Thomas Kemmerich zum Kurzzeit-Ministerpräsidenten von Thüringen wählten und einen Sturm der Entrüstung in der Bundespolitik auslösten. Im September dieses Jahres erfolgte die Durchsetzung einer haushaltsrelevanten Absenkung der Grunderwerbssteuer in der gleichen Stimmenkoalition, eine Abstimmung, die von der AfD als Anfang vom Ende der Merzschen Brandmauer gefeiert werden konnte.[3] Nun liegt ein weiterer Gesetzentwurf der Thüringer CDU-Fraktion vor, der gendergerechte Schreibweisen in Schulen und Verwaltung für unzulässig erklären soll. Selbstverständlich wird auch hier wieder auf die Zustimmung der AfD spekuliert. Mit jeder gemeinsamen Abstimmung wird ein Loch in die ohnehin instabile Brandmauer gegen rechts geschlagen und das politische Framing der AfD gestärkt.[4]

Im alltagskulturellen Vorraum des Politischen hat es in Thüringen ohnehin nie eine „Brandmauer gegen rechts" gegeben, sondern rechte Vergemeinschaftungsräume, die CDU, FDP, AfD und auch viele freie Wähler umfassen. Auch nachdem sich ein Teil dieses Milieus radikalisiert und als AfD politisch verselbstständigt hat, blieben diese Vergemeinschaftungsräume, vom Karnevalsverein bis zum Handwerkerstammtisch, intakt. Das schafft wechselseitiges Vertrauen und lässt mediale Skandalisierungen ins Leere laufen.

Gleicher Name, anderer Inhalt: Die bürgerlichen Parteien im Osten

In den vermeintlich bürgerlichen Parteien FDP und CDU wird kein liberalkonservatives Bildungsbürgertum repräsentiert, weil ein solches in Thüringen schlichtweg nicht von politischem Gewicht ist. Das wurde durch die lange Regentschaft von Bernhard Vogel bloß verdeckt. Der ideologische Kern der Thüringer CDU war ein reaktionärer Antisozialismus, der in den 1990er Jahren noch eine wirksame Mobilisierungsstrategie darstellte. In diesem Klima wurden die Kader der Jungen Union sozialisiert. Die CDU Thüringen wusste nie selbst, wie rechts sie wirklich war und ist – auch im Vergleich zu westdeutschen Landesverbänden dieser Partei. Weder hat es in Thüringen einen relevanten sozialkonservativen Arbeitnehmerbereich wie in Nordrhein-Westfalen und im Saarland noch einen liberalkonservativen Flügel wie in Schleswig-Holstein gegeben. Und was sich in den 90er Jahren in der systematischen Verharmlosung und Entpolitisierung des Rechtsextremismus artikulierte, setzt sich heute in gemeinsamen Abstimmungen mit der AfD fort.

---

3   Albrecht von Lucke, Brand ohne Mauer: Der Irrweg der Söder-Merz-Union, in: „Blätter", 10/2023, S. 5-10.
4   CDU Thüringen stellt erneut Antrag, der auf Zustimmung der AfD stoßen dürfte, deutschlandfunk.de, 25.9.2023.

Man kalkuliert mit ihren Stimmen, um die R2G-Minderheitsregierung unter Druck zu setzen, und tut überrascht, wenn es tatsächlich passiert. Hier sind politische Wiederholungstäter am Werk, die in der Kontinuität ihrer politischen Sozialisation agieren. Ähnlich gestalten sich die Verhältnisse in der FDP; ihr vermeintlicher Liberalismus ist vor allem ein radikaler Antietatismus, der problemlos Brücken zur AfD schlagen lässt.

Insofern steht der 26. Juni 2023 in Sonneberg – die Wahl des ersten Landrats der radikalen Rechten nach 1945 – für eine Zäsur und zugleich für eine fatale Thüringer Kontinuität. Es ist ein politischer Einschnitt, aber auch eine Entwicklung, die sich lange angebahnt hat und noch immer verharmlost wird. Es war absehbar, dass eine demokratische Allparteienkoalition diesen Wahlsieg der AfD in der Sonneberger Stichwahl kaum würde verhindern können. Denn es gehört zu den Paradoxien politischer Mobilisierung, dass solche breiten Aufrufe jenes Bild der unterschiedslosen „Systemparteien" befördern, von dem gerade die AfD profitiert. Es ist daher nicht verwunderlich, dass die AfD in der Stichwahl noch zusätzliche Stimmen aus dem bisherigen Nichtwählerbereich gewinnen konnte.

Es waren auch AfD-Wahlerfolge, die in den letzten Jahren zu erhöhten Wahlbeteiligungen geführt haben. Dennoch nehmen die Mitte-links-Parteien diese rechtsradikale Antwort auf die Krise der politischen Repräsentation scheinbar immer noch nicht ernst. Und vor allem: Warum sollten Nichtwähler ein automatisches Reservoir der Demokratie sein? Systematische, über den Wahltag hinausgehende Strategien der Rückgewinnung von Nichtwählern sind jedenfalls bis heute nicht erkennbar.

AfD: Ein erfolgreiches Radikalisierungskollektiv

Das Sonneberger Wahlergebnis ist allerdings keinesfalls linear und allein aus solchen tiefen Prägungen abzuleiten. Sprich: Der Verweis auf lange autoritäre Entwicklungen ist sicher berechtigt, aber in seiner Erklärungskraft für das aktuelle Wahlergebnis zugleich beschränkt. Die Wahl ist denn auch immer das, was die Annales-Schule als *événement* bezeichnet hat – ein Ereignis, das in die *longue durée* einbricht. Zur Bestimmung politischer Kräfteverhältnisse bedarf es daher – neben dem historisch informierten Blick – auch der Analyse des konkreten Momentums.

Vergleicht man das aktuelle Wahlergebnis in Sonneberg mit dem vor fünf Jahren[5], fallen zwei Entwicklungen ins Auge: Der AfD ist – ungeachtet ihrer steten Radikalisierung – in den vergangenen Jahren eine große politische Terrainerweiterung in diesem Landkreis gelungen, sodass sie ihr absolutes

---

5 Bei der Landratswahl 2018 erzielte der AfD-Kandidat Sesselmann ein Ergebnis von 29,8 Prozent bei 6920 Stimmen und kam mit diesem Ergebnis nicht in die Stichwahl. In der langjährigen CDU-Hochburg setzte sich der parteilose Kandidat von SPD und Linkspartei Hans-Peter Schmitz durch, der im ersten Wahlgang 37,6 und in der Stichwahl gegen den CDU-Konkurrenten 56,2 Prozent erringen konnte, wobei er sein absolutes Stimmenpotenzial zwar erneut mobilisieren, aber auch kaum steigern konnte (8717 bzw. 8884 Stimmen). Schmitz musste die Landratsfunktion aufgrund einer langen Erkrankung allerdings aufgeben.

Stimmenpotenzial bereits im ersten Wahlgang deutlich steigern, in der Stichwahl mit 13 420 Stimmen sogar gegenüber 2018 annähernd verdoppeln konnte. Demgegenüber erreichten die zwei Kandidaturen aus dem R2G-Bereich zusammen lediglich ein Ergebnis von 17,61 Prozent und schafften es noch nicht einmal mehr in die Stichwahl. Zusammen erzielten sie ein absolutes Stimmenergebnis von 4130, halbierten also das Ergebnis von 2018.

Die im Wahlergebnis zum Ausdruck kommenden Verschiebungen der politischen Kräfteverhältnisse nach rechts sind nicht auf Sonneberg beschränkt, sondern haben sich offensichtlich im Zuge der Coronakrise auf breiterer Front vollzogen. Die AfD konnte weitere Wählerschichten binden und teils auch radikalisieren – deshalb bezeichne ich sie als „erfolgreiches Radikalisierungskollektiv".[6] Mit diesem Begriff versuche ich drei unterschiedliche Ebenen zu fassen.

Erstens: Die AfD schiebt das Parteiensystem nach rechts und radikalisiert damit die Diskursfelder. Das ist nicht nur in der Merz-CDU sichtbar, sondern auch in der Verrohung der deutschen Flüchtlingspolitik.

Zweitens: Die AfD arbeitet erfolgreich an der Radikalisierung des in seiner Grundstruktur widersprüchlichen Alltagsverstands. Sie stärkt dessen problematische Anteile, radikalisiert und formiert sie politisch. In Sonneberg kann man die Folgen eines Projekts besichtigen, das die Erziehung zur Demokratiefeindschaft zum Programm erhebt und damit Erfolg hat.

Drittens: Diese Radikalisierung zeigt sich nicht zuletzt auch innerparteilich. Dabei war der rechtsextreme „Flügel" um Höcke der dynamische Pol der Parteientwicklung, der die Radikalisierung vorangetrieben hat. Dieser Prozess kann heute als abgeschlossen gelten und die jüngsten Erfolge in Sonneberg werden sein innerparteiliches Machtzentrum nochmals stärken.

Heute ist die AfD vielleicht die einzige Milieupartei in Thüringen. Sie organisiert eine dezentrale, weit in die ländliche Fläche reichende Präsenz, von der andere Parteien nur träumen können. Darauf basiert ihre Mobilisierungsfähigkeit. Ihre Stärke ist ihr nachbarschaftliches Gesicht. Es ist der Tierarzt, der Handwerker, der Jugendtrainer von nebenan, der für die AfD spricht, ohne Mitglied sein zu müssen. Darauf und nicht auf den Führungsfähigkeiten Höckes basiert ihre Mobilisierungsfähigkeit. An diesem nachbarschaftlichen Einverständnis scheitert jede mediale Skandalisierung, die zum wiederholten Mal eine Höcke-Rede dekonstruiert.

Die Kehrseite des AfD-Erfolgs: Der Einbruch linker Repräsentation

Die Kehrseite des AfD-Erfolgs ist der Einbruch linker Repräsentationsmacht, wie er sich exemplarisch im jüngsten Sonneberger Ergebnis widerspiegelt. Auch hier zeigen sich die langen Linien.

In den 1930er Jahren hatte die Thüringer Arbeiterbewegung in weiten Teilen des Landes kein soziokulturelles Milieu herausbilden können. Heute

---

6 Peter Reif-Spirek, Das Ende der Sozialdemokratie, wie wir sie kannten, in: „SPW – Zeitschrift für sozialistische Politik und Wirtschaft", 6/2018, S. 52-57.

scheint auch R2G gemeinsam zu schwach zu sein, um alltagskulturelle Gemeinschaftsräume zu stabilisieren, die sich gegen die erneute „Faschisierung der Provinz" (Toralf Staud) stellen können. R2G fehlt offensichtlich die lebensweltliche Verankerung in den ländlichen Regionen. Schwache Wahlergebnisse des nicht-konservativen Lagers sind die Folge und beileibe kein Ausweis ihrer politischen Kommunikationsfähigkeit vor Ort – und zwar generell, wie auch im Besonderen in ihrer Auseinandersetzung mit rechts.

Es wird sich zeigen, ob das demokratische Lager links des Konservatismus sich jetzt wieder nur in seinen Warnungen bestätigt fühlt oder ob es auch zu einer selbstkritischen Debatte fähig ist, denn faktisch hat es die politischen Kommunikationsflächen zu beachtlichen Teilen der Bevölkerung verloren. Insofern ist die politische Situation heute noch weit gefährlicher als in den sogenannten Baseballschlägerjahren der Nachwendezeit.

Die ersten Reaktionen auf das Wahlergebnis in Sonneberg offenbarten vor allem politische Ratlosigkeit. Die Folge war ein hilfloser, moralisierender Antifaschismus, der die falschen Fragen stellt – und viel zu kurz greifende Antworten gibt. Plattitüden, dass Faschisten Faschisten wählen, weil sie eben Faschisten sind, wurden als wahlsoziologischer Befund präsentiert. Es dauerte keinen Tag, bis die Forderung nach einem Parteiverbotsverfahren gegen die AfD erhoben wurde, weil diese ja mit Sonneberg ihre politische Wirkungsmacht bewiesen habe – als könne man seine eigene mangelnde demokratische Diskursmächtigkeit an den Staat delegieren, der es nun richten soll. Kein Wähler der AfD wird dadurch für das demokratische Lager zurückgewonnen.

Lichtblick Nordhausen?

Daran zeigt sich: Die Schwäche der Demokratie im Osten Deutschlands (und in Osteuropa insgesamt) ist vor allem die Schwäche ihrer Organisiertheit. Insofern wäre jetzt vor allem zähe regionale, organisationspolitische Kärrnerarbeit, allen voran der Parteien, gefragt, denn nur so kann ein sozialräumlich verankerter, nachbarschaftlicher Antifaschismus entstehen. Wer dagegen im Stellungskrieg um gesellschaftliche Hegemonie die Schützengräben verwaisen lässt, darf sich nicht wundern, wenn sie von rechts übernommen werden.

Speziell die Parteistrukturen der Linkspartei sind seit den 90er Jahren stark ausgedünnt, auch personell, sprich: Kümmererpartei war gestern. Progressiver Cäsarismus als Regierungsstil – allein fokussiert auf einen starken linken Ministerpräsidenten – erzeugt aber keine lokale Verwurzelung der Demokratie. Und um die zivilgesellschaftliche Organisationsdichte steht es nicht viel besser. Wenn aber Demokratie nicht als Graswurzelbewegung vor Ort sichtbar und organisationsfähig ist, wird sie von unten ausgetrocknet.

Es ist ernüchternd, dass die Parteien – nach der üblichen Empörung an Wahlabenden – nicht in der Lage sind, konkrete organisationspolitische

Maßnahmen gegen den Zerfall demokratischer Repräsentationsmacht einzuleiten. Nichts dergleichen passiert, um insbesondere die beschämende
Unsichtbarkeit der Sozialdemokratie in der ostdeutschen Fläche anzugehen. Der einzige „Schritt wirklicher Bewegung" (Marx) kommt heute nicht
aus den Parteizentralen, sondern – wie es scheint – von der Punkband Feine
Sahne Fischfilet, die durch ihr Sonneberger Konzert wenigstens ein Signal
der Ermutigung zu setzen vermochte.

Immerhin gibt es in Thüringen auch einen kleinen Lichtblick: Mit einer vor
allem zivilgesellschaftlich getragenen Mobilisierung konnte auf den letzten
Metern ein geschichtsrevisionistischer AfD-Bürgermeister in Nordhausen
verhindert werden. Der AfD Thüringen, die schon eine Erfolgsserie witterte,
die ihre weitere Ausstrahlung im Nichtwählerbereich gewiss verstärkt hätte,
konnten erstmals Grenzen gesetzt werden.

Das ist gewiss ein Erfolg, aber kein Grund zur Erleichterung und politischen Entwarnung. Denn noch im ersten Wahlgang lag der AfD-Kandidat
weit vor seinen Mitbewerbern und erzielte mit 42 Prozent ein doppelt so
starkes Ergebnis wie die beiden OB-Kandidaten aus dem R2G-Spektrum
(zusammen 20 Prozent). Diesen Sachverhalt kann man sich nicht schön-
reden. R2G ist auch in dieser Wahl gemeinsam so schwach gewesen, dass
man sich fragen muss, wie lange man sich getrennte Kandidaturen dieser
drei Parteien noch erlauben kann, wenn in den nächsten Jahren der Kampf
gegen die Faschisierung im Osten im Mittelpunkt steht.

Die Berliner Republik – in Teilen des Ostens wie von unten abgehängt

Die anhaltende Stärke der AfD, die auch im zweiten Wahlgang noch um etwa
tausend Stimmen zulegen konnte, einerseits und die erfolgreiche zivilgesellschaftliche Kampagne anderseits – beides zusammen kommt im Nordhäuser
Ergebnis zum Ausdruck. Dazwischen lavierten die schwachen Parteien der
Berliner Republik.

Die Mobilisierung zur Stichwahl wurde vor allem auch von Unorganisier-
ten getragen; auf einen gemeinsamen Aufruf aller unterlegenen Parteien
gegen den AfD-Kandidaten hingegen wurde verzichtet. Von besonderem
Gewicht waren die öffentlichen Interventionen aus der Gedenkstättenstif-
tung Buchenwald und Mittelbau-Dora, die den Geschichtsrevisionismus des
AfD-Kandidaten offenlegten und auf die internationalen Folgen hinwiesen,
wenn die Stadt mit ihrer KZ-Geschichte durch einen rechtsextremen Ober-
bürgermeister repräsentiert würde. Am Ende bleibt jedoch die Frage, ob einmaliges Campaigning das politische Klima in Nordhausen nachhaltig verändern kann.

Der Rechtsextremismus ist beileibe kein Ost-Problem, wie die jüngsten
Wahlergebnisse in Bayern und Hessen eindrucksvoll bewiesen haben, aber
er hat in den neuen Bundesländern noch immer ein anderes Gewicht und
Gefährdungspotenzial. Zudem wird sich der Erfolg im Westen auch verstär-
kend auf die AfD-Milieus im Osten auswirken.

Die besorgniserregenden Ergebnisse der aktuellen Leipziger „Mitte-Studie" zeigen zudem einen erheblichen Anstieg rechtsextremer Einstellungen.[7] Wachsende Demokratiedistanz in der Mitte der Gesellschaft und Radikalisierung gehören zusammen. „Rechtsextrem zu sein ist nicht mehr etwas, was hinter vorgehaltener Hand passiert." Das rechtsextreme Selbstverständnis werde mittlerweile „durchaus selbstbewusst nach vorne getragen", erläutert Beate Küpper, die Co-Autorin der Studie.[8]

Die Wahlerfolge der AfD in Hessen und Bayern belegen, dass sie ihre Schwächeperiode im Westen inzwischen überwunden hat und sich auch hier neue Wählerpotenziale erschließen konnte. Gleichwohl sind die Unterschiede zwischen Ost und West weiterhin nicht zu übersehen. Parlamentarische Mehrheiten gegen die AfD sind in Hessen und Bayern noch in Zweierbündnissen möglich. Wenngleich der Auszehrungsprozess der Parteien auch im Westen voranschreitet, hat das repräsentativ-parlamentarische System dort noch immer einen anderen Unterbau. Das zivilgesellschaftliche Netz ist deutlich enger geknüpft und in seinen demokratischen Orientierungen gefestigter. Im Osten hingegen hat der Parlamentarismus – um ein Bild Gramscis aufzugreifen – keine „robuste Kette von Befestigungswerken und Kasematten", die eine demokratische Kultur absichern helfen.

Die Berliner Republik wirkt daher in Teilen des Ostens wie von unten abgehängt; ihre politischen Diskurse erzeugen keine gesellschaftliche Verbindlichkeit mehr vor Ort.

»Thüringen ist eines von den schwierigen Bundesländern« (Reinald Grebe)

Die AfD ist im Osten so stark, dass sie eine demokratische Blockadefunktion ausüben kann. Die letzten Thüringen-Umfragen zeigen die AfD als stärkste politische Kraft des Landes mit Prognosen deutlich über der 30 Prozent-Marke. Sollten sich diese politischen Kräfteverhältnisse auch in der bevorstehenden Landtagswahl im Herbst 2024 bestätigen, wäre eine Regierungsmehrheit gegen die AfD nur durch eine „antagonistische Kooperation" von CDU und Linkspartei zu erzielen.

Es ist noch nicht allzu lang her, dass die R2G-Minderheitsregierung von Teilen der Linkspartei als demokratische Innovation des deutschen Parlamentarismus gefeiert wurde. Tatsächlich ist Thüringen heute längst wieder Avantgarde – aber der Faschisierung, nicht der demokratischen Erneuerung. Längst erweckt R2G den Eindruck der Handlungsunfähigkeit, eine eigene politische Erzählung von den Entwicklungsperspektiven des Landes ist schon lange nicht mehr erkennbar, mit fehlenden Mehrheiten lassen sich wichtige Projekte nicht entwickeln. Die Linkspartei hat dem Rechtsextremismus als Oppositionspartei stärkere Grenzen gesetzt als in Regierungsfunktion, weil sie in ihrer früheren Rolle als politischer Adressat der

---

7   Andreas Zick, Beate Küpper und Nico Mokros, Die distanzierte Mitte. Rechtsextreme und demokratiegefährdende Einstellungen in Deutschland 2022/23, Bonn 2023.
8   Acht Prozent teilen rechtsextremes Weltbild, tagesschau.de, 21.9.2023.

gesellschaftlichen Kränkungen agieren konnte. Die zunehmende Unzufriedenheit mit Landes- und Bundesregierung ist dagegen ein Treiber der Demokratiekrise.

Die Gesellschaft, in der wir leben wollen

Wenn das Land nach rechts zu kippen droht, wie die Befunde der aktuellen Mitte-Studie und Wahlumfragen zeigen, wirft dies auch Fragen nach den politischen und pädagogisch-präventiven Gegenstrategien auf, die bisher jedenfalls die rechte Erfolgsgeschichte noch nicht einmal eindämmen, geschweige denn brechen konnten. Kritische Selbstreflexion statt „Weiter so" wäre also gefragt. Wer die AfD wirksam bekämpfen will, braucht ein eigenes politisches Framing, das zeigt, in welcher Gesellschaft wir leben wollen.

„Ich höre sehr oft, gegen die Rechtspopulisten komme man nicht an, denn ihre Antworten seien einfacher. Hochkomplexe Inhalte, wie die der demokratischen Parteien, seien nicht einfach zu framen. Doch viele der großen Parteien machen ihre Hausaufgaben schlichtweg nicht", analysierte die Sprachwissenschaftlerin Elisabeth Wehling die Fehler des damaligen Anti-Trump-Kampfes. Ihre Forderung: „Die Frames der Gegner aufzugreifen, führt zu nichts. Durch die Erwähnung eines Frames, unabhängig ob bejahend oder verneinend, wird dieses immer wieder aktiviert. Das ist dann kostenloser Wahlkampf für die anderen." Stattdessen müssen Demokraten sich auf ihre eigenen Stärken besinnen: „Demokratische und progressive Geschichten sollten erzählt werden, mit Frames von Empathie, Miteinander, Nächstenliebe, gegenseitiger Befähigung und Schutz."[9]

Diese Analyse lässt sich eins zu eins auf die deutsche Situation übertragen. Getreu der Devise: Was im Kampf gegen Donald Trump richtig ist, kann gegen die AfD nicht falsch sein – ob in Thüringen oder anderswo.

---

9   Elisabeth Wehling, „Finger weg vom AfD-Wording!", in: „die tageszeitung", 9.12.2016; ausführlicher in ihrem Buch „Politisches Framing: Wie eine Nation sich ihr Denken einredet – und daraus Politik macht", München 2016.

Folgenloses Erschrecken: Sachsen als Exempel

Von **Annett Mängel**

Chemnitz hätte ein Weckruf sein können. Ein Aufbruch zu einem breiten Bündnis gegen Rechtsextremismus, Unmenschlichkeit und Gewalt. Doch was ist geblieben von dem Erschrecken, das die Republik erfasst hatte angesichts der Aufmärsche hunderter gewaltbereiter Hooligans und Rechtsextremer in Chemnitz, derer die Polizei im August 2018 zwei Tage in Folge nicht Herr wurde?

Über Wochen diskutierte die Republik nach dem Tod von Daniel Hillig infolge eines Streits mit Asylsuchenden und den sich anschließenden Ausschreitungen allen Ernstes, ob es einen „Mob" überhaupt gegeben hatte oder der Begriff „Hetzjagden" korrekt beschreibt, was am Rande der Aufmärsche passierte. Ungeachtet zahlreicher dokumentierter Übergriffe und Verletzungen erklärte der sächsische Ministerpräsident Michael Kretschmer (CDU) in seiner Regierungserklärung: „Klar ist: Es gab keinen Mob, es gab keine Hetzjagd, es gab kein Pogrom in Chemnitz."[1] Er habe absichtlich so formuliert, weil „Demokraten durch Wortwahl zur Beruhigung beitragen" sollten.[2] Nur wenig später insinuierte der damalige Chef des Bundesverfassungsschutzes, Hans-Georg Maaßen, mit seinen gegenüber der „Bild"-Zeitung geäußerten Zweifeln an der Authentizität eines Videos, das einen Übergriff zeigt, eine gezielte Desinformationskampagne von linker Seite. Damit betrieb er bewusst das Geschäft all jener, die in ihren Filterblasen die hasserfüllten Attacken in Chemnitz als bloße Erfindungen „der Lügenpresse" denunzierten, die linke Provokateure am Werk und lediglich „besorgte Bürger" demonstrieren sahen.

Doch die Debatte darüber, wie die Ereignisse in Chemnitz korrekt beschrieben werden können, lenkt von den eigentlichen Problemen ab. Die rechtsextremen Aufmärsche hatten nämlich der gesamten bundesdeutschen Öffentlichkeit – mal wieder[3] – eines gezeigt: Es gibt eine noch immer von vielen unterschätzte, breit verankerte rechtsextreme Szene, die in den vergangenen Jahrzehnten insbesondere in den ostdeutschen ländlichen Strukturen enorm gewachsen ist. Diese Szene feiert ihren Marsch durch Chemnitz

---

1 Regierungserklärung von Ministerpräsident Michael Kretschmer vor dem Sächsischen Landtag, 5.9.2018.
2 Zit. nach: „Es gab eine ‚Hetzjagd' in Chemnitz", faz.net, 9.9.2018.
3 Vgl. Annett Mängel, Ganz normal rechts, in: „Blätter", 11/2006, S. 1295-1298.

am 26. August 2018 als rundum gelungenen Sieg und Erfolgserlebnis – sie brauchte nur eine Gelegenheit, um ihre Anhänger zu mobilisieren und dabei ohne nennenswerten Widerstand aus Zivilgesellschaft, Politik und Polizei Unbeteiligte, Migranten und Journalisten in Angst und Schrecken zu versetzen.

Ein Sieg für die rechtsextreme Szene

Nach den Machtdemonstrationen der extremen Rechten in Chemnitz häuften sich gewaltsame Übergriffe in der ganzen Republik. Allein in Sachsen zählte die örtliche Opferberatungsstelle RAA innerhalb von nur einer Woche nach der ersten Demonstration mehr als 30 rechte Gewalttaten – während es im Jahr 2017 insgesamt 20 waren.[4] Alle, die es bis dahin nicht wahrhaben wollten, konnten sehen, wie rasch sich organisierte Hooligans, Neonazis und Rechtsextreme mobilisieren lassen, um ihre Reihen für „besorgte Bürger" zu öffnen, die sich weder von menschenfeindlicher Hetze noch von gezeigten Hitlergrüßen irritieren lassen. Das aber betrifft nicht allein Sachsen, bereits Anfang 2018 war Ähnliches im brandenburgischen Cottbus zu beobachten gewesen.[5]

Beispielhaft dafür steht der „Trauermarsch" nach einem weiteren Toten in der sachsen-anhaltinischen Kleinstadt Köthen, bei dem die mutmaßlichen Angreifer wie im Fall von Daniel Hillig Asylbewerber waren: Nachdem einige hundert Demonstranten zunächst schweigend durch die Stadt gelaufen waren, darunter zahlreiche ehemalige und aktive NPDler sowie Mitglieder sogenannter Freier Kameradschaften, ergriff David Köckert das Wort. Der wegen Volksverhetzung vorbestrafte ehemalige NPD-Kader und Gründer der rechtsextremen Thügida-Bewegung, hetzte vor inzwischen 2500 Menschen – davon etwa 500 zugereiste – gegen Migranten, Journalisten und Politiker: „Die Presse schweigt [...]. Wenn wir noch einmal die Macht bekommen, dann werden diese Flitzpiepen sich im dunklen Kellerverließ wiederfinden. [...] Und zwar ist es Krieg. [...] Ein Rassenkrieg gegen das deutsche Volk, was hier passiert, und dagegen müssen wir uns wehren. Wollt Ihr weiterhin die Schafe bleiben, die blöken, oder wollt Ihr zu Wölfen werden und sie zerfetzen?"[6]

Die Umstehenden jubelten und klatschten. Auch dann noch, als eine junge Frau, die sich als einfache Mutter von drei Kindern vorstellte, in Richtung der Gegendemonstranten und Journalisten rief: „Die da hinten werden als Erstes brennen. Brennen. Und ihr habt mich richtig verstanden." Eine unbescholtene Bürgerin, wie sie vorgab, ist sie allerdings nicht – sondern eine bekannte Rechtsextremistin, die dem vom Verfassungsschutz beobachteten „Nationalen Kollektiv Anhalt" angehört.[7]

---

4 RAA Sachsen, Chemnitz: eine erste Bilanz, raa-sachsen.de, 3.9.2018.
5 Vgl. Christoph Schulze, Cottbus oder der rechte „Bürgerkrieg", in: „Blätter", 3/2018, S. 13-16.
6 Zit. nach: Pascale Mueller und Marcus Engert, Rechtsradikaler Redner spricht auf Kundgebung in Köthen von „Rassenkrieg gegen das deutsche Volk", buzzfeednews, 9.9.2018.
7 Zit. nach: Lars Wienand, Rednerin in Köthen an Linke: „Ihr werdet brennen", t-online.de, 11.9.2018.

Dass solcherart menschenverachtende Hetze in der Öffentlichkeit möglich ist und von Menschen beklatscht wird, die sich selbst vehement nicht als rechts(radikal) bezeichnen, liegt ganz wesentlich an der jahrzehntelangen Verharmlosung rechtsextremer Strukturen. Weder der von Gerhard Schröder im Jahr 2000 ausgerufene „Aufstand der Anständigen" noch die Wahlerfolge der NPD und später der AfD in (nicht nur) ostdeutschen Landtagen und auch nicht die Übergriffe auf Asylbewerberunterkünfte in Heidenau und Freital haben zu einem Umdenken geführt – insbesondere in Sachsen.[8]

Von Hoyerswerda nach Chemnitz

Allzu lange galt dort das berühmt berüchtigte Biedenkopfsche Diktum aus dem Jahr 2000, nach dem „die Sachsen immun gegen Rechtsextremismus" seien. Weil nicht sein konnte, was nicht sein durfte, sah keiner der politisch Verantwortlichen wirklich genau hin. Stattdessen wurden jene als Nest-beschmutzer beschimpft, die auf rechtsextreme Strukturen aufmerksam machten: „Dieser Dreck wird mit Sicherheit nicht in unserem Rathaus gelesen", twitterte 2017 Jörg Schlechte, CDU-Stadtrat in Meißen. Was ihn derart in Rage versetzte, waren aber nicht etwa die dramatischen Zustände, die in dem Sammelband „Unter Sachsen. Zwischen Wut und Willkommen"[9] beschrieben werden, sondern eine Lesung daraus im Rahmen des Literatur-festes Meißen. Schließlich untersagte die Stadt aus fadenscheinigen Gründen tatsächlich die zugehörige Diskussionsveranstaltung, die Lesung stieß umso mehr auf großes Interesse und fand mit gut 300 Gästen statt.[10]

In Sachsen ist über die vergangenen Jahrzehnte ein rassistisches, fremdenfeindliches und menschenverachtendes Netzwerk gewachsen, das aus den Kapitulationen von Politik und Sicherheitskräften Siegesgewissheit zieht: Nach tagelangen gewaltsamen Übergriffen von Neonazis und Anwohnern auf ehemalige DDR-Vertragsarbeiter im September 1991 in Hoyerswerda wurden die Opfer unter Beifall in Bussen aus der Stadt gebracht und Hoyerswerda von der rechten Szene als „erste ausländerfreie" Stadt gefeiert.[11] In Mittweida und der Sächsischen Schweiz gründeten sich gar paramilitärische Organisationen.[12] Ganze Regionen wurden zu „national befreiten Zonen" erklärt, Andersdenkende eingeschüchtert und bedroht. Die Liste von rassistischen Alltagserfahrungen nichtdeutsch aussehender Menschen, rechtsradikalen (teilweise tödlichen) Übergriffen auf linke Jugendliche, nichtdeutsch Aussehende, Politiker und Bürgermeister ist lang.

Von 2004 bis 2014 saß die NPD im Sächsischen Landtag, wo sie von der AfD beerbt wurde. Dennoch ist sie unter ihrem neuen Namen „Die Heimat"

8 Vgl. David Begrich, „Wir sind das Pack". Von Hoyerswerda nach Heidenau, in: „Blätter", 10/2015, S. 9-12.
9 Heike Kleffner und Matthias Meisner (Hg.), Unter Sachsen. Zwischen Wut und Willkommen, Berlin 2017.
10 Vgl. Stefan Locke, Darüber wird man ja wohl noch schweigen dürfen, in: „Frankfurter Allgemeine Zeitung", 12.6.2017.
11 Vgl. Julia Oelkers, Hoyerswerda revisited, in: Kleffner/Meisner, Unter Sachsen, a.a.O., S. 172-181.
12 „Sturm 34" und die „Skinheads Sächsische Schweiz", vgl. Matthias Meisner, Die Relativierer. Die Staatspartei CDU unternimmt zu wenig gegen Fremdenhass, in: Kleffner/Meisner, a.a.O., 14-23.

noch heute in Gemeinderäten in der Provinz vertreten und verfügt nach wie vor über gefestigte Strukturen. Und der sogenannte Nationalsozialistische Untergrund konnte auf ein möglicherweise noch immer existentes Unterstützernetzwerk zurückgreifen.

58 Prozent der befragten Sachsen stimmten 2016 der Aussage zu „die Bundesrepublik ist durch die vielen Ausländer in einem gefährlichen Maß überfremdet" – und das, obwohl seinerzeit lediglich 3,9 Prozent Nichtdeutsche im Freistaat lebten. Im Bundesdurchschnitt dachten das nur halb so viele Menschen (rund 30 Prozent). Zwischen November 2013 und November 2016 fanden mehr als 800 asylfeindliche Kundgebungen und Demonstrationen allein in Sachsen statt – zahlreiche davon in Chemnitz-Einsiedel, organisiert und getragen von der völkischen Initiative „Heimat und Tradition Chemnitz/ Erzgebirge", vom örtlichen Pegida-Ableger, diversen asylfeindlichen Gruppen aus dem Erzgebirge, Vogtland und Dresden und nicht zuletzt von der im Chemnitzer Stadtrat vertretenen Partei „Pro Chemnitz" von Martin Kohlmann, der auch den Protest 2018 mitorganisierte. Auch Vertreter der völkisch orientierten Identitären Bewegung und Mitglieder der neonazistischen Partei „Der III. Weg" nehmen an den Aufmärschen regelmäßig teil. Aktiv dabei ist schließlich eine über Jahre gewachsene, gewaltbereite rechte Fußball- und Kampfsportszene.[13]

Die CDU und die Verharmlosung des Rechtsextremismus

Angesichts der Ereignisse in Chemnitz rang sich Michael Kretschmer in seiner schon erwähnten Regierungserklärung anlässlich der rechten Aufmärsche im August 2018 immerhin dazu durch, den Rechtsextremismus als „die größte Gefahr für unsere Demokratie" zu bezeichnen. Damals wie heute kommt es aber darauf an, daraus auch Konsequenzen zu ziehen, damit es nicht wieder nur bei der bloßen Feststellung bleibt. Denn auch sein Vorgänger Stanislaw Tillich hatte 2016 nach den Übergriffen auf Flüchtlinge in Clausnitz und einem Brandanschlag auf eine kurz vor dem Bezug stehende Flüchtlingsunterkunft in Bautzen schon einmal kleinlaut eingestanden: „Ja, es stimmt, Sachsen hat ein Problem mit Rechtsextremismus, und es ist größer, als viele – ich sage ehrlich: auch ich – wahrhaben wollten." Allein, es folgte nichts aus dieser späten Einsicht.

Jetzt aber müssen endlich jene langfristig unterstützt werden, die vor Ort demokratische Bildungsarbeit leisten, die über rechtsextreme Denkmuster und rassistische Theorien aufklären und die Opfern rassistischer und rechtsextremer Gewalt helfen.

Dafür muss die CDU aber auch andernorts über ihren Schatten springen und damit aufhören, Rechtsextremisten immer wieder zu verharmlosen. In Sachsen-Anhalt allerdings tut sie immer mehr genau das Gegenteil: Ungeachtet der grassierenden rassistischen und rechtsextremen Einstellungen

---

13 Vgl. Michael Nattke, Eine neue soziale Bewegung von rechts, in: Kleffner/Meisner, a.a.O., S. 71-80, hier: S. 72f.

und Übergriffe – wie 2018 in Köthen – arbeitet die CDU Hand in Hand mit der AfD daran, eine gleich große oder gar größere Bedrohung der Demokratie durch Linksextremismus an die Wand zu malen. So wurde 2018 ausgerechnet der damalige AfD-Abgeordnete André Poggenburg vom Landtag zum Vorsitzenden einer „Linksextremismus"-Kommission bestellt. Er inszenierte als erstes eine Kampagne gegen den Verein Miteinander e.V., der demokratische Bildungsarbeit gegen Rechtsextremismus leistet. Er soll, ginge es nach der AfD, gar nicht mehr vom Land finanziert werden. So weit ging die CDU zwar nicht, sie forderte aber, dass sich der Verein um „alle" Extremismen gleichermaßen zu kümmern habe. Derweil verankerte sich die Identitäre Bewegung in Halle, vergrößerte der neurechte Vordenker und Verleger Götz Kubitschek von seinem sachsen-anhaltinischen „Rittergut" aus seine Gefolgschaft und sammeln sich ehemals aktive Neonazis in männerbündischen, gewaltbereiten Rockerclubs, Kampfsportvereinen und Kraftsportstudios.

Eine Gegenöffentlichkeit tut not

Politische Bildungsarbeit und eine wirkmächtige Gegenöffentlichkeit tun also dringend not. Jene, die sich seit Jahren im ländlichen Raum genau darum bemühen, müssen gestärkt werden – finanziell, ideell und auch ganz praktisch. Tatkräftiger Beistand aus den Städten gebührt beispielsweise dem „Dorf der Jugend" in Grimma, das inmitten einer rechtsextrem geprägten Dominanzkultur ein alternatives Angebot für Jugendliche bereithält – immer wiederkehrenden Anfeindungen und Angriffen und einer prekären Finanzierung zum Trotz.[14]

Weil jene, die der rechten Hegemonie entkommen wollen, den ländlichen Regionen oft den Rücken kehren, wird diese immer stärker. Deshalb, so meint auch David Begrich von Miteinander e.V., braucht es die Unterstützung von außen, braucht es kontinuierliche aktive Patenschaften beispielsweise für Kirchengemeinden, die sich für Flüchtlinge engagieren, für Berufsschulen, die ein demokratisches Miteinander befördern und für Jugendprojekte, die eine Gegenkultur stärken. Denn „Chemnitz war für die vereinigte Rechte der Vorschein eines rechten Umsturzes, der aus dem Osten kommen soll", warnt Begrich.[15]

Alle, die das verhindern wollen, müssen endlich aufwachen und aktiv werden – auch jenseits von erfreulich gut besuchten Protestkonzerten oder Demonstrationen gegen Gewalt und Rassismus. Sonst droht das Erschrecken wie seinerzeit nach Chemnitz wieder folgenlos zu bleiben.

---

14 „Wir sind nicht mehr". Interview mit Barbara Junge, taz.de, 11.9.2018.
15 Vgl. David Begrich, Liebe westdeutsche Freund/innen, telegraph.de, o.D.

Ostdeutschland: Was nach den Demos kommen muss

Von **David Begrich**

Hunderttausende Menschen füllten Anfang 2024 republikweit die großen Plätze und Straßen ihrer Städte, um für den Schutz der Demokratie und gegen die AfD zu demonstrieren – und zwar nicht nur in Berlin, München oder Hamburg, sondern auch in den ostdeutschen Mittel- und Kleinstädten: In Grimma, Greiz, in Aschersleben und Altenburg und vielen anderen Orten fanden Kundgebungen statt. Zum ersten Mal seit der sogenannten Flüchtlingskrise 2015 und dem damit einhergehenden Anstieg rassistischer Mobilisierung gibt es offenbar ein Momentum, in dem die Hegemonie der AfD insbesondere in Ostdeutschland infrage gestellt werden könnte.

Das ist in seiner Bedeutung für die ostdeutsche demokratische Kultur nicht hoch genug einzuschätzen. Denn die gut besuchten Kundgebungen und Demonstrationen in Ostdeutschland schmerzen die AfD und ihr rechtsextremes politisches Vorfeld wirklich, anders als jene in den westdeutschen Metropolen. Denn sie stellen den Hegemonieanspruch der Partei in den ostdeutschen Regionen infrage. Und zwar genau in jenen mittelgroßen ostdeutschen Städten, die die AfD aufgrund des dortigen hohen Wählerzuspruchs als ihr politisches Wohnzimmer empfindet und in denen sie die Themen und die Debattenregeln der regionalen Öffentlichkeit bestimmt.

Über Jahre hat sich in einigen dieser Städte ein antidemokratisches Grundrauschen etabliert, welches vorzugsweise montags anschwoll, als jahrelang gegen Geflüchtete, gegen die Coronapolitik und allgemein gegen „die da oben" demonstriert wurde – wogegen es nur wenig lautstarken Widerstand gab.Und das auch aus einem ganz klaren Grund: Wer sich in einer ostdeutschen Kleinstadt offen gegen die AfD bekennt, riskiert soziale Ächtung, Bedrohung oder gar körperliche Angriffe bis in das private Umfeld hinein. In einer Kleinstadt kann niemand den Akteuren der extremen Rechten einfach aus dem Weg gehen, indem man bestimmte Stadtteile oder Straßen meidet.

Die Normalisierung der AfD in den Regionen Ostdeutschlands geht auf eine über Jahrzehnte gewachsene rechte Hegemonie im Alltag zurück: ob beim Klempner, der Bäckerin oder in der Kita. Deren Quellen, dies gilt es sich in Erinnerung zu rufen, sind die 1990er „Baseballschlägerjahre", die rechtsextreme Jugendkultur dieser Zeit nach der deutschen Einheit und die Arbeit der NPD in den ostdeutschen Kommunen der 2010er Jahre – auf die von Seiten der Landes- und Bundespolitik regelmäßig nur mit kurzfristigem Aktivismus reagiert wurde, nicht aber mit einer kontinuierlichen Unterstützung und Stärkung demokratischer Kräfte vor Ort.[1] Hinzu kommt: Der demografische Wandel und die Abwanderung demokratisch engagierter, gut ausgebildeter Menschen, aber auch die Strukturschwäche gesellschaftlicher Großorganisationen wie Parteien, Gewerkschaften, Kirchen und manchmal sogar Sportverbänden haben ein Vakuum bis weit in den vorpolitischen Raum hinein hinterlassen, das heute die extreme Rechte ausfüllt.

Die vormals Leisen werden laut

Die Kundgebungen in Ostdeutschland werden das über Jahre andauernde erfolgreiche politische Agendasetting der AfD nicht beenden – aber erstmals seit 2015 sind nun in der Öffentlichkeit andere Stimmen zu hören als jene rechter Wutbürger, denen konservative Kommunal- und Landespolitiker ihr Ohr viel zu lange mit dem Argument liehen, es handle sich um besorgte Bürger, die für eine Mehrheit sprächen. Damit haben die Demonstrationen zu Jahresbeginn 2024 zweifelsohne den Horizont der Debatte über die AfD erheblich erweitert. Bis vor kurzem eilte die Partei von Umfragehoch zu Wahlerfolg zu Diskurserfolg, hetzte in zahllosen Talkshows gegen Migration und Klimaschutz und erfreute sich umfassender Aufmerksamkeit. Über diesen scheinbar unaufhaltsamen Höhenflug gerieten die realen Niederlagen der AfD fast aus dem Blick. Dabei haben die vergangenen Monate gezeigt, dass sich der von der AfD sicher geglaubte Sieg bei Stichwahlen zu Bürgermeister- und Landratsämtern nicht automatisch einstellt.

Zwar konnte ihr Kandidat im thüringischen Saale-Orla-Kreis in der Stichwahl Ende Januar 2024 neue Wähler hinzugewinnen, doch ein weiterer symbolträchtiger Erfolg wie im Landkreis Sonneberg im vorigen Jahr blieb der AfD verwehrt. Die Niederlage von Uwe Thrum im Wahlfinale um das Landratsamt im Saale-Orla-Kreis ist zudem eine Niederlage für den Thüringer AfD-Landeschef und rechtsextremen Vordenker Björn Höcke. Dieser hüllt sich seit Monaten in Schweigen darüber, in welchem Thüringer Wahlkreis er ein Direktmandat erringen will. Da für die Landtagswahl im September dieses Jahres von einem hohen Anteil an Direktmandaten für die AfD ausgegangen werden muss, wäre es fahrlässig, Höcke verließe sich auf den ersten Platz der Landesliste seiner Partei, der womöglich gar nicht zum Zuge kommt, sollte die AfD viele Direktmandate erringen. Nun, da der sicher geglaubte Saale-Orla-Kreis nicht mehr sicher ist, scheidet dieser Wahlkreis für Höcke gegebenenfalls aus.

Umso harscher fielen die Reaktionen der extremen Rechten auf die Demonstrationen aus. In Sachsen und Thüringen riefen rechtsextreme Grup-

---

1 Vgl. u.a. David Begrich, „Spaziergänger" in Ostdeutschland: Nazis als Bannerträger, in: „Blätter", 2/2022, S. 9-12; Maximilian Pichl, Von Aufklärung keine Spur: 20 Jahre NSU-Komplex, in: „Blätter", 1/2018, S. 110-120; Michael Lühmann, Ostdeutsche Lebenslügen, in: „Blätter", 11/2017, S. 59-64; Annett Mängel, Ganz normal rechts, in: „Blätter", 11/2006, S. 1295-1298.

pen zu Gegenkundgebungen auf und schreckten selbst vor Bedrohung und Stalking im Umfeld von demokratisch engagierten Bürgern nicht zurück. Seit Beginn der bundesweiten Proteste denunziert die AfD die Kundgebungen als gelenkte, regierungsfromme Veranstaltungen, die dem Ziel dienten, die einzige Oppositionspartei mundtot zu machen. Wie einst das letzte propagandistische Aufgebot der DDR-Führung im Herbst 1989 seien sie nichts anderes als Begleitmusik zur unaufhaltsamen Erosion des politischen Systems. Der argumentative Aufwand, den die Partei betreibt, um die Proteste zu diskreditieren, offenbart, dass die AfD in diesen mehr als nur Störgeräusche im Prozess ihres unaufhaltsamen Aufstiegs sieht. Schließlich zeigen die Kundgebungen, dass es, anders als die AfD gern suggeriert, doch keinen Automatismus ihres fortwährenden Erfolges auf allen Ebenen gibt.

Zugleich ist die Erwartung, die derzeitige Protestwelle werde überzeugte AfD-Wähler von einer Stimmabgabe für die Partei abhalten, eine Illusion. Es wäre schon viel gewonnen, wenn sie politisch unentschiedene Wähler dazu ermutigt, sich gegen die AfD zu entscheiden. Vor allem aber müssen die Proteste darauf zielen, demokratische Gegenkräfte zu stärken – und zwar über den Moment hinaus. Zwar ist der überwältigende Protest eine wichtige Erfahrung politischer Selbstwirksamkeit. Doch damit er längerfristig wirkt, muss er in andere Formen politischen Engagements überführt werden: ob in eine Bürgerinitiative, eine Kandidatur für die Gemeindevertretung oder auch in Gruppen, die sich um den Erhalt des örtlichen Kinos oder Jugendclubs bemühen oder Geld für das Stadtteilfest im Sommer auftreiben. Jene, die das demokratische Engagement vor Ort tragen, waren nie weg. Aber sie waren angesichts der rechten Dauermobilisierung der vergangenen Jahre unsichtbar geworden. Es kostet viel Kraft, soziokulturelle Refugien der Begegnung, der Kultur, der politischen Bildung aufrechtzuerhalten – und noch viel mehr, sie wieder aufzubauen.

Demokraten sichtbar machen

Was die Menschen brauchen, die sich in Ostdeutschland unter nicht gerade einfachen Bedingungen engagieren, ist jene gesellschaftliche Sichtbarkeit, die in den vergangenen Jahren der AfD und ihrem Umfeld zuteil wurde. Nötig ist eine Aufmerksamkeitsspanne, die auch dann noch anhält, wenn die schnellen Erfolgsmeldungen in der Auseinandersetzung mit der AfD ausbleiben. Die stille – und tatkräftige – Unterstützung aus Berlin oder München für eine demokratische Jugendinitiative in Sachsen bringt langfristig mehr als ein Pressetermin eines Bundespolitikers unter Termindruck.

Schon jetzt ist klar, dass es mit den althergebrachten Formaten politischen Campaignings nicht gelingen wird, die AfD bei den anstehenden Wahlen in 2024 einzudämmen – und dass es um weit mehr als diese Wahlen geht. Die Partei hat sich gerade in Ostdeutschland gesellschaftliche Sprechräume erschlossen, die sich andere Parteien nicht mehr zu nutzen in der Lage zeigen. Dies betrifft insbesondere die strategische Kommunikation über Plattformen wie TikTok und Instagram – hier müssen die demokratischen Parteien dringend aktiv werden.[2]

Einiges wäre zudem gewonnen, wenn die ländlichen und kleinstädtischen Regionen Ostdeutschlands diesmal im Wahlkampf ein anderes Bild als jenes böten, welches aus den Vorjahren nur allzu bekannt ist: In ganzen Landkreisen fanden sich fast ausschließlich Plakate der AfD, während sich die demokratischen Parteien allein auf die Großstädte konzentrierten. Und das aus ganz handfesten Gründen: Den Parteien abseits der AfD fehlte es schlicht an Ressourcen und Personal, um in den Wahlkämpfen in der Fläche, wenn schon nicht anwesend, so doch zumindest sichtbar zu sein. Es wäre daher sehr hilfreich, wenn sie in diesem Jahr dafür tatkräftige Unterstützung aus allen Bundesländern bekämen.

Zudem gilt es, die durchaus vorhandenen Niederlagen und Misserfolge der AfD stärker in die öffentliche Wahrnehmung zu rücken. Denn zumindest ein Teil der Anziehungskraft der AfD beruht auf ihrem auch medial immer wieder reproduzierten Erfolg. Der AfD psychologisch wirksame Niederlagen zu bereiten, ist von enormer Bedeutung, um ihr den Nimbus der Unbesiegbarkeit zu nehmen. Hinzu kommt: Die Auseinandersetzung mit den Politikangeboten der AfD sollte sich nicht allein auf Faktenchecks beschränken, sondern muss auch auf der emotionalen Ebene geführt werden. Bei den Landtagswahlen 2019 appellierte die AfD mit dem Slogan „Vollende die Wende" erfolgreich an die kulturelle Erinnerung der Ostdeutschen. Dieser politischen Mobilisierung des weit verbreiteten Krisenbewusstseins der Ostdeutschen von rechts und der damit verbundenen Zustimmungsbereitschaft zu rechtsextremer Politik gilt es offensiv entgegenzutreten – Zahlen und Fakten allein werden dabei nichts ausrichten.

Kommunalpolitisch auf dem Vormarsch – mit fatalen Folgen

Gelingt all dies nicht, droht die AfD im September 2024 durch die Landtagswahlen in Brandenburg, Sachsen und Thüringen gestaltenden Einfluss auf die Landespolitik zu gewinnen, auch ohne direkte Regierungsbeteiligung. Die AfD erhofft sich von den Wahlen eine Position, aus der heraus sie die Politik der Landesregierungen blockieren kann. Nicht ausgeschlossen ist etwa, dass die AfD in Thüringen eine Sperrminorität erreicht, so dass gegen sie kein Haushalt mehr beschlossen werden kann. Mit einem erfolgreichen Wahlantritt der „Werteunion" um den ehemaligen Verfassungsschutzchef Hans Georg Maaßen in Thüringen erwüchse der AfD zudem ein wirkmächtiger Multiplikator rechter Politik, der sie zwar nicht an die Regierung brächte, vielleicht aber dazu führen würde, dass sich eine CDU-geführte Minderheitsregierung von der AfD tolerieren ließe.

Doch über den Blick auf die Landtagswahlen darf die große Zustimmung zur AfD bei den Kommunalwahlen im Juni 2024 in Ostdeutschland nicht aus

---

2   Vgl. den Beitrag von Johannes Hillje, Social Media: Die digitale Dominanz der AfD brechen!, in diesem Band.

dem Blick geraten. Zwar sind der AfD Bürgermeister- und Landratsämter verwehrt geblieben. Dennoch geht sie massiv gestärkt aus den Wahlen der lokalen Vertretungen hervor: Mehrheiten ohne und gegen die AfD in den Kreistagen und Stadtparlamenten zu organisieren, wird nunmehr ein politischer Kraftakt. Denn das demokratische, sozialdemokratisch-links-grüne Lager ging vielerorts geschwächt und fragmentiert aus den Wahlen hervor. Die sich abzeichnenden konservativen und rechten Mehrheiten werden es demokratischen und soziokulturellen Initiativen und Vereinen für Integration überall dort schwer machen, ihre Arbeit fortzusetzen, wo sie auf die Unterstützung und Kooperation gerade der kommunalen Verwaltung angewiesen sind. Allein über die kommunalen Haushalte kann die AfD nun politische Akzente setzen, die der demokratischen Kultur gerade in Ostdeutschland Schaden zufügen werden. Dort, wo es bislang noch nicht dazu kam, wird die AfD spätestens jetzt Vertreter in alle relevanten kommunalen Gremien, Bei- und Aufsichtsräte entsenden, in denen über die gesellschaftspolitische Ausrichtung kommunalpolitischen Engagements entschieden wird. So droht eine Demontage der demokratischen Kultur von unten – auch ohne Regierungsbeteiligung der AfD. In Regionen, in denen die AfD mehr als 30 Prozent erhalten hat, geraten nun vor Ort all jene unter erheblichen politischen Rechtfertigungsdruck, die den Positionen der AfD offensiv widersprechen und die nicht bereit sind, sich mit der Normalisierung der extremen Rechten zu arrangieren – sondern im Gegenzug die demokratischen Grundlagen unserer Gesellschaft verteidigen.

Die steigenden verbalen und tätlichen Angriffe, von denen aus den Regionen berichtet wird, sind ein beredtes Zeugnis davon: So stellte im Juni dieses Jahres die Initiative „Sonneberg gegen Nazis" aufgrund wachsender Bedrohungen ihre Arbeit ein, mit der sie seit elf Jahren Aufklärung gegen rechtsextreme Strukturen und Akteure leistete: „Es ist zu gefährlich geworden. Hasskommentare, persönliche Anfeindungen und sogar Morddrohungen sind mittlerweile an der Tagesordnung. [...] Wir müssen letztendlich uns und unsere Familien schützen."[3] Seit der Wahl des AfD-Landrats hat sich Sonneberg zudem zu einem Hotspot rechter Gewalt entwickelt, wie die Thüringer Opferberatungsstelle ezra mitteilte.[4] Im sächsischen Stollberg wurde in die Inszenierung eines Stücks im Jugendtheater Burratino zur Widerstandsgruppe der Weißen Rose nach Beschwerden eingegriffen – um vorsorglich weiteren Ärgern mit der AfD zu vermeiden: Wegen angeblich „linksradikaler Indoktrination". „Es braucht die AfD gar nicht mehr, weil das Klima des Wegduckens schon von Konservativen kommt", zeigte sich Falko Köpp, Regisseur des Stücks, schockiert. Dem Theaterpädagogen wurde zudem die Teilnahme an einem der seit einem Jahr stattfindenden Nachgesprächen mit den Zuschauern zum Stück verwehrt. Jakob Springfeld, Autor des Buches „Unter Nazis. Jung, ostdeutsch, gegen rechts", wurde das Mikrofon entzogen.[5]

---

3 Zit. nach Konrad Litschko, Riskante Demokratiearbeit, taz.de, 24.6.2024.
4 Vgl. ebd.
5 Vgl. Theater Burratino. Stollberg: Jugendtheater ändert Inszenierung nach Angriffen von rechts, mdr.de, 25.6.2024.

Besonderes betroffen von der kommunalpolitischen Verankerung der AfD sind jene marginalisierten Gruppen, die im Feindbildraster der Partei ganz oben stehen: vermeintliche Nichtdeutsche, queere Personen, Linke und Grüne. Das bedeutet auch, dass die Verfestigung kommunaler rechtsextremer Realitäten die Abwanderung junger, kreativer, gut ausgebildeter Menschen verstetigen wird. Damit fehlen in den Regionen auch zukünftig gerade jene, die sich für die Verteidigung demokratischer Kultur einsetzen: ob als Vereinsvorsitzende, Stadträte oder im Kulturbereich.[6]

Die Brandmauer befestigen

Nicht zuletzt ist die Kommunalpolitik für die AfD auch ein wichtiges Erprobungsfeld für die weitere Professionalisierung der eigenen politischen Arbeit. Wer hier erfolgreich ist, Netzwerke knüpft, sich bekannt zu machen weiß und politische Kompetenzen erwirbt, empfiehlt sich für höhere Aufgaben. Noch fehlt es der AfD, von Ausnahmen abgesehen, an einer fundierten kommunalen Repräsentanz und institutionellen Verankerung. Zugleich aber ist die AfD in Thüringen, Sachsen und Brandenburg schon lange unbestrittene Schirmherrin der Aktivitäten einer diversen außerparlamentarischen extremen Rechten, zu der sie enge Verbindungen unterhält.

Die demokratischen Parteien werden in der Kommunalpolitik einen Umgang mit der AfD finden müssen, der ihrer rechten ideologischen Agenda nicht nachgibt, den Kommunen und Kreisen aber dennoch die pragmatische Handlungsfähigkeit erhält; ein Drahtseilakt, der abgewogene Einzelfallentscheidungen erfordert und Handlungsspielräume klug nutzt, ohne die AfD unabsichtlich zu stärken. Denn die vielbeschworene Brandmauer nach rechts außen bedarf zuallererst in den Kommunen, wo sie schon jetzt oft Makulatur ist, der Sanierung und Befestigung.

Das Wahljahr 2024, so lässt sich ohne Übertreibung sagen, ist für Ostdeutschland das vielleicht wichtigste seit dem demokratischen Aufbruch 1989/90. Ob die AfD ihren bisherigen Erfolg im Osten fortsetzen kann, wird sicher nicht durch die demokratischen Proteste in Metropolen wie Köln, Berlin oder Hamburg entschieden – einen Einfluss haben diese aber sehr wohl. Vor allem aber gilt es, die ostdeutsche Zivilgesellschaft in der Auseinandersetzung mit der AfD zu stärken. Dabei kann diese konkrete Unterstützung besser gebrauchen als wiederkehrende Beschwörungen der Gefahr eines „blauen Ostens". Fest steht: Um die AfD zurückzudrängen und die demokratische Kultur im Osten zu verteidigen, braucht es einen langen Atem, die Bündelung aller Kräfte und auch unkonventionelle Strategien und Bündnisse. Andernfalls könnten die Wahlen einen Vorschein darauf geben, was auch im Westen droht: die schleichende Aushöhlung der Demokratie von rechts.

---

6 Davon berichtet eindrücklich Ocean Hale Meißner im Gespräch mit der taz: Jan Feddersen, „Es ist Zusammenhalt und Hassliebe", taz.de, 22.6.2024.

Der neue Aristopopulismus

Wie US-Konservative die Demokratie beerdigen

Von **Charles King**

Ü ber ein Jahrhundert lang hatten die Lichtgestalten der amerikanischen Mainstreamrechten eine klare Mission und eine klare Vorstellung ihrer Ursprünge. Linke mochten auf utopische Pläne für den Aufbau einer perfekten Gesellschaft fixiert sein, doch Konservative standen für die nüchterne Arbeit bereit, die Freiheit gegen die Tyrannei zu verteidigen. Konservative sahen ihre Wurzeln im Jahr 1790, in den Warnungen Edmund Burkes vor den autoritären Gefahren der Revolution und in seinem Beharren auf einer vertraglichen Verbindung zwischen der ererbten Vergangenheit und der imaginierten Zukunft. Sie zählten den englischen Philosophen Michael Oakeshott und den emigrierten österreichischen Ökonomen Friedrich Hayek zu ihren Vorfahren und betrachteten öffentliche Intellektuelle wie den amerikanischen Autor William F. Buckley Jr. sowie Menschen der Tat wie die britische Premierministerin Margaret Thatcher und den amerikanischen Präsidenten Ronald Reagan als Kämpfer für die gleiche Sache: Individualismus, die Überlegenheit des Marktes, die universelle Sehnsucht nach Freiheit und die Überzeugung, dass Lösungen für soziale Probleme sich von selbst entwickeln würden, wenn sich doch nur die Regierungen raushielten. Barry Goldwater, der Senator von Arizona und Ahnherr der modernen Republikanischen Partei, formulierte es in seinem Buch „Das Gewissen eines Konservativen" von 1960 so: „Konservative betrachten Politik als die Kunst, die maximale Freiheit für die Einzelnen zu erreichen, die noch mit der Aufrechterhaltung der gesellschaftlichen Ordnung vereinbar ist."

Im Laufe des letzten Jahrzehnts ist diese Sichtweise allerdings von einer alternativen Interpretation der Vergangenheit ersetzt worden. Für eine lautstarke Gruppe von Autoren und Aktivisten ist die wahre konservative Tradition das, was manchmal „Integralismus" genannt wird – die Verknüpfung von Religion, persönlicher Moral, nationaler Kultur und staatlicher Politik in einer einheitlichen Ordnung. Diese Ideengeschichte spiegelt nicht länger das mühelose Selbstbewusstsein eines Buckley und bringt auch eine argumentative Linie nicht weiter, die vor allem durch die Beschäftigung mit den amerikanischen Gründervätern entwickelt wurde – und der zufolge Regierungen sich auf eine Verfassung stützen sollen, die die Staatsgewalten ausgleicht und freien Bürgern das Streben nach Glück ermöglicht. Stattdessen imaginiert sie die Rückkehr zu einer viel älteren Ordnung, vor der angeblichen Verirrung durch die Aufklärung, der vermeintlichen Fetischisierung der Menschenrechte und dem Glauben an den Fortschritt – hin zu einer Zeit, in der Natur, Gemeinschaft und Göttlichkeit als eine unteilbar arbeitende Gesamtheit gedacht wurden.

Der Integralismus wurde von der katholischen Rechten entwickelt, aber seine Reichweite geht längst über diese Ursprünge hinaus. Jetzt ist er ein breiter Ansatz in Politik, Recht und Sozialpolitik, der bei seinen Verfechtern als „Gemeinwohlkonservativismus" bekannt ist. In US-Bundesstaaten wie Florida und Texas liefert diese Weltsicht die Grundlage, um den Zugang zu Wahlen zu beschränken, in Unterrichtspläne zu „race" und Gender einzugreifen sowie Schulbibliotheken zu „säubern".[1] Die Rechtstheorie des Integralismus hat jüngere Entscheidungen des Obersten Gerichtshofs geprägt, die die Rechte von Frauen beschränkt und die Trennung von Religion und öffentlichen Institutionen geschwächt haben. Und die integralistische Theologie liegt den Abtreibungsverboten zugrunde, die fast die Hälfte der Bundesstaatsparlamente in den USA verabschiedet haben.

Die Befürworter des Integralismus werden in jedweder zukünftigen republikanischen Regierung vertreten sein. Und sie werden in ihrem Kampf gegen Liberale und Kosmopoliten sehr viel wahrscheinlicher als frühere amerikanische Konservative nach Bündnispartnern im Ausland suchen – und zwar nicht bei britischen oder europäischen Mitte-rechts-Parteien, sondern unter den neueren rechtsradikalen Parteien und autoritären Regierungen, die sich der Zerstörung der „liberalen Ordnung" bei sich und im Ausland verschrieben haben. „Sie hassen mich und sie verleumden mich und mein Land, so wie sie Euch hassen und verleumden und das Amerika, dass Ihr vertretet", sagte der ungarische Premierminister Viktor Orbán im Jahr 2022 einer Zuschauermenge bei der Conservative Political Action Conference in Dallas, Texas, einem jährlichen Treffen konservativer Aktivisten, Politiker und Geldgeber. „Aber wir stellen uns eine andere Zukunft vor. Die Globalisten können alle zur Hölle fahren."

Aus all diesen Gründen ist die Lektüre rechter Philosophen der erste notwendige Schritt, um das im Ergebnis radikalste Überdenken des amerikanischen politischen Konsenses seit Generationen zu verstehen. Theoretiker wie Patrick Deneen, Adrian Vermeule und Yoram Hazony bestehen darauf, dass die ökonomischen Missstände der Vereinigten Staaten, die politische Zwietracht im Land und sein relativer Abstieg als Weltmacht auf eine einzige Ursache zurückzuführen sind: den Liberalismus, den sie als dominantes ökonomisches, politisches und kulturelles Gerüst der Vereinigten Staaten seit dem Zweiten Weltkrieg identifizieren, und als das Modell, das das Land seit nahezu einem Jahrhundert dem Rest der Welt aufzwingen will. Doch diese Ideen verweisen auch auf einen tieferen Wandel der konservativen Diagnose für die Probleme des Landes. Auf der amerikanischen Rechten verbreitet sich das Gefühl, das Problem mit der liberalen Demokratie sei nicht nur das Adjektiv, sondern auch das Substantiv – die Demokratie selbst.

---

1 Vgl. Annika Brockschmidt, Verbannte Bücher: Der Kulturkampf der US-Rechten, in: „Blätter", 7/2023, S. 119-124.

Der erste Protagonist dieser neuen Strömung ist Patrick Deneen. Der Experte für Politische Theorie an der Universität Notre Dame wird in seinem Buch „Regime Change"[2] von dem Wunsch getrieben, ein Land und eine Zivilisation zu retten, die sich aus seiner Sicht offensichtlich im Niedergang befinden. Er beklagt die obszöne Vermögensungleichheit in den Vereinigten Staaten und schreibt scharf von einer selbsterklärten Meritokratie, die tatsächlich dazu dient, Privilegien zu reproduzieren. Die wachsende politische Spaltung, die geschwächte Verbundenheit mit der Nation und das, was er als Abhängigkeit von „den Tech-Riesen, den Finanz-Riesen, den Pornografie-Riesen, den Marihuana-Riesen, den Pharma-Riesen und einer drohenden künstlichen Meta-Welt" bezeichnet, sind für ihn Zeichen der Auflösung.

Gegen die Globalisten

Deneen gemäß haben Liberale die grundlegenden Räume der gesellschaftlichen Solidarität – „Familie, Nachbarschaft, Verein, Kirche und religiöse Gemeinschaft" – absichtlich untergraben und regieren nun als Minderheit gegen den *Demos*, die Mehrheit des Volkes. In den Institutionen unter ihrer Kontrolle, von den Universitäten bis Hollywood, predigen sie, dass das einzig vernünftige Leben eines ist, das von den Beschränkungen durch Pflicht und Tradition befreit ist. Der vorgeblich beste Weg von der Jugend zum Erwachsensein bestehe darin zu lernen, „wie man mit ‚safe sex', weichen Drogen und Alkohol, [und] grenzüberschreitenden Identitäten umgeht […], alles Vorbereitungen auf ein Leben in einigen wenigen globalen Städten, in denen teure und exklusive Konsumgüter den Stellenwert von ‚Kultur' bekommen haben". Dabei haben Liberale alle abgeschrieben, die nicht Teil der „Laptop-Klasse" – vor allem Städter an den Küsten – sind, und so die geographische Mitte des Landes wertlos und verzweifelt zurückgelassen.

Nach Deneens Ansicht sind es nicht nur Menschen auf der Linken, die diese amerikanische Ödnis produziert haben, sondern die gesamte politische, wirtschaftliche und kulturelle Elite des Landes. „Was in den Vereinigten Staaten im letzten halben Jahrhundert als ‚Konservatismus' durchgegangen ist", schreibt er, „ist heute als Bewegung entlarvt, die zur Erhaltung in einem fundamentalen Sinn niemals in der Lage noch grundlegend engagiert gewesen ist." Daher ist für ihn das Problem der Politik heute die tiefe Spaltung zwischen den Mächtigen und den Massen, ein Thema, dem Deneen mit Blick auf kanonische Denker wie Aristoteles, Thomas von Aquin und Alexis de Tocqueville nachspürt. Gesellschaften gedeihen, wenn sie eine „gemischte Verfassung" beibehalten, mit Institutionen auf unterschiedlichen Ebenen und mit unterschiedlichen Funktionen, vom Nationalen zum Lokalen, die Menschen diverser sozialer und ökonomischer Klassen miteinander verbinden.

Um ein solches ideales System wiederherzustellen, müssen allerdings wahre Konservative an die Macht kommen und dabei laut Deneen „machia-

---

2 Patrick Deneen, Regime Change. Towards a Postliberal Future, New York 2023.

vellistische Mittel verwenden, um aristotelische Zwecke zu erfüllen". Konservative haben sich zu lange mit einer im weiten Sinne liberalen Ordnung abgefunden, was bedeutet hat, Bündnisse mit Menschen einzugehen, die „das Primat des Individuums" anstreben, die „natürliche Familie" ablehnen und sogar die „Sexualisierung von Kindern" betreiben, ein Vorwurf, den er in „Regime Change" gleich zweimal wiederholt. Aber heute erkennen „die vielen" ihre Klasseninteressen als „ökonomisch linke und sozial konservative Populisten" und wünschen sich eine im weiten Sinne umverteilende Wirtschaft und eine Gesellschaft, die auf Tugend, Verantwortung und Vorhersagbarkeit gründet.

Die USA im »kalten Bürgerkrieg«

Im Zeitalter der Revolution, das auf den derzeitigen „kalten Bürgerkrieg" folgt, wird die Erneuerung des Landes einen „Aristopopulismus" erfordern, schreibt Deneen. Darunter versteht er ein Regime, das von einer neuen Elite aus gebildeten *Aristoi* – griechisch für „die besten Menschen" – angeführt wird, „die verstehen, dass ihre hauptsächliche Rolle und Zielsetzung in der gesellschaftlichen Ordnung darin besteht, die grundlegenden Güter zu sichern, die normalen Leuten ihr Gedeihen ermöglichen: die zentralen Güter Familie, Gemeinschaft, gute Arbeit, eine Kultur, die Ordnung und Fortbestand bewahrt und ermutigt, und Unterstützung für Glauben und religiöse Institutionen". Diese neue Ordnung wird „somewhere people" gegenüber den „anywhere people" bevorzugen – Deneen greift hier die Begrifflichkeit des britischen Journalisten David Goodhart auf –, also Amerikaner, die in dichten Sinngemeinschaften verwurzelt sind, im Gegensatz zu den mobilen Globalisten, die derzeit das Sagen haben. Um dahin zu gelangen, braucht das Land ein größeres Repräsentantenhaus, bessere berufliche Ausbildung, erneuerte öffentliche Schulen, bezahlten Urlaub für familiäre Belange und in ihrer Macht beschränkte Großunternehmen – Ziele, die auch von Linken begrüßt werden könnten –, aber auch mehr öffentliche feierliche Bekenntnisse der „christlichen Wurzeln" der Nation und einen „Familienbeauftragten" mit Kabinettsrang, der Heirat und Schwangerschaft fördert, ein Ansatz, den man in Orbáns Ungarn verfolgt, wie Deneen schreibt. Seine Alternative zu einem erschöpften, ausschweifenden Liberalismus ist eine Art Politik, die „den Vorrang von Kultur, der Weisheit des Volkes" und „die Bewahrung der normalen Traditionen eines Gemeinwesens" betont. Es geht ihm um einen Konservatismus, der das anstrebt, was er und andere Autoren das „Gemeinwohl" nennen. So wie sie den Begriff verwenden, geht es nicht so sehr um eine Wertschätzung des Gemeinwesens, sondern um den Aufbau einer bestimmten Art Gesellschaft: gemeinschaftlich, lokal und hierarchisch.

Im Bereich des Rechts und der praktischen Politik hat niemand mehr zur Definition dieser Art Gemeinwohl beigetragen als Adrian Vermeule, ein Professor an der rechtswissenschaftlichen Fakultät der Harvard University. Sein Buch „Common Good Constitutionalism" ist keine politische Theorie, sondern ein juristisches Werk der Rechtsauslegung, aber wie Deneen zielt er darauf ab, zu einer Denkweise zurückzufinden, die aus seiner Sicht auf die Zeit vor der Aufklärung zurückgeht.[3] Der Maßstab des Rechts sei dabei nicht der Schutz individueller Rechte, die für Vermeule nicht grundlegend für die Rechtsordnung sind. Sondern es sei zu fragen, ob das Recht „die größte Glückseligkeit oder das höchste Glück der gesamten politischen Gemeinschaft" ermöglicht und „zugleich das höchste Gut für die Individuen, die diese Gemeinschaft ausmachen". Das Gemeinwohl sei „einheitlich und unteilbar, nicht die Summe individueller Nützlichkeiten". Diese Definition gibt rechtlichen Entscheidungen zugunsten von Solidarität und Subsidiarität den Vorzug: die Betonung der Verpflichtungen gegenüber Familie und Gemeinschaft; mehr Macht für niedrigere Regierungsebenen wie Bundesstaaten und Städte; und die Bewahrung dessen, was Vermeule als Naturrecht und die „uralte Tradition" des antiken Roms und des modernen Großbritanniens versteht.

Menschenrechte nur im Rahmen des Gemeinwohls

Für jeden, der nicht mit Rechtstheorie vertraut ist, stellt Vermeules Arbeit eine Herausforderung dar, aber ihre Implikationen werden deutlich. Menschenrechte sind demnach juristisch zweckmäßig, werden aber begrenzt durch das Maß, in dem sie dem Gemeinwohl dienen. Der „Verwaltungsstaat" – die Behörden, die die Gesetze implementieren – ist nicht von Natur aus böse, wie manche Konservative behaupten, stattdessen muss er einfach auf die Verwirklichung des Gemeinwohls ausgerichtet werden. Dieses Argument passt zu Deneens „Aristoi", den „treusorgenden Verwaltern", die anhand des westlichen Kanons dazu ausgebildet wurden, das Gute zu erkennen, wenn sie es sehen. Vermeule ist der Überzeugung, dass frühere Entscheidungen des Supreme Court, die auf breit ausgelegten individuellen Rechten basieren, revidiert werden müssen. „Die Rechtsprechung des Gerichts in Bezug auf Meinungsfreiheit, Abtreibung, sexuelle Freiheiten und damit verwandte Angelegenheiten wird sich in einem auf das Gemeinwohl ausgerichteten Verfassungsregime als prekär erweisen." Aber auch Konservative, die zu sehr auf individuelle Freiheit abheben, sind ein Problem. Regierungen können und sollten die „Qualität und den moralischen Wert" von freier Rede bewerten. Es gibt kein absolutes Recht, sich Impfungen zu verweigern, wenn diese für die öffentliche Gesundheit notwendig sind. Libertäre „Eigentums- und Wirtschaftsrechte werden ebenfalls weichen müssen, sofern sie den Staat davon abhalten, gemeinschaftliche und solidarische Pflichten für die Verwendung und Verteilung von Ressourcen durchzusetzen".

In „Common Good Constitutionalism" entwickelt Vermeule nur vorgeblich eine Rechtstheorie, tatsächlich handelt es sich um eine umfassende Neukonzeption von Legitimität. Vermeule zufolge sind nicht Tradition, Charisma

---

3 Adrian Vermeule, Common Good Constitutionalism, Cambridge 2022.

oder Rationalität die Grundlagen für rechtmäßige Herrschaft, wie es der deutsche Soziologe Max Weber konzipiert hat, sondern die „objektive legale und moralische Ordnung", die am besten von Vertretern eines auf Gemeinwohl ausgerichteten Verfassungsregimes erkannt werden kann. Demokratie und Wahlen können laut Vermeule keinen besonderen Anspruch darauf erheben, das Gemeinwohl zu erfüllen. Eine „Reihe von Regimetypen kann auf das Gemeinwohl ausgerichtet sein oder eben nicht". Liberale haben eine verfassungsmäßige Ordnung entwickelt, in der Legitimität sich von mit Rechten ausgestatteten Individuen ableitet, die von Zeit zu Zeit Repräsentanten auswählen, um Gesetze zu verfassen, Streitigkeiten beizulegen und den Frieden zu bewahren. Aber wenn diese Strukturen zu Ergebnissen führen, die dem Gemeinwohl entgegenstehen, dann müssen sie demontiert werden. Diese Weltsicht, das gibt Vermeule zu, kann „für den liberalen Geist schwer zu verarbeiten sein".

Wiederherstellung und Ausbau der nationalen und religiösen Traditionen

Wie Konservative das Erbe wiedererlangen könnten, aus dem Deneen und Vermeule ihre Theorien entwickeln, will Yoram Hazony in seinem Buch „Conservatism: A Rediscovery" erkunden.[4] Hazony, ein israelisch-amerikanischer Wissenschaftler und Präsident des Herzl Instituts in Jerusalem, beschreibt, ähnlich wie Deneen, anschaulich die angebliche Hölle der liberalen Ordnung und prophezeit ihren unmittelbar anstehenden Untergang. Aber er ist für die Idee empfänglich, dass „antimarxistische Liberale" für ein Bündnis mit einem wohlverstandenen Konservativismus gewonnen werden können, welchen er als „Wiedererlangung, Wiederherstellung, Ausbau und Reparatur der nationalen und religiösen Traditionen" definiert, die „Schlüssel für den Erhalt und die Stärkung einer Nation im Zeitverlauf" sind. Der wichtigste Schritt für Hazony ist es, die Trennung von Staat und Kirche aufzuheben und „das Christentum wieder als den bestimmenden normativen Rahmen und Standard für das öffentliche Leben" einzusetzen, „in allen Bereichen, in denen dieses Ziel erreicht werden kann, abgesehen von geeigneten Bereichen legitimer Nichtbefolgung". Liberale hätten den öffentlichen Raum durch die Privatisierung konservativer Werte monopolisiert, beispielsweise dadurch, dass sie eine Gruppe von Studierenden dazu anhalten, während des *Pride Month* sexuelle Vielfalt zu feiern, aber einer anderen Gruppe verbieten, auf dem Schulgelände Bibelstudien zu organisieren. Ein erneuerter Konservatismus würde den Spieß einfach umdrehen. Das öffentliche Leben wäre wieder ungerührt nationalistisch und religiös. Aus Hazonys Sicht kann das Gemeinwohl auf der Basis einer unvoreingenommenen Untersuchung der Geschichte und Natur bestimmt werden. Menschen werden in existierende Loyalitätsverbände hineingeboren, in Familien und Nationen, was wiederum Verpflichtungen gegenüber diesen Kollektiven mit

4   Yoram Hazony, Conservatism: A Rediscovery, Washington, D.C. 2022.

sich bringt. Eine Familie pflanzt sich biologisch fort, während eine Nation ihre einzigartige Sprache und Religion und ihre einzigartigen Gesetze entwickelt, um ihre Existenz für zukünftige Generationen zu sichern. Hazony folgt diesen Prinzipien durch die Geschichte des englischen Verfassungsrechts und des Aufstiegs der Federalists, die er als die ursprünglichen Gründer und Entwickler der amerikanischen Nation betrachtet, bis hin zur seiner Meinung nach fatalen Aufgabe der „christlichen Demokratie" zugunsten der „liberalen Demokratie" nach dem Zweiten Weltkrieg.

Hazonys Auseinandersetzung mit der Rechts- und Politikgeschichte ist ernsthaft, wenn auch tendenziös, aber was den philosophischen Gehalt betrifft, ist „Conservatism" im Grunde ein Manifest – eine literarische Form, die darauf zielt, die bereits Überzeugten zu unterstützen, und somit liefert das Buch in einem fort Behauptungen anstelle von Argumenten. „Menschliche Wesen wünschen sich ständig Gesundheit und Wohlstand der Familie, des Clans, des Stamms oder der Nation, an die sie durch Bindungen gegenseitiger Loyalität gebunden sind, und deshalb streben sie aktiv danach", schreibt er beispielsweise. Diese Behauptung wirft allerdings die Frage auf, warum es Liberalen dann so leichtgefallen ist, all diese Bindungen zu untergraben. Insgesamt ist seine Sichtweise die eines analytischen und programmatischen Nationalisten. Er glaubt an die unveränderte Kontinuität kulturell definierter Nationen über die Zeiten hinweg, an ihr uraltes Primat als Form sozialer Organisation und an ihre universelle Rolle für die Grundlegung legitimer Staaten – Behauptungen, die sich durch Jahrzehnte evidenzbasierter Forschung in der Geschichts- und Sozialwissenschaft ganz einfach als falsch erwiesen haben. Viele Liberale sind patriotisch eingestellt, zeigen Gemeinsinn und religiöse Frömmigkeit. Nur sehen sie typischerweise keine Notwendigkeit, die gesamte Vergangenheit zu mobilisieren, um diese Bindungen zu beglaubigen.

Immer für die Familie – und gegen Homosexuelle und trans Menschen

Deneen, Vermeule und Hazony kommen immer und immer wieder auf das Thema Familie zu sprechen, was oft ein Code für ihre Missbilligung der Existenz von Homosexuellen und Transgender ist. So spricht Vermeule mit Blick auf die Entscheidung des Supreme Courts im Fall Obergefell v. Hodges von 2015, die die gleichgeschlechtliche Ehe legalisierte, von einem typischen Beispiel liberaler Überreizung des Rechts – aber nicht aus dem Grund, den man vermuten könnte. Tatsächlich ist das Problem für ihn nicht, dass das Gericht sich widerrechtlich Kompetenzen des US-Kongresses aneignete, wie Konservative einst wohl argumentiert hätten. Nein, es geht ihm darum, dass eine „Ehe nur die Vereinigung von Mann und Frau sein kann", weil diese Definition zur biologischen Reproduktion passt. Die Entscheidung begründete also die „grundsätzliche Aufwertung des Willens auf Kosten der natürlichen Vernunft", weil die Ehe ihrer Rolle für die Aufrechterhaltung einer „dauerhaften politischen Gemeinschaft" enthoben wurde. Für Deneen wiederum sind Familien mit homosexuellen Paaren auch ein herausragendes Beispiel für die grenzenlosen Lebensweisen, zu deren Schaffung sich Liberale ermächtigt fühlen – was Menschen wie ihn zwangsläufig zum Opfer mache, genauso wie das gesamte „Befreiungsethos des progressiven Liberalismus". Er schreibt, dass die „Annahme zu sein scheint, dass der einzig wahrhafte Weg zur menschlichen Aussöhnung in der erfolgreichen Auslöschung der einen existierenden Unterdrückerklasse bestehe – der weißen, heterosexuellen, christlichen Männer (und allen, die mit ihnen sympathisieren)". Wie bei der extremen Rechten in Russland, in der Europäischen Union und anderswo braucht es kein intensives Studium der Schriften dieser Autoren, um im Kern ihrer zivilisatorischen Angstvorstellungen einen offenen Fanatismus zu finden.

Wut, Sorge und Angst

Viele Menschen werden die Existenz der amerikanischen Krise anerkennen, die Deneen, Vermeule und Hazony quält, und vielleicht sogar ihre Sehnsucht nach ernsthaften Politikern teilen, die nach Verbesserung streben. Aber ein Syndrom ist nicht dasselbe wie eine Krankheit. Letztere hat eine klare Ursache, Ersteres nicht. Diese drei Autoren glauben, dass die Quelle der gegenwärtigen Schwierigkeiten die gesamte liberale Ordnung sei. Diese steht – genauso wie der Begriff „woke" – am Ende nur als eine Chiffre für alles, was sie hassen. Und da diese Autoren vor allem auf der Ebene großer Theorien arbeiten, streifen ihre Argumente nur verführerisch die sozialen Fakten, ohne nach ihren multiplen Ursachen zu forschen. Jedoch sind eine sinkende Lebenserwartung, die Aushöhlung der öffentlichen Bildung, Waffengewalt als Haupttodesursache amerikanischer Kinder oder obdachlose Bürger in Zeltstädten von Washington bis Los Angeles, allesamt das Ergebnis spezifischer politischer Entscheidungen auf unterschiedlichen Regierungsebenen und auf Basis unterschiedlicher Agenden und nicht einfach die Folgen eines amoklaufenden Liberalismus.

Bedrohlich ist, dass Deneen und Hazony etwas zu den Beschwerden einer verletzten Mehrheit erklären, die tatsächlich nur das rechte, ethnokulturelle Engagement einer numerischen Minderheit betreffen. Bei Themen wie öffentlich finanzierter Gesundheitsversorgung, einem höheren Bundesmindestlohn, Abtreibung und Waffenkontrollgesetzen sind die Amerikaner ungefähr je zur Hälfte dafür und dagegen, oder gehören der linken Mitte an. Nach einer Umfrage des Pew Research Center von 2022 sagen selbst 56 Prozent der Katholiken, dass Abtreibung in allen oder den meisten Fällen legal sein sollte. Die öffentliche Zustimmung für gleichgeschlechtliche Ehen ist seit den 1990er Jahren stetig gestiegen, laut einer Gallup-Umfrage lag sie im letzten Jahr bei einem Rekordhoch von 71 Prozent. Weiße evangelikale Protestanten, verlässliche Unterstützer des früheren Präsidenten Donald Trump, machen gemäß dem Public Religion Research Institute nur noch 14 Prozent der US-Bevölkerung aus, ein historischer Tiefstand. Auch die Eliten sind nicht mehr das, was gemeinwohlorientierte Konservative sich vorstellen mögen. Seit über einem Jahrzehnt ist die kulturelle Gruppe mit der besten Ausbildung und dem höchsten Verdienst in den USA nicht die der gottlosen Kosmopoliten, sondern es sind Amerikaner aus indischen Familien, vor allem Hindus und Muslime – von denen fast drei Viertel laut einer Umfrage des Carnegie Endowment von 2020 sagen, dass Religion in ihrem Leben eine wichtige Rolle spielt. In dieser Situation zu behaupten, dass „Amerika eine christliche Nation ist", ist nicht mehr als Wunschdenken.

Gegen »zügellose Individuen« und eine »kranke Gesellschaft«

Besonders besorgniserregend ist, dass eine starrsinnige politische Minderheit bereits zu dem Ergebnis gekommen ist, dass diese Trends nur umzukehren sind, wenn man politische Partizipation, eine unabhängige Justiz und Menschenrechte völlig abschreibt. Deneen, Vermeule und Hazony liefern die intellektuelle Unterfütterung für genau diese Strategie. Alle drei Autoren sehen sich in einer Tradition, von der sie glauben, dass sie bis in die Antike zurückgeht, aber ihre Arbeiten erinnern eher an eine jüngere Denkschule: die Klagelieder über eine Entartung Amerikas und die letzte Chance für Erneuerung, die vor einem Jahrhundert in Werken wie Madison Grants „Der Untergang der großen Rasse" gesungen wurden. Grant war ein Rassentheoretiker, aber auch ein Progressiver, was für die heutigen gemeinwohlorientierten Konservativen ganz klar nicht zutrifft. Aber ihre politischen Empfehlungen sind größtenteils dieselben: Einwanderung stärker begrenzen, die Vorherrschaft der angloamerikanischen Kultur bewahren, den christlichen (bzw., bei Hazony, den christlichen und orthodox-jüdischen) Kern des Landes verteidigen und die Nation gegen die „zügellosen Individuen" stärken, die eine „kranke Gesellschaft" hervorgebracht haben, wie Hazony es formuliert. Im Zentrum dieser Empfehlungen steht die Überzeugung, dass das, was andere als gesellschaftlichen Wandel oder sogar Fortschritt betrachten mögen, nur ein Verlust sein kann. Die Wut, die diese Autoren förmlich verschlingt, ergibt abwechselnd elegische, predigende und schimpfende Prosa, vorgetragen mit dem Selbstvertrauen eines Studenten im zweiten Studienjahr, der meint, mit der gesamten menschlichen Geschichte vertraut zu sein. Aber wichtiger ist, dass ihre Wut ihre Empathie ad absurdum führt.

Deneen schreibt von Herzen über eine Welt, in der „gesunde Ehen, glückliche Kinder, eine Vielzahl von Geschwistern und Vettern" und „die Erinnerung an die Toten in unserer Mitte" gesichert sind. Hazony widmet die abschließenden Teile von „Conservatism" einer bewegenden Schilderung seiner Liebe für seine Frau und Kinder und seinen Überlegungen für ein ehrwürdiges und tugendhaftes Leben. Doch wenn es um die Kinder, die Gemeinschaften, das Wohlergehen und die Liebe anderer Menschen geht, ist die Verachtung dieser Autoren so schockierend wie das Grollen einer skandierenden Menge. Es ist besonders traurig, gelehrte Männer zu sehen, die sich ihrer eigenen Grausamkeit hingeben. Wenn sie andere dazu ermutigen, ihnen dabei zu folgen, wird aus dieser Trauer jedoch Angst. Denn wie andere antilinke Autoren, beispielsweise Hayek, betont haben, wird jeder Versuch, die Zwecke des Lebens unabhängig vom Willen lebendiger Wesen zu definieren, zu einer Form des Kollektivismus, der wiederum die Quelle von Unfreiheit und, schlimmer noch, Unmenschlichkeit ist. Diese Denkweise über Bord zu werfen, bedeutet die Zurückweisung der eigenen Tradition: eine Reihe von Auffassungen, die quer durch das politische Spektrum entstanden ist, von Michael Oakeshott über Hayek zu William F. Buckley, von Hannah Arendt bis James Baldwin. Sie alle haben echte Menschen – nicht Nationen, Ethnien oder Klassen – ins Zentrum zivilisierter Gesellschaften gestellt.

Heute sieht sich eine aktivistische Gruppe amerikanischer Intellektueller, Politiker und Wähler als Teil eines internationalen Bündnisses der Gekränkten. Das Hauptanliegen dieser Menschen ist genau der „Regime Change", den Deneen befürwortet. Es ist banal, darauf hinzuweisen, dass Donald Trump, Orbán, der russische Präsident Wladimir Putin und andere autoritäre Führer Varianten des gleichen politischen Typus sind, vielleicht sogar des gleichen psychologischen Typus. Aber noch besorgniserregender ist, dass sich in den Vereinigten Staaten ein Ökosystem entwickelt hat, das zukünftige Führer dieser Art produziert: eine Partei, ein Medienraum, Finanzquellen und nun sogar eine amerikanische Schule illiberalen Denkens. So sind die Vereinigten Staaten in der merkwürdigen Position, zugleich der leidenschaftlichste Verfechter der liberalen Ordnung zu sein – das heißt, eines regelbasierten, kooperativen Systems von Staaten, die sich zu liberalen Werten bekennen – und eine ihrer potenziellen Bedrohungen. Niemals zuvor war die Ausrichtung des Landes so vollständig vom Ergebnis zukünftiger Wahlen abhängig.

Der springende Punkt liberaler Werte – solchen, die von vielen Progressiven, klassischen Liberalen und Mainstream-Konservativen geteilt werden – ist nicht, dass sie zeitlos sind oder Glückseligkeit garantieren. Sie beruhen aber auf der einen Tatsache des gesellschaftlichen Lebens, der wir sicher sein können: dass wir anderen Individuen begegnen werden, die anders sind als wir, die ihre eigenen Präferenzen, Ambitionen und Weltsichten haben. Lässt man die komplizierte Metaphysik und spekulative Theologie beiseite, bleiben Menschen, die sich bemühen, ein Schiff zu flicken, das bereits auf See ist. Es geht also darum, Wege zu finden, in einer sich wandelnden, vielfältigen Welt friedlich zusammenzuleben – und sogar zu gedeihen.

Der traditionelle amerikanische (Links-)Liberalismus vertrat die Position, dass größere Gleichheit eine Errungenschaft für alle bedeutet. Der traditionelle amerikanische Konservatismus warnte davor, dass alle großen, radikalen Verbesserungspläne gewöhnlich in Katastrophen enden. Diese Debatte lohnt sich weiterhin. Denn bei all ihren Differenzen war diesen alten Lagern gemeinsam, dass sie Tyrannei erkennen konnten, wo auch immer sie sich zeigte: ob in der Sowjetunion, dem rassengetrennten amerikanischen Süden, oder in Philosophien, die Gott, die Geschichte oder die Natur für sich reklamierten. Diesen Realitätssinn hat die US-amerikanische Rechte verloren. Und womöglich läuft die Zeit ab, ihn doch noch zurückzuerlangen.

Das Ende der amerikanischen Demokratie?

Donald Trump und die Politik der Feindschaft

Von **Steven Levitsky und Daniel Ziblatt**

Nahezu alle lebenden Amerikaner wuchsen in dem Bewusstsein auf, dass unsere Demokratie etwas selbstverständliches ist. Bis vor kurzem glaubten die meisten von uns, unsere Verfassungsordnung sei unzerstörbar, wie rücksichtlos unsere Politiker auch agieren mochten.

Damit aber ist es vorbei. Die Amerikaner schauen mit wachsendem Unbehagen auf die drohende Entgleisung unseres politischen Systems. Sie registrieren teure Shutdowns der Regierung, gestohlene Sitze am Obersten Gerichtshof, Impeachments und eine wachsende Besorgnis über die Fairness von Wahlen. Dazu kommt natürlich ein Präsidentschaftskandidat, der bereits 2016 auf Kundgebungen Gewalt geduldet und damit gedroht hatte, seine Rivalin einsperren zu lassen, und der als Präsident den Rechtsstaat untergrub, indem er sich der Kontrolle durch den Kongress widersetzte und Strafverfolgungsbehörden korrumpierte, um seine politischen Verbündeten zu schützen und gegen seine Gegner ermitteln zu lassen. Laut einer Umfrage aus dem Jahr 2019 dachten damals 39 Prozent der Amerikaner, unsere Demokratie stecke „in der Krise", weitere 42 Prozent sahen sie vor „ernsthaften Herausforderungen." Nur 15 Prozent gaben an, der US-Demokratie „geht es gut."[1]

Die Aushöhlung der Demokratie in den Vereinigten Staaten ist keine theoretische Frage mehr. Sie hat bereits begonnen. Angesehene globale Demokratie-Indexe – wie die von Freedom House, Varieties of Democracy und des Economist Intelligence Unit – zeigen seit 2016 allesamt eine Erosion der amerikanischen Demokratie.[2] Laut der Einstufung von Freedom House sind die USA mittlerweile weniger demokratisch als Chile, Tschechien, Slowenien, Taiwan und Uruguay – und in derselben Kategorie wie neuere Demokratien vom Schlage Kroatiens, Griechenlands, der Mongolei und Panamas.[3]

Doch die Probleme begannen lange vor 2016 und reichen tiefer als Donald Trumps Präsidentschaft. Einen Demagogen zu wählen, ist immer gefährlich,

1 David Schleifer und Antonio Diep, Strengthening Democracy: What Do Americans Think? The 2019 Yankelovich Democracy Monitor Report.
2 Noah Buyn u.a., Freedom in the World 2020: A Leaderless Struggle for Democracy, Freedom House, Washington 2020; Anna Lührmann u.a., Autocratization Surges – Resistance Grows: Democracy Report 2020; The Economist Intelligence Unit, Democracy Index 2020.
3 Countries and Territories: Global Freedom Scores, , www.freedomhouse.org, Juni 2020.

es verdammt ein Land aber nicht zum Zusammenbruch seiner Demokratie. Starke Institutionen können korrupte oder autokratisch gestimmte Anführer im Zaum halten. Genau darauf ist die US-Verfassung ausgelegt und während des Großteils unserer Geschichte war sie darin erfolgreich. Amerikas Verfassungssystem hat vielen mächtigen und ambitionierten Präsidenten Einhalt geboten, darunter Demagogen wie Andrew Jackson und Kriminelle wie Richard Nixon. Daher setzten die Amerikaner in ihrer Geschichte immer ein großes Vertrauen in unsere Verfassung. Eine Umfrage von 1999 ergab, dass 85 Prozent der Amerikaner dachten, sie sei der Hauptgrund, warum unsere Demokratie so erfolgreich war.[4]

Aber Verfassungen *allein* reichen nicht, um die Demokratie zu schützten. Selbst die brillanteste Verfassung funktioniert nicht automatisch, sondern muss durch starke, ungeschriebene demokratische Normen verstärkt werden. Für eine Demokratie sind dabei zwei grundlegende Normen unerlässlich. Die erste ist gegenseitige Tolerierung, sprich: die Norm, die Legitimität seiner politischen Konkurrenten zu akzeptieren. Das bedeutet: Wie sehr wir mit unseren Gegnern auch streiten – und wie unsympathisch wir sie gar finden –, erkennen wir doch an, dass sie loyale Bürger sind, die ihr Land ebenso lieben wie wir selbst und die dasselbe und legitime Recht zum Regieren haben. Mit anderen Worten: Wir behandeln unsere Konkurrenten nicht wie Feinde.

Die zweite Norm lautet institutionelles Unterlassen. Unterlassen meint in diesem Fall, dass man davon absieht, seinen Rechtsanspruch durchzusetzen. Es ist ein Akt vorsätzlicher Selbstbeschränkung – wir schöpfen die uns rechtlich zustehende Macht bewusst nicht voll aus. Dieses Unterlassen ist grundlegend für eine Demokratie. Man denke nur daran, was der US-Präsident verfassungsgemäß zu tun vermag: Er kann rechtlich jeden begnadigen, den er will, wann immer er das will. Jeder Präsident mit einer Mehrheit im Kongress kann den Obersten Gerichtshof ummodeln, indem er einfach ein Gesetz durchbringt, das die Zahl der Richterstellen erhöht und die neuen freien Stellen dann mit Verbündeten besetzt. Oder man denke, über welche verfassungsgemäße Autorität der Kongress verfügt: Er kann die Regierung lahm legen, indem er ihr die Finanzierung verweigert. Der Senat kann mithilfe der Bestätigungsklausel den Präsidenten daran hindern, sein Kabinett oder frei werdende Stellen am Obersten Gerichtshof zu besetzen. Und da es kaum Übereinstimmung darüber gibt, was „schwere Verbrechen und Verfehlungen" ausmacht, kann das Repräsentantenhaus aus praktisch jedem beliebigen Grund ein Impeachment-Verfahren gegen den Präsidenten einleiten.

Der Punkt ist, dass Politiker den Buchstaben der Verfassung auf eine Weise ausnutzen können, die diese ihres Geistes beraubt: durch die Veränderung des Obersten Gerichtshofes, durch parteiliche Impeachment-Verfahren, das Lahmlegen der Regierung, durch die Begnadigung von Verbündeten, die im Auftrag des Präsidenten Verbrechen begehen, oder die Ausrufung des Notstands, um den Kongress zu umgehen. All diese Handlungen folgen dem Buchstaben des Gesetzes, um dabei doch seinen Geist zu untergraben. Der

---

4   Robert Dahl, How Democratic is the American Constitution?, New Haven [2]2003, S. 121-122.

Rechtswissenschaftler Mark Tushnet nennt ein solches Verhalten „constitutional hardball" – ein rücksichtsloses Vorgehen auf verfassungsgemäßem Wege.[5] Bei jeder scheiternden oder gescheiterten Demokratie findet sich constitutional hardball im Überfluss: Die Beispiele reichen von Spanien und Deutschland in den 1930er Jahren über Chile in den 1970er Jahren bis zu Ungarn, Venezuela und der Türkei in der Gegenwart. Das Unterlassen – die geteilte Verpflichtung der Politiker, ihre institutionellen Vorrechte zurückhaltend auszuüben – ist es, was die Demokratie davor bewahrt, in eine zerstörerische Spirale von constitutional hardball abzugleiten.

Die sanften Leitplanken der Demokratie und der rassistische Ausschluss

Die ungeschriebenen Normen der gegenseitigen Tolerierung und Unterlassung dienen als sanfte Leitplanken der Demokratie. Sie sorgen dafür, dass aus einem gesunden politischen Wettbewerb nicht jener politische Kampf auf Leben und Tod wird, der die Demokratien in Europa in den 1930er Jahren und in Südamerika in den 1960er Jahren zerstört hat.

Amerika verfügte nicht immer über starke demokratische Leitplanken. Sie fehlten in den 1790er Jahren, als ein institutioneller Krieg zwischen Föderalisten und Republikanern beinahe die Republik zerstört hätte, noch bevor diese Wurzeln schlagen konnte. Es verlor diese Leitplanken im Vorfeld des Bürgerkriegs, und sie blieben während des späten 19. Jahrhunderts schwach. Im 20. Jahrhundert jedoch erwiesen sich diese Leitplanken zumeist als gefestigt. Obwohl das Land zuweilen Anschläge auf die demokratischen Normen erlebte – wie den McCarthyismus in den 1950ern –, praktizierten beide Parteien im Großen und Ganzen die gegenseitige Tolerierung und das Unterlassen, wodurch wiederum unser System der checks and balances funktionierte. In den ersten drei Vierteln des 20. Jahrhunderts gab es keine Impeachments oder erfolgreiche Beispiele für die Vergrößerung von Gerichten. Die Senatoren zeigten sich umsichtig, wenn es um den Einsatz von Filibustern und der Bestätigungsklausel bei Nominierungen durch den Präsidenten ging – die meisten Anwärter für den Obersten Gerichtshof erhielten eine problemlose Bestätigung, selbst wenn die Präsidentenpartei nicht über eine Senatsmehrheit verfügte. Und außerhalb von Kriegszeiten unterließen es die Präsidenten überwiegend, mit unilateralen Handlungen den Kongress oder die Gerichte zu umgehen. Mehr als ein Jahrhundert lang funktionierte Amerikas System der checks and balances also. Das allerdings lag daran, dass starke Normen gegenseitiger Tolerierung und des Unterlassens dieses System verstärkten.

Jedoch liegt im Herzen dieser Geschichte eine wichtige Tragödie verborgen. Die sanften Leitplanken, die Amerikas Demokratie im 20. Jahrhundert lenkten, wurden auf rassistischem Ausschluss errichtet und wirkten in einer politischen Gemeinschaft, die überwiegend weiß und christlich war. Die Bemühungen, nach dem Bürgerkrieg eine multi-ethnische Demokratie

5   Mark Tushnet, Constitutional Hardball, Georgetown University Law Center 2004.

zu errichten, führten zu gewalttätigem Widerstand, vor allem in den Südstaaten. Die dortigen Gliederungen der Demokratischen Partei betrachteten die *Reconstruction* nach dem Krieg als eine existentielle Bedrohung und widersetzten sich ihr sowohl mit constitutional hardball als auch mit offener Gewalt. Erst als die Republikaner die *Reconstruction* aufgaben – und es den Demokraten so erlaubten, im Süden die rassistischen Jim-Crow-Gesetze einzuführen –, betrachteten die Demokraten ihre Konkurrenten nicht länger als existentielle Bedrohung. Erst dann begannen beide Parteien friedlich zu koexistieren und ermöglichten die Herausbildung von Normen der gegenseitigen Tolerierung und des Unterlassens. Mit anderen Worten: Diese Normen konnten sich erst verankern, nachdem die Gleichheit zwischen den Ethnien von der Agenda genommen und Amerikas politische Gemeinschaft damit auf Weiße reduziert worden war. Der Umstand, dass unsere Leitplanken in einer Ära der unvollständigen Demokratie entstanden, hat bedeutende Konsequenzen für die gegenwärtige Polarisierung – wir kommen noch darauf zurück.

In unserem Buch von 2018, „Wie Demokratien sterben", zeigen wir, wie Amerikas demokratische Normen seit drei Jahrzehnten ausgehöhlt werden.[6] Erste Anzeichen dafür zeigten sich in den 1990er Jahren, als Newt Gingrich seine republikanischen Parteifreunde anregte, von „Betrug" und „Verrätern" zu sprechen, wenn es um die Demokraten ging. Damit ermunterte er die Republikaner, die gegenseitige Tolerierung aufzugeben. Die Gingrich-Revolution sorgte zudem für eine Zunahme von constitutional hardball, darunter der große Shutdown von 1995 und drei Jahre später ein Impeachment-Verfahren gegen Präsident Bill Clinton – das erste in 130 Jahren.

Die Erosion demokratischer Normen beschleunigte sich während der Präsidentschaft von Barack Obama. Führende Republikaner wie Gingrich, Sarah Palin, Rudy Giuliani, Mike Huckabee und Donald Trump erzählten ihren Anhängern, dass der Präsident und die Demokraten keine Patrioten und wahren Amerikaner seien. Trump und andere stellten gar infrage, dass Obama amerikanischer Staatsbürger ist. Hillary Clinton erfuhr eine ähnliche Behandlung: Trump und andere Republikaner stellten sie als Kriminelle dar und machten „Sperrt sie ein" zu einem Sprechchor auf ihren Kundgebungen. Dies kam also nicht vom politischen Rand, sondern der Präsidentschaftskandidat der Republikaner selbst brachte diese Ideen vor und auf seinem Wahlparteitag wurden sie – live und im Fernsehen – von der Menge bejubelt.

Diese Entwicklung bot bereits Anlass zu großer Besorgnis: Wenn die gegenseitige Tolerierung schwindet, geben die Politiker auch das Unterlassen auf. Sobald wir unsere politischen Konkurrenten als Feinde betrachten, oder als existentielle Bedrohung, wächst die Versuchung, alle nötigen Mittel einzusetzen, um sie aufzuhalten. Genau dies geschah im vergangenen Jahrzehnt. Die Republikaner im Kongress behandelten die Obama-Regierung als eine existentielle Bedrohung, die um beinahe jeden Preis besiegt werden musste. Constitutional hardball wurde zur Norm. In Obamas zweiter Amtszeit gab es mehr Filibuster als in all den Jahren zwischen dem Ersten

---

6   Vgl. auch Steven Levitsky und Daniel Ziblatt, Politik als Kriegsführung. Von der Verfeindung zur Zerstörung der US-Demokratie, in: „Blätter", 8/2018, S. 53-68.

Weltkrieg und Ronald Reagans zweiter Amtszeit zusammen. Der Kongress legte zwei Mal die Regierung lahm und brachte das Land dabei zwischenzeitlich an den Rand der Zahlungsunfähigkeit. Obama antwortete ebenfalls mit constitutional hardball. Als der Kongress sich weigerte, eine Einwanderungsreform oder Klimaschutzgesetze zu verabschieden, umging er ihn und griff zu Präsidentenverfügungen. Dieses Vorgehen war technisch gesehen legal, verstieß aber klar gegen den Geist der Verfassung. Der wohl folgenreichste Akt von constitutional hardball während der Obama-Jahre war die Weigerung des Senats, Merrick Garland, Obamas Kandidaten für den Obersten Gerichtshof, anzuhören. Jeder Präsident seit 1866, der die Gelegenheit bekam, einen freien Platz am Obersten Gerichtshof zu besetzen, bevor sein Nachfolger gewählt wurde, durfte dies auch tun (obschon nicht immer im ersten Anlauf). Mit der Weigerung, Obamas Kandidaten überhaupt nur in Erwägung zu ziehen, verletzte der Senat also eine 150 Jahre alte Norm.

Das Problem besteht somit nicht bloß darin, dass die Amerikaner mit Donald Trump einen Demagogen gewählt hatten – sondern, dass wir dies zu einem Zeitpunkt taten, als sich die sanften Leitplanken, die unsere Demokratie schützen, aus ihrer Verankerung lösten.

Das weiße Amerika gegen die Regenbogenkoalition

Die treibende Kraft hinter der Erosion demokratischer Normen ist die Polarisierung. In den vergangenen 25 Jahren haben Republikaner und Demokraten einander fürchten und hassen gelernt. 1960 gaben vier Prozent der Demokraten und fünf Prozent der Republikaner an, es würde ihnen missfallen, wenn ihr Kind jemanden aus der anderen Partei heiraten würde. 50 Jahre später lagen diese Werte bei 33 und 49 Prozent.[7] Bei einer Pew-Umfrage von 2016 sagten 49 Prozent der Republikaner und 55 Prozent der Demokraten, die andere Partei mache ihnen „Angst".[8] Und eine aktuelle Studie zeigt, dass bei Demokraten wie Republikanern um die 60 Prozent glauben, die andere Partei sei eine „ernsthafte Bedrohung" für die USA.[9] Einen solchen politischen Hass haben wir seit dem späten 19. Jahrhundert nicht mehr gesehen.

Ein gewisses Maß an Polarisierung ist normal – und sogar gesund – für die Demokratie. Aber extreme Polarisierung kann sie töten. Die aktuelle Forschung des Politikwissenschaftlers Milan W. Svolik zeigt, dass wir in hoch polarisierten Gesellschaften eher bereit sind, undemokratisches Verhalten auf unserer eigenen Seite zu tolerieren.[10] Wenn die Politik so polarisiert ist, dass wir den Sieg unserer politischen Konkurrenten als katastrophal oder völlig indiskutabel erachten, werden wir zur Verhinderung dessen den Einsatz außergewöhnlicher Maßnahmen rechtfertigen, darunter Wahlbe-

---

7 Ezra Klein und Alvin Chang, „Political Identity Is Fair Game for Hatred": How Republicans and Democrats Discriminate, www.vox.com, 7.12.2015.
8 Pew Research Center, Partisanship and Political Animosity in 2016, 22.6.2016.
9 Nathan Kalmoe and Lilliana Mason, Lethal Mass Partisanship: Prevalence, Correlates, & Electoral Contingencies, Paper prepared for NCAPSA American Politics Meeting, Washington, Januar 2019.
10 Milan Svolik, Polarization versus Democracy, in: „Journal of Democracy", 3/2019, S. 20-32.

trug und Gewalt, bis zum militärischen Putsch. Nahezu alle der bekannteren Zusammenbrüche einer Demokratie in der Geschichte fanden in einem Klima extremer Polarisierung statt, von Spanien und Deutschland in den 1930er Jahren über Chile in den 1970er Jahren bis zu Thailand, der Türkei und Venezuela in den frühen 2000er Jahren. Politische Konkurrenten sahen ineinander eine derart existentielle Bedrohung, dass sie lieber die Demokratie untergruben als einen Sieg der anderen Seite zu akzeptieren.

Was wir heute in den USA erleben, ist keine traditionelle, in Demokratien übliche Polarisierung zwischen Linksliberalen und Konservativen. Die Menschen fürchten und hassen einander nicht wegen Steuerfragen oder der Gesundheitspolitik. Vielmehr reichen die heutigen politischen Spaltungen tiefer: Es geht bei ihnen um die ethnische und kulturelle Identität.[11]

Wie bereits gesagt, beruhte die Stabilität der modernen amerikanischen Demokratie in einem erheblichen Maße auf rassistischem Ausschluss. Unsere demokratischen Normen wurden von einer und für eine politische Gemeinschaft errichtet, die überwiegend weiß und christlich war – und die gewaltsam Millionen Afroamerikaner im Süden ausschloss. Im vergangenen halben Jahrhundert hat sich die amerikanische Gesellschaft jedoch dramatisch gewandelt. Durch umfangreiche Einwanderung und Schritte zu mehr ethnischer Gleichheit ist unsere Gesellschaft vielfältiger *und* demokratischer geworden. Diese Veränderungen haben sowohl die Größe als auch den gesellschaftlichen Status von Amerikas ehemaliger christlicher Mehrheit untergraben. In den 1950er Jahren stellten weiße Christen weit über 90 Prozent der amerikanischen Wählerschaft. Noch 1992, als Bill Clinton zum Präsidenten gewählt wurde, waren 73 Prozent der Wähler weiße Christen. Bei Obamas Wiederwahl 2012 war ihr Anteil auf 57 Prozent gefallen und bis 2024 dürfte er auf unter 50 Prozent sinken.[12] Weiße Christen verlieren bei Wahlen also ihre Mehrheit. Sie büßen zudem ihren dominanten sozialen Status ein. Vor nicht allzu langer Zeit standen weiße christliche Männer an der Spitze aller gesellschaftlichen, ökonomischen, politischen und kulturellen Hierarchien in unserem Land. Sie besetzten das Präsidentenamt, den Kongress, den Obersten Gerichtshof und die Residenzen der Gouverneure. Sie stellten die CEOs, die Nachrichtensprecher und die meisten Prominenten und führenden wissenschaftlichen Autoritäten. Und sie waren das Gesicht beider großer politischer Parteien.

Diese Tage sind Geschichte. Aber der Verlust des dominanten gesellschaftlichen Status kann zutiefst bedrohlich wirken. Viele weiße christliche Männer glauben, ihnen werde das Land entrissen, in dem sie aufgewachsen sind. Das fühlt sich für viele wie eine existentielle Bedrohung an. Dieser demographische Wandel ist politisch explosiv geworden, weil Amerikas ethnische und kulturelle Differenzen nun nahezu perfekt von den beiden großen Parteien abgebildet werden. Dies war in der Vergangenheit nicht der Fall. Noch in den späten 1970er Jahren verteilten sich weiße Christen gleich-

---

11 Lilliana Mason, Uncivil Agreement: How Politics Became Our Identity, Chicago 2018; Alan Abramowitz, The Great Alignment: Race, Party Transformation, and the Rise of Donald Trump, New Haven und London 2018; Ezra Klein, Why We're Polarized, New York 2020.
12 Robert Jones, The End of White Christian America, New York 2016, S. 106.

mäßig auf Demokraten und Republikaner. Während des vergangenen halben Jahrhunderts ist es jedoch zu drei bedeutenden Veränderungen gekommen: Erstens hat die Bürgerrechtsbewegung zu einer massiven Abwanderung der Weißen aus den Südstaaten von den Demokraten zu den Republikanern geführt, während Afroamerikaner – die im Süden neuerlich wahlberechtigt wurden –, überwiegend für die Demokraten stimmten. Zweitens erlebten die Vereinigten Staaten eine große Immigrationswelle und die meisten dieser Einwanderer orientierten sich zu den Demokraten. Und drittens strömten, beginnend mit Reagans Präsidentschaft in den frühen 1980ern, weiße evangelikale Christen zu den Republikanern. In der Konsequenz repräsentieren die beiden großen Parteien nun höchst unterschiedliche Teile der amerikanischen Gesellschaft. Die Demokraten vertreten eine Regenbogenkoalition, die städtische und gebildete weiße Wähler sowie People of Color umfasst. Nahezu die Hälfte der demokratischen Wähler sind keine Weißen. Die Republikaner hingegen bleiben überwiegend weiß und christlich.[13] Die Amerikaner haben sich also in zwei Parteien einsortiert, die radikal unterschiedliche Gemeinschaften, soziale Identitäten und Vorstellungen davon repräsentieren, was Amerika ist und sein sollte. Die Republikaner vertreten zunehmend das weiße christliche Amerika – und die Demokraten alle anderen. Diese Spaltung liegt der tiefen Polarisierung unseres Landes zugrunde.

Was diese Polarisierung so gefährlich macht, ist ihre Asymmetrie. Während die Basis der Demokraten vielfältig ist und sich erweitert, repräsentieren die Republikaner eine einst dominante Mehrheit im zahlen- und statusmäßigen Niedergang. Viele Republikaner fürchten sich daher vor der Zukunft. Slogans wie „Take our country back!" und „Make America great again!" spiegeln dieses Gefühl der Gefährdung wider. Mehr noch: Diese Ängste haben eine besorgniserregende Entwicklung genährt, die unsere Demokratie bedroht – eine wachsende Aversion der Republikaner gegenüber Wahlniederlagen.

Die Republikaner und die Angst vor der Niederlage

In einer Demokratie müssen Parteien wissen, wie man verliert. Politiker, die eine Wahl verlieren, müssen bereit sein, die Niederlage zu akzeptieren, nach Hause zu gehen und ihr Glück später noch einmal zu versuchen. Ohne diese Norm würdevollen Verlierens kann eine Demokratie nicht bewahrt werden.

Damit Parteien ihre Niederlage akzeptieren, müssen allerdings zwei Bedingungen gelten: Erstens müssen sie überzeugt sein, dass ihre Niederlage nicht ruinöse Konsequenzen nach sich zieht. Und zweitens müssen sie glauben, dass sich ihnen in der Zukunft wieder eine realistische Chance auf einen Sieg bietet. Wenn Parteiführer fürchten, künftige Wahlen nicht gewinnen zu können oder dass eine Niederlage eine existentielle Bedrohung für sie oder ihre Wähler darstellt, dann erhöht das den Einsatz. Ihr Zeithorizont verkürzt sich. Sie schlagen das Morgen in den Wind und versuchen, um jeden

---

13 Pew Research Center, In Changing U.S. Electorate, Race and Education Remain Stark Dividing Lines, Juni 2020.

Preis heute zu gewinnen. Mit anderen Worten: Verzweiflung lässt Politiker zu unfairen Mitteln greifen.

Die Geschichte bietet viele Beispiele, wie die Angst vor der Niederlage Parteien dazu bringt, die Demokratie zu untergraben. Im Europa vor dem Ersten Weltkrieg grauste es vielen Konservativen bei der Vorstellung, das Wahlrecht auf die Arbeiterklasse auszuweiten. So sahen deutsche Konservative das gleiche Stimmrecht (für Männer) nicht nur als Bedrohung ihrer eigenen Wahlaussichten, sondern auch der aristokratischen Ordnung. Ein führender deutscher Konservativer nannte das volle und gleiche Stimmrecht für Männer sogar einen „Angriff auf die Gesetze der Zivilisation". Also griffen die deutschen Konservativen zu unfairen Mitteln, von zügelloser Wahlmanipulation bis zu offener Repression während des Ersten Weltkriegs.

Auf eine ähnliche Weise reagierten die Demokraten in den Südstaaten auf die Verleihung des Wahlrechts an Afroamerikaner in der *Reconstruction*-Ära, die der 15. Verfassungszusatz gebot. Da Afroamerikaner in den meisten Staaten der ehemaligen Konföderation die Mehrheit stellten oder dieser zumindest nahe kamen, gefährdete ihr Stimmrecht die politische Dominanz der dortigen Demokraten – und bedrohte potentiell die gesamte rassistische Ordnung. Also griffen die Südstaaten-Demokraten zu unfairen Mitteln: Zwischen 1885 und 1908 führten alle elf ehemaligen Staaten der Konföderation Wahlsteuern, Lese- und Schreibteste, Eigentums- und Aufenthaltsvorschriften sowie andere Maßnahmen ein, um Afroamerikaner ihres Wahlrechtes zu berauben – und so die Dominanz der Demokraten festzuschreiben.[14] Diese Maßnahmen erreichten, zusammen mit einer monströsen Gewaltkampagne gegen Schwarze, genau das, was sie sollten: Die Wahlbeteiligung von Schwarzen fiel im Süden von 61 Prozent im Jahr 1880 auf bloß zwei Prozent 1912. Weil sie nicht verlieren wollten, entzogen die Südstaaten-Demokraten fast der Hälfte der Bevölkerung das Wahlrecht und leiteten damit im Süden nahezu ein ganzes Jahrhundert des Autoritarismus ein.

Heute zeigen sich bei den Republikanern ganz ähnliche Anzeichen von Panik. Ihre Wahlaussichten schwinden. Sie bleiben eine überwiegend weiße christliche Partei in einer zunehmend vielfältigen Gesellschaft. Zudem kehren ihnen jüngere Wähler den Rücken: 2018 wählten die 18- bis 29jährigen mit einem Abstand von zwei zu eins die Demokraten und die 30jährigen entschieden sich zu knapp 60 Prozent für die Demokraten. Die Demographie ist zwar kein Schicksal, kann aber Parteien bestrafen, die sich dem gesellschaftlichen Wandel in den Weg stellen. Das mussten etwa die kalifornischen Republikaner erfahren, als sie in den 1990er Jahren einen harten Anti-Einwanderungskurs fuhren.[15] Die wachsende Vielfalt der amerikanischen Wählerschaft macht es den Republikanern schwerer, auf nationaler Ebene Mehrheiten zu erreichen. Tatsächlich haben sie in den vergangenen 30 Jahren bei nur einer Präsidentschaftswahl die meisten Stimmen erhalten.

14 J. Morgan Kousser, The Shaping of Southern Politics: Suffrage Restriction and the Establishment of the One-Party South, 1880-1910, New Haven und London 1974.
15 Vanessa Williamson, Anti-Immigrant Ads like Trump's Sank the California GOP in the 90s, www.brookings.edu, 19.8.2016.

Keine Partei verliert gerne, aber bei den Republikanern wird das Problem durch eine zunehmende Auffassung an ihrer Basis vergrößert, dass eine Niederlage katastrophale Konsequenzen haben werde. Viele weiße christliche Republikaner fürchten, nicht nur Wahlen, sondern bald auch ihr Land zu verlieren. Wie einst die Südstaaten-Demokraten greifen die Republikaner daher zusehends zu unfairen Mitteln. Dies zeigte sich am deutlichsten in den jüngsten Bestrebungen, bei Wahlen das Spielfeld zu kippen. Seit 2010 haben ein Dutzend republikanisch geführter Staaten neue Gesetze erlassen, die die Wählerregistrierung erschweren.[16] Republikanische Regierungen in Staaten und Kommunen haben Wahllokale in überwiegend afroamerikanischen Nachbarschaften geschlossen, Wählerverzeichnisse „gesäubert" und neue Hindernisse für Registrierung und Stimmabgabe geschaffen. So gestattet seit 2017 in Georgia das sogenannte „exact match law" Wählerregistrierungen abzulehnen, wenn die dortigen Angaben nicht „exakt" mit bestehenden Akten „übereinstimmen". Im Gouverneurswahlkampf von 2018 versuchte der damalige Secretary of State und heutige Gouverneur Brian Kemp, mit Hilfe dieses Gesetzes zehntausende von Registrierungsformularen für ungültig zu erklären, von denen die meisten von Afroamerikanern stammten.[17] Zudem „bereinigte" er auch das Wählerverzeichnis um hunderttausende Personen.[18]

Die weitere Aushöhlung der Demokratie

Die Trump-Regierung gefährdete die amerikanische Demokratie wie keine andere in der modernen amerikanischen Geschichte. Wir sehen drei potentielle Bedrohungen: eine fortgesetzte Aushöhlung der Demokratie, den Abstieg in die Dysfunktionalität und eine Minderheitenherrschaft. Trump hat, erstens, die Medien angegriffen, die Kontrollmöglichkeiten des Kongresses mit Füßen getreten und um eine ausländische Einmischung in unsere Wahlen ersucht. Wie die Autokraten in Ungarn, Russland und der Türkei hat er versucht, den Regierungsapparat für persönliche, parteipolitische und sogar undemokratische Ziele einzusetzen. Nur das ein Beispiel für dieses Phänomen markierte die Furcht, dass die Trump-Regierung auf schockierende Weise in der Covid-19-Pandemie versuchen würde, die US-Post dafür einzuspannen, dass die Stimmabgabe erschwert und das Wahlergebnis manipuliert wird. Überall im Regierungsapparat standen die Verantwortlichen für Strafverfolgung, Geheimdienstarbeit, Verteidigung, Sicherheit der Wahl, Volkszählung und sogar Wettervorhersage unter Druck, für das persönliche und politische Wohl des Präsidenten zu arbeiten – und gegen seine Kritiker und Widersacher. Wer sich dem verweigerte – darunter Kontrolleure, die für die unabhängige Auf-

16 Benjamin Highton, Voter Identification Laws and Turnout in the United States, in: „Annual Review of Political Science", 1/2017, S. 149-167.
17 Ted Enamorado, Georgia's „Exact Match" Law Could Potentially Harm Many Eligible Voters, in: „The Washington Post", 20.10.2018.
18 Alan Judd, Georgia's Strict Laws Lead to Large Purge of Voters, in: „Atlanta Journal-Constitution", 28.10. 2018

sicht über Regierungsbehörden zuständig sind – wurde herausgedrängt und durch Trump-Loyalisten ersetzt. So werden Autokratien errichtet: Anführer verwandeln die Strafverfolgung, die Geheimdienste und andere Institutionen in parteipolitische Waffen und nutzen sie, um sich gegen Ermittlungen abzuschirmen sowie um gegen Kritiker zu ermitteln und sie zu bestrafen. Wenn die Schiedsrichter für den Amtsinhaber arbeiten, ist das Spielfeld unvermeidlich gekippt, was den demokratischen Wettbewerb zerstört. Dabei spiegelten Trumps Bemühungen, Regierungsbehörden zu säubern und zu korrumpieren sehr genau jene Maßnahmen wider, zu denen Ungarns Premier Viktor Orbán greift, um die Demokratie seines Landes zu untergraben.

Doch obwohl die Gefahr einer autokratischen Wende real ist – vor allem, falls Trump wiedergewählt wird –, bleiben wichtige Quellen demokratischer Widerstandsfähigkeit bestehen. Die USA unterscheiden sich diesbezüglich in einigen wesentlichen Aspekten von Ungarn, Russland, der Türkei oder Venezuela: Zunächst sind unsere Institutionen stärker. Die Gerichte bleiben unabhängig und mächtig. Der Föderalismus ist weiterhin robust. Und in jeder Behörde, die das Weiße Haus säubern, entkernen und politisieren wollte, haben engagierte Beamte sich dem energisch widersetzt. Sie mögen schließlich einzelne politische Schlachten verlieren, aber ihr Widerstand verlangsamt die Erosion der Demokratie. Ein weiterer Unterschied besteht darin, dass die Autokraten in Russland, Ungarn, der Türkei und Venezuela eine schwache Opposition niederwalzten, wohingegen Amerika eine wohlorganisierte, gut finanzierte Opposition hat, die bei Wahlen konkurrenzfähig ist. Diese Opposition umfasst nicht nur die Demokratische Partei, sondern auch Gewerkschaften und ein großes Spektrum aktivistischer Gruppen, die seit dem Tag von Trumps Amtseinführung Widerspruch zur Politik der gegenwärtigen Regierung organisiert hatten. Die Stärke der US-Opposition manifestierte sich 2018 in den Midterm-Wahlen, als die Demokraten die Kontrolle über das Repräsentantenhaus errangen.

Dennoch droht unserer Demokratie, zweitens, ein Abstieg in die Dysfunktionalität. Amerikas System der checks and balances sorgt oftmals für ein *divided government*, konfrontiert den Präsidenten also mit einer oppositionellen Kongressmehrheit. Daher funktioniert es nur mit einem gewissen Grad an gegenseitiger Tolerierung und Unterlassen. Wenn die Polarisierung diese Normen aushöhlt und zu constitutional hardball führt, kann ein divided government zu einer Art permanenter institutioneller Kriegsführung verkommen – und die Bundesregierung außerstande setzen, ihren grundlegenden Aufgaben nachzukommen. Tatsächlich hat die Rückkehr zum divided government nach 2018 der Trump-Regierung zwar begrüßenswerte Beschränkungen auferlegt, dabei aber nicht zu einem gut funktionierenden System der checks and balances geführt. Dieser Abstieg in die Dysfunktionalität hält unsere Regierungen davon ab, sich den drängendsten Problemen unserer Gesellschaft zuzuwenden – von Einwanderung über Klimawandel bis zur Gesundheitsversorgung. Amerikas stümperhafte, langsame Antwort auf die Covid-19-Pandemie ist dabei bloß das jüngste und tödlichste Symptom eines blockierten politischen Systems.

Dysfunktionalität behindert aber nicht nur die Arbeit der Regierung, sondern sie kann auch das öffentliche Vertrauen in die Demokratie untergraben. Wenn die Regierungen daran scheitern, auf die drängendsten Probleme der Bürger zu reagieren, verlieren diese das Vertrauen in das politische System. Es gibt im heutigen Amerika starke Anzeichen für einen solchen Vertrauensverlust: So hat sich die Zahl der Amerikaner, die unzufrieden mit der Demokratie sind, in den vergangenen zwei Jahrzehnten mehr als verdoppelt, von weniger als 25 Prozent im Jahr 2000 auf 55 Prozent im Jahr 2020.[19] Wenn Gesellschaften aber das Vertrauen in die Problemlösungsfähigkeit ihrer Regierung verlieren, werden sie empfänglich für Demagogen oder politische Außenseiter, die versprechen, „die Dinge zu regeln", und zwar mit anderen – radikal autoritären – Mitteln.

Die Herrschaft der Minderheit

Die dritte Bedrohung unserer Demokratie ist weniger sichtbar, aber wohl die schädlichste von allen. Schauen wir uns die folgenden Tatsachen an: Die letzten beiden republikanischen Präsidenten kamen ins Amt, obwohl sie nicht die Mehrheit der Stimmen auf sich vereinen konnten – und das könnte dieses Jahr ohne weiteres erneut passieren. 2017 wurde mit Neil Gorsuch erstmals ein Richter am Obersten Gerichtshof von einem Präsidenten nominiert, der bei der Wahl keine Stimmenmehrheit hinter sich hatte, und dann von Senatoren bestätigt, die weniger als die Hälfte des Landes repräsentierten. Ein Jahr später stieg Brett Kavanaugh auf genau demselben Weg zum Obersten Gerichtshof auf, was dort eine konservative Mehrheit, die eindeutig in einer Minderheit verwurzelt ist, schuf – und die durch Amy Coney Barrett sogar noch ausgebaut werden dürfte. Und im Februar 2020 sprachen sich 52 Senatoren gegen ein Impeachment von Präsident Trump aus – vertraten dabei jedoch aufgrund der Bevölkerungsstruktur ihrer Staaten 18 Millionen Amerikaner weniger als die 48 Senatoren, die für eine Amtsenthebung stimmten.

Diese Beispiele bieten einen Vorgeschmack auf das Leben unter der Herrschaft einer politischen Minderheit. Unsere Verfassung und unsere Wahlgeographie haben sich unwillentlich zugunsten der Republikaner verschworen. Dies könnte zu dem führen, was der Soziologe Paul Starr die Verschanzung an der Macht durch eine Minderheit der Wahlberechtigten nennt – die hauptsächlich aus ländlichen, konservativen und überwiegend weißen Gegenden kommen. Gewiss, die Minderheitenherrschaft hat eine lange Geschichte in Amerika. Unsere Gründerväter schufen ein Verfassungssystem, das kleinere oder schwach bevölkerte Staaten bevorzugt. Aber mit der Zeit erwuchs aus dieser Bevorzugung eine massive Überrepräsentation ländlicher Staaten, mit Auswirkungen auf drei mehrheitsbrechende Institutionen: Das Wahlmännergremium, das den Präsidenten bestimmt, ist leicht zugunsten spärlich bevölkerter Staaten verschoben, der Senat stark; und da der Senat den Nomi-

---

19 Yascha Mounk und Roberto Stephan Foa, This Is How Democracy Dies, in: „The Atlantic", 29.1.2020.

nierungen für den Obersten Gerichtshof zustimmen muss, ist auch dieser ein Stück weit zugunsten bevölkerungsschwacher Staaten verschoben. Dieses Problem wird durch die schleichende Entvölkerung der ländlichen Gebiete noch verschärft: In 20 Jahren werden 70 Prozent der US-Bevölkerung in 16 Staaten leben, wodurch 30 Prozent des Landes 68 Prozent des Senats kontrollieren werden.[20]

In den meisten Phasen der US-Geschichte hatte diese Bevorzugung der ländlichen Regionen kaum parteipolitische Auswirkungen, da die großen Parteien über städtische und ländliche Flügel verfügten. Mit anderen Worten: Das System hat immer schon Vermont gegenüber New York bevorzugt, aber es bevorzugte nicht eine bestimmte Partei. Zuletzt jedoch haben sich die Parteien entlang der Stadt-Land-Frage gespalten. Heute konzentrieren sich die demokratischen Wähler in den großen urbanen Zentren, während die Republikaner zunehmend in dünn besiedelten Gebieten verankert sind. Das verschafft der Republikanischen Partei einen systematischen und wachsenden Vorteil im Wahlmännergremium, im Senat und im Obersten Gerichtshof.

Die Herrschaft einer politischen Minderheit ist schon schlimm genug, aus ihr erwächst aber eine sogar noch gefährlichere Konsequenz: Die Republikaner werden von ihrer ängstlichen weißen christlichen Basis in eine „Jetzt-um-jeden-Preis-gewinnen"-Mentalität getrieben und könnten daher ihren Vorteil in den mehrheitsbrechenden Institutionen nutzen, um sich an der Macht einzugraben, ohne Stimmmehrheiten zu gewinnen – und dies tatsächlich sogar im Angesicht dauerhafter oppositioneller Mehrheiten. Das Wahlmännergremium gestattete Donald Trumps Wahl (und könnte dies erneut tun), während der Senat seinen unerhörten Machtmissbrauch ermöglichte. Ebenso hat der Oberste Gerichtshof weitgehend die republikanischen Versuche gestützt, über Gerrymandering, die Säuberung des Wählerverzeichnisses und neue Hindernisse bei Registrierung und Stimmabgabe das Spielfeld für die Wahlen zu kippen. Kurz gesagt, könnten die Amerikaner auf eine Phase der Herrschaft einer politischen Minderheit zusteuern.

Diese Wahl ist also entscheidend. Trumps Sieg würde die zerstörerischen Trends beschleunigen, die wir in den vergangenen Jahren gesehen haben: die Aushöhlung demokratischer Normen, die Aufgabe der etablierten demokratischen Praxis, den fortgesetzten Angriff auf den Rechtsstaat und die weitere Verankerung der Herrschaft einer politischen Minderheit. Sollte Trump erneut regieren, droht die amerikanische Demokratie unkenntlich zu werden. Der Einsatz ist hoch. Wir haben eine Menge zu verlieren.

20 Philip Bump, In About 20 Years, Half the Population Will Live in Eight States, in: „The Washington Post", 12.7.2018.

Der amerikanische Faschismus: Vom Ku-Klux-Klan zu Trump

Von **Sarah Churchwell**

In Kampfmontur und gepanzerten Fahrzeugen donnerte im Sommer 2020 vielerorts in Amerika eine militarisierte Polizei in friedliche Demonstranten. Schon zu Beginn der Black-Lives-Matter-Proteste stieg der damalige Präsident Donald Trump aus einem Bunker unter dem Weißen Haus und ließ seine Bürger mit Tränengas einnebeln, um zu einer Kirche zu gelangen, die er niemals besucht hatte, während er eine Bibel hielt, die er niemals gelesen hatte. Vielen kommt da eine berühmte Wendung in den Sinn, die oft fälschlich dem Roman „Das ist bei uns nicht möglich" von Sinclair Lewis aus dem Jahr 1935 zugeschrieben wird: „Wenn der Faschismus nach Amerika kommt, wird er sich in die Fahne hüllen und ein Kreuz tragen." Da Lewis' Roman unter den vielen Warnungen vor einem amerikanischen Faschismus aus der Zwischenkriegszeit am besten im Gedächtnis geblieben ist, wird ihm diese Mahnung neuerdings zugerechnet. Aber die Worte stammen nicht von ihm.

Vielmehr wurde das Diktum wahrscheinlich von James Waterman Wise geprägt, dem Sohn des bedeutenden amerikanischen Rabbis Stephen Wise. Er gehörte zu den vielen Stimmen, die seinerzeit die Amerikaner drängten, den Faschismus als eine ernste innere Bedrohung anzuerkennen. „Das Amerika von Macht und Reichtum", warnte Wise, ist „ein Amerika, das den Faschismus braucht". Der amerikanische Faschismus könne aus „patriotischen Vereinigungen wie der American Legion und den Daughters of the American Revolution [hervorgehen ...] und eingehüllt in die amerikanische Flagge oder eine Zeitung des Hearst-Verlages zu uns kommen". In einer anderen Rede formulierte er es etwas anders: Der amerikanische Faschismus wäre wohl „eingehüllt in die amerikanische Flagge und würde als Appell für die Freiheit und die Bewahrung der Verfassung angekündigt".

Ein amerikanischer Faschismus würde definitionsgemäß amerikanische Symbole und amerikanische Slogans verwenden. „Erwarten Sie nicht, dass die das Hakenkreuz hochhalten", warnte Wise, „oder irgendeine der populären Formen des Faschismus" aus Europa einsetzen. Denn ultranationalistisch wie der Faschismus nun mal ist, versucht er, sich zu normalisieren, indem er auf vertraute nationale Gebräuche zurückgreift und darauf beharrt, bloß politisches Business as usual zu betreiben. So erklärte 1934 der Führer der spanischen faschistischen Falange, José Antonio Primo de Rivera, jeder Faschismus müsse lokal und einheimisch sein: „Italien und Deutschland [...]

wandten sich wieder ihrer eigenen Authentizität zu, und wenn wir ebenso verfahren, wird die Authentizität, die wir finden, ebenfalls die unsere sein: Es wird nicht die von Deutschland oder Italien sein, und daher werden wir, wenn wir die Leistung der Italiener oder Deutschen nachvollziehen, spanischer sein, als wir es jemals waren. [...] Im Faschismus lassen sich, wie in Bewegungen aller Zeitalter, unter den lokalen Charakteristiken bestimmte Konstanten finden. [...] Wir brauchen ein totales Gefühl für das Erforderliche: ein totales Gefühl für das Vaterland, das Leben, die Geschichte."

Dennoch hat sich Samuel Moyn vor einiger Zeit dagegen ausgesprochen, Trumps Politik mit dem Faschismus zu vergleichen, da seine Regierung „Ziele verfolgt, die tief in der amerikanischen Geschichte verwurzelt sind. Es bedarf keiner Analogie zu Hitler oder dem Faschismus, um diese Ergebnisse zu erklären." Das aber setzt voraus, dass der Faschismus nicht selbst tief verwurzelt in der amerikanischen Geschichte sei. Die Annahme, dass alles einheimisch Amerikanische nicht auch faschistisch sein könnte, ist fragwürdig – um nicht zu sagen: exzeptionalistisch. Damit bestreitet man die Frage nach dem amerikanischen Faschismus nicht, sondern wirft sie eher auf. Faschismus-Experten wie Robert O. Paxton, Roger Griffin und Stanley G. Payne argumentieren seit langem, dass der Faschismus seinen Anhängern niemals fremd erscheinen könne. Seine Behauptung, für „das Volk" zu sprechen und die nationale Größe wiederherzustellen, bedeutet, dass jede Version des Faschismus ihre eigene lokale Identität haben muss. Wer glaubt, eine nationalistische Bewegung sei nicht faschistisch, weil sie einheimisch sei, versteht überhaupt nicht, worum es geht.

Historisch gesehen waren faschistische Bewegungen zudem von Opportunismus geprägt, einer Bereitschaft, nahezu alles zu sagen, was sie an die Macht bringt. Dadurch werden die Definitionen noch unklarer. Es hat sich als unmöglich herausgestellt, den Kern, das unteilbare faschistische Atom, zu identifizieren. Uns bleibt nur, was Umberto Eco die „Verschwommenheit" des Faschismus nannte und andere als dessen „unklare und synthetische Doktrinen" beschrieben haben. Es gibt gute Argumente gegen den Versuch, mithilfe einer Taxonomie so etwas wie ein „faschistisches Minimum" zu etablieren, ganz so, als könne eine Checkliste den Faschismus qualitativ von anderen autoritären Diktaturen unterscheiden. Einige halten Antisemitismus für einen Lackmustest, andere Völkermord. Zählt Kolonialismus? Das bejahten Aimé Césaire, C.L.R. James und Hannah Arendt – neben vielen anderen bedeutenden Denkern, die die ersten Faschismen durchlebten – und argumentierten, der europäische Faschismus bringe über weiße Körper, was koloniale und Sklaverei-Systeme in der Heimsuchung schwarzer und brauner Körper perfektioniert hatten.

Laut Robert O. Paxtons einflussreicher Argumentation bestimmt sich der Faschismus über seine Praxis. Dennoch teilen dessen jeweilige Ausprägungen erkennbar einige auffällige Züge miteinander, darunter die Nostalgie nach einer reineren, mystischen, oft ländlichen Vergangenheit; Kulte der Tradition und kulturellen Erneuerung; paramilitärische Gruppen; die Delegitimierung politischer Gegner und die Dämonisierung von Kritikern; die Verallgemeinerung von einigen Gruppen als authentisch national, während alle anderen Gruppen entmenschlicht werden; Intellektuellenfeindlichkeit und Angriffe auf die freie Presse; Anti-Modernismus; fetischisierte patriarchale Maskulinität; sowie ein verzweifeltes Opfergefühl und kollektiver Groll. Faschistische Mythologien enthalten oft eine Vorstellung von Säuberung, eine ausschließende Verteidigung gegen ethnische oder kulturelle „Verunreinigung" und damit verbundene eugenische Vorlieben für bestimmte „Blutlinien". Der Faschismus macht Identität zur Waffe, erhebt das „Herrenvolk" und setzt alle anderen herab.

»Hitler lernt von Amerika«

Die Amerikaner der Zwischenkriegszeit konnten nicht vorhersehen, was in Europa geschehen würde, waren sich aber dennoch einer Sache sehr bewusst, die wir heute aus den Augen verloren haben: Jeder Faschismus ist definitionsgemäß einheimisch. „Der Faschismus muss ein Eigengewächs sein", mahnte ein amerikanischer Redner 1937, „den Worten Benito Mussolinis folgend, dass der Faschismus nicht importiert werden kann", sondern „besonders an unser nationales Leben angepasst werden muss". Logischerweise würde daher „das Anti-Neger-Programm" einen „sehr plausiblen Schlachtruf für amerikanische Faschisten" bilden, so wie der Antisemitismus für die Deutschen. Andere erkannten, dass die tiefen Wurzeln des antisemitischen evangelikalen Christentums einem amerikanischen Faschismus ähnlich plausible Schlachtrufe bieten würden.

Bald darauf erlaubten der Patriotismus der Kriegszeit und der Triumph der Alliierten es den Amerikanern, den Faschismus als fremde und eindeutig europäische Pathologie zu betrachten. Aber „der Mann zu Pferde", der Despot, der reaktionäre populistische Energien für seinen Aufstieg zur Macht nutzen konnte, verkörperte ein Gespenst in der amerikanischen Politik, und zwar schon mindestens seit der Präsidentschaft von Andrew Jackson in den 1830er Jahren.

Einer der letzten, und schrecklichsten, Lynchmorde in Amerika ereignete sich im Oktober 1934 im Florida Panhandle, wo sich eine Menge von 5000 Menschen versammelte, um mitanzusehen, was Stunden zuvor in der Lokalpresse angekündigt worden war. Die Folterer verbrannten Claude Neals Haut, kastrierten ihn und stopften ihm seine Genitalien in den Mund. Dann zwangen sie ihn zu sagen, dass er den Geschmack genieße. Nachdem man ihn schließlich hinter einem Wagen zu Tode geschleift hatte, urinierte die Menge auf seinen verstümmelten Körper, bevor man ihn am Gerichtsgebäude von Marianna aufhängte. Die deutsche Presse, die gerne Kapital aus amerikanischen Lynchmorden schlug, verbreitete Fotos von Neal, dessen schrecklichen Tod sie mit „scharfen Kommentaren dahingehend versahen, dass Amerika vor seiner eigenen Haustür kehren solle", bevor es andere Regierungen für den Umgang mit ihren Bürgern tadele. „‚Stoppt das Lynchen von Negern', lautet der Nazi-Konter gegenüber amerikanischen Kritikern", titelte der „Courier" aus Pittsburgh über einem Bericht, der sich mit den deutschen Darstellungen der rassistischen Gewalt in Amerika befasste.

Der „Courier" war eine von vielen afroamerikanischen Zeitungen, die nicht nur Affinitäten zwischen Nazi-Deutschland und dem Amerika der Jim-Crow-Ära[1] sahen, sondern auch kausalen Verbindungen nachspürten: „Hitler lernt von Amerika", erklärte der „Courier" 1933. Die Zeitung berichtete, dass die Universitäten im Dritten Reich ihre Ideen erklärtermaßen von „den amerikanischen Wegbereitern Madison Grant und Lothrop Stoddard"[2] bezogen und dass der „ethnische Irrsinn" in Amerika Nazi-Deutschland „ein Modell für die Unterdrückung und Verfolgung seiner eigenen Minderheiten" liefere. Die afroamerikanische „Age" aus New York fragte sich ganz ähnlich, ob Hitler „unter Anleitung" der Führer des Ku-Klux-Klans gelernt habe, vielleicht als „untergeordneter Kleagle[3] oder etwas in der Art".

Die Nazis selbst sahen eine klare Verwandtschaft. Jüngste Forschungen haben gezeigt, dass sich Hitler systematisch auf amerikanische Rassengesetze stützte, als er die Nürnberger Gesetze entwarf. Das Dritte Reich warb im Jim-Crow-Süden auch aktiv um Unterstützer, obschon die politischen Führer des weißen Südens sich größtenteils nicht revanchierten. Aber die Beziehung zwischen beiden Systemen war zu jener Zeit vollkommen offensichtlich, auf beiden Seiten des Atlantiks.

Ein Nazi-Generalkonsul in Kalifornien versuchte sogar, den Klan zu kaufen, um einen amerikanischen Putsch zu planen. Doch sein Preis war zu niedrig – wenn der Klan eines war, dann geldgierig. Als die Geschichte 1939 ans Tageslicht kam, nannten Journalisten einen weiteren Grund: Der Klan konnte es sich nicht leisten, ausländisch zu erscheinen. „Um wirkungsvoll zu sein", musste er seine nativistische Agenda „im Namen des Amerikanismus" verfolgen.

Der KKK als Vorgeschmack auf den europäischen Faschismus

Im Jahr 1935 organisierten Afroamerikaner im ganzen Land Massenproteste gegen Mussolinis Massaker an Äthiopiern. „Der amerikanische Faschismus hat schon Neger", erklärte der jamaikanisch-amerikanische Journalist und Historiker Joel Augustus Rogers. Der schwarze Dichter Langston Hughes stimmte zu: „Gebt Franco eine Kapuze und er wäre ein Mitglied des Ku-Klux-Klans, ein Kleagle. Faschismus ist das, was der Ku-Klux-Klan errichten wird, wenn er sich mit der Liberty League[4] verbindet und Maschinengewehre und Flugzeuge statt ein paar Meter Seil benutzt." „In Amerika muss man Negern

---

1 Die sogenannten Jim-Crow-Gesetze begründeten die Segregationspolitik in den US-Südstaaten nach dem Amerikanischen Bürgerkrieg und galten zwischen den 1870er Jahren und 1965. Sie benachteiligten systematisch schwarze Bürger im öffentlichen und wirtschaftlichen Leben.
2 Madison Grant wurde auch in Deutschland mit eugenischen Büchern bekannt, darunter „Der Untergang der großen Rasse" von 1916. Lothrop Stoddard verfasste mehrere einflussreiche rassistische und antisemitische Werke, darunter „Der Kulturumsturz. Die Drohung des Untermenschen" von 1922.
3 Ein Kleagle ist im KKK v.a. mit der Mitglieder-Rekrutierung in einer bestimmten Region betraut.
4 Die American Liberty League bestand von 1934 bis 1940, ihr gehörten Mitglieder der Wirtschaftselite und zumeist konservative Politiker an, die gegen den New Deal Front machten.

nicht erklären, was der Faschismus in der Praxis bedeutet", sagte Hughes bei anderer Gelegenheit: „Wir wissen das."

Im selben Jahr veröffentlichte W.E.B. Du Bois „Black Reconstruction in America". Dieses Grundlagenwerk der afroamerikanischen kritischen Geschichtsschreibung erschien inmitten des Tumults, den die Verfolgung der Scottsboro Nine[5] ausgelöst hatte. Kurz darauf gewann der afroamerikanische Leichtathlet Jesse Owens bei den Olympischen Spielen von 1936 in Berlin vier Mal Gold – was ebenso als Streich gegen Hitler wie als Ermahnung an das Jim-Crow-Amerika gesehen wurde. Es ist also alles andere als ein Zufall, dass Du Bois in seiner Studie mehr als einmal andeutet, der White Supremacism, die Idee von der weißen Vorherrschaft, des Jim-Crow-Amerika könne in der Tat als „Faschismus" betrachtet werden. Ein halbes Jahrhundert später formulierte Amiri Baraka diesen Gedanken von Du Bois in einem wenig beachteten, aber bemerkenswerten Essay explizit aus. Er argumentierte, das Ende der Reconstruction-Periode 1877 habe „Afroamerika in den Faschismus geworfen. Es gibt keinen anderen Begriff dafür. Der Sturz demokratisch gewählter Regierungen und die Herrschaft durch unmittelbaren Terror, durch die am meisten reaktionären Elemente des Finanzkapitals [...] Durchgeführt mit Mord, Einschüchterung und Raub, durch die erste Sturmabteilung – erneut der Hitlersche Prototyp – den Ku-Klux-Klan, der direkt vom nördlichen Kapital finanziert wurde."

Die weiße amerikanische Geschichtsschreibung benötigte ein weiteres gutes Jahrzehnt, um das Argument aufzugreifen: 2004 beobachtete Paxton in „Anatomie des Faschismus", dass einiges dafür spräche, den ersten Ku-Klux-Klan in den Südstaaten nach dem Bürgerkrieg als die erste faschistische Bewegung der Welt zu begreifen: „[Der erste KKK] war eine alternative zivile Instanz, die parallel zum rechtmäßigen Staat bestand, der in den Augen der Klan-Gründer nicht länger die legitimen Interessen ihrer Gemeinschaft vertrat. Mit seiner Uniform (weiße Robe und Kapuze), ebenso wie mit seinen Einschüchterungstechniken und seiner Überzeugung, dass Gewalt im Namen des Schicksals seiner Gruppe gerechtfertigt sei, war die erste Version des Klans im besiegten amerikanischen Süden wohl eine bemerkenswerte Vorschau darauf, wie faschistische Bewegungen im Europa der Zwischenkriegszeit funktionieren würden."

Nachdem der KKK 1915 wiederbelebt wurde, machte er schon Mitte der 1920er Jahre nicht weniger als fünf Millionen Mitglieder geltend – damit kam in Amerika auf drei oder vier weiße protestantische Männer je ein Klansmann. Als Mussolini 1921 auf die Weltbühne platzte, erkannten viele Amerikaner im ganzen Land sein Projekt sofort wieder, weil Zeitungen von Montana bis Florida ihren Lesern erklärten, dass „die ,Fascisti' als der Ku-Klux-Klan bekannt sein könnten" und dass „der Klan [...] den Fascisti von Amerika entspricht". Vergleiche zwischen dem heimischen Klan und dem italienischen

---

5 1935 hob der Oberste Gerichtshof zum zweiten Mal die Verurteilung von neun schwarzen Teenagern auf, die von einer rein weißen Jury in Alabama fälschlich für die Vergewaltigung zweier weißer Frauen verurteilt worden waren. Weitere Prozesse folgten, mit unterschiedlichem Ausgang. Erst 2013 wurden die letzten drei Männer der Gruppe posthum begnadigt.

Faschismus waren in der amerikanischen Presse bald allgegenwärtig. Und die Ähnlichkeit war nicht oberflächlich.

Farbhemden und Sturmtruppler: US-Faschismus der Zwischenkriegszeit

Unter den Makeln von Korruption und Sexskandalen zerfiel der zweite Klan in den späten 1920er Jahren, doch einige seiner ehemaligen Führer schnitten bald ihre blutgetränkten Tücher ab, um den neuen politischen Moden zu entsprechen. Die Mehrheit der amerikanischen faschistischen Gruppen der Zwischenkriegszeit, von denen sich mehr als nur eine selbst als faschistisch bezeichnete, gründeten sich nicht als Zweige des Nazismus, sondern als Ableger des Klans. Ihr christlicher Nationalismus ließ sich nicht von ihrem Antisemitismus trennen, führte aber auch zu einem Sektierertum, das die Bildung stärkerer Allianzen verhindert haben dürfte.

Viele dieser Gruppen teilten die Vorliebe ihrer europäischen Pendants für Uniformen aus „farbigen Hemden", um eine organisierte Kraft und militaristische Macht zu behaupten, um einzuschüchtern und auszuschließen. Dazu zählten der Order of Black Shirts aus Atlanta; die White Shirts, militante „Feldzügler für Wirtschaftsfreiheit", gegründet von George W. Christians, der einen Zahnbürsten-Schnurrbart und eine flatternde Hitler-Locke kultivierte; die Gray Shirts, die sich offiziell The Pioneer Home Protective Association nannten und im ländlichen Teil New Yorks gegründet wurden; die Khaki Shirts (auch: US Fascists); die Silver Shirts, die William Dudly Pelley nach Vorbild von Hitlers „Elite-Nazi-Korps" schuf; und die Dress Shirts. Ende 1934 machten sich amerikanische Journalisten über diese wachsende Liste lustig. „Grauhemden machen Amerika zur Nr. 1 unter den Hemd-Nationen", lautete eine sarkastische Schlagzeile. Im Artikel hieß es, solange andere Länder nicht zu schummeln begönnen, indem sie Farben kombinierten, „wird man uns unmöglich über-hemden können".

Andere jedoch nahmen die Bedrohung ernster. James Waterman Wise erklärte wiederholt, „die verschiedenen Farbhemdenorden – die ganze Kurzwarenbrigade, die Gruppenvorurteile bespielt" würde in den Vereinigten Staaten „die Saat des Faschismus säen". Die Black Legion beispielsweise war ein Ableger des Klans, der im Mittleren Westen gedieh. Ihr Führer sprach davon, Washington in einem revolutionären Staatsstreich einzunehmen, nannte den New Deal eine jüdische Verschwörung, „um die Nichtjuden auszuhungern", und trat dafür ein, die amerikanischen Juden zu vernichten, indem man an Jom Kippur Giftgas in die Synagogen leitete. Ein weit verbreiteter Leitartikel warnte 1936, jeder, der sich frage, „wie der Faschismus in diesem Land aussehen würde", solle sich die Black Legion ansehen, mit ihrem „Geruch nach Hitlerismus", ihrem „anti-katholischen, anti-jüdischen, Anti-Neger- und Anti-Arbeiter-Programm, ihren Peitschen, Knüppeln und Gewehren, ihrer dreisten Missachtung von Recht und Gesetz und den rechtsstaatlichen Verfahren der Demokratie". Und weiter: „Das sind die Haltungen und die Ausstattung des Faschismus."

Die kurzlebige Organisation Friends of the Hitler Movement wandelte sich 1933 schnell in die akzeptablere Friends of New Germany, bevor aus ihr der Bund hervorging. Er organisierte mehrere Massenkundgebungen im New Yorker Madison Square Garden, darunter 1939 die „Massendemonstration für wahren Amerikanismus". Dort wurde ein gigantisches Banner von George Washington von Hakenkreuzen flankiert und zwölfhundert „Sturmtruppler" standen in den Gangreihen und zeigten den Hitlergruß; Bildmaterial von der Kundgebung wurde 2019 restauriert und zum Kurzfilm „A Night at the Garden" verarbeitet. 1940 machte der Bund 100 000 Mitglieder geltend und hatte Sommercamps im ländlichen New York, in New Jersey und auf Long Island etabliert, in denen er die amerikanische Nazi-Jugend ausbildete. Der Bund-Propagandist Gerhard Kunze berichtete damals, „das Hakenkreuz ist nicht ausländisch, sondern hundertprozentig amerikanisch. Die Indianer haben es immer benutzt." Das Emblem einer anderen Gruppe, The American National-Socialist Party, war „ein amerikanischer Indianer, der den Arm zum Gruß ausgestreckt hat, vor dem Hintergrund eines schwarzen Hakenkreuzes". Diese Gruppe gab zu, den Nazismus einbürgern zu wollen, indem sie eine Blutsverwandtschaft mit amerikanischer Symbolik suchte.

Dann gab es noch Father Coughlin. „Ich nehme die Straße des Faschismus", sagte er 1936, bevor er die Christian Front bildete, deren Mitglieder sich selbst als „Braunhemden" bezeichneten. Sein giftig antisemitisches Radioprogramm, das regelmäßig Behauptungen aus den erfundenen „Protokollen der Weisen von Zion" verbreitete, erreichte zu Hochzeiten nahezu 30 Millionen Amerikaner – so viel wie kein anderes Radioprogramm weltweit zu dieser Zeit. Diese Hörer schalteten Ende 1938 ein, als Coughlin die Gewalt der Reichspogromnacht rechtfertigte, da sie „Vergeltung" an den Juden übe, die angeblich 20 Millionen Christen ermordet hätten und Milliarden Dollar an „christlichem Eigentum" zerstört hätten. Der Nazismus, sagte er, sei ein natürlicher „Verteidigungsmechanismus" gegen den von jüdischen Bankiers finanzierten Kommunismus. Coughlins Wochenzeitung „Social Justice", die zu Hochzeiten eine Auflage von 200 000 Stück hatte, wurde damals vom „Life"-Magazin als die wohl meistgelesene Stimme der „Nazipropaganda in Amerika" bezeichnet.

Ein »amerikanischer Führer«?

Doch der amerikanische Spitzenpolitiker, dem man am häufigsten faschistische Tendenzen vorwarf, war Huey Long. Als Gouverneur von Louisiana, das er auch im Senat vertrat, verhängte Long das Kriegsrecht, zensierte die Zeitungen, verbat öffentliche Versammlungen, besetzte Gerichte und Parlamente mit seinen Kumpanen und machte seine 24jährige Geliebte zur Ministerin. Long war ein Gangster, aber mit seinem „Share Our Wealth"-Programm verbesserte er die Lebensbedingungen vor Ort, sorgte für den Bau von Straßen und Brücken, investierte in Krankenhäuser und Schulen und schaffte die Kopfsteuer ab. Sein ökonomischer Populismus basierte zudem nicht auf der Vertiefung rassistischer, ethnischer oder religiöser Spaltungen; er ordnete seinen White Supremacism seiner Umverteilungsbotschaft unter. „Wir lynchen nur gelegentlich einen Nigger", erklärte er munter, als er ein Gesetz gegen das Lynchen ablehnte. Dennoch erkannte er an, dass „man armen weißen Menschen nicht helfen kann, ohne Negern zu helfen" und war also bereit, die steigende See alle Boote anheben zu lassen. Als Long eine Präsidentschaftskandidatur für 1936 ins Auge fasste, war Amtsinhaber Franklin D. Roosevelt alarmiert genug, um seinen Botschafter in Deutschland zu informieren: „Long plant, ein Präsidentschaftskandidat vom Schlage Hitlers zu sein" und werde bis 1940 versuchen, sich als Diktator einzusetzen.

Roosevelt stand mit seiner Furcht, dass Long ein „amerikanischer Führer" sein wolle, keineswegs alleine da. Longs politische Karriere lieferte eine Menge Gründe, an seiner demokratischen Aufrichtigkeit zu zweifeln. Sinclair Lewis ließ sich von ihm zu seinem fiktiven Präsidenten-Dikator Buzz Windrip in „Das ist bei uns nicht möglich" inspirieren, der den Amerikanern 5000 Dollar im Jahr verspricht, wenn sie ihn wählen, so wie es Long getan hatte. Aber der Name Windrip verweist auch auf Reverend Gerald B. Winrod, den „Kansas-Hitler", der die Defenders of the Christian Faith anführte und seit den späten 1920er Jahren durchs Land tourte, um über die millenaristische Rolle von Hitler, Stalin und Mussolini in der biblischen Prophezeiung zu sprechen. Dass auch Lewis den Klan als faschistische Bewegung betrachtete, geht aus einer ausgiebigen Anklage hervor, mit der sein Roman beginnt und in der Lewis durch eine Genealogie amerikanischer protofaschistischer Tendenzen fegt, darunter Antisemitismus, politische Korruption, Kriegshysterie, Verschwörungstheorien und evangelikales Christentum. Er endet mit den „Night-riders aus Kentucky und der wilden Freude, die viele unter uns über einen Lynchmord empfinden". „Ach nein, das kann hier nicht passieren! Wann in der Geschichte war je ein Volk so reif für eine Diktatur wie unseres!"

Präsident Windrip ist „vulgär, beinahe analphabetisch, ein leicht zu überführender öffentlicher Lügner und in seinen ‚Ideen' fast schon idiotisch." Sein faschistisches Regime, das von christlichem Nationalismus und dem Wunsch nach ethnischer Homogenität angetrieben wird, macht Afroamerikaner und Juden zu Staatsfeinden, indem es dekretiert, dass alle Bankiers jüdisch seien. „Das ist bei uns nicht möglich" behauptet, dass die gefährlichsten Unterstützer des Faschismus in Amerika jene wären, die „das Wort ‚Faschismus' verleugnen und die Versklavung an den Kapitalismus im Namen der verfassungsmäßigen und traditionellen einheimischen amerikanischen Freiheit predigen". Es wäre eine „Regierung der Profite, durch die Profite, für die Profite". In Amerika wird der Faschismus, mit seiner krebsartigen Version des Nationalismus, stets amerikanische Frömmeleien über individuelle Freiheit auf eine Realität systemischer Gier aufpfropfen und „Befreiung" auf Flaggen drucken, die ein Werbefritze schwenkt.

Auf ähnliche Weise verdiente sich Dorothy Thompson, die gefeierte Journalistin und antifaschistische Aktivistin – und seinerzeit Sinclair Lewis' Frau – den Spitznamen „Kassandra": Sie hatte prophezeit, dass der Faschismus in den USA bei seinem Aufkommen nur allzu vertraut amerikanisch wirken würde. (Thompson konterte gerne, dass Kassandra am Ende immer recht behalten hatte.) „Wenn die Amerikaner an Diktatoren denken, haben sie immer ein ausländisches Modell vor Augen", sagte sie. Doch ein amerikanischer Diktator wäre „einer von den Jungs, und er wird für alles traditionell Amerikanische stehen". Und das amerikanische Volk, fügte Thompson hinzu, „wird ihm mit einem riesengroßen, allgemeinen, demokratischen, schafsmäßigem Geblök antworten: ‚OK, Chef! Mach es, wie Du willst, Chef!'" Zur selben Zeit wurde der Yale-Professor Halford Luccock in der Presse mit folgender Aussage breit zitiert: „Wenn und falls der Faschismus nach Amerika kommt, wird er kein Label ‚Made in Germany' tragen; er wird nicht mit einem Hakenkreuz gekennzeichnet sein; man wird ihn nicht einmal Faschismus nennen; man wird ihn selbstverständlich ‚Amerikanismus' nennen." Und Luccock fuhr fort: „Die hochtrabende Phrase vom ‚American Way' wird von interessierten Gruppen, denen es um Profit geht, genutzt werden, um eine Vielzahl von Sünden gegen die amerikanische und christliche Tradition zu verbergen, Sünden wie gesetzlose Gewalt, Tränengas und Schusswaffen, die Verweigerung von Bürgerrechten." Einige Jahre später schrieb Thompson, sie fühle sich an etwas erinnert, das Huey Long selbst ihr einmal erklärt hatte: „Der amerikanische Faschismus würde nie als eine faschistische, sondern als eine 100 Prozent amerikanische Bewegung entstehen; er würde nicht die deutsche Methode der Machtübernahme kopieren, sondern bräuchte nur den richtigen Präsidenten und das richtige Kabinett." Auch Roosevelts Vizepräsident Henry Wallace äußerte eine Warnung: „Der amerikanische Faschismus wird so lange nicht wirklich gefährlich sein", schrieb er 1944 in der „New York Times", „bis es eine entschlossene Koalition gibt zwischen den Kartellisten, den vorsätzlichen Vergiftern der öffentlichen Meinung und jenen, die für eine Demagogie vom Schlage des KKK stehen."

Die braune Tradition von »America First«

Wallace' Warnung erfolgte, als die Roosevelt-Regierung viele dieser Figuren auf eine verfehlte Art wegen Aufwiegelung verfolgen ließ, darunter Winrod, Pelley, Elizabeth Dilling (von dem sogenannten Mothers' Movement) und James True (der eine Gruppe namens America First Inc. gegründet hatte und ein amerikanisches Pogrom forderte). Sie alle kreisten um das America First Committee von 1940 bis 1941. Dessen Galionsfigur war Charles Lindbergh, der gefeierte Flieger, der diesem verschwörerischen Antisemitismus zeitweilig einen Anschein von Legitimität verlieh, bis er im September 1941 in Ungnade fiel, nachdem er eine Rede gehalten hatte, die breit als antisemitisch und „unamerikanisch" verurteilt wurde. Als die Vereinigten Staaten in den Zweiten Weltkrieg eintraten, kehrte sich die Bedeutung von „America first" abrupt um: Es galt nun nicht mehr als patriotisch, sondern als aufwieglerisch und wurde zum Inbegriff für antisemitische Nazi-Sympathien.

Das hinderte Huey Longs früheren Stellvertreter Reverend Gerald L.K. Smith – der seine politische Karriere mit der Anprangerung mutmaßlich jüdischer „internationaler Bankiers" begründet hatte – nicht daran, 1944 als Präsident zu kandidieren und dabei zu versprechen, das „jüdische Problem" des Landes zu beheben. Smith' Partei nannte sich „America First".

Und im Jahr 2020 hatten wir einem America-First-Präsidenten. Wer nun argumentiert, Donald Trump ließe sich nur im Verhältnis zur modernen konservativen Bewegung in Amerika verstehen – die sich am klarsten im Rechtsschwenk unter Barry Goldwater oder in Lee Atwaters berühmter Southern Strategy zeigt[6] –, geht von einem Bruch mit der amerikanischen Politik der Zwischenkriegszeit aus, der keineswegs offenkundig ist. So wurde, um nur ein Beispiel zu nennen, Goldwater während seiner Präsidentschaftskampagne von 1964 von Unterstützern wie Kritikern mehr als nur einmal ein „America First"-Politiker genannt.

Es sind auch nicht nur Trumps Kritiker, die faschistische Tendenzen in der von seiner Administration gepflegten Rhetorik erkannten, in der Gewalt glorifiziert wurde und Rechtsstaatlichkeit, demokratische Prozesse und Bürgerrechte missachtet wurden. Vielmehr übernehmen der Ex-Präsident und seine Anhänger regelmäßig selbst Traditionen des amerikanischen Faschismus. „America First" war zwischen 1915 und 1941 ursprünglich der Lieblingsslogan von amerikanischen fremdenfeindlichen, nativistischen Bewegungen und Politikern. Das begann mit Woodrow Wilsons Loyalitätstest, bei dem eingewanderte „Bindestrich-Amerikaner" beweisen sollten, dass sie für „America first" sind. Dann wurde die Parole zum Schlachtruf, um Amerika aus dem Völkerbund herauszuhalten und es von der Ratifizierung des Versailler Vertrages abzubringen. Der spätere Präsident Warren G. Harding fuhr 1920 eine America-First-Kampagne, obwohl sich der zweite Klan da schon den Slogan angeeignet hatte, ihn bei Aufmärschen regelmäßig auf Bannern trug und ihn für Rekrutierungsanzeigen nutzte. Im Kongress wurde die Parole 1924 von Unterstützern des nativistischen und eugenischen Immigration Act benutzt. Dann nahmen die selbsternannten amerikanischen faschistischen Gruppen der 1930er den Slogan auf, darunter der German-American Bund und die giftig antisemitische America First, Inc. Zwischen 1940 und 1941 griff ihn schließlich das America First Committee auf, als Lindbergh die Amerikaner überzeugen wollte, dass „jüdische Interessen" die Vereinigten Staaten durch Manipulation zum Eintritt in einen europäischen Krieg zu bewegen versuchten.

Trump selbst hat die „nordizistische" Rhetorik der Klansmen und amerikanischen Faschisten der Zwischenkriegszeit aufgegriffen, als er sagte, er hätte lieber mehr Einwanderer aus Norwegen und weniger aus „Dreckslöchern" wie Haiti und Afrika. Er hat die „Blutlinien" von Henry Ford gepriesen, der in den 1920er Jahren eine Artikelserie unter dem Titel „Der internationale Jude. Ein Weltproblem" veröffentlichte und darin die „Protokolle der Weisen von Zion" in Amerika verbreitete. Im selben Jahrzehnt wurde der junge Fred

---

6 Der republikanische Politiker Barry Goldwater trat u.a. mit einer scharfen Ablehnung der Bürgerrechtsgesetzgebung hervor. Er begründete damit den Schwenk der Südstaaten von den Demokraten zu den Republikanern, was die Partei mit ihrer Southern Strategy festigte. Diese umwarb, wie der Reagan-Berater Lee Atwater später einräumte, weiße Wähler mit kodiertem Rassismus.

Trump (der spätere Vater von Donald) nach einer Schlägerei unter Beteiligung von Klansmen bei der Memorial-Day-Parade im New Yorker Stadtteil Queens verhaftet. Donald Trump soll in den 1990er Jahren die Reden Hitlers besessen haben. Er bestritt zwar, sie jemals gelesen zu haben – aber er ist ja auch unfähig, die Wahrheit zu sagen. Und in Reaktion auf die Tötung von George Floyd und die Black-Lives-Matter-Proteste kündigte Donald Trump an, er würde eine Kundgebung in Tulsa abhalten – nur ein Jahr bevor sich dort das schlimmste Pogrom gegen Schwarze in der US-Geschichte zum hundertsten Mal jährte. Seinerzeit wurden nicht weniger als 300 Afroamerikaner getötet und 8000 obdachlos gemacht, die schwarze Gemeinde der Stadt war danach zerstört. Trumps Kundgebung hätte obendrein am 19. Juni stattfinden sollen, dem sogenannten Juneteenth, an dem das Ende der Sklaverei in den USA und die Emanzipation der Afroamerikaner gefeiert wird. In diesen Feiern schwingen aus komplexen historischen Gründen stets auch die Vertagung der Freiheit und des Wahlrechts, die verspätet gekommene volle Staatsbürgerschaft sowie die aktive Unterdrückung der Rechte der Schwarzen mit. (Nach breiter Empörung über die klare Provokation wurde die Veranstaltung um einen Tag verschoben. Trump nahm darauf für sich in Anspruch, das Land über Juneteenth aufgeklärt zu haben.)

Trumps Gespür für weißen Rassismus

Trump befasst sich nicht mit Geschichte, aber jemand in seinem Umfeld tut es ganz offensichtlich. Zugleich bedeutet Trumps gewaltige Ignoranz nicht, dass er die rassistische und faschistische Rhetorik, die er verwendet, nicht versteht. Wir müssen Trump nicht für einen Strippenzieher halten, der einen faschistischen Coup plant, um zu erkennen, dass er nachweislich ein Gespür dafür hat, wie White Supremacism in Amerika funktioniert, und zwar ohne dass er jemals seine Gedanken darüber zu ordnen bemüht war.

So ist der Faschismus in der Praxis immer vorgegangen: Wenn er etwas war, dann opportunistisch. Der Faschismus wird, wie Paxton schreibt, durch seine „mobilisierenden Leidenschaften" beschleunigt und mehr von Gefühlen als von Gedanken angetrieben. Für Faschisten zählt nur „das historische Schicksal der Gruppe", denn „ihr ein einziger moralischer Maßstab ist die Tapferkeit von Rasse, Nation, Gemeinschaft. Legitimität beanspruchen sie nach keinem universellen Standard außer dem darwinistischen Triumph der stärksten Gemeinschaft." Die „unklaren und synthetischen Doktrinen" des Faschismus bedeuten in Verbindung mit seinem Ultra-Nationalismus und Anti-Intellektualismus, dass er nie über einen kohärenten Satz ideologischer Doktrinen verfügt. Gewalt tritt an die Stelle der Ideologie: Der faschistische Machthaber lebt die Vorstellung seiner Gefolgschaft von rechtmäßiger Dominanz ebenso aus wie deren Wut darüber, dass andere Gruppen ihre Ansprüche zurückweisen, indem sie Gleichheit befürworten.

Die heutigen faschistischen Energien in Amerika unterscheiden sich vom europäischen Faschismus der 1930er, aber das heißt nicht, dass sie nicht faschistisch wären. Es heißt nur, dass sie nicht europäisch sind und wir nicht in den 1930ern leben. Sie bündeln sich weiterhin um klassisch faschistische Tropen nostalgischer Erneuerung, um Phantasien rassischer Reinheit, um die Feier eines authentischen Volks und der Nichtigmachung anderer, um die Suche nach Sündenböcken für wirtschaftliche Instabilität oder Ungleichheit, um die Ablehnung der Legitimität politischer Gegner, um die Dämonisierung von Kritikern, um Angriffe auf die freie Presse und um die Behauptung, der Volkswille rechtfertige das gewaltsame Aufzwingen militärischer Macht. Die Überreste des Faschismus der Zwischenkriegszeit wurden hervorgeholt, zurechtgemacht und einem heutigen Zweck zugeführt. Farbige Hemden mögen sich nicht mehr verkaufen, aber farbige Kappen laufen prima.

Wie eine Montage im Zeitraffer

Als man in Zeiten der Trump-Administration über die unausgereiften faschistischen Bewegungen im Amerika der 1930er las, fühlt sich das weniger prophetisch als vorwegnehmend an. Es wirkte wie eine Montage im Zeitraffer, in der sich eine para-faschistische Ordnung langsam, über nahezu ein Jahrhundert hinweg zum Entstehen zwingt. Es ist gewiss nicht überraschend, dass in den Vereinigten Staaten unter Trump eine erkennbar faschistische Gewalt ausbrach: Sein Justizminister entsandte Truppen in die Hauptstadt, die dort wie eine Privatarmee agierten; bewaffnete paramilitärische Gruppen besetzten die Parlamentsgebäude von Bundesstaaten; Gesetze wurden verabschiedet, die bestimmten Gruppen Staatsbürgerschaft und Rechte verweigern; und das Geburtsortprinzip, das der 14. Zusatzartikel der Verfassung garantiert, wurde angegriffen. Als Trump das Wählen zu einer „Ehre" statt einem Recht erklärte und „einen Witz" darüber machte, Präsident auf Lebenszeit zu werden; als die Regierung zum ersten Mal in der Geschichte des Landes eine neue Frage zur Staatsbürgerschaft in die zehnjährliche Volkszählung aufnehmen wollte; und als landesweite Proteste in Reaktion auf rassistische Ungerechtigkeit zum Vorwand genommen wurden, um das Kriegsrecht zu erwägen – da beobachteten wir, wie sich eine amerikanische faschistische Ordnung einen Ruck gab.

Trump ist weder anormal noch originell. Ein nativistischer reaktionärer Populismus ist in Amerika nichts Neues – er hatte es bisher nur noch nie ins Weiße Haus geschafft. Letztlich zählt es wenig, ob Trump im Herzen ein Faschist ist, solange er faschistisch handelt. In „Das ist bei uns nicht möglich" bemerkt einer von Lewis' Charakteren über den Diktator: „Buzz ist nicht wichtig – wir müssen die Krankheit behandeln, wegen derer wir ihn ausgespien haben."

Nach dem Putsch ist vor dem Putsch

Trumps große Lüge und der drohende Faschismus

Von **Timothy Snyder**

A ls Donald Trump am 6. Januar 2021 vor seinen Anhängern stand und sie drängte, zum Kapitol der Vereinigten Staaten zu marschieren, tat er, was er schon immer getan hatte. Denn nie hatte er die Wahldemokratie ernst genommen, geschweige denn die Legitimität ihrer amerikanischen Ausprägung akzeptiert. Selbst als Trump 2016 die Wahl gewann, beharrte er darauf, dass sie betrügerisch gewesen sei und seine Gegnerin Hillary Clinton Millionen falscher Stimmen erhalten habe. Und 2020 verbrachte er – wohlwissend, dass er in den Umfragen hinter Joe Biden zurücklag – Monate mit der Behauptung, dass es zu Wahlfälschungen kommen werde. Damit signalisierte Trump, er werde das Ergebnis nicht akzeptieren, sollte es nicht zu seinen Gunsten ausfallen. Am Wahlabend verkündete er fälschlicherweise seinen Sieg und verschärfte seine Rhetorik dann stetig: Mit der Zeit wurde aus seinem Sieg ein historischer Erdrutsch, und die verschiedenen Verschwörungen dagegen klangen immer ausgeklügelter und unglaubwürdiger.

Viele Menschen glaubten ihm, was überhaupt nicht überraschen kann. Es erfordert einen enormen Bildungsaufwand, damit Bürger dem mächtigen Sog widerstehen, zu glauben, was sie schon immer geglaubt haben oder was ihr Umfeld glaubt oder was ihren vorherigen Entscheidungen einen Sinn verleiht. Schon Platon sah ein besonderes Risiko für Tyrannen darin, dass sie am Ende von Ja-Sagern und Einflüsterern umgeben sein würden. Aristoteles wiederum sorgte sich, dass in einer Demokratie ein vermögender und talentierter Demagoge nur allzu leicht den Geist der breiten Masse beherrschen könne. Im Bewusstsein dieser und anderer Risiken schufen die Verfasser der US-Verfassung ein System der *Checks and Balances*. Dabei ging es nicht nur darum, dass kein Teil der Regierung die anderen dominieren sollte, sondern auch darum, verschiedene Sichtweisen in den Institutionen zu verankern.

In diesem Sinn muss eine sehr große Zahl republikanischer Kongressmitglieder ebenfalls für Trumps Anstrengungen, das Wahlergebnis zu kippen, verantwortlich gemacht werden. Statt ihm von Anfang an zu widersprechen, ließen sie sein Märchen von der gestohlenen Wahl gedeihen. Sie taten dies aus verschiedenen Gründen. Einer Gruppe von Republikanern geht es vor allem darum, das System so zu bespielen, dass sie an der Macht bleiben. Dabei nutzen sie verfassungsrechtliche Unklarheiten, *Gerrymandering* und geheime Wahlkampfspenden voll aus, um mit einer Minderheit motivierter

Wähler Urnengänge für sich zu entscheiden. Sie haben kein Interesse am Zusammenbruch jener seltsamen Form der Repräsentation, die ihrer Minderheitspartei eine unverhältnismäßige Kontrolle über die Regierung gestattet. Der wichtigste unter ihnen, Mitch McConnell, ließ Trump mit seiner Lüge gewähren, ohne deren Konsequenzen zu kommentieren.

Spieler und Zerstörer – zweierlei Sorten Republikaner

Es gab jedoch auch Republikaner, die die Situation anders sahen – sie könnten tatsächlich das System zerstören und ohne Demokratie Macht ausüben. Der Riss zwischen diesen beiden Gruppen, den Spielern und den Zerstörern, trat am 30. Dezember 2020 scharf zu Tage, als Senator Josh Hawley ankündigte, er werde Trumps Anfechtung unterstützen und am 6. Januar 2021 die Gültigkeit der abgegebenen Stimmen infrage stellen. Ted Cruz versprach dann seinerseits Unterstützung, worauf sich ihm etwa zehn weitere Senatoren anschlossen. Mehr als einhundert republikanische Mitglieder des Repräsentantenhauses nahmen dieselbe Haltung ein. Vielen erschien das bloß als Show: Die Anfechtung der Wahlmännerstimmen würde zu Verzögerungen und Abstimmungen führen, aber nichts am Ergebnis ändern.

Doch der Kongress zahlte einen Preis dafür, dass er seine grundlegenden Aufgaben verleumdete. Eine gewählte Institution, die sich gegen Wahlen stellt, lädt zu ihrem eigenen Umsturz ein. Jene Kongressmitglieder, die Trumps Lüge trotz verfügbarer und unzweideutiger Beweise stützten, verrieten ihren verfassungsmäßigen Auftrag. Indem sie seine Märchen zur Grundlage ihres Handelns im Kongress machten, hauchten sie ihnen Leben ein. Nun konnte Trump verlangen, dass sich die Senatoren und Mitglieder des Repräsentantenhauses seinem Willen beugen. Er konnte Mike Pence, der für das formale Verfahren zuständig war, die persönliche Verantwortung auferlegen, dieses Verfahren zu pervertieren. Und am 6. Januar lenkte er seine Anhänger zum Kapitol, damit sie Druck auf diese gewählten Vertreter ausübten, was sie dann auch taten: Sie stürmten das Gebäude, suchten Menschen, die sie bestrafen konnten und plünderten die Räume.

Natürlich ergab das in gewisser Hinsicht Sinn: Wenn die Wahl wirklich gestohlen worden war, wie selbst Senatoren und Mitglieder des Repräsentantenhauses behaupteten, wie konnte man es dem Kongress dann erlauben, weiterzumachen? Für einige Republikaner muss die Invasion des Kapitols ein Schock oder gar eine Lehre gewesen sein. Den Zerstörern jedoch mag sie einen Vorgeschmack auf die Zukunft geboten haben: Nachdem die Sitzung wiederaufgenommen worden war, stimmten acht Senatoren und mehr als einhundert Mitglieder des Repräsentantenhauses für jene Lüge, aufgrund derer sie zuvor aus ihren Räumen fliehen mussten.

Post-truth, ein Zustand jenseits der Wahrheit, ist Prä-Faschismus, und Trump war unser Post-truth-Präsident. Wenn wir die Wahrheit aufgeben, überlassen wir die Macht jenen, die über genügend Reichtum und Charisma verfügen, um das Spektakel an ihre Stelle zu setzen. Ohne eine Übereinkunft über einige grundlegende Tatsachen können die Bürger nicht jene Zivilgesellschaft bilden, die es ihnen gestatten würde, sich zu verteidigen. Wenn wir die Institutionen verlieren, die uns mit relevanten Tatsachen versorgen, dann neigen wir dazu, in verlockenden Abstraktionen und Märchen zu schwelgen. Die Wahrheit zu verteidigen, ist besonders schwer, wenn sie kaum vorhanden ist, und die Trump-Ära – wie jene von Wladimir Putin in Russland – war geprägt vom Niedergang der Lokalnachrichten. Die sozialen Medien bieten dafür keinen Ersatz: Sie überladen die geistigen Gewohnheiten, mit denen wir emotionale Stimulation und Trost suchen, wodurch der Unterschied zwischen dem, was sich wahr anfühlt und dem, was tatsächlich wahr ist, verloren geht.

Jenseits der Wahrheit wartet das Mythenregime

Post-truth höhlt den Rechtsstaat aus und beschwört ein Mythenregime herauf. In den vergangenen Jahren haben Wissenschaftler darüber diskutiert, ob es legitim und nutzbringend ist, mit Blick auf die Trumpsche Propaganda den Faschismus ins Feld zu führen. Eine bequeme Position bestand darin, all diese Bemühungen als direkten Vergleich abzustempeln und diesen Vergleich dann zum Tabu zu erklären. Produktiver ist demgegenüber die Herangehensweise des Philosophen Jason Stanley: Er behandelt den Faschismus als ein Phänomen, als eine Reihe von Mustern, die sich nicht nur im Europa der Zwischenkriegszeit beobachten lassen, sondern auch darüber hinaus.

Meiner Auffassung nach erlaubt uns eine genauere Kenntnis der – faschistischen oder anders gearteten – Vergangenheit, Elemente der Gegenwart zu bemerken und konzeptionell zu fassen, die wir ansonsten übersehen würden und in breiterem Rahmen über künftige Möglichkeiten nachzudenken. Mir war im Oktober 2020 klar, dass Trumps Verhalten einen Putsch verhieß, und ich schrieb damals darüber, denn die Gegenwart wiederholt zwar nicht die Vergangenheit, aber die Vergangenheit erhellt die Gegenwart.

Gleich den historischen faschistischen Anführern präsentiert sich Trump als einzige Quelle der Wahrheit. Seine Verwendung des Begriffs „fake news" ist ein Echo der Nazi-Verleumdung „Lügenpresse"; wie die Nazis bezeichnete er Reporter als „Volksfeinde". Wie Adolf Hitler kam er zu einer Zeit an die Macht, als die konventionelle Presse einen schweren Schlag einstecken musste: Die Finanzkrise von 2008 traf die amerikanischen Tageszeitungen so wie die Große Depression seinerzeit die deutschen. Die Nazis dachten, mit dem Radio den alten Pluralismus der Tageszeitungen ersetzen zu können; Trump versuchte dasselbe mit Twitter.

Dank technologischer Kapazitäten und persönlichem Talent log Donald Trump in einem Tempo, das wohl von keinem anderen Anführer in der Geschichte übertroffen wird. Größtenteils handelte es sich dabei um kleine Lügen, deren Haupteffekt kumulativ war: Sie alle zu glauben, hieß, die Autorität eines einzigen Mannes zu akzeptieren, denn sie alle zu glauben, hieß, alles andere nicht zu glauben. Sobald diese persönliche Autorität einmal etabliert war, konnte der 45. US-Präsident alle anderen wie Lügner behandeln. Er verfügte sogar über die Macht, jemanden mit einem einzigen Tweet von einem zuverlässigen Berater in einen unehrlichen Halunken zu verwandeln. Doch solange er keine wirklich große Lüge durchsetzen konnte – eine Fiktion, die eine alternative Realität schafft, in der Menschen leben und sterben können –, blieb sein Prä-Faschismus hinter der Sache selbst zurück.

Trumps Verschwörungstheorie

Einige seiner Lügen waren freilich von mittlerer Größe: dass er ein erfolgreicher Unternehmer sei; dass Russland ihn 2016 nicht unterstützt habe; dass Barack Obama in Kenia geboren sei. Solche mittelgroßen Lügen waren die übliche Vorgehensweise aufstrebender Autoritärer im 21. Jahrhundert. In Polen schuf die Rechtspartei einen Märtyrerkult, der die politische Konkurrenz für einen Flugzeugabsturz verantwortlich macht, bei dem der Staatspräsident ums Leben kam. Ungarns Viktor Orbán lädt die Schuld für die Probleme seines Landes bei einer verschwindend kleinen Zahl muslimischer Flüchtlinge ab. Aber solche Behauptungen sind keine wirklich großen Lügen. Sie strecken sich, zerreißen aber nicht das, was Hannah Arendt den Zusammenhang der Tatsachen nennt.

Eine große Lüge der Geschichte, die Arendt diskutiert, ist Josef Stalins Erklärung für den Hungertod in der sowjetischen Ukraine 1932/33. Der Staat hatte die Landwirtschaft kollektiviert und dann eine Reihe von Strafmaßnahmen über die Ukraine verhängt, die dafür sorgten, dass Millionen Menschen starben. Doch die offizielle Linie besagte, dass es sich bei den Verhungernden um Provokateure handle, um Agenten westlicher Mächte, die den Sozialismus so sehr hassten, dass sie sich selbst töteten. Eine noch größere Fiktion ist Arendt zufolge der Hitlersche Antisemitismus: die Behauptungen, dass Juden die Welt beherrschten, dass sie für Ideen verantwortlich seien, mit denen die Köpfe der Deutschen vergiftet würden und dass sie Deutschland im Ersten Weltkrieg in den Rücken gestochen hätten. Interessanterweise dachte Arendt, dass große Lügen nur bei einsamen Geistern funktionieren würden und ihre Kohärenz ein Ersatz für Erfahrungen und die Gesellschaft anderer Menschen sei.

Im November 2020 erreichte Trump über soziale Medien Millionen einsamer Geister und erzählte ihnen eine Lüge, die gefährlich ambitioniert war: Er habe eine Wahl gewonnen, die er tatsächlich verloren hatte. Diese Lüge war in allen relevanten Punkten groß: nicht so groß wie „Juden beherrschen die Welt", aber groß genug. Denn die Bedeutung dieser Angelegenheit war groß: das Recht, das mächtigste Land der Welt zu regieren sowie die Wirksamkeit und Vertrauenswürdigkeit seiner Machtübergabeverfahren. Zudem war das Ausmaß an Verlogenheit enorm: Die Behauptung war nicht nur falsch, sondern erfolgte auch in böser Absicht und stützte sich auf unzuverlässige Quellen. Sie forderte nicht nur die Tatsachen, sondern auch die Logik heraus: Wie konnte (und warum sollte) eine Wahl denn bloß zuungunsten eines republikanischen Präsidenten, aber nicht zuungunsten republikanischer Senatoren und Mitglieder des Repräsentantenhauses gezinkt worden sein? Trump musste, absurderweise, von einer „gezinkten (Präsidenten-)Wahl" sprechen.

Die Macht einer großen Lüge liegt in ihrer Forderung, viele weitere Dinge zu glauben oder zu bezweifeln. Um zu akzeptieren, dass die Präsidentschaftswahl von 2020 gestohlen wurde, muss man nicht nur Journalisten und Experten misstrauen, sondern auch lokalen und bundesstaatlichen Regierungsinstitutionen sowie denen auf Bundesebene, von Wahlhelfern über Mandatsträger und die Homeland Security bis hinauf zum Obersten Gerichtshof. Das führt notwendigerweise zu einer Verschwörungstheorie: Stellen Sie sich nur vor, wie viele Leute an einem solchen Plan beteiligt gewesen sein müssten und wie viele Leute an seiner Vertuschung mitgewirkt hätten.

Eine Erbsünde der amerikanischen Geschichte

Trumps Wahlmärchen schwebt jenseits der verifizierbaren Realität. Es wird weniger von Fakten getragen als von der Behauptung, dass jemand anderes irgendetwas behauptet habe. Es geht um die Empfindung, dass etwas falsch sein muss, weil es sich für mich falsch anfühlt und ich weiß, dass es anderen genauso geht. Als Politiker wie Ted Cruz oder Jim Jordan sich entsprechend äußerten, meinten sie Folgendes: Weil ihr meine Lügen glaubt, bin ich gezwungen, sie zu wiederholen. Die sozialen Medien bieten unendlich viel an angeblichen Beweisen für jedwede Überzeugung, vor allem für eine, die scheinbar von einem Präsidenten vertreten wird.

Oberflächlich gesehen, lässt eine Verschwörungstheorie ein Opfer stark erscheinen: Sie zeigt Trump als jemanden, der sich den Demokraten, den Republikanern, dem tiefen Staat, den Pädophilen und den Satanisten widersetzt. Genauer betrachtet, verkehrt sie jedoch die Position des Starken und des Schwachen. Bei angeblichen „Unregelmäßigkeiten" und „umkämpften Staaten" fokussiert Trump letztlich auf Städte, in denen Schwarze leben und wählen. Im Grunde handelt dieses Betrugsmärchen von einem Verbrechen, das Schwarze an Weißen begangen hätten. Aber dieser Wahlbetrug von Afroamerikanern an Donald Trump hat nicht nur niemals stattgefunden, sondern er ist das genaue Gegenteil dessen, was 2020 und bei jeder amerikanischen Wahl passiert ist: Wie immer mussten Schwarze länger warten, um ihre Stimme abgeben zu können und erlebten häufiger, dass ihr Votum angefochten wurde. Sie litten und starben öfter an Covid-19 und bekamen auf der Arbeit weniger leicht frei (die Wahl fiel auf einen Werktag). Der historische Schutz ihres Wahlrechts wurde ihnen 2013 durch das Urteil des Obersten Gerichtshofs im Fall *Shelby County v. Holder* entzogen und einige Bundesstaaten haben Maßnahmen verabschiedet, die die Wahlbeteiligung von Armen und People of Color in historischem Ausmaß verringerten.

Die Behauptung, Trump wäre durch Betrug um seinen Sieg gebracht worden, ist nicht nur deshalb eine große Lüge, weil sie die Logik übel zurichtet, die Gegenwart falsch beschreibt und den Glauben an eine Verschwörung verlangt. Sondern sie ist ganz grundlegend deshalb eine große Lüge, weil sie das moralische Feld amerikanischer Politik und die Grundstruktur amerikanischer Geschichte umdreht. Als Senator Ted Cruz ankündigte, er werde die Abstimmung des Wahlmännerkollegs anfechten, führte er den Kompromiss von 1877 an, der den Streit um die Präsidentschaftswahl von 1876 auflöste. Kommentatoren wiesen jedoch darauf hin, dies sei kein relevanter Präzedenzfall, da es seinerzeit wirklich schwere Unregelmäßigkeiten und ein Patt im Kongress gegeben hatte. Für Afroamerikaner jedoch verwies diese scheinbar unbegründete Bezugnahme auf etwas anderes. Denn der Kompromiss von 1877 – der Rutherford B. Hayes die Präsidentschaft überließ, sofern er Bundestruppen aus den Südstaaten abzog – war genau jenes Arrangement, mit dem Afroamerikaner für ein knappes Jahrhundert von den Wahlurnen ferngehalten wurden. Er bedeutete effektiv das Ende der *Reconstruction* nach dem Bürgerkrieg sowie den Beginn von Segregation, legaler Diskriminierung und Jim-Crow-Gesetzen. Er ist die Erbsünde der amerikanischen Geschichte in der Zeit nach der Sklaverei, unsere bislang engste leichte Berührung mit dem Faschismus.

So weit entfernt diese Bezugnahme gewirkt haben mag, als Ted Cruz und zehn seiner Senatskollegen am 2. Januar 2021 ihre Erklärung abgaben, so nahe erschien sie vier Tage später, als die Flagge der Konföderierten im Kapitol zur Schau getragen wurde.

Die Spaltung der Republikaner: Das System ausnutzen oder es zerstören?

Selbstverständlich hat sich seit 1877 etwas verändert. Damals waren es die Republikaner, oder viele von ihnen, die die Gleichheit von Weiß und Schwarz unterstützten, während die Demokraten, die Partei des Südens, die Apartheid wollten. Die Demokraten nannten damals die Stimmen der Afroamerikaner betrügerisch, während die Republikaner sie gezählt wissen wollten. Das hat sich nun umgekehrt: Im vergangenen halben Jahrhundert seit dem Civil Rights Act von 1964 sind die Republikaner zu einer überwiegend weißen Partei geworden, die – wie Trump offen erklärt hat – die Zahl der Wähler, und vor allem die Zahl schwarzer Wähler, so niedrig wie möglich halten will. Doch bei alldem ist der rote Faden gleich geblieben. Mit Blick auf die *white supremacists* unter den Menschen, die das Kapitol stürmten, konnte man leicht dem Gefühl nachgeben, dass etwas Reines geschändet worden sei. Es wäre jedoch besser, diese Episode als Teil einer langen amerikanischen Auseinandersetzung zu betrachten, bei der es darum geht, wer eine Repräsentation verdient hat.

Die heutigen Demokraten sind zu einer Koalition geworden, die bei weiblichen und nicht-weißen Wählern besser abschneidet als die Republikaner und ihre Stimmen sowohl von Gewerkschaftern als auch von Menschen mit College-Abschluss erhält. Dennoch stimmt es nicht ganz, dass dieser Koalition eine monolithische republikanische Partei gegenüberstünde. Derzeit sind die Republikaner eine Koalition aus jenen, die das System bespielen (die meisten Politiker, einige Wähler) und jenen, die von seiner Zerstörung träumen (ein paar Politiker, viele Wähler). Im Januar 2021 zeigte sich das deutlich an den Differenzen zwischen jenen Republikanern, die das bestehende System verteidigten, weil es sie begünstigt und jenen, die es umzukippen versuchten. In den vier Jahrzehnten seit der Wahl von Ronald Reagan haben die Republikaner die Spannung zwischen Spielern und Zerstörern überwunden, indem sie in Opposition zur Regierung regierten oder Wahlen eine Revolution nannten (wie die Tea Party) oder behaupteten, sich gegen die Eliten zu stellen. In diesem Arrangement decken die Zerstörer die Spieler, indem sie eine Ideologie propagieren, die von der grundlegenden Realität ablenkt, dass der Staat unter den Republikanern nicht schlanker geworden ist, sondern nur eingesetzt wird, um einer Handvoll Interessen zu dienen.

Trumps strategische Schwäche

Zunächst erschien Trump wie eine Bedrohung dieser Balance. Seine mangelnde politische Erfahrung und sein offener Rassismus machten ihn für die Partei zu einer sehr unbequemen Figur; seine Angewohnheit, ständig zu lügen, galt bei prominenten Republikanern anfangs als ungehobelt. Doch nachdem er die Präsidentenwahl gewonnen hatte, schienen seine besonderen Fähigkeiten als Zerstörer den Spielern eine gewaltige Gelegenheit zu verschaffen. Angeführt vom obersten Spieler McConnell sicherten sie sich hunderte Bundesrichter und Steuersenkungen für die Reichen.

Im Unterschied zu anderen Zerstörern schien Trump über keine Ideologie zu verfügen. Seine Ablehnung der Institutionen basierte darauf, dass sie ihn persönlich einschränken könnten. Er wollte das System zerstören, um sich selbst Vorteile zu verschaffen – und teilweise ist er genau deswegen gescheitert. Trump ist ein charismatischer Politiker und weckt nicht nur bei Wählern Ergebenheit, sondern auch bei einer überraschenden Zahl von Abgeordneten, aber er hat keine Vision, die über ihn hinausweist oder dem entspricht, was seine Bewunderer auf ihn projizieren. In dieser Hinsicht blieb sein Prä-Faschismus hinter dem Faschismus zurück: Seine Vision reichte nie weiter als bis zum Spiegel. Er gelangte nicht aufgrund irgendeiner Weltsicht zu einer wahrhaft großen Lüge, sondern aufgrund des Umstandes, dass er etwas verlieren könnte.

Trump bereitete jedoch nie einen Entscheidungsschlag vor. Ihm fehlte die Unterstützung des Militärs, dessen Führer er teilweise von sich entfremdet hatte. (Kein wahrer Faschist hätte den Fehler begangen, offen ausländische Diktatoren zu mögen. Seine Unterstützer, die den Feind im Inneren sehen, mag das nicht kümmern, aber jene, die geschworen haben, Schutz gegen auswärtige Feinde zu bieten, kümmerte es sehr wohl.) Trumps Geheimpolizei, jene Männer, die in Portland Demonstranten entführten, war gewalttätig, aber auch klein und lächerlich. Die sozialen Medien erwiesen sich als stumpfe Waffe: Trump konnte seine Absichten auf Twitter verkünden, und die white supremacists konnten ihre Invasion des Kapitols auf Facebook oder

Gab planen. Aber bei all seinen Rechtsstreits und seinem Flehen und seinen Bedrohungen von Regierungsbeamten gelang es Trump nicht, eine Lage zu schaffen, in der die richtigen Leute das Falsche taten. Er konnte einige Wähler glauben machen, er habe die Wahl von 2020 gewonnen, aber er war unfähig, die Institutionen bei dieser großen Lüge mitzunehmen. Trump konnte seine Unterstützer nach Washington bringen und sie zum Randalieren ins Kapitol schicken, aber niemand schien eine sehr klare Vorstellung davon zu haben, wie das ausgehen sollte oder was ihre Anwesenheit erreichen könnte. Es fällt einem kaum ein anderer vergleichbarer aufständischer Moment ein, bei dem ein sehr wichtiges Gebäude besetzt wurde und die Leute so viel umherliefen.

Die Langlebigkeit der großen Lüge

Die Lüge überdauert den Lügner. Die Vorstellung, Deutschland habe 1918 den Ersten Weltkrieg aufgrund eines jüdischen „Dolchstoßes" verloren, war fünfzehn Jahre alt, als Hitler an die Macht kam. Wie wird Trumps Opfermythos fünfzehn Jahre nach dem 6. Januar 2021 im amerikanischen Leben wirken? Und zu wessen Nutzen?

Am 7. Januar rief Trump zu einer friedlichen Machtübergabe auf und räumte damit implizit ein, dass sein Putsch gescheitert war. Selbst dabei allerdings wiederholte er sein Wahlmärchen und machte es sogar noch größer: Es war nun eine heilige Sache, für die sich Menschen geopfert hatten. Trumps eingebildeter Dolchstoß wird weiterleben, vor allem dank der Unterstützung von Kongressabgeordneten. Im November und Dezember 2020 wiederholten die Republikaner diese Legende und verliehen ihr ein Leben, die sie sonst nicht gehabt hätte. Rückblickend scheint es so, als ob der letzte wacklige Kompromiss zwischen Spielern und Zerstörern in der Vorstellung bestand, Trump solle jede Chance für den Beweis bekommen, dass ihm Unrecht widerfahren war. In den Augen der Trump-Anhänger unterstützte diese Position implizit die große Lüge, der sie ohnehin zu glauben geneigt waren. Dadurch wurde Trump nicht zurückgehalten, und seine große Lüge wurde nur noch größer. Die Zerstörer und die Spieler sahen dann eine andere Welt heraufziehen, in der die große Lüge entweder ein Schatz war, den man besitzen sollte oder eine Gefahr, die man vermeiden musste. Die Zerstörer hatten keine andere Wahl, als schnell als erste zu behaupten, sie würden sie glauben. Weil die Zerstörer Josh Hawley und Ted Cruz um den Zugriff auf Schwefel und Galle konkurrieren müssen, sahen sich die Spieler gezwungen, ihr Blatt offenzulenken, und die Spaltung innerhalb der republikanischen Koalition wurde am 6. Januar sichtbar. Die Invasion des Kapitols verstärkte diese Spaltung nur noch. Sicher, ein paar Senatoren zogen ihre Einwände zurück, aber Cruz und Hawley schritten ungerührt voran, gemeinsam mit sechs anderen Senatoren. Mehr als einhundert Mitglieder des Repräsentantenhauses verdoppelten den Einsatz auf die große Lüge. Einige wie Matt Gaetz schmückten sie gar noch weiter aus, etwa mit der Behauptung, nicht Trumps Unterstützer hätten den Mob angeführt, sondern seine Gegner.

Wer die große Lüge erzählt, von dem ergreift sie Besitz, wie auch Cruz und Hawley noch lernen dürften. Bloß weil man seine Seele verkauft hat, heißt das noch nicht, dass man auch hart verhandelt hätte. Hawley schreckt vor keinem Ausmaß an Heuchelei zurück; als Sohn eines Bankers, der in Stanford und der Yale Law School ausgebildet wurde, prangert er Eliten an. Das Prinzip, von dem man dachte, Cruz hätte es, galt den Rechten der Bundesstaaten – die Trumps Aktionsaufruf schamlos missachtete. Eine von Cruz veröffentlichte gemeinsame Erklärung der Senatoren zu ihrer Wahlanfechtung fing den Post-truth-Aspekt des ganzen schön ein: Sie behaupten dort nie, dass es Wahlbetrug gegeben habe, sondern sprechen nur von Behauptungen über Wahlbetrug. Behauptungen über Behauptungen, Behauptungen bis ganz nach unten.

Glaube statt Fakten

Die große Lüge erfordert Hingabe. Wenn republikanische Spieler davon nicht genug zeigen, werden sie von republikanischen Zerstörern „RINOs" genannt: *Republicans in name only*, Republikaner nur dem Namen nach. Dieser Begriff unterstellte einst einen Mangel an ideologischer Verpflichtung. Heute bezeichnet er die fehlende Bereitschaft, ein Wahlergebnis zu kippen. Die Spieler wiederum schließen die Reihen um die Verfassung und sprechen von Prinzipien und Traditionen. Die Zerstörer müssten alle wissen (ausgenommen vielleicht Tommy Tuberville, der Senator aus Alabama), dass sie an einem Schwindel mitwirken, aber sie haben ein Publikum von mehreren zehn Millionen, die das nicht wissen.

Wenn Trump im amerikanischen politischen Leben präsent bleibt, wird er seine große Lüge sicher ununterbrochen wiederholen. Hawley, Cruz und die anderen Zerstörer tragen Verantwortung für das, was daraus folgt. Wenn man behauptet, die andere Seite habe betrogen und die eigenen Anhänger glauben einem, dann werden sie erwarten, dass man auch betrügt. Indem sie am 6. Januar Trumps große Lüge verteidigten, schufen sie einen Präzedenzfall: Ein republikanischer Präsidentschaftskandidat, der eine Wahl verliert, sollte vom Kongress dennoch ernannt werden. Künftig werden Republikaner, zumindest die Zerstörer-Präsidentschaftskandidaten, vermutlich einen Plan A haben – zu gewinnen und zu gewinnen – und einen Plan B – zu verlieren und zu gewinnen. Dafür braucht es keinen Betrug, nur Behauptungen, dass es Behauptungen über Betrug gibt. Die Wahrheit muss durch das Spektakel und Fakten durch Glaube ersetzt werden.

Wie andere gescheiterte Putschversuche dient auch Trumps Putschversuch von 2020/21 als Warnung für alle, denen am Rechtsstaat liegt, und als Lektion für alle, die das nicht tun. Sein Prä-Faschismus enthüllte eine Möglichkeit für die amerikanische Politik. Damit ein Putsch 2024 funktioniert, brauchen die Zerstörer etwas, über das Trump nie wirklich verfügte: eine wütende Minderheit, die sich zu landesweiter Gewalt organisiert und bereit ist, bei einer Wahl Einschüchterungen auszuüben. Wer behauptet, die andere

Seite habe eine Wahl gestohlen, verspricht, selbst eine zu stehlen. Er behauptet auch, die andere Seite verdiene Bestrafung.

Die drohende rechte Gewalt

Informierte Beobachter innerhalb und außerhalb der Regierung stimmen darin überein, dass der white supremacism die größte terroristische Bedrohung für die Vereinigten Staaten darstellt. Die Waffenverkäufe erreichten 2020 einen erstaunlichen Höchststand. Politische Gewalt, das zeigt die Geschichte, folgt stets, wenn prominente Politiker großer politischer Parteien sich offen Paranoia zu eigen machen. Unsere große Lüge ist typisch amerikanisch, verpackt in unser schräges Wahlsystem, abhängig von unseren speziellen Traditionen des Rassismus. Doch unsere große Lüge ist auch strukturell faschistisch, mit ihrer extremen Verlogenheit, ihrem Verschwörungsdenken, ihrer Umkehrung von Tätern und Opfern und ihrer Implikation, dass die Welt in „wir" und „sie" geteilt wäre. Sie Jahre lang aufrechtzuerhalten, beschwört Terrorismus und Mord herauf.

Wenn diese Gewalt ausbricht, werden die Zerstörer reagieren müssen. Begrüßen sie die Gewalt, werden sie zur faschistischen Fraktion. Die Republikanische Partei wird sich spalten – zumindest zeitweilig. Denn man kann sich natürlich eine düstere Wiedervereinigung vorstellen: Ein Zerstörer-Kandidat Trump verliert im November 2024 knapp die Präsidentschaftswahl und beklagt Betrug, die Republikaner gewinnen aber beide Parlamentskammern und auf der Straße fordern Randalierer, die vier Jahre mit der großen Lüge gefüttert wurden, ein, was sie für Gerechtigkeit halten. Wenn das die Umstände am 6. Januar 2025 wären, würden die Spieler dann prinzipienfest bleiben?

Gewiss, der gegenwärtige Moment bietet auch eine Chance. Es ist möglich, dass eine gespaltene republikanische Partei der amerikanischen Demokratie bessere Dienste leistet; dass die Spieler, sobald sie von den Zerstörern getrennt sind, zusehends wieder versuchen, Wahlen mit Politik zu gewinnen. Für Politiker, die ein Ende des Trumpismus wollen, gibt es einen einfachen Weg: Erzählt die Wahrheit über die Wahl. Amerika wird die große Lüge nicht deshalb überleben, weil diese von der Macht getrennt ist. Vielmehr bedarf es einer sorgfältigen Re-Pluralisierung der Medien und einer Verpflichtung auf Fakten als einem öffentlichen Gut.

Der Rassismus, der jeden Aspekt des Putschversuchs strukturiert, ist ein Aufruf, unsere Geschichte zu beachten. Ernsthafte Aufmerksamkeit für die Vergangenheit lässt uns Risiken leichter sehen, weist aber auch auf künftige Möglichkeiten hin. Wir können keine demokratische Republik sein, wenn wir kleine oder große Lügen über Rassismus erzählen. In einer Demokratie geht es nicht darum, die Wahlbeteiligung zu minimieren oder das Ergebnis zu ignorieren. Es geht nicht darum, das System zu bespielen oder zu zerstören, sondern darum, die Gleichheit der Anderen zu akzeptieren, ihre Stimmen zu beachten und ihr Votum zu zählen.

Der amerikanische Albtraum

Von **Ibram X. Kendi**

E s geschah drei Monate vor dem Lynchmord an Isadora Moreley in Selma, Alabama, und zwei Monate vor dem Lynchmord an Sidney Randolph nahe Rockville, Maryland: Am 19. Mai 1896 reservierte die „New York Times" einen einzigen Satz auf Seite drei, um über die Entscheidung des US Supreme Court im Fall Plessy vs. Ferguson zu berichten.[1] Die Verrechtlichung von *Jim Crow* war 1896 kaum eine Nachricht wert. Die Amerikaner wussten bereits, dass die gleichen Rechte für alle gelyncht worden waren. Der Fall Plessy war bloß ihr stilles Begräbnis.

Deutlich größere Schockwellen rief im selben Jahr ein anderer Text hervor, der von der führenden sozialwissenschaftlichen Organisation des Landes veröffentlicht wurde, der American Economic Association, und laut der Historikerin Evelynn Hammonds „eines der einflussreichsten sozialwissenschaftlichen Dokumente um die Wende zum 20. Jahrhundert"[2] ist: „Nichts zeigt diese Untersuchung klarer, als dass der Schwarze in den Südstaaten zur Zeit der Emanzipation [der vormaligen Sklaven, Anm. d. Red.] körperlich gesund und heiteren Wesens war", schrieb Frederick Hoffman in „Race Traits and Tendencies of the American Negro". „Wie aber sind die Zustände dreißig Jahre danach?", fragte Hoffman und schloss aus der „deutlichen Sprache der Tatsachen", dass schwarze Amerikaner in der Sklaverei besser dran waren. Sie befänden sich nun „im Abstieg", schrieb er, und steuerten auf die „allmähliche Auslöschung" zu.[3] Hoffmans Buch verschaffte zwei neu aufkommenden Feldern Legitimation, die heute bei schwarzen Leben zusammenfinden: öffentliche Gesundheit und Kriminologie. Hoffman wusste, sein Werk war „die schwerste Verurteilung von moderaten Versuchen der überlegenen Rassen, die minderen Rassen auf ihre erhöhte Stellung zu erheben." Er verwarf diese Form des Assimilierungs-Rassismus zugunsten seines Segregations-Rassismus. Die Daten „sprechen für sich", schrieb er in seinem Buch. Weiße Amerikaner seien von der Natur bestimmt für Gesundheit, Leben und Entwicklung. Schwarze Amerikaner hingegen seien von der Natur bestimmt für Krankheit, Tod und Auslöschung. „Die allmähliche Auslöschung", schloss Hoffman sein Buch, „ist nur eine Frage der Zeit."

1   In diesem Grundsatzurteil entschied der Oberste Gerichtshof, dass ein Gesetz des Bundesstaates Louisiana, das getrennte Bahnabteile für Weiße und Schwarze vorsah, verfassungsgemäß sei und ebnete damit der Segregationspolitik den Weg. Kritiker sprachen von „Jim-Crow-Gesetzen", nach einer gleichnamigen, rassistisch dargestellten Figur in populären Theaterstücken. – D. Red.
2   Interview with Evelynn Hammonds, www.pbs.org, 2003.
3   Frederick Hoffman, Race Traits and Tendencies of the American Negro, New York 1896.

Lasst sie sterben, schien Hoffman damit zu sagen. Dieser Gedanke hat sein historisches Echo gefunden, bis hin zu unserem tödlichen Moment der Geschichte, als Polizisten in Minneapolis George Floyd sterben ließen.

Seite über Seite füllte Hoffman in „Race Traits" mit statistischen Graphiken, was ihm zu nationaler und internationaler Prominenz als „Dekan" der amerikanischen Statistiker verhalf. Zu seiner Zeit erlangte Hoffman „Größe", urteilt sein Biograph: „Seine Karriere illustriert die Erfüllung des ‚Amerikanischen Traums'."[4] Tatsächlich illustriert seine Karriere die Erfüllung des amerikanischen Albtraums – ein Albtraum, der 124 Jahre später immer noch durchlebt wird, von Minneapolis bis nach Louisville, vom New Yorker Central Park bis zur ungenannten Zahl schwarzer Corona-Patienten in Krankenhäusern, den Schlangen der Arbeitslosen und Gräbern. „Wir sehen keinen Amerikanischen Traum", sagte Malcolm X 1964. „Wir kennen nur den amerikanischen Albtraum."[5]

Blick in den Spiegel der eigenen Auslöschung

Ein Albtraum ist im Grunde eine Horrorgeschichte über Gefahr, aber er geht nicht gänzlich darin auf. Schwarze Menschen erleben Freude, Liebe, Frieden und Sicherheit. Aber wie in jeder Horrorgeschichte haben diese unauslöschlichen Momente voller Mühsal, Schrecken und Trauma die Gefahr zu etwas Wesentlichem für die Erfahrung der Schwarzen im rassistischen Amerika gemacht. Was ein schwarzer Amerikaner erfährt, erfahren viele schwarze Amerikaner. Schwarze Amerikaner versetzen sich ständig in die Mühsal, den Schrecken und das Trauma anderer schwarzer Amerikaner. Schwarze Amerikaner versetzen sich ständig in die Seelen der Toten. Denn sie wissen: Das könnten sie gewesen sein, das *sind* sie. Denn sie wissen, dass es gefährlich ist, Schwarz in Amerika zu sein, weil rassistische Amerikaner Schwarze für gefährlich halten. Schwarz zu sein und sich des anti-schwarzen Rassismus bewusst zu sein, heißt, in den Spiegel seiner eigenen Auslöschung zu blicken. Fragen Sie die Seelen der 10 000 schwarzen Opfer von Covid-19, die noch am Leben sein könnten, wenn sie weiß gewesen wären. Fragen Sie die Seelen jener, denen man erzählte, die Pandemie sei der „große Gleichmacher". Fragen Sie die Seelen jener, die man zwang, zwischen ihren Niedriglohnjobs und ihrem geschätzten Leben zu wählen. Fragen Sie die Seelen jener, die man für ihren eigenen Tod verantwortlich macht.[6] Fragen Sie die Seelen jener, die überproportional oft ihre Jobs verloren und dann ihr Leben, während andere sich überproportional oft empörten, sie würden ihre Freiheit verlieren, uns alle anzustecken.[7] Fragen Sie die Seelen jener, die von

---

4   F. J. Sypher, Frederick L. Hoffman. His Life and Works, Philadelphia 2002.
5   Malcolm X, „The Ballot or the Bullet", Rede in der King Solomon Baptist Church, Detroit, 12.4.1964, www.americanradioworks.publicradio.org.
6   Ibram X. Kendi, Stop Blaming Black People for Dying of the Coronavirus, www.theatlantic.com, 14.4.2020.
7   Ibram X. Kendi, We're Still Living and Dying in the Slaveholders' Republic, www.theatlantic.com, 4.5.2020.

den Gouverneuren ignoriert wurden, als diese in ihren Bundesstaaten die Beschränkungen aufhoben.[8] Der amerikanische Albtraum hat alles und nichts mit der Pandemie zu tun. Fragen Sie die Seelen von Breonna Taylor, Ahmaud Arbery und George Floyd. *Versetzen Sie sich in ihre Seelen.*

Polizisten stürmten ohne anzuklopfen in Ihre Wohnung in Louisville und erschossen Sie, aber Ihr schwarzer Freund wurde sofort angeklagt und nicht die Beamten, die Sie erschossen hatten. Drei weiße Männer jagten Sie, drängten Sie in die Ecke und töteten Sie auf einer Straße in Georgia, aber es brauchte ein Handyvideo und einen landesweiten Aufschrei, damit sie letztlich angeklagt wurden. In Minneapolis hatten Sie niemandem etwas getan, aber als die Polizei kam, fanden Sie sich auf dem Asphalt wieder, hatten ein Knie in Ihrem Nacken und schrien: „Ich kann nicht atmen."

Die Geschichte hat Sie ignoriert. Hoffman hat Sie ignoriert. Das rassistische Amerika hat Sie ignoriert. Der Staat wollte nicht, dass Sie atmen. Aber Ihre Lieben haben Sie nicht ignoriert. Sie haben Ihren Albtraum nicht ignoriert. Sie teilen denselben Albtraum. Wütend gingen sie auf die Straße und versammelten sich friedlich. Einige rebellierten gewaltsam, verbrannten und stahlen Eigentum, das der Staat anstelle Ihres Lebens schützte. Und dann hörten sie über Amerikas Lautsprecher: „Wo geplündert wird, wird geschossen."[9] Ihre Lieben protestieren gegen Ihre Ermordung und der Präsident rief nach *deren* Ermordung, nannte sie „SCHLÄGER", nannte sie Agitatoren „VON AUSSERHALB". Andere nennen die Gewalt gegen Eigentum sinnlos – aber nicht die Polizeigewalt gegen Sie, die die Gewalt hervorgerufen hat. Andere nennen beides sinnlos, aber unternehmen keine unmittelbaren Schritte, um die Polizeigewalt gegen Sie einzudämmen, sondern nur, um die Gewalt gegen Eigentum und Polizei einzudämmen.

Bürgermeister verhängen Ausgangssperren. Gouverneure rasseln mit dem Säbel. Die Nationalgarde kommt, um Eigentum und Polizei zu schützen. Wo war die Nationalgarde, als Sie gewalttätigen Polizisten, gewalttätigen weißen Terroristen, der Gewalt rassistischer Gesundheitsunterschiede, der Gewalt von Covid-19 gegenüberstanden – all der rassistischen Macht und Politik und den Ideen, die 400 Jahre lang die schwarze Erfahrung im amerikanischen Albtraum einschlossen? Seit Hoffman warten viel zu viele Amerikaner auf die schwarze Auslöschung. *Lasst sie sterben.*

Die Nationalgarde reiht sich neben der Polizei ein. Aber sie – Ihre Lieben, die um Sie trauern und um die Gerechtigkeit trauern – sie gehen nicht nach Hause, da Sie nicht zu Hause sind. Sie geben nicht nach, weil sie niemals vergessen werden, was ihnen widerfahren ist, was Ihnen widerfahren ist! Ihnen! Ihnen! Ihnen! Das ermordete schwarze Leben, das zählt. Sie sind die. Die sind Sie. Sie sind alle dieselbe Person – alle Ermordeten, alle Lebenden, alle Infizierten, alle, die sich wehren –, denn das rassistische Amerika behandelt die gesamte schwarze Community und all ihre antirassistischen Verbün-

8 Adam Serwer, The Coronavirus Was an Emergency Until Trump Found Out Who Was Dying, www. theatlantic.com, 8.5.2020.
9 Rebecca Shabad, Where does the phrase 'When the looting starts, the shooting starts' come from?, www.nbcnews.com, 29.5.2020.

deten als gefährlich, so wie es Hoffman tat. Welch ein Albtraum. Aber der schlimmste Albtraum besteht vielleicht in dem Wissen, dass das rassistische Amerika nie damit aufhören wird. Der Antirassismus ist Ihre Sache, und nur Ihre. Rassistische Amerikaner verleugnen Ihren Albtraum, verleugnen ihren eigenen Rassismus, behaupten, Sie hätten einen Traum wie Martin Luther King, obwohl sich selbst sein Traum 1967 „in einen Albtraum verwandelte."[10]

Der Amerikanische Traum ist eine Lüge

1896 nutzte Frederick Hofmann Daten, um rassistische Ideen zu untermauern, die auch heute noch Särge für schwarze Körper bereiten. Schwarze Menschen sollen von allen gefürchtet, von Polizisten ermordet, von Bürgern gelyncht sowie von Covid-19 und anderen gefährlichen Krankheiten getötet werden. Das ist bewiesen worden. Schwarzes Leben ist das „hoffnungslose Problem", wie Hoffman in seinem Buch schrieb. Schwarzes Leben ist Gefahr. Schwarzes Leben ist Tod. Hoffmans Buch war „wohl die einflussreichste Untersuchung über Ethnie und Kriminalität in der ersten Hälfte des 20. Jahrhunderts", schreibt der Historiker Khalil Gibran Muhammad.[11] Es war in jener Zeit wohl auch die einflussreichste Studie über Ethnie und öffentliche Gesundheit. Hoffman stellte erstmals landesweit ethnische Kriminalitätsdaten zusammen und nutzte die höheren Verhaftungs- und Inhaftierungsraten schwarzer Amerikaner um zu behaupten, diese seien, schon aufgrund ihrer Natur, ein gefährliches und gewalttätiges Volk – so wie es rassistische Amerikaner heute noch tun. Hoffman stellte ethnische Ungleichheiten bei der Gesundheit fest und nutzte dies um zu behaupten, schwarze Amerikaner seien, schon aufgrund ihrer Natur und ihres Verhaltens, ein krankes und sterbendes Volk. Hoffman katalogisierte höhere schwarze Sterblichkeitsraten und zeigte, dass schwarze Amerikaner eher an Syphilis, Tuberkulose und anderen Infektionskrankheiten litten als weiße Amerikaner. Dieselben Ungleichheiten zeigten sich erneut, als schwarze Amerikaner beinahe doppelt so häufig an Covid-19 starben als es ihrem Anteil an der Gesamtbevölkerung entsprach.[12]

Und nun versetzen Sie sich in ihre Seelen zurück. Sie haben den Albtraum gründlich satt. Und Sie „haben es satt, das alles satt zu haben", wie die Bürgerrechtsaktivistin Fannie Lou Hamer einmal sagte. Aber das rassistische Amerika starrt Sie an, nähert sich Ihnen, schaut an den ausgefransten Kleidern Ihrer Geschichte vorbei, schaut an den Narben Ihres Traumas vorbei und fragt: *Wie fühlt es sich an, der amerikanische Albtraum zu sein?*

Schwarze Amerikaner betrachten ihre Erfahrung als den amerikanischen Albtraum, aber rassistische Amerikaner betrachten schwarze Amerikaner als den amerikanischen Albtraum. Rassistische Amerikaner, vor allem wenn sie weiß sind, betrachten sich selbst als die Verkörperung des Amerikani-

---

10 Andrew K. Franklin, King in 1967: My dream has 'turned into a nightmare', www.nbcnews.com, 27.8.2013.
11 Khalil Gibran Muhammad, The Condemnation of Blackness. Race, Crime, and the Making of Modern Urban America, Cambridge 2019.
12 Vgl. www.covidtracking.com/race.

schen Traums. Als all das, was Amerika groß macht. Das Amerika wieder groß machen wird. Und das Amerika groß bleiben lässt.

Aber nur die Lügen der rassistischen Amerikaner sind groß. Ihr Amerikanischer Traum – dies sei das Land der Chancengleichheit, das sich Freiheit und Gleichheit verpflichtet hat und in dem Polizisten schützen und dienen – ist eine Lüge. Ihr Amerikanischer Traum – dass sie mehr haben, weil sie mehr sind und dass schwarze Menschen nur dann mehr haben, wenn man ihnen mehr gegeben hat – ist eine Lüge. Ihr Amerikanischer Traum – dass sie über das Bürgerrecht verfügen, straflos schwarze Amerikaner zu töten und dass schwarze Amerikaner nicht über das Menschenrecht auf Leben verfügen – ist eine Lüge.

Von Anfang an waren rassistische Amerikaner vollkommen damit einverstanden, Albträume in Träume zu verwandeln und Träume in Albträume; vollkommen einverstanden mit dem Gesetz ethnischen Tötens und der Ordnung ethnischer Ungleichheiten. Sie können nicht begreifen, dass Amerikas Albtraum der Rassismus ist. Es kann keinen Amerikanischen Traum inmitten des amerikanischen Albtraums des anti-schwarzen Rassismus geben – oder des Rassismus gegen *Native Americans*, Latinos und Asiaten – eines Rassismus, der selbst weiße Menschen fragil werden[13] und am Weißsein sterben lässt.[14]

Nehmen wir Minneapolis. Dort werden schwarze Bürger von der lokalen Polizei eher angehalten, verhaftet und schikaniert als weiße Bürger.[15] Obwohl nur 20 Prozent der Einwohner Schwarze sind, stellen sie 64 Prozent derjenigen, die seit 2018 von der lokalen Polizei im Nacken fixiert wurden[16] und mehr als 60 Prozent derjenigen, die zwischen Ende 2009 und Mai 2019 von Polizeikugeln getroffen wurden.[17] Laut Samuel Sinyangwe von der Organisation „Mapping Police Violence" töten Polizisten in Minneapolis 13 Mal eher schwarze als weiße Bürger, das ist einer der größten ethnischen Unterschiede im ganzen Land. Und diese Polizisten werden kaum einmal strafrechtlich verfolgt.[18] Eine typische schwarze Familie in Minneapolis verdient halb so viel wie eine typische weiße Familie – mit 47 000 US-Dollar landesweit eine der größten ethnischen Ungleichheiten.[19] Die Schwarzen von Minneapolis stellen sechs Prozent der Bürger im Bundesstaat Minnesota, aber 30 Prozent der dortigen Corona-Fälle, eine der größten ethnischen Ungleichheiten landesweit.

Das ist die ethnische Pandemie in der Virus-Pandemie – älter als 1896, aber so neu wie Covid-19 und der Mord an George Floyd. Aber warum gibt es diese Pandemie ethnischer Ungleichheiten in Minneapolis und darüber hinaus? „Die Seiten dieser Arbeit geben bloß eine Antwort", folgerte Hoff-

13 Robin DiAngelo, White Fragility. Why It's So Hard for White People to Talk About Racism, Boston 2018.
14 Jonathan M. Metzl, Dying of Whiteness. How the Politics of Racial Resentment Is Killing America's Heartland, New York 2019.
15 Matt Furber, John Eligon und Audra D. S. Burch, Fury in Minneapolis Over Latest In a Long Line of Police Killings, in: „The New York Times", 28.5.2020.
16 Christopher Ingraham, Racial inequality in Minneapolis is among the worst in the nation, www.washingtonpost.com, 30.5.2020.
17 Furber, Eligon und Burch, Fury in Minneapolis, a.a.O.
18 Why the prosecution of a Minneapolis police officer is such a rarity, www.economist.com, 29.5.2020.
19 Ingraham, Racial inequality in Minneapolis, a.a.O.

man 1896. „Nicht in den Lebensbedingungen, sondern in Rasse und Erbe finden wir die Erklärung für eine Tatsache, die in allen Teilen der Welt, zu allen Zeiten und unter allen Völkern beobachtet werden kann, nämlich die Überlegenheit einer Rasse über die andere und die der arischen Rasse über alle anderen."

Die rassistische oder die antirassistische Erklärung

Die zwei Erklärungen, die Hoffman vor mehr als einem Jahrhundert zur Verfügung standen, bleiben die beiden Möglichkeiten, um die heutigen ethnischen Ungleichheiten, von Covid-19 bis zur Polizeigewalt, zu erklären: die antirassistische Erklärung oder die rassistische Erklärung. Entweder gibt es eine Über- und Unterlegenheit und etwas Gefährliches und Tödliches bei schwarzen Menschen, dann sind schwarze Menschen der amerikanische Albtraum. Oder in der Gesellschaft läuft etwas schief, etwas gefährliches und tödliches bei der rassistischen Politik, dann erleben schwarze Menschen den amerikanischen Albtraum.

Hoffman popularisierte die rassistische Erklärung. Viele Amerikaner glauben wahrscheinlich an beide Erklärungen – und leben den Widerspruch des amerikanischen Traums und Albtraums. Viele Amerikaner ringen damit, antirassistisch zu sein, den Rassismus in ethnischen Ungleichheiten zu erkennen, damit aufzuhören, schwarze Menschen für ihre überproportionalen Krankheits- und Todesfälle verantwortlich zu machen und stattdessen rassistische Macht und Politik und rassistische Ideen für die Normalisierung des Gemetzels verantwortlich zu machen. Sie ringen damit, sich auf die Sicherstellung antirassistischer Politik zu fokussieren, die zu Leben, Gesundheit, Gleichheit und Gerechtigkeit für alle führen wird. Und sie ringen damit, auf Basis antirassistischer Ideen zu handeln, die schwarze Leben wertschätzen und alle ethnischen Gruppen mit ihren ästhetischen und kulturellen Unterschieden gleichstellen.

Im April 2020 wählten viele Amerikaner die rassistische Erklärung, indem sie sagten, Schwarze nähmen das Coronavirus nicht so ernst wie Weiße, bis Umfragen und mehrheitlich weiße Demonstrationen für ein Ende des Lockdowns sie eines besseren belehrten. Dann argumentierten sie, schwarze Amerikaner würden überproportional oft an Covid-19 sterben, weil sie mehr Vorerkrankungen aufgrund ihres besonders ungesunden Verhaltens hätten. Aber der *Foundation for AIDS Research* zufolge verursachen strukturelle Faktoren wie Beschäftigung, Zugang zu Krankenversicherung und medizinischen Diensten sowie Luft- und Wasserqualität im Wohnumfeld schwarze Infektionen und Tode – und nicht „spezifische Charakteristika schwarzer Communities oder individuelle Faktoren."[20] Es besteht auch keine klare Beziehung zwischen der Rate an Gewaltverbrechen und der Rate an Polizeigewalt. Und es gibt keine direkte Beziehung zwischen der Rate an Gewalt-

20 Vgl. COVID-19 Racial Disparities in U.S. Counties, www.ehe.amfar.org.

verbrechen und schwarzen Menschen. Wäre dem so, gäbe es in wohlhabenden schwarzen Nachbarschaften das gleiche Ausmaß an Gewaltverbrechen wie in armen schwarzen Nachbarschaften. Aber das ist kaum der Fall.

Amerikaner sollten sich fragen: Warum werden so viele unbewaffnete Schwarze von der Polizei getötet, während bewaffnete Weiße einfach verhaftet werden? Warum beantworten Politiker Gewaltverbrechen in armen Nachbarschaften, indem sie mehr Polizeistellen schaffen statt mehr Jobs? Warum arbeiteten Schwarze (und Latinos) in der Pandemie weniger oft von zuhause;[21] warum sind sie weniger oft versichert;[22] warum leben sie öfter in Gegenden mit schlechtem Zugang zu moderner Notfallversorgung;[23] und warum leben sie öfter in Nachbarschaften mit hoher Umweltverschmutzung?[24] Die Antwort besteht in dem, was die Frederick Hoffmans von heute nicht wahrhaben wollen: Rassismus.

Stattdessen sagen sie wie Donald Trump – wie all jene, die sich über die Zerstörung von Eigentum, nicht aber schwarzen Lebens empören –, sie seien „nicht rassistisch". Hoffman schrieb in der Einführung seines Buches, er sei „frei vom Makel des Vorurteils oder der Sentimentalität [...], frei von persönlicher Voreingenommenheit." Er würde bloß „eine Feststellung der Tatsachen" anbieten. Tatsächlich aber dokumentierten die ethnischen Ungleichheiten, die er erfasste, Amerikas rassistische Politik.

Hoffman beförderte den amerikanischen Albtraum. Was werden wir befördern? Hoffman legte nahe, wir sollten *sie sterben lassen*. Werden wir dafür kämpfen, dass schwarze Menschen leben?

Die Geschichte ruft auf den von Protest erfüllten Straßen nach der Zukunft. Welche Wahl werden wir treffen? Welche Welt werden wir schaffen? Was werden wir sein? Es gibt nur zwei Möglichkeiten: rassistisch oder antirassistisch.

21 Elise Gould und Heidi Shierholz, Not everybody can work from home, www.epi.org/blog, 19.5.2020.
22 Samantha Artiga, Kendal Orgera und Anthony Damico, Changes in Health Coverage by Race and Ethnicity since the ACA, 2010-2018, www.kff.org, 5.5.2020.
23 Ashley Heher, Study: Urban African-Americans more likely to live in trauma deserts, www.uchicagomedicine.org, 8.3.2020.
24 Sharon Lerner, 2.2 Million People in the U.S. Could Die If Coronavirus Goes Unchecked, www.theintercept.com, 17.3.2020.

Sie wollten den Faschismus. Und sie haben ihn bekommen

Von **Oleg Orlow**

Am 27. Februar 2024 wurde der russische Menschenrechtler Oleg Orlow von einem Moskauer Gericht zu dreieinhalb Jahren Haft in einer Strafkolonie verurteilt. Orlow ist Mitbegründer der in Russland zwangsliquidierten Bürgerrechtsbewegung Memorial, die 1989 zur Dokumentation der stalinistischen Verbrechen gegründet wurde. Auch nach Beginn der vollumfänglichen Invasion der Ukraine vom 24. Februar 2022 übte Orlow offen Kritik an Putin und dem Krieg. Verurteilt wurde er nicht zuletzt für einen Text aus dem November 2022, in dem er das Putin-Regime als faschistisch einstuft, und den wir nachfolgend dokumentieren. Die Übersetzung stammt von Vera Ammer und erschien zuerst auf der Website von Memorial Deutschland (memorial.de) – D. Red.

Der blutige Krieg, den das Putin-Regime in der Ukraine entfesselt hat, ist nicht nur ein Massenmord an Menschen. Er zerstört nicht nur die Infrastruktur, die Wirtschaft und die Kulturobjekte dieses wunderbaren Landes. Und nicht nur die Grundlagen des Völkerrechts. Er versetzt auch der Zukunft Russlands einen schweren Schlag.

Die finstersten Kräfte in meinem Land, jene, die von einer vollständigen Revanche für den Zerfall des sowjetischen Imperiums träumten, jene, die allmählich die Herrschaft über das Land übernommen haben, denen die konsequente Erstickung der Meinungsfreiheit, die Unterdrückung der Zivilgesellschaft, die faktische Liquidierung einer unabhängigen Rechtsprechung nicht genug war, sie alle haben während der letzten Monate einen Sieg gefeiert.

Von welchem Sieg kann hier die Rede sein? An den Fronten in der Ukraine sahen die Dinge für die russländischen Streitkräfte ja nun keineswegs ideal aus. Das ist tatsächlich so, aber sie haben ihren endgültigen Sieg in Russland gefeiert. Dieser Krieg hat das Land vollständig in ihre Hand gegeben. Sie hatten sich schon längst aller Hemmschwellen entledigen wollen. Sie wollten keine Rückkehr des kommunistischen Systems (obwohl es unter ihnen Menschen gibt, die sich als Kommunisten bezeichnen). Ihnen gefällt das chimärenhafte System, das sich in den letzten beiden Jahrzehnten in Russland entwickelt hat, halb Feudalismus, halb Staatskapitalismus, durchsetzt von Korruption. Aber auch da fehlte ihnen noch etwas… Es fehlte ihnen das Gefühl der Vollendung dieses Systems. Jetzt ist es vollendet. Jetzt können sie offen und ungeniert die Parole verkünden: „Ein Volk, ein Reich, ein Führer!" Jegliche Scham ist von ihnen abgefallen. Sie wollten den Faschismus. Und sie haben ihn bekommen.

Das Land, das vor dreißig Jahren den kommunistischen Totalitarismus hinter sich gelassen hat, ist in den Totalitarismus zurückgefallen, aber diesmal in den faschistischen.

„Von welchem Faschismus sprichst Du?", so streiten viele mit mir. Wo ist die systembildende Massenpartei, die dem Staat noch übergeordnet ist? Ist denn Einiges Russland, diese Ansammlung von Funktionären, eine solche Partei? Und wo sind die Massenorganisationen der Jugend, die für alle Jugendlichen obligatorisch sind? Zum Ersten ist das „Zombieren" der Jugend und die Schaffung solcher Organisationen in Russland bereits in vollem Gang. Und dann besteht der Faschismus nicht allein aus Italien unter Mussolini oder Nazideutschland (derzeit stellt man in Russland gewöhnlich einen Gegensatz her zwischen dem „guten" Faschismus und dem „schlechten" Nationalsozialismus), dazu gehören auch Österreich vor dem Anschluss, Spanien unter Franco, Portugal unter Salazar. Und die faschistischen Regime hatten überall ihre Unterschiede und Besonderheiten. Jetzt wird sich auch Russland unter dem späten Putin hier einreihen.

Es gibt zahlreiche unterschiedliche Beschreibungen dieser Erscheinung. 1995 erarbeitete die Russische Akademie der Wissenschaften im Auftrag von Präsident Jelzin folgende Definition: „Faschismus ist eine Ideologie und Praxis, die die Überlegenheit und Exklusivität einer bestimmten Nation oder Rasse behauptet. Er propagiert nationale Intoleranz und diskriminiert Vertreter anderer Völker, er verwirft die Demokratie und will einen Führerkult etablieren. Politische Gegner und jegliche Formen des Andersdenkens will er mit Gewalt und Terror unterdrücken. Er rechtfertigt den Krieg als Mittel zur Lösung zwischenstaatlicher Konflikte." Was in Russland vorgeht, entspricht in meinen Augen vollständig dieser Definition. Das Russland von heute sowie das der Vergangenheit und der Zukunft den umgebenden Staaten (vor allem den europäischen) entgegenzuhalten, die Überlegenheit der eigenständigen russischen Kultur zu behaupten (nicht im engen ethnischen, sondern im imperialen Sinn), die Existenz des ukrainischen Volks, der ukrainischen Sprache und Kultur zu negieren – all dies ist inzwischen Grundlage der heutigen staatlichen Propaganda. Die Ablehnung der Demokratie, der Führerkult und die Unterdrückung des Andersdenkens sind mehr als offensichtlich.

Sehnsucht nach dem Imperium

Wer trägt die Verantwortung dafür, dass Russland zum Faschismus gekommen ist? Die einfachste Antwort darauf ist – Putin. Er ist natürlich verantwortlich, aber außer ihm hat eine Vielzahl anderer Personen dazu beigetragen, die diese Richtung nicht unbedingt bewusst gewählt hatten. Viele sehnten sich nach dem Imperium, nach der „starken Hand", nach einem mythischen Stalin. Solche Menschen gab es sowohl „oben", bei der „herrschenden Elite" – bei Funktionären, Personen aus dem Macht- und Sicherheitsapparat, Abgeordneten, Betriebsdirektoren, „Oligarchen", als auch „unten" – unter den am wenigsten begüterten Menschen. Die einen hatten Maybach-Autos, Villen und Jachten, die anderen hatten nicht einmal eine warme Toilette im Haus. Aber sie alle sind rechtlos im autokratischen System Putins.

Für die Ersteren brächte es keinen Vorteil, gegen die Rechtlosigkeit zu kämpfen, denn in keinem anderen Machtsystem hätten sie materiell so profitiert wie in diesem. Aber die bedauerliche Rechtlosigkeit möchten sie irgendwie kompensieren. Sie möchten ihre Machtfülle über die „Leibeigenen" empfinden und von niemandem kontrolliert werden außer vom obersten Chef. Sie möchten sich als Klasse neuer Adliger fühlen, auserwählt von Geschichte und Vorsehung, um über das Land zu herrschen. Dem standen die rudimentären Reste der Meinungsfreiheit im Weg, verschiedene recherchierende Journalisten, Menschenrechtler, Unruhestifter, die von Zeit zu Zeit die Leute zum Demonstrieren auf die Straße brachten sowie Konkurrenten unter der „Elite", die gewisse liberale „Anstandsregeln" bei der Führung des Landes bewahren wollten.

Die Letzteren, die wenig Begüterten, glaubten einfach nicht, dass sie in diesem Kampf Erfolg haben könnten. Das hatte ihnen ihr eigenes schweres Leben gezeigt sowie die Erfahrung ihrer Eltern und Großeltern. Jene, die das kurze Aufkommen einer relativen Demokratie in den 1990er Jahren erlebt hatten, hatte diese Zeit nur in Angst und Schrecken versetzt – alles um sie herum änderte sich, sie mussten in schwierigen Umständen selbst für sich Entscheidungen treffen, und das war beängstigend und ungewohnt. Und diese Angst gaben sie an ihre Kinder weiter – Änderungen führen immer zu einer Verschlechterung. Man muss sich auf die Autorität, die Vorgesetzten verlassen. Das Äußerste, was man unternehmen kann, ist es, Gesuche und Beschwerden an Vorgesetzte zu schreiben.

Vereint im Hass auf die unabhängige Ukraine

Die russische Zivilgesellschaft erwies sich als unfähig, solchen Menschen (die zwar nicht die Mehrheit, aber einen erheblichen Teil der Bevölkerung ausmachen) deutlich zu machen und zu erklären, dass es möglich ist, für seine Rechte zu kämpfen. Mitunter stärkten die Menschenrechtler sogar selbst noch solche paternalistischen Tendenzen. Statt die Menschen, die sich an uns gewandt hatten, als Mitstreiter für unseren Kampf zu gewinnen, behandelten wir sie wie Kunden. Wir bemühten uns, ihnen zu helfen, erklärten ihnen aber nicht die Ziele unseres Kampfes. Das Ergebnis war, dass die „Kunden", nachdem sie unentgeltliche Hilfe bekommen hatten, in ihr früheres Leben zurückkehrten. Bei Wahlen stimmten sie dann erneut für die Personen, die ihnen von ihren Vorgesetzten genannt wurden. Und ihr Elend und ihre Rechtlosigkeit suchten sie mit dem Gefühl zu kompensieren, an etwas Großem teilzuhaben, in der großen Maschinerie des wiederentstehenden Imperiums zumindest auch als ein Schräubchen dabei zu sein.

Putins Regime befriedigte diese Bedürfnisse jedoch nur zum Teil, nicht immer hinreichend. Und nun wurde der Krieg als großes, verbindendes Ziel verkündet. „Alles für die Front, alles für den Sieg!" Die Opposition ist komplett unterdrückt, die Überreste jeglicher Freiheiten sind vernichtet. Die Worte „Liberalismus" und „Demokratie" öffentlich und ohne negative Bewertung in den Mund zu nehmen, ist gefährlich. Die „da oben" und die „da unten" sind vereint in ihrer patriotischen Ekstase und im Hass gegen die unabhängige Ukraine.

Natürlich wird diese Ekstase nicht einmal von der Mehrheit in Russland geteilt, aber bisher eben immer noch von vielen. Die Mehrheit zog es bis vor kurzem vor, aus Selbsterhaltungstrieb die Augen vor der derzeitigen Entwicklung zu verschließen. Es heißt, zu protestieren sei gefährlich, ändern könne man ohnehin nichts, und nutzlose Diskussionen über die Verbrechen unserer Truppen in der Ukraine bringen nur schlaflose Nächte und Nervenprobleme. Besser ist es, so zu tun, als glaubte man das, was im Fernsehen erzählt wird, ja sich sogar darum zu bemühen, sich selbst davon zu überzeugen. Wahrscheinlich verhält sich die Mehrheit in jedem faschistischen Regime eben genau so.

Eine ganz kleine Minderheit versucht zu kämpfen. Es gibt eine Antikriegsbewegung im Land. Sie hat ihre politischen Gefangenen, ihre Helden. Praktisch im Halbuntergrund arbeiten auch die Menschenrechtler weiter. Sie helfen Menschen, auf legaler Grundlage der Mobilisierung und der Einberufung zur Armee zu entgehen, sie stellen die Listen politischer Gefangener zusammen, besorgen ihnen Anwälte, leisten den Flüchtlingen aus der Ukraine rechtliche und humanitäre Hilfe, suchen nach Möglichkeiten für sie, nach Europa zu gelangen.

Da allerdings das Recht im Lande außer Kraft gesetzt ist, muss sich die Menschenrechtsarbeit zwangsläufig anders gestalten und neu ausrichten. Die heutigen russischen Menschenrechtler sind in der Lage von Dissidenten, ihrer Vorfahren zur Sowjetzeit. Das Dokumentieren von Menschenrechtsverletzungen, das Bestreben, die russische und ausländische Öffentlichkeit darauf aufmerksam zu machen, gewinnt für die Menschenrechtsarbeit immer mehr an Bedeutung. Die Lieblingsthese des großen russischen Menschenrechtlers Sergej Kowaljow: „Tu, was du tun musst, und komme, was will" ist so aktuell wie nie zuvor. Wird das in Russland lange so andauern? Wer weiß.

Die Zukunft unseres Landes wird auf den Schlachtfeldern der Ukraine entschieden. Ein Sieg der russischen Truppen würde den Faschismus in Russland für lange stabilisieren. Und umgekehrt… Im letzten Monat wich die „Ekstase", die ich erwähnt habe, ein wenig einem allgemeinen Unbehagen – wie kann das sein, dass die große und unbesiegbare Armee Niederlagen erleidet? Eine Ernüchterung setzt ein. Sie kann sehr schmerzlich werden.

Unter diesen Umständen hängt viel von den Ländern Mittel- und Westeuropas ab. Es ist vollkommen natürlich für jeden normalen Menschen, dass er den Frieden dem Krieg vorzieht. Aber einen Frieden um jeden Preis? In Europa hat man schon einmal versucht, den Frieden durch eine Befriedung des Aggressors zu erreichen. Die katastrophalen Folgen dieser Versuche sind allen bekannt. Und jetzt wird das faschistische Russland, wenn es einen Sieg erringt, zwangsläufig zu einer ernsthaften Bedrohung nicht nur für die Sicherheit seiner Nachbarn, sondern für ganz Europa.

Macht und Expansion

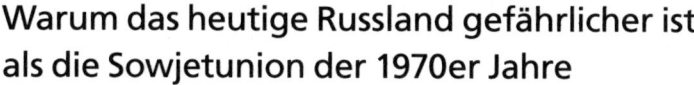

Warum das heutige Russland gefährlicher ist als die Sowjetunion der 1970er Jahre

Von **Vittorio Hösle**

Wenn ich mit einer persönlichen Erinnerung beginnen darf: 1990 konnte ich als Gast des Instituts für Philosophie der sowjetischen Akademie der Wissenschaften vier Monate in Moskau verbringen, die zu den faszinierendsten und glücklichsten meines Lebens gehören. Ich konnte mit eigenen Augen erleben, dass die von Michail Gorbatschow angekündigte Glasnost Wirklichkeit wurde: Die Gespräche mit Kollegen und Studenten waren sachorientiert, geistig intensiv und ehrlich, denn man fürchtete den Druck eines totalitären Staates nicht mehr, die Angst vor einer militärischen Auseinandersetzung mit dem Westen (aller Wahrscheinlichkeit nach unter Einsatz von Nuklearwaffen) zerschmolz, man war zwar besorgt, aber auch gespannt auf den Fortgang der Perestroika, und man freute sich darauf, endlich in den Westen reisen zu können. Der Kalte Krieg war zu Ende, und Russen gratulierten mir mit aufrichtiger Freude zu der bevorstehenden Einigung Deutschlands.

Leider sind die Erinnerungen an diese Aufbruchszeit oft ein Hinderungsgrund, die heutige Situation richtig einzuschätzen: Denn man nimmt nur ungern das Scheitern von Hoffnungen wahr. Die Weigerung vieler, die heutige Realität Russlands ohne Wunschdenken zur Kenntnis zu nehmen, hat in psychologisch sehr naheliegenden Selbsttäuschungsmechanismen ihren entscheidenden Grund. Der Kalte Krieg war enorm anstrengend – einerseits zwang er dazu, in Militärausgaben zu investieren, an deren Umlagerung in soziale Aufgaben man sich inzwischen gewöhnt hat, andererseits minderte das Leben mit der ständigen, wenn auch latenten Angst vor einem Atomkrieg die Lebensqualität beträchtlich.

Ist es nicht natürlich, dass man lieber den Kopf in den Sand steckt als anerkennt, dass heute wieder anstrengende und schmerzliche Veränderungen erforderlich sind, wenn man einer viel größeren Katastrophe entgehen will? Gewiss ist dies natürlich – und ebendeswegen sind besondere argumentative Mühen erforderlich, um aus dieser natürlichen Verdrängung aufzurütteln. Denn die Lage ist heute gefährlicher als in den 1970er und 1980er Jahren. Bevor ich erkläre, warum dies so ist und was dagegen getan werden kann, will ich kurz einige der Faktoren nennen, die zur jetzigen Situation geführt haben.

Der Reformprozess, den Gorbatschow angestoßen hatte, geriet sehr bald außer Kontrolle. Die Hoffnungen, die sich überall breitmachten – auf nationale Selbstbestimmung, auf Rechtsstaatlichkeit und das Ende der Unterdrückung, auf Demokratisierung und zumal auf ein schnelles Einholen des westlichen Lebensstandards – wären selbst bei einer besser vorbereiteten politischen Führungsklasse nicht gleichzeitig oder innerhalb kurzer Zeit zu erfüllen gewesen. Deutschland, wo der Nationalsozialismus nur zwölf Jahre gedauert hatte, musste vier Jahre nach dem Ende Hitlers einen 73jährigen Mann zum Bundeskanzler wählen, der vor 1933 genügend Erfahrungen mit rechtsstaatlichen und demokratischen Strukturen gesammelt hatte. In Russland hätte es freilich aufgrund der sieben Jahrzehnte währenden bolschewistischen Herrschaft rüstiger Hundertjähriger mit ausgezeichnetem Gedächtnis bedurft – ja selbst diese hätten nicht geholfen, da Russland ganz bescheidene demokratische Erfahrungen nur in den chaotischen Kriegsmonaten von Februar bis Oktober 1917 gemacht hatte. Das Ende der Sowjetunion am 26. Dezember 1991 war durch den – an sich eine Stärkung der Zentralgewalt beabsichtigenden – gescheiterten Putsch vom August 1991 beschleunigt worden; entscheidend war aber der Wunsch der Regierungen der meisten der fünfzehn Sowjetrepubliken nach Souveränität. Man darf Zweifel daran haben, dass die Mehrheit der Bevölkerung die Auflösung der Union wünschte, wenn man bedenkt, dass im März 1991 fast 78 Prozent der Wähler in einem Referendum – das allerdings in den drei baltischen Republiken sowie in Moldawien, Armenien und Georgien nicht durchgeführt wurde – für die Bewahrung der Union stimmten. Immerhin votierte die Ukraine in einem zweiten Referendum im Dezember 1991 überwältigend für die Unabhängigkeit, aber zu diesem Zeitpunkt war schon klar, dass die Sowjetunion keine Überlebenschance mehr hatte. Es ist auf jeden Fall fair zu sagen, dass die Auflösung der Sowjetunion nicht durch externe Eingriffe, sondern durch innere Zerfallsprozesse verursacht wurde.

Mit dem Ende der Sowjetunion entstand ein Machtvakuum, das gefüllt werden musste. Da es keine allgemein anerkannten Regeln und insbesondere keine demokratischen politischen Traditionen gab und da die kommunistische Ideologie inzwischen von einem Großteil der Bevölkerung nicht mehr akzeptiert wurde, war Chaos vorprogrammiert. Die schwere Verfassungskrise vom September 1993, während deren Jelzin verfassungsgemäß vom Parlament abgesetzt wurde, endete mit Jelzins Sieg, weil das Parlament es nicht schaffte, das Militär auf seine Seite zu ziehen, obwohl durchaus eine Chance dazu bestanden hätte. Seitdem ist das Militär dem Präsidenten loyal gewesen. Der ehrgeizige und populäre General Lew Rochlin wurde 1998 ermordet – angeblich von seiner Frau, die aber später ihr erpresstes Geständnis widerrief. Bei dem Konflikt zwischen Jelzin und dem russischen Parlament unterstützten die westlichen Mächte deutlich den Präsidenten, der Marktreformen durchzusetzen versprach; sie erkannten freilich damit das Prinzip der Überordnung der Exekutive über die Legislative an. Die neue Verfassung vom Dezember 1993 gab dem Präsidenten weitestgehende Rechte, etwa durch Erlasse zu regieren; auch sind die Hürden für eine Amtsenthebung des

Präsidenten außerordentlich. Die Wiederwahl – seit 2008 alle sechs Jahre – ist die einzige Schwelle, die zu nehmen ist. Immerhin hat die russische Verfassung nur zwei unmittelbar anschließende Wahlperioden zugelassen, aber die ingeniöse Rochade von Präsident und Premier hat es Wladimir Putin ermöglicht, seit 2000 ununterbrochen der starke Mann des Landes zu sein. Da er von Jelzin 1999 als Premier ernannt und als sein Nachfolger ausgewählt wurde, lässt sich sagen, dass es seit der Souveränität Russlands keinen wirklichen Bruch im Präsidentenamt gegeben hat. Dies hat die Opposition unweigerlich geschwächt, die zudem stets in sich gespalten war, weil sie auf keine gemeinsame Ideologie rekurrieren konnte; im Gegenteil, manche Oppositionelle standen links, andere rechts von der Regierungs-partei. Die zunehmende Kontrolle der Massenmedien durch den Staat, die Schikanierung von Opposition und Nichtregierungsorganisationen, schließlich die Ermordung des führenden Oppositionellen Boris Nemzow und die damit Hand in Hand gehende Einschüchterung der wenigen verbliebenen Oppositionellen haben einen Machtwechsel durch Wahlen inzwischen de facto unmöglich gemacht.

Die Achtung vor dem Rechtssystem zerbrach

Insgesamt brachten die 1990er Jahre für Russland ungekannte Massenarmut, einen Zusammenbruch des Gesundheitswesens, eine Verkürzung der Lebenserwartung um zahlreiche Jahre, einen rasanten Anstieg der Kriminalität und eine allgemeine Korruption, die durch den Wunsch motiviert wurde, jetzt endlich reich zu werden. Wer geglaubt hatte, die sozialistischen Jahrzehnte hätten eine höhere Form von Solidarität inspiriert, sah sich getäuscht und mit einem brutalen Kapitalismus konfrontiert, der ex contrario Max Webers These bestätigte, ohne ein besonderes religiöses Ethos könne diese Wirtschaftsform sich nicht segensreich entfalten. Anders als die katholische Kirche hat die Orthodoxie bis heute keine auf den modernen Kapitalismus reagierende Soziallehre; milde Gaben mafioser Organisationen an die Kirche sind eine legitime Weise, sich in den Augen der Orthodoxie gottgefällig zu erweisen. Die enormen Ressourcen Russlands, die nach allen Regeln der Gerechtigkeit öffentliches Eigentum waren, wurden an Günstlinge des Kreml verteilt; oft entschied brutale Gewalt, wer was erhielt. Nach der Unterordnung des Militärs waren die Oligarchen die wichtigste Herausforderung des Kreml; sie wurden geduldet, sofern sie sich nicht in die Politik einmischten. Taten sie es, mussten sie das Land verlassen wie die unter anderem unabhängige Fernsehsender besitzenden Wladimir Gussinski und Boris Beresowski (an dessen „Selbstmord" in Ascot 2013 viele Zweifel bestehen). Oder sie wurden wie Michail Chodorkowski ins Gefängnis gesteckt – meist aufgrund wirklicher Delikte, die allerdings bei politisch gefügigeren Oligarchen akzeptiert, ja ermutigt wurden. Damit zerbrach jede Achtung vor dem Rechtssystem, die schon in der Sowjetunion gering gewesen war.

Man kann Putins unstrittige Popularität in Russland nicht verstehen, wenn man nicht anerkennt, dass er im ersten Jahrzehnt seiner Herrschaft die wirtschaftliche Lage des Landes bedeutend verbesserte – unter anderem dank kompetenter Ökonomen wie Michail Kassjanow, der allerdings 2004 entlassen wurde, als er die willkürliche Verhaftung des Oligarchen Platon Lebedew kritisierte. Der wirtschaftliche Aufschwung stützte sich allerdings hauptsächlich auf den Verkauf von Ressourcen; eine Diversifikation der Industrie fand kaum statt, und ebenso wenig erzeugte die russische Wirtschaft auf dem Weltmarkt besonders geschätzte Markenprodukte. Gleichzeitig wurde die föderale Struktur Russlands de facto abgeschafft – die Gouverneure der Regionen werden inzwischen vom Präsidenten vorgeschlagen und nicht mehr direkt gewählt. Die Macht der *silowiki*, der Bürokraten aus Verteidigungs- und Innenministerium, nahm enorm zu, und während sie in der Tat einigen Machtmissbrauch der Oligarchen ahnden konnten, sind sie selbst jeder Kontrolle entzogen. Noch mehr gilt das für die Mitglieder des seit 1995 bestehenden Rechtsnachfolgers des KGB, des FSB, aus dessen Reihen Putin selber kommt. In seiner Amtszeit wurden zahlreiche kritische Journalisten und Menschenrechtler ermordet, ohne dass die Täter zur Rechenschaft gezogen wurden (mit Ausnahme der Mörder Anna Politkowskajas, doch blieben die Hintermänner unbekannt und unbehelligt). Während es möglich ist, dass derartige Verbrechen autonom von Teilen des Sicherheitsapparates geplant und vollzogen wurden, wird es mit der zunehmenden Machtkonzentration Putins meines Erachtens immer unwahrscheinlicher, dass sie ohne seinen Befehl, zumindest sein billigendes In-Kauf-Nehmen geschehen. Würden sie gegen seinen Willen erfolgen, würden die Täter heute zu viel riskieren.

Die Konzentration staatsrechtlicher Kompetenzen beim Präsidenten, die Unterordnung des Parlaments unter die Exekutive, die Pflege einer Scheinopposition wie der sogenannten Liberal-Demokratischen Partei Russlands – lange Tummelplatz des nationalistischen Extremisten Wladimir Schirinowski –, die Beseitigung realer Opposition, die Einschüchterung der Gesellschaft durch gezielte Morde, die Eindämmung der Oligarchen und die enorme Popularität Putins erlauben das Urteil, seit Stalin habe kein russischer Politiker so viel Macht besessen wie Putin. Denn nach Stalins Tod funktionierte die Sowjetunion als oligarchisches System, und Chruschtschow konnte 1964 vom Politbüro abgesetzt werden.

Aber ein entscheidender Machtfaktor Putins ist noch gar nicht genannt. Ihm gelang die Wiedergewinnung einer ideologischen Basis, ohne die die Macht langfristig nicht zu sichern ist. Wenn ein Glaubenssystem zerbricht, sei es auf individueller, sei es auf kollektiver Ebene, ist es naheliegend, auf das Frühere zurückzugreifen – jedenfalls ist es einfacher, als sich zu etwas Neuem zu bekennen. In Russland gab es kaum liberale Traditionen, und der Neoliberalismus der 1990er Jahre wurde als raffgierig und vulgär empfunden. Also belebte Putin eine Ideologie wieder, die vorsowjetisch war – diejenige vom heiligen Mütterchen Russland, das sich gegen westliche Barbarei zur Wehr setzen muss. Unterstützt von der orthodoxen Kirche, konnte Putin eine Ideologie ausbauen, die den fortgesetzten Machtkampf-strategien der sowjetischen Zeit, zumal in den Geheimdiensten, eine religiöse Weihe verlieh. Das traf nicht nur deswegen auf große Resonanz, weil es kaum sonstige plausible ideologische Angebote gab; es traf den Nerv einer noch mehr als durch den wirtschaftlichen Niedergang durch den Ver-lust der Stellung einer Weltmacht tief gedemütigten Nation. Ich werde nie die verkrüppelten Veteranen aus dem Großen Vaterländischen Krieg vergessen, die im Sommer 1993 auf dem Roten Platz lachenden westlichen Touristen ihre Ehrenabzeichen für einen Spottpreis verkaufen mussten. Sicher waren diese Touristen nicht für den Zusammenbruch des Pensionssystems verantwort-lich, aber es war unschwer vorherzusehen, dass ihr Verhalten Rachegelüste gegen den Westen erzeugen musste.

Russlands nationalistische Ideologie

Im Grunde ist im Gesagten schon enthalten, warum Russland heute gefähr-licher ist als die alte Sowjetunion. Ich sehe fünf Gründe. Die sowjetische Ideologie war erstens der Marxismus, und dieser ist universalistischer Natur. So abscheuliche Verbrechen auch auf seiner Grundlage begangen wurden, lehrte er doch einen Einsatz für die Elenden der ganzen Welt; und auch wenn er die Verantwortung vor Gott eliminierte, blieb in ihm die Verantwortung vor dem Urteil der Geschichte zentral. Immerhin konnte die Sowjetunion einen Gorbatschow hervorbringen, was dem nationalsozialistischen System versagt gewesen wäre, selbst wenn es länger gedauert hätte, und die Zahl anständiger Sowjetbürger, die von einem Gerechtigkeitsideal beseelt waren, war nicht gering.

Die neue Ideologie Russlands ist dagegen aggressiv nationalistisch. Als großer Politiker gilt, wer das Wohl der eigenen Nation über alles stellt. Das ist nicht einfach die Wiederkehr der alten Staatsräson Europas; denn diese implizierte eine Unterordnung der eigenen Interessen unter den Staat. Davon ist bei den kleptokratischen Zynikern im Umfeld Putins nichts zu spüren. Statt der – beschränkten – Tugenden der alten Aristokratie herrscht die Vul-garität von Neureichen, die sich mit Gewalt und Betrug bereichern.

Stalin hatte zweitens dem trotzkistischen Expansionismus eine Absage erteilt und sich auf den Aufbau des Sozialismus im eigenen Lande beschränkt. Gewiss nahm Stalin 1939 an Hitlers Raubzug teil und erfolgte 1945 eine massive Ausdehnung des sowjetischen Herrschaftsbereiches – aber Letzteres entsprach traditionellen Üblichkeiten für den Sieger eines Krieges, der in keinem Lande so viele Opfer gekostet hatte wie in der So-wjetunion und den diese nicht angezettelt hatte. Mit Ausnahme des Einmar-sches in Afghanistan 1979 – ein Land, dessen Kontrolle schon das zaristische Russland begehrt hatte – wurden die bestehenden Grenzen nicht der So-wjetunion, aber doch des Warschauer Paktes respektiert. Akzeptiert man die durchaus problematische Definition Hans Morgenthaus von Imperialismus als Herausforderung des Status quo, war die Sowjetunion der 1970er Jahre ein nicht-imperialistisches Reich. Was wir jetzt sehen, ist zwar immer noch der größte Flächenstaat der Erde, doch ein territorial kleineres Reich, das nun aber deutliche imperialistische Ambitionen hat: Es will das alte Territorium der Sowjetunion wiederherstellen. Schirinowski träumte sogar von den Grenzen von 1917, einschließlich Finnlands und Polens; ja, der damalige Vizepremier Dmitri Rogosin schrieb im Oktober 2014 in einem Vorwort zu Iwan Mironows Buch über den Verrat und Verkauf Alaskas, Russland habe das Recht, seine Kolonien zurückzufordern. Auch wer wie der Autor dieser Zeilen die Abwicklung der Sowjetunion 1991 bedauerte, kann allerdings nur betonen, dass völkerrechtlich an der Souveränität des „nahen Auslands", also der vierzehn ehemaligen Sowjetrepubliken außerhalb Russlands, nicht zu rütteln ist. Wollen zwei souveräne Staaten *beide* fusionieren, so ist das ihr gutes Recht. Doch angesichts der inneren Entwicklung Russlands ist es sachlich völlig rational, dass ein Land wie die Ukraine, das die enormen Fortschritte Polens sieht, sich von einer Anbindung an EU und Nato mehr Rechtsstaatlichkeit, Demokratie, Wohlstand, soziale Gerechtigkeit und Sicherheit verspricht denn als Satellitenstaat oder gar Teil Russlands.

Sicher hat sich Russland schon im 19. Jahrhundert als antirevolutionäre Macht verhalten und etwa der Habsburgmonarchie 1849 bei der Niederschlagung der ungarischen Revolution geholfen. Die Beunruhigung durch die Maidan-Revolution von 2014 war groß, unter anderem weil Putin befürchtete, die revolutionäre Stimmung könnte sich auch in Russland gegen eine kleptokratische Regierung wenden. Aber so sehr der Sturz Wiktor Janukowitschs der Auslöser der von Moskau aus geplanten Sezession der Krim und der separatistischen Gewalt in der Ostukraine war, so naiv wäre es, dies als eine spontane Reaktion zu deuten. Pläne zur Annexion ukrainischen Territoriums existierten seit langem. Wer den in der „Nowaja Gaseta", der letzten unabhängigen Zeitung Russlands, die zum Teil Gorbatschow gehörte, am 28. Februar 2015 publizierten Annexionsplan des devoten orthodoxen Oligarchen Konstantin Malofeew, der in der ersten Februarhälfte 2014, also vor dem Sturz Janukowitschs, dem Kreml vorlag, liest, merkt sofort, dass er nur eine Konkretisierung seit langem bestehender Ideen darstellt, deren moralische Rechtfertigung erst gar nicht versucht wird, wie das unweigerlich der Fall wäre, würde es sich um einen neuen Vorschlag handeln. Auch die Schnelligkeit der Reaktion Russlands deutet darauf hin, dass hier nur Pläne aus der Schublade gezogen werden mussten.

Wer sich mit dem 1997 in erster Auflage erschienenen Buch des Gründers und Vorsitzenden der Eurasischen Partei, Alexander Dugin, „Osnoby geopolitiki" (Grundlagen der Geopolitik) befasst, das russischen Generalstabsoffizieren als Lehrbuch dient (und dessen Übertragung ins Deutsche ich mir wünsche, nicht etwa weil ich es schätze, sondern weil das deutsche Publikum, das selten Russisch liest, dadurch mehr über die Kategorien russischer Politiker erfahren würde), wer Alexander Prochanows Zeitung „Sawtra" kennt, die einen Einmarsch russischer Truppen in die Ukraine lange vor dem Ereignis forderte, weiß, dass die Wiederherstellung des sowjetischen Territoriums und die Transformation der „dekadenten" EU in ein russisches Protektorat deklarierte Ziele der aggressiven Rechten sind, die oft von den Altkommunisten nicht zu unterscheiden ist: Prochanow stand im August 1991 auf Seiten des Putschversuches gegen Gorbatschow. Dugins Besessenheit von der Geopolitik, die man wie manch andere Aspekte des heutigen Russlands aus dem Deutschland der 1920er und 1930er Jahre kennt (man denke an Karl Haushofer), beruht auf Missachtung der „willkürlichen" gegenwärtigen Grenzen und damit eines grundlegenden Prinzips des Völkerrechts. Geopolitik ist ihrer Natur nach imperialistisch im Sinne Morgenthaus. Dugin gehört übrigens heute zu den Kritikern Putins, der – zurückgehalten von in den globalen Kapitalismus verflochtenen Liberalen – zu zaudernd vorgehe.

Und in der Tat ist dies der dritte Grund für die größere Gefährlichkeit Putins. Putin ist nicht nur unkontrollierter Alleinherrscher Russlands, er ist auch außerordentlich intelligent – er weiß, dass das Geschwätz von Prochanow, Dugin und Rogosin kontraproduktiv ist. Die Kunst der Verstellung und der offenen Lüge beherrscht der ehemalige KGB-Agent zur Perfektion, und er kennt die alte Maxime „zwei Schritte vor, einen Schritt zurück", mit der man kurzsichtige Gegner leicht beruhigen kann. Zentraleuropa hat er mit den Erdgasexporten wirtschaftlich von sich abhängig gemacht, damit er neben dem militärischen ein weiteres Druckmittel in der Hand hat; und er hat die erste Überschreitung der ukrainischen Grenze sehr geschickt als Sezession organisiert, wohl wissend, einige westliche Völkerrechtler würden die Öffentlichkeit dahin belehren, so etwas sei keine wirkliche Annexion.

Die „Freiwilligen", die in der Ukraine kämpfen, scheinen zwar keine richtige Wahl zu haben – die „Nowaja Gaseta" vom 16. Februar 2015 berichtet von einem jungen Soldaten, der seiner Familie besorgt mitgeteilt hatte, er werde nach Rostow am Don versetzt, von wo aus die „Freiwilligen" die Grenze zur Ukraine überschreiten; er wurde kurz darauf erschlagen, doch trotz Hämatomen am ganzen Körper und gebrochener Nase erkannte die Staatsanwaltschaft einen Selbstmord, hierdurch die Varianten dieser Todesart um eine neue, bisher unbekannte bereichernd. Die russischen Soldaten, die in der Ukraine fallen, bekamen schon 2015 keine öffentliche Beerdigung, doch dies scheint Putins Popularität nicht nachhaltig zu schaden.

Putins zentrales Streben gilt der Macht: erstens in Russland selber, wo er, wie gesagt, eine seit Stalin unbekannte Machtfülle genießt. Aber er kann diese Machtkonzentration nicht nur vor dem Volk, sondern auch vor sich selber nur rechtfertigen, wenn sie als notwendig erscheint. Anfangs war das Argument, das ihm auch westliche Politiker wie Gerhard Schröder abkauften, es gehe ihm, etwa bei der Abschaffung des Föderalismus, nur um den Erhalt Russlands; und in der Tat hat er dem Land größere Stabilität und größeren Wohlstand gebracht. Da aber diese wirtschaftlichen Erfolge nicht langfristig sind, zumal ein beträchtlicher Teil der Intelligenz und die besten Wissenschaftler das Land verlassen haben, braucht er nun außenpolitische Erfolge, und es gibt jeden Grund zu vermuten, dass er selber sich für berufen hält, die Schmach von 1991 zu sühnen. Zwar wird jeder Tyrann ab einem bestimmten Zeitpunkt von der Stimmung des Hasses getrieben, die er selbst losgetreten hat, und zu irrationalen Entscheidungen gedrängt, die er eigentlich gar nicht will, aber zu Putins Zielen wird zweitens die Ausdehnung seiner Macht über das heutige Territorium Russlands hinaus durchaus gehören, im Idealfall auf alle ehemaligen Sowjetrepubliken.

In meinem Buch „Moral und Politik" unterscheide ich drei Typen von Machtkämpfen, denen auch drei Formen von Krieg entsprechen. Geht es nur um Interessen, wie in den Kabinettskriegen des 18. Jahrhunderts, sind Kriege meist kontrollierbar – denn ein Kompromiss ist meist eher im beiderseitigen Interesse als fortgesetzte Verluste. Wesentlich blutiger sind Kriege um Werte wie die Revolutionskriege nach 1789 und der Zweite Weltkrieg. Immerhin gibt es hier eine moralische Dimension, die dem Kampf der einen Seite eine gewisse Würde gibt, und es kann die Hoffnung bestehen, dass am Ende die Sachargumente auch vom Gegner begriffen werden. Am bittersten sind Kriege, in denen es um Anerkennung geht, in denen der eine dem anderen zeigen will, dass er ihn nicht so hätte behandeln dürfen. Revanchekriege sind meist Kriege dieser Art. Der Erste Weltkrieg hatte viele Züge eines solchen Krieges. Sicher handelt es sich bei dieser Unterscheidung um Idealtypen: In der Regel sind die drei Typen in der Wirklichkeit vermischt, allerdings nicht zu gleichen Graden. Das Anerkennungsproblem spielte auch im Zweiten Weltkrieg auf deutscher Seite eine wichtige Rolle, aber der eigentliche Streit ging um die Legitimität bestimmter staats- und völkerrechtlicher Ideen. Auch heute spielt ein solcher Streit mit, und natürlich ist die Kontrolle der Ukraine als dem größten Flächenstaat Europas für die russischen Oligarchen verlockend. Doch an der Basis des Konflikts schwelt – viertens – ein Kampf um Anerkennung mit dem Westen. Da Russland den Übergang in einen effizienten und fairen Kapitalismus nicht geschafft hat, sucht es nun die Auseinandersetzung auf der Ebene, auf der es sich überlegen fühlen kann, der physischen: nicht viel anders als arbeitslose trunkene Teenager, die diejenigen zusammenschlagen, deren Blick ihnen zu suggerieren scheint, sie hielten sich für überlegen.

Ein wichtiger Unterschied ist, dass Russland das größte Atomwaffenarsenal auf Erden besitzt. Die Chance, atomar weiter abzurüsten, die unter Obama ohne Zweifel bestand, hat Putin zurückgewiesen, und zwar sicher weil die Ungleichheit im wirtschaftlichen und wissenschaftlichen Bereich nur durch die vielen Atomwaffen kompensiert wird. Dies mag im kurzfristigen Interesse seines Landes sein; im Interesse der Welt ist es nicht. Militärische Macht ist das Einzige, worauf Russland sich heute etwas einbilden kann – zusammen mit der enormen Leidensfähigkeit des russischen Volkes, die, in zwei Weltkriegen erprobt, allen Russen das Gefühl vermittelt, wenigstens darin seien sie im Falle eines Konfliktes „Gayropa" überlegen (so heißt die EU in Russland inzwischen, auch wenn jemand tief gesunken sein muss, um sich so viel auf seine Heterosexualität einzubilden). Putin hat uns im letzten Jahrzehnt reichlich Gelegenheit gegeben, seinen muskulösen Oberkörper zu bestaunen – die Fotos waren schon Drohungen, und diese kamen schon 2015 immer expliziter, wie diejenige mit einem Einmarsch in Kiew (in einem Gespräch mit José Manuel Barroso) oder sogar in Nato-Länder (so angeblich in einem Gespräch mit Petro Poroschenko) oder mit einem nuklearen Angriff auf Dänemark (durch seinen Botschafter am 22. März 2015). Auch die Erklärung Putins vom 23. Februar 2015, er glaube nicht an einen Krieg mit der Ukraine, weil dieser „apokalyptisch" sein würde, schaffte es auf geschickte Weise, eine ungeheure Drohung und zugleich abwiegelnd für diejenigen zu sein, die sich etwas vormachen lassen wollen. Als er dann zwei Tage später erklärte, die Weigerung Kiews, auf eigene Kosten Erdgas in die abgespaltenen Gebiete fließen zu lassen, „schmecke nach Genozid", schien er anzudeuten, es bestehe nun moralischer Anlass für eine „humanitäre Intervention". Wer sich dieser Wortwahl bedient, will keinen Frieden. Und man durfte sich schon 2015 trotz des Minsker Abkommens darauf gefasst machen, dass bei guter Gelegenheit die „Separatisten" Mariupol zu nehmen versuchen würden, um so die Krim auf dem Landweg mit dem Mutterland zu vereinen. Ob man dann auch nach Transnistrien vorstoßen und die „Restukraine" in ein Protektorat verwandeln würde, blieb abzuwarten.

Was tun?

Warum hat Putin 2014 losgeschlagen? Ich glaube nicht, dass die Maidan-Revolution die eigentliche Ursache war. Auch wenn sie als Provokation wahrgenommen wurde, hätte Putin gewartet, wenn er den Zeitpunkt nicht für geeignet gehalten hätte. Ich vermute, Putin ist sich im Klaren darüber, dass die Zeit gegen Russland arbeitet. Der Aufstieg Chinas als zweiter Weltmacht wird Russland weiter in den Hintergrund drängen; die Chancen auf große wirtschaftliche Fortschritte Russlands sind nicht gut; Putins Alter ist derart, dass er nicht allzu lange warten kann, wenn er als „Sammler russischer Erde" in die Geschichtsbücher eingehen will. Insbesondere aber: Er und die meisten Russen nehmen den Westen als derzeit besonders schwächlich war, und das ist der fünfte Unterschied zur Situation der 1970er Jahre.

Obama galt – in meinen Augen zu Unrecht – als schwacher Präsident, dessen Versuch, die amerikanisch-russischen Beziehungen zu bessern, daher zurückgewiesen wurde, auch wenn gleichzeitig so getan wurde, die USA bedrohten Russland. Die Kriegsmüdigkeit der USA nach dem rechtlich, moralisch und politisch verwerflichen Irakkrieg, die weiterhin mühsame Abstimmung der europäischen Außenpolitik, die antieuropäischen Kräfte in vielen EU-Ländern, das Vorherrschen kurzsichtiger Politiker, die, wie das britische Oberhaus kürzlich schrieb, schlafwandelnd in die Krise stürzten, schließlich die offenen Sympathien des ungarischen Ministerpräsidenten für Putin waren eine Chance, die dieser sich nicht entgehen lassen durfte. Putin weiß, dass die Politik der EU nicht militärisch abgedeckt ist: Viele Verteidigungsbudgets der EU sind in den letzten Jahren geschrumpft, während unter Anatoli Serdjukow als Verteidigungsminister (2007 bis 2012) die Schlagkraft der russischen Streitkräfte bedeutend erhöht wurde. (Serdjukow machte sich mit seinen klugen organisatorischen Reformen viele Feinde im Militär und wurde wegen angeblicher Korruption entlassen.)

Der Westen hat im neuen Jahrhundert viele Fehler gemacht. Ich nenne nur: Die Kündigung des ABM-Vertrages 2001 durch die USA war unklug, die Verletzung des Völkerrechts im Irakkrieg 2003 skandalös, der Sturz Gaddafis 2011 ohne Klärung seiner Nachfolge unverantwortlich, die Entscheidung des Internationalen Gerichtshofs 2010 zur Unabhängigkeit des Kosovo schuf einen gefährlichen Präzedenzfall, und man hätte in Kiew auf die legale Abwahl Janukowitschs im Herbst 2014 warten sollen. All dies sollte man zugeben. Angesichts der horrenden Folgen eines Krieges mit Russland ist es ferner völlig vernünftig, dass man wegen der Ukraine nicht einen solchen Krieg riskieren will und kann. Aber der Aggressor muss dafür einen Preis zahlen, und zwar einen wirtschaftlichen wie einen diplomatischen; denn moralische Argumente fruchten nicht mehr. Nachgeben würde nur zu noch mehr Forderungen führen. Dabei muss dieses Mittel möglichst lange zur Verfügung stehen – in der Hoffnung, dass die Oligarchen aus Angst vor weiteren Verlusten protestieren, statt auf die „patriotische Linie" einzuschwingen. Auch am Konflikt nicht beteiligten Staaten, zumal China, muss die Gefährlichkeit der russischen Politik eindringlich klargemacht werden.

Was geschehen würde, sollte Russland einen jener sechs EU-Staaten angreifen, die 2015 noch nicht Nato-Mitglieder waren, um die Schwäche der EU deutlich zu machen (aus geographischen Gründen waren Zypern, Finnland und Schweden die einzigen plausiblen Kandidaten), wusste seinerzeit niemand. Zumindest eine Rückkehr des Kalten Krieges und eines neuen Eisernen Vorhangs wäre unvermeidlich. Die Verletzung der Grenzen eines Nato-Landes stellte dagegen unweigerlich einen Bündnisfall dar.

Alle Versuche, die USA und die EU zu entfremden, müssen abgewehrt werden, zumal ohnehin eine starke Tendenz in den USA besteht, sich stärker dem pazifischen Raum zuzuwenden, in dem ganz andere Wachstumsmöglichkeiten existieren. Der politische Einigungsprozess in der EU muss vertieft werden – dass der Kreml sich durch ihn bedroht fühlt, belegt ja seine Unterstützung der antieuropäischen extremen Rechten. Insbesondere aber muss die wahre Natur des Putinschen Regimes deutlich gemacht werden, trotz aller Versuche im Internet, vermutlich oft im bezahlten Auftrag Russlands, abwiegelnde und antiamerikanische Ressentiments zu schüren. Die Ablenkung der westlichen öffentlichen Meinung durch geringere Probleme, aber selbst ernsthafte wie den islamistischen Terror, hat es erst ermöglicht, dass Russland durch einen Coup überraschen konnte, der in Wahrheit vorhersehbar hätte sein müssen.

Gleichzeitig muss der Westen, wie zu Zeiten des Kalten Krieges, Russland klarmachen, dass er stets zur Rückkehr zur Zusammenarbeit willens ist, wenn das Völkerrecht als das wichtigste Mittel, Gewalt zwischen Staaten zu verhindern, respektiert wird. Die innere Herrschaftsstruktur Russlands kann man von außen nicht ändern. Aber man sollte bei Begegnungen mit Russen keine Gelegenheit ungenutzt lassen, auf die enormen Risiken zu verweisen, die ein autoritäres Regime und eine aggressive Politik mit sich bringen – auch mit Verweis auf die jüngere europäische Geschichte, unter der gerade die große russische Nation so viel leiden musste.

Putins Staatsräson: Der Feind steht im Westen

Von **Manfred Quiring**

Kurz vor der Sommerpause 2021 ereignete sich in Moskau ein Skandal, ein Theaterskandal, wie es schien. Auf der Bühne des Moskauer „Sowremennik"-Theaters wurde, insgesamt drei Mal, das Stück „Das erste Brot" des russischen Autors Rinat Taschimow aufgeführt. Das aber reichte, um Offiziere und Kriegsveteranen in vereinter Empörung auf den Plan zu rufen und nach „Maßnahmen" zu verlangen. Denn in dem Stück, in dem es um die Perspektivlosigkeit Jugendlicher in der russischen Provinz geht, sahen die „Offiziere Russlands" und die „Veteranen Russlands" den Tatbestand der Veteranenbeleidigung und der „Homosexuellen-Propaganda" erfüllt. Beides gilt in Russland als schweres Verbrechen, schwerer wiegt nur noch die Verunglimpfung des Präsidenten.[1] Verschärfend dürfte in den Augen russischer Patrioten zudem die Tatsache gewirkt haben, dass ein aus Polen stammender Regisseur, Weniamin Koz, das Stück inszeniert hat. Was zunächst wie ein Streit über Theater, Kunst, Missverständnisse und beleidigte Angehörige verschiedener Bevölkerungsgruppen erscheinen mag, illustriert bei näherem Hinsehen die repressiven Veränderungen, die sich im autoritären russischen Staat gerade in den Monaten und Wochen vor den Wahlen zur Staatsduma am 19. September 2021 abspielten. Kaum war der Streit entbrannt, schaltete sich das russische Kulturministerium ein. Es kündigte „gesellschaftliche Anhörungen" an, in denen die Spielpläne der Theater landesweit gründlich durchleuchtet werden sollen. Es gelte zu klären, inwieweit diese der kurz zuvor von Präsident Wladimir Putin unterzeichneten „Strategie der nationalen Sicherheit" entsprechen. Denn, so begründete der Vorsitzende des gesellschaftlichen Beirats des Ministeriums, Michail Lermontow, den auch für russische Verhältnisse einmaligen Vorgang, das Dokument enthalte einen „gewaltigen Abschnitt" über die Bewahrung der geistig-moralischen und patriotischen Werte Russlands. Daran müssten auch Theaterspielpläne gemessen werden.[2]

Das unter Federführung von Sicherheitsratschef Nikolai Patruschew im russischen Sicherheitsrat verfasste Strategiepapier hatte Putin am 3. Juli 2021 mit seiner Unterschrift in Kraft gesetzt. Die Doktrin, die alle sechs Jahre

---

1 Следственный комитет проверяет спектакль «Первый хлеб» с Лией Ахеджаковой. В постановке «Современника» ищут оскорбление ветеранов и «неприкрытую пропаганду однополой любви, www.meduza.io, 30.7.2021.
2 Die Repertoires der Theater werden auf Übereinstimmung mit der Strategie der nationalen Sicherheit überprüft, in: „RIA Nowosti", 2.8.2021.

aktualisiert wird – die Vorgänger-Variante stammt aus dem Jahr 2015 –, bildet die Grundlage für die „strategische Planung" des Kreml. In ihr wird festgelegt, wie die nationalen Interessen und strategischen Prioritäten aus Sicht der russischen Führung zu interpretieren sind.

Die »Bedrohung der russischen Werte«

Die in dem Papier formulierten Ziele sind hoch gesteckt – und reichen weit in die Zukunft. Zu ihnen zählen etwa die Bewahrung des russischen Volkes, die Erhöhung der Lebensqualität und des Wohlstandes der Bürger, die Stärkung der Verteidigungsfähigkeit, die Einheit und Geschlossenheit der russischen Gesellschaft sowie die Erhöhung der Wettbewerbsfähigkeit und des internationalen Ansehens Russlands. Der Weg dahin werde allerdings kein leichter sein, heißt es in dem Dokument: „Unfreundlich gesinnte Länder versuchen, die in der Russischen Föderation existierenden sozial-ökonomischen Probleme auszunutzen, um die innere Einheit zu zerstören, Protestbewegungen zu inspirieren und zu radikalisieren, marginale Gruppen zu unterstützen und die russische Gesellschaft zu spalten. Immer aktiver werden indirekte Methoden angewendet, die darauf gerichtet sind, langfristig Instabilität innerhalb der Russischen Föderation zu provozieren."[3]

Ganz besonders beunruhigt den Kreml offensichtlich die angebliche Bedrohung der traditionellen russischen „geistig-moralischen Werte". Rund dreißig Mal taucht der Begriff in dem 44 Seiten umfassenden Werk auf, übertroffen nur von dem Begriff „Sicherheit", der rund einhundert Mal Verwendung findet. Zu den ur-russischen Werten gehören laut der Doktrin „Leben, Würde, Rechte und Freiheiten des Menschen, Patriotismus, staatsbürgerliches Bewusstsein, Dienst am Vaterland und Verantwortung gegenüber seinem Schicksal, hohe moralische Ideale, eine starke Familie, schöpferische Arbeit, der Vorrang des Geistigen vor dem Materiellen, Humanismus, Barmherzigkeit, Gerechtigkeit, Kollektivität, gegenseitige Hilfe und Achtung, historisches Gedächtnis und generationenübergreifende Kontinuität".[4]

Diese Werte sind zwar zumindest teilweise der europäischen Menschenrechtskonvention entlehnt, seien aber nach Meinung des russischen Strategiedokuments „seitens der USA und ihrer Verbündeten aktiven Angriffen ausgesetzt – auch von Seiten transnationaler Konzerne und ausländischer nicht kommerzieller Organisationen". Es ist vor allem die westliche Lebensweise, wie der russische Sicherheitsrat sie versteht, die die Verfasser der Doktrin umtreibt. Die russischen Eliten, in denen Geheimdienste und Militärs das Sagen haben, fühlen seit geraumer Zeit, dass ihnen zwar die älteren Jahrgänge der Bevölkerung mehrheitlich noch gewogen sind, ihnen jedoch die junge Generation entgleitet. Die patriarchalen, orthodox geprägten Lebensentwürfe verfangen bei ihr immer weniger. Das wirre Bild, das Sicherheitsratschef Patruschew mit seinen Leuten vom Westen malt, dürfte daran wenig

---

3   Putin bestätigte die Strategie der nationalen Sicherheit, www.tass.ru, 3.7.2021.
4   Der Präsident bestätigt die Strategie der nationalen Sicherheit, www.kremlin.ru, 2.7.2021.

ändern. Es hat etwas Verzweifeltes, wenn in der Doktrin davor gewarnt wird, im Westen würden „persönliche Freiheiten verabsolutiert". Dort walte „eine aktive Propaganda der Freizügigkeit, der Sittenlosigkeit und des Egoismus; es wird ein Kult der Gewalt, des Konsums und des Vergnügens durchgesetzt; es wird der Konsum von Drogen legalisiert und eine Gesellschaft gebildet, die den natürlichen Lebenszyklus [gemeint ist die Vater-Mutter-Kinder-Familie – d. A.] negiert." Dem Dokument zufolge wachse dadurch der Druck des Westens auf Russland – und damit die Gefahr einer Spaltung der Gesellschaft.[5]

Russland sei „eingekreist von Feinden, im Griff einer fremden Kultur", kommentierte denn auch die kremlnahe Zeitung „Njesawissimaja Gaseta" und brachte damit das von Paranoia geprägte Lebensgefühl der russischen Eliten zum Ausdruck. Dem versuchten die Sicherheitsorgane entgegenzuwirken, indem sie sich der „Feinde" im Inland und im Ausland annähmen.[6]

Und tatsächlich wurden Ende Juli 2021 erneut zahlreiche NGOs, dieses Mal aus Tschechien, Großbritannien, Frankreich und Deutschland, in Russland als „unerwünschte Organisationen" eingestuft, was praktisch einem Verbot gleichkommt. Betroffen davon sind auf deutscher Seite das Zentrum Liberale Moderne und der Deutsch-Russische Austausch, beides Mitglieder des Petersburger Dialogs. Dieses 2001 gegründete deutsch-russische Gesprächsforum, das sich seit Jahren verzweifelt darum bemüht, die Gesprächskanäle offenzuhalten, sah sich angesichts dessen zu einer Reaktion gezwungen und setzte die bilateralen Veranstaltungen aus.[7] Der Direktor des Moskauer Carnegie-Zentrums, Dmitrij Trenin, der in der Regel gut darüber informiert ist, was im Kreml gedacht wird, sah auch diese Wende in der neuen Sicherheitsstrategie begründet. Er hielt die Strategie für einen wichtigen Meilenstein auf dem Weg zur formalen Ablehnung der liberalen Phraseologie der 1990er Jahre und der Ersetzung der „westlichen" Moral durch Standards, die auf eigenen russischen Traditionen beruhen. Mehr noch: Für Trenin bildete die Strategie gar das „Manifest einer neuen Epoche".[8]

Genau dreißig Jahre nachdem die Sowjetunion auf dem Höhepunkt ihrer militärischen Macht und ohne äußere Einwirkung zerfallen sei, habe Russland den Status einer Großmacht wiedererlangt, glaubt man nicht nur im Kreml. Nun habe „die russische Führung allen Grund, sich mit den offenkundigen inneren Schwächen zu beschäftigen", so Trenin. Ignoriert wird bei diesem Glauben an die Wiedererlangung einstiger Größe allerdings die Tatsache, dass die USA über ein dreizehn Mal größeres Bruttoinlandsprodukt (BIP) verfügen. Russlands Anteil an der Weltindustrieproduktion lag 2021 bei lediglich zwei Prozent, 1913, vor dem Ersten Weltkrieg, waren es schon einmal fünf Prozent. Und in der Statistik des BIP pro Kopf kam der rus-

---

5 Ebd.
6 Wladimir Iwanow, Von Feinden umringt, im Griff fremder Kulturen, in: „Njesawissimaja Gaseta", 15.7.2021.
7 Aussetzung der bilateralen Veranstaltungen des Petersburger Dialogs, Presseerklärung vom 27.7.2021, www.petersburger-dialog.de.
8 Dmitrij Trenin, Russia's National Security Strategy: A Manifesto for a New Era, www.carnegie.ru, 6.7.2021.

sische Staat hinter Surinam und Gabun erst auf Platz 73.[9] Dessen ungeachtet malt die neue Sicherheitsdoktrin ebenso bunte wie unkonkrete Bilder über die ökonomische Zukunft Russlands, dessen Wirtschaft, so hofft man dort, schneller als das weltweite Mittel wachsen werde.[10]

Die Wahl zur Staatsduma als Legitimierungsritual der Mächtigen

Die Verschärfung des repressiven Charakters des Putin-Regimes im Innern begann allerdings schon, während im russischen Sicherheitsrat noch an der neuen Doktrin gefeilt wurde. Der Trend war bereits im Frühjahr 2020 zu beobachten, als die Verfassung geändert und jene Gesetze verabschiedet wurden, die die Grund- und Freiheitsrechte der Bürger beschränken. Nun setzt er sich allerdings verstärkt fort. Die Mächtigen in Russland reagierten damit auf die Tatsache, dass sich der sogenannte Krim-Konsens von 2014/2015 zwischen der Putin-Führung und der Gesellschaft erschöpft hatte, wie die russische Politologin Tatjana Woroscheijkina analysierte.[11] Seinerzeit hatten viele Russen die Annexion der ukrainischen Halbinsel begrüßt, und Putins Popularität wuchs an. Lange vor den Wahlen 2021 hatte der Kreml deshalb das Feld der tatsächlichen oder vermeintlichen Opponenten der „Partei der Macht", wie Putins Partei „Einiges Russland" auch genannt wird, bereinigen lassen. Kandidaten der „nichtsystemischen", also vom Kreml nicht zugelassenen Oppositionsparteien wurden landesweit hundertfach vom Urnengang ausgeschlossen. Oft wurden sie mit Hilfe überaus fadenscheiniger Anklagen vor Gericht gestellt oder allein durch die Drohung mit einem Verfahren zum Aufgeben gedrängt.

Für den Politologen Andrej Kolesnikow sind Wahlen in Russland ohnehin nur ein „Ritual" zur Legitimierung der aktuellen Machthaber. Der Bevölkerung werde nahegelegt, für die Partei „Einiges Russland" zu stimmen und dass es besser sei, sich bei der Mehrheit und damit bei der „Herde" zu halten. Von der systemischen, vom Kreml zugelassenen Opposition – KPRF, LDPR und Gerechtes Russland – geht indes keine Gefahr für das System aus. Sie sind Kolesnikow zufolge „Abteilungen der Administration des Präsidenten".[12]

Die zentrale Hassfigur in den Augen der Staatsmacht war zweifellos Alexej Nawalny, der jahrelang mit seiner Antikorruptions-Stiftung (*Fond borby s korrupzijej* – FBK) die Bestechlichkeit hoher und höchster Staatsfunktionäre enthüllt hatte. Nach einem fehlgeschlagenen Giftanschlag, den er mit Hilfe deutscher Ärzte nur knapp überlebte, saß er seit seiner Rückkehr nach Russland bis zu seinem Tod im Gefängnis; seine FBK wurde für illegal erklärt. Ihr Chef, Dmitrij Wolkow, lebt inzwischen im Ausland und die Mitarbeiter der regionalen Organisationsstäbe werden strafrechtlich verfolgt.

Auch im Medienbereich, den der Kreml bereits weitgehend unter Kontrolle gebracht hatte, spielten sich letzte Gefechte ab. Die Beseitigung kriti-

---

9   Vgl. Manfred Quiring, Russland. Auferstehung einer Weltmacht?, Berlin 2020, S. 207.
10 Der Präsident bestätigt die Strategie der nationalen Sicherheit, www.kremlin.ru, 2.7.2021.
11 Tatjana Woroschejkina, Nawalny, die Politik und die Moral. Das Putin-Regime und die Gesellschaft, in: „Osteuropa", 3/2021, S. 29-38.
12 Diskussion. Wahlen als Ritual, www.newtimes.ru, 26.7.2021.

scher Stimmen und um Objektivität bemühter Medien war in den Monaten vor der Parlamentswahl in ein entscheidendes Stadium getreten. So musste das russische Onlinemedium „VTimes" nach nur einjähriger Tätigkeit aufgeben, nachdem es im Mai 2021 vom russischen Justizministerium auf die Liste der „ausländischen Agenten" aufgenommen worden war. Abgesehen von finanziellen Problemen wird „VTimes" durch das Agenten-Label in die Nische der politischen Opposition gedrängt – dabei sei dies nie so konzipiert gewesen, beklagt die Redaktion in einer Abschiedserklärung.[13]

Zuvor hatte bereits das Nachrichten-Portal „Newsru.com" nach 21 Jahren seine Arbeit einstellen müssen. Seit 2014 habe sich die Lage im Land grundsätzlich zu verändern begonnen, bilanziert die Redaktion: „Immer öfter mussten wir über die Annahme einschränkender Gesetze berichten, die in jedem Moment auch uns selbst betreffen konnten. Immer mehr angesehene Persönlichkeiten und Quellen wahrhaftiger Informationen mussten wir als ausländische Agenten und Extremisten markieren. Die Situation, die in der Wirtschaft und auf juristischem Felde entstanden ist, macht es ‚Newsru.com' unmöglich, weiterhin Qualitätsarbeit zu leisten."[14]

Betroffen sind auch die Online-Rechercheplattform „Projekt" und das Investigativ-Medium „The Insider". Auch ihnen wurde der Status „ausländischer Agent" verliehen, was eine journalistische Tätigkeit praktisch unmöglich macht. Fünf „Projekt"-Mitarbeiter wurden sogar persönlich zu „ausländischen Agenten" erklärt. Damit sind sie verpflichtet, „nicht nur alle Einnahmen, sondern selbst ihre täglichen Ausgaben dem Staat zu melden".[15]

Geschichtsschreibung im nationalen Interesse

Eine Sonderbehandlung erfahren Historiker, die mit der offiziellen, von Präsident Putin vorgegebenen Geschichtsbetrachtung nicht konform gehen. Im Zentrum der Verfolgung stand schon 2021 die Menschenrechtsorganisation „Memorial" mit ihren regionalen Ablegern, die sich seit dem Ende der Sowjetunion der Erforschung des sowjetischen totalitären Erbes verschrieben hat. Unter Putin wurde auch sie als „ausländischer Agent" eingestuft, und nach der Invasion 2022 zwangsliquidiert. Einzelne Mitglieder werden gerichtlich verfolgt. So wurden etwa Alexander Gurjanow von der polnischen Kommission von „Memorial" gerichtliche Schritte angedroht. Der Historiker erforscht die sowjetischen Repressionen der 1930er und 1940er Jahre. Und Jurij Dmitrijew von der karelischen Abteilung von „Memorial", der das Andenken an die Opfer der Repressionen in Karelien aufrechterhalten will, wurde mit fabrizierten Anklagen wegen angeblichen Kindesmissbrauchs überzogen.[16] Schon 2014 war Andrej Subow, ein angesehener Historiker und Kenner der Geschichte der orthodoxen Kirche, aus dem Moskauer staatlichen

13 Vtimes, www.dekoder.org.
14 Dank an alle, die im Verlaufe von 21 Jahren mit uns waren, www.newsru.com, 31.5.2021.
15 Pavel Lokshin, Die dunkelste Stunde der Repression, www.welt.de, 23.7.2021.
16 Vgl. Olesja Pawlenko, Verbrechen gegen die Geschichte (Prestuplenije protiw istorii), in: „Nowaja Gaseta", 11.6.2021.

Institut für internationale Beziehungen (MGIMO) entlassen worden, unter anderem weil er die russische Besetzung der Krim scharf kritisiert und sie mit dem „Anschluss" Österreichs an Hitler-Deutschland im Jahr 1938 verglichen hatte. Andrej Petrow, Dozent an der Staatlichen Universität Irkutsk, wiederum verlor seine Arbeitsstelle, weil er historische Spaziergänge durch seine Heimatstadt organisierte, deren inhaltliche Aussagen der Obrigkeit missfielen. Und Jurij Piwowarow, Mitglied der russischen Akademie der Wissenschaften und ehemaliger Direktor des Moskauer Instituts für wissenschaftliche Information für Gesellschaftswissenschaften (INION), der sich derzeit zur medizinischen Behandlung in Deutschland aufhält, wird wegen seiner kritischen Haltung zum politischen System in Russland verfolgt.

Letztlich geht es bei all dem darum, das kulturelle und geistige Leben Russlands in ein monolithisches Denkgebäude zu verwandeln. In diesem Sinne hat auch eine 2021 ins Leben gerufene „Sonderkommission" unter Leitung von Ex-Kulturminister Wladimir Medinski, die sich vorwiegend aus Geheimdienstlern, Staatsanwälten und Militärs zusammensetzt, den Auftrag, die offizielle Kreml-Sicht in der Geschichtsschreibung durchzusetzen. Im Gegensatz zur Vorgänger-Kommission von 2009 wurde dabei auf die Mitwirkung von Abgeordneten, Vertretern aus dem Kunst- und Kulturbereich oder Historikern weitgehend verzichtet. Die Kommission, so heißt es in der Anordnung des Präsidenten, habe die Aufgabe, „einen systematischen und offensiven Ansatz zur Wahrung der nationalen Interessen zu gewährleisten". Dazu gehöre die Bewahrung der „historischen Erinnerung", die von ausländischen Strukturen angegriffen würde, „zum Schaden der nationalen Interessen Russlands in der Sphäre der Geschichtsschreibung".[17]

Fest steht: Die russische Führung erhöhte 2021 mit ihren restriktiven Entscheidungen, in deren Zentrum die Strategie der nationalen Sicherheit stand, den autoritären Druck im Innern des Landes noch einmal deutlich. Gleichzeitig kappte der Kreml zahlreiche der noch existierenden Verbindungen nach Westeuropa oder stellte genau das in Aussicht. Auch wenn man Trenins Worten von der „neuen Ära" nicht unbedingt folgen mag, so wird doch überaus deutlich: Wir hatten es schon 2021 mit einer Zäsur in den Beziehungen Russlands zum Westen zu tun, deren Auswirkungen damals noch gar nicht in vollem Umfang abzuschätzen waren. Eines stellte Putins neue Sicherheitsdoktrin indes unmissverständlich klar: Für den Kreml steht der Feind im Westen – das ist Staatsräson.

17 Федеральные ведомства, в том числе силовые структуры, приступают к работе по унификации истории, www.echo.msk.ru, 31.7.2021.

Faschismus à la Dugin

Von **Andreas Umland**

Häufig wird der wachsende Zulauf zu rechtsextremen Positionen in der russischen Gesellschaft übersehen. Das mag auch daran liegen, dass einige prominente postsowjetische Ultranationalisten es verstehen, ihre Nähe zum historischen Faschismus mit positiv belegten Selbstetikettierungen wie „Neoeurasismus" oder „Nationalpatriotismus" zu verschleiern.

Eine der bekanntesten Stimmen in diesem Kontext ist der Moskauer Publizist Alexander Dugin. Der 1962 geborene Gründer, Chefideologe und Vorsitzende der sogenannten Internationalen Eurasischen Bewegung verfügt über Zugang zu höchsten Regierungs- und Parlamentskreisen.[1] Dabei deutete sich seine Affinität zum deutschen Nazismus bereits in seinem ersten und womöglich wichtigsten programmatischen Artikel „Der Große Krieg der Kontinente" von 1992 an. Darin legt Dugin seine Interpretation der jüngeren Menschheitsgeschichte dar, welche von den Machenschaften der uralten geheimen Orden der „Atlantiker" und „Eurasier" geprägt sei, die sich seit Jahrhunderten in einem „okkulten punischen Krieg" befänden. Innerhalb des „eurasischen" Lagers habe es in der ersten Hälfte des 20. Jahrhunderts die „roten" und „weißen Eurasier" gegeben, wobei Letztere in Europa dem deutschen Nationalismus nahe gestanden hätten: „Wir finden die Vertreter dieses [eurasischen] Ordens in der [Naziorganisation] Abwehr und später in den ausländischen Sektionen der SS und des SD (besonders im SD, dessen Chef Heydrich selbst ein überzeugter Eurasier war, weshalb er ein Opfer der Intrige des Atlantikers Canaris wurde)." Der abstruse Artikel endet mit den Worten: „Schon schlägt die entscheidende Stunde Eurasiens [...]. Schon naht der *Große Krieg der Kontinente* sich dem Endpunkt."[2]

„Da, wo es wenigstens einen Tropfen arischen Blutes [...] gibt", schreibt Dugin 1993 in besonders offensichtlicher Anlehnung an die Ideologie der NSDAP, existiert „die Chance für ein rassisches Erwachen, für eine ‚Wiederauferstehung des arischen primordialen Bewusstseins'".[3] Er schränkt zwar – abweichend vom biologischen Rassismus der Nazis – ein, dass „die Arier ihrem Wesen nach nicht so sehr von der Biologie bestimmt [sind], als durch

---

1 Vgl. Katrin Bastian und Roland Götz, Unter Freunden? Die deutsch-russische Interessenallianz, in: „Blätter", 5/2005, S. 583-592, hier: S. 591 f.
2 Alexander Dugin, Konspirologija, Moskau 1992, S. 102, 131. Alle russischen Originalzitate sind nachzulesen in: Andreas Umland, Fašist li doktor Dugin? Nekotorye otvety Aleksandra Gel'eviča, in: „Forum.msk.ru: otkrytaja elektronnaja gazeta", 20. Juli 2007, forum.msk.ru/material/society/365031.html.
3 Alexander Dugin, Giperborejskaja teorija [Hyperboräische Theorie], Moskau 1993, S. 5.

ihre metaphysische Mission [...]. Die arische Rasse des Subjektes ist die Rasse der nordischen Krieger-Priester." Nichtsdestotrotz ist das dem Arier entgegenstehende „Mensch-Tier nicht nur ein Nichtmensch (wie einfache Tiere), sondern ein Antimensch. [...] Obwohl das Wesen dieses Mensch-Objektes natürlich nicht menschlich ist, also *objektiv* oder *antisubjektiv*, imitieren seine äußeren Merkmale den menschlichen Typ und seine grundlegenden Eigenschaften. *Das Mensch-Tier imitiert den Gedanken und das Wort*."[4]

In seinem Artikel „Linker Nationalismus" von 1992, einer ausschweifenden Apologie des russischen Faschismus, betont Dugin, dass „die Exzesse [des Faschismus] in Deutschland eine Sache ausschließlich der Deutschen und ihrer nationalen Spezifika" sind. Doch trotz dieser und anderer Verurteilungen des deutschen Faschismus stellte der Chef-Neoeurasier in den 90ern wiederholt die Beispielfunktion des Dritten Reiches für seine Ideen heraus – wenn auch oft nur verklausuliert. In einer Sammlung seiner Aufsätze von 1994 konzipiert er einen seiner wichtigsten Leitbegriffe: die „Konservative Revolution". Darin bekennt er sich zur nebulösen Ideologie des „Dritten Weges" und legt diese weiter aus: „Der italienische Faschismus in seiner Frühzeit sowie während der Italienischen Sozialen Republik in Norditalien (die Republik Salo) basierte fast gänzlich auf den Prinzipien der Konservativen Revolution. Die vollständigste und totalste (wenn auch, so muss man allerdings zugeben, nicht die orthodoxeste) Verkörperung des Dritten Weges aber war der deutsche Nationalsozialismus."[5] In Dugins Beschwörung der „Metaphysik des Nationalbolschewismus" mündet dieser Faschismus in eine neue Trinität: „Jenseits von ‚Rechten' und ‚Linken' [liegt] die einheitliche und unteilbare Revolution in der Triade *Drittes Rom – Drittes Reich – Dritte Internationale*."[6]

In seinem Artikel „Faschismus – grenzenlos und rot" sagt Dugin das Aufkommen eines „authentischen, realen, radikalen, revolutionären und konsequenten, eines faschistischen Faschismus" für Russland vorher. Dabei sei es „völlig unberechtigt, den Faschismus eine ‚extrem rechte' Ideologie zu nennen. Dieses Phänomen wird viel besser charakterisiert durch die paradoxe Formel ‚Konservative Revolution'" – also jenen Begriff, mit dem Dugin sowohl seine eigene Ideologie als auch die Programmatik seiner eurasischen Bewegung fasst.[7]

Dass diese Stellungnahmen Dugins nicht nur leeres Gerede waren, beweisen einige seiner politischen Aktivitäten in den letzten Jahrzehnten. Während er sich Ende der 80er Jahre kurzzeitig als Aktivist der monarchistisch-nationalistischen und antisemitischen Bewegung „Pamjat" (Erinnerung) betätigte, war er im Juni 1994 an der Bildung einer Dachorganisation besonders extrem antiliberaler russischer Parteien und Gruppierungen unter dem

---

4 Ebd.
5 Alexander Dugin, Konservativnaja revoljucija [Konservative Revolution], Moskau 1994, S. 14. Auszüge unter: anticompromat.ru/dugin/3put.html.
6 Alexander Dugin, Tampliery proletariata [Die Tempelritter des Proletariats], Moskau 1997, S. 26.
7 Vgl. Roger Griffin, Werner Loh und Andreas Umland (Hg.), Fascism Past and Present, West and East, Stuttgart/Hannover 2006, S. 459-499. Eine englische Übersetzung dieses Artikels in: Ebd., S. 505-510.

Titel „Revolutionäre Opposition" beteiligt. In diesem Zusammenhang ging Dugin kurzzeitig eine offizielle Allianz mit Alexander Barkaschow ein, dem Führer der manifest neonazistischen außerparlamentarischen Partei Russische Nationale Einheit, die Hakenkreuz und Hitlergruß verwendete.[8]

In einem Interview aus dem Jahre 1996 verneinte Dugin zwar, wie auch bei anderen Gelegenheiten, dass er ein „Faschist" sei, was angesichts der negativen Konnotation des Begriffs „Faschismus" in Russland kaum überrascht. Er räumte jedoch ein, dass er „den frühen Italofaschismus mag" und sich „nicht scheue, dies auch zuzugeben". Zudem gäbe es „eine Periode im [frühen] deutschen Nationalsozialismus", die er „interessant" fände. Dugin bezeichnet sich in diesem Interview, wie in zahlreichen späteren Stellungnahmen, als „konservativen Revolutionär" und „Nationalbolschewiken", also mit jenen Begriffen, die er anderer Stelle mit dem Dritten Reich in Verbindung brachte.

Obwohl Dugin seit seinem Aufstieg ins politische Establishment ab 1998 derart eindeutige Stellungnahmen vermeidet, finden sich die oben zitierten und ähnliche Statements bis heute auf seinen Internetseiten.[9] Einzelne Autoren, die zwar mit dem Nazismus zeitweise verbunden waren, jedoch in Russland nicht in dieser Eigenschaft oder überhaupt nicht bekannt sind, wie Carl Schmitt, Jean Thiriart oder Hermann Wirth, zitiert Dugin nach wie vor öffentlich und affirmativ.

Dugin und das Establishment

Ebenso freimütig legt Dugin die wachsende Zahl seiner Kontakte zu einflussreichen Meinungsmachern inner- wie außerhalb Russlands sowie in höchste politische Kreise bloß. 1998 wurde er für einige Jahre offizieller Berater von Gennadi Selesnjow, damals Sprecher des Unterhauses des russischen Parlaments, der Staatsduma. Später wurden einige prominente politische Figuren Russlands Mitglieder des „Höchsten Rates" von Dugins Internationaler Eurasischer Bewegung, so unter anderem der zeitweilige Vizesprecher des Föderationsrates, das heißt des Oberhauses des russischen Parlaments, Alexander Torschin, sowie der damalige Kulturminister der Russischen Föderation, Alexander Sokolow. Neben Vertretern der politischen Sphäre fand sich dort auch eine Reihe einflussreicher Persönlichkeiten aus dem akademischen und öffentlichen Leben, so etwa der Oberste Mufti der Spirituellen Verwaltung der Muslime Russlands und der europäischen Länder der GUS, Talgat Tadschuddin, der Präsident der Nationalen Assoziation der Fernseh- und Radiosender und Mitglied der Verwaltung der Russischen Akademie für Fernsehen, Eduard Sagalajew, sowie das Mitglied der Akademie der Wissenschaften der Russischen Föderation und Vizepräsident der Gesellschaft der Georgier in Russland, Sewerjan Sagarischwili. Von außerhalb Russlands hat

---

8 Markus Mathyl, Is Russia on the Road to Dictatorship? In: „Left Green Perspectives", 34/1995, social-ecology.org/lgp/issues/lgp34.html.
9 Vgl. arcto.ru, my.arcto.ru, evrazia.org/.

Dugin ebenfalls einige namhafte, wenn auch weniger einflussreiche Mitglieder für seine Bewegung rekrutiert, so etwa die in der Ukraine berühmt-berüchtigte Vorsitzende der sogenannten Progressiven Sozialistischen Partei, Natalja Witrenko.[10]

Darüber hinaus wurde auf der Website der internationalen „Eurasischen Bewegung" akribisch dokumentiert, dass Dugin regelmäßig für verschiedene mehr oder minder einflussreiche Printmedien schrieb und häufiger Gast in diversen politischen und kulturellen Fernsehsendungen war.[11] Circa einmal pro Woche trat er in einem der staatlichen oder halbstaatlichen Rundfunk- oder Fernsehkanäle Russlands auf. Aufgrund seiner Eloquenz und Belesenheit hat er sich zu einem beliebten Interviewpartner russischer Journalisten entwickelt. Zählt man die Medienauftritte seiner verschiedenen politischen und intellektuellen Mitstreiter hinzu, kommt man auf eine beinahe tägliche Präsenz der „Duginisten" in den Massenmedien Russlands. Hinzu kommt der wachsende Einfluss seiner Verschwörungstheorien etwa im Hochschulwesen, religiösen Leben oder Militär Russlands.

In den westlichen Medien hat der manifeste Extremismus Dugins und sein kontinuierlicher Zugewinn an politischem Gewicht bisher wenig Aufmerksamkeit erregt. Zwar wird zunehmend erkannt, dass in Russland „nationalistisches Denken zum Mainstream" geworden ist.[12] Dennoch überwiegt etwa im Falle Dugins dessen Exotisierung als kurioser „politischer Wanderprediger", der „ungelüftete Debatten über Geopolitik und Russlands Wiedergeburt als kontinentales Imperium" liebe.[13] Markus Mathyl kritisierte bereits 2002, dass Dugin in Deutschland manchmal als letztlich harmloser, ja „aufrichtig besorgter Bewahrer der russischen Lande porträtiert" wird.[14]

Damit wird die russische Rezeption Dugins in den deutschen Medien partiell reproduziert. Obwohl es dessen profaschistische Äußerungen an Deutlichkeit nicht fehlen lassen, erscheint Dugin in Russland als seriöser Globalisierungskritiker, der mit originell klingenden (wenn auch oft nur von westlichen Intellektuellen geborgten) rhetorischen Instrumenten effektive Fundamentalkritik an der Hegemonie Amerikas nach dem Ende des Kalten Krieges übt. Die erstaunliche Erfolgsstory des Chef-Neoeurasiers kann als Symptom für den Zustand des heutigen geistigen und politischen Lebens Russlands gelten: Wenn es einem „Politikkommentator" vom Schlage Dugins gelingt, mit seinen Ideen in die Führungsetagen zentraler Machtorgane, wesentlicher Massenmedien und Curricula renommierter Bildungseinrichtungen vorzudringen, ist es schlechter um die Zukunft des Landes bestellt, als man ohne dies hätte annehmen müssen.

10 Vgl. Andreas Umland, Vitrenko and her flirtation with Russian „Neo-Eurasianism", in: „Kyiv Post", 24/2007.
11 Vgl. Andreas Umland, The Rise of Integral Anti-Americanism in Russian Mass Media and Intellectual Life, in: „e-Extreme", 2/2006, webhost.ua.ac.be/extremismanddemocracy/newsletter/Commentary7_2.htm.
12 Johannes Voswinkel, Schießübungen zum Dessert, in: „Die Zeit", 41/2006.
13 Michael Thumann, Gesucht: Siedler für Sibirien, in: „Die Zeit", 9/2002. Siehe auch Christoph Bertram, Wird Russland bald muslimisch?, in: „Die Zeit", 3/2007.
14 Markus Mathyl, Grenzenloses Eurasien, in: „Jungle World", 45/2002. Vgl. auch Alexander M. Höllwerth, Das sakrale eurasische Imperium des Alexander Dugin. Eine Diskursanalyse zum postsowjetischen russischen Rechtsextremismus, Stuttgart und Hannover 2007.

Dokumentiert:
Russlands historische Mission

Von **Dmitri Medwedew**

Eine baldige Verhandlungslösung im Ukrainekrieg erscheint derzeit als äußerst unwahrscheinlich, gerade mit Blick auf die russischen Kriegsziele. Sehr offen hat diese jüngst Dmitri Medwedew ausformuliert. Der ehemalige Präsident ist heute stellvertretender Leiter des Sicherheitsrates der Russischen Föderation und Vorsitzender der Präsidentenpartei „Einiges Russland", auf deren Website der folgende Text am 9. Mai 2024 – dem Tag des Sieges über Nazi-Deutschland – zuerst erschienen ist (https://er.ru/activity/news/dmitrij-medvedev-kak-anglosaksy-prodvigali-fashizm-v-xx-veke-i-reanimirovali-ego-v-xxi). Medwedew behauptet darin in verschwörungsideologischer Manier eine Kontinuität britisch-amerikanischer Politik, Russland durch die Unterstützung echter oder vorgeblicher Nazis kleinhalten zu wollen. Daraus zieht er eine radikale Konsequenz: Die von ihm so genannten neuen Nazis, sprich: die Regierung in Kiew, und ihre westlichen Verbündeten müssten genauso geschlagen werden wie einst das Dritte Reich – nur dieses Mal noch vernichtender. Für Moskau, das macht Medwedew deutlich, steht der wahre Feind im Westen. Die „Blätter" dokumentieren seinen Text an dieser Stelle in einer gekürzten Form, das vollständige Dokument finden Sie auf blaetter.de. Die Übersetzung aus dem Russischen stammt von Ruth Altenhofer und Jennie Seitz. – Die Red.

D er historische Irrwitz des 21. Jahrhunderts ist die Rückkehr zu den unmenschlichsten und abscheulichsten Ideologien der Vergangenheit. Vor fast acht Jahrzehnten wurde der Faschismus besiegt. Endgültig und unwiderruflich, wie es damals schien. Seinen Anführern und Unterstützern wurde in Nürnberg der Prozess gemacht. [...] Das Machtwort sprachen damals die Vereinten Nationen und alle internationalen Organisationen, die im Einklang mit deren Statuten handelten.

In diesem neuen Jahrtausend jedoch sehen wir uns gezwungen, gegen die Reinkarnation des Faschismus zu kämpfen, gegen seine Wiederkehr als Zombie, verkörpert durch den abscheulichen und zynischen Urenkel des Nationalsozialismus – das Kiewer Naziregime. Wir leben in einer Welt, die unsere Feinde in blinder Wut auf den Kopf gestellt und gespalten haben und die sie nun in den Flammen des Dritten Weltkriegs vernichten wollen. Jeder vernünftige Mensch muss angesichts dessen, was der kollektive Westen – die USA, Großbritannien und andere Länder des Westens mitsamt ihren Vasallen und Komplizen – heute anrichtet, Zorn und Empörung empfinden. Eifrig füttern und bewaffnen unsere ehemaligen Alliierten die neuen Nazis, hetzen sie gegen uns auf mit dem Ziel, Russland von der Landkarte zu tilgen und die ganze Welt zu zwingen, nach Banditengesetzen zu leben und das Völkerrecht zu vergessen. Während sich die letzten baltischen Partisa-

nen in ihren rückständigen europäischen Staaten überschlagen vor Russo-
phobie, führen die westlichen Großmächte einen hybriden Krieg gegen uns,
verhängen Blockaden und Sanktionen und geben Milliarden für die Bewaffnung der Neonazis aus. Sie organisieren Provokationen und blutige Terroranschläge, vernichten ganze Städte und Hunderte Zivilisten. Washington
und Brüssel agieren heute noch zynischer und konsequenter als Hitler und
seine Gefolgsleute in den 1930er und 1940er Jahren. All das wird gerechtfertigt mit heuchlerischen Aufrufen zur „Unterstützung des Schwächeren",
zur „Wiederherstellung der Demokratie" und mit Drohungen, einen umfassenden Krieg gegen Russland zu beginnen. [...] Man kann sich des Eindrucks
nicht erwehren, dass, zusammen mit der greisen Regierung der Vereinigten
Staaten, auch die europäischen Staatsmänner in eine unheilbare Demenz
verfallen sind. Aber nein. Im Rückblick können wir mit absoluter Gewissheit
feststellen: Das Erinnerungsvermögen unserer ehemaligen Verbündeten
ist tadellos, und in der Pflege ihrer Traditionen verdienen sie eine Eins plus.
Der Faschismus ist nicht aus dem Nichts aufgetaucht. Einst waren es unsere
vermeintlichen Bündnispartner, die seine Entstehung und Etablierung
aktiv unterstützten, um bald darauf das Kommando zum Angriff zu geben.
Die Angelsachsen schufen bereits an der Jahrhundertwende zwischen dem
19. und dem 20. Jahrhundert einen Nährboden und ein Fundament für den
Faschismus. Und dann fütterten sie ihn und zogen ihn auf wie einen Bastard,
um rasch ihre Ziele zu erreichen und ihn wegzuwerfen, sobald sie ihn nicht
mehr brauchten. Genauso agieren seine heutigen Nachfolger. [...] Wir müssen
wissen, mit wem wir es heute zu tun haben, gegen wen wir kämpfen – bis
zum siegreichen Ende und der endgültigen Zerschlagung. Wir wollen uns an
einige historische Fakten erinnern und sie zueinander in Beziehung setzen.
Und den Angelsachsen fünf einfache Fragen stellen.

Frage eins: Wer profitierte vom Faschismus?

Nach der Niederlage im Ersten Weltkrieg wurden Deutschland durch den
Versailler Vertrag von 1919 zahlreiche schwerwiegende Beschränkungen auferlegt. Sie betrafen die Größe der deutschen Armee, die Stärke der
Rüstungsindustrie und eine breite Palette von Rüstungsgütern. Außerdem
musste der Aggressor (obwohl selbst vom Krieg verwüstet) Reparationen an
die Sieger zahlen, um den verursachten Schaden auszugleichen. Unter diesen Bedingungen hätte das spätere Dritte Reich ohne Hilfe von außen seine
Armee nie wieder aufrüsten können. [...] Und das Geld für die Verwirklichung ihrer Pläne bekamen die „Arier" von den Angelsachsen.
    Was nützten den „Wohltätern" diese Ausgaben? Die Motive liegen auf der
Hand. Vor hundert Jahren zielten alle Bemühungen der westlichen Länder
darauf ab, die von Sowjetrussland ausgehende „rote Gefahr" zu neutralisieren. Und sie glaubten ernsthaft, Deutschland könne das Bollwerk des Westens
gegen den Bolschewismus werden. [...] Die Idee der weltweiten Vereinigung
der Arbeiterklasse, das von den Bolschewiki proklamierte Selbstbestim-

mungsrecht der Völker – all das fand in anderen Ländern großen Anklang und gewann Scharen von Anhängern. Darin sah man in den europäischen Staaten sowohl für die jeweilige innenpolitische Situation als auch für die bestehende Praxis der Ausbeutung von Gebieten in Übersee eine unmittelbare Gefahr. Um diese Prozesse aufzuhalten, galt es zunächst, das deutsche Aufmarschgebiet als wirtschaftlichen, politischen, strategischen und ideologischen Brückenkopf zu erobern. [...]

Für die USA und Großbritannien mit ihren Plänen zur Weltherrschaft (und keineswegs zu Frieden und Ruhe in Europa und darüber hinaus) war eine Annäherung und Zusammenarbeit zwischen der Weimarer Republik und Sowjetrussland nicht nur ungünstig, sondern existenzgefährdend. Die Angelsachsen hätten dadurch Schlüsselpositionen in ihren Einflusszonen verloren. [...]

Auch die Stärke der KPD unter der Führung von Ernst Thälmann, der zweimal (1925 und 1932) für das Präsidentenamt kandidierte, beunruhigte die Angelsachsen. Dem sozialdemokratischen Lager fehlte eindeutig die Kraft, die Kommunisten in einer zärtlichen Umarmung zu ersticken. Also musste ein politischer Flügel her, der die KPD ohne Rücksicht auf Moral, Recht und öffentliche Meinung auslöschen konnte.

Lange vor dem Höhenflug des verrückt gewordenen Führers stand in den USA und Großbritannien ein Aufgebot von Unterstützern bereit und waren Ideengeber am Werk. Diverse Gruppierungen aggressiver Revanchisten stützten sich auf populäre Theorien von Halford Mackinder, Alfred Thayer Mahan und Nicholas J. Spykman aus der ersten Hälfte des 20. Jahrhunderts über die Konfrontation zweier makrogeografischer Zonen: der ozeanischen Hemisphäre (der Westen und die Britischen Inseln) und der kontinentalen Hemisphäre, deren Zentrum als „Heartland" bezeichnet wurde – eine Zone, die auf dem Seeweg unzugänglich und für die Beibehaltung der strategischen Kontrolle über die weltpolitischen Entwicklungen von entscheidender Bedeutung war. In Hitler setzten die „ozeanischen Zivilisationen" eine besondere Hoffnung, geradezu die letzte. Er war das Werkzeug, mit dem das sich anbahnende Bündnis zwischen Deutschland und der UdSSR vereitelt und der ideologische Feind im Inneren – die deutschen Kommunisten – vernichtet werden sollten. Dafür eignete sich der zukünftige Führer hervorragend. Er agierte wider die geopolitische Klassik und die militärische Strategie Deutschlands, die die „ozeanischen Zivilisationen" als schlimmsten Gegner bezeichneten und im Ersten Weltkrieg die Erfahrung gemacht hatten, dass [...] Otto von Bismarck mit seinem Rat, niemals gegen Russland zu kämpfen, doch recht gehabt hatte. [...]

Frage zwei: Wer hat Hitler Geld geliehen?

Bei der Förderung der nationalsozialistischen Kräfte in Deutschland gab es zwischen Großbritannien und den Vereinigten Staaten eine Art Arbeitsteilung. London konzentrierte sich vor allem auf die politische und diplomatische Stärkung des Dritten Reiches. Es tat alles, um die NSDAP, die 1928 nur 100 000 Mitglieder hatte, an die Machtspitze zu befördern. Zum Vergleich: Die der

Regierung so unliebsame KPD hatte 1923 etwa 400 000 Mitglieder. Ein wichtiges Ziel der Angelsachsen war es auch, diesen aggressiven politischen Randgruppen das Recht zu verschaffen, ihre militärische Macht auf legaler Grundlage auszubauen. Die Verhandlungen, „basierend auf der Anerkennung der Gleichberechtigung Deutschlands in Fragen der Rüstung" (so viel liebedienerische Anbiederung hatte die Nazi-Spitze gar nicht erwartet), begannen 1934 [...]. Eines der Ergebnisse war das deutsch-britische Flottenabkommen von 1935, das die Kriegsmarine in Bezug auf die Tonnage mit der französischen und italienischen Flotte gleichstellte, das heißt die Gleichheit zwischen den Siegermächten und dem unterlegenen Deutschland erstmals auf dem Papier festschrieb. Britische und amerikanische Banken finanzierten die deutsche Rüstungsindustrie, und die Londoner Diplomatie förderte mit Unterstützung von Frankreich Hitlers Vormarsch Richtung Osten. Und Washington setzte erfolgreich sein wirksamstes Mittel ein: Geld. Das stinkt bekanntermaßen nicht. Amerika nutzte die Tatsache aus, dass die deutsche Wirtschaft nach der Kriegsniederlage zwar fragil war, aber über erhebliche Ressourcen verfügte, und betrachtete dieses Land als billiges und äußerst vielversprechendes Pflaster für Investitionen seiner Großunternehmen. [...]

Als Folge des Ersten Weltkrieges verschob sich das wirtschaftliche Zentrum der kapitalistischen Länder über den Atlantik. 1928 überstieg die Industrieproduktion der USA die Gesamtproduktion ganz Europas westlich der UdSSR. Darüber hinaus waren die USA dank großer Rüstungsaufträge aus der Entente die Schulden, die sie zu Beginn des 20. Jahrhunderts gehabt hatten, losgeworden und zum wichtigsten Gläubiger Europas geworden. [...] Gleichzeitig hatte Deutschland, von dem sich die siegreichen Soldaten so hohe Reparationszahlungen erhofft hatten, rein gar nichts zu bieten – 1923 betrug die sogenannte große Inflation dort rekordverdächtige 578 512 Prozent.

Die angloamerikanischen Finanzkreise wussten die Sackgasse, in der Europa steckte, weil Deutschland seine Rechnungen nicht bezahlen und Frankreich das Problem nicht auf friedlichem Wege lösen konnte, hervorragend zu nutzen. Allmählich reifte Europas Bereitschaft heran, das Angebot der USA anzunehmen. 1924 wurde auf der Londoner Konferenz ein von den USA vorgelegter neuer Plan für Deutschlands Reparationszahlungen beschlossen: der Dawes-Plan, der die Schulden auf die Hälfte, nämlich eine Milliarde Goldmark, reduzierte. Erst 1928 sollte der geforderte Betrag auf 2,5 Mrd. Mark steigen. Nach einem Plan, der in den Tiefen der J. P. Morgan Company ausgearbeitet wurde, bekam Deutschland ein Darlehen von 200 Mio. Dollar (die Hälfte davon ging an die J. P. Morgan Bank).

Es entstand ein sehr originelles und gewieftes System, das man „Weimarer Kreislauf" nennen könnte: Das Geld aus den Reparationszahlungen verwendeten die europäischen Staaten nämlich in erster Linie dazu, ihre Kredite aus den USA zu tilgen. So kam das Geld (mit Zinsen) wieder zurück nach Amerika. Die Amerikaner schickten diese Summen wiederum nach Deutschland, bereits in Form von Krediten zu einem neuen, höheren Zinssatz.

Der Dawes-Plan sollte die deutsche Wirtschaft in dem Maße wiederherstellen, wie es zur Erfüllung der Reparationsverpflichtungen notwendig war.

Seine List bestand darin, dass er nicht nur den deutschen Druck auf die traditionellen Märkte verringerte, auf denen die Alliierten Fuß gefasst hatten, sondern auch auf eine für die Alliierten günstige Lösung der „russischen Frage" abzielte. Der Zustrom deutscher Waren auf den sowjetischen Markt sollte dafür sorgen, dass die UdSSR wirtschaftlich schwach blieb. [...]

Die angelsächsischen Kredite, die vor allem der Wiederherstellung von Deutschlands militärindustriellem Potenzial dienten, zeigten Wirkung. Bereits 1929 lag die deutsche Industrie weltweit an zweiter Stelle. Ihre Kredite zahlten die Deutschen mit Aktien von Industrieunternehmen. [...]

Dabei standen die britischen Kollegen den Amerikanern in nichts nach. Die Bank of England bürgte für Deutschland, das von großen britischen Unternehmen auf Kredit mit Kupfer, Aluminium, Nickel und anderen für die Kriegsindustrie benötigten Rohstoffen versorgt wurde. [...]

Nach der Machtergreifung durch die Nazis änderte sich an alldem nichts. Im Gegenteil, die Amerikaner versorgten ihre Tochtergesellschaften in Deutschland, also Hitler, weiterhin mit den neuesten Technologien, ohne die es unmöglich gewesen wäre, einen großen Krieg zu führen. Dieser Krieg war für die USA notwendig, um ihre Vorherrschaft in der Welt zu sichern. [...]

Frage drei: Wer hat die Faschisten ideologisch genährt?

In den 1920er und 1930er Jahren förderten die britischen Behörden bewusst die Verbreitung einer ultraradikalen Ideologie, die angesichts der katastrophalen Folgen des Ersten Weltkriegs populär wurde. In Großbritannien gab es viele profaschistische Organisationen. [...] Die schändlichste Seite der britischen Geschichte bleibt jedoch die British Union of Fascists, die 1932 von Baronet Oswald Mosley, Aristokrat und Millionär, gegründet wurde [...]. Sie gaben im ganzen Land Zeitungen heraus, die größte hieß „The Blackshirt". Ihr Motto war „Britain First" (eine Hommage an „Deutschland über alles"). [...]

Die Faschisten gewannen die Parlamentswahlen im Vereinigten Königreich zwar nicht, aber sie sicherten sich eine breite Unterstützung. Wie aus einem Dokument des deutschen Auswärtigen Amtes aus der NS-Zeit hervorgeht, waren der britische Königshof, der Hochadel, ein großer Teil des Klerus, der Imperiale Generalstab und andere einflussreiche Kreise in England dem Nationalsozialismus freundlich gesinnt. [...] Im Sommer 1938 erklärte der spätere „entschiedene Gegner des Nationalsozialismus" Winston Churchill ohne Skrupel, er sei „nicht gegen die Hegemonie Deutschlands und wünsche wie die meisten Engländer, dass Deutschland seinen Platz als eine der zwei oder drei Weltmächte einnimmt". Wahrscheinlich ließe sich das Verhalten der britischen Politiker damit rechtfertigen, dass sie das wahre Wesen des erstarkenden Hitlerdeutschland noch nicht verstanden, dass sie nichts von den monströsen Plänen des Rassenterrors ahnten, dass sie das alles nicht gewollt hatten... Doch Fakt ist: Sie taten alles, um es geschehen zu lassen. [...]

Die Rassentheorie des Dritten Reiches hätte ohne die abscheuliche und irreführende, im 19. und frühen 20. Jahrhundert in Großbritannien jedoch sehr populäre Lehre von der Optimierung des Menschen durch Zwangsselektion – die Eugenik – nicht umgesetzt werden können. Ihr Anführer, Darwins Cousin Francis Galton, gründete die Britische Eugenik-Gesellschaft [...]. In ihren Thesen wandten sie biologische Konzepte zur natürlichen Auslese und zum Überleben von Individuen an, die am besten für Soziologie, Wirtschaft und Politik geeignet waren. Dies veranlasste die Nazis später dazu, die Grundsätze der Rassenhygiene in die Praxis umzusetzen, Menschenversuche durchzuführen und ganze Volksgruppen wie Slawen, Juden, Zigeuner und andere auszurotten. [...]

Frage vier: Wer »deckte« die Kriminellen?

[...] Aus politischer und juristischer Sicht wurde [...] das Ende des Kriegs (wenn man von dem längeren Prozess der formalen Konsolidierung der Nachkriegsordnung in der Helsinki-Akte von 1975 absieht) in einem Palast beschlossen – dem Nürnberger Justizpalast. Vor allem den Bemühungen der sowjetischen Staatsanwaltschaft war es zu verdanken, dass der Internationale Militärgerichtshof gegen eine Reihe hochrangiger Nazis wegen Verbrechen gegen den Frieden, Verbrechen gegen die Menschlichkeit, Verletzung des Kriegsrechts und Verschwörung zu diesen Straftaten sein hartes Urteil fällte.

Aber waren es alle nationalsozialistischen Großverbrecher, die da verurteilt wurden? Was die wichtigsten ideologischen Kriegstreiber angeht, die Verantwortlichen in den Straforganen, sieht das Ergebnis gerecht aus: Rosenberg, Streicher, Ribbentrop, Kaltenbrunner, Frick und andere wurden hingerichtet. Heute, fast 80 Jahre später, sieht man jedoch, dass die Urteile gegen die, die an der Entstehung der wirtschaftlichen Grundlage des Nationalsozialismus und der beschleunigten Militarisierung Nazideutschlands beteiligt waren, unverhältnismäßig mild ausgefallen sind. Kein einziger der führenden Wirtschaftsfunktionäre des Dritten Reiches wurde zum Tode verurteilt. [...] Sie alle wurden von unsichtbaren Mächten, die „ihre Leute" nicht ausliefern wollten, vor der drohenden Vergeltung bewahrt.

Wer sind sie, diese Förderer des Nationalsozialismus? Die Antwort liegt auf der Hand. 1942 äußerten britische Diplomaten bei einem Treffen mit Stalin den Wunsch, die Nazi-Spitze durch Sabotageakte im Stillen zu beseitigen. Der sowjetische Führer war damit nicht einverstanden und bestand auf einem öffentlichen Tribunal. Die Geschichte wiederholte sich auf der Konferenz von Jalta, wo die Frage nach dem Schicksal der Hauptkriegsverbrecher der Nazis, die den Krieg entfesselt hatten, erneut aufkam. Churchill, ein weitsichtiger und gerissener Politiker, war gegen einen Prozess. Roosevelt nahm eine Zwischenposition ein: Er sprach sich für einen Prozess unter Ausschluss der Öffentlichkeit aus. Nicht umsonst erstellten die Delegationen später Listen mit politischen Themen, die während der Prozesse nicht angesprochen werden durften. Dazu gehörten der Münchner Pakt, die aktive Zusammenarbeit amerikanischer Konzerne mit deutschen Unternehmen, die aggressive Kolonialpolitik Großbritanniens im 19. und 20. Jahrhundert [...]. Die Anführer der angelsächsischen Staaten waren sich bereits damals darüber im Klaren, dass ein faires und öffentliches Tribunal nicht nur für den deutschen Militarismus und Nationalsozialismus ein vernichtendes Urteil bedeuten könnte, sondern auch für die gesamte westliche Welt. Im Laufe der Prozesse hätte sich jeder klar denkende Mensch gefragt: Wie konnte Europa das Berliner Monster hervorbringen? Stand nicht vielleicht eine Absicht dahinter? Wer spielte hier die Schlüsselrollen? [...]

Acht Jahrzehnte später ist es physisch unmöglich, all jene vor Gericht zu bringen, die am Aufstieg des Nationalsozialismus beteiligt waren. Aber es gibt gute Gründe, sorgfältige Berechnungen anzustellen, wie viel britische oder amerikanische Unternehmen (von denen auch heute noch einige existieren) an der jahrelangen Zusammenarbeit mit den Nazis jeweils verdient haben. Diese Summen sollten in ihren heutigen Gegenwert konvertiert werden, und an die „Nazi-Spekulanten" sollten für den Völkermord am sowjetischen Volk 1941-1945, der ohne ihre Komplizenschaft mit Hitlerdeutschland in der Zwischenkriegszeit nicht möglich gewesen wäre, Reparationsforderungen gestellt werden. [...]

Und die Geschichte wiederholt sich. Eigennutz ist nicht auszurotten, für die meisten Geschäftsleute „stinkt Geld nicht", und die vielgepriesene angelsächsische Moral dient doch nur dazu, die Öffentlichkeit bei Laune zu halten. Diejenigen, die gewinnbringend in Hitlers Nationalsozialismus investiert haben, gehen auch heute noch ihrem gewohnten Geschäft nach – mit Begeisterung und Profitgier päppeln sie nun Hitlers Erben in der Ukraine auf. [...]

Frage fünf: Wie lässt sich das Urteil der Geschichte vollstrecken?

Die Geschichte hat uns eine wichtige Lektion erteilt: Der Nationalsozialismus wird niemals von selbst verschwinden. Der Sieg unseres Landes im blutigsten Krieg des 20. Jahrhunderts hat der Menschheit eine friedliche und stabile Entwicklung ermöglicht und Aggressoren aller Couleur, die von der Weltherrschaft durch die Ausrottung ganzer Völker träumen, ein Ende gesetzt. Die Pest – auch die braune Pest – ist jedoch eine Krankheit, deren Bazillen lange Zeit in der Tiefe, ohne Licht und Luft, überleben können. Leider ist dies nicht nur in der Biologie so, sondern auch in der Politik.

Der Menschheit ist es gelungen, mit vereinten Kräften und um den Preis von Hunderttausenden Menschenleben die tödlichen Epidemien der Beulenpest einzudämmen. Und es besteht kein Zweifel, dass ihre braune, schwer bewaffnete Version in absehbarer Zeit isoliert und endgültig vernichtet werden wird. Russland sieht dies als seine historische Mission an. Dabei werden wir von der Mehrheit der Weltbevölkerung unterstützt – den Bürgern jener Länder, die sich nicht der selbsternannten „goldenen Milliarde" unterwerfen wollen, sondern ihren eigenen unabhängigen Weg gehen und bereit sind,

Beziehungen ausschließlich auf der Grundlage von Gleichberechtigung und der gegenseitigen Achtung aller Völker und Nationen aufzubauen. Damit sich so etwas nicht wiederholt, müssen aus der Vergangenheit bittere Lehren gezogen werden. Die Anzeichen und ersten Symptome der Infektion müssen eindeutig diagnostiziert und der globale Organismus einer rechtzeitigen und konsequenten Behandlung unterzogen werden.

Notfalls müssen gefährliche Keimzellen chirurgisch beseitigt werden, ohne sich auf diplomatische Maßnahmen zu verlassen. Der erfolgreiche Abschluss der militärischen Spezialoperation und die Entnazifizierung des erfundenen Gebiets, das sich „ukrainischer Staat" nennt, ist nur der erste, aber sehr wichtige Schritt auf dem langen und beschwerlichen Weg zu einer neuen Architektur der internationalen Beziehungen. [...]

Wir dürfen die Fehler und Missverständnisse der Vergangenheit nicht wiederholen. Die Illusionen über unsere vermeintlichen Verbündeten sind endgültig verflogen. Wir haben genau gesehen, wie viel ihre Worte und falschen Versprechen wert sind. Die Faschisten und ihre Kollaborateure dürfen im neuen Jahrtausend nicht durchkommen – „¡No pasarán!". Keine Schlupflöcher, keine Zugeständnisse, keine Ausreden. Und keine Chance auf eine Revanche.

Um den Neonazismus zu besiegen, müssen heute alle, die sich gegen die Aggression des kollektiven Westens und den faschistischen Revanchismus wenden, ihre Kräfte bündeln. Gemeinsam mit unseren Mitstreitern und Partnern bauen wir eine neue, gerechte und multipolare Weltordnung auf, in der kein Platz ist für Druck und Unterdrückung, für die Bereicherung einzelner Nationen auf Kosten anderer, die Erniedrigung und Ausbeutung ganzer Völker, neokoloniale Machenschaften und kriminelle Geschäfte.

Im Zuge des künftigen „Nürnberg 2.0" wird man die Gewinne aller westlichen Rüstungskonzerne, Kreditinstitute, Transport- und Logistikunternehmen und einzelner Geschäftsleute zusammenrechnen müssen, die von der Aufzucht der „unabhängigen" Monster und ihrer wirtschaftlichen Unterstützung profitiert haben und immer noch profitieren. Alle, die direkt oder indirekt an Verbrechen gegen Hunderte von friedlichen Bürgern beteiligt sind, müssen auf die Anklagebank. Alle, an deren prallen Bankkonten Blut und Tränen, zerstörte Häuser und Schicksale, das Grauen und der Schmerz unschuldiger Menschen und die vernichtete Zukunft ganzer Generationen kleben, müssen verurteilt werden. Dann werden endlich alle Urteile vollstreckt und keiner der Schuldigen wird der gerechten Vergeltung entgehen.

Ich bin überzeugt, dass nach dem Sieg der militärischen Spezialoperation nicht nur den unmittelbaren Tätern – dem Kiewer Regime – ihre gerechte Strafe zukommen wird, sondern auch ihren Auftraggebern, Sponsoren und ideologischen Wegbereitern. Und das wird der endgültige Untergang des verlogenen Wertesystems der angelsächsischen Welt sein.

Ist Frieden mit Putin möglich?

Eine skeptische Binnensicht

Von **Irina Scherbakowa**

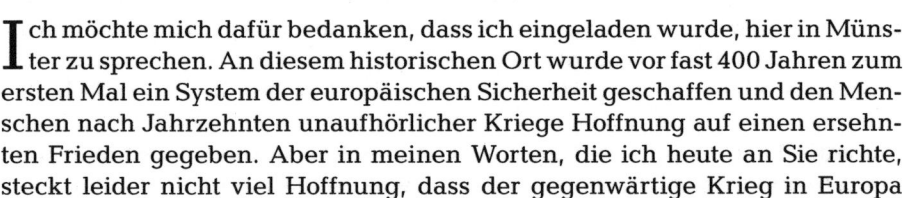

Ich möchte mich dafür bedanken, dass ich eingeladen wurde, hier in Münster zu sprechen. An diesem historischen Ort wurde vor fast 400 Jahren zum ersten Mal ein System der europäischen Sicherheit geschaffen und den Menschen nach Jahrzehnten unaufhörlicher Kriege Hoffnung auf einen ersehnten Frieden gegeben. Aber in meinen Worten, die ich heute an Sie richte, steckt leider nicht viel Hoffnung, dass der gegenwärtige Krieg in Europa schnell mit einem Frieden enden wird, im Geiste jener Traditionen, die uns die Idee des ewigen Friedens und des Westfälischen Systems gebracht haben.

Und um es noch zuzuspitzen, lässt sich die Frage, die im Titel meines Vortrags steht, zu meinem Bedauern sehr kurz beantworten – und zwar mit dem Wort „Nein". Ganz davon abgesehen, dass im heutigen Russland selbst das Wort „Frieden" seit dem Beginn des Angriffskrieges gegen die Ukraine zum Katalog der verbotenen Wörter gehört und die Friedenstaube nicht abgebildet werden darf. Nicht einmal mehr mit Leo Tolstois Roman „Krieg und Frieden" darf man sich öffentlich zeigen. Es kann als Antikriegsdemonstration wahrgenommen werden.

Im Dezember 2022 ist Memorial[1] gemeinsam mit der ukrainischen Organisation Center for Civil Liberties und dem belarussischen Menschenrechtler Ales Bjaljazki mit dem Friedensnobelpreis ausgezeichnet worden. In den sozialen Netzwerken wurde uns dann die Frage gestellt: Was habt ihr gemacht, um diesen Krieg zu verhindern? Wie habt ihr gegen Putins Regime, gegen die entstehende Diktatur gekämpft? Und überhaupt: Wie können Menschenrechtler und Historiker zu einem Frieden beitragen, und das mitten in so einem blutigen Angriffskrieg?

Als ich, wie sehr viele, die gegen diesen Krieg waren, nach dem 24. Februar 2022 Russland verlassen musste, stellte ich mir die Frage: War ich, waren wir alle, hoffnungslos naiv? Wussten wir denn nicht, als Historiker, dass man aus der Geschichte selten lernt? Die pessimistische Beobachtung eines russischen Historikers aus dem 19. Jahrhundert beschreibt die Konsequenzen mangelnder historischer Lernbereitschaft: Die Geschichte ist keine Leh-

1 Memorial ist eine im Januar 1989 gegründete internationale Menschenrechtsorganisation, die sich der historischen Aufarbeitung politischer Gewaltherrschaft, dem Eintreten für die Einhaltung der Menschenrechte und der sozialen Fürsorge für die Überlebenden des sowjetischen Arbeitslagersystems (Gulag) verschrieben hat. Der russische Staat schränkte ihre Arbeitsmöglichkeiten immer weiter ein. 2021 verfügte schließlich das Oberste Gericht die Auflösung der Organisation.

rerin, keine magistra vitae – sie lehrt nicht, aber sie bestraft hart für nicht gemachte Hausaufgaben. Jetzt herrscht Krieg – und doch sehnen sich so viele Menschen trotz jeder Warnung nach Autoritarismus, stehen menschenfeindliche Ideologien aus ihren Gräbern auf und wandern in die Welt wie Zombies: Wenn man all das von Tag zu Tag beobachtet (als Historiker, Philosoph, Soziologe), kann man der unproduktiven, aber bohrenden Frage nicht entkommen: Vielleicht liegt es nicht nur an uns, vielleicht ist unsere ganze Tätigkeit als solche nutzlos? Vielleicht war all unser Streben (wie Brecht sagt) nur ein Selbstbetrug? Denn anscheinend haben Bildung und Aufklärung, auf die wir solche Hoffnungen gesetzt haben, nichts davon verhindern können.

Ehrlich gesagt: Mir fällt die Antwort auf diese Fragen schwer. Es ist schwierig, vor diesem Hintergrund über unsere langjährige Aufklärungsarbeit zu sprechen, und dabei Geist und Kopf freizuhalten, die für eine nüchterne historische Analyse so notwendig sind. Denn eine Epoche, die für einen Historiker interessant und spannend erscheint, hat für den Zeitgenossen meistens dramatische und tragische Folgen. Und wir – ich meine damit die Menschen, die in Memorial seit vielen Jahren die sowjetische Vergangenheit aufarbeiteten und Massenverbrechen des kommunistischen Regimes erforschten und dokumentierten – finden uns heute in einer seltsamen Rolle wieder: als Subjekte und Objekte der Geschichte zugleich. Vielen von uns, die jeden Morgen die Nachrichten aus der Ukraine hören und lesen, kommt es so vor, als ob diese Gegenwart, die noch vor zwei Jahren unvorstellbar war, die Vergangenheit verdrängt.

Aber wie schwierig es auch ist – die Aufgabe einer Historikerin ist es doch, zu erklären, wie es dazu kommen konnte. Der Nobelpreis, die höchstmögliche Wertschätzung unserer Arbeit, zwingt uns umso mehr dazu, immer wieder auf den Weg zurückzublicken, den wir in diesen mehr als dreißig Jahren zurückgelegt haben. Nicht, um zu verzweifeln über das, was uns und unserer Arbeit heute widerfährt – obwohl es allen Grund dazu gibt –, sondern, um zu verstehen, was die Mehrheit der heutigen russischen Gesellschaft dazu gebracht hat, die Idee von „Frieden, Fortschritt und Menschenrechten" abzulehnen – ein Dreiklang, den der erste Vorsitzende von Memorial, Andrej Sacharow, schon vor Jahrzehnten formulierte. Denn die wichtigste Frage lautet heute, warum die Ideen von Demokratie und Freiheit nur von einem kleinen Teil der Bevölkerung in Russland geteilt werden. Haben die langen Jahre der Unfreiheit in der Diktatur keine Immunität gegen die Anpassung an die Staatsgewalt und die Absage an die Demokratie geschaffen?

Wir befinden uns heute an einem historischen Punkt, an dem die russische Führung den Krieg gegen die Ukraine nicht nur mit einer „großen" geopolitischen Vergangenheit rechtfertigt, sondern die Bevölkerung auch ständig davon zu überzeugen versucht, dass sie in der historischen Perspektive nichts anderes als diese imperiale Vergangenheit hat. Dafür wird eine bunte Palette dessen verwendet, was Putin in seinen Artikeln und Reden als „Geschichte" bezeichnet. Dabei handelt es sich um ein Konglomerat von historischen Mythen, Verschwörungstheorien und Zitaten antiliberaler Philosophen. Leider erleben wir heute, wie diese pseudohistorischen Mythen die russische Bevölkerung beeinflussen und zur Akzeptanz und Rechtfertigung des Krieges beitragen. Der Umgang mit der Geschichte spielt in dem, was jetzt passiert, eine sehr wichtige Rolle. Der russische Krieg gegen die Ukraine gestaltet sich als ein traditionalistischer, postimperialer, postkolonialistischer Krieg mit dem Ziel, nicht zuzulassen, dass die Ukraine als selbständiger und unabhängiger Staat existiert, als Teil des demokratischen Europas. Möglicherweise hat die Erfahrung von Memorial – die Erfahrung des Kampfes um die Vergangenheit und zugleich für eine bessere Zukunft – uns erlaubt, früher als viele andere die wirkliche Gefahr von Putins Geschichtspolitik zu erkennen.

Das Erbe des Massenterrors: Die Angst vor dem allmächtigen Staat

Bei seiner Gründung 1989 war Memorial die erste unabhängige bürgerliche Vereinigung in der Sowjetunion seit vielen Jahrzehnten. Sie forderte, die lange verborgene Wahrheit über die sowjetische Vergangenheit ans Licht zu bringen (ein Gefühl, das damals von vielen Sowjetbürgern geteilt zu werden schien): die Offenlegung von geheimen Archiven, die gesetzliche Verurteilung staatlicher Verbrechen, die Rehabilitierung der Opfer des politischen Terrors und die Rückkehr der Erinnerung an die Opfer in den öffentlichen Raum. Wer waren diejenigen, die diese Organisation gründeten? Unter ihnen befanden sich noch Überlebende der Stalin-Lager, Dissidenten, die erst kürzlich aus Lagern und aus dem Exil zurückgekehrt waren, Aktivisten unterschiedlichen Alters und Berufs. Als Memorial gegründet wurde, war das ein Beweis dafür, dass sich in der Gesellschaft eine Veränderung vollzog, denn eine verborgene Erinnerung an die Massenrepressionen, an den Terror, dem Millionen von Menschen zum Opfer fielen, wurde wiederbelebt.

In der Zeit der Massenterrorkampagnen von 1918 bis 1953 gingen in der Sowjetunion Dutzende Millionen Menschen durch den Gulag. Allein aufgrund von meist gefälschten politischen Anklagen wurden über fünf Millionen Menschen verhaftet und über eine Million davon erschossen. In den Massenaktionen der 1930er bis 1940er Jahre wurden über sechs Millionen Menschen in den Ural, nach Kasachstan und Sibirien deportiert, wo sie Zwangsarbeit leisten sollten, wie zum Beispiel Hunderttausende von Russlanddeutschen in den sogenannten Arbeitsarmeen.

Zu den schwerwiegendsten Verbrechen der Stalinzeit gehört die Tragödie des Holodomor (auf Deutsch: die Tötung durch Hunger). Über sechs Millionen Bauern – ukrainische vor allem – kamen infolge des künstlich herbeigeführten Hungers der Jahre 1932 bis 1933 ums Leben. Massenterror und staatliche Gewalt sowie repressive Kampagnen waren das eigentliche Wesen des kommunistischen Regimes und der Hauptmechanismus seiner Machtausübung. Das wichtigste Erbe dieser Jahrzehnte waren Angst, eine permanente, im Unterbewusstsein verwurzelte Angst des kleinen Mannes vor der Allmacht des Staates, und daraus folgend Anpassung, Atomisierung der

Gesellschaft, Misstrauen, Heuchelei, Denunziation. Der Massenterror hat sich als außerordentlich erfolgreiche „erzieherische" Maßnahme erwiesen.

Vom Wunsch nach Befreiung zur Demokratiemüdigkeit

Deshalb wurde die Idee der Befreiung, der Überwindung dieser traumatischen Folgen zu den bedeutendsten der Perestroika. Unter den Problemen, die damals im ganzen Lande heftig diskutiert wurden, auch auf Kundgebungen mit Hunderttausenden von Teilnehmern, spielten historische Fragestellungen eine Schlüsselrolle. Es schien, als sei zumindest in Bezug auf den Stalinismus ein nationaler Konsens bereits erreicht oder stehe unmittelbar bevor. Es ging nicht nur darum, die Erinnerung an die Opfer, an Terror und Unterdrückung wachzurufen – viele Menschen erkannten, dass es ohne Aufarbeitung der Vergangenheit unmöglich ist, Reformen durchzuführen und das kommunistische System zu brechen.

Seit der Gründung war es die Hauptaufgabe von Memorial, Listen zu erstellen – unsere Datenbank enthält heute Informationen über mehr als 3,5 Millionen Opfer. Es entstand ein Volksarchiv mit zehntausenden Fällen und einer einzigartigen Museumssammlung. All die Jahre haben wir Menschen geholfen, Informationen über ihre Angehörigen zu finden, und sie haben uns Dokumente und Gegenstände übermittelt, die in den Familien aufbewahrt worden waren. Unter den Opfern des Terrors waren Menschen aus verschiedensten sozialen Schichten, Völkern und Nationalitäten. An mehreren Standorten in Russland sind in den 1990er Jahren Denkmäler entstanden (oft an den entdeckten Massengräbern) als Gedenken an die Opfer des politischen Terrors. Memorial beschäftigte sich auch mit den Tätern, es entstand eine Datenbank mit über 40 000 Organisatoren und Vollstreckern des Terrors.

Mit der Öffnung der Archive begann eine intensive Zusammenarbeit mit ausländischen und vor allem deutschen Historikern, um sogenannte weiße Flecken in der gemeinsamen Geschichte zu erforschen. Es ging um die Schicksale der deutschen Opfer in der Sowjetunion in den 1930er Jahren, um die Schicksale der Kriegsgefangenen von beiden Seiten, um nach Deutschland verschleppte Ostarbeiter, die dann nach der Rückkehr in die Sowjetunion oft verfolgt und diskriminiert wurden. Es ging um die Geschichte der sowjetischen NKWD-Sonderlager in der sowjetischen Besatzungszone (SBZ) und um vieles andere mehr. In den 1990er Jahren kamen deutsche Stiftungen nach Russland, um die gemeinsamen Projekte zu unterstützen. Es wuchs die Zahl zivilgesellschaftlicher Initiativen, humanitärer Hilfsaktionen und anderer deutsch-russischer Aktivitäten.

Manchmal sagt man, dass man damals in Russland von den Deutschen lernen wollte, wie man die Aufarbeitung einer totalitären Vergangenheit vollbringt, wie man Geschichtspolitik aufbaut, um von dieser Erfahrung zu lernen. Und das stimmt auch. Das Wichtigste aber war, dass die Bundesrepublik ein Beispiel gab, wie man eine Demokratie aufbauen kann, wenn man die Lehren aus den negativen Erfahrungen der Vergangenheit zieht. Noch in den 1990er Jahren waren viele, die diese Ziele verfolgten, überzeugt, dass das jetzt auch der Weg Russlands sei. Das, muss man zugeben, war eine Illusion. Die Aufarbeitung der Vergangenheit erwies sich als viel schwieriger, als man es sich damals vorstellen konnte.

In der krisenhaften Situation der 1990er Jahre ging es mit dem Aufarbeitungsprozess in eine andere Richtung. Es wurden keine Richtlinien der Geschichtspolitik ausgearbeitet, die ein konsequentes Geschichtsnarrativ vorgegeben hätten. Es gab keine juristische und rechtliche Verurteilung des kommunistischen Regimes, der Rolle der Führer: Lenin, Stalin und andere. Der Prozess gegen die KPdSU, der 1992 begann, und von dem man sich doch einen offenen Prozess gegen Vertreter der kommunistischen Nomenklatura erhoffte, brachte keine Ergebnisse und verlief faktisch im Sand. Es kam keine wirkliche Reform der Justiz und der Staatssicherheitsorgane zustande.

Diese unterschätzte Bedeutung einer konsequenten Befreiung hatte, wie wir das heute deutlich sehen, schwerwiegende Folgen. Es war nach 70 Jahren der Sowjetmacht die Idee der Befreiung, die viele Menschen in Russland zur Zeit der Perestroika beflügelte, die Befreiung von dem durch Stalin errichteten repressiven Staats- und Parteiapparat, mit dem Russland keine demokratische Zukunft haben konnte. Dieses Streben nach Befreiung wurde vor dem Hintergrund der Wirtschaftskrise, die viele Menschen in Russland in den 1990er Jahren hart getroffen hatte, immer schwächer. Es manifestierte sich bald die Enttäuschung über eine nie richtig vollzogene Demokratisierung und die nie wirklich errungene Freiheit. Nach und nach machte sich Müdigkeit breit, das Interesse an der Reflexion über die sowjetische Vergangenheit erlosch, die historische und zivilgesellschaftliche Arbeit an der Überwindung der Folgen dieser Vergangenheit ging langsam ein.

Ein geglättetes Kriegsbild und das Anwachsen des Militarismus

Die Demokratiebewegung der Zeit der Perestroika, die in der Befreiung der Länder Osteuropas aus der sowjetischen Einflusssphäre endete, der Fall der Berliner Mauer und das Ende des Kalten Krieges wurden nun in Russland als Niederlagen gesehen. Der Zerfall der Sowjetunion gilt als Störfall und als „die größte geopolitische Katastrophe des 20. Jahrhunderts", wie es Putin schon 2005 ausdrückte. Die deutliche Wende begann schon 1994 mit dem ersten Tschetschenienkrieg, der mit groben Menschenrechtsverletzungen geführt wurde, mit Bombardierungen und der Vertreibung der Zivilbevölkerung, die die Mitarbeiter von Memorial dokumentierten. Dieser postkoloniale Krieg avancierte in Russland zum Auslöser von xenophoben Stimmungen und Ressentiments, die immer stärker wurden. Putin, der auf der Welle dieser Stimmungen an die Macht kam, hat schon relativ früh angefangen, die schwachen demokratischen Institutionen und viele bürgerliche Freiheiten abzuschaffen oder einzuschränken.

Warum spürten wir bei Memorial möglicherweise früher als manch andere, wohin die Reise geht? Weil es sich durch die Vektoren der Geschichtspolitik abgezeichnet hat, die sich schon am Anfang der Putin-Zeit zu bilden begannen. Das war die immer deutlicher werdende national-patriotische Doktrin. Den inhaltlichen Kern dieser Doktrin bildeten das geglättete und von allen „schwarzen Flecken" bereinigte Bild des Großen Vaterländischen Krieges und der „Siegesmythos". Dieser Mythos, der auf dem nationalen Stolz basieren sollte und auf Ressentiments, hat Stalin wieder auf das historische Podest gestellt. Er sollte nicht mehr als grausamer Alleinherrscher und Organisator von Massenterror erscheinen, wie das in der Perestroika deutlich wurde, sondern als Sieger im Zweiten Weltkrieg, als Architekt eines erweiterten sowjetischen Imperiums und vor allem als das überzeugendste Symbol des starken autoritären Staates.

Aus dem Kriegsbild sollte alles entfernt werden, was zu diesem glorreichen Mythos nicht passte. Der Tag des Sieges, in Russland der 9. Mai, wurde immer mehr zur Manifestation des militaristischen Geistes. Zum Mittelpunkt wurden die Militärparaden, leere Symbole, die mit der wahren Erinnerung an den Krieg nichts zu tun hatten. Es kam immer mehr zur Sakralisierung und Enthistorisierung des Zweiten Weltkrieges. Das war nur teilweise die Rückkehr in die sowjetischen Zeiten; da wurde – wenn auch heuchlerisch – der Friedenskampf stets beschworen, „Nie wieder Krieg" blieb die wichtigste Botschaft, vor allem am 9. Mai.

Der aufsteigende militaristische Geist führte zugleich zu aggressiven Parolen. Es wurde behauptet, das Volk fühle sich gekränkt von all denen, die die Rolle der Sowjetunion als Befreier vom Faschismus nicht würdigten und schätzten, die über die zweite Besatzung sprachen. Mit dem Beschwören des Nationalstolzes lebten die alten sowjetischen Stereotype wieder auf und verfestigten sich. Das Bild des Westens – heute wie früher – als Quelle allen Unglücks für Russland, vom Westen, der das Land in den 1990er Jahren fast „in die Knie" gezwungen hat; von der Feindseligkeit der Nachbarländer und vieles andere mehr, breitete sich in den staatlichen Medien aus.

Es wurden die Begriffe verdreht, der Begriff des Faschismus oder Nazismus wurde auf die Balten und dann auf die Ukrainer bezogen. Offen wurde über die „Unnatürlichkeit" der Grenzen der Russischen Föderation gesprochen, die man erweitern sollte. Unsere Warnungen vor solchen Verdrehungen blieben im gewissen Sinne Kassandrarufe. Man redet heute viel darüber, warum diese Signale nicht wahrgenommen wurden, warum das postmoderne Hantieren und Verdrehen der Grundbegriffe, wie Faschismus und Nazismus, in der Hasspropaganda gegen die Ukraine so überzeugend sein konnte – aber wie dem auch sei, das Ergebnis ist ja vor unseren Augen.

Ein sehr deutliches Merkmal, das wir bei Memorial als große Gefahr wahrgenommen haben, war die intensive Schaffung von Feindbildern. Erneut sprach man von der „fünften Kolonne", die im Auftrag von Feinden agierte. 2012 wurde das berüchtigte Gesetz über ausländische Agenten in der Duma verabschiedet, das in den folgenden Jahren ständig verschärft wurde, bis zum heutigen Tag. Demnach kann praktisch jeder zum ausländischen Agenten erklärt werden, der im Sinne des Auslands etwas öffentlich gesagt oder in den sozialen Netzwerken geschrieben hat. Memorial International wurde

2016 vom Justizministerium als „ausländischer Agent" abgestempelt und Ende 2021 vom Obersten Gerichtshof Russlands liquidiert, wie später alle Organisationen, die gegen den Krieg aufgetreten sind. Die ohnehin repressive Politik, die alle Nichteinverstandenen mundtot machen sollte, wurde seit dem Beginn des Krieges stark verschärft. Es sind faktisch keine offenen Protestaktionen in Russland möglich, nicht nur Demonstrationen und Kundgebungen wurden verboten, sondern auch Proteste von Einzelpersonen. Tatsächlich vergeht keine Woche ohne neue politische Prozesse und Inhaftierungen, und die Urteile, die in solchen Fällen verhängt werden, übertreffen jene der Breschnew-Ära manchmal um das Zweifache.

Die kriminelle Natur des Putin-Regimes

Erlauben Sie mir eine kurze Zusammenfassung dessen, was heute das Putin-Regime ist, und warum man keine Erwartungen auf irgendwelche Friedensinitiativen von dieser Seite hegen kann. Mehr noch: Seit dem Beginn des Krieges gegen die Ukraine ist klar, dass der Frieden in Europa heute so gefährdet ist, wie schon seit mehreren Jahrzehnten nicht mehr. Der Westen muss endlich erkennen, was das Putin-Regime heute darstellt, um sich von gefährlichen Illusionen zu befreien. Es ist ein Fehler, die Entscheidung, den Angriffskrieg gegen die Ukraine zu beginnen, mit einer Veränderung in Putins Persönlichkeit und Charakter zu erklären, die ihm während der Pandemie widerfahren sein mag. Es ist auch ein Fehler zu glauben, dass der Angriff auf die Ukraine ein Anfall von Wahnsinn ist. Alles deutet darauf hin, dass dies der Logik eines Regimes folgt, das von Putin in diesen 23 Jahren aufgebaut worden ist. Putins Russland ist eindeutig ein paternalistischer autokratischer Staat. Und das von ihm aufgebaute System hat auch bestimmte Züge angenommen, die Putin als Person eigen sind: Angst vor jeder Form der Opposition, Hass gegen angebliche Feinde, Gefühllosigkeit, Menschenverachtung. Eine Figur, die in ihren Händen so viel Macht konzentriert, braucht immer mehr Unterstützung und Mobilisierung der Bevölkerung; es muss ja immer wieder bestätigt werden, dass diese Person alternativlos ist. Deshalb die hysterischen Parolen „Wenn nicht Putin, wer dann?", „Putin ist Russland, und ohne Putin kein Russland", die in die Massen geschleudert werden.

Putins System ist nicht nur von einer Korruption infiziert, die man bekämpfen muss. Vielmehr ist Korruption das Wesen dieses Systems von oben nach unten. Dieses Regime hat eine kriminelle Natur, die sich offenbarte in der Geschichte mit der Prigoschin-Affäre und der Wagner-Truppe, als man neben den regulären Streitkräften Verbrecher, Mörder und Vergewaltiger als eine Privatarmee im Krieg eingesetzt hat.

Einer der wichtigsten Mechanismen der Putinschen Machtausübung ist Gewalt. Schon seit Jahren wird in den Polizeirevieren und Strafkolonien massiv Folter eingesetzt, und es ist nicht verwunderlich, dass der Krieg in die besetzten Gebieten der Ukraine schreckliche Gewaltexzesse gegen die friedliche Bevölkerung hervorgebracht hat. Das ist die Fortsetzung der

Innenpolitik Putins, in der die Ideologie der Gewalt dominiert. Diese Ideologie ist heute gegen alle humanistischen Werte gerichtet, sie ist infiziert mit Sexismus, Homophobie, Hass auf alles, was fremd erscheint und einem Konservatismus, der sich in einem Kampf offenbart, der gegen alles gerichtet ist, was liberal und europäisch erscheint.

Propaganda ist eine der wichtigsten Waffen der heutigen russischen Kriegsführung mit ihren Lügen, Provokationen, Fälschungen, die seit 2014 in einer höchst aggressiven Form vom Bildschirm strömen. Dieses Gift, das seit Jahren hauptsächlich vom Fernsehen verstreut wird, scheint viele Menschen in Russland zu beeinflussen. Die Folgen langjähriger Gewalt, Unterwerfung und mangelnder Rechte, einer jahrelangen völligen Abhängigkeit von der Macht und vom Staat, der heute schon wieder alle Lebenssphären zu kontrollieren versucht, zeigen sich in der von Apathie zerfressenen Gesellschaft mit ihren Ressentiments und ihrem Revanchismus. Die Welt hat es jetzt in Russland mit einer aggressiven Unberechenbarkeit zu tun – das hat die Entscheidung für den Krieg gegen die Ukraine deutlich gezeigt. Nicht nur die militärische Bedrohung, die von Putins Regime ausgeht, sondern auch die ökologische und sogar die nukleare muss man sehr ernst nehmen. Man soll auch nicht vergessen, dass in Russland schon lange ein Prozess der Verstaatlichung der Wirtschaft läuft, dass die Mehrzahl der Bevölkerung vom Staat bezahlt und schon deshalb von der Staatsmacht immer mehr abhängig wird.

Die wirtschaftlichen und sozialen Folgen dieses Krieges wird Russland immer mehr spüren. Dies wird einerseits die Angst verstärken, weil die Führung immer mehr zu Repressionen greifen wird, um jeden Protest zu unterdrücken, und andererseits werden depressive Stimmungen und Unzufriedenheit zunehmen. Welche Folgen das haben wird und wann, ist heute schwer vorauszusagen. Es gibt immer einen Überraschungsfaktor, und das macht sogar Historikern immer Hoffnung. Worauf man heute keine Hoffnung haben kann, ist, dass in absehbarer Zeit Protest von der Putinschen Elite kommt. Dafür ist sie politisch zu schwach und wirtschaftlich zu korrupt.

Jeglicher Dialog der Führung mit der Gesellschaft ist in Russland abgebrochen. Es gibt dafür keine Mechanismen mehr – weder Wahlen noch freie Presse oder unabhängige NGOs. Das führt dazu, dass die Mächtigen nur die Sprache der populistischen Versprechungen anwenden und in jeder Kritik Verschwörung und Verrat sehen. Versuche, künstliche Konsolidierung und Unterstützung der Bevölkerung zu erzeugen – so wie vor 20 Jahren der Hauptslogan das Versprechen von Stabilität und Wohlstand war – führen seit Kriegsbeginn nicht zu wirklicher Zustimmung. Der euphorische Krim-Effekt nach der Annektierung der Halbinsel 2014 ist heute ausgeblieben. Daher eskalierten gewalttätige Praktiken und Zwangsmobilisierung.

Putins geopolitische und postimperiale Ziele sind von ihm bis jetzt nicht erreicht worden. Im Gegenteil: Die Nato erweiterte sich entlang der weitläufigen westlichen Grenzen, und die Ängste der Staaten, die früher unter sowjetischem Einfluss standen oder Teil der UdSSR waren, nahmen um ein Vielfaches zu. Aber dennoch hat Putin noch genug Kraft, diesen Krieg fortzuführen, in der Hoffnung, dass die Ukraine ausblutet und der Westen es müde wird, militärische Hilfe zu leisten.

Keine Aussichten auf Frieden mit Russland

Es liegt auf der Hand, dass es keine Aussichten auf einen „Frieden mit Russland" gibt, solange der Aggressor seine Truppen nicht zurückzieht, seine territorialen Ansprüche nicht aufgibt und nicht für massive Kriegsverbrechen zur Rechenschaft gezogen wird. Putin hat diesen Krieg angefangen, um die Ukraine zu zerstören, und er macht keinen Hehl daraus. Nur eine Niederlage Russlands wird der Welt die Hoffnung auf Stabilität zurückgeben. Diese Niederlage wird selbstverständlich Verhandlungen bedeuten, Verhandlungen im breiten Sinne des Wortes mit verschiedenen Akteuren.

Bis zu diesem Zeitpunkt sind die Versuche, mit Putin zu „verhandeln", Vermittlungsbemühungen zu unternehmen, sich an den „Verhandlungstisch" zu setzen, naiv und nutzlos. Man muss begreifen: Wir leben heute merkwürdigerweise in einer fast Orwellschen Welt, in der jene in Russland, die vom Frieden reden, nicht den Frieden meinen, sondern den Krieg, weil die von Russland zusätzlich zur Krim und zum Donbass beschlagnahmten Gebiete nach dem Recht des Stärkeren an sie gehen sollen. Die wichtige Frage ist, ob man diesen Zustand als Frieden bezeichnen kann, ob er zu dem führen kann, was die sogenannten Friedensbefürworter als das Ende des Krieges erhoffen.

Darauf hört man oft den Einwand: Ist es nicht besser, den Krieg zu beenden – selbst um den Preis von Gebietsverlusten? Dies ist eine weit verbreitete Ansicht, leider auch in akademischen Kreisen; wir finden sie quer durch das politische Spektrum, sowohl auf der rechten als auch auf der linken Seite, und nicht nur in der Laiengemeinschaft, sondern auch in der Wissenschaft.

Aber es genügt, zwei Aspekte in Betracht zu ziehen: Der Verlust von Gebieten ist der Verlust von Menschen. Wir wissen heute, welche Verbrechen in den besetzten Gebieten begangen werden. Man erinnere sich nur an Tschetschenien, wo sich der Terror gegen die Zivilbevölkerung entfaltet hat und bewusster Bestandteil russischer Militärstrategie war. Dies ist kein Zufall. Es ist eine Taktik, die bezeichnenderweise auch in Syrien angewandt wird. Allein diese Erfahrung sagt uns, dass es keine Hoffnung auf ein Verhandlungsende des Krieges gibt, solange die russische Führung dieselbe bleibt. Nehmen wir das einfachste Beispiel, das uns vor Augen steht: 2014 hat Russland die Krim annektiert, mit – wie wir sicher sagen können – minimalen Sanktionen. Die wirtschaftlichen Beziehungen zum Westen sind danach nur noch stärker geworden. Hat das Russland daran gehindert, den großen Krieg vorzubereiten? Im Grunde wurde nach der Krimbesetzung ein Freibrief für die weitere Annexion ausgestellt.

Der zweite Punkt, den man bei dieser Friedensbeschwörung bedenken muss: Ein solcher Frieden wird nicht zur Wiederherstellung der früheren Ordnung und des gewohnten Wohlstands in Europa führen.

Ist es möglich, sich das heutige Russland als zukünftigen Teil des heutigen Europas vorzustellen? Die Zukunft der Demokratie in Europa (aber auch in Amerika) steht nicht nur vor dem Hintergrund des Krieges zur Disposition, sondern auch mit der Verbreitung von Post-Wahrheits-Ideologien, die die Grundlagen der Demokratie infrage stellen. Es ist noch nicht lange her, dass man in Europa dachte, es gäbe keinen anderen Weg als die Entwicklung der Demokratie. Aber heute gibt es viele Anzeichen dafür, dass wir nicht von einer garantierten und vorbestimmten Demokratie sprechen können. Figuren, die über Systeme und Institutionen hinweg agieren, sind aufgetaucht und haben an Einfluss gewonnen. Die Enttäuschung über die Institutionen kommt sowohl von der linken als auch von der rechten Seite. Das ist eine sehr gefährliche Entwicklung, denn die Demokratie beruht auf Institutionen. Und jetzt stehen wir an einem sehr wichtigen Punkt: Die Ukraine ist tatsächlich ein Vorposten – ihr Sieg mit der Unterstützung des Westens wird die Überlegenheit über die Alternativen bestätigen, die Putin vertritt.

Die Nachkriegsordnung ist gescheitert

Noch vor 20 Jahren hat man das Ende der Geschichte verkündet, die sich triumphal in der liberalen demokratischen Ordnung auflösen sollte. Dazu kann man jetzt nur noch bitterlich mit Goethes Mephistopheles sagen: „Den Teufel spürt das Völkchen nie, und wenn er sie beim Kragen hätte." Und wir stehen heute im 21. Jahrhundert vor der Situation, dass der Krieg so viel von dem infrage gestellt hat, woran man geglaubt hat, vor allen an den Fortschritt und an die Aufklärung. Dieser Krieg wird mit archaischen Mitteln und Methoden geführt: Man unterscheidet nicht zwischen Zivilisten und Kämpfenden, Kinder werden umgebracht, Frauen vergewaltigt.

Man muss bekennen – die Nachkriegsordnung wird im Guten und Schlechten wahrscheinlich nicht mehr funktionieren. Das macht Angst. Gescheitert ist diese Nachkriegsordnung auch intellektuell. Wie meine ich das? Ich denke dabei an Thomas Mann und seinen Faustus-Roman. In ihm versuchte er, die beispiellose moralische Katastrophe Nazideutschlands in Bildern und Begriffen wie „das Böse" oder „der Pakt mit dem Teufel" zu erfassen. Er wollte also durch vertraute Begriffe und Kategorien wie „Sünde" und „Verlockung" etwas festhalten, was – wie Hannah Arendt in der „Banalität des Bösen" gezeigt hat – durch diese alten Kategorien gar nicht erfassbar ist.

Es wird klar: Wir müssen eine neue Architektur des europäischen Sicherheitsraums konstruieren. Die Vorkriegswelt ist vorbei, nun muss ein neues, stärkeres und mehr auf Prinzipien gegründetes demokratisches Europa geschaffen werden. Aber dafür muss nicht nur die Ukraine den Krieg gewinnen, sondern auch Putins Russland den Krieg verlieren. Denn Russland, wie es heute aussieht, kann nicht Teil einer europäischen demokratischen Zukunft werden.

»Wir sind zu Nazis geworden«

Indiens Weg in den Faschismus

Von **Arundhati Roy**

I ch danke der Charles-Veillon-Stiftung dafür, dass sie mir den europäischen Essay-Preis 2023 verliehen hat. Vielleicht erkennt man nicht gleich, wie erfreut ich darüber bin, diesen Preis zu bekommen. Möglicherweise bin ich sogar schadenfroh. Was mich am glücklichsten macht, ist, dass es ein Preis für Literatur ist. Nicht für Frieden. Nicht für Kultur oder kulturelle Freiheit, sondern für Literatur. Für das Schreiben. Und für das Schreiben der Art von Essays, die ich schreibe und in den vergangenen 25 Jahren geschrieben habe. Sie haben Schritt für Schritt Indiens Abstieg – obwohl manche es als Aufstieg betrachten – dokumentiert, zunächst in eine Tyrannei der Mehrheit und dann in einen vollständig entwickelten Faschismus. Ja, es gibt in Indien weiterhin Wahlen, und um sich eine verlässliche Basis zu sichern, verbreitet die regierende Bhartiya Janata Partei (BJP) ihre Botschaft von der Vorherrschaft der Hindus unermüdlich in der Bevölkerung von 1,4 Milliarden Menschen. Deshalb sind Wahlen die Hauptzeit für Morde, Lynchjustiz und unterschwelligen Rassismus – die gefährlichste Zeit für Indiens Minderheiten, insbesondere für Muslime und Christen.

Wir müssen nicht länger nur unsere Anführer fürchten, sondern einen ganzen Teil der Bevölkerung. Die Banalität des Bösen, die Normalisierung des Bösen zeigt sich jetzt in unseren Straßen, in unseren Klassenzimmern, an sehr vielen öffentlichen Orten. Die Mainstream-Medien, die hunderte von 24-Stunden-Nachrichtensendern, werden für die Sache der faschistischen Tyrannei der Mehrheit eingespannt. Die indische Verfassung ist faktisch außer Kraft gesetzt worden. Gerade wird das indische Strafgesetzbuch neu geschrieben. Sollte das derzeitige Regime 2024 eine Mehrheit erhalten, ist es sehr wahrscheinlich, dass wir auch eine neue Verfassung bekommen werden.[1] Und es ist sehr wahrscheinlich, dass der in Indien „Abgrenzung" genannte Prozess der Neuordnung der Wahlkreise – das, was in den USA „gerrymandering" heißt – stattfinden wird, wodurch die Staaten in Nordindien, in denen Hindi gesprochen wird und die BJP eine Basis hat, mehr Parlamentssitze erhalten werden. Das wird in den südlichen Bundesstaaten zu großer Verbitterung führen und hat das Potenzial, Indien zu balkanisieren. Selbst im

---

1   Bei der Parlamentswahl 2024 gewann das von der BJP geführte Bündnis Nationale Demokratische Allianz 293 der 543 Parlamentssitze und verfehlte damit klar die von Modi angestrebte und für eine Verfassungsänderung notwendige Zweidrittelmehrheit. – Die Red.

unwahrscheinlichen Fall einer Wahlniederlage, sitzt das Gift des Überlegenheitsdenkens tief und hat alle öffentlichen Institutionen, die die Gewaltenteilung beaufsichtigen sollen, geschwächt. Es gibt nun praktisch keine mehr, außer einem geschwächten und beschädigten Obersten Gerichtshof.

Lassen Sie mich Ihnen noch einmal für diesen sehr prestigeträchtigen Preis danken und für die Anerkennung meiner Arbeit – obwohl ich Ihnen sagen muss, dass man sich bei einer Auszeichnung für das Lebenswerk alt fühlt. Ich werde wohl damit aufhören müssen, so zu tun, als sei ich es nicht. Es liegt in gewisser Weise eine große Ironie darin, einen Preis für Schriften aus 25 Jahren zu bekommen – in denen ich vor der Richtung, in die wir unterwegs waren, gewarnt habe –, die aber nicht beachtet, sondern stattdessen oft verspottet und kritisiert worden sind, von Liberalen ebenso wie von jenen, die sich ebenfalls als „fortschrittlich" betrachten. Aber nun ist die Zeit der Warnungen vorbei. Wir befinden uns in einer anderen Phase der Geschichte. Als Autorin kann ich nur hoffen, dass meine Schriften Zeugnis ablegen über dieses sehr dunkle Kapitel, das sich im Leben meines Landes gerade entfaltet. Und hoffentlich lebt auch das Werk von anderen wie mir fort, und es wird bekannt, dass nicht alle von uns mit dem, was passiert ist, einverstanden waren.

»Ich schrieb, um mein schreibendes Ich zu retten«

Mein Leben als Essayistin war nicht geplant. Es ist einfach passiert.

Mein erstes Buch war „Der Gott der kleinen Dinge", ein im Jahr 1997 veröffentlichter Roman. Zeitgleich zu seinem Erscheinen jährte sich die indische Unabhängigkeit vom britischen Kolonialismus zum fünfzigsten Mal. Acht Jahre zuvor war der Kalte Krieg zu Ende gegangen und der Sowjetkommunismus war in den Trümmern des afghanisch-sowjetischen Krieges begraben worden. Es war der Beginn der von den USA dominierten unipolaren Welt, mit dem Kapitalismus als unangefochtenem Sieger. Indien richtete sich neu an den USA aus und öffnete seine Märkte für das Kapital der Konzerne. Privatisierung und Strukturanpassungen waren die Hymnen des freien Marktes. Indien nahm seinen Platz am Erwachsenentisch ein. Aber dann erlangte 1998 eine von der BJP geführte hindunationalistische Regierung die Macht. Das erste, was sie tat, war eine Reihe von Atomtests durchzuführen. Diese wurden von den meisten Menschen begrüßt, darunter auch Autoren, Künstler und Journalisten, und zwar in einer scharfen, nationalistisch-chauvinistischen Sprache. Was im öffentlichen Diskurs als angemessen angesehen wurde, änderte sich schlagartig.

Ich hatte gerade den Booker-Preis für meinen Roman erhalten und war ungewollt zu einer der kulturellen Botschafterinnen für dieses aggressive neue Indien geworden. Ich fand mich auf den Titelseiten großer Zeitschriften wieder. Ich wusste, wenn ich nichts sagen würde, nähme man an, dass ich all dem zustimmte. In diesem Moment verstand ich, dass Schweigen genauso politisch war, wie Stellung zu beziehen. Ich verstand, dass, wenn ich mich äußern würde, dies das Ende meiner Karriere als Märchenprinzessin der literarischen Welt bedeuten würde. Mehr noch aber verstand ich, dass, wenn ich nicht schriebe, was ich glaubte – unabhängig von den Konsequenzen –, ich selbst zu meinem schlimmsten Feind werden und möglicherweise nie mehr schreiben würde. Also schrieb ich, um mein schreibendes Ich zu retten. Mein erster Essay, „The End of Imagination", wurde gleichzeitig in zwei großen Magazinen mit hohen Auflagen veröffentlicht – „Outlook" und „Frontline". Ich wurde sofort als antinationale Verräterin bezeichnet. Ich fasste diese Beleidigungen als Lorbeeren auf, nicht weniger prestigeträchtig als der Booker-Preis. Damit trat ich eine lange Reise des Schreibens über Staudämme, Flüsse, Vertreibung, Kasten, Bergbau, Bürgerkrieg an – eine Reise, die meine Einsichten vertieft und meine fiktionalen Werke und Sachbücher auf eine Weise miteinander verknüpft hat, die nicht mehr aufgelöst werden kann.

Der zerbrechliche, doch unzerstörbare Raum der Literatur

Ich werde einen kurzen Auszug aus einem der Essays in meinem Buch „Azadi heißt Freiheit" vorlesen, in dem es darum geht, wie diese Essays in der Welt leben. Er heißt „Die Sprache der Literatur".

„Als die Essays erstmals veröffentlicht wurden (zunächst in Zeitschriften mit Massenauflage, dann im Internet und schließlich als Bücher), wurden sie zumindest in einigen Kreisen mit unheilvollem Misstrauen beäugt, oft von denjenigen, die nicht mal unbedingt etwas gegen den politischen Gehalt der Essays einzuwenden hatten. Die Texte standen quer zu dem, was man gemeinhin unter Literatur versteht. Unheilvolles Misstrauen war eine verständliche Reaktion, insbesondere unter den Menschen mit Sinn für Taxonomien, da sie nicht genau entscheiden konnten, was genau diese Texte waren – Flugblatt oder Polemik, akademisches oder journalistisches Schreiben, Reisebericht oder einfach nur literarisches Abenteurertum? Für einige zählten sie einfach nicht als Schreiben: ‚Ach, warum haben Sie denn aufgehört zu schreiben? Wir warten auf Ihr nächstes Buch.' Andere malten sich aus, ich sei nichts anderes als eine ‚Auftragsautorin'. Alle möglichen Angebote wurden an mich herangetragen: ‚Darling, ich fand den Text großartig, den du über die Dämme geschrieben hast. Könntest du für mich auch etwas über Kindesmissbrauch schreiben?' (Das passierte tatsächlich.) Streng wurde mir erklärt (meist von Männern der oberen Kasten), wie man schreibt, über welche Themen ich schreiben und welchen Ton ich dabei anschlagen sollte.

Doch an anderen Orten – nennen wir sie Orte ab vom Schuss – wurden die Aufsätze schnell in andere indische Sprachen übersetzt, als Flugblätter gedruckt, kostenlos in Wäldern und Flusstälern verteilt, in Dörfern, die attackiert wurden, auf Universitätsgeländen, wo die Studierenden die Lügen satthatten. Denn diese Lesenden da draußen an der Front, die bereits durch das sich ausbreitende Feuer versengt waren, hatten eine ganz andere Vorstellung davon, was Literatur ist oder sein sollte. Ich erwähne dies, weil es mich gelehrt hat, dass der Raum der Literatur von Schriftstellerinnen und Lesern geschaffen wird. In gewisser Weise ist es ein zerbrechlicher Raum, doch ein unzerstörbarer. Wenn er zerstört ist, erschaffen wir ihn neu. Denn wir brauchen einen Unterschlupf. Mir gefällt die Idee der Literatur, die gebraucht wird, sehr gut. Literatur, die Schutz bietet. Schutz aller Art."[2] Heute ist es undenkbar, dass irgendein Mainstream-Medienhaus in Indien, die alle auf Unternehmensanzeigen angewiesen sind, Essays wie diesen veröffentlichen würden. In den letzten 20 Jahren haben der freie Markt, der Faschismus und die sogenannte freie Presse Indien gemeinsam an einen Punkt gebracht, an dem es keinesfalls mehr als eine Demokratie bezeichnet werden kann.

Der Angriff auf die »indischen Zwillingstürme«

Im Januar 2023 sind zwei Dinge geschehen, die dies auf eine Weise illustrieren, wie es wahrscheinlich nichts anderes vermag. Die BBC sendete eine zweiteilige Dokumentation mit dem Titel „Indien: Die Modi-Frage", und wenige Tage später veröffentlichte eine kleine amerikanische Firma mit dem Namen *Hindenburg Research*, die sich auf sogenannte aktivistische Leerverkäufe spezialisiert hat, einen detaillierten Bericht über das schockierende Fehlverhalten des größten indischen Unternehmens, der Adani-Gruppe.

Diese beiden Veröffentlichungen wurden von den indischen Medien als nichts weniger als ein Angriff auf die „indischen Zwillingstürme" bezeichnet – gemeint sind Premierminister Narendra Modi und Indiens größter Industrieller, Gautam Adani, bis vor kurzem der drittreichste Mensch der Welt. Die gegen sie erhobenen Vorwürfe sind nicht gerade subtil. Der BBC-Film bringt Modi mit der Beihilfe zum Massenmord in Verbindung. Der Hindenburg-Bericht wirft Adani „den größten Betrug in der Unternehmensgeschichte" vor. Am 30. August 2023 veröffentlichten der „Guardian" und die „Financial Times" Beiträge auf der Basis von belastenden Dokumenten, die das *Organized Crime and Corruption Reporting Project* beschafft hatte, und die den Hindenburg-Bericht weiter unterfütterten. Indische Untersuchungsbehörden und die meisten indischen Medien sind nicht dazu in der Lage, derartige Nachforschungen anzustellen oder vergleichbare Beiträge zu veröffentlichen. Tun es ausländische Medien, dann ist es in der derzeitigen Atmosphäre eines pseudohaften Hypernationalismus ein Leichtes, dies als einen Angriff auf die indische Souveränität darzustellen.

Die erste Episode des BBC-Films „Die Modi-Frage" behandelt das antimuslimische Pogrom, das 2002 im Staat Gujarat wütete, nachdem Muslime für das Abbrennen eines Zugwaggons verantwortlich gemacht worden waren, bei dem 59 Hindu-Pilger bei lebendigem Leib verbrannten. Modi war nur wenige Monate vor dem Massaker zum Ministerpräsidenten des Bundesstaats ernannt – nicht gewählt – worden. Der Film erzählt nicht nur von den Morden, sondern auch von der 20 Jahre andauernden Reise einiger Opfer durch das labyrinthische indische Justizsystem, im Vertrauen und in der Hoffnung auf Gerechtigkeit und politische Rechenschaft. Er enthält

2 Zit. nach: Arundhati Roy, Die Sprache der Literatur, in: dies., Azadi heißt Freiheit. Essays. Übersetzt von Jan Wilm, Frankfurt a. M. 2021, S. 78-95, hier: S. 82-84. Übersetzt von Martin Pfeiffer.

Augenzeugenberichte, besonders bewegend der von Imtiyaz Pathan, der zehn Angehörige im sogenannten Gulberg Society-Massaker verlor, bei dem 60 Menschen von einem Mob ermordet wurden, darunter der vormalige Parlamentsabgeordnete Ehsan Jaffri, der lebendig zerstückelt und verbrannt wurde. Jaffri war ein politischer Rivale von Modi und hatte bei einer kurz zuvor abgehaltenen Wahl gegen ihn kandidiert. Dies war nur eines von mehreren ähnlich grauenvollen Massakern, die sich innerhalb weniger Tage in Gujarat zutrugen. Ein weiteres dieser Massaker – das nicht im Film vorkommt – ist die Massenvergewaltigung der 19jährigen Bilkis Bano und der Mord an 14 ihrer Familienangehörigen, einschließlich ihrer dreijährigen Tochter.

Im August 2022, am Unabhängigkeitstag, während Modi in seiner Rede an die Nation vom hohen Stellenwert der Frauenrechte sprach, begnadigte seine Regierung – und zwar genau am gleichen Tag – die Vergewaltiger und Mörder von Bilkis und ihrer Familie, die zuvor zu lebenslanger Haft verurteilt worden waren. Die meiste Zeit ihrer Haftstrafe war bereits auf Bewährung ausgesetzt worden. Nun aber sind sie freie Männer. Sie wurden vor dem Gefängnis mit Girlanden begrüßt und sind nun angesehene Mitglieder der Gesellschaft, die bei öffentlichen Veranstaltungen gemeinsam mit BJP-Politikern auf der Bühne stehen. Der BBC-Film enthüllte einen internen Bericht im Auftrag des britischen Außenministeriums vom April 2022, der bis dahin nicht öffentlich bekannt war. Dieser Untersuchungsbericht schätzte, dass „mindestens 2000" Menschen ermordet worden waren. Er bezeichnete das Massaker als vorab geplantes Pogrom, das „alle Kennzeichen einer ethnischen Säuberung" aufweise. Vertrauenswürdige Kontakte hätten zudem ausgesagt, die Polizei sei angewiesen worden, sich herauszuhalten. Der Bericht weist die Schuld eindeutig Modi zu. Nach dem Pogrom in Gujarat verweigerten die USA diesem ein Visum. Modi gewann danach drei Mal hintereinander die Wahlen und blieb bis 2014 Gujarats Ministerpräsident. Als er im selben Jahr Premierminister wurde, hoben die USA die Visumssperre wieder auf.

Die Regierung Modi hat den Film der BBC verboten. Alle Social-Media-Plattformen haben sich an das Verbot gehalten und alle Links und Verweise auf den Film aus ihren Netzwerken entfernt. Binnen Wochen nach der Erstausstrahlung wurden die Büros der BBC in Indien von der Polizei umstellt, Steuerbeamte führten eine Razzia durch.

Die Geburtsstunde des Gujarat-Modells der »Entwicklung«

Der Hindenburg-Bericht wiederum wirft der Adani-Gruppe vor, an einem „dreisten Aktienmanipulations- und Buchhaltungsbetrugsprogramm" beteiligt gewesen zu sein. Mittels Offshore-Strohfirmen seien die wichtigsten börsennotierten Unternehmen des Konzerns künstlich überbewertet und so das Nettovermögen von dessen Vorsitzenden aufgebläht worden. Dem Bericht zufolge wurden sieben von Adanis börsennotierten Unternehmen um mehr als 85 Prozent überbewertet. Modi und Adani kennen sich seit Jahrzehnten. Ihre Freundschaft festigte sich nach dem Pogrom in Gujarat 2002.

Zu dieser Zeit stand der größte Teil Indiens, einschließlich der Geschäftswelt, nach dem Horror und der offenen Abschlachtung und Massenvergewaltigung von Muslimen durch einen rachesuchenden, Selbstjustiz praktizierenden Hindu-Mob unter Schock. Gautam Adani aber stützte Modi. Zusammen mit einer kleinen Gruppe von Industriellen in Gujarat gründete er eine neue Plattform von Geschäftsleuten. Diese griffen Modis Kritiker an und unterstützten ihn bei seiner neuen politischen Karriere als „Hindu Hriday Samrat", als Kaiser der Hindu-Herzen. Dies war die Geburtsstunde des Gujarat-Modells der „Entwicklung": ein gewalttätiger Hindunationalismus, finanziell unterstützt mit bedeutenden Summen aus der Unternehmenswelt. Nach drei Amtsperioden als Gujarats Ministerpräsident wurde Modi 2014 zum Premierminister Indiens gewählt. Zu seiner Amtseinführung in Delhi flog er in einem Privatjet, auf dessen Rumpf Adanis Name prangte. In den neun Jahren, in denen Modi im Amt ist, wurde Adani zu einem der reichsten Männer der Welt. Sein Vermögen stieg von acht auf 137 Mrd. US-Dollar. Allein im Jahr 2022 verdiente er 72 Mrd. US-Dollar und damit mehr als die zusammengerechneten Verdienste der nächsten neun Milliardäre weltweit. Die Adani-Gruppe kontrolliert ein Dutzend Häfen, die 30 Prozent des indischen Frachtverkehrs abwickeln, sieben Flughäfen, die 23 Prozent der indischen Flugpassagiere befördern, und Lagerhäuser, in denen 30 Prozent des indischen Getreides lagern. Sie besitzt und betreibt Kraftwerke, die die größten privaten Stromerzeuger des Landes sind.

Gautam Adani ist sicherlich einer der reichsten Menschen der Welt, aber wenn man den Auftritt der BJP bei Wahlen betrachtet, dann ist sie nicht nur Indiens reichste Partei, sondern vielleicht sogar die reichste Partei der Welt. 2016 führte die BJP das Konzept der Wahlanleihen ein, das Unternehmen erlaubte, politische Parteien anonym zu finanzieren. Damit wurde die BJP zur Partei mit dem mit Abstand größten Anteil an Unternehmensfinanzierung. Es sieht sehr danach aus, dass die Zwillingstürme Indiens ein gemeinsames Fundament haben. So wie Adani zu Modi stand, als dieser dies brauchte, so hält die Regierung Modi zu Adani. Sie verweigert die Antwort auf jede Frage zu Adani, die Mitglieder der Opposition im Parlament stellen, und geht so weit, deren diesbezügliche Reden aus dem Protokoll des Parlaments zu streichen.

Während die BJP und Adani ihre Vermögen anhäuften, berichtete die internationale Nichtregierungsorganisation Oxfam in einer äußerst kritischen Studie, dass die obersten zehn Prozent der indischen Bevölkerung 77 Prozent des nationalen Vermögens besitzen. 73 Prozent des im Jahr 2017 erwirtschafteten Vermögens fiel dem reichsten Prozent der Inder zu, während das Vermögen der 670 Millionen Inder, die die ärmste Hälfte der Bevölkerung ausmachen, nur um ein Prozent wuchs. Obwohl Indien als Wirtschaftsmacht mit einem großen Markt gilt, lebt der größte Teil seiner Bevölkerung in erdrückender Armut. Millionen leben von Lebensmittelrationen, die sie in Paketen erhalten, auf die das Gesicht von Modi gedruckt ist. Indien ist ein sehr reiches Land mit sehr armen Menschen, eine der am wenigsten gleichen Gesellschaften der Welt. Für ihre Arbeit wurde Oxfam India ebenfalls mit einer Razzia überzogen. Und Amnesty International und viele weitere Nichtregierungsorganisationen, die in Indien Ärger machen, wurden unter Druck gesetzt, ihre Arbeit einzustellen.

Der Rassismus des Westens

Nichts davon fällt für die politischen Anführer der westlichen Demokratien irgendwie ins Gewicht. Binnen weniger Tage nach den Hindenburg-BBC-Veröffentlichungen gaben Premierminister Modi, US-Präsident Joe Biden und der französische Staatschef Emmanuel Macron nach „warmherzigen und produktiven" Sitzungen bekannt, dass Indien 470 Flugzeuge von Boeing und Airbus kaufen würde. Biden betonte, dadurch würden über eine Million amerikanische Arbeitsplätze geschaffen. Die Airbus-Flugzeuge werden mit Rolls Royce-Turbinen angetrieben. „Der boomende Luftfahrtsektor Großbritanniens kann nach den Sternen greifen", sagte Premierminister Rishi Sunak. Im Juli reiste Modi zu einem Staatsbesuch in die USA und dann nach Frankreich, als Hauptgast am französischen Nationalfeiertag. Können Sie sich das überhaupt vorstellen? Macron und Biden hofierten ihn auf denkbar peinlichste Weise, in vollem Wissen, dass Modi dies bei seiner Kandidatur für eine dritte Amtszeit in pures Wahlkampfgold ummünzen würde. Dabei mussten die westlichen Anführer doch alles über den Mann wissen, den sie da umarmt haben.

Sie mussten von Herrn Modis Rolle beim Pogrom in Gujarat wissen. Sie mussten von der ekelhaften Regelmäßigkeit wissen, mit der Muslime öffentlich gelyncht werden, und dass einige der Täter von einem Mitglied aus Modis Kabinett mit Girlanden empfangen worden sind, und auch von dem beschleunigten Prozess der Segregation und Ghettoisierung der Muslime. Sie mussten wissen, dass selbsternannte Hindu-Bürgerwehren hunderte Kirchen niedergebrannt haben. Sie mussten von der Verfolgung von Oppositionspolitikern, Studierenden, Menschenrechtsaktivisten, Anwälten und Journalisten wissen, von denen manche zu langen Gefängnisstrafen verurteilt wurden, von den Angriffen der Polizei und mutmaßlichen Hindunationalisten auf Universitäten, von der Umschreibung von Geschichtsbüchern, vom Verbot von Filmen, von der erzwungenen Schließung von Amnesty International Indien, von der Razzia im indischen Büro der BBC, von den Aktivisten, Journalisten und Regierungskritikern, die auf geheimen Flugverbotslisten gelandet sind, und vom Druck auf Wissenschaftler, indischen wie ausländischen. Sie mussten wissen, dass Indien nun Platz 161 von 180 Ländern auf der Rangliste der Pressefreiheit belegt, dass viele der besten indischen Journalisten aus den Mainstream-Medien gejagt wurden und dass Journalisten schon bald einem Zensurregime ausgesetzt sein könnten, bei dem ein von der Regierung ernanntes Gremium die Macht innehaben wird, darüber zu entscheiden, ob Medienberichte und Kommentare zur Regierung Fälschungen sind oder irreführend. Und von dem neuen IT-Gesetz, das darauf ausgerichtet ist, Gegenstimmen in den sozialen Medien auszuschalten.

Sie mussten von den schwertschwingenden, gewalttätigen Hindu-Mobs wissen, die regelmäßig und offen zur Vernichtung von Muslimen und zur

Vergewaltigung muslimischer Frauen aufrufen. Sie mussten von der Lage in Kaschmir wissen, wo ab 2019 eine monatelange Nachrichtensperre verhängt wurde – die am längsten andauernde Internetsperre in einer Demokratie – und wo Journalisten belästigt, verhaftet und verhört werden. Niemand im 21. Jahrhundert sollte so leben müssen, mit einem Stiefel an der Kehle. Sie mussten vom 2019 verabschiedeten Gesetz zur Änderung des Staatsbürgerschaftsrechts wissen, das unverhüllt Muslime diskriminiert, von den Massenprotesten dagegen und davon, dass diese Proteste erst endeten, nachdem im darauffolgenden Jahr in Delhi Dutzende Muslime von Hindu-Mobs getötet wurden (was übrigens zufällig zu jenem Zeitpunkt geschah, als der damalige US-Präsident Donald Trump zum Staatsbesuch in der Stadt war, worüber dieser aber kein Wort verlor). Sie mussten davon wissen, dass die Polizei in Delhi schwerverletzte junge muslimische Männer, die auf den Straßen lagen, mit Stößen und Tritten dazu zwang, die indische Nationalhymne zu singen. Einer von ihnen starb daraufhin. Sie mussten wissen, dass zur gleichen Zeit, als sie Modi feierten, Muslime aus einer Kleinstadt in Uttarakhand in Nordindien flohen, nachdem mit der BJP verbundene Hinduextremisten ihre Türen mit einem X markiert und sie zum Weggehen aufgefordert hatten. Es wird offen über ein „muslimfreies" Uttarakhand gesprochen. Sie mussten wissen, dass der Staat Manipur im indischen Nordosten unter den Augen von Modi in einem barbarischen Bürgerkrieg versunken ist. Dort findet eine Art ethnische Säuberung statt. Die Zentralregierung ist beteiligt, die Regierung des Bundesstaats parteiisch, und die Sicherheitsbehörden sind zwischen Polizei und anderen Kräften gespalten, ohne dass es eine Befehlskette gäbe. Das Internet ist abgeschaltet. Nachrichten brauchen Wochen, um herauszukommen.

Dennoch entschieden die Mächtigen der Welt, Modi allen Sauerstoff zu geben, den er braucht, um den gesellschaftlichen Zusammenhalt in Indien zu zerstören und das Land niederzubrennen. Für mich ist das eine Form von Rassismus. Sie behaupten, Demokraten zu sein, aber sie sind Rassisten. Sie glauben nicht, dass die Werte, zu denen sie sich bekennen, auch für nicht weiße Länder gelten sollen. Dies ist selbstverständlich eine alte Geschichte.

Am Ende werden wir unser Land zurückgewinnen

Es spielt keine Rolle. Wir werden unsere Schlachten selbst schlagen – und am Ende werden wir unser Land zurückgewinnen. Jedoch müssen sie tatsächlich an Wahnvorstellungen leiden, wenn sie glauben, dass der Zerfall der indischen Demokratie keine Auswirkungen auf die ganze Welt haben wird.

Für alle, die glauben, dass Indien immer noch eine Demokratie ist – hier sind einige der Ereignisse nur der letzten paar Monate. Dies meine ich, wenn ich sage, dass wir uns in einer anderen Phase befinden. Die Zeit der Warnungen ist vorbei, und wir müssen einen Teil der Bevölkerung so sehr fürchten wie unsere politischen Anführer: In Manipur, wo ein Bürgerkrieg wütet, übergab die vollständig parteiische Polizei zwei Frauen an einen Mob, der sie nackt durch ein Dorf trieb und dann einer Gruppenvergewaltigung aussetzte. Eine von ihnen musste ansehen, wie ihr jüngerer Bruder vor ihren Augen ermordet wurde. Frauen, die der gleichen Gemeinschaft angehören wie die Vergewaltiger, schauten zu und stachelten ihre Männer sogar zur Vergewaltigung an. In Maharashtra ging ein Beamter der Eisenbahnpolizei durch die Gänge eines Zuges und erschoss muslimische Reisende, wobei er die Mitreisenden zur Wahl von Modi aufforderte.

Ein äußerst beliebter selbsternannter Hindu-Ordnungshüter, der oft dabei fotografiert wird, wie er mit Spitzenpolitikern und Polizisten verkehrt, forderte Hindus zu einer religiösen Prozession durch eine dicht besiedelte, mehrheitlich von Muslimen bewohnte Siedlung auf. Er befand sich auf freiem Fuß, obwohl er der Hauptverdächtige in einem Mordfall an zwei jungen Muslimen ist, die im Februar an ein Fahrzeug gebunden und lebendig verbrannt worden sind. Die betroffene Ortschaft Nuh grenzt an Gurgaon, wo wichtige internationale Unternehmen ihre Büros haben. Die Hindus kamen mit Maschinengewehren und Schwertern zu der Prozession. Die Muslime verteidigten sich. Erwartungsgemäß endete der Marsch in Gewalt. Sechs Menschen wurden getötet. Ein 19-jähriger Imam wurde in seinem Bett abgeschlachtet, seine Moschee wurde ausgeraubt und abgebrannt. Die Antwort des Staates war es, die Siedlungen der ärmsten Muslime mit Bulldozern zu zerstören und Hunderte Familien zu zwingen, um ihr Leben zu laufen. Über all dies verliert der Premierminister kein Wort, erst Recht nicht im Wahlkampf zur Parlamentswahl im Mai 2024. Alles war Teil der Wahlkampagne. Wir sind auf mehr Blutvergießen gefasst, auf Massentötungen, auf fingierte Angriffe, Scheinkriege und auf alles, was eine bereits polarisierte Bevölkerung noch weiter polarisiert.

Ich habe mir jüngst ein schreckliches Kurzvideo angeschaut, das in einem Klassenzimmer einer kleinen Schule aufgenommen wurde. Die Lehrerin verdonnert darin ein muslimisches Kind, sich an ihren Tisch zu stellen, und fordert den Rest der Schüler, allesamt Hindujungen, auf, nacheinander nach vorne zu kommen und ihn zu schlagen. Sie ermahnt diejenigen, die ihn nicht hart genug geschlagen haben. Die bislang erfolgte Reaktion auf das Ereignis besteht darin, dass die Hindus des Dorfes und die Polizei Druck auf die muslimische Familie ausübten, keine Anzeige zu erstatten. Zudem wurde das Schulgeld des muslimischen Jungen erstattet, und er hat die Schule verlassen.

Was in Indien geschieht, hat nichts mit einer lockeren Variante des Internetfaschismus zu tun. Es ist ernst. Wir sind zu Nazis geworden. Nicht nur unsere Anführer, nicht nur unsere Fernsehkanäle und Zeitungen, sondern auch weite Teile der Gesellschaft. Eine große Zahl von Menschen der indischen Hindubevölkerung in den USA, Europa und Südafrika unterstützt die Faschisten politisch und auch materiell. Um unser Seelenheil willen und das unserer Kinder und Enkel müssen wir uns erheben. Es kommt nicht darauf an, ob wir Erfolg haben oder scheitern. Diese Verantwortung liegt nicht nur bei uns in Indien. Nach Modis Wahlsieg 2024 werden alle Wege des Widerspruchs verschlossen sein. Niemand unter Ihnen in diesem Saal darf vorgeben, nicht gewusst zu haben, was vor sich ging.

Mit Ihrer Erlaubnis werde ich damit enden, Ihnen eine Passage aus meinem ersten Essay, „The End of Imagination", vorzulesen. Es handelt sich um eine Unterhaltung mit einer Freundin über das Scheitern – und um mein persönliches Manifest als Autorin.

»Wir müssen uns erheben«

„Ich sagte, ihre Betrachtungsweise sei jedenfalls rein äußerlich, diese Annahme, dass die Kurve des Glücks einer Person – oder sagen wir, die ihrer Erfüllung – einen Höhepunkt gehabt hätte (und jetzt absetzen musste), weil der Mensch zufällig auf ‚Erfolg' gestoßen war. Sie beruhte auf der phantasielosen Überzeugung, dass Reichtum und Ruhm der obligatorische Stoff für jedermanns Träume seien. Du lebst schon zu lange in New York, erklärte ich ihr. Es gibt noch andere Welten. Andere Arten von Träumen. Träume, in denen ein Scheitern denkbar ist. Ehrenvoll. Manchmal sogar erstrebenswert. Welten, in denen Anerkennung nicht das einzige Barometer für Brillanz oder menschlichen Wert ist. Es gibt viele Kämpfer, die ich kenne und liebe, Menschen, die weit wertvoller sind als ich, die jeden Tag in den Krieg ziehen und im Voraus wissen, dass sie scheitern werden. Sicher, sie sind weniger ‚erfolgreich' im vulgärsten Sinne des Wortes, aber keineswegs weniger erfüllt. Der einzige Traum, der sich lohnt, erklärte ich ihr, ist der Traum, dass man lebt, solange man am Leben ist, und erst dann stirbt, wenn man tot ist. (Eine Vorahnung? Vielleicht.) ‚Und was bedeutet das genau?' (Hochgezogene Augenbrauen, ein wenig verärgert.) Ich versuchte es ihr zu erklären, aber ich kam damit nicht sehr gut zurecht. Manchmal muss ich schreiben, um zu denken. So schrieb ich es ihr auf eine Papierserviette auf. Ich schrieb folgendes: ‚Lieben. Geliebt werden. Nie die eigene Bedeutungslosigkeit vergessen. Sich nie an die unaussprechliche Gewalt und an die vulgäre Ungleichheit des Lebens, die einen umgeben, gewöhnen. An den traurigsten Orten nach Freude suchen. Schönheit bis in ihre Höhle verfolgen. Niemals vereinfachen, was kompliziert ist, oder komplizieren, was einfach ist. Stärke respektieren, Macht niemals. Vor allem auf der Hut zu sein. Zu verstehen versuchen. Niemals wegschauen. Und nie, nie vergessen.'"[3]

Lassen Sie mich Ihnen noch einmal für die Ehre dieses Preises danken. Ich liebe den Teil der Preisverleihungsbegründung, der lautet: „Arundhati Roy nutzt den Essay als eine Form des Kampfes." Es wäre anmaßend, arrogant und sogar ein wenig dumm, wenn eine Autorin glauben würde, sie könne die Welt mit ihren Schriften ändern. Aber es wäre erbärmlich, wenn sie es nicht wenigstens versuchen würde. Bevor ich ende, möchte ich noch dies sagen: Dieser Preis ist mit einer Menge Geld verbunden. Es wird nicht bei mir bleiben. Es wird mit den sehr vielen unvorstellbar mutigen Aktivisten, Journalisten, Anwälten, Filmemachern geteilt werden, die diesem Regime weiterhin fast ohne Ressourcen entgegentreten. Wie entsetzlich die Situation auch ist, seien Sie bitte versichert, dass es eine enorme Gegenwehr gibt. Vielen Dank.

3 Zit. nach: Arundhati Roy, Das Ende der Phantasie. Die indische Bombe und die Gefahr des Faschismus, in: „Lettre", Herbst 1998, S. 72-77, hier: S. 74. Übersetzt von Martin Pfeiffer.

Brasilien: Der neue Faschismus?

Von **Luiz Ruffato**

Am 2. Mai 2019 hielt der brasilianische Schriftsteller und Journalist Luiz Ruffato die Democracy Lecture der »Blätter« – nach Thomas Piketty (»Blätter«, 12/2014), Naomi Klein (»Blätter«, 5/2015), Paul Mason (»Blätter«, 5/2016), Wendy Brown (»Blätter«, 8/2017) und
Richard Sennett (»Blätter«, 12/2018). Vor rund 700 Zuhörerinnen und Zuhörern in der Berliner
Volksbühne warnte er vor der Gefahr eines neuen Faschismus mit brasilianischem Antlitz.
Nachfolgend finden Sie Luiz Ruffatos Vortrag in leicht gekürzter Fassung. Die Übersetzung aus
dem Portugiesischen stammt von Michael Kegler. Auf unserer Website www.blaetter.de können Sie sich zudem die Videoaufzeichnung der Veranstaltung anschauen. – Die Red.

Bevor ich beginne, möchte ich mich für die Einladung bedanken und
Ihnen etwas gestehen: Ich wäre in Deutschland in diesem Moment lieber nur als Schriftsteller, um mein neues Buch vorzustellen. Aber manchmal
wird man von der Geschichte in Angelegenheiten hineingestoßen, für die
man vielleicht nicht einmal richtig gerüstet ist, die man dann aber annehmen
muss. Also bin ich hier als ein Schriftsteller, der sich Gedanken über Brasilien macht.

Ein Haus zu errichten, braucht viel Zeit. Vom Kauf des Geländes bis zu
dem magischen Augenblick, in dem man damit beginnt, die ersten Bilder an
die Wände zu hängen, das Ambiente mit Möbeln zu dekorieren, den Raum
mit Andenken und mit Erinnerungen zu füllen. Um ein Haus zu zerstören,
genügt eine einzige Person, wenn sie eine Spitzhacke hat. In nur wenigen
Stunden werden nur noch Ruinen da sein.

In seiner Antrittsrede am 1. Januar 2019 verpflichtete sich Jair Bolsonaro
erneut einer ultrakonservativen Agenda: der Stärkung der traditionellen
Familie, dem Kampf gegen die sogenannte Gender-Ideologie, der Erleichterung von privatem Waffenbesitz und der Durchsetzung einer „neutralen
Schule", „Schulen, die Kinder auf den Arbeitsmarkt vorbereiten und nicht auf
politischen Aktionismus" in Bolsonaros Worten. In weniger als zehn Minuten sprach er sechs Mal von Gott und bekräftigte damit seine Wertschätzung gegenüber der evangelikalen Wählerschaft. Und um seine Bewunderung für die Streitkräfte zu bestätigen, umgab er sich mit Militärs: Neben
seinem Vizepräsidenten General Hamilton Mourão befanden sich in der ersten Reihe seiner Regierung vier Generäle, ein Admiral, ein Oberstleutnant
der Luftwaffe sowie zwei Hauptmänner. Insgesamt besetzten mehr als 130
Militärs strategische Positionen in Ministerien und Staatsbetrieben der brasilianischen Regierung unter Bolsonaro. Die Umsetzung seines Wirtschafts-

programms legte Bolsonaro vollständig in die Hand von Paulo Guedes, einem Anhänger von Milton Friedman und Mitbegründer des Instituto Millenium, das 2005 mit dem Geld großer Industrieunternehmen, des Agrobusiness, des Handels, der Presse und der Finanzwirtschaft gegründet wurde und eine ultraliberale Agenda implementieren soll. Erklärte Ziele des neuen Wirtschaftsministers sind die weitere Flexibilisierung der Arbeitsverhältnisse – schon 2017 wurden die Arbeitnehmerrechte unter der Präsidentschaft von Michel Temer ausgehöhlt –, eine Rentenreform zugunsten eines kapitalgestützten Systems privater Vorsorge ähnlich dem, wie es in Chile unter der Diktatur von General Augusto Pinochet eingeführt wurde und sich dort als desaströs erwies, sowie die Privatisierung sämtlicher Staatsunternehmen.

Natürlich ist es unmöglich, die Zukunft vorherzusehen, doch anhand objektiver Gegebenheiten lässt sich jetzt schon die Katastrophe erkennen, die sich hier abzeichnet. Brasilien steht 2019 an zehnter Stelle der ungerechtesten Länder der Welt: 27 Prozent des Gesamteinkommens befinden sich in den Händen des einen Prozent der reichsten Personen. Ein im April veröffentlichter Bericht der Weltbank zeigt, dass 2017 21 Prozent der Bevölkerung – um die 44 Millionen Menschen – mit weniger als fünfeinhalb US-Dollar pro Tag auskommen mussten. Und dieses Ungleichgewicht droht sich zu verschärfen durch die Reformen des Arbeitsrechts und des Rentensystems sowie die anhaltend hohe Arbeitslosigkeit – die Arbeitslosenquote dürfte laut der Internationalen Arbeitsorganisation 2019 weit mehr als 12 Prozent betragen.

Und man weiß, dass Ungleichheit zu Konflikten führt. Die Studie „Global Mortality from Firearms" zeigt, dass Brasilien das Land mit den meisten Toten durch Feuerwaffen pro Einwohner ist – mehr als 42 000 Opfer allein 2016. Dennoch unterzeichnete Bolsonaro – der gern mit aufgerichtetem Daumen und ausgestrecktem Zeigefinger posiert, als würde er eine Pistole abfeuern – als eine seiner ersten Amtshandlungen ein Dekret, mit dem der Erwerb von Waffen erleichtert wird. Bereits in den letzten fünf Jahren vor Bolsonaros Amtsantritt im Januar 2019 ist die Zahl der Konzessionen für den legalen Waffenbesitz sprunghaft um 381 Prozent angestiegen. Es gibt Berechnungen, denen zufolge in Brasilien fast 18 Mio. Kleinfeuerwaffen in Umlauf sind, 57 Prozent davon illegal. 2016 kam es in Brasilien zu insgesamt 65 000 Tötungsdelikten, den absolut meisten weltweit und umgerechnet auf die Bevölkerung neuntmeisten, mit 31,5 Toten pro 100 000 Einwohner.

Angeheizt vom Diskurs gegen politische Fördermaßnahmen, die Bolsonaro als „Mitleidspolitik" verspottet – „Mitleid mit Schwarzen, Mitleid mit Frauen, Mitleid mit Schwulen, Mitleid mit armen Nordostbrasilianern" –, steigt auch die Zahl der Hassverbrechen. Laut einer Studie der Organisation „Gênero e Número" (Gender und Zahlen) kam es seit dem Präsidentschaftswahlkampf in 2018 zunehmend zu Übergriffen gegen LGBT-Personen: 92,5 Prozent der Befragten nahmen dies wahr. Mehr als die Hälfte der Befragten (51 Prozent) gaben an, schon einmal Opfer von Übergriffen wegen sexueller Orientierung oder Genderidentität geworden zu sein, 94 Prozent davon waren Opfer von verbaler und 13 Prozent von körperlicher Gewalt. Gestiegen ist auch die Zahl frauenfeindlicher Übergriffe. Brasilien steht bei Gewalt gegen Frauen an fünfter Stelle weltweit. Allein im Januar 2019 wurden 126 Morde an Frauen aufgrund ihres Geschlechts gezählt. Auch wurden mehr rassistische Verbrechen angezeigt: In den ersten zwei Monaten des Jahres 2018 waren es 91, in den ersten zwei Monaten des Jahres 2019 bereits 113. Und der Gesetzesvorschlag der Regierung, den Notwehrbegriff für Polizisten zu erweitern, wird zu noch mehr Toten führen. Auch so gibt es extrem viele Opfer von Polizeigewalt: Mehr als 5000 Tote 2017, im Durchschnitt 14 jeden Tag, 20 Prozent mehr als im Vorjahr. Und 67 Prozent der Toten sind dunkelhäutig oder schwarz.

Auch die Auseinandersetzungen auf dem Land dürften zunehmen. Bolsonaro hat klar zum Ausdruck gebracht, dass er die schwerfällige Landreform gänzlich zum Erliegen bringen und die Arbeit der Bewegung der Landlosen (MST) als Terrorismus kriminalisieren will. Und dass er keinen einzigen Zentimeter Land als indigenes Reservat oder Quilombola-Territorium ausweisen wird. 2017 wurden laut der Organisation „Global Witness" mindestens 207 Personen weltweit bei Konflikten um Land getötet. Ein Viertel dieser Toten (57 Personen) wurden in Brasilien gezählt. Rund 80 Prozent dieser Verbrechen geschahen im Amazonasgebiet, wo es durch das Agrobusiness, den Bergbau und den illegalen Export von Holz zu Zusammenstößen kommt. Allein im Januar 2019 hat das Amazonasgebiet 108 Quadratkilometer Wald verloren. Damit haben die Abholzungen um 54 Prozent im Vergleich zum Vorjahreszeitraum zugenommen.

Seit' an Seit' mit Donald Trump

Getrieben von Intoleranz sagte Bolsonaro, er wolle den „marxistischen Müll, der sich in den Bildungseinrichtungen eingerichtet hat", wegfegen. Im Januar 2019 löste sein Bildungsministerium die Abteilung für Diversität und Inklusion auf, in deren Zuständigkeit auch die Schulen in indigenen und Quilombola-Gebieten sowie Fragen der Ethik, der Hautfarben sowie der Menschenrechte gelegen hatten. Stattdessen richtete das Ministerium eine Behörde zur Militarisierung von staatlichen Schulen ein und kündigte eine umfassende Überarbeitung der Geschichtsbücher an. Im März 2019 wurde eine Kommission zur Überprüfung der einheitlichen Abschlussprüfungen für den Zugang zu öffentlichen Universitäten eingerichtet, die Fragen mit angeblich „ideologischem Inhalt" eliminieren soll. Bolsonaro schaffte überdies das Kulturministerium ab und schürt unter seiner Gefolgschaft insgesamt eine anti-intellektuelle Stimmung. Noch bis zum Ende seiner Amtszeit könnte er zudem drei der elf Richterstellen am Obersten Gerichtshof neu besetzen, wenn diese durch Pensionierungen frei werden.[1]

Bolsonaros Außenpolitik ist die einer engen Anlehnung an nordamerikanische Interessen – der brasilianische Präsident legt eine mitleiderregend exaltierte Bewunderung für Donald Trump an den Tag. Bereits in den ersten Monaten seiner Amtszeit entsandte Bolsonaro einen General in

---

1 Bis zum Ende seiner Amtszeit besetzte Bolsonaro zwei der elf Richterstellen neu. – Die Red.

den Führungsstab des Südkommandos der US-Streitkräfte (SOUTHCOM), unterzeichnete eine Vereinbarung über die Nutzung des Weltraumforschungszentrums Alcântara durch die Vereinigten Staaten, kündigte die Eröffnung eines Handelsbüros in Jerusalem an, verschärfte die Kriegsrhetorik gegen Venezuela und schaffte die Visumspflicht für US-Amerikaner ab, ohne dass die USA dies umgekehrt für Brasilianer getan hätten.

Der Minister für Auslandsbeziehungen, Ernesto Araújo, ein fundamentalistischer Katholik, nannte als sein dringendstes Anliegen die Befreiung Brasiliens und der Welt vom „Globalismus". Araújo, der die weltweite Klimaerwärmung für ein marxistisches Dogma hält und den Nationalsozialismus für eine linke Ideologie, forderte unter anderem den Einsatz „internationaler Finanzinstitutionen [...], um die wachsende Abhängigkeit der sich entwickelnden Länder vom chinesischen Kapital aufzuhalten", die Abkehr von der Friedenspolitik, die Bekämpfung des universellen Rechts auf Freizügigkeit, das die nationale Souveränität untergraben würde, sowie die „Auslöschung des Bolivarismus auf dem amerikanischen Kontinent".

Wie konnte es so weit kommen?

Am 2. Februar 2017 kandidierte Bolsonaro für das Amt des Parlamentspräsidenten und bekam vier von 513 möglichen Stimmen – die wenigsten von insgesamt sechs Kandidaten. Er war damals nicht mehr als ein zwielichtiges Mitglied des sogenannten niederen Klerus, wie in Brasilien eher unbedeutende Abgeordnete genannt werden, der in 28 Jahren Parlamentszugehörigkeit ganze zwei Gesetzesinitiativen eingebracht hatte. Trotzdem und obwohl niemand seiner Kollegen ihn ernst zu nehmen schien, erlangte Bolsonaro in der Bevölkerung nach und nach eine Sichtbarkeit durch verbissene Aktivität in den sozialen Netzen. Hatten am Anfang seiner politischen Karriere noch Forderungen nach besserer Besoldung von Soldaten gestanden – er selbst ist Hauptmann im Ruhestand –, erweiterte er nun seinen Diskurs auf die üblichen Themen der konservativen Mittelschicht und des immer einflussreicher werdenden christlichen Fundamentalismus. Autoritär, homophob, rassistisch und sexistisch, wie er selbst ist, übernahm und bestärkte er damit die zutiefst reaktionäre Facette der brasilianischen Gesellschaft und schuf so jene politisch-ideologische Plattform, die ihm keine zwei Jahre später die Präsidentschaft der Republik einbringen sollte – mit den Stimmen von 58 Millionen Menschen.

Um den Weg Bolsonaros zu verstehen, der sich auf militärische Ordnung beruft, obwohl er als Offizier eher aufsässig war, der sich auf das Modell der Familie beruft, aber fünf Kinder aus drei unterschiedlichen Ehen hat, der sich auf die Religion bezieht, aber sich abwechselnd als Katholik oder als Evangelikaler darstellt, sich als Moralapostel verkauft, aber selbst – oder durch familiäre Verflechtungen – mit paramilitärischen Organisationen des organisierten Verbrechens in Verbindung steht, der sich als Antipolitiker präsentiert, obwohl er seit Jahrzehnten Berufspolitiker ist; um die Laufbahn dieses

Menschen zu verstehen, der von seinen Anhängern „Mythos" genannt wird, müssen wir ihn erst einmal in den Kontext Brasiliens und der Welt zu Beginn des vergangenen Jahrzehnts stellen.

Die Wirtschaftskrise von 2008, die alle Kontinente erfasste, führte zu mehr Armut überall in der Welt, insbesondere in den unterentwickelten Ländern. Im Dezember 2010 kam es dann zu Protestmärschen gegen die Regierung in Tunesien. Die Proteste breiteten sich schnell über ganz Nordafrika und in den Mittleren Osten aus und hielten als Arabischer Frühling die nächsten drei Jahre an. Was als Aufstände der Bevölkerung gegen Unterdrückung und Armut begann, hatte in den meisten betroffenen Ländern verheerende Auswirkungen: Chaos in Libyen, Wiedererstarken der Diktaturen in Ägypten und Bahrain, Bürgerkriege in Syrien und im Jemen. So kamen schließlich tausende Flüchtlinge aus Syrien zu weiteren tausenden Elender, die schon seit 2007 aus dem subsaharischen Afrika, aus Afghanistan und Eritrea in Richtung Mitteleuropa ziehen, getrieben von den Folgen der sich im 21. Jahrhundert verschärfenden Klimakatastrophe sowie von Bürgerkriegen. Ein Teil der europäischen Bevölkerung reagierte aus Angst vor Arbeitslosigkeit und verblendet von nationalen Gefühlen brutal und schloss sich den zu dieser Zeit aufflammenden radikal fremdenfeindlichen Strömungen an. 2017 und 2018 erlebten Gruppierungen der extremen Rechten große parlamentarische Zuwächse in Frankreich, Deutschland, den Niederlanden, in Schweden und Dänemark. In Italien, Polen, Ungarn und Österreich ist oder war die Rechte an der Macht, teils in Koalition mit konservativen Parteien.

Auch Brasilien war von der Wirtschaftskrise von 2008 betroffen, doch aufgrund einer Reihe von Maßnahmen – unter anderem einer reduzierten Besteuerung von Industrieprodukten (insbesondere Autos, Haushaltsgeräte und im Baubereich) – waren die Folgen noch kaum unmittelbar zu spüren: Der Rückgang des Bruttoinlandsprodukts um 0,1 Prozent 2009 wurde im Jahr darauf durch ein Wachstum von unglaublichen 7,5 Prozent wieder aufgefangen. Als Präsident Luiz Ignacio „Lula" da Silva 2010 nach acht Jahren aus dem Amt schied, genoss er eine Zustimmung von 87 Prozent in der Wählerschaft. Ein Anerkenntnis der Tatsache, dass er die beste Regierung in der Geschichte Brasiliens geleitet hatte, sowohl für die Armen als auch für die Reichen. Deswegen passt eher auf ihn als auf Diktator und Präsident Getúlio Vargas (1930 bis 1945 und 1950 bis 1954) die Zuschreibung, ein Vater der Armen zu sein und zugleich die Mutter der Reichen.

In den 2000er Jahren entwickelte sich Brasilien zur siebtgrößten Wirtschaft der Welt, das BIP steigerte sich im Durchschnitt um 4,1 Prozent jährlich, der Mindestlohn wurde um real 80 Prozent angehoben, die Arbeitslosenquote sank auf 4,3 Prozent und das Land konnte seine Auslandsschuld tilgen, die zuvor als unbezahlbar gegolten hatte. Die soziale Ungleichheit sank erheblich aufgrund eines Systems von Transfermaßnahmen. 14 neue staatliche Universitäten wurden gegründet. Ein Gesetz zur Einschränkung von privatem Waffenbesitz wurde erlassen. Es gab bedeutende Fortschritte für LGBT, Indigene, die afrikanischstämmige Bevölkerung und Frauen. Und was das Wichtigste ist: Brasilien stand nicht mehr auf der beschämenden

Weltkarte des Hungers. Mehr als 32 Millionen Menschen stiegen zwischen 2002 und 2010 in die Einkommensklasse der Familien mit einem mittleren Monatseinkommen von 1000 bis 2600 Dollar auf. Sie waren nun in der Lage, zuvor unerschwingliche Güter zu kaufen: Autos, Haushaltsgeräte, Fernseher und bessere Handys. Außerdem konnten sie Orte frequentieren, deren Zutritt ihnen früher verwehrt war, wie Flughäfen, Restaurants, Einkaufszentren und vor allem Universitäten – über Quoten für Hautfarben und soziale Herkunft sowie staatliche Stipendien.

Diese konkreten Fortschritte waren zugleich aber auch illusorisch.[2] Die Regierung der Arbeiterpartei (PT) implementierte ein entwicklungsstaatliches Modell – Industrieproduktion und Ausbau der Infrastruktur unter aktiver Beteiligung des Staates als Grundlage der Ökonomie sowie konsequente Ankurbelung des Konsums – praktisch ohne jede strukturelle Veränderung. So prosperierte Brasilien in der Illusion des Konsums von Autos und Haushaltsgeräten, dank hoher Weltmarktpreise für Rohstoffe – vor allem Soja und Eisenerz für den Export nach China – und der Errichtung von Stadien und Hotels sowie der Modernisierung von Flughäfen und Innenstädten für die Fußballweltmeisterschaft 2014 und die Olympischen Spiele 2016. Doch die Bevölkerung musste weiter mit einem miserablen Bildungssystem leben, mit miserabler Gesundheitsversorgung, miserablem öffentlichem Personennahverkehr, einem gigantischen Wohnungsmangel und dem vor allem durch die Zunahme des Drogenhandels ausgelösten schwindelerregenden Anstieg von Gewalt in den Städten. Die neue Mittelklasse bekam also Zugang zu Konsum, aber noch längst keine Bürgerrechte.

Auf der anderen Seite entfernte sich die PT politisch allmählich von ihrer demokratischen Verwurzelung in den Volksbewegungen und wurde zu einer Partei, der es unbedingt darum geht, an der Macht zu bleiben. Dafür ging sie Allianzen ein mit dem rückwärtsgewandtesten Teil der Gesellschaft, den evangelikalen, pfingstlerischen und neopfingstlerischen Kirchen sowie der schäbigsten Fraktion im Kongress, der PMDB, einer Art Verkaufstresen für dubiose Geschäfte im Gewand einer politischen Gruppierung. In den acht Jahren, in denen Lula an der Regierung war, ließ sich die PT direkt in die Korruption einbinden, die es schon immer gegeben hatte, von der ihre Wähler aber geglaubt hatten, dass sie sie bekämpfen würde. Trotzdem und getragen von seiner enormen Beliebtheit wegen der guten Wirtschaftslage, konnte Lula 2010 die Wahl der unbekannten Dilma Rousseff durchsetzen, die erst 2001 der PT beigetreten war und schließlich mit 56 Prozent der gültigen Stimmen die Präsidentschaftswahl gewann.

Unter Dilma bekam das Bild zunehmend Risse. Der Verfall der Weltmarktpreise für Rohstoffe, eine direkte Folge der sinkenden Nachfrage aufgrund der Krise von 2008, verringerte das finanzielle Volumen der brasilianischen Exporte dramatisch. Verschuldet und unter dem Druck einer anhaltenden Inflation konsumierte die brasilianische Bevölkerung auf einmal weniger, die Wirtschaft verlor an Fahrt: Das Wachstum des BIP, das 2010, dem

2   Vgl. Eliane Brum, Lulas Brasilien oder: Die Illusion der Versöhnung, in: „Blätter", 9/2018, S. 53-63.

letzten Regierungsjahr Lulas, einen Wert von 7,5 Prozent erreicht hatte, fiel 2015, Dilmas letztem Regierungsjahr, auf minus 3,8 Prozent. Und wenn es in der Wirtschaft schon nicht gut lief, war es auf der politischen Ebene noch schlimmer. Schon in ihrem ersten Regierungsjahr entließ Dilma sechs Minister wegen Verstrickung in Korruptionsfälle. Im Oktober 2012 verurteilte der oberste brasilianische Gerichtshof STF die Spitze der PT zu Gefängnisstrafen, darunter auch Lulas starken Mann José Dirceu, wegen Bestechung und Bandenbildung.

Der Niedergang unter Dilma Rousseff

So erlebte die Welt schließlich im Juli 2013 erstaunt, wie sich im Stil des Arabischen Frühlings eine Reihe von Demonstrationen zunächst in São Paulo als Protest gegen Fahrpreiserhöhungen, auf den die Polizei mit Härte reagierte, auf ganz Brasilien ausweiteten und Millionen von Menschen auf die Straße brachten. Aus einer spontanen und parteilosen Bewegung entwickelte sich nach und nach eine Reihe diffuser Manifestationen gegen die Korruption, in der sich auch Unzufriedenheit über die wirtschaftliche Situation ausdrückte. Die Demonstrationen gingen auch 2014 weiter, nun aber als Protest gegen die Austragung der Fußballweltmeisterschaft mit ihren überteuerten Stadien und Baumaßnahmen, die nicht fertig wurden. Dennoch dachte man, die Proteste würden der Strahlkraft des Großereignisses und dem erhofften guten Abschneiden der Nationalmannschaft auf dem Rasen nichts anhaben können. Doch die überraschende und demütigende Niederlage Brasiliens mit eins zu sieben gegen Deutschland am 8. Juli nahm den bitteren Beigeschmack einer Allegorie an: Die WM, die eine Art Jubelfeier der guten Staatsführung der PT hatte werden sollen, geriet zu ihrem Schwanengesang. Und die herannahenden Wahlen verstärkten die Konkurrenz zwischen den beiden Gruppen, die das politische Spektrum Brasiliens seit den 1990er Jahren monopolisiert hatten: PT und PSDB. Polarisiert ging die Bevölkerung auf die Straße und in die sozialen Netzwerke und inszenierte die umkämpfteste Abstimmung seit dem Ende der Diktatur. Dilma gewann diese Wahlen noch einmal mit 51,6 Prozent der gültigen Stimmen. Tatsächlich regieren sollte sie nicht mehr.

Bolsonaro wurde bei diesen Wahlen mit fast 470 000 Stimmen zum siebten Mal für den Bundesstaat Rio de Janeiro in den Kongress gewählt und verkündete in einem Interview mit der Tageszeitung „O Estado de S. Paulo" am 30. Oktober seine Ambitionen für 2018. Er sagte: „Ja, ich bin rechts, schäme mich auch nicht, es zu sagen, und werde mich um das Präsidentenamt bewerben." Doch nicht der kühnste aller politischen Analysten hätte damals auch nur die geringste Chance gesehen für etwas anderes als die Fortsetzung der Dichotomie PT/PSDB. Ein Freund Bolsonaros, der Kongressabgeordnete Alberto Fraga, versuchte sogar noch, ihn umzustimmen, und schlug vor, dass er es lieber mit einer Kandidatur zum Senat oder als Gouverneur seines Bundesstaates versuchen solle. Doch Bolsonaro erwiderte hartnäckig: „Es gibt kein Zurück. Wenn ich nur zehn Prozent der Stimmen bekomme, ist das schon wunderbar."

Die Wahlen von 2014 waren am 26. Oktober noch längst nicht zu Ende. Als Dilma am 1. Januar 2015 ihre zweite Amtszeit antrat, konnte sie sich schon nicht einmal mehr uneingeschränkt auf die eigene Partei, die PT, stützen. Viele ihrer Parteifreunde hielten sie für politisch unfähig und untätig auf organisatorischer Ebene, und ihr Vize Michel Temer von der PMDB konspirierte ganz ungeniert gegen sie. Von den 39 Ministern, die zu Beginn ihrer zweiten Amtszeit ernannt wurden, gehörten nur elf der PT an, alle anderen waren fast durchweg Mitglieder von Parteien, auf die die Regierung im Kongress angewiesen war. Eine unselige Kampagne der großen Medienkonzerne und wichtiger Industrie-, Wirtschafts- und Agrobusinessverbände politisierte die Ermittlungen im Korruptionsskandal „Lava Jato". Zudem eskalierte die wirtschaftliche Situation weiter: 2014 lag das Wachstum bei lächerlichen 0,5 Prozent und 2015 drohte noch schlimmer zu werden. Unzufrieden mit dem Ausgang der Wahl, von der Regierung enttäuscht und frustriert über die wirtschaftliche Stagnation ging ein Teil der Bevölkerung nun in gelb-grünen Trikots erneut auf die Straße, diesmal angeführt von Gruppierungen, die sich als rechts bezeichneten, wie dem „Movimento Brasil Livre" (Bewegung Freies Brasilien) oder „Vem Pra Rua" (Komm auf die Straße).

2015 zog Bolsonaro durchs Land und beteiligte sich an der Kampagne gegen die PT. Er zeigte sich bei Autokorsos, redete vor Publikum, posierte für Selfies, ließ T-Shirts und Aufkleber mit seinem Gesicht drucken – alles immer in den sozialen Netzen geteilt. „Tag für Tag werden wir mehr dazu fähig, noch höher zu fliegen", sagte er damals, wo sein Name noch nicht einmal in den Umfragen zur Präsidentschaft geführt wurde. Damit wiederholte er in gewisser Hinsicht den Diskurs Lulas vom Anfang seiner politischen Laufbahn, indem er sich „gegen alles da" positionierte. Und er stellte sich, ebenfalls wie seinerzeit Lula, als ein Mann des Volkes dar, als ein Anführer, der nicht zur traditionellen politischen Elite gehört. Und auch wenn er nicht dessen Charisma besaß, konnte er dafür seine Vergangenheit als Soldat ins Feld führen, die auf ganz rudimentäre Weise dem Bild des Unkorrumpierbaren entsprach, der aufgrund seiner autoritären Einstellung der Richtige sei, um mit dem sich verschärfenden Problem der öffentlichen Sicherheit aufzuräumen. Der Kandidat Bolsonaro entsprach gänzlich dem Traumbild des Musterwählers, der laut einer Studie des Brasilianischen Forums für Öffentliche Sicherheit eine starke Neigung zu autoritären Positionen hat (8,1 auf einer Skala von null bis zehn).

Am 17. April 2016 stand Brasilen still und verfolgte gebannt, wie die Abgeordneten im Plenarsaal der Abgeordnetenkammer über die Amtsenthebung von Dilma Rousseff abstimmen würden. Den ganzen Tag lang konnte das Land live im staatlichen Fernsehen ein Festival des Bizarren erleben, das seinen Höhepunkt in der von Bolsonaro veranstalteten Horrorshow fand. Als er seine Stimme abgab, erklärte er: „Gegen den Kommunismus, [...] im Andenken an Oberst Carlos Alberto Brilhante Ustra, dem Schrecken von Dilma Rousseff [...], für die Streitkräfte, stimme ich mit Ja." Der genannte Oberst, bekannt als der grausamste Folterer der Diktatur, war auch ein Peiniger der späteren Präsidentin gewesen, als diese in den 1970er Jahren als Gegnerin des Militärregimes gefangen war.

Die Privilegien der »perversen weißen Minderheit«

Im Monat darauf konnte Bolsonaro in Umfragen bereits acht Prozent der voraussichtlichen Wählerstimmen für sich verbuchen. Er hatte die Familien mit einem monatlichen Durchschnittseinkommen von über 2600 Dollar für sich erobert, die sogenannte perverse weiße Minderheit.

Dieser Begriff, der die brasilianische Oberschicht treffend beschreibt, wurde erstmals vom früheren Gouverneur von São Paulo, Claudio Lembo, verwendet, einem Politiker des Mitte-rechts-Spektrums. In einem Interview mit der Tageszeitung „Folha de S. Paulo" am 18. Mai 2006 sagte Lembo, dass eine „äußerst bösartige Bourgeoisie" die Lösung der Probleme des Landes behindere, „eine perverse weiße Minderheit". Gegen das Problem der Armut, sagte er, bräuchte es mehr Arbeitsplätze, mehr Bildung, mehr Solidarität, mehr Dialog, mehr Gegenseitigkeit – ein Programm, wie es die Regierung Lula im ersten Jahrzehnt des 21. Jahrhunderts tatsächlich in Angriff nahm. Doch obwohl sie selbst unmittelbar von den Folgen des Wirtschaftsbooms profitierte – das Pro-Kopf-Einkommen aller sozialen Schichten wuchs damals um durchschnittlich 33 Prozent –, wollte sich die „perverse weiße Minderheit" nie mit einem Gedanken abfinden: dass sie nun Räume, die ihr zuvor ganz allein gehört hatten – Universitäten, Shopping-Center, Restaurants, Flughäfen etc. – mit den Armen teilen musste, ganz gleich ob weiß, dunkelhäutig oder schwarz. Auch wenn es recht plump klingt: Bolsonaro bediente das Ressentiment dieser „perversen weißen Minderheit" mit dem Versprechen, fundamentale Errungenschaften der Regierung Lula wieder zurückzudrehen. Er bot ihr das Ende der Quoten nach Hautfarben und sozialer Herkunft für den Zugang zur Universität, die Unterbrechung der Demarkierung von indigenen Territorien und Quilombola-Land, die Bekämpfung der Bewegung der Landlosen – insgesamt also die Wiederherstellung und den Erhalt ihrer Privilegien.

Nun genoss Bolsonaro das Wohlwollen der Oberschicht, doch ihm fehlte die Unterstützung der Massen, die entscheidend ist, um eine Wahl zu gewinnen. Diese sozialen Schichten stellen zusammen 76 Prozent der brasilianischen Bevölkerung. So ließ Bolsonaro sich am 12. Mai 2016, als in Brasilien auch der Senat für das Amtsenthebungsverfahren gegen Dilma stimmte, in Israel im Wasser des Jordans taufen, vom Pastor der evangelikalen Gemeinschaft Assembleia de Deus, Everaldo Dias Pereira, zugleich Vorsitzender der Christlich-Sozialen Partei (PSC), der Bolsonaro damals noch angehörte. Obwohl er selbst sich weiterhin als Katholik bezeichnete, ist seine derzeitige Ehefrau Michele Anhängerin der Evangelikalen, und ihre Heirat begingen sie 2013 im Tempel der Assembleia de Deus. Bolsonaros Annäherung an die Evangelikalen war unabdingbar für die Verwirklichung seiner politischen

Ziele: Sie repräsentieren gut 30 Prozent der brasilianischen Bevölkerung und besitzen ein umfangreiches Kommunikationsimperium (Fernsehanstalten, Radiosender, Zeitungen und Nachrichtenportale).[3] Um diese Masse an religiösen Fanatikern für sich zu gewinnen, bediente sich Bolsonaro der überhöhten Betonung des Familienbegriffs im Sinne einer „monogamen Keimzelle aus Mann und Frau" und versprach, unmittelbar Einfluss auf das Bildungssystem zu nehmen, um Materialien für den Sexualkundeunterricht abzuschaffen, die „kommunistische Ausrichtung" der Schulen zu beseitigen und das öffentliche Schulwesen militärisch zu strukturieren. Über den Zynismus der „perversen weißen Minderheit" und das reaktionäre Weltbild der Evangelikalen hinaus konnte Bolsonaro weitere Wählerschichten gewinnen, indem er die Fahne des Ethischen für sich übernahm, die der PT endgültig abhandengekommen war, und indem er seine bellizistische Rhetorik mit dem Versprechen verschärfte, das Problem der Gewalt in den Städten durch Konfrontation zu erledigen. Für den Fall seiner Wahl würde er, so seine Ankündigung, das Strafmündigkeitsalter herabsetzen, die Bewaffnung der Bevölkerung vorantreiben und die Bestrafung von Polizisten für das Töten im Dienst verhindern.

Die politische – und in der Folge auch ökonomische – Krise endete nicht mit dem parlamentarischen Putsch gegen Dilma. Im Gegenteil, sie verschärfte sich. Ende 2016 waren ihr Nachfolger, Präsident Michel Temer, sowie mehrere seiner Minister in unzählige Korruptionsskandale verstrickt, und das Land versank in einer tiefen Rezession. Das BIP schrumpfte um 3,6 Prozent, die Inflation stieg auf 6,3 Prozent und die Arbeitslosenquote explodierte auf zwölf Prozent der aktiven Bevölkerung. In diesem Chaos kam Bolsonaro in einer im Dezember veröffentlichten Umfrage bereits auf 9 Prozent.

Im Lauf des Jahres 2017 verschärfte sich die politische und wirtschaftliche Situation weiter. Temers Regierung wurde von 74 Prozent der Bevölkerung abgelehnt, Ex-Präsident Lula wurde in zweiter Instanz wegen Vorteilsannahme und Geldwäsche verurteilt, die PSDB entfernte Senator Aécio Neves wegen seiner Verwicklung in Korruptionsfälle vom Parteivorsitz, die Arbeitslosenquote erreichte 12,7 Prozent und das Wachstum stagnierte bei einem Prozent. Bolsonaro vertiefte seinen religiösen Diskurs – eine Umfrage hatte gezeigt, für acht von zehn Wählern sei es am wichtigsten, dass der jeweils bevorzugte Kandidat an Gott glaubt – und betonte zunehmend, Antipolitiker zu sein. In einem globalen Ranking des Weltwirtschaftsforums rangierte Brasilien beim Punkt „Vertrauen der Öffentlichkeit gegenüber Politikern" von 137 untersuchten Ländern an letzter Stelle. Bolsonaro, der zum Phänomen in den sozialen Netzwerken geworden war, brach in das Vakuum ein, das von Mitte-links hinterlassen wurde, erreichte in den Umfragen nun 17 Prozent und etablierte sich als Zweitplatzierter im Rennen um die Präsidentschaft.

Doch selbst unter Dauerbeschuss führte Lula weiterhin unschlagbar alle Prognosen an. Also ordnete am 5. April 2018, fünf Monate vor den Wahlen, der für die Operation Lava Jato verantwortliche Richter Sérgio Moro – der

3 Vgl. Alexander Zaitchik und Christopher Lord, Mit der Bibel für Bolsonaro. Die Macht der brasilianischen Pfingstkirchen, in: „Blätter", 5/2019, S. 112-120.

unter Bolsonaro später Justizminister werden sollte – die sofortige Inhaftierung des Ex-Präsidenten und den unmittelbaren Vollzug einer zwölfjährigen Haftstrafe an – obwohl das Verfahren lange Gegenstand einer umfassenden juristischen Auseinandersetzung war, in der zu diesem Zeitpunkt noch längst nicht alle Rechtsmittel und Instanzen ausgeschöpft waren.[4] Doch selbst aus der Haft führte Lula noch in den Umfragen. Im August 2018 konnte er mit 39 Prozent rechnen, gegen 19 Prozent für Bolsonaro. Bis dieser am 6. September eine Messerattacke in den Unterbauch erlitt, ein Zwischenfall, der nie wirklich aufgeklärt wurde. Dies bewegte die Wählerschaft, die ohnehin durch die Zuspitzung des Wahlkampfs hoch sensibilisiert war, zusätzlich. Fünf Tage danach und nach mehreren vergeblichen Versuchen, beim Obersten Gerichtshof Lulas Freilassung zu erwirken, verkündete die PT schließlich die Kandidatur von Fernando Haddad, dessen Name einem breiteren Publikum völlig unbekannt war. Nun zeigt eine Umfrage Bolsonaro vorn, mit 28 Prozent, gefolgt von Haddad mit nur 16 Prozent. Der Wahlkampf war da längst keine Wahl zwischen zwei Kandidaten mehr, sondern die leidenschaftlich geführte Auseinandersetzung zwischen verbissenen PT-Gegnern und Bolsonaro-Gegnern.

Der gefährliche politische Analphabetismus

Seine ultraliberale Wirtschaftsagenda gepaart mit ultrakonservativen moralischen Ansichten rückten Bolsonaro weiter in die Nähe des Anführers der sogenannten alternativen Rechten (Alt Right), Steve Bannon. Nach dessen Vorbild im siegreichen Wahlkampf für Donald Trump bediente sich auch Bolsonaro, dem nur minimale kostenlose Werbezeit im Fernsehen zustand – 8 Sekunden gegen 2 Minuten und 23 Sekunden für Haddad –, sehr effizient einer massiven Präsenz in sozialen Medien zur direkten Ansprache der Wähler. Laut einer Umfrage nutzten 81 Prozent der Bolsonaro-Wähler mindestens eine Art von sozialem Netzwerk gegenüber lediglich 59 Prozent der Haddad-Wähler. Und Bolsonaros Kampagne schreckte nicht vor dem Einsatz von Fake News zurück. Laut einer Untersuchung, die eine Woche nach den Wahlen veröffentlicht wurde, glaubten 84 Prozent der Wähler von Bolsonaro an die Falschmeldung, Haddad habe in seiner Zeit als Bildungsminister an staatlichen Schulen ein sogenanntes *Gay Kit* an die Kinder verteilen lassen, 75 Prozent glaubten einer Meldung, nach der Haddad Inzest und Pädophilie legitimieren würde, und 74 Prozent schenkten Behauptungen Glauben, es gebe organisierten Betrug an elektronischen Wahlurnen. Nach derselben Umfrage gaben 40 Prozent an, erst in den letzten Wochen des Wahlkampfs, als solche Falschmeldungen in den sozialen Netzwerken ihren Höhepunkt erreichten, ihre Wahlentscheidung zugunsten von Bolsonaro geändert zu haben. Schließlich bekam Bolsonaro 39 Prozent aller abgegebenen Stimmen gegen 32 Prozent für Fernando Haddad – weitere 29 Prozent wählten ungültig, gaben leere Stimmzettel ab

---

4   Im Frühjahr 2021 hob das Oberste Gericht in Brasilien die Urteile gegen Lula auf, was diesem die Kandidatur zur Präsidentschaftswahl 2022 ermöglichte. – Die Red.

oder gingen gar nicht erst zur Wahl, insgesamt rund 42 Millionen Menschen. Kurz: Vom Zeitgeist begünstigt, wurde Bolsonaro gewählt von Zynismus, Vorurteilen, Ignoranz und Gleichgültigkeit.

Alles deutet darauf hin, dass der Diskurs der Spaltung seine Vorherrschaft in der Welt weiter ausbauen wird. Das ist ein beunruhigendes Zeichen dafür, dass wir als Menschen versagt haben. 2006 reiste der britische Filmemacher Sacha Baron Cohen durch entlegene Winkel der USA und interviewte gewöhnliche Menschen für seinen Fake-Dokumentarfilm „Borat – Kulturelle Lernung von Amerika, um Benefiz für glorreiche Nation von Kasachstan zu machen". Für den Film entlockt er den Befragten rassistische Aussagen gegen Schwarze und Latinos, Intoleranz gegenüber Juden und Muslimen und Sehnsucht nach dem Ku-Klux-Klan. Alles das, was zehn Jahre später mit dem Aufstieg Trumps an die Macht deutlich hervortreten sollte. Etwas später zeigte der deutsche Spielfilm „Er ist wieder da" von David Wnendt nach einem Roman von Timur Vermes in einer Mischung aus Fiktion und Dokumentarszenen Adolf Hitler, der 2014 in Deutschland erwacht und als vermeintlicher Doppelgänger des Nazi-Diktators erfolgreich in Werbekampagnen eingesetzt wird. Nur dass dieser die Sichtbarkeit nutzt, um seine extremistischen Ideen zu verbreiten, die nach und nach Sympathie in der Bevölkerung finden. Das Schlimme daran ist, dass zahlreiche gezeigte Aufnahmen von Apologien des Nazismus real sind. An einer Stelle des Films sagt die Filmfigur Hitler: „Es gab diese stumme Wut in der Bevölkerung, eine Unzufriedenheit mit den Zuständen, die mich an 1930 erinnert, nur dass es damals noch nicht dieses treffende Wort gab: Politikverdrossenheit." Politikverdrossenheit – oder wie wir auf Brasilianisch sagen: politischer Analphabetismus – ist der brennende Wunsch nach einem *Deus Ex Machina*, der uns rettet und führt.

Die großen Gefahren für den Bestand der Demokratie sind Missgunst, Erniedrigung und Hoffnungslosigkeit. Eine fragile Bevölkerung lässt sich leicht durch die Manipulation von Informationen verführen. Fake News haben ihren Beitrag zum Aufstieg extremer Ideologien geleistet, indem sie die Verbreitung von diskriminierenden Inhalten, die zu sozialer, rassistischer, religiöser und sexistischer Intoleranz anstacheln, ermöglichen, welche die Filter traditioneller Medien normalerweise nie passieren würden. Schweigend übernimmt ein frustriertes Volk demagogische Rede und Verschwörungstheorien, erfindet Feinde, an denen es seine Wut auslassen kann. Und der Feind ist immer derjenige, der anders zu sein scheint – LGBT, Schwarze, Indigene, Einwanderer, Kommunisten, Frauen, Anhänger nicht-christlicher Religionen – also alle, die schwach genug scheinen, um die Schuld aufgebürdet zu bekommen für unsere Unfähigkeit, mit unserem eigenen Scheitern umzugehen. Am 5. April 2019 sagte Bolsonaro: „Ich wurde nicht zum Präsidenten geboren, sondern um Militär zu sein." Nichts ist schlimmer für ein Land als Individuen, die Politik verachten, regiert von Politikern, die Individuen verachten. Dies ist der bevorzugte Raum für die Ausbreitung einer faschistischen Mentalität.

Vielen Dank.

Isoliert und doch vernetzt: Die AfD, Lateinamerika und die globale Rechte

Von **Niklas Franzen und Ulli Jentsch**

Kurz vor den Europawahlen inszenierte sich der neue Rechtsblock Europas noch einmal spektakulär. Am 19. Mai 2024 präsentierte die spanische Partei Vox in einer ehemaligen Stierkampfarena in Madrid auf ihrer Konferenz „Europa Viva 24" vor Tausenden Zuschauer:innen ein Großaufgebot an internationaler Prominenz, um das Finale des Wahlkampfes einzuläuten. Stargast war der argentinische Präsident Javier Milei, der mit seinen antisozialistischen Tiraden dem Publikum einheizte. „Da der Sozialismus eine Ideologie ist, die sich direkt gegen die menschliche Natur richtet, führt er zwangsläufig zu Sklaverei oder Tod. […] Wer die Tür zum Sozialismus öffnet, lädt den Tod ein", wetterte er. Seine Ausfälle in Richtung des spanischen Ministerpräsidenten Pedro Sánchez und dessen Ehefrau Begoña Gómez, die er indirekt als korrupt bezeichnete, lösten gar eine diplomatische Krise zwischen Spanien und Argentinien aus.

Italiens Ministerpräsidentin Giorgia Meloni ließ sich per Video zuschalten, ebenso wie der ungarische Regierungschef Viktor Orbán, der den „lieben spanischen Freunden" zurief: „Wir Patrioten müssen Brüssel besetzen!" „Vamos a ganar! We will win!", versprach auch der US-amerikanische Trump-Aktivist Matthew Schlapp dem Publikum. Marine Le Pen, die den Abend neben Vox-Chef Santiago Abascal verbrachte, schrieb anschließend auf der Plattform X: „Ihre Partei @vox_es und ihr Vorsitzender, lieber @Santi_ABASCAL, verkörpern die spanische patriotische Bewegung, von der ich weiß, dass ich auf europäischer Ebene auf sie zählen kann, um Europa wiederzubeleben."[1] Und Vox-Spitzenkandidat Jorge Buxadé beschwor, der Wahlgang im Juni entscheide, ob die Macht in Europa in den Händen „fanatischer Globalisten bleibt" oder ob die „europäischen Nationen die Kontrolle über unser Leben, unsere Wirtschaft und unsere Freiheit" zurückerhalten.[2]

Dem pathetisch orchestrierten Großevent – die Veranstalter sprachen von bis zu 11 000 Besuchern – war, öffentlich weniger beachtet, eine zweitägige Konferenz der Partei der Europäischen Konservativen und Reformer (EKR)

---

1 Vgl. x.com/MLP_officiel/status/1792166430835704062.
2 Zit. nach Kristina Harazim, Protesters rally against Spain's right-wing Vox party's conference in Madrid, euronews.com, 19.5.2024.

vorausgegangen.[3] Deren Veranstaltung hatte zuvor etliche politische Panels, kulturelle und soziale Zusammenkünfte und Feiern für die Mitglieder der EKR geboten. Allein an dem Abendprogramm der EKR-Jugend hatten angeblich „mehr als 600 junge Konservative aus ganz Europa und darüber hinaus"[4] teilgenommen.

Die spanische Vox: Brückenkopf der globalen Rechten

Es sind solche transnationalen Vernetzungstreffen, die den globalen Machtanspruch der radikalen Rechtsparteien deutlich machen – massiv gefördert durch das Trump-Lager aus den USA und bestärkt durch diverse Auftritte internationaler Vertreter:innen der Rechten, auch solcher aus dem außereuropäischen Ausland – darunter neben den erwähnten auch der Vizepräsident der Heritage Foundation, Roger Severino, aus den USA, der chilenische Oppositionsführer José Antonio Kast und der israelische Minister für Diaspora-Angelegenheiten, Amichai Chikli.

Die „Viva 24"-Veranstaltung machte aber vor allem auch die Brückenfunktion deutlich, die die spanische Partei Vox in der globalen Vernetzung – und speziell der europäisch-lateinamerikanischen – einnimmt. Wie die renommierte argentinische Menschenrechtsorganisation CELS (Centro de Estudios Legales y Sociales) treffend anmerkte, sei die Beteiligung Mileis in Madrid als Beteiligung an dem „von Vox vorgeschlagenen Projekt ‚Iberosphäre' zu werten, das den Einflussbereich der spanischsprachigen Welt auf Lateinamerika aufzeigen soll".[5] Die Idee der Iberosphäre konstruiert eine Schicksalsgemeinschaft um eine „gemeinsame Wurzel aus Sprache und christlichem Glauben" und umfasst auch Portugal und Brasilien, „wenn auch weniger prominent". Seit 2020 fördert Vox dieses Projekt unter anderem durch die Herausbildung einer „internationalen Allianz von Konservativen und Rechtsextremen aus Lateinamerika, den Vereinigten Staaten und Europa", die sie im Madrider Forum (Foro Madrid) versammelt. Neben den internationalen Treffen dieses Forums dient Vox auch ihre Stiftung Disenso als Schnittstelle der internationalen Vernetzung. Ihr erstes Manifest, die „Charta von Madrid", unterzeichneten 2020 sowohl der extrem rechte brasilianische Politiker Eduardo Bolsonaro als auch Giorgia Meloni, Vorsitzende der Fratelli d'Italia. Zugleich ist Vox Partner des einflussreichen Atlas Netzwerks, das als Thinktank und Verbindungsglied von über 500, zumeist libertären Organisationen aus über 100 Ländern agiert.[6]

Allerdings musste ausgerechnet Vox – trotz des übergreifenden Rechtsrucks in der EU – bei den Wahlen zum EU-Parlament einen Dämpfer hinneh-

---

3 Zum Programm der Konferenz siehe booking.ecrparty.eu. De facto war die Vox-Veranstaltung am Sonntag der Abschluss der EKR-Konferenz.
4 Vgl. Maicol Pizzicotti Busilacchi, Path of New Right Starts in Madrid, theconservative.online, 27.5.2024.
5 Centro de Estudios Legales y Sociales (CELS) und Equipo de Investigación Política (EdIPo), Apuntes sobre milei y el internacionalismo reaccionario, revistacrisis.com.ar, 27.5.2024.
6 Together. Annual Impact Report 2023, atlasnetwork.org.

men. Im Gegensatz zu anderen Parteien konnte sie ihre guten Wahlergebnisse auf Landesebene nicht in entsprechende Erfolge in Europa ummünzen. Mit 9,6 Prozent und sechs Sitzen im Europaparlament blieb sie deutlich hinter den zwölf Prozent im spanischen Parlament zurück.

Nichtsdestotrotz wird Vox weiter die Beziehungen zur lateinamerikanischen Rechten pflegen – auch im Rahmen der EKR-Fraktion im Europäischen Parlament, die auf europäischer Ebene die engsten Verbindungen zu lateinamerikanischen Rechtsparteien unterhält. So lud die EKR-Stiftung „New Direction" im Juli 2023 zu ihrer „Summer University" in Zagreb unter anderem den extrem rechten chilenischen Politiker José Antonio Kast ein, der dem von lateinamerikanischen Politikern dominierten extrem rechten „Political Network for Values"[7] vorsteht, sowie den argentinischen Wirtschaftswissenschaftler und Direktor des libertären Acton Institute, Alejandro Chafuen, der wie Javier Milei eine ultralibertäre Agenda vertritt.

Radikal und isoliert: Die AfD in der EU

Ganz anders als bei Vox verhält es sich mit der AfD: Sie gewann bei den EU-Wahlen 2024 zwar deutlich mehr Sitze als 2019 – mit 15,9 Prozent konnte sie ihr früheres Ergebnis verdoppeln und mit 15 Sitzen als zweitstärkste deutsche Partei ins EU-Parlament einziehen –, ist aber nach den Skandalen rund um ihre Spitzenkandidaten Maximilian Krah und Petr Bystron, auf der europäischen Bühne fast völlig isoliert. Weder war sie beim Schaulaufen der globalen Rechten in Madrid anwesend[8] noch gehört sie aktuell einer der beiden Fraktionen der Rechten im Europäischen Parlament an – und ist folglich auch bei deren Neuformierung erst einmal nicht dabei. Nachdem Krah im Mai 2024 behauptet hatte, dass „nicht jeder, der eine SS-Uniform trägt, automatisch ein Verbrecher" gewesen sei, beendete der französische Rassemblement Nationale (RN) unter Marine Le Pen die Zusammenarbeit und schloss die AfD aus der gemeinsamen EU-Fraktion Identität und Demokratie (ID) aus. Auch die Vorwürfe der möglichen Bestechung und Spionage, aber zumindest der engen Zusammenarbeit von führenden AfD-Politikern mit China und Russland, treffen die Partei international durchaus. Dass die frisch gewählte AfD-Delegation nach der Wahl als erstes Maximilian Krah aus ihren Reihen ausschloss, um eine Wiederaufnahme in die ID-Fraktion zu erwirken, spricht dafür. Umso stärker dürfte es die Partei getroffen haben, dass die ID-Fraktion bei ihrem Ausschluss blieb.

Am radikalen Kurs der AfD dürfte das allerdings kaum etwas ändern. Ihre Russland-Nähe und die Selbstinszenierung als „Friedenspartei" stellen die AfD innerhalb der EU weitgehend ins Abseits. Während die meisten Parteien in der EKR-Gruppe, allen voran deren Chefin Giorgia Meloni, den Kriterien der führenden christdemokratischen Fraktion der Europäischen Volkspartei

---

7 politicalnetworkforvalues.org.
8 Einziger Politiker aus Deutschland auf der „Viva 24"-Konferenz war Jürgen Joost, Bundesvorsitzender der extrem rechten Kleinpartei „Wir Bürger" und Ratsherr in Neumünster.

(EVP) für eine Zusammenarbeit zustimmen dürften – dazu gehören eine pro-europäische Haltung, ein Bekenntnis zur Rechtsstaatlichkeit und zur Unterstützung der Ukraine im Krieg gegen Russland sowie ein Bekenntnis zur Nato –, ist das für die AfD keineswegs zu erwarten. Es ist äußerst unwahrscheinlich, dass die Partei Kompromisse mit solchen Kräften eingehen würde, die sich gegen Putin stellen, nur um einer „neuen, großen, transatlantischen Fraktion" anzugehören.[9]

Grundsätzlich verfolgt die AfD außenpolitisch vor allem eine EU-skeptische, völkisch-nationalistische Linie, die sich auf eine strikte Kontrolle der Migration und eine Betonung nationaler Souveränität konzentriert. Zwar befürwortet sie Handelsabkommen, doch nur, solange diese den Interessen Deutschlands dienen. Entwicklungshilfe sieht die Partei kritisch, da sie oft politisch gefärbt sei und Abhängigkeiten schaffe.[10] Mehrfach positionierten sich Vertreter der entstehenden AfD-nahen Desiderius-Erasmus-Stiftung zudem gegen den Aufbau von Auslandsbüros, wie sie durch andere parteinahe Stiftungen aufgebaut wurden. Dennoch pflegt die Partei durchaus enge Verbindungen ins Ausland – insbesondere nach Russland.

Jair Bolsonaro: Freund und Vorbild in Südamerika

Lateinamerika spielte für die AfD dabei lange eine untergeordnete Rolle. Doch nach einem Ereignis zeigte die Partei plötzlich verstärktes Interesse an der Region: dem Wahlsieg von Jair Bolsonaro. Im Oktober 2018 wurde der Rechtsradikale in der Stichwahl zum Präsidenten Brasiliens gewählt. Bolsonaro saß zuvor über 20 Jahre als Abgeordneter im Parlament und war Mitglied verschiedener Parteien. Im Wahlkampf schaffte es Bolsonaro, ein Bewunderer der Militärdiktatur, sich als Anti-Establishment-Kandidat zu inszenieren und die Wut vieler Brasilianer:innen zu kanalisieren, die sich nach spektakulären Korruptionsskandalen und einer massiven Wirtschaftskrise im Land breit gemacht hatte.[11] Auch der geschickte Einsatz der sozialen Medien und sein ungehobelter Ton erklärten den spektakulären Aufstieg des ultrarechten Ex-Militärs. Offener Rassismus, Geschichtsrevisionismus, Antikommunismus, Verteufelung des Feminismus, eine vermeintliche Elitenkritik: Bolsonaro bot eine große inhaltliche Schnittmenge mit der AfD.

So ist es kein Wunder, dass damals unmittelbar nach der Wahl mehrere Parteigrößen Bolsonaro zu seinem Sieg gratulierten. Der Obmann der AfD im Auswärtigen Ausschuss, Petr Bystron, bezeichnete ihn noch am selben Tag als „aufrechten Konservativen" und erklärte: „Die konservative Revolution hat damit auch Südamerika erreicht." Und es blieb nicht bei Gratulationen. Die AfD stellte gleich mehrere Kleine Anfragen zur Entwicklungszusammenarbeit mit Brasilien. Dort ging es unter anderem um die Arbeit von NGOs

9 Götz Kubitschek, Krah, Europa und ein deutscher Standpunkt, sezession.de, 26.5.2024.
10 Vgl. Andrea Becker und Helmut Kellershohn, Die Entwicklungspolitik der AfD, in: „Diss-Journal", Sonderausgabe 3, Dezember 2020.
11 Luiz Ruffato, Brasilien über alles. Der furchterregende Aufstieg des Jair Bolsonaro, in: „Blätter", 3/2019, S. 55-66.

im Amazonasgebiet. Die AfD wollte laut eigenen Angaben verhindern, dass deutsche Entwicklungshilfe zur „Umsturzhilfe gegen den konservativen Staatspräsidenten Bolsonaro" wird.[12] Dabei übernahm die AfD Bolsonaros Narrativ, NGOs würden aus dem Ausland gesteuert, um Brasilien und seiner Regierung zu schaden.

Eine einheitliche Brasilien-Strategie der AfD lässt sich daraus allerdings nicht ableiten. Das Interesse am Land entstand teilweise aus persönlichen Motiven, familiären Verbindungen oder, weil AfD-Politiker:innen brasiliani-sche Kolleg:innen auf transnationalen Vernetzungstreffen kennenlernten. So war es auch im Fall von Waldemar Herdt, der beim Prayer Breakfast, einer Zusammenkunft christlich-fundamentalistischer Kräfte im Weißen Haus in Washington, nach Brasilien eingeladen wurde. Im März 2021 reiste der damalige AfD-Bundestagsabgeordnete Herdt in das größte Land Lateiname-rikas. Der strenggläubige Christ war vor seiner Zeit bei der AfD in der Par-tei Bibeltreuer Christen aktiv und engagierte sich in der Gruppe „Christen in der AfD". In Brasilien besuchte er Kirchen und traf einflussreiche Politiker und Pastoren.[13] Unter Bolsonaro gewannen insbesondere die Pfingstkirchen immer mehr Einfluss und gestalteten die Politik nach ihren ultrakonservati-ven Grundsätzen mit. Herdt zeigte sich begeistert von den Entwicklungen in Brasilien und regte die Gründung eines transnationalen Netzwerkes unter dem Deckmantel der Menschenrechtsarbeit an.

Netzwerkerin Beatrix von Storch

Doch während Herdts Brasilienreise weitgehend unbeachtet blieb, sorgte ein weiterer Besuch für große Aufregung. Ende Juli 2021 tauchte ein Foto auf, es zeigt eine braungebrannte, fröhlich lächelnde Frau im Arm von Präsident Bolsonaro. Die Frau ist Beatrix von Storch, stellvertretende AfD-Vorsitzende. Das Foto ging schnell viral und löste in Brasilien eine Welle der Empörung aus, auch weil von Storch die Enkelin von Hitlers Finanzminister ist. Vor allem jüdische Gruppen und Menschenrechtsorganisationen kritisierten das Treffen scharf. Das Holocaust-Museum in der südbrasilianischen Stadt Curi-tiba sprach von einer Belastung „für den Aufbau einer kollektiven Erinne-rung an den Holocaust in Brasilien und für unsere eigene Demokratie".

Von Storch traf in Brasilien weitere einflussreiche Politiker:innen, darunter den Sohn des Präsidenten, den Abgeordneten Eduardo Bolsonaro. Er nahm eine wichtige Rolle in der Regierung ein und pflegt weiterhin Kontakte zu rechten Politiker:innen auf der ganzen Welt. Laut dem Soziologen Andreas Kemper pflegt von Storch zudem seit mindestens 20 Jahren enge Kontakte zur Gesellschaft zur Verteidigung von Tradition, Familie und Privateigentum (TFP).[14] Das christlich-aristokratische Netzwerk sieht sich als Vorkämpfer

---

12 Vgl. Andrea Becker und Helmut Kellershohn, Die Entwicklungspolitik der AfD, in: „Diss-Journal", Sonderausgabe 3, Dezember 2020.
13 Niklas Franzen, Predigt von ganz rechts, in: taz. Die Tageszeitung, 20.8.2021.
14 Andreas Kemper, Beatrix von Stroch und die TFP, andreaskemper.org, 16.11.2022.

einer konservativen „Konterrevolution" und will die hierarchischen Strukturen des Mittelalters wiederherstellen. 1960 wurde die TFP in Brasilien gegründet und war eine wichtige Stütze des damaligen rechten Militärregimes. Die Verhinderung einer Agrarreform in Brasilien ist seit jeher eines der Hauptanliegen der Organisation, zudem fordert sie eine Rückkehr zur Monarchie. Mittlerweile gibt es auch in den USA und in Europa zahlreiche TFP-Organisationen. Einer der zentralen Ideologen der Gesellschaft ist Paul von Oldenburg, der Cousin von Beatrix von Storch. Er leitet das Brüsseler Büro der TFP Europa.

Auch Sven von Storch, der Ehemann der umtriebigen AfD-Politikerin, pflegt seit langem enge Verbindungen zu ultrarechten Kräften in Lateinamerika.[15] Der Geschäftsmann wurde in Chile geboren, 2016 kursierte sein Name als möglicher Bürgermeisterkandidat in seiner südchilenischen Geburtsstadt Osorno. Außerdem unterstützte er den extrem rechten Präsidentschaftskandidaten Chiles, José Antonio Kast, der im Dezember 2021 die Stichwahl gegen den linken Kandidaten Gabriel Boric verlor – dabei jedoch immerhin 44 Prozent der Stimmen erzielte.

Als Jair Bolsonaro im Oktober 2022 die Präsidentschaftswahl gegen Lula da Silva verlor, meldete sich Beatrix von Storch mehrfach über die sozialen Medien zu Wort. Sie solidarisierte sich mit ultrarechten, teils offen faschistischen Demonstranten, die gegen die Wahlergebnisse auf die Straße zogen.[16] Viele zweifelten die Ergebnisse an und sprachen von einem „großen Betrug". Unterstützung erhielten sie auch aus dem Ausland, unter anderem von Steve Bannon, dem ehemaligen Chefberater von Ex-US-Präsident Donald Trump. Auch von Storch bekräftigte die unbegründeten Vorwürfe des Wahlbetrugs und sprach von „Berliner Verhältnissen" (in Anspielung auf die Wahl zum Berliner Abgeordnetenhaus, die wegen Pannen wiederholt werden musste). Das Oberste Wahlgericht und internationale Beobachter:innen erklärten hingegen, es habe „keinerlei Anhaltspunkte für Unregelmäßigkeiten" gegeben.

Als Mitglied der Deutsch-Brasilianischen Parlamentariergruppe im Deutschen Bundestag, die den politischen Austausch zwischen beiden Ländern stärken und Abgeordnete vernetzen soll, beschimpfte Beatrix von Storch nach einer Brasilienreise mit der Gruppe im Juni 2023 den Präsidenten des Obersten Wahlgerichtshofs, Alexandre de Moraes, in einem Instagram-Post als „Brasiliens größten Verbrecher". Storchs Beleidigungen wurden in der brasilianischen Presse breit diskutiert und führten zu einem diplomatischen Eklat: Die brasilianische Regierung bestellte den Vertreter der Deutschen Botschaft ein, um ihr „tiefes Befremden" auszudrücken. Zudem erklärte der brasilianische Botschafter, dass er künftig nicht an Veranstaltungen teilnehmen werde, bei denen von Storch anwesend sei. Parteiinterne Gegner:innen aus dem Höcke-Flügel nutzten die Gelegenheit indes, um von Storch anzugreifen und einen gemeinsamen Antrag für eine Debatte über mögliche Konsequenzen in die Bundestagsfraktion einzubringen. Mittlerweile gehört von Storch der

15 Janaína Figueiredo, Sven von Storch vernetzt die extreme Rechte Südamerikas, npla.de, 19.12.2021.
16 Vgl. Christian Scheinpflug, Chile's presidential frontrunner employs adviser linked to Germany's far-right, Chiletoday.cl, 6.12.2021.

deutsch-brasilianischen Parlamentariergruppe nicht mehr an. Das bedeutet jedoch nicht zwangsläufig, dass sie ihr Brasilien-Engagement einstellen wird.

Obwohl viele Gefolgsleute Bolsonaros weiterhin im brasilianischen Parlament sitzen und sie die drei größten Bundesstaaten regieren, fügte dessen Wahlniederlage der extremen Rechten einen schweren Schlag zu. Im Juli 2023 entschied das Oberste Wahlgericht überdies, Ex-Präsident Bolsonaro aufgrund von Angriffen auf das demokratische Wahlsystem mit einem achtjährigen Amtsverbot zu belegen. Bis 2030 darf er nicht bei Wahlen antreten.[17] Dies hielt jedoch den Spitzenkandidaten der AfD für die Europawahl 2024, Maximilian Krah, und den AfD-Bundestagsabgeordneten Matthias Moosdorf nicht davon ab, 2023 nach Brasilien zu reisen. Sie besuchten das Parlament und trafen sich mit Abgeordneten. Dennoch ist das Interesse der Rechten am Land nach der Amtsübernahme des Sozialdemokraten Luiz Inácio „Lula" da Silva insgesamt gesunken. Dies könnte sich allerdings ändern, wenn im Oktober 2024 die Kommunalwahlen stattfinden. Viele Gefolgsleute Bolsonaros werden dort antreten – es soll ein Stimmungsbarometer für die Präsidentschaftswahl im Jahr 2026 sein. Auch der Ausgang der US-Wahl dürfte für den Bolsonarismus wichtig werden: Donald Trump und seine Strategen gelten als die wichtigsten internationalen Verbündeten der Bolsonaro-Rechten. Ein Wahlsieg Trumps könnte auch dem bolsonaristischen Projekt zu frischem Wind verhelfen. Und während Bolsonaro selbst trotz Entzug des passiven Wahlrechts weiterhin politisch aktiv bleiben will, wird bereits über mögliche Nachfolger:innen diskutiert.

Javier Milei und die AfD – ein zwiespältiges Verhältnis

Die deutsche Rechte richtet jetzt ihren Blick verstärkt nach Argentinien, wo mit Javier Milei seit Dezember 2023 ein marktradikaler Provokateur Präsident ist.[18] Er entwickelte sich schnell zum Posterboy der libertären Rechten – und wurde nach seiner Europareise zum G7-Gipfel in Italien und zu Preisverleihungen liberaler Thinktanks in Prag und Madrid Ende Juni 2024 auch in Hamburg von der rechtslibertären Friedrich August von Hayek-Gesellschaft mit der Hayek-Medaille geehrt. Der Gesellschaft, die das marktradikale Denken des einstigen Theoretikers der Österreichischen Schule hierzulande verankern will, gehören neben zahlreichen Mitgliedern der FDP auch der Vorsitzende der Werteunion und ehemalige Verfassungsschutzchef Hans-Georg Maaßen, der Unternehmer Theo Müller von Müller-Milch sowie die AfD-Bundestagsabgeordneten Beatrix von Storch und Peter Boehringer an.[19] Allerdings ist bislang – auch wenn einige AfD-Politiker:innen und Landesverbände Milei nach seinem Wahlsieg in den sozialen Medien gratulierten und bereits im September 2023 der AfD-Politiker Stefan Keuter an einer

17 Niklas Franzen, Bolsonaro politisch kaltgestellt, taz.de, 1.7.2023.
18 Vgl. Tobias Boos, Mit der Motorsäge gegen den Staat: Argentiniens Anarchokapitalist, in: „Blätter", 1/2024, S. 25-28 sowie Lisa Pausch, Mileis Argentinien: Der antifeministische Backlash, in: „Blätter", 5/2024, S. 33-37.
19 Vgl. dazu auch Simon Poelchau, Preisabsprache, taz.de, 15.6.2024.

Delegationsreise nach Argentinien und Paraguay teilnahm – noch keine klare Argentinien-Strategie der AfD erkennbar. Das liegt möglicherweise daran, dass Mileis ultraliberale Wirtschaftspolitik nicht unbedingt mit dem Kurs des Höcke-Flügels übereinstimmt. Der einflussreichere Teil der Partei orientiert sich an einer nationalistischen und völkischen Linie, die staatliche Institutionen und sozialstaatliche Leistungen nicht abschaffen, sondern sie übernehmen will, allerdings befreit von ihren vermeintlich übertriebenen Verpflichtungen – speziell solchen gegenüber Zugewanderten.[20]

Vernetzung von unten im »Patriots Network«

Anders als bei Vox, die mit ihrem ideologischen Angebot der Iberosphäre ein strategisches Vernetzungsprojekt verfolgt, sind die Kontakte der AfD nach Lateinamerika bisher sporadischer Natur und von persönlichen Vorlieben geprägt. Vielleicht auch, weil sie sich als Ultranationalisten mit internationaler Zusammenarbeit schwertun und anders als Vox an kein länderübergreifendes, kulturrassistisches Projekt anschließen können, das sich auf die vermeintliche Überlegenheit einer gemeinsamen Kultur beruft. Trotzdem wird die Partei die Strategien der extremen Rechten in Lateinamerika weiter aufmerksam verfolgen – denn lernen kann sie von dieser durchaus.

Und auch jenseits des Fraktionsgerangels im Europäischen Parlament finden internationale Vernetzungstreffen statt, auf denen junge Parteifunktionär:innen selbstverständlich zusammenarbeiten, obwohl sich deren Parteiführungen öffentlich voneinander distanzieren. Bemerkenswert ist die jüngste Initiative des Patriots Network, in dem extrem rechte Jungpolitiker:innen aus Nord- und Südamerika, Europa, Afrika und Asien mitarbeiten, darunter auch aus der AfD und ihrer Jugendorganisation Junge Alternative.[21] Unter Führung eines Mitglieds des Rassemblement National vereinigt das Netzwerk seit Oktober 2023 mehr als 40 Politiker:innen von Serbien über Argentinien und El Salvador bis nach Deutschland oder Mazedonien. Auf dem EKR-Kongress in Madrid durfte das Netzwerk eine eigene Veranstaltung mit dem Titel „Europa Juventud Reconquista" abhalten.

Auf diese Weise entstehen immer neue Netzwerke, die die globale Rechte stärken. Denn jenseits der Spaltungen etwa hinsichtlich des Verhältnisses zu Russland besteht deren große Stärke in ihrer Einigkeit in strategischen Politikfeldern: der Kampf gegen die als sozialistisch, marxistisch und „woke" geschmähten transnationalen Institutionen, die Abwehr der „illegalen Migration", die Leugnung des menschengemachten Klimawandels und die Feindschaft gegen feministische Errungenschaften. Mit diesen Themen bestreiten die Rechten über alle Partei- und Ländergrenzen hinweg seit Jahren erfolgreich ihre Kampagnen. Hier gilt es anzusetzen, will man die Rechte schwächen, global wie lokal.

---

20 Vgl. Claudius Voigt, Rechtspopulismus als Mainstream. Die Bezahlkarte für Geflüchtete und der autoritäre Sozialstaat, „Blätter", 6/2024, S. 81-86.
21 Vgl. patriots.network sowie instagram.com/patriotsnet_off.

Von Mussolini bis Orbán: Der illiberale Geist

Von **Ágnes Heller**

Vom ungarischen Ministerpräsidenten Viktor Orbán stammt bekanntlich der affirmativ verwendete Ausdruck „illiberale Demokratie". Die dahinterstehende Idee ist allerdings wesentlich älter. Schon vor einhundert Jahren sprach der Begründer des politischen Faschismus, der italienische Duce Benito Mussolini, über den Untergang des Liberalismus und den Aufstieg des illiberalen Europa. Damals antwortete US-Präsident Franklin D. Roosevelt, dass der Duce den Liberalismus zu früh beerdigt habe.

Doch tatsächlich sah es eine Weile so aus, als habe Mussolini die Zukunft Europas und der Demokratie weit besser verstanden als der Präsident der Vereinigten Staaten. Bis zu Beginn der zweiten Hälfte des 20. Jahrhunderts war der Liberalismus, jedenfalls als politische, nicht bloß gesellschaftliche Strömung, aus ganz Europa verschwunden. Sämtliche Führer aller totalitären Parteien sahen im Liberalismus ihren größten Feind. Allerdings haben sie – mit Ausnahme der Nationalsozialisten – deswegen den Begriff „Demokratie" nicht bekämpft oder gar abgeschafft, stattdessen haben sie die Demokratie, ganz wie heute Viktor Orbán, illiberalisiert. So galt wie dem Faschismus der faschistische Staat dem Bolschewismus der kommunistische Staat als die wahre, wirkliche, da inhaltliche Demokratie, verglichen mit den liberalen Demokratien, die als unwahre und bloß „formale Demokratien" begriffen wurden – und damit als Feinde der wahren, illiberalen Demokratie.

Nach dem Ende des Zweiten Weltkriegs jedoch wurde die liberale Demokratie auch in Europa langsam zur überwiegenden und weithin geltenden Staatsform, jedenfalls in der westlichen Hemisphäre. Das heißt, der Rechtsstaat garantierte alle liberalen Freiheiten – die der Meinung und der Presse, der Koalitionsbildung und der Religionsausübung –, aber auch die Eigentumsrechte. Gleichzeitig etablierte er in den Verfassungen (bzw. im Grundgesetz der Bundesrepublik) die Pluralität und Teilung der Gewalten.

Heute aber wird diese so langsam errungene liberale Demokratie von den sogenannten Populisten als veraltet und kosmopolitisch denunziert, steht sie also wieder massiv unter Druck – und zwar besonders durch den Aufstieg der „illiberalen Demokratien" von der Machart Viktor Orbáns.

Obwohl also die Liberalismusfeindlichkeit als solche keineswegs neu ist: Ihre heutige Form ist es durchaus. Denn die Struktur der Gesellschaft hat sich in den vergangenen einhundert Jahren fundamental verändert, und damit auch der Typus der illiberalen Demokratie. Während in der ersten Hälfte des 20. Jahrhunderts noch in allen europäischen Ländern die alte Klassengesellschaft existierte, wurde sie seither, vor allem seit Ende des Zweiten Weltkriegs, durch die industrielle Konsum- und Massengesellschaft ersetzt. Hanna Arendt hat uns schon vor mehreren Jahrzehnten, nicht zuletzt in ihrer wohl bekanntesten Schrift „Vita activa oder Vom tätigen Leben" (1958 als „The Human Condition" im Englischen erschienen, 1960 auf Deutsch), auf diese fundamentale Transformation der Gesellschaft aufmerksam gemacht.

Die Demokratie als Staatsform beruht grundsätzlich auf der Mehrheitsentscheidung (wenn auch in sehr unterschiedlicher Form, wie unter anderem die Wahlsysteme in Frankreich, Großbritannien und der Bundesrepublik belegen). Das heißt, seit der Einführung des allgemeinen Wahlrechts ist eine Regierung durch periodisch stattfindende Wahlen legitimiert. In einer Klassengesellschaft wird die Wahlpräferenz der Mitglieder besonderer Klassen durch ihre breit verstandenen, durchaus rationalen Klasseninteressen bestimmt. Sprich: Der Arbeiter (oder Proletarier) wählt sozialistisch oder kommunistisch, der Bürger liberal und der Adlige konservativ. Doch in einer modernen Massengesellschaft, wo es zwar weiterhin Reiche und Arme, aber keine gesellschaftlichen Klassen mit bestimmten Interessen, ja sogar eigenen Lebensformen und Kulturen mehr gibt, gilt das alte Schema nicht mehr.

Das heißt: Ideologien besetzen zunehmend den wahlentscheidenden Platz neben den Interessen – und werden letztere mehr und mehr in den Schatten stellen. Wer die Mehrheit der Stimmen bei den Wahlen erreichen will, wird daher immer mehr die Waffen der Ideologie mobilisieren; deren auf die Emotionen zielende Irrationalität wird die relative Rationalität der Interessen immer stärker verdrängen. Gewiss, Demagogie und Betrug, Lügen und falsche Versprechungen haben in der Politik immer eine Rolle gespielt, auch das kann man bei Hannah Arendt lernen, aber nicht die überwiegende Rolle, wie es heute bereits in mehreren Fällen passiert ist, von Orbán und Kaczyński über Erdoğan bis zu Trump, von Putin ganz zu schweigen.

Der Nationalismus als Allzweckwaffe

Die ideologischen Waffen der modernen Populisten sind verschieden, doch die beiden Extreme der illiberalen Demokratie – das von rechts oder das von links kommende – können auch dieselben Waffen benutzen. Es gibt dabei jedoch eine Waffe, also eine Ideologie, die bis zu einem bestimmten Grade immer erfolgreich benutzt werden kann. Diese Ideologie heißt Nationalismus.

Seit Ende des Ersten Weltkriegs sind alle europäischen Staaten (mit Ausnahme der Schweiz) Nationalstaaten. Das heißt, die „Nation" hat als *die* grundlegende kollektive Identität bereits alle vorherigen kollektiven Identitäten ersetzt (ob der Religion oder der Staatsform), und sie ersetzt mehr und mehr auch die Klassenidentität. Schon in der Vergangenheit hat der Nationalismus, diese gemeinsame neue Religion aller europäischen Nationen, aus einigen dieser Nationen vermeintlich „natürliche Feinde" gemacht (etwa

„Erzfeinde" aus den beiden Nachbarn Frankreich und Deutschland). Heute spielen alle extremen Bewegungen, welche besondere Ideologie sie auch sonst vertreten, diese nationalistische Karte. Daher legitimiert sich „Illiberalismus" heute wesentlich durch Nationalismus, und zwar zumeist in seiner völkischen, also ethnisch „reinen" Form.

Diese beiden Tendenzen – die Veränderung der gesellschaftlichen Struktur von der Klassen- zur Massengesellschaft und der völkische Nationalismus als die ganz überwiegende Ideologie – haben auch die Art modifiziert, wie sich die Liberalismusfeindlichkeit institutionell niederschlägt. Antiliberale Parteien brauchen heute nicht mehr – jedenfalls nicht in Europa – den Staat durch Gewalt zu „besetzen", um auf diese Weise ein Einparteiensystem einzurichten. Die sogenannte illiberale Demokratie passt sich vielmehr den Bedingungen der Massengesellschaft an. Heute ist es möglich, ein Mehrparteiensystem zu haben und mit Hilfe des allgemeinen Wahlrechts periodisch Wahlen abzuhalten, und dennoch auf dieser Basis eine Diktatur, Tyrannei oder Autokratie einzurichten.

Diese Form der „illiberalen Demokratie" ist somit in einem formalen Sinne durchaus demokratisch, weil die Partei regiert, die im Wahlkampf die meisten Stimmen erhält. Das allerdings ist nur *de jure* der Fall, das heißt nach dem Rechtssystem der dominierenden Partei, aber nicht de facto.

Nehmen wir das Beispiel Ungarn: Dort hat Viktor Orbán 2012 ein Wahlgesetz mit einem neuen Zuschnitt der Wahlbezirke verabschieden lassen, wonach seine regierende Fidesz-Partei laut Berechnungen der linksliberalen Tageszeitung „Népszabadság" bei den darauf folgenden Wahlen mit seinen damals 44 Prozent der Stimmen nicht „nur" zwei Drittel der Parlamentssitze, wie bereits zuvor, gewonnen hätte, sondern sogar vier Fünftel der Mandate. Die Opposition hätte für ihre 56 Prozent der Stimmen also nur 20 Prozent der Mandate erhalten.

Oder betrachten wir, wie das von Erdoğan anberaumte Verfassungsreferendum vom April 2017 ihm die Mehrheit und damit faktisch die Alleinherrschaft beschert hat. Niemand glaubt, dass die Wahlen in der Türkei fair abgelaufen sind. Im Gegenteil, die Situation entsprach der Lage von 1933 in Deutschland, wo man vor den Wahlen etwa die Hälfte der kommunistischen Politiker und unzählige Parteimitglieder verhaftete, damit sie an den Wahlen nicht teilnehmen konnten. Erdoğan hat faktisch dasselbe getan. Auf diese Weise brauchte er keine Diktatur zu errichten, sondern er kann vielmehr versichern, dass er für seine neue „Präsidialdemokratie" die Mehrheit der Stimmen bekommen hat und auch in Zukunft immer bekommen wird.

„Illiberale Demokratie" bedeutet also, liberale Freiheitsrechte zu verdrängen oder auch ganz zu annullieren – durch eine bloß formale Legitimation der Mehrheit. Oder um es noch genauer zu definieren: Die „illiberale Demokratie" ist eine Staatsform, in der eine von einem „Führer" geleitete Partei durch Mehrheit der Wahlstimmen an die Macht gelangt und diese Macht mit zumeist undemokratischen antiliberalen Positionen auf Dauer stellt.

Ob Russland unter Putin, die Türkei unter Erdoğan oder Ungarn unter Orbán – es sind alles „illiberale Demokratien" und doch in vielen Faktoren verschieden. Das heißt, die Staatsform ist dieselbe, bloß die Regierungen sind und agieren verschieden. Diese Unterschiedlichkeit der Regierungen kann durchaus verschiedene Gründe haben. Ungarn beispielsweise ist Mitglied der EU und die regierende Fidesz-Partei zieht bis zum heutigen Tag materiell das Maximale aus dieser Mitgliedschaft, obwohl sie die Normen der EU mit Füßen tritt. (Das aber hinderte die CDU über Jahre nicht daran, mit Fidesz derselben Parteifamilie im EU-Parlament anzugehören.) Auf der anderen Seite sind Orbáns politische Möglichkeiten, eben weil Ungarn Mitglied der EU ist, stärker begrenzt als die der Türkei. Im Gegensatz zur Türkei und auch zu Russland sind politische Massenverhaftungen hier bis zum heutigen Tag ausgeschlossen.

„Illiberale Demokratien" sind einander also nicht ganz gleich. Ihr Charakter hängt von verschiedenen Faktoren ab: von der Größe der Bevölkerung wie der des Staates, von seinen Traditionen, seinen Grenzen und seiner Umgebung. Ungarn ist ein kleines Land, Polen ein großes – auch dadurch sind Orbáns Aktionen gerade in macht- und außenpolitischer Hinsicht stärker beschränkt als die von Jarosław Kaczyński, der mit seiner [bis 2022 regierenden – d. Red.] PiS im Juli 2017 das Oberste Gericht entmachtete.

Viktor Orbán – ein Tyrann, aber kein Diktator

So wie die Genesis der illiberalen Demokratien verschieden ist, so unterscheiden sich auch die Charaktere ihrer „Führer". In allen Fällen handelt es sich jedoch um einen einzigen Führer, von dem alles, was im Lande passiert oder nicht passiert, abhängt. Allerdings gibt es Führer, die man Diktatoren, und andere, die man eher Tyrannen nennen kann. Das hängt davon ab, ob der jeweilige Führer aufgrund einer besonderen Ideologie oder allein aufgrund des rein pragmatischen Willens zur Machtmaximierung handelt. Wie bereits gesagt, verfügen alle illiberalen Demokratien über eine gemeinsame Ideologie: den völkischen Nationalismus. Diktatoren stützen ihre Herrschaft aber zusätzlich auf eine weitere, besondere Ideologie: Sie sind entweder rechts- oder linksradikal. Das heißt, sie stützen ihre Ideologie auf soziale Demagogie (wie die Klassenideologie des Bolschewismus) oder auf Rassismus (wie der Faschismus und Nationalsozialismus) oder auch auf religiösen Fundamentalismus (wie etwa der Islamismus). Alle diese Diktatoren benutzen ihre Ideologien nicht in erster Linie (oder zumindest nicht nur) als pragmatische Waffen, sondern sie besitzen eine Überzeugung, ja oft sogar eine Mission, die das Wesen ihrer Politik charakterisiert. Tyrannen dagegen haben keine Überzeugung. Ihr einziges Ziel ist die Maximierung ihrer politischen Macht und damit ihr materieller Reichtum.

Daher ist meiner Ansicht nach der „Führer" von Ungarn, Viktor Orbán, in diesem Sinne gerade kein Diktator, aber ein Tyrann. Orbán verfügt über keinerlei spezifische Überzeugung oder Ideologie – außer dem völkischen Nationalismus. Aber selbst diesen benutzte er am Anfang nur als eine gut geeignete Waffe für die Machtergreifung (wenn er auch später vermutlich anfing, an seinen eigenen Nationalismus zu glauben). Zur Erinnerung: Zu Beginn seiner Karriere, also vor und in der Wendezeit von 1989/90, war Orbán ein liberaler, antikommunistischer Parteichef von Fidesz, als einer liberalen Partei. Doch als er auf der liberalen Seite keine Möglichkeit zur Machtergreifung sah, bewegte er sich, mitsamt seiner Partei, hin zur Mitte. Seither nannte er sich und seine Partei nicht mehr liberal, sondern „bürgerlich", und er organisierte „bürgerliche Gruppen". Und als er schließlich zu seiner absoluten politischen Macht gelangte, löste er diese „bürgerlichen Gruppen" auf und deklarierte die Politik des „zentralen Kraftfelds".

Wer alt genug ist, erinnert sich vielleicht an den „demokratischen Zentralismus" der leninistischen Parteien. An diesen angelehnt ist die rein taktische Konzeption des zentralen Kraftfelds, die dezidiert keine Ideologie oder politische Überzeugung beinhaltet. Sie charakterisierte die Politik Orbáns ab 2010. Alles kontrollieren – alle Medien, alle Institutionen, alle Organisationen –, lautete seine Devise. Deswegen wollte er auch die 1991 gegründete Central European University (CEU), die letzte noch autonome Universität in Ungarn, schließen und die zivilen Organisationen aus dem Land jagen. Denn niemand soll ihn kontrollieren, er aber will alles kontrollieren: die Mittelschulen, die Schulbücher, die Universitäten (die schon vor dem CEU-Skandal ihre Autonomie verloren hatten), die Theater – kurzum: die „Köpfe" seiner Bürgerinnen und Bürger. Letzteres aber gelingt ihm nicht, weil eben die meisten und vor allem die besten „Köpfe" sich noch etwas Rationalismus bewahrt haben – und weil sie sich als Europäer bekennen.

Zu diesem „alles", das Orbán kontrollieren will, gehört nicht zuletzt der Reichtum des Landes. Ob er jetzt de facto der reichste Mann in Ungarn ist, ist meines Erachtens nicht das Wichtigste. Das Wichtigste ist eher, dass die Nationalbank des Landes in der Hand seines Buddys ist, der damit macht und entscheidet, was er will (natürlich mit Orbáns Einverständnis).

Orbán schuf auch seine eigene Oligarchie, eine Oligarchie, die ganz und gar von ihm, von seinem Willen und seinen Entscheidungen abhängt. Diese Oligarchie kontrolliert mehr und mehr an Erde und Boden, Industrie und Handel in Ungarn – kurzum alles, was Orbán nur greifen kann. Ungarn ist also nicht „nur" kein Rechtsstaat mehr; niemand weiß, wer das nächste Opfer seiner Wirtschaftspolitik sein wird.

Immer weiter nach rechts

Obwohl sich Orbán jenseits des völkischen Nationalismus zu keiner spezifischen Ideologie bekennt, bewegt er sich immer mehr in Richtung der extremen Rechten. Anders ausgedrückt: Seinen völkischen Nationalismus betreibt er in einer immer extremeren Weise. Der Hass gegen Flüchtlinge, die er mit Terroristen gleichsetzt, ist dabei eine seiner politischen Waffen. Im Krieg gegen Migranten und „Brüssel" tritt er als der Verteidiger des gefährdeten Vaterlandes auf. Orbán wählt dabei immer einen konkreten Gegenstand für seine Hetzkampagne. So gilt etwa der US-amerikanische

Multimilliardär George Soros als der Hauptfeind. Soros, so Orbáns verschwö-rungstheoretisches Hirngespinst, organisiert die angebliche Völkerwan-derung gegen Europa und will dabei besonders Ungarn zugrunde richten. Soros steht angeblich hinter allen Demonstrationen, alle kritischen Artikel hat er diktiert. (Diese Form der Dämonisierung hat Orbán schon von Erdoğan gelernt.)

Dabei ist es keinesfalls zufällig, dass Soros ein ungarischer Jude ist. Orbán, der im privaten Umgang wohl kein Antisemit ist, mobilisiert jetzt eben einen „Halte das Zimmer rein"-Antisemitismus, den alle verstehen. Die Kon-sequenz: Jobbik, eine Partei, die lange Zeit als die extreme Rechtspartei in Ungarn galt, steht jetzt, verglichen mit Orbáns Fidesz, in der Mitte. Die Politik Orbáns, der sich vor nicht allzu langer Zeit noch als „Konservativer" bezeichnete, hat heute mit Konservativismus rein gar nichts mehr zu tun. Der Tyrann fängt an, seine Grenzen nicht mehr zu sehen.

Ungarn als Fallstudie der »illiberalen Demokratie«

Die ungarische Variante der „illiberalen Demokratie" gilt heute bereits als eine Art Blaupause. Dabei muss man durchaus auch die genannten anderen Fälle, mit ihren je spezifischen Unterschieden, genauer untersuchen. Dazu kann man auch die Entwicklungen in Europa in Betracht ziehen – mit ihren Alternativen einer anderen Politik.

Nach dem Brexit-Referendum vom 23. Juni 2016 waren die Prognosen für Europa eher pessimistisch. Man sprach über eine Auflösung der EU und über den schier unaufhaltsamen „Aufstieg des Populismus", ja sogar über die Gefahr einer Wiederholung der Geschichte des 20. Jahrhunderts. Und nach dem Wahlsieg Donald Trumps im November 2016 – sollte der Duce also doch recht behalten? – fürchtete man gar die europäische Nachahmung des Trumpschen Modells. Gut ein Jahr nach dem Brexit und ein dreiviertel Jahr nach dem Wahlsieg Donald Trumps hatte sich die Lage zunächst etwas beru-higt: In Österreich, den Niederlanden und in Frankreich siegten die anti-populistischen, antinationalistischen Kräfte. Der Wille zur Einheit Europas, mit Macron an der Spitze, siegte gegen den völkischen Nationalismus. Und dennoch war es damals verfrüht, Entwarnung zu geben. Speziell für die poli-tische Theorie und Gesellschaftstheorie kommt es heute entscheidend dar-auf an, stets die Entwicklungen der Massengesellschaft im Blick zu behalten und zu analysieren.

Und damit bin ich wieder am Anfang meines Beitrags. Die Massengesell-schaft von heute kann nichts mehr anfangen mit den alten Kategorien der Klassengesellschaft, deren Bürger- und Wählerschaft strikt nach Interessen unterteilt war. Deswegen bedienen sich heute beide Extreme, auf der linken wie auf der rechten Seite, sowohl des völkischen Nationalismus als auch der sozialen Demagogie – obwohl in den „klassischen" Zeiten die Linke nie völ-kisch bzw. nationalistisch eingestellt war und die Rechte eher den Konser-vativismus als die soziale Demagogie vertrat. Heute scheint sich dagegen eine ganz andere Konfliktlage herauszubilden: Auf der einen Seite stehen alle liberalen, konservativen und auch sozialen Kräfte, auf der anderen Seite die beiden extremen. Auf der einen Seite eine Art Rationalismus, die Überzeugung, die Interessen aller Staatsbürger, des Landes und Europas, auf der anderen Seite die zwei Varianten der sozialen Demagogie und des völkischen Nationalismus. Es gilt damit in neuer Weise: „Les extrêmes se touchent" – die äußersten Gegensätze berühren sich.

In gewisser Weise würde dies die alte aristotelische Lehre bestätigen: Demnach ist die „goldene Mitte" stets die beste, die demokratisch anzustrebende Position. Doch, möchte ich gleich eines einschränkend hinzufügen: Die Mitte braucht die Extreme. Ohne sie gibt es keine Mitte. Ohne unerfüllbare Wünsche gibt es keine erfüllbaren Wünsche, und ohne politische Leidenschaften, das wusste schon Max Weber, bleibt von der Rationalität nur die kalte Kalkulation. Ohne die politischen Extreme wird die Mitte nur in einer der Quantitäten zählen und zahlen, nämlich „wie viel wir haben", und wird die andere, demokratische Quantität, „wie viel wir sind", vergessen. Diese Dimensionen können Demokratien einbüßen, wenn sie nur über eine einheitliche, vermeintlich „alternativlose" Mitte verfügen – ohne der Herausforderung durch ihre Extreme ausgesetzt zu sein.

Österreich: Das Drehbuch des »Volkskanzlers«

Lehren aus der Geschichte des Austrofaschismus

Von **Tamara Ehs**

Ö sterreich wählt im Herbst 2024 einen neuen Nationalrat, und alle Umfragen sehen die FPÖ, an deren Spitze sich Herbert Kickl bereits als künftiger „Volkskanzler" inszeniert, auf Platz eins. Schon die Wahlen zum Europäischen Parlament brachten eine politische Zäsur: Die FPÖ ging erstmals als stärkste Partei aus einer bundesweiten Wahl hervor. Die Partei, in vielen Aspekten der deutschen AfD ähnlich, hat schon mehrmals auch auf Bundesebene mitregiert. Aber bewahrheiten sich die Umfragen, dann könnte die FPÖ dieses Mal sogar den Kanzler stellen, denn die konservative ÖVP schließt eine Koalition mit ihr nicht grundsätzlich aus. Diese Aussichten verheißen nichts Gutes für einen Staat, der ohnehin schon als bloße „Wahldemokratie" eingestuft ist.[1] Das seichte, auf Wahlen verkürzte Demokratieverständnis der FPÖ und ihrer Anhängerschaft entspricht der „illiberalen Demokratie"[2] Viktor Orbáns; die Wahlkampftour unter dem Titel „Wir mit euch gegen das System" propagiert das Programm einer „konformistischen Revolte"[3], die schließlich in einen autoritären Staatsumbau münden könnte.

Die ÖVP kritisierte zwar anlässlich der Aussage des AfD-Politikers Maximilian Krah in einem Interview mit der italienischen Zeitung „La Repubblica" vom Mai 2024, nicht jeder, der eine SS-Uniform trug, sei automatisch ein Verbrecher gewesen, dass auch Herbert Kickl schon im Jahr 2010 eine kollektive Verurteilung der SS abgelehnt hatte, und fragte in einem Social Media-Clip „Soll so jemand Bundeskanzler werden?" Aber dass sie selbst ihn noch 2017 mit dem Amt des Innenministers betraut hatte, mindert die Glaubwürdigkeit ihrer Empörung und Distanzierung. Die Episode verdeutlicht: Auch wenn in Österreich die Verharmlosung des Nationalsozialismus noch für Entrüstung sorgt, bleiben Autokratisierungstendenzen, die sich in Institutionenkonflikten und fehlender demokratischer Gesinnung der

---

1 Vgl. V-Dem-Institute, Democracy Report 2024: Democracy Winning and Losing at the Ballot, Göteborg 2024.
2 Die Wendung „illiberale Demokratie" wurde von Fareed Zakaria in die Diskussion eingebracht, vgl. Fareed Zakaria, The Rise of Illiberal Democracy, in: „Foreign Affairs", 6/1997, S. 22-43. Viktor Orbán sprach 2014 von einem „illiberalen Staat".
3 Max Horckheimer, Notizen 1950 bis 1969 und Dämmerung. Notizen in Deutschland, Frankfurt a.M. 1974, S. 164.

Amtsträger offenbaren, weitgehend unkommentiert.[4] Auch deshalb verfängt Kickls autoritäres Drehbuch aus Kulturkampf und Institutionenverachtung in der Wählerschaft.

Österreich stellte sich nie seiner genuin austrofaschistischen Geschichte der Autokratisierung, die vor 90 Jahren in einen Bürgerkrieg führte. Der damaligen Zerstörung der Demokratie war eine lange Latenzperiode vorangegangen, deren ersten Höhepunkt die Verfassungsnovelle von 1929 markierte. Sie bewirkte eine Machtverschiebung vom Parlament zur Regierung, stattete den Bundespräsidenten mit autoritärer Gewalt aus und beendete durch eine „Umpolitisierung" der Richterschaft die Kontrollfunktion des Verfassungsgerichtshofes (VfGH). Hans Kelsen, bis dahin Mitglied des VfGH, bezeichnete die Novelle als „den Beginn einer politischen Entwicklung, die zwangsläufig in den Faschismus führen musste".[5] Nach 1945 griff Österreich auf diese Verfassung zurück. Das Amt des Bundespräsidenten ist seither eine „tickende Zeitbombe",[6] deren Explosivität sich die FPÖ bewusst ist.

Der verdrängte Bürgerkrieg

Das Jahr 1934 zählt nach wie vor zu den umstrittensten Kapiteln österreichischer Geschichte. Im Schulunterricht vieler Generationen war und ist es dem Thema „Zwischenkriegszeit" untergeordnet. Auf die Weltwirtschaftskrise 1929 folgte im Geschichtsbuch auch schon der „Anschluss" Österreichs an Nazideutschland 1938: das „erste Opfer".[7] Verschämt werden die Jahre dazwischen beschwiegen, im Unterricht finden sie kaum Erwähnung. Über sie wusste lange nur Bescheid, wer in einem sozialistisch geprägten Arbeiterhaushalt aufwuchs und die Traumatisierung des Bürgerkriegs als Teil der Familiengeschichte rezipierte. Der „verdrängte Bürgerkrieg"[8] vom Februar 1934 und das durch die „Maiverfassung" gefestigte diktatorische Regime, das heute viele Namen hat, bilden in ihrer Ausblendung eine latente Konstante in der Politik der Zweiten Republik seit 1945. Das 2018 zum 100. Jahrestag der Republiksgründung eröffnete „Haus der Geschichte Österreich" bezeichnet jene Zeit nach langen Diskussionen als „Dollfuß-Schuschnigg-Diktatur", thematisiert allerdings auch die Begriffe „Austrofaschismus", „Ständestaat", „autoritärer Ständestaat" sowie „Kanzlerdiktatur".

Diese Auseinandersetzung um die Begriffe ist aber nur dann von Wert, wenn sie auch den Konstituierungsprozess des Regimes nachzeichnet, den Blick für die Zerstörung der Demokratie schärft und somit Orientierungs-

---

4 Vgl. Tamara Ehs, Autokratisierungstendenzen: Institutionenkonflikte und fehlende demokratische Gesinnung, in: „juridikum. Zeitschrift für Recht, Kritik, Gesellschaft", 3/2021, S. 291-295.

5 Im Original: „[...] the beginning of a political evolution which inevitably had to lead to Fascism", Hans Kelsen, Judicial Review of Legislation, in: „The Journal of Politics", 4/1942, S. 184.

6 Oliver Rathkolb im Interview mit Barbara Tóth, „...was alles möglich ist", in: „Falter" 38/2023, S. 12-15.

7 Vgl. Heidemarie Uhl, Das „erste Opfer". Der österreichische Opfermythos und seine Transformationen in der Zweiten Republik, in: „Österreichische Zeitschrift für Politikwissenschaft", 31/2001, S. 19-34.

8 Anton Pelinka, Der verdrängte Bürgerkrieg, in: Anton Pelinka und Erika Weinzierl (Hg.), Das große Tabu. Österreichs Umgang mit seiner Vergangenheit, Wien 1987, S. 143-153.

wissen für gegenwärtige politische Vorgänge in Österreich, Deutschland, Italien etc. bietet. Eine gründliche Analyse der Latenzphase von politischen Umbrüchen stärkt die kritische Urteilsfähigkeit. Denn längst werden in Anbetracht von „Polykrise"[9] und Wahlsiegen der AfD sowie einer FPÖ, die seit Monaten in allen Umfragen führt, Vergleiche mit den 1930er Jahren gezogen, mit der Beseitigung der Weimarer Republik oder der Ersten Republik Österreich. Auch wenn es markante situative Unterschiede gibt, liefern diese beiden vergangenen Republiken wichtige Anhaltspunkte für die Übergänge von Demokratien zu Autokratien. Denn es gibt nicht nur *einen* Moment des Regimewechsels, sondern der Wandel erfolgt schrittweise, oft schleichend und anfangs für die Mehrheit der Bevölkerung unmerklich, weswegen die politikwissenschaftliche Einteilung längst nicht mehr in Gegensatzpaaren wie Demokratie und Diktatur erfolgt, sondern in hybriden Regimen von der liberalen Demokratie über die Wahldemokratie zur Wahlautokratie (bzw. „illiberalen Demokratie") und schließlich zur geschlossenen Autokratie.

Demokratiezerstörung nach Plan

Machtübernahme, Staatsum- und Demokratieabbau, wie man sie im vergangenen Jahrzehnt bereits in Ungarn und Polen, in der Türkei, in Indien und in Donald Trumps USA beobachten konnte, folgen einem Drehbuch, einem „Playbook des Autokratismus":[10] Wie damals sind heute wieder Abstiegsangst, „Verlustwut"[11] und ein rasend schneller gesellschaftlicher Wandel die eigentlichen Treiber für den Aufstieg der Rechtsautoritären.[12] Denn die Stabilität der Demokratie hängt von ihrer Leistungsfähigkeit ab, soziale Sicherheit zu organisieren und den gesellschaftlichen Wandel mit den aktuellen Themen von der Integration der Flüchtlinge bis hin zur sozial-ökologischen Transformation angesichts der Klimakrise zu moderieren. Abermals sind vor allem rechtskonservative Parteien wie CDU/CSU und ÖVP gefordert, als Wächterinnen gegenüber den Rechtsextremen und Autoritären – aus den eigenen Reihen und als Koalitionspartner – zu fungieren, und scheitern daran. „Radikalisierter Konservatismus"[13] ist Ausdruck der Krise programmatisch erschöpfter Mitteparteien,[14] die das Verhalten der Rechtspopulisten kopieren, ihnen die Verantwortung für Staatsämter übertragen und sie dadurch bei der Wählerschaft legitimieren.[15]

---

9   Adam Tooze, Welcome to the world of the polycrisis, in: „Financial Times", 28.10.2022.
10 Stefan Benedik, Tamara Ehs, Katharina Prager und Michael Schwarz, Debatte: Playbook des Autokratismus, in: Bernhard Hachleitner et al. (Hg.), Die Zerstörung der Demokratie. Österreich, März 1933 bis Februar 1934, Wien 2023, S. 313-321.
11 Andreas Reckwitz, Das Ende der Illusionen. Politik, Ökonomie und Kultur in der Spätmoderne, Berlin 2019.
12 Vgl. Albrecht von Lucke, Die verunglückte Demokratie, in: „Blätter", 5/2019, S. 75-83.
13 Natascha Strobl, Radikalisierter Konservatismus, Frankfurt a.M. 2021.
14 Vgl. Thomas Biebricher, Mitte/Rechts. Die internationale Krise des Konservatismus, Frankfurt a.M. 2023.
15 Vgl. Daniel Bischof und Markus Wagner, Do Voters Polarize When Radical Parties Enter Parliament?, in: „American Journal of Political Science", 4/2019, S. 888-904.

Beginnend mit der Finanz- und Eurokrise 2008, gefolgt von Flüchtlingskrise, Pandemie und Ukrainekrieg mitsamt Teuerung und Rezession, sind Polykrisen Brandbeschleuniger für autokratische Bestrebungen; der Ruf nach einem starken Mann bleibt nicht ungehört. Der „Tatmensch" nach dem Muster Carl Schmitts räumt endlich auf, mistet aus, auf Kosten demokratischer Prinzipien. Er greift auf populistische Weise gesellschaftsinhärente Konflikte auf, aber nicht, um sie moderierend einer Lösung zuzuführen, sondern um sie parteipolitisch auszunützen. Erst einmal an der Macht, werden Kontrollorgane, wie allen voran die Höchstgerichte, umgebaut und mit treuen Gesinnungsgenossen besetzt, Medienhäuser aufgekauft, noch verbliebene kritische Journalisten mit Einschüchterungsklagen mundtot gemacht, das Wahlrecht geändert, Wahlkreise neu zugeschnitten, durch völkisch begründete Doppelstaatsbürgerschaften zusätzliche Wahlberechtigte geschaffen, das Parlament mit einer neuen Geschäftsordnung versehen, um die Opposition zu fesseln;[16] Institutionen, die sich dem direkten Zugriff entziehen (wie die EU), werden als „fremde Mächte" und Staatsfeinde diskreditiert.[17]

Kulturkampf als Einstiegsdroge

Der Staatsumbau findet aber nur dann bei Wahlen Zuspruch, wenn der vorpolitische Raum bereits erfolgreich bearbeitet ist. Hier zeigen sich die eindrücklichsten Parallelen zu den Krisenjahren der Ersten Republik Österreich und der Weimarer Republik: Die Zerstörung der Demokratie bedarf der Polarisierung, die wiederum auf Diskurszerstörung mittels Kulturkampf beruht, die zuerst in Vereinen und Bürgerinitiativen, heute auf Social Media ausgetragen wird.[18] Abermals sind es Themen wie die Stellung der Frau in der Gesellschaft, ihr Zugang zu Verhütung, Abtreibung und selbstbestimmter Sexualität, die Rechte von Homosexuellen und LGBTQ-Personen, die von rechten Parteien identitätspolitisch aufgeladen und schließlich an der Wahlurne verhandelt werden. Wie der österreichische Bundeskanzler und Prälat Ignaz Seipel (1926-1929) unter seinem Mantra der „wahren Demokratie" einst Maßnahmen „zur Bekämpfung von Schmutz und Schund" in der Sittlichkeitsdebatte der 1920er Jahre setzte, führte die PiS unter Jarosław Kaczyński in Polen 2019 „LGBT-freie Zonen" ein und verabschiedete das ungarische Parlament 2021 mit Stimmen von Fidesz und Jobbik ein Gesetz, das die Rechte von Homosexuellen und Transgenderpersonen einschränkt.

Es sind vor allem diese liberalen Komponenten der Demokratie, auf die der Kulturkampf abzielt. „Für bürgerliche Kreise sind Kulturkampfthemen die Einstiegsdroge in den Rechtspopulismus", stellt Jan-Werner Müller fest.[19]

---

16 Vgl. Anna von Notz, How to abolish democracy: electoral system, party regulation and opposition rights in Hungary and Poland, verfassungsblog.de, 10.12.2018.
17 Vgl. Stephan Haggard und Robert Kaufman, The Anatomy of Democratic Backsliding, in: „Journal of Democracy", 4/2021, S. 27-41.
18 Vgl. Milan Svolik, Polarization versus Democracy, in: „Journal of Democracy", 3/2019, S. 20-32.
19 Jan-Werner Müller im Interview mit Nadia Pantel, Wie sich Europa verändert, in: „Spiegel", 15.12.2023.

Die Definition des Wir erfolgt nicht pluralistisch-liberal, sondern ist von Ausschlüssen gekennzeichnet, die sich aus einer bestimmten Vorstellung davon ableiten, wie ein Deutscher oder Österreicher zu sein, auszusehen, sich zu verhalten habe. Wird das Volk als homogene Einheit gedacht, mutiert die Familien- und Geschlechterpolitik zum Hebel, mit der der Nation ihr behaupteter ursprünglicher Charakter oder ihre behauptete einstige Größe wiedergegeben werden kann.[20] „Make America great again" trifft auf „Dio, patria e famiglia"[21] und „Österreich zuerst".

Mit dem Slogan „Österreich zuerst" greift die FPÖ jetzt auf das Motto des berüchtigten „Anti-Ausländer-Volksbegehrens" Jörg Haiders von 1993 zurück, das nicht nur die österreichische Parteienlandschaft umkrempelte, weil die Liberalen aus einer radikalisierten FPÖ austraten und eine neue Partei gründeten, sondern auch die gesellschaftspolitische Stimmung im Land polarisierte. Jenes Jahr markierte den Beginn der größten rechtsradikal motivierten Terrorwelle der Zweiten Republik, aber mit dem „Lichtermeer" auch eine für viele Österreicher bis heute identitätsstiftende Demonstration gegen Fremdenfeindlichkeit, an die 2024 die „Demokratie verteidigen"-Demos anknüpften. Heide Schmidt, einst Wegbegleiterin Haiders und 1993 Gründerin des Liberalen Forums (LiF), ordnete die Ereignisse jenes Jahres wie folgt ein: „Das Jahr hat mit einem Ausländervolksbegehren begonnen und endet mit dieser Terrorwelle."[22] Das Österreich-zuerst-Volksbegehren operierte mit dem „Zerfallsnarrativ rechter Krisenmythen"[23] durch „Überfremdung" angesichts der großen Anzahl von Bürgerkriegsflüchtlingen aus Jugoslawien, die Anfang der 1990er Jahre zudem auf noch nicht hinreichend integrierte „Gastarbeiter" trafen. Diese Fluchtbewegung ging als erste „Migrationskrise" in die politische Geschichte Österreichs ein und bescherte der FPÖ einen großen Wählerzuwachs.[24]

Gleichzeitig mit dem Österreich-zuerst-Volksbegehren propagierte Jörg Haider seinen Traum von der „Dritten Republik", die er 1993 in der programmatischen Schrift „Die Freiheit, die ich meine" skizzierte. Die Identitätspolitik eines „autoritären Nationalradikalismus"[25] unterstützt seither ideell die Vorbereitung des Staatsumbaus. Haider konzipierte in seiner Schrift ein Präsidialsystem, den Ausbau der direkten Demokratie und einen „werteverteidigenden Kulturkampf".[26] All diese Ideen greift Herbert Kickl heute wieder auf und zieht 30 Jahre später mit Haiders Spruch aus dem Wahlkampf von 1994 in die Nationalratswahl: „Sie sind gegen ihn, weil er für euch ist." Somit wird Misstrauen in die politische Elite und demokratische Institutionen

20 Vgl. Stefan Benedik in der Debatte: Playbook des Autokratismus, a.a.O., S. 317.
21 Vgl. Steffen Vogel, Giorgia Meloni und der schleichende Weg in den autoritären Staat, in: „Blätter", 1/2024, S. 13-16.
22 Heide Schmidt, zit. nach: „Man will uns ans Leben". Bomben gegen Minderheiten 1993-1996, Sonderausgabe der „Stimme. Zeitschrift der Initiative Minderheiten", 2/2024, S. 18.
23 Vgl. Leo Roepert, Ordnung, Verfall, Ausnahmezustand. Zur Zeitstruktur rechter Krisenmythen, in: „ZPTh – Zeitschrift für Politische Theorie", 2/2023, S. 253-274.
24 Vgl. Rainer Bauböck und Bernhard Perchinig, Migrations- und Integrationspolitik, in: Herbert Dachs u.a. (Hg.), Politik in Österreich. Das Handbuch, Wien 2006, S. 732f.
25 Vgl. Wilhelm Heitmeyer, Autoritäre Versuchungen. Signaturen der Bedrohung, Frankfurt a.M. 2018.
26 Vgl. Brigitte Bailer-Galanda, Haider wörtlich. Führer in die Dritte Republik, Wien 1995.

gesät, der Diskursraum ideologisch vorbereitet, in dem ein „Volkskanzler" später Verfassungsgerichte beschneidet, Grund- und Freiheitsrechte aussetzt und endlich das Parlament ausschaltet.

Projekt »Volkskanzler«

Der „Volkskanzler"[27] ist in Deutschland als dystopisches Szenario bekannt und dient – ähnlich wie das „Thüringen Projekt"[28] für die Landesebene – dazu, die Spielräume einer autoritär-populistischen Partei zu erforschen. In Österreich jedoch inszeniert sich FPÖ-Chef Herbert Kickl seit seinen Auftritten bei den Corona-Demonstrationen offen als „Volkskanzler"; der offizielle Plan der FPÖ zum Sieg bei den österreichischen Nationalratswahlen heißt „Projekt Volkskanzler". Der Begriff wird vorrangig mit dem Nationalsozialismus assoziiert, weil er für Adolf Hitler verwendet wurde, bevor er sich „Führer" nennen ließ. Im Duden des Jahres 1941 ist unter dem Eintrag „Volkskanzler" zu lesen: „eine Bezeichnung für Hitler zum Ausdruck der Verbundenheit zwischen Volk und Führer". Der Begriff selbst ist viel älter; er wurde zwar von den Nazis monopolisiert, aber auch der in den 1930er Jahren autoritär regierende österreichische Bundeskanzler Engelbert Dollfuß ließ sich so nennen. Nach dem Zweiten Weltkrieg wurde der Terminus ohne sichtbare Skrupel wieder aufgenommen; so positionierten sich Ludwig Erhard (CDU) in den 1960er Jahren oder in Österreich erst vor wenigen Jahren Alfred Gusenbauer (SPÖ) als „Volkskanzler".

Es handelt sich demnach um einen Propagandabegriff, mit dem Politiker ihre Volksverbundenheit betonen. Herbert Kickl ist es äußerst wichtig, nicht als Teil der Elite gesehen zu werden, nicht dem verhassten „System" anzugehören. Deshalb bezeichnet er andere als „Systemkanzler" und sich als „Kanzler aus dem Volk für das Volk". Die moralisch aufgeladene Sprache der Konfrontation, die die Eskalation in Kauf nimmt, ist Teil des Drehbuchs der Autokratisierung. Da die FPÖ in Umfragen bei 30 Prozent und darüber liegt, ist es nicht unwahrscheinlich, dass der Plan aufgeht.

Wie rasch Kickl den Staatsumbau in Angriff nehmen würde, zeigte er schon 2017, als ihn Bundeskanzler Sebastian Kurz von der ÖVP als Innenminister in seiner Regierung begrüßte. Während Kickls Vorhaben, in Österreich wieder eine berittene Polizei einzuführen, noch für Belustigung sorgte und nur wenige, historisch Bewanderte an die politische Gewalt des Juli 1927 gemahnte, sorgten seine „Sicherheitspakete" mit Bundestrojaner und KFZ-Kennzeichenüberwachung für mehr Unruhe; sie wurden schließlich 2019 vom Verfassungsgerichtshof als verfassungswidrig aufgehoben. Nachhaltigen Schaden erlitt Österreich durch die sogenannte „BVT-Affäre", eine Razzia im Bundesamt für Verfassungsschutz und Terrorismusbekämpfung (BVT).[29] Da hierbei auch Daten befreundeter europäischer Nachrichten- und

27 Vgl. Maximilian Steinbeis, Ein Volkskanzler, in: „Süddeutsche Zeitung", 6.9.2019.
28 Das Thüringen-Projekt, fortlaufend aktualisiert, verfassungsblog.de.
29 Vgl. Peter Gridling, Überraschungsangriff. Die Ausschaltung des Bundesamtes für Verfassungs-

Geheimdienste offengelegt wurden, führte dies zu deren Distanzierung von Österreich. Aufgrund dessen spricht die ÖVP – allerdings erst seit einigen Monaten – vom „Sicherheitsrisiko Kickl" und schließt eine Koalition mit ihm persönlich aus, hält sich aber die Option einer Zusammenarbeit mit seiner Partei offen.

Doch auch Bundespräsident Alexander Van der Bellen könnte Kickl den Weg ins Kanzleramt verstellen. Da dem direkt gewählten Bundespräsidenten die Ernennung des Bundeskanzlers zukommt und er in seiner Entscheidung vollkommen frei ist, stellt dieses Amt eine Hürde dar, die die FPÖ schon 2016 nehmen wollte. Damals standen Van der Bellen (Grüne) und Norbert Hofer (FPÖ) einander in der Stichwahl gegenüber, und Hofer fiel durch sein ungewöhnliches Amtsverständnis auf. Während Österreichs Bundespräsidenten der Zweiten Republik aus den Vorkommnissen der 1930er Jahre Konsequenzen gezogen hatten und im Amt trotz autoritärer Befugnisse in vielerlei Fragen Rollenverzicht übten, meinte Hofer, zu seinem Amtsverständnis befragt: „Sie werden sich noch wundern, was alles möglich ist."[30] Er spielte auf die umfänglichen Rechte an, die die Verfassung seit ihrer Novelle von 1929 für Bundespräsidenten bereithält, die aber der Wählerschaft nicht bewusst sind.

»Wahre Demokratie«

Das Jahr 1929 ist für die Zerstörung der Demokratie weitaus bedeutender als die Österreich umtreibende Frage, wie denn nun das Regime der 1930er Jahre genannt werden darf. Krisen und Kulturkampf hatten die Gesellschaft erfolgreich polarisiert und den ideologischen Raum für die Verfassungsnovelle vorbereitet, die alle Macht an die Konservativen band und die Gewaltenteilung weitgehend aufhob. All dies war möglich, weil die liberale, rechtsstaatliche Demokratie ausgehöhlt worden war, indem man ihr Ansehen in der Bevölkerung beschädigt und „das Volk" gegen die rechtsstaatlichen Sicherungsinstrumente einer repräsentativen Demokratie ausgespielt hatte.

Auf dieser Klaviatur spielte in der Zweiten Republik die FPÖ munter weiter: Jörg Haider griff den VfGH immer wieder an, bezeichnete ihn als „Islamistenlobby", bezichtigte seinen Präsidenten des „unwürdigen und unpatriotischen Verhaltens" und meinte schließlich: „Das Volk steht über dem VfGH."[31] In die gleiche Kerbe schlug Hofer, der 2016 als Bundespräsidentschaftskandidat „Das Recht geht vom Volk aus" plakatieren ließ und den Artikel 1 der Bundesverfassung bewusst falsch zitierte. Dort heißt es nämlich: „Österreich ist eine demokratische Republik. Ihr Recht geht vom Volk aus." – *Ihr* Recht, das Recht der Republik als Summe aller Institutionen und Rechtsnormen. Was Haider, Hofer und heute Kickl aber insinuieren wollen,

schutz und Terrorismusbekämpfung, Wien 2023.
30 Norbert Hofer, in: „ORF", 21.4.2016.
31 Vgl. Albert Otti und Michael Karsten Schulze, Die Gewalten auf Konfrontationskurs? Eine Fallstudie über das Verhältnis von VfGH und Regierung in den Anfängen der Wende, in: „Österreichische Zeitschrift für Politikwissenschaft", 1/2004, S. 67-79.

ist, dass das Recht laut Verfassung direkt vom Volk ausgehe und der „wahre Volkswille" von Parlament und VfGH verwässert würde. Mittlerweile ist die „Haiderisierung"[32] und ihre Volksrhetorik nicht nur in vielen anderen Staaten wie Ungarn, Polen, Italien und mittlerweile Deutschland erfolgreich, sondern ergreift auch wieder die konservativen Parteien. So plakatierte Sebastian Kurz 2019 nach dem parlamentarischen Misstrauensvotum im Zuge des Ibiza-Skandals: „Das Parlament hat bestimmt, das Volk wird entscheiden" – und spielte den Nationalrat gegen die „wahre Demokratie" aus.

Volkspräsident Kickl

Der Ibiza-Skandal und die darauf folgende Regierungskrise führten vielen Österreichern erstmals die Machtfülle des Bundespräsidenten vor Augen, der damals eine Expertenregierung seines Vertrauens einsetzte. Der Historiker Oliver Rathkolb vermutet, dass sich Herbert Kickl bei seinem voraussichtlichen Wahlsieg 2024 nicht die Blöße geben wird, auf seine Berufung als „Volkskanzler" zu hoffen, sondern eher einen sympathischeren Stellvertreter – oder noch besser eine Stellvertreterin – vorschickt, während er sich auf die nächsten Bundespräsidentschaftswahlen vorbereitet: Volkspräsident Kickl.[33] Es braucht nämlich letztlich beide Ämter, um den Staatsumbau nachhaltig zu gestalten und die Parteiideologie ins System einzubauen. Dies kann aktuell an Polen beobachtet werden, wo zwar die PiS abgewählt ist, aber Präsident Andrzej Duda seine Verzögerungs- und Blockademacht gegenüber Donald Tusks neuer Regierung ausspielt.

Während Deutschland im Grundgesetz Lehren aus der Geschichte zog und die Macht des Bundespräsidenten begrenzte, griff Österreich als „erstes Opfer" nach 1945 auf seine alte Verfassung in der Fassung von 1929 zurück. Somit gelten weiterhin Regeln, mit denen der Bundespräsident „die Republik jederzeit mit vier aufeinanderfolgenden Entschließungen in eine ganz andere Lage bringen kann", wie der Justizminister in der Expertenregierung von 2019, Clemens Jabloner, mahnt.[34] Dazu müsste er nur mit der ersten Entschließung die gesamte Bundesregierung entlassen, mit der zweiten eine ihm genehme Person als Bundeskanzler bestellen, mit der dritten auf dessen Vorschlag die übrigen Bundesminister und mit der vierten auf Vorschlag dieser neuen Bundesregierung die Auflösung des Nationalrats verfügen, was Neuwahlen nach sich zieht, die – so der Plan – nun der Volkskanzler gewinnt. In einem solchen Szenario könnte die FPÖ die Machtfülle des Bundespräsidenten zum entscheidenden Werkzeug für den autoritären Staatsumbau einsetzen.

Im Jahr 1930 war unter Bundespräsident Wilhelm Miklas (Christlichsoziale Partei, CSP) genau dies geschehen.[35] Damals verlor jedoch die CSP, die die

---

32 Vgl. Ruth Wodak, The Politics of Fear: What Right-Wing Populist Discourses Mean, London 2015.
33 Vgl. Oliver Rathkolb im Interview mit Barbara Tóth, a.a.O.
34 Clemens Jabloner im Interview mit Christa Zöchling, Macht und Einfluss des Bundespräsidenten, in: „Profil", 22.4.2016.
35 Vgl. Theo Öhlinger und Maximilian Steinbeis, Das wäre wohl so etwas wie eine Verfassungskrise, verfassungsblog.de, 25.4.2016.

Auflösung betrieben hatte, die Wahlen; die Sozialdemokratische Arbeiterpartei holte die Mehrheit, wurde aber, wie schon durchgehend seit 1920, von
der Regierungsbeteiligung ausgeschlossen. Da das Bundespräsidentschafts-
manöver gescheitert war, kam der nächste Plan zum Zug, die Ausschaltung
des Parlaments. Kurt Schuschnigg, später diktatorischer Bundeskanzler,
stellte als Justizminister bereits im Juni 1932 Überlegungen zur Parlaments-
ausschaltung an.[36] Geschäftsordnungsprobleme bei der Nationalratssitzung
am 4. März 1933 boten die Gelegenheit, diese auch zu realisieren. Als das
Vorhaben schließlich in die Tat umgesetzt wurde, verzichtete Bundespräsident Miklas darauf, seine Rechte diesmal für die Rettung der Demokratie
einzusetzen, und agierte auf Linie seiner Partei. Damit hatte er den Weg ins
diktatorische Regime und in den Bürgerkrieg 1934 geebnet.

Das Verbot von Opposition, freier Meinungsäußerung und aller liberalen
Errungenschaften der Ersten Republik ermöglichte die Einübung in den
Faschismus, wodurch Österreich dem Nationalsozialismus am Ende nicht
mehr viel entgegenzusetzen hatte.

Es ist ein bedauerliches Versäumnis, dass während der Präsidentschaft
von Alexander Van der Bellen bislang nicht – wie einst als Reaktion auf die
Drohungen Norbert Hofers („Sie werden sich noch wundern, was alles möglich ist") versprochen – ein Verfassungskonvent zur Novellierung der das
Amt betreffenden Rechtsnormen einberufen wurde. Zwar hatten schon im
Frühjahr 2016 Abgeordnete von SPÖ, ÖVP, Grünen und NEOS einen „Selb-
ständigen Entschließungsantrag" mit dem Titel „Kompetenzen des Bundespräsidenten und allfällige Reform dieser Kompetenzen (1758/A(E))" im Nationalrat eingebracht, doch nach zwei Sitzungen wurde die weitere Behandlung
abgesagt. Die FPÖ hatte ohnehin keinen Reformbedarf gesehen. Im Gegenteil: Die Regelung ist in ihrem Sinne, bedarf es doch für die Verwirklichung
des alten Haidertraums von der „Dritten Republik" eines machtbewussten
Bundespräsidenten – und ein solcher könnte 2028, wenn die nächste Präsidentschaftswahl ansteht, Kickl als „Volkspräsident" werden.

---

36 Vgl. Ministerratsprotokoll Nr. 808, S. 244, zitiert nach: Emmerich Tálos und Wolfgang Neugebauer
(Hg.), Austrofaschismus. Beiträge über Politik, Ökonomie und Kultur 1934-1938, 2. Auflage, Wien
1984, S. 39.

Maskierte Ohnmacht: Berlusconi als Ikone des Populismus

Von **Ida Dominijanni**

D ie Aussicht auf Krankheit und Tod hat das Leben von Silvio Berlusconi wie ein Gespenst begleitet, besser gesagt, wie ein unaussprech-
liches Doppel, das er von sich fernhalten und mit allen Mitteln zu bannen
suchte: beginnend mit seinem illusorischen Optimismus ewiger Jugend,
über die Schönheitschirurgie bis hin zur Konstruktion eines eigenen monu-
mentalen Grabmals im Garten seiner Villa in Arcore. Dieses Gespenst war
wahrscheinlich, wie man in der Psychoanalyse sagen würde, sein Funda-
mentalphantasma, die verdrängte Obsession, die alles andere bewegte, ein
Energieerzeuger auf abstürzendem Grund. Doch alle Menschen wissen, und
auch Berlusconi kam nicht umhin zu wissen, dass jenes Gespenst, wie auch
immer sein Einfluss auf unser Unbewusstes sein mag, früher oder später
dazu bestimmt ist, sich zu materialisieren. Die letzte Stunde kommt für alle,
für Berlusconi schlug sie am 12. Juni 2023. Eine politische Vita, die eine Epoche geprägt hat, endete, ohne dass auch nur eine der großen Fragen gelöst
wäre, die sie in einem nach ihrer Vorstellung und zu ihrem Ebenbild geform-
ten Land aufgeworfen hat.

Nur um sechs Monate verpasste Berlusconi den dreißigsten Jahrestag seines legendären „Gangs auf das Spielfeld"[1] der Politik am 26. Januar
1994. Er ist für das kollektive Gedächtnis zu jenem periodisierenden Ereignis geworden, das die Grenze zwischen der (sogenannten) ersten und der
(sogenannten) zweiten italienischen Republik markiert. Niemand von den
renommierten Kommentatorinnen und Kommentatoren glaubte damals, dass
der Begründer des Medienkonzerns Fininvest mit der im Fernsehen ausge-
strahlten Liebeserklärung – „Italien ist das Land, das ich liebe" – tatsächlich das Herz einer Wählerschaft erobern würde, die nach Tangentopoli[2] und
den Bombenattentaten der Mafia[3] traumatisiert war und sich von der Staats-

---

1 Berlusconi, der von 1986 bis 2017 Besitzer des Fußballclubs AC Mailand war, verkündete seinen
  Eintritt in die Politik mit der aus der Sprache des Fußballs entlehnten Wendung „discesa in campo"
  (etwa: aufs Spielfeld gehen, den Rasen betreten).
2 *Tangentopoli* (wörtlich: Stadt der Schmiergelder) ist eine journalistische Wortschöpfung für die
  kriminellen Verstrickungen des politischen Systems der italienischen Nachkriegsrepublik, das zu
  Beginn der 1990er Jahre im Rahmen umfangreicher staatsanwaltschaftlicher Ermittlungen unter
  dem Namen *Mani pulite* („Saubere Hände") ein System aus Korruption, Amtsmissbrauch und ille-
  galer Parteienfinanzierung aufdeckte und den Zusammenbruch der Parteienlandschaft der „ersten" Republik nach sich zog.
3 Als Antwort auf die Urteile im sogenannten Maxiprozess gegen Cosa Nostra antwortete die sizilia-
  nische Mafia mit einer Serie von Bombenattentaten: Im Frühsommer 1992 wurden die führenden

anwaltschaft die Aufarbeitung des Zusammenbruchs des politischen Systems erhoffte. Aber – *„amor ch'a nullo amato amar perdona"*[4] – Berlusconi gewann die Herzen mit dem Versprechen auf eine strahlende Zukunft, die alle auf magische Weise erlösen würde aus einer „politisch und ökonomisch bankrotten Vergangenheit".

Das »berlusconianische Ventennio«

Mit der Wahl vom 27. März 1994 verschrieb sich Italien also Silvio Berlusconi, der mit drei Neuheiten, von der die eine in der anderen steckte wie in einer siegreichen Matrjoschka, die politische Struktur des Landes radikal veränderte: Zum ersten Mal gelang einer „Partei-Firma", die völlig auf die Figur ihres Vorsitzenden ausgerichtet und nicht nur in ihrem Namen *Forza Italia* an die Sprache des Privatfernsehens und der Werbung angepasst war, der politische Durchbruch. Zum ersten Mal verbündete sich eine Partei, die sich der politischen Mitte zuordnete, jedoch erkennbar der politischen Kultur Craxis[5] entstammte, dauerhaft mit zwei rechten Parteien. Somit wurde die bis dahin von jeder Regierung ausgeschlossene neofaschistische Partei von Gianfranco Fini, der Movimento Sociale Italiano (MSI), politisch salonfähig, und der bis dahin auf die Dimensionen einer Regionalpartei begrenzten Lega Nord von Umberto Bossi wurde nationale Bedeutung zuteil. Zum ersten Mal verwirklichte eine Mitte-rechts-Koalition, indem sie einen breit angelegten, schon länger eingeleiteten Prozess für sich vereinnahmte, ein Mehrheitswahlrecht, nachdem das politische System ein halbes Jahrhundert auf der Grundlage eines Verhältniswahlrechts funktioniert hatte.

Zusammengenommen verliehen diese drei Neuheiten dem deutlich von persönlichen Interessen getriebenen Abenteuer Berlusconis eine staatstragende Bedeutung. Auch wenn ihm die angestrebte Modifizierung der Verfassung letztlich nicht gelang, erwarb sich Berlusconi auf politischer Ebene die Rolle des Gründervaters der zweiten Republik. Das garantierte ihm eine Zentralität, die langlebiger war als seine vier Regierungen (1994-1995; 2001-2005; 2005-2006 und 2008-2011) und sicherte ihm einen Einfluss, der dauerhafter war als seine erfolgreichen Jahre. So erklärt sich, warum die auf seinen Eintritt in die Politik folgenden (fast) zwanzig Jahre in die Geschichtsschreibung als das „berlusconianische *Ventennio*"[6] eingegangen sind, obwohl sie

---

Antimafia-Richter Giovanni Falconi und Paolo Borsellino ermordet, bis 1994 folgten zahlreiche weitere Terroranschläge gegen Politiker und Journalisten sowie auf Sport- und Kulturstätten. Vgl. Theresa Reinold, „Basta Mafia!" Wie sich der Rechtsstaat gegen das organisierte Verbrechen behauptet, in: „Blätter", 5/2022, S. 95-100.

4   Berühmter Vers aus Dantes „Göttlicher Komödie", im fünften Gesang des Inferno heißt es in der deutschen Übersetzung von Kurt Flasch „Amor, der keinem Geliebten das Lieben erlässt".

5   Bettino Craxi (1934-2000) war von 1976 bis 1993 Vorsitzender des Partito Socialista Italiano (PSI) und in den Jahren 1983 bis 1987 Ministerpräsident. Um einer Inhaftierung im Zuge der Ermittlungsverfahren *Mani pulite* zu entgehen, flüchtete Craxi 1994 nach Tunesien und lebte bis zu seinem Tod im nordafrikanischen Exil. Vgl. Susanna Böhme-Kuby, Die Craxi-Berlusconi-Connection, in: „Blätter", 4/2010, S. 27-31.

6   Das *Ventennio* umfasst allgemein einen Zeitraum von zwanzig Jahren, dient in Italien jedoch als Bezeichnung für die zwanzigjährige faschistische Diktatur Benito Mussolinis (1925-1945).

von zwei Regierungszeiten des Mitte-links-Bündnisses *Ulivo* unterbrochen waren (1996-2001 und 2006-2008); und warum seine politische Rolle wichtig blieb, auch nach seiner endgültigen Entfernung aus dem Amt des Ministerpräsidenten 2011, als er aufgrund der Nachwirkungen der *Sexgate*, der Verurteilung wegen Steuerbetrugs und der Finanzkrise von mehreren Seiten gleichzeitig unter Beschuss geriet und sein unaufhaltsamer politischer Abstieg begann.

Prägung aus Granit

Richtig ist, dass das letzte Jahrzehnt seine eigene Geschichte geschrieben hat. Mit dem Movimento 5 Stelle (M5S) tauchte eine politische Bewegung auf, die sich „weder rechts noch links" verorten wollte und damit, wenngleich nur vorübergehend, zum Bruch der bipolaren Logik des Parteiensystems führte. Es gab außerdem die Wechsel zwischen „technischen" Regierungen, die von parteilosen Fachleuten geführt und im Parlament von großen Koalitionen gestützt wurden, und den die Parteilager übergreifenden „populistischen" Regierungen. Richtig ist aber auch, dass Berlusconi den Fortgang der Politik weiterhin entscheidend beeinflusst hat und darüber hinaus mit bemerkenswerter Klugheit das eigene Image des permanenten Ausnahmepolitikers in das vertrauensvollere Image des moderaten (und moderierenden) Garanten des politischen Systems verwandelte, bis er sich schließlich 2022 selbst als Kandidat für das Amt des Staatspräsidenten vorschlug. Richtig ist aber vor allem, dass die politische Ordnung, mit der Italien es heute zu tun hat, ganz und gar jener entscheidenden Wendung geschuldet ist, die Berlusconi im lang zurückliegenden 1994 der nationalen politischen Geschichte gegeben hat.

Berlusconis einstiges Mitte-rechts-Bündnis hat sich zwar inzwischen in ein Rechts-mitte-Bündnis verwandelt, in dem die *Forza Italia* gegenüber den extremistischen Verbündeten eine Minderheitenposition einnimmt. Dennoch ist die bizarre und widersprüchliche Koalition, die seinerzeit von ihm ins Leben gerufen wurde, erneut sicher an der Regierung, mit sehr geringer Hoffnung für das Mitte-links-Lager, sie zu verdrängen.[7] Und obwohl der postfaschistische Souveränismus von Giorgia Meloni in mehr als einer Hinsicht mit der unzweifelhaft viel genussfreudigeren und weniger illiberalen Weltsicht Berlusconis kollidiert, so wären doch die aktuellen Kulturkriege – vom fortschreitenden Geschichtsrevisionismus bis zu den Bekenntnissen zum Anti-Antifaschismus, vom migrationsfeindlichen Rassismus bis zum genderfeindlichen Kreuzzug – nicht möglich ohne die politische Anerkennung der alten und neuen extremistischen Rechten, die das berlusconianische *Ventennio* charakterisiert haben. Lange vor dem Aufstieg Melonis haben im Übrigen die Ereignisse während des G8-Gipfels in Genua 2001, auf dem der stellvertretende Regierungschef Fini als bewaffneter Arm des gastgebenden Ministerpräsidenten Berlusconi auftrat,[8] bezeugt, dass es sich

---

7 Vgl. den Beitrag von Steffen Vogel in diesem Band.
8 Während des G8-Gipfeltreffens in Genua im Juli 2001 kam es zu gewalttätigen Übergriffen und

um alles andere als eine zufällige Partnerschaft zweier unterschiedlicher Rechtsparteien handelt. Unter diesem Blickwinkel kommt Berlusconis Tod in einem ungünstigen historischen Moment, da er die kriegstreibenden Kräfte der Regierung und die Pläne der Ministerpräsidentin für ein „Europa der Nationen" vielleicht hätte entschärfen können.

Auf politischer Ebene wird Berlusconis Prägung, widerständig wie Granit, in allen Formen des öffentlichen Handelns nachwirken, die sich mit ihm und nach ihm in der unumkehrbaren Krise der repräsentativen und partizipativen Demokratie durchgesetzt haben: die Privatpartei und die Personalisierung der Parteiführung; die Medialisierung des politischen Diskurses und die Transformation der demokratischen Agora in eine TV-Arena; der Aufruf ans Volk ohne Intermediation als Chiffre des Populismus; die Identifikation der Bevölkerung mit dem Parteiführer und die Publikumsdemokratie. Auch die Verflechtung von persönlicher Biographie, privaten Geschäftsinteressen und der Ausübung eines öffentlichen Amts gehören inzwischen zur Phänomenologie einer Dekomposition der Politik und einer Deformation der Demokratie, die sich längst weltweit ausgebreitet hat, für die der Berlusconismus jedoch ein antizipatorisches und auf seine Weise geniales Laboratorium war. Dies gilt es anzuerkennen in Anbetracht einer zerstreuten Linken, die im schlimmsten Fall als Komplizin agierte und im besten Fall an verbrauchten kulturellen Mustern festhielt.

Der unerforschte Kern

Wenn man vom Berlusconismus spricht, spricht man jedoch zugleich von etwas anderem, von einem Kern, der in vielerlei Hinsicht noch unerforscht ist. Man spricht von etwas, das die italienische Gesellschaft verführt und geformt hat und um das herum sich bis heute das Verhältnis spinnt zwischen dem kollektiven Imaginären und dem Gespenst eines Anführers (*capo*), dessen Zeit seit langem zu Ende ist und dennoch immer weiter über dem Land schwebt. Um diesen Kern genau in den Blick zu nehmen, fehlte lange und fehlt noch immer die richtige Distanz, insbesondere in einer vertikal gespaltenen Gesellschaft zwischen geneigter Bewunderung und hochmütiger Verachtung für Berlusconi. „Wir machen uns zu groß vor seiner mutmaßlichen Kleinheit. Wir machen uns zu klein vor seiner mutmaßlichen Größe", schrieb der Soziologie Alberto Abruzzese prophetisch schon 1994.

Wenig hilfreich für die umfassende Erforschung dieses Kerns war außerdem ein auf die juristische Aufarbeitung fixierter Moralismus, der weite Teile des Anti-Berlusconismus antrieb, als ob ein Phänomen, das an eine anthropologisch-politische Transformation anknüpft, wie eine amoralische und illegale Wucherung entfernt werden und auf ein dreißigjähriges Duell zwischen Ex-Ministerpräsident und Staatsanwaltschaft herabgestuft werden könnte

Misshandlungen der italienischen Carabinieri gegen globalisierungskritische Demonstrantinnen und Demonstranten, die von Fini, der selbst vor Ort war, gerechtfertigt wurden. Der Student Carlo Giuliani wurde von der Polizei erschossen.

(36 Prozesse, eine Vielzahl an beauftragten Anwälten und nur eine endgültige Verurteilung zwischen lauter Freisprüchen, Archivierungen, Verjährungen und Amnestien). Wenn man aus der beeindruckenden Bibliographie über das biographische und politische Abenteuer des *Cavaliere* die vielen Titel herausnimmt, die seine Vita auf das Skandalöse und Folkloristische reduzieren, zeigen sich drei wiederkehrende kritische Erklärungsansätze.

Kollektive Identifikationen

Der erste Ansatz wirft Berlusconi seine radikale Anomalie vor (Interessenkonflikte, Gesetze *ad personam*, wiederholte Angriffe auf die Verfassung) im Vergleich zur liberaldemokratischen Norm und Normalität und angesichts der von ihm selbst zu Beginn seiner politischen Karriere angekündigten „liberalen Revolution". Es ist ein irreführender Ansatz, der die typisch *neo*liberale Konterrevolution, die Berlusconi in Italien dreißig Jahre angeführt hat, auf das klassische Modell der Liberaldemokratie zurückführen will, obwohl der Neoliberalismus schon seit einem halben Jahrhundert die liberalen Demokratien des Westens zerstört, indem er das Leben der Individuen, die sozialen Beziehungen und die institutionelle Architektur zu Waren erklärt und den Regeln des Marktes, einer Ethik des Selbstunternehmertums, der Konkurrenz und einem von Verantwortung und Gesetz losgelösten Verständnis von Freiheit unterwirft.

Der zweite Ansatz betont zu Recht die Durchschlagskraft von Berlusconis Fernsehimperium, mit dem der politische Konsens geschaffen wurde. Er läuft aber Gefahr, den verführerischen Wert jener programmatischen Umwandlung der Realität in *reality* und *fiction* zu unterschätzen, die schon vor den Parlamentswahlen Geist und Körper der zur *audience* reduzierten Bevölkerung verändert hat – von der Fähigkeit, zwischen wahr und falsch zu unterscheiden, bis hin zur ästhetischen Sensibilität.

Der dritte Ansatz verweist auf den Erfolg von Berlusconis Wahlprogramm bei einem aus der Asche des Fordismus entstandenen sozialen Block aus Kleinunternehmern, (Schein-)Selbstständigen sowie Wissens- und Kreativarbeitenden, der bei der Linken kein Gehör und keine Repräsentation fand. Er erklärt aber nicht, wie sich dieser originäre Zuspruch umgehend in einen transversalen, landesweiten und klassenübergreifenden Konsens verwandelte und zum festen Fundament eines Populismus wurde, den Berlusconi inaugurierte, der aber nach ihm nur seine Form und seine Interpreten gewechselt hat. Keiner der drei Ansätze vermag letztlich umfassend zu erklären, warum sich die Ikone Berlusconi dauerhaft im italienischen Imaginären festsetzen konnte. Jenseits der Faszination für den erfolgreichen *Selfmademan* und den milliardenschweren *Tycoon* geht es dabei um das Verhältnis zwischen den bewussten und unbewussten kollektiven Identifikationen und dem Profil der politischen Führung.

Das berlusconianische Experiment sollte genauer am Schnittpunkt dreier Tendenzen verortet werden: der bereits erwähnten neoliberalen Konterrevolution; dem durch die Mediatisierung der Öffentlichkeit ausgelösten Wechsel des Regimes des Wahren und des Falschen, des Sichtbaren und des Unsichtbaren, des Sagbaren und des Unsagbaren sowie der Transformation der symbolischen Ordnung. Diese trägt in der psychoanalytischen Literatur den Titel „Der Untergang des väterlichen Gesetzes", mit den dazugehörigen Folgen für den Niedergang der Autorität und der Legalität.

In der feministischen Literatur trägt sie den Titel „Das Ende des Patriarchats", mit den dazugehörigen Folgen für das Rollenbild der Männlichkeit, für die Geschlechterverhältnisse und für die Gesamtverfassung des sozialen Zusammenhalts. Eingeordnet in diese Transformation der symbolischen Ordnung gewinnt die Ikone Berlusconi das präzisere, zugleich unheimlichere Profil eines postödipalen und postpatriarchalen *Leaders*, der nicht das Gesetz verkörpert, sondern das Genießen und die Überschreitung, und der versucht, die verlorene Bedeutung einer ins Wanken geratenen Männlichkeit wiederherzustellen, indem er Frauen mit den erpresserischen Waffen der Macht und des Reichtums zu verführen sucht. Ein idealer Spiegel für ein Land, das mit der Legalität immer ein Problem hatte und sich nie mit der Freiheit der Frauen auseinandergesetzt hat.

Ein Tauschsystem aus Sex, Macht und Geld

Es ist das Profil Berlusconis, das aus dem sogenannten *Sexgate* hervorgeht, das dank der öffentlichen Wortmeldungen einiger Frauen – allen voran der damaligen Ehefrau des Ministerpräsidenten, Veronica Lario, – ein Tauschsystem aus Sex, Macht und Geld ans Licht brachte. In diesem Tauschsystem waren Berlusconis privates und öffentliches Leben nahtlos miteinander verbunden, vereint durch dasselbe Regime des Genießens, dieselbe Amoralität, dieselbe Vorstellung von Freiheit als Marktfreiheit, derselben Überzeugung, dass alles zur Ware reduziert, verkauft und gekauft werden kann, derselben Aufforderung zur Übertretung, derselben Machtausübung, die von einem Hofstaat aus Imitatoren und Schmeichlern unterstützt wurde. Die *Sexgate*-Affäre war alles andere als ein einfacher Fehltritt, auf den sie seinerzeit reduziert wurde und auf den sie der Kreis derer, die Berlusconi *post mortem* ihre Ehre erweisen, noch heute zu reduzieren versucht, sie war vielmehr das Unvorhergesehene, das den Schleier des Systems zerriss.

Unter dem zerrissenen Schleier gab es keinen Vater des Vaterlandes, es gab nur den „Papi" der Bunga-Bunga-Partys. Es gab keine bewusste Identifikation mit einem reichen und mächtigen *Leader*, sondern die unbewusste Identifikation mit einer Maske: der Maske eines sexuellen und politischen Hochstaplers, die das ihn verfolgende Phantasma der politischen und sexuellen Impotenz bedecken sollte.[9] Der König war nackt, entblößt hatten ihn seine

---

9   Vgl. hierzu Ida Dominijanni, Il trucco. Sessualità e biopolitica nella fine di Berlusconi, Rom 2014. Ein Kapitel dieses Buches, das die psychoanalytische und feministische Deutung der Transformation der symbolischen Ordnung ausführlicher reflektiert, liegt in deutscher Übersetzung vor, vgl. Ida Dominijanni, Papi und der Name des Vaters, in: Tove Soiland, Marie Frühauf und Anna Hartmann (Hg.), Sexuelle Differenz in der postödipalen Gesellschaft, Wien 2022, S. 198-230.

eigenen Frauen, die Ehefrau und eine Reihe von Mätressen. Seine politische Karriere beendeten Hunderttausende von Frauen, die auf ihren Demonstrationen „Basta" riefen, lange bevor die europäischen Staatspräsidenten und Regierungschefinnen seine nunmehr offen zu Tage getretene Vulnerabilität ausnutzten und den Ministerpräsidenten für die italienische Staatsverschuldung und den Zinsaufschlag für Staatsanleihen zur Verantwortung zogen und zum Rücktritt drängten.

Unvermeidbare Trauerarbeit

Die Polemik zum Tod des polarisierenden *Leaders* spaltete Italien in diejenigen, die die angeordnete Nationaltrauer akzeptierten, und diejenigen, die sie ablehnten. Die Gründe derjenigen, die sie ablehnten, sind über jede Kritik erhaben, doch wichtiger scheint mir, dass endlich getrauert wird. Im Juni 2023 ist der Mensch Berlusconi gestorben, der Politiker Berlusconi ist schon 2011 abgetreten – nur folgte auf sein Ende keine Trauerarbeit, deshalb konnte er politisch nicht begraben werden und überlebte sich selbst um mehr als zehn Jahre. Die Weitergabe des politischen Zepters von Berlusconi an Mario Monti, die unter Umgehung des Wahlritus vom damaligen Staatspräsidenten Giorgio Napolitano angeordnet worden war, garantierte eine passive Transition vom Karneval des Genießens zur Fastenzeit der *Austerity*, ohne aufzuarbeiten, was endete und was anfing, oder was aus der Vergangenheit fortbestehen würde in der Gegenwart und in der Zukunft.

Wie alle narzisstischen *Leader*, die die Weltbühne heimsuchen, hat Berlusconi im eigenen Land keine Nachfolger hervorgebracht, doch kann er, angefangen mit Donald Trump, auf viele Imitatoren im Ausland verweisen. Er hinterlässt ein Land, das unter seiner glitzernden Hegemonie vor dreißig Jahren einen Weg des unumkehrbaren Niedergangs eingeschlagen hat; eine Politik, deren Grammatik und Syntax entstellt sind; ein Informationssystem, das in seinen Inhalten und seiner Sprache für immer verändert ist; eine Justiz, die ständigen Angriffen ausgesetzt ist; eine Gesellschaft, die sich in Körper und Seele verändert hat; und eine widerspenstige Erbin, Giorgia Meloni, die nach der postpatriarchalen Unordnung, durch die Berlusconi mit Rückenwind zu navigieren verstand, nach der Wiederherstellung der traditionellen Ordnung strebt und diese mit einem weiblichen Stempel besiegeln will.

Vor allem aber hinterlässt Berlusconi diese unbewusste Identifikation mit der Maske einer Macht, die die Ohnmacht verdeckt. Es ist eine depressive Identifikation, die den sozialen Protest verstummen lässt und stets neu erfundenen *Leadern* Erfolg beschert, die nicht für das gewählt werden, was sie tun können, sondern dafür, wie sie es schaffen, das zu verbergen, was sie nicht wissen oder nicht tun können. Trauerbewältigung nach dem Tod von Berlusconi bedeutet, dieser depressiven Identifikation ein Ende zu setzen und endlich etwas Neues anzufangen.

Giorgia Meloni: Der schleichende Weg in den autoritären Staat

Von **Steffen Vogel**

F ast hätte es scheinen können, als habe das Amt Giorgia Meloni gemäßigt. Immer wieder stößt man auf die erstaunte Frage, ob aus der oppositionellen Postfaschistin vielleicht eine regierende Rechtskonservative geworden ist.[1] Jedenfalls setzte nach dem außerhalb Italiens oft mit Sorge aufgenommenen Wahlsieg ihrer Fratelli d'Italia im September 2022 bald ein erleichtertes Aufatmen in Europas Hauptstädten ein. Sicher, Meloni hat kaltherzig das erst kurz zuvor eingeführte Bürgergeld für Arbeitslose gestrichen. Sie beschneidet die Rechte queerer Menschen und feindet Seenotretter an. Und sie hat ein viel kritisiertes Abkommen mit Albanien geschlossen, wo künftig die Asylverfahren für in Italien angelandete Bootsflüchtlinge stattfinden sollen. Aber all das hört und sieht man im heutigen Europa auch von Politikern, die – anders als Italiens Ministerpräsidentin – keine Vergangenheit als neofaschistische Nachwuchskader haben.[2]

Meloni ist zudem sorgsam darauf bedacht, sich auf internationaler Bühne Rückhalt zu verschaffen. Früh zerstreute sie Bedenken, ihre Rechtskoalition mit der Forza Italia von Putin-Freund Silvio Berlusconi und der Lega von Putin-Anhänger Matteo Salvini könnte den europäischen Konsens sprengen und im Ukrainekrieg ins Kremllager wechseln. Unter Meloni liefert Italien weiterhin Waffen an das angegriffene Land, zu Besuch in Kiew gab sich die Regierungschefin herzlich und solidarisch. Auch nach dem Tod Berlusconis[3] – Koalitionspartner und Rivale zugleich – ist Melonis Koalition stabil geblieben. Ihre Regierung mag vielen im Westen vielleicht als etwas dubios erscheinen – der postfaschistische Senatspräsident Ignazio La Russa ist ein stolz bekennender Mussolini-Verehrer –, gilt aber insgesamt als transatlantisch orientiert und im Großen und Ganzen berechenbar. So hat sich eine beruhigende Gewissheit verbreitet: Italien wird kein zweites Ungarn werden.

Doch diese Gefahr ist keineswegs gebannt. Giorgia Meloni, das wird zusehends klar, hat wohl einfach den für sie günstigen Zeitpunkt abgewartet, um eines ihrer zentralen Vorhaben in Angriff zu nehmen. Nicht weniger als „die Mutter aller Reformen"[4] will die Ministerpräsidentin jetzt durchsetzen: den

---

1 Vgl. exemplarisch: Giorgia Meloni. The chameleon, politico.eu.
2 Steffen Vogel, Italien: Der vermeidbare Triumph der Giorgia Meloni, in: „Blätter", 11/2022, S. 17-20.
3 Vgl. den Beitrag von Ida Dominijanni in diesem Buch.
4 Vgl. Premiership „mother of all reforms" says Meloni, ansa.it, 3.11.2023.

premierato, eine Verfassungsänderung, die das politische System Italiens erheblich verändern würde. Ihr Ziel ist es, das Amt der Regierungschefin massiv zu stärken, zulasten des Staatspräsidenten, vor allem aber zulasten des Parlaments – und damit letztlich auf Kosten der Gewaltenteilung. Meloni argumentiert mit Effizienz und Stabilität, zielt aber erkennbar darauf, eine starke Figur an der Spitze der italienischen Politik zu installieren. Genau dies hatten die Gründerinnen und Gründer der Zweiten Republik nach den Erfahrungen des Faschismus vermeiden wollen. Das Kabinett hat Melonis Plänen zugestimmt, auch im Senat fand es eine Mehrheit. Bei der Opposition stößt das Vorhaben jedoch auf Widerspruch. Elly Schlein, die Vorsitzende des Partito Democratico, warnt zu Recht, diese Reform sei „gefährlich" und werde „den Parlamentarismus aushöhlen".[5]

Ein Bild der Instabilität

Meloni verweist in ihrer Begründung für die geplante Reform auf zwei Eigentümlichkeiten der italienischen Nachkriegsdemokratie: die häufigen Regierungswechsel und in jüngster Zeit die Einsetzung von nicht gewählten Technokraten-Kabinetten. In Rom folgten in den vergangenen 77 Jahren stolze 68 Regierungen aufeinander. Zwar relativiert sich diese Zahl, wenn man weiß, dass die Christdemokraten von der Republikgründung 1948 bis 1981 ununterbrochen den Ministerpräsidenten stellten und bis Anfang der 1990er Jahre an allen Regierungen beteiligt waren. Politisch und personell herrschte also lange Zeit Kontinuität. Aber die vielen Neuwahlen vermitteln, gerade auch im Ausland, ein Bild der Instabilität.

Dieser Eindruck eines dysfunktionalen politischen Systems wurde in den vergangenen Jahren noch dadurch verstärkt, dass während großer Wirtschaftskrisen die Regierungen zerbrachen und Experten die Macht übernahmen. So geriet Berlusconi 2011 während der Eurokrise, als eine Staatspleite Italiens im Raum stand, derart stark unter den Druck der Finanzmärkte und seiner Amtskollegen in Berlin und Paris, damals Angela Merkel und Nicolas Sarkozy, dass er schließlich zurücktrat. Daraufhin setzte der Präsident den parteilosen ehemaligen EU-Kommissar Mario Monti ein, der die Legislaturperiode dann vollendete. Man musste Berlusconi nicht mögen, um darin einen „Putsch der Märkte" zu sehen.[6]

Während der Coronakrise, als Italiens Wirtschaft stark einbrach, wiederholte sich der Vorgang: Ministerpräsident Giuseppe Conte von der Fünf-Sterne-Bewegung wurde 2021 durch einen ehemaligen Koalitionspartner aus dem Amt gedrängt, gerade als es darum ging, die Milliardenhilfen aus dem Corona-Fonds der EU zu verwenden. Wieder setzte der Präsident einen Experten ein: den parteilosen Ex-Zentralbanker Mario Draghi, der zwar populär war, aber weitreichende Entscheidungen treffen durfte, ohne sich jemals einer Wahl gestellt zu haben. Geht es nach Meloni, soll damit

---

5 Vgl. Premiership dangerous, dismantles parliamentarism – Schlein, ansa.it, 3.11.2023.
6 Albrecht von Lucke, Souverän ohne Volk: Der Putsch der Märkte, in: „Blätter", 12/2011, S. 5-8.

bald Schluss sein. Machtspiele und Technokraten-Regierungen, erklärte sie, werde es dank ihrer Reform künftig nicht mehr geben.

Die Postfaschistin greift damit eine berechtigte Kritik an Fehlentwicklungen der italienischen Demokratie auf, wendet sie aber in ihrem Sinne – gegen die Demokratie. Ihr geht es primär um den Abbau jener *Checks and Balances*, die eine Lehre aus der faschistischen Epoche waren: Parlament und Präsident sollen die Macht des Ministerpräsidenten – oder wie derzeit erstmalig: der Ministerpräsidentin – begrenzen. Genau das will Meloni nun ändern.

Ihre Reform sieht vor, künftig die Ministerpräsidentin direkt vom Volk wählen zu lassen – das wäre einmalig in Europa. Bisher wird sie vom Parlament vorgeschlagen und vom Präsidenten ernannt. Das Staatsoberhaupt, dessen Rolle ansonsten weitgehend repräsentativ ist, hat damit ein Vetorecht, von dem die Amtsinhaber zuletzt mehrfach Gebrauch machten, um einzelne Rechtsaußen-Minister zu verhindern. Diese Kontrollfunktion soll der Präsident nun weitgehend verlieren, zugleich würde die des Parlaments massiv eingeschränkt: Sollte die Ministerpräsidentin zurücktreten, dürfte ihr künftig nur eine Person aus der Regierungsmehrheit – nicht aber aus der Opposition – nachfolgen. Erst wenn es dieser Person nicht gelänge, die Mehrheit der Abgeordneten hinter sich zu versammeln, käme es zu Neuwahlen. Ohnehin soll es im Parlament nach dem Willen der Rechtskoalition keine Mehrheit gegen die Regierung mehr geben dürfen: Nach der geplanten Reform erhielte die stärkste Partei – oder das stärkste Wahlbündnis – automatisch 55 Prozent der Sitze. Damit könnte eine Kandidatin wie Meloni, deren Partei bei der jüngsten Wahl mit gerade einmal 26 Prozent zur Wahlsiegerin wurde, eine bloß relative Mehrheit der Stimmen nutzen, um mit absoluter Mehrheit im Parlament durchzuregieren. Kritiker fürchten schon „die Diktatur einer Minderheit".[7]

Bonapartismus auf Italienisch

Meloni präsentiert das natürlich ganz anders und umwirbt das Wahlvolk: „Wollen Sie selbst entscheiden oder es den Parteien überlassen?" Diese Frage, so der Politikwissenschaftler und ehemalige linke Abgeordnete Carlo Galli, „ist programmatisch: Sie enthält Antiparlamentarismus, Populismus und Autoritarismus." Die italienische Rechte verachte Vermittlung und Dialog und setze stattdessen auf „den unmittelbaren Ausdruck des Willens des souveränen Volkes", der sich in „das einsame Wort" der Regierungschefin übersetze.[8] Eine charismatische Anführerin soll sich, mit neuer Macht und Legitimation ausgestattet, über den Parteienstreit erheben.

Diese Strategie könnte man mit Marx fast schon als „bonapartistisch" bezeichnen: Gegen die politischen Blockaden einer auch in Italien fragmentierten Parteienlandschaft setzt Meloni mit der Direktwahl der Regierungschefin auf ein im Grunde plebiszitäres Element – und das in gleich doppelter Hinsicht: Ihre Reform spielt den vermeintlich eindeutigen und unmittelbaren

7   Michele Prospero, Il premierato è un killer: così abbatterà la nostra democrazia, unita.it, 8.11.2023.
8   Carlo Galli, Premierato, la libertà negata del Parlamento, repubblica.it, 20.11.2023.

Volkswillen gegen Vermittlung und Beratung im Parlament aus. Außerdem muss die Reform vermutlich noch in einem Referendum bestätigt werden, das für den Herbst 2025 erwartet wird; denn die nötige Zweidrittelmehrheit im Parlament gilt als ausgeschlossen. Das Volk wird also angerufen, die verhasste *casta*, die politische Elite, zu entmachten, soll dabei aber unter der Hand faktisch der eigenen Entmachtung zustimmen.

Der ehemalige Richter Michele Marchesiello warnt, Meloni wolle den Aufbau „eines autoritären Regimes, das sich auf die implizite Zustimmung des Volkes stützt", als Ausdruck des „Volkswillens" verschleiern: „Ein Mechanismus, der aus der Geschichte des letzten Jahrhunderts nur allzu gut bekannt ist. Die schlimmsten Totalitarismen haben sich dank dieses Kunstgriffs rechtmäßig etabliert."[9]

Das autoritäre Drehbuch

Offenkundig handelt es sich bei dieser Reform auch um eine „Lex Meloni". Die Postfaschistin, die wegen ihrer Sozialpolitik zunehmend Gegenwind von den Gewerkschaften bekommt, will sich an der Macht festsetzen. Dann könnten der „Mutter aller Reformen" bald weitere Schritte folgen, die das Gesicht der italienischen Demokratie grundlegend verändern werden.

Wohin die Reise gehen könnte, zeigen Äußerungen von Verteidigungsminister Guido Crosetto. Der Mitgründer der Fratelli d'Italia raunte in einem Interview, die „einzige große Gefahr" für seine Regierung sei jene „antagonistische Strömung", die stets „Mitte-rechts-Regierungen versenkt" habe: „die juristische Opposition".[10]

Das folgt mustergültig jenem autoritären Drehbuch, wie es etwa die PiS in Polen etabliert hat: Erst wird die Justiz als parteiisch delegitimiert, dann folgt ihre Entmachtung im Namen des angeblichen Volkswillens – und damit eine entscheidende Schwächung der Gewaltenteilung. Vizepremier Antonio Tajani von der Forza Italia sprang Crosetto bei: „Die Reform der Justiz" müsse neben der Verfassungsreform und Autonomierechten für die Regionen „die dritte Säule der institutionellen Erneuerung sein".[11] Aus seinem Mund klingt das wie eine Drohung. Hier deutet sich schon an, was Melonis Regierung versuchen könnte, wenn sie mit ihrer Verfassungsreform Erfolg haben sollte.

Die Opposition steht angesichts dessen vor einer heiklen Gratwanderung. Sie lehnt Melonis Reform zwar mehrheitlich als demokratiegefährdend ab, hat in der Vergangenheit aber auch selbst immer wieder die Unzulänglichkeiten des politischen Systems kritisiert.

Die Fünf-Sterne-Bewegung entstand sogar gerade aus der Kritik an echten oder vermeintlichen Fehlentwicklungen der italienischen Demokratie. Auch deswegen wäre es wenig überzeugend, wenn die Opposition nun kritiklos

9 Michele Marchesiello, Presidenzialismo Meloniano e „volontà popolare": populismo o democrazia?, micromega.net, 21.11.2023.
10 Paola Di Caro, Crosetto: „Gruppi di magistrati contro il governo", corriere.it, 26.11.2023.
11 Zit. nach: Paola Di Caro, Scontro sulle accuse di Crosetto. L'Anm: Fake news. Lui: fonti credibili, corriere.it, 26.11.2023.

den Status quo verteidigen würde. Die linken und liberalen Parteien stehen damit vor einem klassischen Dilemma: Erscheinen sie bloß als Beharrungskräfte, kann Meloni sich als mutige Reformerin inszenieren. Aber mit zu lauter Kritik am politischen System liefern sie der Regierungschefin schlimmstenfalls noch Argumente.

Helfen könnte der Opposition die Beliebtheit des Staatspräsidenten. Amtsinhaber Sergio Mattarella haftet ebenso wie seinem Vorgänger, dem vergangenes Jahr verstorbenen Giorgio Napolitano, die Aura des überparteilichen, besonnenen Landesvaters an. Seine bisherige Rolle dürften viele Italienerinnen und Italiener deutlich lieber gegen Meloni verteidigen wollen als die Rechte der oft unbeliebten Parteien.

Vorbild für Demokratieverächter

So wenig der Ausgang des Referendums heute bereits absehbar ist, lässt sich eines doch mit Sicherheit sagen: Meloni darf keinesfalls unterschätzt werden. Sie hat in den vergangenen Monaten und Jahren wiederholt enormes taktisches Gespür bewiesen: erst in der Coronakrise, als sie mit ihren Fratelli d'Italia nicht in die Allparteien-Regierung unter Draghi eintrat und sich so als einzige Oppositionskraft inszenieren konnte, dann erneut nach ihrem Regierungsantritt, als sie sich bemerkenswert schnell einen respektablen Anstrich verschaffte.

Damit steht Giorgia Meloni allerdings gerade nicht für eine zur demokratischen Rechten geläuterte ehemalige Neofaschistin. Vielmehr könnte sie einen neuen gefährlichen Prototyp einer ultrarechten Politikerin etablieren: seriös im Auftreten, diplomatisch versierter als ihre oft polternden Vorgänger, aber im Kern nicht weniger nationalistisch und autoritär. Marine Le Pen versucht sich in Frankreich schon länger an einer ähnlichen Strategie, noch aber aus der Opposition.

Gelingt es Meloni also, eine Mehrheit der Italienerinnen und Italiener hinter ihrer „Mutter aller Reformen" zu versammeln, wird ihre Strahlkraft in Europa weiter zunehmen – als leuchtendes Vorbild aller Demokratieverächter.

Die antifeministische Internationale

Von **Christa Wichterich**

Es waren krude Sätze, mit denen Stephan B., der Attentäter von Halle, seine Morde zu rechtfertigen versuchte: „Feminismus ist schuld an der sinkenden Geburtenrate im Westen, die die Ursache für die Massenimmigration ist. Und die Wurzel dieser Probleme ist der Jude." So wirr diese Verschwörungstheorie auch ist, steht sie doch exemplarisch für einen beunruhigenden Trend: Antifeminismus ist ein prägendes Motiv bei vielen Rechtsterroristen, sei es in Halle, Christchurch oder auf Utøya. Doch damit nicht genug: Weltweit haben sich Antifeminismus und konservativer Familismus in den vergangenen Jahrzehnten zu regelrechten Steigbügelhaltern für den Aufstieg von Rechtspopulisten und Autoritären entwickelt. Frauenfeindliche Ideologien fungieren dabei als Bindeglieder zwischen rechtskonservativen Sicherheits-, Migrations- und Bevölkerungsdiskursen. Sie schüren einen Kulturkampf um die Definitionsmacht über Sexualität, Geschlecht und Familie sowie um sexuelle und reproduktive Rechte. Der zentrale Vorwurf an den Feminismus und den sogenannten Genderismus lautet: Sie würden die als natürlich oder gottgewollt behauptete patriarchale Ordnung zersetzen, „wehrhafte", „mannhafte" Maskulinität (Björn Höcke) unterminieren sowie soziale und kulturelle Identitäten zerstören. Verknüpft mit Migrationsabwehr und Rassismus werden Geschlechterfragen aus rechter Perspektive politisiert wie nie zuvor. Und zwar mit Erfolg: Die affektive Aufladung rechtspopulistischer Strömungen durch die Feindbilder Feminismus und Gender mobilisiert weltweit Unterstützung für autoritäre, illiberale und nicht-egalitäre Politik – und trägt zu ihrer Attraktivität für breite Bevölkerungsschichten bei.

Im Namen von Meinungsfreiheit und gesundem Menschenverstand – „das wird man ja wohl mal sagen dürfen" – wird der „Genderismus" als Hassobjekt konstruiert. Dieser totalitär klingende Begriff soll Angstphantasien und moralische Panik wecken. Es sei den Eliten in Politik und Medien gelungen, Gender und Gender-Mainstreaming im Kanon der „Political Correctness" zu verankern, der nun der Bevölkerungsmehrheit in vielen Ländern aufgezwungen würde. Der Feminismus sei ein Eliteprojekt und würde nur für eine Minderheit sprechen. Demgegenüber reklamieren rechtspopulistische Kräfte bekanntlich, eine schweigende Mehrheit zu repräsentieren. Im Namen von Demokratie und Redefreiheit wird jetzt die liberale Demokratie als Raum von Emanzipation und individueller Wahlmöglichkeit attackiert.

Dieser Antifeminismus wurde seit den 1960er Jahren systematisch transnational als kulturelle Gegenrevolution konstruiert – gegen die Welle von Frauenbewegungen, die 68er-Bewegung, die Befreiungstheologie in Lateinamerika und den entsprechenden Liberalisierungs- und Demokratisierungsschub. Über Jahrzehnte hat eine Vielzahl evangelikaler und konservativ-katholischer Sekten – von der US-amerikanischen Billy Graham Association bis zu der in Brasilien gegründeten Organisation zum „Schutz von Tradition, Familie und Privateigentum" – eine transnationale Anti-Abtreibungslobby aufgebaut. Sie organisiert weltweit „Märsche für das Leben". Mit antikommunistischem Duktus verfolgen diese Sekten außerdem die imperiale Mission, eine christliche Wertehegemonie zu errichten und in Staaten wie Südkorea und den Philippinen Gesetzgebung und Verfassung zu moralisieren.

Konterrevolution gegen die sexuelle Befreiung der 68er

Gründerväter der „pro-life"-Internationale, wie der Benediktinerpater Paul Marx aus Minnesota, errichteten ein transnationales strategisches Netzwerk gegen die vermeintliche weltweite Zerstörung der Familie durch die „sexuelle Revolution". Als „Missionar des Lebens" bereiste er 90 Länder und förderte nationale Anti-Abtreibungszellen mit Geldern, Publikationen und Konferenzen: von Irland bis zu den Philippinen, von Australien bis Lateinamerika. Ein international einflussreicher Erfolg der US-„Lebensschützer" war 1984 die Einführung der Global Gag Rule durch Präsident Ronald Reagan. Diese besagt, dass keine öffentlichen Mittel an Organisationen in den USA und im Globalen Süden fließen sollen, die Abtreibung unterstützen. Donald Trump führte am ersten Tag seiner Amtszeit die Gag Rule wieder ein. Demokratische Präsidenten setzten sie regelmäßig wieder außer Kraft.

Auch Europa ist im vergangenen Jahrzehnt zur Zielregion einer ultrakonservativen Mission aus den USA geworden – mit Familismus als Flaggschiff gegen den Feminismus. Mehr als 50 Mio. Dollar flossen allein bis 2019 von US-Organisationen an europäische Gruppierungen rechtspopulistischer und christlich-reaktionärer Couleur.[1] Trumps Ex-Berater Steve Bannon tourte vor der letzten Europawahl 2019 mit illiberalen Botschaften und faschistoiden Gewaltphantasien durch Europa und drohte mit einem Sturm von Nationalisten auf die liberale Brüsseler Demokratie. Das Ziel war offensichtlich: Europa zu verunsichern und zu spalten. Mit einem ähnlichen Ziel führte im März 2019 der World Congress of Families in Verona gleich drei Arten rechter Gruppierungen zusammen: erzkonservative christliche Abtreibungsgegner:innen, rechtspopulistische zivilgesellschaftliche Kräfte und rechte Parteien. Wie bereits beim Weltfamilienkongress 2017, der mit Unterstützung Viktor Orbáns in Ungarn stattfand, wollte die Großveranstaltung unter Mitwirkung des damaligen italienischen Innenministers Matteo Salvini einen „Wind of Change" nach Europa bringen und die Europawahl beeinflussen. Die drei

---

1   Vgl. Claire Provost und Mary Fitzgerald, Trump-linked Christian fundamentalists are pouring dark money into Europe, boosting the far right, in: „Nation of Change", 30.3.2019.

reaktionären Fraktionen verschränken einen religiös motivierten „Lebens-
schutz" und Familismus mit völkisch-rassistischen, nationalistischen und
antimigrantischen Vorstellungen zu einem Autoritarismus, der sich gegen
Feminismus und „Genderismus" richtet. Ihre Losung für die damalige Europawahl lautete: „Brexit, Bible and Borders could make Europe great again."

Immer wieder treten zudem christliche – oft junge weibliche – Abtrei-
bungsgegner:innen bei UN-Konferenzen auf, um zur Rettung von Mutter-
schaft und Familie aufzurufen. Naturalisierend argumentieren sie, dass
Männer und Frauen „verschieden" sind und dies eine unhintergehbare Voraussetzung und Grenze für Gleichstellungspolitik darstellt. Quotierung wird
als verfehlte Gleichstellungsmaßnahme oder übertriebene „Gleichmache-
rei" verunglimpft. Doch der globale Antifeminismus konservativ-christlicher
Kreise findet Verbündete in anderen Religionen: Bei der Weltbevölkerungskonferenz 1994 in Kairo und der Weltfrauenkonferenz 1995 in Peking bildeten Vertreter des Vatikans und islamistischer Staaten eine „unheilige Allianz" gegen die Durchsetzung sexueller und reproduktiver Rechte. Religiöse
Kräfte etablieren so ein normatives Regime, das mit Moral und Sanktions-
androhung beansprucht, Ordnung (wieder-)herzustellen, indem es Körper,
Sexualität und Bevölkerungen biopolitisch reguliert und andere Geschlech-
terrollen und individuelle Selbstbestimmung einschränkt oder gar verbietet.

Selbst in säkularen Staaten erscheint Religion heute längst nicht mehr als
reine Privatsache. Vielmehr hat sie sich zu einer vermeintlich öffentlich relevanten Frage von kultureller Identität und Zugehörigkeit entwickelt. Insbesondere mit der christlichen Restauration in Polen und ganz Osteuropa dehnte
sich das antifeministische und familistische Netzwerk aus, verbündete sich
mit dem russisch-orthodoxen Klerus – und schließlich auch mit dem Putin-
Regime. So entstanden ideologische Achsen zwischen West- und Osteuropa;
zwischen *La Manif Pour Tous* („Die Demo für alle"), die in Frankreich gegen
Ehe und Adoptionsrecht gleichgeschlechtlicher Paare kämpft, und Russlands
Präsidenten Wladimir Putin, der mit einem Gesetz Kinder vor der angeblichen
„Propaganda nicht-traditioneller sexueller Beziehungen" schützen will. 25
Jahre nach der Weltbevölkerungskonferenz in Kairo kündigte eine neo-kon-
servative Allianz aus 34 Staaten – darunter die USA, Brasilien, Ägypten, Indonesien, Ungarn und Uganda – den Konsens von Kairo auf, der ein Menschen-
bzw. Frauenrecht auf Selbstbestimmung über Körper und Reproduktion
formuliert hatte. Als Gegenposition verabschiedeten sie die Genfer Konsens-
erklärung zur „Förderung der Frauengesundheit und Stärkung der Familie".[2]

Family first!

Doch wie funktioniert diese Verbindung von reaktionären Geschlechterbil-
dern und nationalistischer Politik? Kultur- und kontinentüberschreitend glorifiziert der konservative Familismus die Familie als Keimzelle gesellschaft-

---

2 Geneva Consensus Declaration On Promoting Women's Health and Strengthening the Family,
   c-fam.org.

licher Ordnung. Familie meint dabei heteronormativ Vater-Mutter-Kinder mit „natürlich" zweigeschlechtlichen Rollen. Sie bildet die Grundfeste des Patriarchats, der Geschlechterhierarchie und hegemonialen Männlichkeit. Gleichzeitig wird das Narrativ „Family first!" mit dem patriotisch-nationalistischen Muster „Nation first!" verknüpft. So steigt der Slogan zum autoritären und rassistischen Kampfbegriff auf, der sowohl gegen individuelle Selbstbestimmungsrechte über Körper und Sexualität in Stellung gebracht wird als auch zur Abgrenzung gegen alles Fremde dient – und gleichzeitig Geborgenheit sowie emotionale Beheimatung verspricht.

Neofamilistische Netzwerke in Europa fokussieren dabei mit unterschiedlichen Strategien auf *Eltern*rechte statt auf Frauen- bzw. individuelle Rechte: Die Gruppe „Besorgte Eltern" zum Beispiel protestiert transnational gegen die „Früh- und Hypersexualisierung" ihrer Kinder. Gleichzeitig stellt sie sich gegen Antidiskriminierungs- und Pro-Diversitäts-Erziehung, um die „Einmischung des Staates" in die Erziehung ihrer Kinder zurückzudrängen.[3] Die 2013 in Spanien gegründete Organisation „CitizenGo" versucht durch Onlinepetitionen familistische und antifeministische Kampagnen in 50 Ländern anzustoßen. Und mit dem erklärten Ziel der „Redefreiheit" lobbyiert die US-amerikanische „Alliance Defending Freedom" im EU-Parlament und finanziert Gerichtsverfahren von Abtreibungsgegner:innen und Homophoben in Europa. Gleichzeitig fordern rechtspopulistische Gruppen und Parteien, unter anderem die AfD, die öffentlichen Mittel für frauen-, gender- und diversitätsunterstützende Maßnahmen zu streichen – von der Geschlechterforschung an Universitäten bis hin zu Frauennotrufen und Frauenhäusern.

Ein Novum sind die aggressiven und gewaltförmigen Methoden dieser Strömungen jenseits von demokratischer Diskussionskultur und Meinungspluralismus. Sie verrohen die Sprache und brutalisieren zivile Umgangsformen. Im deutschsprachigen Raum wird massiv gegen geschlechtsgerechte Sprachformen gehetzt – mit Erfolg, wie das im April 2024 in Kraft getretene Verbot der „Gendersprache" in bayerischen Behörden, Schulen und Unis zeigt. Jedwede Kritik an Rechtspopulismus und Rassismus wird mit Hasstiraden und Provokationen durch Trolle in den sozialen Medien beantwortet. Mit Vergewaltigungs- und Morddrohungen sollen Genderforscher:innen und Kritiker:innen eingeschüchtert und mundtot gemacht werden.

In den USA belästigen und bedrohen Abtreibungsgegner:innen Patient:innen vor Kliniken und Praxen, die Abtreibungen vornehmen. Ihr Ruf nach einem Verbot war erfolgreich: Der dank Donald Trump mehrheitlich mit konservativen Richter:innen besetzte Supreme Court revidierte 2022 ein 50 Jahre lang geltendes Urteil, das Frauen das Recht auf Schwangerschaftsabbrüche einräumte. Die Verantwortung, Regelungen zu Abtreibungen zu treffen, liegt seither bei den Bundesstaaten. Auch in Brasilien lassen konservative Abgeordnete nicht locker und haben im Juni 2024 – mit Unterstützung von Evangelikalen und konservativen Katholiken – einen Gesetzesentwurf

---

3   Vgl. Andreas Kemper, Keimzelle der Nation – Teil 2. Wie sich in Europa Parteien und Bewegungen für konservative Familienwerte, gegen Toleranz und Vielfalt und gegen eine progressive Geschlechterpolitik radikalisieren, Friedrich-Ebert-Stiftung 2014.

vorgelegt, der Abtreibungen ab der 22. Schwangerschaftswoche als Tötungsdelikt behandelt, auch bei Vergewaltigung.

Mütter als Bollwerk gegen die »Überfremdung«

Diese familien- und maskulinitätsbestärkende Bewegung ist aber auch eine Reaktion auf die neoliberale Politik der letzten Jahrzehnte und die globalisierte Ökonomie. Denn diese haben weltweit wirtschaftliche und soziale Unsicherheit geschaffen, Abstiegsängste geschürt und vielen Männern den Verlust ihrer Ernährerrolle beschert. Diese Krise der patriarchalen Männlichkeit durch soziale Abstiegsbedrohung wird umgedeutet – und zwar als eine Diskriminierung durch „männerfeindliche" Gleichstellungsmaßnahmen. Maskulinistische Männer- und Väterrechtsgruppen, die eine „humanistische Gegentheorie" gegen den Feminismus auf der Internetplattform Wikimannia artikulieren, begreifen sich als neue Opfer und strukturell Unterjochte. Oft sind es weiße Männer, die mit einem Gestus weißer Vorherrschaft Rassismus und Antifeminismus verknüpfen, ihre Privilegien verteidigen und weibliche wie auch migrantische Konkurrenz auf den Arbeitsmärkten zurückweisen.

Das Pendant zur Figur des marginalisierten oder betrogenen Mannes ist im vergeschlechtlichten Rechtspopulismus[4] die Frau in der Rolle als Gebärerin und Mutter zum „Erhalt des Staatsvolks". Insbesondere seit der Migrationsbewegung von 2015 wird sie völkisch-nationalistisch gegen die kinderreichen „Anderen" in Stellung gebracht. Dazu sind auch Fake News recht: So behauptete die AfD in ihrem Parteiprogramm von 2016 fälschlicherweise, Deutschland habe die „niedrigste Geburtenrate in ganz Europa". Formulierungen wie „Willkommenskultur für Neu- und Ungeborene" oder „Mehr Kinder statt Masseneinwanderung" zeigen außerdem, dass die anvisierte „aktivierende Familienpolitik" der AfD als Politik gegen Migrant:innen konzipiert ist. Entsprechend diskreditiert die AfD alle Maßnahmen zur Vereinbarkeit von Familie und Beruf als „Staatsfeminismus". Dieser schränke die Freiheit der Frauen ein, sich allein für die Mutter- und Familienrolle zu entscheiden. In diesem Kontext plädiert die AfD sogar für eine Verschärfung des Scheidungsrechts.[5]

Die Partei hat bei diesem Konventionalismus einen neuen Trend aus den USA auf ihrer Seite: die sogenannten Trad-Wifes, junge Frauen, die auf TikTok und Instagram in Videos ihre Hausfrauenrolle idyllisieren und ihre Unlust auf Erwerbsarbeit zum Ausdruck bringen. 2022 nutzte die AfD Sachsen diesen Trend zur erneuten Diskreditierung von Feminist:innen. Sie stellten in einer Instagram-Grafik einer heimat- und familienliebenden, vermeintlich frisch und jung bleibenden „traditionellen Frau" eine „moderne

---

4 Vgl. Birgit Sauer, Demokratie, Volk und Geschlecht. Radikaler Rechtspopulismus in Europa, in: Katharina Pühl und Birgit Sauer, Kapitalismuskritische Gesellschaftsanalyse. Queer-feministische Positionen, Münster 2018, S. 179-196.
5 Vgl. Andreas Kemper, Keimzelle der Nation? Familien- und geschlechterpolitische Positionen der AfD, Friedrich-Ebert-Stiftung, Berlin 2014.

‚befreite' Feministin" gegenüber, die – so die Darstellung – durch Abtreibungen, zu viel Make-up und Mindestlohnarbeit ausgelaugt und ungepflegt sei.[6]

Gleichzeitig bedient sich nicht nur die AfD Topoi wie „Überfremdung" und „Umvolkung", um damit die vermeintliche Verdrängung nationaler Bevölkerungen in Europa durch die wegen höherer Geburtenraten vorgeblich wachsende migrantische, vor allem muslimische Bevölkerung zu beschwören. Die rechtsextreme Identitäre Bewegung verängstigt gezielt mit der Verschwörungstheorie des „großen Austauschs" und plädiert für den Schutz des „Eigenen" – für traditionelle Werte, Heimat- und Familienliebe. In Ungarn verkauft die Regierung Orbán die niedrige Geburtenrate als ein „ernstes Problem" angesichts einer angeblich wachsenden Roma-Bevölkerung. Orbán führte Sozialmaßnahmen für Familien und Frauen ein, als Gratifikation für das Kinderkriegen. Die ehemalige PiS-Regierung in Polen versprach eine Grundrente für Mütter von mindestens vier Kindern – ganz im Dienste des Ideals der Großfamilie.[7] Zudem verschärfte das polnische Verfassungsgericht 2020 das strenge polnische Abtreibungsrecht noch weiter – es ist damit so restriktiv wie fast nirgendwo sonst in Europa.

Zwischen Homophobie und »Homonationalismus«

Während stereotype Muster von Patriarchat, Familismus und Mütterlichkeit weltweit erstarken, variieren die rechten Positionen zu Gleichgeschlechtlichkeit, Trans- und Intersexualität stark: In den meisten osteuropäischen und afrikanischen Ländern sind LGBTIQ-Rechte ebenso verhasst wie alles, was mit Gender zu tun hat. Dagegen zeigen sich ihre Pendants aus Westeuropa und Skandinavien flexibel, was homophobe und exkludierende Positionen betrifft. So wächst die Zahl der Frauen und Schwulen in Führungspositionen rechter Parteien. Im Zuge der rechtspopulistischen Abgrenzung gegen Immigrant:innen wird häufig homo- und/oder femo-nationalistisch behauptet, die eigene Gesellschaft sei toleranter als „andere Kulturen",[8] vor allem als der Islam. Und das Militärregime in Thailand treibt unter dem Applaus der Weltbank den „Homonationalismus" noch einmal weiter: Es vermarktet regelrecht seine queere Szene, die gesellschaftlich stark verankert ist, und nutzt Queerpersonen als liberales und demokratisches Aushängeschild, um den Tourismus zu fördern. Trotz dieser Unterschiede gilt: Ob die AfD höhere Geburtenraten als notwendig postuliert, um das Schrumpfen des deutschen „Staatsvolks" zu verhindern; ob Putin mit völkischem Gestus russische Frauen zur Geburt von drei Kindern als Bollwerk gegen die Immigration aus den früheren Sowjetrepubliken auffordert; oder ob Erdoğan gar auf fünf Kinder drängt, um die aufstrebende Macht der Türkei und die Position der

---

6   Vgl. Jana Stäbener, „Habe es satt, zu arbeiten und Haushalt zu schmeißen": Warum Frauen zu „Tradwives" werden, fr.de, 28.3.2024.

7   Vgl. Elisa Gutsche (Hg.), Triumph der Frauen? The Female Face of the Far Right in Europe, Friedrich-Ebert-Stiftung 2018.

8   Vgl. Jasbir Puar, Terrorist Assemblages: Homonationalism in Queer Times, Durham 2007; Sara Farris, Die politische Ökonomie des Femonationalismus, in: „Feministische Studien" 2/2011, S. 321-334.

Auslandstürken in Europa zu stärken: Der wachsende Nationalismus versucht, über den Körper und die Gebärfähigkeit von Frauen zu bestimmen. Dieser Neofamilismus ist autoritär, denn er lässt keinen Raum für Emanzipation und individuelle Selbstbestimmungsrechte.

Kulturkämpfe im Globalen Süden

Im Globalen Süden profitierten feministische und LGBTIQ-Bewegungen in der jüngeren Vergangenheit von Demokratisierungsanstrengungen und erkämpften sich Rechte und Respekt. Doch auch dort erstarken Rechtspopulismus, Neoliberalismus und Autoritarismus, auch dort ist die Gegenrevolution spürbar: In verschiedenen lateinamerikanischen Ländern, in denen Feministinnen sich zunehmend gegen Abtreibungsverbote und Frauenmorde organisieren, verbündeten sich Evangelikale und konservative Katholik:innen in Gegenkampagnen. Sie meinen, Kinder vor der „Genderideologie" des schulischen Sexualkundeunterrichts schützen zu müssen. Dieser Backlash kulminierte 2017 in Brasilien in Protesten mit antisemitischer Stoßrichtung gegen die Gendertheoretikerin Judith Butler sowie in der Unterstützung der Pfingstkirchen für den rechtsextremen Jair Bolsonaro. Dessen Geschlechterpolitik richtete sich gleichermaßen gegen verfassungsmäßig garantierte Rechte wie demokratische Werte.[9] Auch hier sollte die „intakte Familie" die durch den Neoliberalismus verursachten sozialen Schäden auffangen. So werden die Ursachen verschoben: von der sozialen Destruktivität neoliberaler Politik zum angeblich destabilisierenden Einfluss von Feminismus und „Genderideologie" – während patriarchale Kontrolle über Körper und Sexualität in der Gesellschaft Sicherheit und Ordnung garantieren soll.

Als Vorbild diente dabei die USA: Autoritäre Politiker wie Jair Bolsonaro und der ehemalige philippinische Präsident Rodrigo Duterte brüsten sich damit, dem vulgären sexistischen Machopopulismus Trumps nachzueifern. Sie betten ihren Antifeminismus in eine gewaltförmige Agenda von Recht und Ordnung gegen (Drogen-)Kriminalität ein. Die sexistischen und misogynen Ausfälle von Duterte dienten der Selbstdarstellung als starker Mann, aber auch der Einschüchterung und Delegitimierung kritischer und feministischer Kräfte. Seine Haudegenmethode bestärkte ein Klima sexueller Gewalt, stellte Verachtung für demokratische Strukturen und für Menschen-, Frauen- und LGBTIQ-Rechte zur Schau und schränkte Räume für entsprechende zivilgesellschaftliche Kämpfe ein. Gleichzeitig etikettierte Duterte seinen mörderischen Feldzug gegen (vor allem kleine) Drogendealer als „frauenfreundlich", schließlich sei Drogenkonsum die Ursache von Vergewaltigungen.

Solche antiemanzipatorischen Deutungen von Frauenfreundlichkeit und Gleichstellung finden sich häufig in autoritären Regimen. In Indonesien machen konservativ-islamische Kräfte von unten mobil gegen kulturelle Veranstaltungen von Feminist:innen und LGBTIQ-Personen. Sie kämpften unter

---

9 Vgl. Flavia Biroli, The crisis of democracy and the backlash against gender. Expert paper prepared for UN Women, Beijing+25, New York 2019. Vgl. auch den Beitrag von Luiz Ruffato in diesem Band.

anderem gegen ein von der nationalen Frauenkommission vorgeschlagenes und 2022 nach jahrelangen Debatten verabschiedetes Gesetz gegen sexuelle Gewalt sowie gegen Indonesiens bislang relativ liberale Gesetzgebung zu Homosexualität – im letzteren Fall mit Erfolg: Im Dezember 2022 verabschiedete das indonesische Parlament ein neues Strafgesetzbuch, das ab 2026 in Kraft treten soll und unter anderem außerehelichen Sex für Männer wie für Frauen verbietet. Die Regelung richtet sich indirekt besonders gegen Homosexuelle, da diese in Indonesien gar nicht heiraten dürfen. Damit drohen Millionen Indonesier:innen wie Kriminelle behandelt und mit bis zu einem Jahr Haft bestraft zu werden. Um ihre antifeministischen und Anti-Diversitäts-Ziele im Parlament durchsetzen zu können, kandidierten konservative Musliminnen in der Vergangenheit bei Wahlen, indem sie sich der Frauenquote bedienten – einer Errungenschaft der Frauenbewegung.[10] Reaktionäre Frauengruppen wie die Familienliebe-Allianz AILA verbreiten ihre Botschaft, dass die traditionelle islamische Familie die Lösung für Probleme sexualisierter Gewalt und abweichender sexueller Orientierungen sei, über soziale Medien wie Instagram, WhatsApp und Facebook. Dort übt AILA massiven Druck auf andere Frauen aus und ist auch in feministische Kreise vorgedrungen, wo sie vordergründig dasselbe Ziel wie Feminist:innen bedient: Frauen zu schützen. Das gilt allerdings nur für solche Frauen, die sich nicht gegen die ihnen zugedachte Rolle als Ehefrauen, Mütter und als Ressource für soziale und biologische Reproduktion sowie Hüterin althergebrachter Werte auflehnen.

Chauvinismus unter dem Deckmantel der Frauenfreundlichkeit

In Indien zeigt sich ein ähnlich ambivalentes Bild wie in Indonesien: Noch nie wurden so viele weibliche Abgeordnete gewählt und noch nie haben so viele Frauen überhaupt abgestimmt wie bei den Parlamentswahlen im Jahr 2019. Jedoch votierten sie vor allem für konservativ-religiös eingefärbte Parteien, die ihnen offenbar ein Gefühl von Sicherheit vermitteln. Die seit 2014 regierende hindu-chauvinistische „Indische Volkspartei" (BJP) hatte zudem die Stimmen von Frauen gezielt mit Wohlfahrtsmaßnahmen gekauft, etwa indem sie ihnen Gaszylinder zum Kochen oder Geld schenkte.

Anti-Gender- und familistische Strategien sind auch hier Teil einer autoritären, identitätspolitischen Agenda. BJP-Premierminister Narendra Modi inszeniert sich als moralisch unbescholtener, zölibatär lebender Identitäts- und Ordnungsgarant. Die BJP betreibt eine antifeministische Politik, ohne sie so zu benennen. Gleichstellungs- und Antidiskriminierungsmaßnahmen an Universitäten werden eingestellt, Frauen- und Genderstudien eingeschränkt, Geschlechterforscher:innen, feministische Wissenschaftler:innen und kritische Rechtsanwält:innen behindert und diskreditiert. Außerdem wird im Zuge einer hindu-identitären Gleichschaltung zunehmend Einfluss auf die Lehrinhalte an Universitäten und die Curricula an Schulen genommen.

---

10 Vgl. Dyah Ayu Kartika, An anti-feminist wave in Indonesia's election?, newmandala.org, 14.10.2019.

Zugleich verfolgt die BJP eine „Anti-Gewalt-Politik", die einen eklatanten Unterschied zum starken indischen Feminismus offenbart: Die BJP sieht Frauen als Opfer von Gewalt, die geschützt werden müssen – bzw. sich selbst durch Kleidungsstil, Zurückhaltung und Häuslichkeit schützen sollen –, anstatt die Gewaltverhältnisse zu verändern.

Weiblichkeit im Dienste der Hindu-Nation

Gleichzeitig profiliert sich die Partei mit widersprüchlichen Weiblichkeitsbildern. Einerseits behauptet sie sich als Traditionshüterin: So stellte sich die rechtskonservative Partei gegen den Obersten Gerichtshof, der den Ausschluss von Frauen im Menstruationsalter vom Besuch eines berühmten Tempels als verfassungsfeindlich verurteilt hatte. Andererseits heroisiert sie eine „Ausnahmeweiblichkeit" von Frauen, die jenseits der Familie ihr Leben in den „Dienst der Hindu-Nation" stellen: Ihre paramilitärische Kader-Frauenorganisation *Durga Vahini* bildet seit fast 30 Jahren Frauen an der Waffe zu maskulin und martialisch gestylten „Kriegerinnen" aus. Deren Botschaft lautet: Wir sind bereit, die „Hindu-Nation" gegen innere und äußere Feinde zu verteidigen – vor allem gegen Muslim:innen. In diesem immer aggressiveren Kampf für die nationalistisch-hinduistische Kultur- und Identitätshoheit wird auch Stimmung gemacht gegen Lebensentwürfe von LGBTIQ-Personen. Dabei ist ein drittes Geschlecht in Indien kulturell und rechtlich etabliert. Und erst 2018 setzte der Oberste Gerichtshof endgültig die Kriminalisierung von Homosexualität außer Kraft, die die britischen Kolonialherren 1864 eingeführt hatten. Bei der Wahl 2024 hat die BJP ihre polarisierenden, identitätspolitischen Strategien gegenüber Frauen beibehalten – allerdings weniger erfolgreich als noch 2019. Sowohl die Zahl der Wählerinnen – vor allem jener der BJP – als auch die der gewählten Frauen sank im Vergleich zur letzten Parlamentswahl. Die Behauptung der BJP, die konkurrierende Kongress-Partei würde Frauen ihre goldene Hochzeitskette wegnehmen, um sie an Arme zu verteilen, verfing nicht. Vielmehr waren viele Frauen offenbar frustriert, dass sie die von der BJP-Regierung geschenkten Gaszylinder wegen der stark gestiegenen Gaspreise nicht nachfüllen konnten. Und Mädchen aus armen Verhältnissen half ein geschenktes Fahrrad für den Schulweg nur wenig, weil sich die Bildungsbedingungen infolge der Sparpolitik verschlechterten.

Letztendlich zielen die unterschiedlichen Varianten von Antifeminismus, Anti-Gender und Familismus im Verbund mit konservativ-völkischen oder identitär-religiösem Gedankengut alle auf das Gleiche: emanzipatorische Positionen in ihre Schranken zu verweisen sowie herrschaftskritische und egalitäre Kräfte zu diskreditieren. Dabei entwickelt der Antifeminismus eine autoritative Eigendynamik – aus der „Mitte der Gesellschaft" heraus. Wie verschiedene Geschlechter miteinander leben wollen, ist ihm keine Frage demokratischer Aushandlungsprozesse, sondern vorgeordneter Normen. Deswegen muss der Kampf für Demokratie und Rechtsstaatlichkeit immer auch ein feministischer sein.

Gekränkt und militant:
Der Angriff der Maskulinisten

Von **Susanne Kaiser**

Zu Beginn der Coronazeit ging eine Montage von sieben Gesichtern um die Welt. Sie gehörten den Staats- und Regierungsoberhäuptern, die ihre Länder am besten durch die Krise manövrierten und am souveränsten Führung demonstrierten. Es waren ausnahmslos weibliche Gesichter: die Porträts der Staats- und Regierungschefinnen von Deutschland, Taiwan, Neuseeland, Island, Finnland, Norwegen und Dänemark. Es sind die Gesichter einer neuen Politik, deren Bilder weltweit geteilt wurden, weil sie eine neue Form weiblicher Autorität repräsentieren.

Dass der politische Stil der Politikerinnen anders ist als der ihrer männlichen Kollegen, wurde besonders in der Krisenzeit von der medialen Öffentlichkeit bemerkt und diskutiert. Magazine, Zeitungen und Nachrichtensender wie die „New York Times", der „Guardian", „Forbes", CNN, aber auch nichtwestliche Medien wie das indische Journal „Yourstory" lobten den „neuen weiblichen Führungsstil" als vielversprechend und zukunftsweisend „in einer Ära der neuen globalen Bedrohungen".[1] Frauen „sind die besseren Führungspersönlichkeiten, wie die Pandemie beweist", so ihr Urteil.[2]

Sehr kritisch hingegen wurde der männliche Führungsstil gesehen, dargestellt als politisches Gebaren „starker Männer" wie Trump, Bolsonaro, Putin oder Netanjahu. Sie nutzten die globale Krise, um ihre autoritäre Herrschaft noch schneller auszubauen, statt im Interesse der Gemeinschaft zu handeln. Männliche Herrschaft wurde im globalen Diskurs mehr und mehr zur Negativfolie für weibliche Autorität: Im Gegensatz zu den weiblichen Lenkerinnen reagierten die autoritären Staatschefs mit trotzigem Leugnen auf die Pandemie, schoben die Schuld und die Verantwortung anderen in die Schuhe, instrumentalisierten Justiz und Sicherheitsbehörden, prangerten kritische Berichterstattung an und schränkten die Pressefreiheit ein. Sogar die Unternehmensberatung McKinsey konstatierte in einem Paper, der alte

---

1 Vgl. Avivah Wittenberg-Cox, What Do Countries with the Best Coronavirus Responses Have in Common? Women Leaders, in: „Forbes", 13.4.2020; Leta Hong Fincher, Women Leaders Are Doing a Disproportionately Great Job at Handling the Pandemic. So Why Aren't There More of Them?, cnn.com, 16.4.2020; Jon Henley und Eleanor Ainge Roy, Are Female Leaders More Successful at Managing the Coronavirus Crisis?, in: „The Guardian", 25.4.2020; Amanda Taub, Why Are Women-Led Nations Doing Better with Covid-19?, in: „The New York Times", 18.5.2020 und Nirandhi Gowthaman, Coronavirus: How Have Women-Led Countries Flattened the Curve?, in: „Yourstory", 17.4.2020.
2 Vgl. Michelle P. King, Women Are Better Leaders. The Pandemic Proves it, cnn.com, 5.5.2020.

Führungsstil sei in der Krise. In den neuen Zeiten brauche es Eigenschaften wie Teamfähigkeit, Bedacht und Empathie, um neue globale Herausforderungen wie die Pandemie zu bewältigen.[3]

Zwar hat dieses positive Bild weiblicher Führungsqualitäten mittlerweile Kratzer bekommen – man denke nur an den holprigen Impfstart in Deutschland und der EU, für den nicht zuletzt Bundeskanzlerin Angela Merkel und EU-Kommissionspräsidentin Ursula von der Leyen Verantwortung tragen. Dennoch ist dieser Aufstieg der Frauen eine globale Entwicklung, und er wird weltweit bemerkt und anerkannt. Auch die Erfolgsgeschichten von Staats- und Regierungschefinnen nichtwestlicher Länder – Singapur, Nepal, Äthiopien, Bangladesch, Namibia und Georgien – im Kampf gegen die Pandemie fanden Beachtung.[4] Das blieb nicht ohne Folgen. Während tonangebende Medien weibliche Herrschaft priesen, kam ein weiterer Diskurs auf, ein Gegendiskurs: In der Halböffentlichkeit der sozialen Medien, der Kommentarspalten und der Internetforen brach sich der Frust über die neue weibliche Macht Bahn. Als der britische Schriftsteller Matt Haig das Bild der sieben Staatschefinnen bei Instagram mit dem Hinweis „Zeit, dass Frauen endlich die Welt regieren" postete, fanden sich darunter schnell Kommentare wie: „Incel tsunami incoming".[5]

Organisierter Frauenhass im Netz

„Incels" sind unfreiwillig enthaltsam lebende Männer, die einer radikalen misogynen Weltanschauung anhängen und ihren Frauenhass in der sogenannten Mannosphäre organisieren, also im männlich dominierten Internet. Der Begriff ist zusammengesetzt aus den Wörtern „involuntary" und „celibate". Mit seinem Verweis auf einen heraufziehenden Tsunami der Incels nahm der Kommentator vorweg, was inzwischen regelmäßig passiert, wenn es um Frauen geht, die sich in öffentlichen Bereichen bewähren, die von vielen immer noch als Männerdomänen angesehen werden: Es wird gemobbt, beleidigt, gedroht, gehasst und manchmal auch gehandelt, wie die Anschläge auf Frauen in den vergangenen Jahren zeigen.

Nicht nur Politikerinnen werden zum Ziel verbaler und bisweilen handfester Attacken, sondern alle Frauen, die im Licht der Öffentlichkeit stehen und für sich beanspruchen, in „männlichen Gebieten" – auch in vermeintlich unverfänglichen – erfolgreich zu sein, wie zum Beispiel Fußballkommentatorinnen oder Frauen in „männlichen" Filmrollen. Bei der Fußballweltmeisterschaft 2018 folgte auf jedes Spiel, das von einer Frau kommentiert wurde, ein hasserfüllter Shitstorm in den sozialen Medien, der die Kommentatorinnen aufgrund ihres Geschlechts herabwürdigte.[6]

---

3 Gemma D'Auria und Aaron De Smet, Leadership in a Crisis: Responding to the Coronavirus Outbreak and Future Challenges, mckinsey.com, 16.3.2020.
4 Vgl. etwa Avivah Wittenberg-Cox, 8 (More) Women Leaders Facing the Coronavirus Crisis, in: „Forbes", 22.4.2020.
5 instagram.com/p/B_NVSj5pv7R.
6 Vgl. Weibliche Stimmen im Fußball. Hass gegen Kommentatorinnen macht Schule, n-tv.de, 22.6.2018.

Der Gegendiskurs findet nicht nur in obskuren Foren im Darknet statt, sondern mitten in der Öffentlichkeit, innerhalb des liberalen progressiven Diskurses, als direkte Reaktion auf diesen. Es ist kein Zufall, dass Beiträge von und mit Frauen auf die beschriebene Weise behandelt werden, sondern vielmehr das gut organisierte Werk misogyner Trolle und Hater. Wenn man sich systematisch mit den Kommentarspalten zu Beiträgen von Frauen beschäftigt, und zwar in Mainstreammedien, wird das offenbar. Egal, um welches Thema es geht, sobald Begriffe wie „Feminismus" oder „Patriarchat" in der Überschrift, in den einleitenden Sätzen oder im Text auftauchen, passiert Folgendes: Die Kommentarspalte wird mit polemischen Aussagen überschwemmt, seitenweise müssen diese von der Moderation gelöscht werden, weil die Inhalte unangemessen, beleidigend, angreifend oder hetzerisch sind. Die Kommentare, die am Ende stehen bleiben, geben kaum noch eine inhaltliche Debatte wieder, sondern beziehen sich nur noch auf das Diskussionsgeschehen, indem sie beispielsweise Verwunderung über die vielen Hasskommentare zum Ausdruck bringen. Die Troll-Aktionen haben damit ihren Zweck erfüllt und jede Diskussion über weibliche Macht oder Errungenschaften, jede Kritik an patriarchalen Strukturen abgewürgt.

Auch im Alltag lässt sich der Gegendiskurs beobachten, während des Coronalockdowns zum Beispiel im „Renegatentum" der „renitenten Männer auf der Straße", wie das „Philosophie Magazin" feststellte: Sie verweigerten Ausgangssperren und Masken, weil sie dadurch ihre Männlichkeit und ihre moralische Identität in Gefahr sahen, und bekannten sich öffentlich zum Regelbruch, indem sie beispielsweise darüber twitterten.[7] Eine Studie über die Gender-Dimension der Mund-Nasen-Bedeckung gegen die Verbreitung von Covid-19 hat ergeben, dass Männer während der Pandemie seltener eine Maske trugen, weil sie dies als „beschämend", „ein Zeichen der Schwäche" oder „uncool" empfanden.[8]

Das Patriarchat gerät in Bedrängnis

Der reaktionäre Gegendiskurs entsteht aus einer Spannung heraus. Die realen sozialen Verhältnisse und Strukturen sind immer noch patriarchal, auch das zeigt Corona deutlich – besonders, wenn es um Gleichberechtigung im Arbeitsleben und in der Familie geht. „In der Coronakrise stecken vor allem Frauen beruflich zurück. Alte Rollenmuster sind plötzlich wieder da", sind sich Mainstreammedien einig.[9] Von „Retraditionalisierung" und „einer Rolle

---

7   Zum Beispiel Frank Castorf, der sich das Händewaschen nicht aufdrängen lassen will und dazu ein Interview gibt; siehe dazu Philipp Hübl, „Maskuliner Trotz", in: „Philosophie Magazin", 19.5.2020. Ein weiteres prominentes Beispiel ist der ehemalige US-Baseballspieler Aubrey Huff, der über Twitter mitteilte, dass er lieber an Covid sterben würde, als eine „verdammte Maske" zu tragen. Den Zusammenhang zwischen der Verweigerung von Regeln während der Coronazeit und Männlichkeit greift auch Julia Marcus auf in ihrem Artikel „The Dudes Who Won't Wear Masks", theatlantic. com, 23.6.2020.
8   Vgl. Valerio Capraro und Hélène Barcelo, The Effect of Messaging and Gender on Intentions to Wear a Face Covering to Slow down COVID-19 Transmission, psyarxiv.com, Mai 2020.
9   Vgl. etwa Kristin Joachim, Frauen in der Corona-Krise: Viel „home" und wenig „office", tagesschau. de, 4.6.2020 oder Jutta Allmendinger, Die Frauen verlieren ihre Würde, zeit.de, 12.5.2020.

rückwärts in die fünfziger Jahre" ist die Rede.[10] Die alten Muster hegemonialer Männlichkeit wirken weiterhin fort. Gleichzeitig aber gibt es einen entscheidenden Unterschied zwischen heute und früher: das Medienecho. Wir als Gesellschaft prangern diese Zustände als Missstände an und verurteilen sie. Wir machen deutlich, dass es überhaupt nicht selbstverständlich ist, dass Frauen in Krisenzeiten in alte Rollen zurückgedrängt werden, sondern eine Tatsache, die wir mit Befremden und Empörung zur Kenntnis nehmen und kritisieren. Das ist der herrschende Diskurs.

Einerseits bestehen männliche Privilegien bis heute fort und sind strukturell tief in unserer Gesellschaft verankert; andererseits gerät das Patriarchat ethisch, normativ und diskursiv in Bedrängnis. Es herrscht ein gesellschaftlicher Konsens darüber, dass Gleichberechtigung ein erstrebenswertes Ziel ist, in der Öffentlichkeit ist diese Ansicht tonangebend. Das Gleiche zeigt sich bei der Diskussion um die vorbildlichen Staats- und Regierungschefinnen. Denn dass über sie als neue weibliche Führungselite in der Öffentlichkeit debattiert wird, lässt ja auch sichtbar werden, wie wenig selbstverständlich Frauen in politischen Spitzenpositionen noch immer sind. Tatsächlich werden lediglich 18 Länder (von mehr als 200) von Frauen regiert, in denen mit rund 550 Millionen Menschen nur sieben Prozent der Weltbevölkerung leben.[11] Gleichzeitig finden aber viele, dass diese Staatslenkerinnen die Zukunft sind und bald Normalität sein sollten. Wie unter einem Brennglas lässt uns die extreme Zeit der Pandemie diese Spannung deutlicher denn je erkennen. Diese Spannung ist ein wesentlicher Grund dafür, dass wir seit einigen Jahren eine Schwemme herabwürdigender und oft geradezu hasserfüllter Rhetorik gegenüber Frauen erleben.

Die Polemiken gegen Gleichberechtigung in Form reaktionärer Interventionen in Männerforen, Kommentarspalten oder in sozialen Medien sind nur ein kleiner Teil einer großen Bewegung, deren Agitationen gegen Frauen und Frauenrechte in vielen gesellschaftlichen und politischen Bereichen zu beobachten sind. Heute gibt es ein gut organisiertes Netzwerk misogyner Akteure, die global agieren. So finden wir herabwürdigende Rhetorik in den Schriften katholischer Geistlicher, den Äußerungen radikaler Abtreibungsgegner, den verbalen Rüpeleien autoritärer Politiker. Sie kann als Reaktion auf die tiefen Erschütterungen männlichen Selbstverständnisses in den vergangenen Jahrzehnten und als erbitterte Verteidigung maskuliner Privilegien und männlicher Herrschaft verstanden werden, die de facto noch existieren, in unserem Wertesystem aber infrage gestellt werden. In dieser Spannung hat sich die problematisch gewordene hegemoniale Männlichkeit politisiert.

„Wir müssen unsere Männlichkeit wiederentdecken", forderte Björn Höcke von der Alternative für Deutschland (AfD) in einer Rede in Erfurt am 18. November 2015. „Denn nur, wenn wir unsere Männlichkeit wiederentdecken, werden wir mannhaft. Und nur, wenn wir mannhaft werden, werden wir wehrhaft." Höckes Seufzer des bedrängten Mannes ist kein Einzel-

---

10 Gestützt wird diese Beobachtung von mehreren Studien, u.a. von einer des Wissenschaftszentrums Berlin für Sozialforschung zur „Erwerbsarbeit in Zeiten von Corona", econ stor.eu, 15.4.2020.
11 Wittenberg-Cox, a.a.O.

fall, sondern Symptom einer politischen Auseinandersetzung, die auf dem Feld der Geschlechterverhältnisse ausgetragen wird. Mit Männlichkeit kann mobilisiert und Politik gemacht werden, Forderungen nach einer Restauration „echter Männlichkeit" und des Patriarchats fallen auf fruchtbaren Boden, von Maskenverweigerern bis Incels. Maskulinisten, Rechtspopulistinnen und Abtreibungsgegner versammeln sich unter dem Banner männlicher Vorherrschaft, um gegen die „Gender-Ideologie" mobilzumachen.

Dabei zeigt sich ein immer wiederkehrendes Motiv, das im Denken vieler Protagonisten politisierter Männlichkeit eine zentrale Rolle spielt: In den Beziehungen zwischen den Geschlechtern herrsche eine natürliche Ordnung, eine natürliche Hierarchie, in der der Mann der Frau übergeordnet sei – wenn da nicht die sozialen Experimente linker, grüner und Gender-Aktivisten wären. Die moderne Vorstellung von Gleichheit – sei es vor dem Gesetz oder in ökonomischer Hinsicht – breche mit dieser natürlichen Ordnung.

Seinen Niederschlag findet dieser neu aufkommende Männlichkeitsdiskurs im Aufstieg rechtspopulistischer Parteien und starker Männer wie Donald Trump oder Jair Bolsonaro. Wie ein roter Faden zieht sich frauenfeindliche Agitation durch die Aussagen und Programme populistischer und autoritärer Parteien und Politiker. Kaum etwas eint die autoritären Bestrebungen jüngeren Datums so sehr wie der Kampf gegen den „Gender-Wahn", gegen die als Herabsetzung empfundene Relativierung männlicher Macht. Der neue Männlichkeitsdiskurs ist eng verknüpft mit den politischen Erschütterungen der vergangenen Jahre.

Der gekränkte Anspruch und das Programm der männlichen Souveränität

Die Spannung, die zwischen den realen und den idealen Geschlechterverhältnissen besteht, hat etwas hervorgebracht, das der Soziologe und Männlichkeitsforscher Michael Kimmel als „gekränkten Anspruch" bezeichnet. Männer mit einem misogynen Weltbild, so Kimmel, glauben, sie hätten Anspruch auf eine Frau und auf eine ihnen angestammte männliche, das heißt herrschende Rolle innerhalb von Familie und Gesellschaft. Diesen vermeintlichen Anspruch leiten sie aus „der Tradition" her – ob sie sich auf eine tatsächliche oder bloß eine imaginierte Tradition beziehen, ist dabei irrelevant. Wird diese Erwartung nicht erfüllt, fühlen sie sich gedemütigt: Die Frauen würden sie links liegen lassen, hätten kein Interesse an ihnen.

Politiker wie Trump, Bolsonaro oder auch Höcke haben aus ebendiesem gekränkten Anspruch ein politisches Programm der männlichen Souveränität geformt. Sie machen sich den Frust, die Enttäuschung und die Wut jener zunutze, die überzeugt sind, im Stich gelassen worden zu sein, und locken sie mit dem Versprechen, die ihnen zustehenden Privilegien wiederherzustellen. Nicht umsonst ist die Restauration das Mittel der Wahl rechtspopulistischer Politiker: „Make Männlichkeit great again."

Wie aber ist es zu dieser enormen Politisierung der Männlichkeit gekommen? Was sich geändert hat, sind die Möglichkeiten für Frauen, sich öffentlich zu äußern, anzuklagen, ihre Rechte einzufordern. So ist Gewalt gegen Frauen in den vergangenen Jahren mehr und mehr zu einem Thema öffentlicher Debatten geworden. Die #MeToo-Bewegung war in dieser Hinsicht fraglos von zentraler Bedeutung.

Im Laufe der Jahrzehnte ist es Frauen als gesellschaftlicher Gruppe mehr und mehr gelungen, das auszuüben, was der Philosoph Tristan Garcia „Gegenherrschaft" genannt hat. In dem Moment, so Garcia, in dem die eigene Diagnose des Herrschaftszustandes gegen die der Herrschenden durchgesetzt wird, bekommt die Gegenherrschaft selbst Herrschaftswirkung: „Man setzt keine Herrschaftsdiagnose durch, ohne selbst ein wenig (geistig, symbolisch, medial) zu herrschen."[12] So gerät hegemoniale Männlichkeit in Bedrängnis, indem sich diejenigen, die Herrschaft kritisieren, in ein politisches Kräfteverhältnis begeben und dafür sorgen, dass ihr partikulares Bild vom Zustand der Herrschaftsverhältnisse universell anerkannt wird.[13] Außerdem führt die Gegenherrschaft dazu, dass sich diejenigen, die real herrschen, als unterdrückt empfinden. Als Beispiel führt Garcia unter anderem den Maskulinismus als Reaktion auf die Emanzipationsbewegung an, der sich aus diesem Grund die Verteidigung von männlichen Rechten und Interessen zur Aufgabe gemacht hat und Vorstellungen von einer „umgekehrten sexuellen Herrschaft, einer ‚bemutternden und kastrierenden Gesellschaft'" pflegt.[14]

Nun führt die Empfindung auf Seiten der Akteure, man werde beherrscht, nicht dazu, dass deren Behauptungen – zum Beispiel, dass der Feminismus die Politik der Regierungen bestimme oder dass Political Correctness das Ende der Meinungsfreiheit darstelle – wahr würden, aber: Durch die Auflösung der Trennungslinie zwischen konkreter und symbolischer Herrschaft wird die männliche Herrschaft insgesamt prekär. Der politische Schwerpunkt verlagert sich allmählich von der Verteidigung der Rechte oder Pflichten der einen oder der anderen auf den Kampf, die eigene Diagnose über die Herrschaftsverhältnisse in der Gesellschaft gegen die der anderen durchzusetzen. „So hat denn in einem demokratischen System die Minderheit eine strategische Rolle bekommen",[15] das heißt, einer Minderheit anzugehören hat den Vorteil, dass man aus dieser Position heraus die Herrschaft der anderen kritisieren kann.

Maskulinisten haben es nun darauf abgesehen, zu zeigen, dass Frauen und besonders Feministinnen mittlerweile mehr Rechte genießen, während Männer diskriminiert und unterdrückt würden. Sie begeben sich daher in eine Position, die Garcia „strategische Minderheit" nennt: Sie inszenieren sich selbst als Minderheit, gleichwohl die realen Herrschaftsverhältnisse – Männer als Gruppe herrschen über Frauen als Gruppe – weiterbestehen.

Kimmel bezeichnet die Position der strategischen Minderheit schlicht als „Opferrolle". Besonders Männerrechtler eignen sich die Argumentations-

---

12 Tristan Garcia, Wir, Berlin 2018, S. 253.
13 Vgl. ebd., S. 257.
14 Ebd., S. 252.
15 Ebd., S. 257.

muster von Feministinnen an und drehen sie um. Paul Elam, das bekannteste Gesicht der antifeministischen Männerrechtler mit seiner Website „A voice for men" etwa spricht von einer „misandrischen", also einer männerfeindlichen Kultur: „Dieses Mal bauen wir eine Männerbombe. Wenn sie detoniert, werden die amerikanischen Rassenunruhen dagegen wie eine Parade zum Erntedankfest aussehen. Der misandrische Zeitgeist, das System feministischer Governance, das von den meisten noch nicht anerkannt wird, strebt auf sein unvermeidliches und hässliches Ziel zu, dessen Resultate der Psyche der westlichen Welt eine weitere klaffende Wunde schlagen werden. In der Community von Männerrechtlern, für sich genommen eine Minderheit, beklagen wir schon lange den grausamen und destruktiven Krieg, der gegen Männer und Jungs seit einem halben Jahrhundert geführt wird. Wir haben unerlässlich in die tauben Ohren der Welt gerufen, dass wir uns auf dem Weg der Zerstörung befinden, und wir sahen unsere Prognosen wahr werden, dass Männer zu Pachtsklaven für ein bösartiges Matriarchat reduziert werden."[16]

»Misandrie« als Pendant zu »Misogynie«

Dieses Zitat veranschaulicht, was strategische Minderheit für Maskulinisten bedeutet und wie die Verhältnisse direkt umgekehrt werden: Wir finden den Begriff „Misandrie" als Pendant zu „Misogynie", die feministische Governance statt der männlichen Herrschaft, das Matriarchat anstelle des Patriarchats. In der Argumentation Elams reicht den Feministinnen die bloße Umkehrung der Geschlechterverhältnisse jedoch nicht. Diese sei bereits erreicht. Sie würden einen Krieg gegen Männer führen, um diese nicht nur zu unterwerfen, sondern sogar zu versklaven.

Männerrechtler eignen sich indes nicht nur feministische Narrative an, sondern auch solche der amerikanischen Bürgerrechtsbewegung, um sich als unterdrückte Minderheit zu stilisieren. Insbesondere Martin Luther King wird von Maskulinisten immer wieder instrumentalisiert. Zum einen wollen sich die Aktivisten so den Anschein einer Bürgerrechtsbewegung verleihen, zum anderen nutzen sie den Verweis auf den Grundsatz der Gewaltlosigkeit, um so ihre angebliche Abgrenzung von extremistischen Irrläufern kundzutun. Der Mitblogger von Elam, Warren Farrell, nennt sich selbst explizit „Bürgerrechtler" und rekurriert auf King. Tatsächlich dienen die Unterdrückungsnarrative letztlich aber der Legitimation von Gewalt. Maskulinisten drehen das Verhältnis von Opfern und Tätern um und inszenieren sich als die „Unterdrückten", deren Handeln Notwehr oder einem Freiheitskampf gleichkommt.

Dieselbe Argumentation aus der strategischen Minderheit heraus findet sich bei weißen Suprematisten. Der notorisch misogyne und rassistische US-Radiomoderator Rush Limbaugh zum Beispiel dreht in seiner Sendung die diskriminierenden und rassistischen Herrschaftsverhältnisse zwischen Weißen und Afroamerikanern einfach um. In den Vereinigten Staaten, so pole-

16 Paul Elam, How to Build a Man Bomb, 2010, archive.vn/8BS9J#selection-123.0-123.140.

misierte der Moderator etwa gegen die Präsidentschaft von Barack Obama, käme man nur noch auf eine Weise voran: „Indem man Weiße hasst. Oder sagt, dass man es tut. [...] Mach aus Weißen die neue unterdrückte Minderheit. [...] Sie müssen jetzt im Bus nach hinten. [...] Das sind die Republikaner von heute, das Äquivalent zum alten Süden: die neue unterdrückte Minderheit." [17]

Von den USA bis zum Attentäter von Halle

Die Kultur des gekränkten Anspruchs weißer Männer ist nicht spezifisch für die USA, sondern ein in allen westlichen Ländern virulentes Phänomen. Die entsprechende US-amerikanische Kulturproduktion bildet zwar den Referenzrahmen, aber dieser speist sich aus globalen Einflüssen. Auch beim Attentäter von Halle, Stephan Balliet, finden wir globalisierte Kulturgüter der strategischen Minderheit. Das erste Musikstück, das Balliet in seinem Wagen hört, als er losfährt, um seinen Anschlag zu verüben, zählt dazu. Der Titel ist nicht zufällig gewählt, sondern gehört zur wohlüberlegten Choreographie für das Attentat. Es handelt sich dabei um das Lied „Mask Off" des afroamerikanischen Rappers Future beziehungsweise um eine Adaption, die so gut gemacht ist, dass beispielsweise das Rechercheteam von „Spiegel TV", das Stephan Balliet nach der Tat eine Sendung widmete, den Unterschied nicht bemerkte.[18]

Wenn man genau hinhört, lassen sich Elemente aus der rechtsextremen Szene ausmachen. Der Originaltext von Future wurde durch einen eindeutig rechtsradikalen Text ersetzt: Von der „arischen Bruderschaft" ist da die Rede, von „der Schuld der Juden" oder von der „schwarzen Sonne", ein aus drei übereinandergelegten Hakenkreuzen bestehendes Symbol der Nationalsozialisten, das heute von vielen rechtsterroristischen Gruppierungen wie etwa der Atomwaffen Division genutzt wird. Indem sich Rechtsterroristen wie Balliet eine Ausdrucksform aneignen, derer sich ursprünglich eine diskriminierte Minderheit bediente, können sie ihre Gewalt rechtfertigen und sogar terroristische Attentate wie politischen Widerstand erscheinen lassen. In seinem umfassenden Geständnis legt Balliet dar, dass er seinen Anschlag für die weißen Männer begangen habe, die seiner Meinung nach benachteiligt seien: „Meine Gruppe sind die weißen Männer, um die es ziemlich scheiße steht."[19] Balliet wollte unterdrückte Weiße handlungsfähig machen, ihnen zeigen, dass man sich mit einfachen Mitteln selbst Waffen bauen und sich wehren könne gegen die Ungerechtigkeiten.

Wie sehr Männer angeblich diskriminiert werden, lässt sich auch auf zahlreichen deutschen Seiten nachlesen, die sich dem Kampf für die maskulinistische Sache verschrieben haben. „Deutschlandreform" etwa konstatiert, dass „die politisch korrekte Einstellung" so weit gehe, dass staatliche Ins-

17 Zit. nach Michael Kimmel, Angry White Men. Die USA und ihre zornigen Männer, Zürich 2015, S. 40.

18 „Balliet macht Musik an: ‚Mask Off' des US-Rappers Future" wird in der „Spiegel-TV"-Sendung vom 14.10.2019 bei Minute 9:35 gesagt.

19 Zit. nach Annette Ramelsberger, „Unter Männern", sueddeutsche.de, 29.3.2020.

titutionen wie die Antidiskriminierungsstelle des Bundes „gezielt missverständliche und einseitige Informationen" verbreiten und die Diskriminierung von Männern verschweigen würde. Die „politische Korrektheit" ist ein beliebtes Feindbild von Maskulinisten, denn als Herrschaftsinstrument der Beherrschten dient sie dazu, Gegenherrschaft zu etablieren. „Deutschlandreform" führt eine Liste mit Beispielen von Institutionen oder Kontexten, durch die bzw. in denen Männer diskriminiert würden. Die Liste umfasst so ziemlich alles, was man sich vorstellen kann: Behörden, das Grundgesetz, Gerichtsurteile, Scheidungen und Vaterschaftstests, gefährliche Tätigkeiten, Leistungsbemessungen und Leistungsstandards, Ausbildung, Arbeitsplatz und Renteneintrittsalter, aber auch Wertschätzung und öffentliche Wahrnehmung.[20]

Auf der Homepage der Gruppe „Wieviel ‚Gleichberechtigung' verträgt das Land? – Wenn der Mensch zur MenschIn wird – oder: Wer die menschliche Gesellschaft will, muß die dämliche überwinden" wird die „Lohndiskriminierungslüge" aufgearbeitet und behauptet, Frauen arbeiteten 39 Prozent weniger als Männer, verdienten aber 64 Prozent mehr.[21] Das selbst erklärte „Männermagazin" spricht von einem „Rollentausch von der Rolle",[22] die Seite manndat.de davon, dass die „Frauenunion (CDU) männermordende Länder" lobe. Die angebliche Unterdrückung von Männern wird hier mit einem drastischen Beispiel umschrieben: „Stellen Sie sich vor, ein Amokläufer würde in eine Schule eindringen und vorrangig weibliches Lehrpersonal ermorden und eine männerpolitische Vereinigung würde dann diese Schule als Vorbild bezüglich des männlichen Lehreranteils benennen."[23] Genau so, nur mit umgekehrten Rollen, würde feministische Geschlechterpolitik gegen Männer funktionieren.

Hegemoniale Männlichkeit wird sichtbar

Die Darstellung des männlichen Geschlechts als Verlierer der feministischen Gesellschaft ist keineswegs nur ein Phänomen extremer Maskulinisten im Internet. Aus der strategischen Minderheit heraus gegen den Feminismus und gegen Frauenrechte mobilzumachen, diese Entwicklung zeigt sich in zunehmendem Maß auch im Mainstream. Doch wie lässt sich dieser Trend interpretieren?

Die Geschlechterforscherin und Soziologin Franziska Schutzbach stellt fest, dass der „Ruf der PUAs[24] nach einer explizit männlichen Dominanz [...] als ein Indiz dafür gesehen werden kann, dass das Selbstverständnis männlicher Suprematie und damit Männlichkeit insgesamt unter Druck geraten

---

20 Vgl. deutschlandreform.com/maumlnnerdiskriminierung.html.
21 wgvdl.com/lohndiskriminierungsluege.
22 „Rollentausch von der Rolle", das-maennermagazin.com, 2.2.2020.
23 „Frauenunion (CDU) lobt männermordende Länder", manndat.de, 21.11.2019.
24 Sogenannte Pick-Up-Artists, kurz PUAs, organisieren sich in Seminaren und gemeinsamen Clubbesuchen, um die „Kunst" zu erlernen und weiterzuentwickeln, wie man möglichst viele Frauen abschleppt.

sind".[25] Für ihre These greift Schutzbach auf die Theorien der feministischen Naturwissenschaftshistorikerin Donna Haraway zurück, die für das Feld der Wissenschaft aufgezeigt hat, dass ein zentrales Element männlicher Suprematie darin bestehe, dass sie unmarkiert bleibt und über (Selbst-)Invisibilisierung operiert. Folge man Haraway, so Schutzbach, dann „zeichnet sich das Selbstverständnis männlicher Vorherrschaft [...] also gerade nicht durch deren geschlechtliche Markierung aus, sondern durch deren Entpartikularisierung, Universalisierung, Neutralisierung, ja Transzendentalisierung. Auch im religiösen Diskurs oder in der Geschichte der Menschenrechte begegnen wir dieser universalisierten, invisibilisierten Männlichkeit: Der Mann wird als Mensch universalisiert, Eva wird aus Adams Rippe gemacht, sie ist das Besondere, er das Allgemeine. Ein ähnlicher Mechanismus zeigt sich in der Geschichte der Menschenrechte: Obwohl sie als Menschenrechte deklariert wurden, galten sie anfangs nur für Männer. Diese Einschränkung blieb jedoch weitgehend unsichtbar, weil Mann mit Mensch gleichgesetzt war. [...] Männliche Suprematie konstituiert sich, indem sie gerade nicht als männlich, sondern als allgemein definiert wird. Aus dieser Warte haben nur andere ein Geschlecht, während die eigene Position als universell gilt."[26]

Genau das gilt heute allerdings nicht mehr. Männlichkeit an sich ist zum identitätspolitischen Merkmal geworden. Sie ist nicht mehr die Norm, sondern tendenziell Attribut einer Gruppe unter vielen. Natürlich wurden früher auch bestimmte Aspekte und Ideale von Männlichkeit diskutiert, gab es Identitäten der soldatischen, bürgerlichen oder Arbeitermännlichkeit, doch blieb hegemoniale Männlichkeit selbstverständlich und unangetastet. Feministische Kritik hat dazu geführt, dass es diese Selbstverständlichkeit so nicht mehr gibt.

Wie sehr das Selbstverständnis infrage gestellt ist, zeigt sich daran, dass männliche Herrschaft von Männern selbst zum Thema gemacht wird, aus zwei gegensätzlich erscheinenden Positionen heraus: Zum einen wird sie aus der strategischen Minderheit heraus als angeblich nicht mehr existent beklagt, zum anderen wird insistiert, männliche Überlegenheit sei naturgegeben.

Doch unabhängig davon, welche der beiden Positionen vertreten wird, hegemoniale Männlichkeit wird durch sie markiert; sie wird sichtbar. Einerseits wird dadurch deutlich, dass das Patriarchat erodiert. Andererseits gilt es zu konstatieren, dass Männer selbst die männliche Herrschaft thematisieren und markieren. Sie machen hegemoniale Männlichkeit zu etwas Politischem: Als Patriarchat mobilisieren sie für das Patriarchat. Und immerhin: Zum Zustand der Selbstverständlichkeit können sie nicht zurück. Was einmal sichtbar geworden ist, wird nicht einfach wieder unsichtbar.

25 Franziska Schutzbach, Dominante Männlichkeit und neoreaktionäre Weltanschauungen in der Pick-Up-Artist-Szene, in: Feministische Studien", 2018, S. 312.
26 Ebd., S. 311 f.

Für eine demokratische Polarisierung

Wie man dem Rechtspopulismus den Boden entzieht
Jürgen Habermas im Interview

Blätter-Redaktion: Nach 1989 war vom „Ende der Geschichte" in Demokratie und Marktwirtschaft die Rede, heute erleben wir das Aufziehen eines neuen Phänomens autoritär-populistischer Führerschaft, von Putin über Erdoğan bis zu Donald Trump. Offensichtlich gelingt es einer neuen „autoritären Internationale" mehr und mehr, die Diskurse zu bestimmen. Hatte Ihr Jahrgangsgenosse Ralf Dahrendorf also Recht, als er ein autoritäres 21. Jahrhundert vorhersah? Kann man, ja muss man bereits von einer Zeitenwende sprechen?

Jürgen Habermas: Als Fukuyama nach der Wende von 1989/90 den ursprünglich auf einen grimmigen Konservatismus gemünzten Slogan vom „Posthistoire" aufgriff, drückte sich in seiner Umdeutung der kurzsichtige Triumphalismus westlicher Eliten aus, die dem liberalen Glauben an eine prästabilisierte Harmonie von Marktwirtschaft und Demokratie anhingen. Diese beiden Elemente prägen die Dynamik der gesellschaftlichen Modernisierung, verbinden sich aber mit funktionalen Imperativen, die immer wieder in Konflikt geraten. Der Ausgleich zwischen kapitalistischem Wachstum und einer auch nur halbwegs als sozial gerecht akzeptierten Teilhabe der Bevölkerung am durchschnittlichen Wachstum hoch produktiver Wirtschaften konnte nur durch einen demokratischen Staat herbeigeführt werden, der diesen Namen verdient. Eine solche Balance, die erst den Namen „kapitalistische Demokratie" rechtfertigt, war aber, historisch gesehen, eher die Ausnahme als die Regel. Schon deshalb war die Idee einer globalen Verstetigung des „amerikanischen Traums" eine Illusion.

Die neue Unordnung der Welt, die Hilflosigkeit der USA und Europas angesichts der zunehmenden internationalen Konflikte ist beunruhigend, und die humanitären Katastrophen in Syrien oder im Südsudan zerren ebenso an unseren Nerven wie die islamistischen Terrorakte. Dennoch kann ich in der Konstellation, auf die Sie hinweisen, keine einheitliche Tendenz zu einem neuen Autoritarismus erkennen, sondern eher verschiedene strukturelle Ursachen und viele Zufälle. Das Verbindende ist die Klaviatur des Nationalismus, den aber haben wir mittlerweile auch im eigenen Haus. Russland und die Türkei waren auch schon vor Putin und Erdoğan keine „lupenreinen Demokratien". Mit einer etwas klügeren Politik des Westens hätten die

Weichen im Verhältnis zu beiden Ländern vielleicht anders gestellt, hätten vielleicht auch liberale Kräfte in diesen Bevölkerungen gestärkt werden können.

Blätter: Überschätzen wir damit nicht retrospektiv die Möglichkeiten des Westens?

Habermas: Gewiss wäre es für „den Westen" schon angesichts der Vielfalt seiner divergierenden Interessen nicht einfach gewesen, im richtigen Augenblick auf rationale Weise mit den geopolitischen Ansprüchen der zurückgestuften russischen Großmacht oder mit den europapolitischen Erwartungen einer reizbaren türkischen Regierung umzugehen. Ganz anders liegt der für den Westen insgesamt signifikante Fall des Egomanen Trump. Der treibt mit seinem desaströsen Wahlkampf[1] eine von den Republikanern seit den 1990er Jahren kühl kalkulierte und immer hemmungsloser verschärfte Polarisierung so auf die Spitze, dass der „Grand Old Party", immerhin die Partei Abraham Lincolns, diese Bewegung völlig aus dem Ruder gelaufen ist. In dieser Mobilisierung des Ressentiments äußern sich auch die sozialen Verwerfungen einer politisch und ökonomisch absteigenden Supermacht.

Für problematisch halte ich daher nicht das Muster einer autoritären Internationale, das Sie vermuten, sondern die Erschütterung der politischen Stabilität in unseren westlichen Ländern insgesamt. Bei der Beurteilung des Rückzugs der USA aus der Rolle der interventionsbereiten globalen Ordnungsmacht muss man den strukturellen Hintergrund im Auge behalten, der Europa in ähnlicher Weise betrifft.

Die wirtschaftliche Globalisierung, die Washington in den 1970er Jahren mit seiner neoliberalen Agenda eingeleitet hat, hatte im globalen Maßstab gegenüber China und den anderen aufgestiegenen BRICS-Staaten einen relativen Abstieg des Westens zur Folge. Unsere Gesellschaften müssen die Wahrnehmung dieses globalen Abstiegs, zusammen mit der technologisch bedingten, explosiv zunehmenden Komplexität der erlebten Alltagswelten, innenpolitisch verarbeiten. Die nationalistischen Reaktionen verstärken sich zumal in den Milieus, die jeweils von den durchschnittlichen Wohlstandsgewinnen der Volkswirtschaften im ganzen entweder gar nicht oder nicht angemessen profitieren, weil die immer wieder beschworenen *trickle-down*-Effekte seit Jahrzehnten ausbleiben.

Blätter: Selbst wenn die Tendenz zu einem neuen Autoritarismus derzeit nicht eindeutig zu erkennen ist, so erleben wir doch offensichtlich einen massiven Rechtsruck, ja eine rechte Revolte. Und die Pro-Brexit-Kampagne war nur das wohl prominenteste Beispiel dieser Tendenz in Europa. Sie selbst haben, wie Sie unlängst sagten, „nicht damit gerechnet, dass der Populismus den Kapitalismus in dessen Ursprungsland schlagen würde". Denn jedem vernünftigen Beobachter habe sich die offensichtliche Irrationalität nicht nur des Ergebnisses dieser Wahl, sondern des Wahlkampfes selber aufgedrängt. Fest steht: Auch Europa scheint zunehmend der populistischen Versuchung

---

1   Gemeint ist der Präsidentschaftswahlkampf 2016.

zu erliegen, von Orbán und Kaczynski bis zu Le Pen und der AfD. Erleben wir also gerade auch so etwas wie eine politische Irrationalisierung des Westens? Teile der Linken plädieren ja bereits dafür, auf den rechten Populismus mit einem linken Populismus zu reagieren.

Habermas: Bevor man rein taktisch reagiert, muss man das Rätsel lösen, wie es dazu kommen konnte, dass der Rechtspopulismus den Linken die eigenen Themen abnimmt. Der letzte G 20-Gipfel[2] hat uns in dieser Hinsicht ein lehrreiches Schauspiel beschert. Man las von der Aufregung der versammelten Regierungschefs angesichts der „Gefahr von rechts", die darauf hinauslaufen könnte, dass die Nationalstaaten ihre Tore schließen, die Brücken hochziehen und die globalisierten Märkte kaputt machen. Zu dieser Stimmung passt der verblüffende Politikwechsel in der Sozial- und Wirtschaftspolitik, den eine der Teilnehmerinnen, Theresa May, auf dem jüngsten Parteitag der englischen Konservativen verkündet hat und der erwartungsgemäß in der wirtschaftsfreundlichen Presse empörte Wellen schlug. Die britische Premierministerin hatte offenbar die sozialen Gründe für den Brexit gut studiert; jedenfalls will sie dem Rechtspopulismus dadurch den Wind aus den Segeln nehmen, dass sie – entgegen der bisherigen Parteilinie – auf den Interventionismus eines „starken Staates" setzt, um die Marginalisierung der „abgehängten" Teile der Bevölkerung und die zunehmende soziale Spaltung der Gesellschaft zu bekämpfen. Angesichts dieser ironischen Verkehrung der Programmatik muss sich die Linke in Europa fragen, warum es heute dem Rechtspopulismus gelingt, die Verdrossenen und Benachteiligten für den falschen Weg der nationalen Abschottung zu mobilisieren.

Sozialverträgliche Globalisierung durch supranationale Zusammenarbeit

Blätter: Wie hätte eine linke Antwort auf die rechte Herausforderung auszusehen?

Habermas: Man kann sich fragen, warum die linken Parteien den Kampf gegen soziale Ungleichheit nicht offensiv, auf dem Weg zu einer supranational koordinierten Zähmung der unregulierten Märkte führen wollen. Als vernünftige Alternative – sowohl zum Status quo des verwilderten Finanzmarktkapitalismus wie zum Programm des „völkischen" oder des linksnationalen Rückzugs in die vermeintliche Souveränität längst ausgehöhlter Nationalstaaten – bietet sich aus meiner Sicht nur eine supranationale Zusammenarbeit an, die das Ziel einer sozialverträglichen politischen Gestaltung der wirtschaftlichen Globalisierung verfolgt. Dafür reichen internationale Vertragsregime nicht aus; denn ganz abgesehen von deren zweifelhafter demokratischer Legitimation können politische Entscheidungen über verteilungsrelevante Fragen nur in einem festen institutionellen Rahmen implementiert werden. Daher bleibt nur der steinige Weg einer institutionellen Vertiefung und Verankerung einer demokratisch legitimierten Zusammenarbeit über

---

2   Im September 2016 in Hangzhou.

nationale Grenzen hinweg. Die Europäische Union war einmal ein solches Projekt – und die Politische Euro-Union könnte es immer noch sein. Aber dafür sind die Hürden der innenpolitischen Willensbildung eben sehr hoch.

Die Sozialdemokratien sind seit Clinton, Blair und Schröder auf eine im ökonomischen Sinne systemkonforme Linie eingeschwenkt, weil das im politischen Sinne „systemkonform" war oder zu sein schien: Im „Kampf um die Mitte" glaubten diese politischen Parteien, Mehrheiten nur auf dem Weg der Anpassung an den neoliberalen Kurs gewinnen zu können. Dafür haben sie die Tolerierung der langfristig wachsenden sozialen Ungleichgewichte in Kauf genommen. Inzwischen ist offenbar dieser Preis – das wirtschaftliche und soziokulturelle „Abhängen" immer größerer Bevölkerungsteile – so weit gestiegen, dass sich die Reaktion darauf nach rechts entlädt. Wohin auch sonst? Wenn eine glaubwürdige und offensiv vertretene Perspektive fehlt, bleibt dem Protest nur noch der Rückzug ins Expressive und Irrationale.

Blätter: Schlimmer noch als die Rechtspopulisten selbst scheinen jedenfalls die „Ansteckungsgefahren" bei den etablierten Parteien zu sein – und zwar in ganz Europa. Unter dem Druck von rechts schlägt in Großbritannien die neue Premierministerin eine harte Abwehr- oder gar Abschiebepolitik gegen ausländische Arbeitnehmer und Migranten an; in Österreich will der sozialdemokratische Regierungschef das Asylrecht per Notverordnung einschränken, um so eine harte Obergrenze einzuführen – und in Frankreich regiert François Hollande schon bald ein Jahr lang im Ausnahmezustand, zur Freude des Front National. Ist Europa der rechten Revolte überhaupt noch gewachsen oder erodieren die republikanischen Errungenschaften bereits unwiederbringlich?

Habermas: Nach meiner Einschätzung hat der innenpolitische Umgang mit dem Rechtspopulismus von Anfang an die falsche Richtung eingeschlagen. Der Fehler der etablierten Parteien besteht darin, die Front anzuerkennen, die der Rechtspopulismus definiert: „Wir" gegen das System. Dabei ist es ziemlich wurscht, ob dieser Fehler in Gestalt einer Assimilation an oder einer Konfrontation mit „rechts" auftritt. Sowohl der schrille Präsidentschaftsaspirant Nicolas Sarkozy, der mit seinen Forderungen Marine Le Pen überbietet, als auch der besonnene Justizminister Heiko Maas, der sich forsch mit Alexander Gauland auseinandersetzt, machen den Gegner stärker. Beide nehmen ihn ernst und verschaffen ihm Aufmerksamkeit. Nach einem Jahr kennt nun jeder das gewollt ironische Grinsen von Frauke Petry und das Gebaren des übrigen Führungspersonals dieser unsäglichen Truppe. Nur die Dethematisierung könnte dem Rechtspopulismus das Wasser abgraben.

Aber dazu müsste man willens sein, innenpolitisch eine ganz andere Frontlinie aufzumachen, und zwar durch die Thematisierung des oben beschriebenen eigentlichen Problems: Wie erlangen wir gegenüber den zerstörerischen Kräften einer entfesselten kapitalistischen Globalisierung wieder die politische Handlungsmacht zurück? Stattdessen herrscht auf der politischen Szene ein Grau in Grau, worin beispielsweise die durchaus globalisierungsfreundliche Agenda im Sinne einer politischen Gestaltung der wirtschaftlich und digital zusammenwachsenden Weltgesellschaft gar nicht mehr zu unterscheiden ist von der neoliberalen Agenda der Abdankung der Politik vor der Erpressungsmacht der Banken und der unregulierten Märkte.

Man müsste also politische Gegensätze wieder kenntlich machen, auch den Gegensatz zwischen der – im politischen und kulturellen Sinne „liberalen" – Weltoffenheit der linken und dem ethnonationalen Mief der rechten Globalisierungskritik. Kurzum: Die politische Polarisierung müsste sich wieder *zwischen* den etablierten Parteien um sachliche Gegensätze kristallisieren. Parteien, die dem Rechtspopulismus Aufmerksamkeit statt Verachtung widmen, dürfen von der Zivilgesellschaft nicht erwarten, dass sie rechte Parolen und rechte Gewalt ächtet. Für die größere Gefahr halte ich deshalb jene ganz andere Polarisierung, zu der der harte Kern der Opposition innerhalb der CDU zu tendieren scheint, wenn diese auf die Zeit nach Merkel schielt. Sie erkennt in Alexander Gauland den Flügelmann des Dregger-Flügels der alten Hessen-CDU wieder, also Fleisch vom eigenen Fleische, und kokettiert mit dem Gedanken, die verlorenen Wähler auf dem Weg einer Koalition mit der AfD zurückzugewinnen.

Der Saatboden für einen neuen Faschismus

Blätter: Auch verbal scheint derzeit vieles ins Rutschen zu kommen: Politiker werden immer häufiger als „Volksverräter" denunziert und offen beschimpft. Alexander Gauland nennt Angela Merkel eine „Kanzlerdiktatorin". Damit einher geht die sukzessive Rehabilitierung des Wörterbuchs des Unmenschen: Frauke Petry will den Begriff des „Völkischen" wieder in den gängigen Sprachgebrauch einführen, Björn Höcke spricht von „entarteter Politik" und prompt eine sächsische CDU-Bundestagsabgeordnete ebenfalls in klassischer NS-Diktion von der „Umvolkung" – alles ganz ohne weitere Konsequenzen.

Habermas: Daraus dürften demokratische Parteien für den Umgang mit Leuten, die solchen Parolen nachlaufen, eigentlich nur eine Lehre ziehen: Sie sollten diese Art von „besorgten Bürgern", statt um sie herumzutanzen, kurz und trocken als das abtun, was sie sind – der Saatboden für einen neuen Faschismus. Stattdessen beobachten wir immer noch das komische, in der alten Bundesrepublik eingespielte Ritual einer zwanghaften Symmetrisierung, so als müsse man sich, wenn dann doch einmal von „Rechtsextremismus" die Rede ist, durch den eilfertigen Hinweis auf einen entsprechenden „Linksextremismus" einer Peinlichkeit entziehen.

Blätter: Wie erklären Sie sich die besondere Empfänglichkeit für den Rechtspopulismus der AfD in den östlichen Ländern und die dortige Massierung rechtsradikaler Straftaten? Oder geht diese Debatte an den wahren Problemen vorbei?

Habermas: Man darf sich natürlich auch über den hohen Wahlerfolg der AfD in Baden-Württemberg keine Illusionen machen, selbst wenn die Affekte des Herrn Meuthen gegen das linksliberale Erbe der 68er keine rechtsextreme, sondern eine aus der alten Bundesrepublik hinlänglich bekannte

Gemütslage vermuten lassen. Im Westen scheinen die rechten Vorurteile der AfD-Wähler überwiegend durch ein konservatives Milieu gefiltert zu sein, das sich in der DDR nicht hatte entwickeln können. Auf das Konto des Westens gehen ebenso die rechtsradikalen Trupps, die sofort nach der Wende von der alten Bundesrepublik aus nach Osten ausgeschwärmt sind und überhaupt erst die nötigen Organisationsfähigkeiten mitbrachten. Aber nach den bekannten statistischen Indikatoren zu urteilen, ist heute die *ungefilterte* Anfälligkeit für wabernde autoritäre Vorurteile und „alte Kontinuitäten" in den östlichen Bundesländern größer. Soweit dieses Potenzial nicht ohnehin aus Nichtwählern besteht, konnte es bis zum Auslöser der Flüchtlingspolitik mehr oder weniger unauffällig bleiben: Diese Wähler waren bis dahin von der selektiven Wahrnehmung und dem nationalen Wohlwollen der Ost-CDU angezogen oder zu erheblichen Teilen auch von der „Linken" aufgefangen worden. Das mag eine gute Funktion gehabt haben. Aber für ein demokratisches Gemeinwesen ist es besser, wenn fragwürdige politische Mentalitäten nicht auf Dauer unter den Teppich gekehrt werden.

Andererseits mag der Westen, der beim Modus der Wiedervereinigung und beim Wiederaufbau das Sagen hatte und nun die politische Verantwortung für die Folgen trägt, im Lichte der historischen Beurteilung dieser Tatsachen sogar den schwarzen Peter haben. Während die Bevölkerung der alten Bundesrepublik unter günstigen ökonomischen Bedingungen die Chance erhalten hatte, sich in jahrzehntelang fortgesetzten öffentlichen Diskussionen vom Erbe der NS-Zeit, von verseuchten Mentalitäten und weiter amtierenden Eliten, zu lösen, kam die Bevölkerung der ehemaligen DDR nach 1990 gar nicht erst in eine Situation, in der sie *eigene* Fehler hätte begehen *können* und aus der NS-Vergangenheit hätte lernen *müssen*.

Blätter: In der Bundespolitik hat die AfD vor allem die Union in strategischen Aufruhr versetzt. Unlängst haben daher Politiker von CDU und CSU den „Aufruf zu einer Leit- und Rahmenkultur" verfasst, um „den Patriotismus nicht den Falschen zu überlassen". Dort heißt es: „Deutschland hat ein Recht zur Festlegung dessen, was selbstverständlich gelten soll." Zu fördern seien die „Verwurzelung in liebgewonnener Heimat und gelebter Patriotismus". Dabei galt in der Bundesrepublik, im Zuge zunehmender Akzeptanz der Demokratie, immer mehr das Grundgesetz als Leitkultur und seine Anerkennung als Maßstab gelungener Integration. Erleben wir heute die Überführung dieser verfassungspatriotischen Leitkultur in eine neue deutsche Leitkultur aus Brauchtum und Sitte, etwa eine Pflicht zum Handschlag bei Begrüßung?

Habermas: Wir sind offenbar voreilig davon ausgegangen, dass die Merkel-CDU diese hinterwäldlerische Debatte aus den 1990er Jahren hinter sich gelassen hat. Die Flüchtlingspolitik hat eine innere Opposition auf den Plan gerufen, die die Erben des nationalkonservativen Flügels der altbundesrepublikanischen CDU/CSU mit den Konvertiten der Ost-CDU zusammenführt. Deren Aufruf markiert die Nahtstelle, an der die CDU als Partei auseinanderbrechen würde, wenn sie sich zwischen der Alternative entscheiden müsste, ob sie die Integration der Flüchtlinge politisch entweder nach den

Maßstäben eines demokratischen Rechtsstaates oder nach Vorstellungen der nationalen Mehrheitskultur gestalten will. Die demokratische Verfassung einer pluralistischen Gesellschaft sieht kulturelle Rechte für Minderheiten vor, damit diese die Möglichkeit erhalten, ihre kulturelle Lebensform fortzusetzen. Deshalb ist eine rechtsstaatliche Integration mit der Verpflichtung zur Unterordnung von Einwanderern anderer Herkunft unter eine inklusive Mehrheitskultur unvereinbar. Vielmehr verlangt sie die Differenzierung der im Lande tradierten Mehrheitskultur von einer allen Bürgern gleichermaßen zugänglichen und zugemuteten politischen Kultur.

Zu dieser politischen Kultur gehören allerdings die geschichtlichen Kontexte des Landes, von denen das Selbstverständnis der Staatsbürger und auch die Interpretation der Verfassungsprinzipien zehrt. Die Zivilgesellschaft muss von den eingewanderten Staatsbürgern erwarten, ohne es rechtlich erzwingen zu können, dass sie sich in diese politische Kultur einleben. Dafür bietet der Bericht, den Navid Kermani, ein deutscher Staatsbürger iranischer Herkunft, von seinem Besuch im ehemaligen KZ Auschwitz soeben im „Spiegel" veröffentlicht hat, ein anrührendes und erhellendes Beispiel – er reihte sich dort im Sprachengewirr der Besucher aus vielen Ländern spontan in die schweigsame Gruppe der Deutschen, mithin der Nachkommen der Tätergeneration, ein. Die von ihm so geschätzte deutsche Sprache war es jedenfalls nicht, die ihn dazu bewegte.

Da die politische Kultur im Fluss einer lebendigen demokratischen Streitkultur nicht still steht, genießen die Eingebürgerten auf der anderen Seite wie die alteingesessenen Bürger das Recht, ihre eigene Stimme in den Prozess der Fort- und Umbildung der gemeinsamen politischen Kultur einzubringen. Für die definierende Kraft dieser Stimmen sind bei uns die erfolgreichen Schriftsteller, Filmregisseure, Schauspieler, Journalisten und Wissenschaftler aus den Familien der ehemaligen türkischen „Gastarbeiter" das beste Beispiel. Versuche der rechtlichen Konservierung einer Leitkultur sind nicht nur verfassungswidrig, sondern auch unrealistisch.

Die Karriere der Kanzlerin als politisches Paradebeispiel

Blätter: In Ihrem Interview, in der „Zeit" vom 7. Juli 2016, kritisieren Sie „aus der Perspektive eines teilnehmenden Zeitungslesers" eine „gewisse Anpassungsbereitschaft der Presse", ohne die sich „der Schaumteppich der Merkelschen Politik der Einschläferung" nicht über das Land hätte ausbreiten können. Offensichtlich erleben wir seit der Merkelschen Flüchtlingspolitik eine neue Polarisierung. Sehen Sie darin eine Chance, endlich wieder in politischen Alternativen zu denken?

Habermas: Angesichts der Fixierung auf die AfD fürchte ich eher eine noch weitergehende Einebnung der Differenzen zwischen den übrigen Parteien. Von einer Politik der Einschläferung habe ich im Hinblick auf die Europapolitik gesprochen. Daran hat sich auch seit dem Brexit einstweilen nichts geändert. Man liest beispielsweise kaum etwas von der erneuten

Zuspitzung des Konflikts zwischen Finanzminister Schäuble und dem IWF, der aus der Hilfe für Griechenland ausgestiegen ist. Ohne eine Initiative, die die lähmende Sparpolitik verändert, wird in Europa die Bereitschaft zur Kooperation auch nicht auf anderen politischen Gebieten zunehmen können.

Wolfgang Schäuble hat nach dem Brexit in einem „Welt"-Interview seine Anfang der 1990er Jahre, zusammen mit Karl Lamers entwickelte Perspektive auf ein handlungsfähiges Kerneuropa nun auch öffentlich widerrufen. Angela Merkel, die man als eine angenehm rationale, sachlich-pragmatisch auftretende, aber auf kurze Sicht und machtopportunistisch handelnde Politikerin kennen gelernt hatte, hat mich zwar mit ihrer konstruktiv entworfenen Flüchtlingspolitik überrascht. So zeigt ihre jüngste Afrika-Reise, dass sie die Fähigkeit und die Bereitschaft zu einem strategisch ausgreifenden Handeln hat. Aber was heißt das, wenn sie doch auf der anderen Seite, und dies schon seit 2010, die Europapolitik aus der engen Perspektive eines wirtschaftlichen Nationalegoismus betreibt? Sie scheint gerade auf dem Politikfeld nationalstaatlich zu denken, auf dem der Bundesrepublik die Aufgabe zufällt, Impulse zu einer Gestaltung Europas zu geben. Merkels kurzsichtig am Status quo festhaltende Austeritätspolitik hat bisher notwendige Schritte nach vorn verhindert und die Spaltungen innerhalb Europas massiv vertieft.

Blätter: Gerade Sie fordern ja seit langem die Transnationalisierung der Demokratie, sprich: die Stärkung der EU, um den Kontrollverlust der Nationalstaaten in einer hoch interdependenten Weltgesellschaft wettzumachen. Doch offensichtlich nimmt die reaktionäre Sehnsucht nach dem Rückzug in den Kokon des Nationalstaats immer mehr zu. Sehen Sie angesichts der realexistierenden EU und ihrer Institutionen überhaupt noch eine realistische Chance, dieser Renationalisierung entgegen zu wirken?

Habermas: Die Verhandlungen über den Brexit werden das Thema jedenfalls wieder auf die Tagesordnung bringen. Tatsächlich halte ich nach wie vor die Binnendifferenzierung in eine politisch enger zusammenarbeitende Euro-Union (Stichwort: „Kerneuropa") und eine Peripherie von abwartenden Ländern, denen der Beitritt offensteht, für richtig. Dafür sprechen so viele politische Gründe und ökonomische Tatsachen, dass ich meine, die Politiker sollten lieber an die Lernfähigkeit des Menschen glauben, als den eigenen Verzicht auf politische Gestaltung mit dem Fatalismus unbeeinflussbarer systemischer Gewalten zu rechtfertigen. Gerade Angela Merkels Karriere bietet mit dem Ausstieg aus der Kernenergie und ihrer flüchtlingspolitischen Weichenstellung zwei bemerkenswerte Gegenbeispiele gegen die These vom fehlenden politischen Handlungsspielraum.

Warum wir Nazis nicht entgegenkommen sollten

Von **Rebecca Solnit**

Als Donald Trump im Jahr 2016 die Präsidentschaftswahl gewann – nicht aber die Mehrheit der Wählerstimmen –, schien die „New York Times" gar nicht genügend Artikel zu der Frage veröffentlichen zu können, was Trump-Anhänger fühlten und dachten. Sie wurden in diesen Beiträgen als eine exotische Spezies und zugleich als Menschen dargestellt, die zu verstehen wir uns bemühen sollten – verstehen im Sinne sowohl des intellektuellen Begreifens als auch einer gewissen Akzeptanz. Nachdem Trump die Wahl 2020 nun verloren hat, überließ die „Los Angeles Times" ihre komplette Leserbriefseite Trump-Wählern. Und die hatten genau die vorhersehbaren Dinge zu sagen, die wir seit weit mehr als vier Jahren hören – dank der „New York Times" und wohl rund 11000 anderen Nachrichtenmedien, die jedem *White Supremacist* an den Lippen hängen, den sie zu einer Äußerung bewegen können.

Der zuständige Redakteur kommentierte besagte Leserbriefseite wie folgt: „Zu keiner Zeit während der zehn Jahre, die ich diese Seite nun betreue, standen sich Leserinnen und Leser mit widerstreitenden Meinungen derart unversöhnlich gegenüber wie heute, so als bezögen sie ihre Werte und Fakten aus unterschiedlichen Universen. Als kleinen Beitrag zu dem Versuch, diese Kluft zu überbrücken, veröffentlichen wir heute eine ganze Seite mit Briefen von Trump-Anhängern." Impliziert wird hier wie üblich: Wir – das urbane, multi-ethnische, liberal-bis-radikale, nur-teilweise-christliche Amerika – müssen mehr Zeit investieren, um das „Make America great again"-Amerika zu verstehen.

Aus der anderen Richtung wird diese Forderung nicht erhoben. Ich bin mir ziemlich sicher, dass „Fox News", Ted Cruz und „The Federalist" ihr Publikum nicht mit erhobenem Zeigefinger drängen, sagen wir, mit Black-Lives-Matter-Aktivist:innen, Rabbis, Imamen, Abtreibungsärzt:innen, Universitätsabsolvent:innen ohne Papiere oder lesbischen Lehrstuhlinhaberinnen in Diskurs zu treten. Wenn nur die eine Seite den Auftrag hat, Frieden zu schließen, kann es nicht zu einem Frieden kommen, sondern nur zu einer einseitigen Kapitulation. Uns wird nahegelegt, diese Haltung als Überparteilichkeit aufzufassen, aber dies würde implizieren, dass beide Seiten sich über ihre Parteilichkeit hinwegsetzen, und daran haben Mitch McConnell – der republikanische Mehrheitsführer im Senat – & Co. nicht das geringste Interesse.

Das Gefühl, nicht respektiert zu werden

Paul Waldmann hat vor ein paar Jahren in einer beachtenswerten Kolumne in der „Washington Post" darauf hingewiesen, dass diese Diskrepanz rechten Akteuren in die Hände spielt: „Es ist gängige Annahme, dass die Demokraten nur das mächtige Mittel des Respekts einsetzen müssten, und schon würden Meinungen geändert und Wählerstimmen gewonnen. Diese Überzeugung, mag sie noch so weit verbreitet sein, ist erschreckend naiv." Das Gefühl, nicht respektiert zu werden, merkt er an, „wird nicht durch die politische Agenda der Demokraten erzeugt und ebenso wenig durch das, was demokratische Politiker sagen. Woher also kommt es? Eine komplette Industrie widmet sich der Aufgabe, Weißen einzureden, dass liberale Eliten auf sie herabblicken. Die Rechte verfügt über einen gigantischen Medienapparat, der damit befasst ist, den Leuten einzureden, man respektiere sie nicht, und über eine Partei, deren Entscheidungsträger allesamt verstanden haben, dass diese Vorstellung von zentraler Bedeutung für ihr politisches Projekt ist, und deshalb bei jeder Gelegenheit in den Chor einstimmen."

Oft wird auch eine Art Pakt mit dem Teufel geschlossen, der beinhaltet, dass man jenen Weißen, die meinen, das Land gehöre ihnen, schmeichelt und sie – ja genau – respektiert, indem man andere Leute über die Klinge springen lässt, indem man also etwa Immigrant:innen, queere Menschen, Feminist:innen und ihre Rechte und Ansichten *nicht* respektiert. Wenn man besagter weißer Klientel derart entgegenkommt, bestärkt man sie in ihrer Überzeugung, wichtiger zu sein als andere Menschen, und so ziemlich alle Probleme, die wir in den vergangenen vier Jahren hatten, von den zurückliegenden fünfhundert ganz zu schweigen, wurzeln in dieser Überzeugung – der Vorstellung, Weiße zählten mehr als Nicht-Weiße, Christ:innen mehr als Nicht-Christ:innen, Einheimische mehr als Eingewanderte, Männer mehr als Frauen, Heteros mehr als Queers, Cis-Sexuelle mehr als Transmenschen.

Samuel Alito, Richter am Obersten Gerichtshof, hat sich kürzlich beklagt: „Man darf ja nicht mehr sagen, die Ehe sei eine Verbindung zwischen einem Mann und einer Frau. Das gilt heute als bigott." Es ist die übliche Klage der Rechten: Das eigentliche Opfer sei der Rassist, der als Rassist bezeichnet wird, nicht etwa das Opfer seines Rassismus; die eigentliche Unterdrückung bestehe darin, dass man in seiner Freiheit, andere zu unterdrücken, eingeschränkt wird. Und natürlich ist Alito unaufrichtig: Man darf sehr wohl etwas gegen die Anerkennung der gleichgeschlechtlichen Ehe sagen (er hat es getan). Und dann dürfen andere Menschen einen als bigott bezeichnen, weil sie ebenfalls eine Meinung haben wie auch äußern dürfen. Doch in seiner festgefügten Weltsicht ist diese Art abweichender Meinung nicht hinnehmbar – was lustig ist, wenn man bedenkt, dass er einer Partei angehört, deren Anhänger:innen auf Wahlveranstaltungen T-Shirts mit der Aufschrift „fuck your feelings" („scheiß auf deine Gefühle") trugen und den Begriff „snowflake"[1] populär machten. Und doch herrscht diese hoffnungslos naive Form

---

1   Zu Deutsch etwa: Mimose; ein pejorativer Begriff, den die radikale US-Rechte gegenüber Liberalen und Feminist:innen nutzt, besonders in Fragen der Political Correctness. – D. Red.

von politischem Zentrismus vor, die Annahme, wenn wir nur nett genug zu der anderen Seite seien, gebe es bald keine andere Seite mehr, sondern wir würden alle zu einer großen, glücklichen Familie. Diese dümmliche Haltung wird auch gegenüber Fragen des Glaubens sowie Tatsachen und Prinzipien eingenommen: Man begegnet allem mit einer krausen Mischung aus moralischer Relativierung und dem therapeutenhaften „jedes Gefühl hat seine Berechtigung". Aber die Wahrheit ist kein Kompromiss irgendwo in der Mitte zwischen Wahrheit und Lüge, zwischen Fakt und Illusion, zwischen Wissenschaft und Propaganda. Und ethisches Verhalten ergibt sich nicht als Mittelweg zwischen White Supremacists und Menschenrechtsaktivist:innen, Synagogen-Attentätern und jüdischen Menschen, Fremdenhasser:innen und Immigrant:innen, wahnhaften Transphoben und Transmenschen. Wer zum Teufel will Eintracht mit Nazis, es sei denn, sie hören auf, Nazis zu sein?

Wir sollten damit aufhören, die andere Seite versöhnlich stimmen zu wollen

Meiner Ansicht nach hat unsere Seite – man verzeihe mir die anhaltende Vereinfachung und binäre Logik – allen etwas zu bieten, und wir können und müssen es auch ganz konkret anbieten, um auf lange Sicht die Oberhand zu gewinnen, und zwar mittels besserer Narrative und einer besseren Verbreitung dieser Narrative, damit sie wirklich alle erreichen.

Wir wollen, dass jede:r von der eigenen Arbeit leben kann und Zugang zu medizinischer Versorgung hat und dass sich Gesundheits-, Studien- oder Wohnkosten bei niemandem zu einer riesigen Schuldenlast auftürmen. Wir wollen, dass unser Planet in guter Verfassung ist, wenn die jetzt Neugeborenen im Jahr 2100 achtzig Jahre alt werden.

Die uns nahegelegte Kompromissbereitschaft würde jedoch bedeuten, dass wir unsere Narrative verwässern oder ganz aufgeben, statt sie zu stärken und verbessern (und Wege zu finden, sie dem Rest der amerikanischen Bevölkerung nahezubringen, statt dass sie verzerrt oder abgeblockt werden). Ich habe einen Großteil meinen Erwachsenenlebens damit verbracht, Politikern wie Bill Clinton und manchmal auch Barack Obama dabei zuzusehen, wie sie die Werte ihrer Seite verrieten, um die andere Seite versöhnlich zu stimmen – mit erbärmlichen Resultaten. Und ich kann nur hoffen, dass sich die Zeiten hinlänglich geändert haben und Joe Biden es ihnen nicht nachtun wird.

Ein weiteres Problem bei dem Kommentar des Leserbriefredakteurs der „LA Times", der von Fakten und Werten spricht, besteht darin, dass die eine Seite mit jeder Menge Aussagen aufwartet, die es nicht verdienen, als Fakten bezeichnet zu werden, und dass ihre Werte es nur allzu oft rechtfertigen, vielen von uns auf der anderen Seite zu schaden. Um nicht nur das eine Nachrichtenmedium zu kritisieren: Mitte November war auf der Titelseite der „Washington Post" in einem Artikel über den *#millionMAGAmarch*, die Demonstration der Trump-Anhänger in Washington, zu lesen: „In aller Krassheit trafen in der Bundeshauptstadt zwei unversöhnliche Versionen von

Amerika aufeinander, die sich weigerten, zu akzeptieren, was die jeweils andere Seite als unbestreitbare Tatsache betrachtete." Nur hatte die eine Seite eben wirklich Tatsachen zu bieten, insbesondere die, dass Donald J. Trump die Wahl verloren hat, die andere Seite hingegen verbreitete wilde Phantasien.

Das Problem ist die Appeasement-Ökonomie, in der wir leben

Ich begreife, dass der Klimawandel für viele Menschen keine Realität ist. Aber ist wirklich etwas gewonnen, wenn ich ein weiteres Mal denen zuhöre, die sich weigern, der Wissenschaftsgemeinde zuzuhören und die Belege zur Kenntnis zu nehmen, die wir täglich vor Augen haben? Dass die Rechte den Klimawandel nicht „versteht", hat viel damit zu tun, dass am Klimawandel eines sich ganz klar zeigt: Alles ist miteinander verbunden, alles, was wir tun, hat weitreichende Folgen, und deshalb sind wir für das Ganze verantwortlich – eine Botschaft, die im Widerspruch zur rechten Idealisierung einer Art von Freiheit steht, die sehr nach Unverbundenheit und Unverantwortlichkeit riecht. Aber die Leugnung des Klimawandels ist auch ein Ergebnis davon, dass Öl- und Gasgesellschaften und die von ihnen gekauften Politiker:innen aus Profitgier Propaganda und Lügen verbreiten – und das verstehe ich besser als die Menschen, die das alles glauben.

Wenn die Hälfte von uns glaubt, die Erde sei eine Scheibe, schaffen wir keinen Frieden, indem wir uns darauf einigen, dass sie ein Mittelding zwischen einer Scheibe und einer Kugel ist. Diejenigen von uns, die wissen, dass die Erde rund ist, werden die anderen nicht durch einen Kompromiss gewinnen. Wir wissen alle, dass man Menschen durch eine freundliche, einladende Haltung eher aus ihrem Wahn befreit als durch Spott, aber das bedeutet, sie auf unsere Seite einzuladen, nicht sich in ihre Richtung zu bewegen.

Der Leserbriefredakteur schrieb von Fakten und von Werten. In den vergangenen vier Jahren sind zu viele Rechte dazu ermuntert worden, ihre Werte in Gewalt umzumünzen. Auf einem der T-Shirts bei dem #millionMAGAmarch stand: „Pinochet hat nichts falsch gemacht" – außer dass er einen Putsch durchführte, tausende Chilen:innen folterte und verschwinden ließ, Gesetze und Rechte missachtete. Kürzlich wurde eine Verschwörung von Rechtsextremisten aufgedeckt, deren Ziel es war, die Regierung von Michigan zu stürzen und die Gouverneurin Gretchen Whitmer zu entführen. Und im vergangenen Sommer haben Rassisten bei verschiedenen Black-Lives-Matter-Demonstrationen Menschen erschossen und ihre Autos in die Menge gesteuert. Das gegen Immigranten gerichtete Massaker in El Paso ist erst gut ein Jahr her, der Anschlag auf die Synagoge in Pittsburgh rund zwei Jahre, die rechtsextreme Demonstration in Charlottesville, bei der Heather Heyer umgebracht wurde, drei Jahre (und natürlich hat es in dieser Zeit unzählige kleinere Vorfälle gegeben).

Müssen wir die Kluft zwischen Nazis und Nicht-Nazis überbrücken? Ein Teil des Problems besteht darin, dass wir in einer Appeasement-Ökonomie leben, einem System, dessen reibungsloses Funktionieren dadurch gewährleistet werden soll, dass wir nett zueinander sind. Die Beschwichtigungspolitik hat in den 1930ern nicht funktioniert, und sie wird auch jetzt nicht funktionieren. Das heißt nicht, dass man wütend oder feindselig sein oder selbst Hass verbreiten muss, doch es bedeutet sehr wohl, dass man an seinen Prinzipien festhalten und das, was angegriffen wird, verteidigen sollte. In manchen Situationen findet sich keine gemeinsame Basis, schon gar keine, auf der man aufbauen könnte. Wollten Nazis auf uns zugehen, Gemeinsamkeiten finden, uns verstehen, dann hätten sie vermutlich keinen Fackelzug veranstaltet, bei dem Scharen weißer Männer brüllten „Jews will not replace us!" („Wir lassen uns nicht gegen Juden austauschen"), außerdem wären sie dann schlicht keine Nazis. Nazi, White Supremacist, Frauenhasser, Transphober zu sein heißt, eine Haltung zu vertreten, bei der die Weigerung, jemanden verstehen zu wollen, Ausdruck der grundlegenden Weigerung ist, ihn oder sie zu respektieren. Es ist eine Minderheitsposition, aber indem wir sie gelten lassen, geben wir ihr wieder und wieder die Macht einer Mehrheitsposition.

Nachgiebigkeit gegenüber Intoleranz nährt die Intoleranz

Tatsächlich hat sich die gesamte republikanische Partei schon lange vor Trump dem undemokratischen Projekt verschrieben, die Wählerschaft zu verkleinern, statt zusätzliche Stimmen zu gewinnen. Die Republikaner haben die Wahlbehinderung bzw. -vereitelung zu ihrer zentralen Wahlstrategie gemacht, und es sind vornehmlich die Schwarzen und andere People of Color, deren Stimmabgabe verhindert werden soll. Mit absoluter Skrupellosigkeit werden diesen Bürger:innen so ihre verbürgten Rechte verweigert. Nachdem es bei der letzten Wahl nicht gelungen ist, genügend Schwarze vom Wählen abzuhalten, wird jetzt mit aller Macht versucht, die Stimmen nachträglich zu verwerfen. Was tut man mit Menschen, die glauben, sie seien mehr wert als andere Menschen? Auf sie einzugehen, bestärkt sie in ihrem Glauben, sie seien wesentlich für das Leben in unserem Land, sie seien wichtiger als andere, und ihre Ansichten hätten vorzuherrschen. Nachgiebigkeit gegenüber Intoleranz nährt die Intoleranz.

Vor Jahren schrieb der Linguist George Lakoff, die US-Demokraten würden gegenüber der Bürgerschaft wie freundlich fördernde, zugewandte Mütter agieren, die Republikaner dagegen wie strenge, disziplinierende Väter. Das Verhältnis zwischen den beiden Parteien allerdings gleicht der Ehe zwischen einer zu nachgiebigen Frau und einem herrischen Mann, der seine Macht oft missbraucht (man denke nur daran, wie die letzten beiden frei gewordenen Richterposten am Supreme Court besetzt wurden und warum Merrick Garland scheiterte). In „The Hill" erschien am 13. November die Schlagzeile: „Nominierung von Warren würde Republikaner laut GOP-Senatoren spalten." Ich bin mir ziemlich sicher, dass die Zeitung nie eine Schlagzeile gebracht hat, die etwa lautete: „Nominierung von Pompeo (oder Bolton oder Purdue oder Sessions) würde demokratischen Senatoren zufolge Demokraten spalten." Ich bin zu einer Zeit aufgewachsen, als man von Frauen, die geschlagen wurden, erwartete, mehr zur Besänftigung ihrer Männer zu tun und sie nicht herauszufordern, und diese Haltung lebt in der entwürdigenden politischen Praxis unserer von Machtmissbrauch gekennzeichneten nationalen Ehe fort.

Es gibt Menschen, die nicht zu siegen wissen. Andere können nicht glauben, dass sie verloren haben oder jemals verlieren werden oder verlieren könnten, und ihre Uneinsichtigkeit stellt eine gewisse Bedrohung dar. Deshalb wird den Gewinner:innen der letzten Wahl in vielfältiger Weise nahegelegt, sie müssten vor den Verlierer:innen katzbuckeln. Es herrscht die Vorstellung, man müsse bestimmten Leuten schmeicheln und sie mit Samthandschuhen anfassen – obwohl sie doch genau denen Schaden zufügen, die ihnen schmeicheln und sie mit Samthandschuhen anfassen sollen, obwohl sie eine Minderheit sind, obwohl sie Gesetze brechen oder die Wahl verloren haben.

Durch diese Form der einseitigen Kapitulation werden Frauenhass und Rassismus nicht nur in rechte, sondern auch in viele liberale und zentristische Positionen eingebrannt. Lakoff ist nicht so weit gediehen zu sagen, dass dieses Land einem Haushalt gleicht, in dem das ausgeübt wird, was Anwälte, die sich mit häuslicher Gewalt befassen, als *coercive control* bezeichnen, durch Zwang ausgeübte Kontrolle: der eine Partner – gemeinhin der Mann – kontrolliert den anderen Partner – gemeinhin die Frau – durch Drohungen, Einschüchterungen, Abwertung und schieres Niederbrüllen.

Jetzt ist die richtige Zeit, um auf unseren Prinzipien zu bestehen

So sahen Ehen vor den Zeiten des Feminismus oft aus, und von der misshandelten Frau wurde erwartet, dass sie ihren zornigen Mann besänftigte und beruhigte. Der Feminismus ist in jeder Hinsicht nützlich, und in diesem Fall hat er ein gutes Beispiel dafür zu bieten, dass diese Art von Beziehungsgestaltung zugleich ungeheuerlich und zum Scheitern verdammt ist. Sie hat in der Ehe nie funktioniert, und es war und ist nicht die Verantwortung der Misshandelten, ihre Misshandlung zu verhindern, nicht ihre Aufgabe, sich zurückzunehmen und ihre Rechte wie auch ihre Stimme preiszugeben. In der nationalen Politik funktioniert diese Art von Beziehung genauso wenig. Jetzt ist die richtige Zeit, um auf unsere Prinzipien zu bestehen und das zu verteidigen, was uns wichtig ist, und ich glaube auch, dass das eine durchaus erfolgversprechende Strategie ist, zumindest eine, die uns dem Erfolg näherbringt, als es die Kapitulation täte. Abgesehen davon – das darf ruhig noch einmal wiederholt werden – haben wir gesiegt, und großmütig im Sieg zu sein heißt dennoch siegreich sein.

Postscriptum: In diesem Essay habe ich den Begriff Nazi sowohl im wörtlichen als auch im übertragenen Sinne verwendet, also für Menschen mit durch und durch verwerflichen Ansichten. Es gibt echte Nazis in den Vereinigten Staaten, womit ich *White Supremacists* meine, die Hakenkreuzfahnen schwenken und sich mittels Tattoos, Abzeichen, einschlägigem Gruß und sonstigen Symbolen des Dritten Reichs identifizieren; Menschen, die extrem rassistisch, antisemitisch und gewaltverherrlichend sind und diese Gewalt selbst wieder und wieder ausüben, in verstärktem Maße seit dem Jahr 2017. Natürlich sind nicht alle Trump-Anhänger und nicht alle Rechten in den USA Nazis, wohl aber haben Trump selbst, seine Anhänger und die amerikanische Rechte nur allzu oft die Wirkmacht solcher Extremisten gutgeheißen, entschuldigt oder geleugnet. Viele Moderate und Vertreter:innen der politischen Mitte wiederum spielen die Existenz solcher Extremisten herunter, und nach der Erstveröffentlichung dieses Textes bin ich Menschen begegnet, die sich weit mehr über die Tatsache aufregten, dass ich Andere als Nazi bezeichne, als über die echten Nazis, Möchtegern-Nazis oder Neonazis selbst.

Und von wegen Neonazis: In den amerikanischen Medien bin ich am 21. November 2020, zwei Tage nach Veröffentlichung dieses Textes in den USA, auf einen Bericht über Neonazis gestoßen, als im „Idaho Statesman" die Festnahme dreier Männer wegen Verstößen gegen das Waffengesetz gemeldet wurde. Einer von ihnen „war angeblich in einem mittlerweile stillgelegten Neonazi-Forum namens Iron March [„Eiserner Marsch"] aktiv. Laut Staatsanwaltschaft wird ihm neben Verstößen gegen das Waffengesetz auch vorgeworfen, Mitglieder für eine Gruppe angeworben zu haben, die er als ‚moderne SS' in den USA bezeichnete." Sie wurden in Waldgebieten in Idaho ausgebildet, und die Zeitung berichtet weiter: „Der Staatsanwaltschaft zufolge drehte die Gruppe ein Video von sich beim Schießtraining mit Sturmgewehren und Gewehren mit verkürztem Lauf. Am Ende des Videos sieht man die vier Männer den Hitlergruß entbieten, sie tragen Totenkopfmasken im Stil der *Atomwaffen Division*, einer terroristischen Nazi-Organisation, die mit etlichen Morden in den USA in Verbindung gebracht wird." Insofern: ja, Nazis. Die Dichterin Maya Angelou hat einmal gesagt: „Wenn Menschen dir zeigen, wer sie sind, glaub ihnen gleich beim ersten Mal."

Gegen den autoritären Kältestrom: Lernen wir, utopisch zu handeln!

Von **Oskar Negt**

An den Anfang setze ich, aus aktuellem Anlass, eine These: Demokratie ist die einzige staatlich verfasste Gesellschaftsordnung, die gelernt und in ihrer komplexen Bedeutung verinnerlicht werden muss, und daher immer gefährdet ist. Ich werde daher nicht in erster Linie über Pegida und die AfD sprechen, sondern über den weit über die Bundesrepublik hinausreichenden gesellschaftlichen Kältestrom, der derartige rechtspopulistische Bewegungen erst möglich macht und in dem sich diese bewegen.

Der Blick in die Vereinigten Staaten, aber auch nach Europa zeigt: Wir leben in Zeiten gesellschaftlicher Umbrüche größten Ausmaßes. Im Öffentlichkeitsbild politischer Eliten zeigt sich jedoch eine starke Neigung, die Kernsubstanz des öffentlichen Lebens schon dann für ausreichend fundiert zu halten, wenn den kommenden Generationen ein volles Warenlager hinterlassen wird. Vielleicht ist es aber auch ganz anders; der Jurist Ernst-Wolfgang Böckenförde hat von einer paradoxen Situation gesprochen: Wir leben und zehren in den entwickelten demokratischen Gesellschaften von einer kulturellen Substanz, die wir nicht erzeugt haben und die wir auch nicht hätten erzeugen können – in den verengten Horizonten, in denen sich der „Tatsachenmensch" von heute kulturell und politisch bewegt.

Denn niemand wird als politischer Mensch geboren; deshalb müssen demokratische Lernprozesse sehr früh beginnen und sie hören auch im Alter nicht auf. Dabei handelt es sich bei diesen Lernprozessen nicht einfach um die Aneignung von Regeln, sondern um die praktische Veränderung der Lebensführung. Demokratie ist eine spezifische Lebensform, die existenziell vom entwickelten Urteilsvermögen abhängt. Wo solche Prozesse der gesellschaftlichen Urteilsbildung stocken oder zu bloßen Ritualen heruntergewirtschaftet sind, zeigen sich sehr schnell Brüche im Gesellschaftsgefüge. So richtig fühlt sich niemand für solche Erosionen verantwortlich, die schließlich auch die Machtzentren etablierter Parteien und Institutionen erfassen, in den Vereinigten Staaten, aber auch in der Europäischen Union.

Der Gesellschaftsentwurf Europa, wie er gegenwärtig immer mehr zerfranst und mit dem Geschrei „Wir sind das Volk" in einer geradezu lächerlichen Verkehrung ursprünglicher Sinngehalte beschädigt wird, dieser mit Demokratie verknüpfte Entwurf ist aufs Äußerste gefährdet. Den rechtsradikalen Nachkriegsparteien, die faschistische Potentiale sammelten, fehlte der Massenanhang: Das hat sich radikal geändert, und darin besteht auch die eigentliche Gefahr. Diese antidemokratischen Bewegungen bedienen sich weitgehend demokratischer Mittel. Das ist schwer erträglich und noch schwerer zu verstehen.

Vielleicht hilft dagegen ein Blick zurück: Seit den im Westfälischen Frieden ausgehandelten Ermächtigungen der Souveräne, ohne besondere Rechtfertigung über Krieg und Frieden zu entscheiden *(ius belli ac pacis)*, erweiterten die Nationalstaaten fortwährend den Legitimationsumkreis, der in einer durch Verlustängste gekennzeichneten Welt Sicherheiten versprach. Das Wort vom „friedenswirksamen Vergessen", das in Osnabrück und Münster in Umlauf kam, verknüpfte sich mit der Idee der Toleranz. Heute dagegen bewirkt das Vergessen das Gegenteil, nämlich eine massive nationalistische Rückwendung. Und die Motive, die das Handeln und Denken heute in eine Richtung drängen, die mit dem europäischen Einheitsgedanken gleichzeitig die Praxis demokratischer Eingriffe beschädigt, werden härter und nationalegoistischer mit jedem Schritt – übrigens im Widerspruch zur betriebswirtschaftlichen Vernunft, die das sonstige kollektive Handeln bestimmt.

Die Welt in der Krise – und die geistige Situation der Zeit

Wenn wir uns aber, wie ich behaupte, in einer Welt radikaler Umbrüche bewegen und Wege nur schwer erkennbar sind, die uns ein Aussteigen aus dieser Kritik im Handgemenge erlauben, dann bleibt die Frage: Mit welchem Krisenbegriff operieren wir dabei?

Man spricht von der Bankenkrise, der Krise des Bildungssystems – ich muss die verschiedenen Krisenherde nicht aufreihen. Sie sind öffentlich geläufig und jederzeit zitierbar. Auf einige werde ich noch eingehen. Dagegen werden Sie es vielleicht als abwegig betrachten, wenn ich an den sprachlichen Ursprungsgehalt des Wortes *Krise* erinnere. Das sprachbewusste Volk der Griechen verband sehr viele Begriffe, mit denen wir heute hantieren, mit doppelsinnigen Deutungen; der Begriff der Krise gehört dazu. Krisis bedeutet einerseits trennen, scheiden, sondern, also *entmischen*, was nicht zusammengehört; andererseits entscheiden, urteilen, bis hin zur Figur des Richters, der etwas zur Entscheidung bringt. Und natürlich stammt auch das Wort Kritik aus diesem Zusammenhang. Wer sich auf den kritischen Prozess einlässt, hat bereits eine Entscheidung getroffen. Er ist „vermittelt". Er ist einbezogen in einen gesellschaftlichen Prozess, ist Teil des Systems im gesamtgesellschaftlichen Zuschnitt charakteristischer Merkmale.

Zur Erklärung der geistigen Situation der Zeit kann eine Theorie des Soziologen Émile Durkheim hilfreich sein. Ihm zufolge sind Gesellschaften in epochalen Umbruchsituationen mit einem Spannungszustand besonderer Art belastet: Alte Werte, Haltungen, Loyalitäten, Bindungen haben ihre Überzeugungskraft und ihre auf Rechtfertigung beruhende Legitimation verloren; neue Haltungen und Werte sind noch nicht da, sie werden aber intensiv gesucht.

Es handelt sich gegenwärtig um eine derartige Situation kultureller Suchbewegungen. Die alten Institutionen, Wertordnungen, Verbindlichkeiten sind noch vorhanden, lediglich ihre begründete Geltung haben sie eingebüßt. Durkheim spricht von einem anomischen Zustand, einer Situation ausgesetzter Regeln. Das klingt relativ harmlos, kann politisch aber sehr folgenreich sein bis hin zu individuellem und kollektivem Selbstmord – die Verwahrlosung der bürgerlichen Öffentlichkeit, wie sie durch Trump vorgeführt wurde, würde Durkheim durchaus in diesen Orientierungsnotstand einordnen. Die großen Entwertungen – von Bindung, Erfahrung und Erinnerung – leisten Zuarbeit für die rechtsradikalen Bindungs- und Vereinfachungsangebote.

Ich will hier nur von der spürbaren Auflösung der *Loyalitätsbindungen* sprechen, von der mittlerweile alle Institutionen betroffen sind, Parteien, Gewerkschaften, staatliche Institutionen, Kirchen. Wenn wir uns aber in einer Welt intensiver kultureller Suchbewegungen befinden, in der sich alte Werte und Haltungen aus bindenden Verpflichtungszusammenhängen lösen, dann bedeutet das nicht, dass die Bindungsbedürfnisse nachlassen; im Gegenteil: Sie verschärfen sich und werden irrationaler!

Kapitalismus, Bindungsverlust und der »Saatboden des neuen Faschismus«

Das Fatale ist, dass das kapitalistische Wirtschaften auf Bindungslosigkeiten setzt. Die großen Entwertungen von Erfahrung, Erinnerung und Bindung widersprechen jedoch den urmenschlichen Bedürfnissen, die doch eher auf Haltbarkeit und Dauer gehen.

Die totalisierende Warenproduktion schafft – mit fortschreitender Fragmentierung der Lebensverhältnisse – ein weites Feld von Bearbeitungen, die alle auf die Wiederkehr stabilisierender Orientierungen gerichtet sind. Die alten Staatsgebilde, so fragmentiert und weltwirtschaftlich verflochten sie auch sein mögen, scheinen immer noch identitätsstiftende Elemente zu enthalten, die einem beachtlichen Teil des Volkes ein Zugehörigkeitsgefühl vermitteln.

Jürgen Habermas hat vom „Saatboden des neuen Faschismus" gesprochen.[1] Diese rechtsradikale Lagerung von vergiftetem Saatgut, das erst am Anfang der Aussaat steht, geht weiter zurück. Sie hat sich nicht erst im Zuge der den reichen Nationen aufgezwungenen Flüchtlingsproblematik ergeben: Die neoliberale Plünderung der sozialstaatlichen Errungenschaften hat den Sozialstaat ruiniert. In bestimmter Hinsicht konnte man von einem kollektiven Lernprozess sprechen, der hier rückgängig gemacht wird, die Einsicht nämlich, dass die Grundlage eines friedensfähigen Gemeinwesens auf der Freiheit von Not und Angst besteht. Diese institutionell propagierten Sicherheitsversprechen – „Die Rente ist sicher", verkündete der damalige Sozial-

---

1 Jürgen Habermas, Für eine demokratische Polarisierung. Wie man dem Rechtspopulismus den Boden entzieht, in diesem Band.

minister Norbert Blüm unverdrossen – erwiesen sich in den vergangenen zwei Jahrzehnten immer mehr als trügerisch. Die Reichen sind immer reicher geworden und die Armen immer ärmer.

Es ist schlimm, mit ansehen zu müssen, wie die einst linken Themen wie Verteilungsgerechtigkeit und die Not der kleinen Leute nach rechts abwandern, und mit dem angereicherten Angstrohstoff, der sich aus einem Gebräu aus Abstiegsängsten, Wut und Alltagsfrustration zusammensetzt, zur Bearbeitung in die Hände von politischen Hasardeuren gelangen, die nichts anderes im Sinn haben, als die Geschichte des Humanismus und der Aufklärung zurückzudrehen.

Die Krise der Linken und die Kraft utopischen Denkens

Nein, ich neige nicht zur Dramatisierung, aber was sich gegenwärtig im Bezugsrahmen der europäischen Einigungsbemühungen abspielt, lenkt unmissverständlich die Aufmerksamkeit auf das Denken und Verhalten einer Linken, die noch vor gut 20 Jahren ein bestimmendes Reformgewicht auf der Baustelle Europa einbringen konnte. „Bonn ist nicht Weimar", dieser Slogan richtete sich gegen falsche Analogien. Zu Recht! Die heutige Situation scheint eine ganz andere zu sein.

Die Nazis benötigten eine gewisse Zeit, um ihre Putschisten unter Kontrolle zu halten und den Machzuwachs aus freien Wahlen zu erwarten. Gerade heute ist nachdrücklich daran zu erinnern: Während die Linksparteien der Weimarer Republik einen Großteil ihrer Energie verbrauchten, um Gesinnungsgrenzen und Feindschaft gegeneinander zu markieren, bauten die Nazis im Schutz fast ununterbrochener Wahlerfolge ihre Machtposition aus und erbeuteten am Ende Stück für Stück den Staat. Im April 1932 wird Göring Reichstagspräsident. 1930 hätte eine Wende vielleicht noch gelingen können. Ein Jahr später schon nicht mehr. Das darf sich nicht wiederholen! Die Linksparteien, wie ich sie unter diesem Sammelbegriff einmal bezeichnen will, sind schon aus reiner Selbsterhaltung gezwungen, im Sinne solidarischer Kooperation das Gemeinsame zur Grundlage ihres Handelns zu machen.

Es gibt geschichtliche Konstellationen, die nur einmal auftreten und sich für Richtungsentscheidungen öffnen. Krisenzeiten, die Entscheidungen zwingend herausfordern, sind nur dann Erkenntniszeiten, wenn es klare gesellschaftliche Alternativen zu den als unerträglich empfundenen Verhältnissen gibt. Damit die Empörung der Wutbürger nicht in die Obhut betrügerischer Propheten gelangt, sind Arbeitsprozesse ganz anderer Art erforderlich als die, die sich realpolitisch kurzfristig messen lassen. Ich meine damit die orientierende Reichweite und die Anerkennung der Realitätshaltigkeit von Utopien.

Gewiss, jeder Gedanke, der über das bestehende System hinausweist und mit einem neuen Gesellschaftsentwurf verknüpft ist – ob es nun Sozialismus, Kommunismus oder schlicht nur „vernünftig organisierte Gesellschaft" heißen mag –, steht heute im Verdacht, historisch längst widerlegte

Gesellschaftskonstruktionen wiederbeleben zu wollen; Max Horkheimer spricht von „entehrten Begriffen". In manchen intellektuellen Diskursen spürt man bei bestimmten Themen Berührungsängste, die in der Vergangenheit zum Grundbestand der intellektuellen Ausstattung der Arbeiterbewegung gehörten.

Aber die Sache mit den Utopien ist nicht auf die leichte Schulter zu nehmen. Linke Politik kann sie nicht ignorieren, ohne die menschlichen Lebenszusammenhänge aus dem Auge zu verlieren. Die drückende Realitätsmacht des Kapitalismus hat sich auch einschränkend und lähmend auf den Begriffshorizont der Intellektuellen gelegt. Das überschreitende Denken, das risikoreiche Experiment, die Dinge so zu wenden, dass sie von verdeckten Seiten gesehen werden können, findet selbst bei denjenigen immer geringeren Anklang, die unentwegt die Risikogesellschaft im Munde führen.

Dass sich die Konservativen über das Ende der mit sozialistischen Traditionen verbundenen Vorstellungen kollektiver Bewegungen freuen würden, kann in Kenntnis der Geschichte des 20. Jahrhunderts keinen verwundern. Dass aber große Teile der Linksintellektuellen die opportunistische Wende mitgemacht haben und sich als hilfswillige Truppe der Enteignung emanzipatorischer Begriffe der sozialen Bewegungen der modernen Welt mit kräftiger Zuarbeit betätigen und so die eigene kulturelle Identität opfern, ist ein Skandal ersten Ranges. Löst man die Utopien ganz aus dem Erfahrungshorizont des Alltagslebens der Menschen und bindet sie an globale Entwürfe gesellschaftlicher Neuordnung, dann hat man leichtes Spiel, mit Blick auf die Geschichte des 20. Jahrhunderts, die Utopien in die Rumpelkammer alptraumhafter Praxisansätze zu verbannen.

Die Gerechtigkeitsfrage und die chronische Unterernährung der Phantasie

Wenn nun einerseits alle Realisierungsversuche der Menschheitsträume von der vernünftigen Einrichtung der Welt in Alpträumen enden und alle utopischen Gesellschaftsentwürfe zum Scheitern verurteilt sind, andererseits die Menschen aber nicht daran denken, auf ihre Träume vom besseren und gerechteren Leben zu verzichten, wie soll das dann weitergehen? Wo ist anzusetzen, um ein kollektives Unglück aufzuhalten oder zu umgehen?

Um das leisten zu können, bedarf es eines großen Aufwands von Energien – Energien, die in depressiven gesellschaftlichen Situationen aufgebraucht werden, um es in einer als unerträglich empfundenen Lage überhaupt auszuhalten.

Alle großen Emanzipationsbewegungen der Menschheit zehren von den Utopien, dem überschüssigen Denken. Es gibt gesellschaftliche Umbruchsituationen, in denen die Phantasieproduktionen, wie die Welt aussehen sollte und was dafür in der Gegenwart zu tun ist, einen überschäumenden Reichtum erzeugen. Die Renaissance gehört dazu, aber auch die Preußische Reformgesetzgebung, in der genauso über die Bildung nachgedacht wurde wie über die Heeresreform und die Rationalisierung der Verwaltung. Die

Gegenwart leidet demgegenüber an chronischer Unterernährung der Phantasie, würde Ernst Bloch sagen; auf die Veränderung gesellschaftlicher Verhältnisse gerichtete soziologische Vorstellungskraft verbraucht sich in der „Balance-Arbeit", die nur für Augenblicke durch Empörung und Wut unterbrochen wird.

Verliert sich Utopie jedoch in den globalen Großentwürfen, dann verschwindet selbst die Gerechtigkeitsfrage, die praktisch in allen Utopien das Leitmotiv ist. Wenn Utopie das ist, was ich darunter verstehe, nämlich die Erkenntnis einer als unerträglich empfundenen Situation, verknüpft mit dem bewussten Willen, die Verhältnisse zum Besseren zu verändern, dann muss der Substanzbegriff Utopie aufgelöst werden; aus Krisenherden müssen Handlungsfelder werden. Das ist eine gute Vorlage für handhabbare Strategien der Krisenbewältigung, die selbst dann sinnvoll sind, wenn sie nur den selbstbewussten Denkhorizont des Subjekts erweitern. Joachim Fest, einer der scharfsinnigen Konservativen, feierte 1989 nach dem Mauerfall die Entmythologisierung der Welt, indem er erklärte: Mit dem Einsturz der Utopien sei das Denken jetzt zur Realität befreit. Das Gespensterdasein dieser Gegenwart hat er nicht mehr miterleben müssen.

Keine Praxis ohne Theorie, keine Theorie ohne Praxis

Wenn ich in langer Sicht die Realitätshaltigkeit der Utopien betone, dann ist darin immer eingeschlossen ein Theoriebewusstsein, das seinen Sinngehalt in der Veränderung der Dinge hat. Das ist auch eine Aufforderung an die Verantwortlichkeit der Intellektuellen, nicht nur die Welt zu interpretieren, sondern die Welt auch zu verändern. Die Mächtigen dieser Welt brauchen keine Utopie, sie erfahren sie in ihrer Lebensausstattung unmittelbar. Das gilt nicht für die, die auf der Schattenseite des Lebens stehen, die Mühseligen und Beladenen, die Entrechteten und Gedemütigten. In unserer Gesellschaft wird zu vieles als funktionsnotwendig und als alternativlos hingenommen, was für die Betroffenen eine ganz andere Dimension hat.

Die neoliberalen Irrwege mit ihrer Aufteilung der Menschen nach Gewinnern und Verlierern haben eine fatale Hinterlassenschaft erzeugt. Sie haben das Wohl und Wehe des Gemeinwesens den Maßstäben einer betriebswirtschaftlich beschädigten Vernunft untergeordnet. Die Wachstumsideologie und die Neigung, Probleme abzukoppeln, wenn sie nicht in das Schema dieser borniertn Ökonomie passen, haben zu einer Bewegung im Stillstand geführt, der notwendigen Reformgeist erstickt. Alles läuft so, als ob es sich um Naturereignisse handelte. So kann sich ungehindert die Schere zwischen Arm und Reich weiter öffnen; objektiv vollzieht sich eine gewaltige Verschiebung der Produktionszentren in Bereiche der sogenannten Care-Berufe, des pfleglichen Umgangs mit Mensch und Natur, aber gerade diese sind von Kürzungen am meisten betroffen.

Notwendig wäre eine grundlegende Reform der Arbeitsgesellschaft. An sich ist die Gesellschaft imstande, den Freiheitsspielraum der tätigen

Menschen erheblich zu erweitern, so wie Marx das in seinen Frühschriften formuliert hat: In einer vernünftig eingerichteten sozialistischen Gesellschaft würde nach seinen Maßstäben die einseitig-borniertе Tätigkeit aufgehoben. Es ist eine Tätigkeitsutopie, die er entwickelt. Wenn die Gesellschaft die allgemeine Produktion auf einem hohen Niveau regelt, rückt die Vorstellung einer Mußegesellschaft in den Vordergrund, in der die alten Arbeitsteilungen verschwinden; ich bewege mich frei, „heute dies, morgen jenes zu tun, morgens zu jagen, nachmittags zu fischen, abends Viehzucht zu betreiben, nach dem Essen zu kritisieren, wie ich gerade Lust habe, ohne je Jäger, Fischer, Hirt oder Kritiker zu werden". Es liegt eben nicht an den Produktionskapazitäten. Marx war ein großer Bewunderer der kapitalistischen Produktivität, die er sich in der heutigen Dimension überhaupt nicht hat vorstellen können.

Der Begriff der Würde – für die normative Überlebenskraft der Utopien

Vielleicht könnte das sogar das Anfangskapitel einer neuen „großen Erzählung" sein, wie die, die Willy Brandt im Sinn hatte, als er davon sprach, „mehr Demokratie (zu) wagen". Die gegenwärtig herrschenden Eliten tragen die Verantwortung für die Schieflage, in die die Gesellschaft zunehmend gerät. Es ist höchste Zeit, ihnen die Macht zu nehmen, über die Resultate der kollektiven Arbeit gleichsam privat zu verfügen: Nur noch Utopien sind realistisch. Der gegenwärtige konfuse Zustand der Gesellschaft ist nicht das Produkt utopischer Phantasie, sondern der kollektiv beschädigten Realpolitik. Irgendetwas kann an dieser Art Realitätssinn nicht stimmen.

Die normative Überlebenskraft der Utopien lässt sich zum Beispiel am Begriff der Würde aufzeigen. Würde war zur Zeit Ciceros mit der Verleihung einer Amtswürde verknüpft. Die Dignitas allen Menschen zuzuschreiben, wäre selbst Cicero nicht in den Sinn gekommen. Er hätte es nur als Utopie formulieren können. Für Kant ist Würde dagegen der unverwechselbare und unaustauschbare Persönlichkeitskern aller Menschen. Wie schwierig der Umgang mit solchen Utopien ist, wenn man sie an der Realität misst, zeigt die geschichtliche Dimension dieses Würdebegriffs.

Es hat lange gedauert, bis der volle Realitätsgehalt der Utopie Würde zum Tragen kam. Die Weimarer Verfassung kennt ihn noch nicht; auch im zweiten, die Grundrechte betreffenden Teil der Verfassung wird nicht von Menschen gesprochen; das individuelle Subjekt der Verfassung ist der Staatsbürger, noch enger gefasst der deutsche Staatsbürger. Im Grundgesetz dagegen ist Würde als Staatsfundamentalnorm, wie manche Staatsrechtler es ausdrücken, fest verankert; unveränderlich und den Mächtigen nicht zur Disposition überlassen. „Die Würde des Menschen ist unantastbar. Sie zu achten und zu schützen ist Verpflichtung aller staatlichen Gewalt", heißt es in Artikel 1.

Dieser Würdebegriff schließt eben auch den Imperativ ein, die Verhältnisse so zu ordnen, dass ein würdiges Leben und Sterben möglich ist, oder wie Karl Marx es formulierte: „Alle Verhältnisse umzuwerfen, in denen der

Mensch ein erniedrigtes, ein geknechtetes, ein verlassenes, ein verächtliches Wesen ist."

Gerade heute ist es nötig, das Gemeinsame auch auf der Theorieebene und in der soziologischen Einschätzung der Gesellschaft hervorzuheben. Denn wie immer in solchen durch kulturelle Erosionen bestimmten geschichtlichen Situationen sind auch die philosophischen Freibeuter am Werk. Inzwischen bildet sich eine ganz neue Front, die, wie das Beispiel Donald Trumps zeigt, aus einem Gebräu von fremdenfeindlicher Ausgrenzung, Verwahrlosung des offiziellen politischen Systems und einer Entwertung demokratischer Grundrechte besteht.

Erstreben wir das Unmögliche

Angefangen habe ich mit der Deutung des Krisenbegriffs – nicht zuletzt auch als Hinweis darauf, dass mir ein Europa ohne Griechenland sprachlos erschiene. Ich beende meine Rede mit einem anderen Begriff aus der griechischen Sprache, der die gegenwärtigen Anforderungen gut trifft. Ich meine den Begriff: *Kairós*. Dieses Wort bezeichnet eine Konstellation von Kräften, die einzigartig ist und selten zweimal auftritt. Kairós benennt den richtigen Zeitpunkt und den richtigen Ort für sinnvolle Interventionen. Was könnte in unserem Falle der richtige Zeitpunkt sein?

Nie stellen sich linke Mehrheiten von alleine her. Bis es dazu kommen kann, ist viel Vertrauensarbeit nötig – auf diesen mühsamen, auch mit Enttäuschungen verbundenen Arbeitsprozess verweist Max Weber, wenn er Politik als Beruf zu definieren versucht: „Politik bedeutet ein langsames, starkes Bohren von harten Brettern mit Leidenschaft und Augenmaß zugleich. Es ist durchaus richtig, und alle geschichtliche Erfahrung bestätigt es, dass man das Mögliche nicht erreichte, wenn nicht immer wieder in der Welt nach dem Unmöglichen gegriffen worden wäre."

Weber nennt den weiten Begriff nicht Utopie, sondern das Erstreben des Unmöglichen. Man muss für eine Sache begeisterungsfähig sein. Das gilt vor allem für Kulturarbeiter aller Schattierungen, für Wissenschaftler, Dichter, Schriftsteller. Ohne Leidenschaft und Mut sind auch die scharfsinnigsten Analysen unserer Gesellschaft wirkungslos; das hat schon Kant präzise formuliert: „Aufklärung ist der Ausgang aus der selbstverschuldeten Unmündigkeit." Er spricht von selbstverschuldet, denn es liegt nicht an den verfügbaren Erkenntnismitteln, sondern am Mangel an Mut, sich seines Verstandes ohne Anleitung eines anderen zu bedienen. Habe Mut, selbst zu denken, das ist der Schlachtruf der Aufklärung und die Grundlinie einer humanistischen Entwicklung der Gesellschaft.

Niemand kann sich da raushalten! Denn es geht um die eigene Lebensgrundlage – um Demokratie als Lebensform. Es wäre fatal, wenn wir unseren Kindern Europa als Ruinengelände hinterlassen würden.

Rechtsextremismus: Wir haben Euch gewarnt

Von **Sheila Mysorekar**

E in brennendes Haus in Solingen. Eine vierköpfige Familie stirbt in den Flammen. Brandstiftung. Die Schlagzeilen sind nicht von 1993, sondern von 2024. Schon wieder. Ende März wurde in Solingen – offenbar vorsätzlich – ein Feuer in einem Mietshaus gelegt, in einem Altbau, der fast ausschließlich von Menschen mit Einwanderungsgeschichte bewohnt ist. Hier wohnen Leute aus der Türkei oder Bulgarien. Eine Familie mit kleinen Kindern stirbt. Weil das Treppenhaus in Flammen steht, springen andere Bewohner:innen aus den Fenstern und überleben schwer verletzt.

Die Polizei findet Brandbeschleuniger und ist sich sicher, dass Brandstiftung vorliegt. Sie ermittelt nun wegen Mordes. Und dann sagt die Solinger Staatsanwaltschaft direkt nach dem Brandanschlag, noch am ersten Tag: „Es liegen keine Hinweise auf fremdenfeindliche Motive vor." Zu einem Zeitpunkt, an dem noch nichts bekannt ist, kein Anfangsverdacht vorliegt, keine Spur zu möglichen Täter:innen. Mich macht diese Aussage fassungslos: „Es liegen keine Hinweise auf fremdenfeindliche Motive vor."

Das kann schon sein, wir sind ja noch am Tag Eins der Ermittlungen. Aber es liegt auch kein Hinweis auf das Gegenteil vor! Wie kann – nach allen Erfahrungen mit Rechtsextremismus, Brandanschlägen und Morden an migrantisch gelesenen Menschen – die Staatsanwaltschaft sofort solch eine Aussage tätigen? Die einzig vernünftige Aussage zu diesem Zeitpunkt wäre gewesen: „Wir ermitteln in alle Richtungen."

Schon die Wortwahl ist fragwürdig. „Fremdenfeindlich" übernimmt das Framing der Rechten, die migrantische Menschen als „fremd", als „nicht zugehörig" klassifizieren; korrekt wäre es, „rassistisch" zu sagen. Aber abgesehen davon, ist die gesamte Aussage ein Schlag ins Gesicht für alle Menschen aus Einwandererfamilien in Deutschland. Sie bedeutet nämlich, dass die Sicherheitsbehörden nach wie vor ignorieren, dass wir gefährdet sind. Unsere Sicherheit wird ernsthaft bedroht, seit Jahren und unablässig, und zwar von Rechtsradikalen.

Wieso behauptet die Staatsanwaltschaft dann – bei einem mutmaßlich vorsätzlichen Brandanschlag auf ein Wohnhaus, in dem hauptsächlich migrantische Menschen wohnen – sofort reflexartig, dass keine rassistischen Motive vorlägen, bevor die Ermittlungen überhaupt begonnen haben? Unsere Erfahrungen mit deutschen Sicherheitsbehörden sind nicht die besten. Sei es bei der NSU-Mordserie, sei es bei Brandanschlägen, sei es bei Attentaten wie in Hanau: Zu oft wurden die Spuren Richtung Neonazis ignoriert, zu oft wurde hauptsächlich unter den Angehörigen ermittelt, zu oft mussten die Überlebenden von rechten Attentaten eine „Gefährderansprache" seitens der Polizei über sich ergehen lassen. Bei deutschen Behörden gelten migrantisch gelesene Menschen – insbesondere muslimische Männer – als Sicherheitsrisiko, als potenzielle Verbrecher. Nicht als die Opfer, die sie objektiv oft sind.

28,7 Prozent aller Menschen hierzulande haben eine Einwanderungsgeschichte, also fast ein Drittel der Bevölkerung. Es geht hier nicht um eine kleine Minderheit, sondern um Millionen Menschen, deren permanente Gefährdung durch militante und bewaffnete Rechtsextreme ignoriert zu werden scheint. Kein mediales Dauerthema, keine Sonderkommissionen oder Taskforces, sondern ein gezieltes Wegschauen der Verantwortlichen. „Es liegen keine Hinweise auf fremdenfeindliche Motive vor."

Rechtsextreme sind für uns keine abstrakte Gefahr

Rund tausend Rechtsextreme werden derzeit mit Haftbefehl gesucht, viele von ihnen sind bewaffnet. Wieso werden diese untergetauchten Straftäter:innen nicht mit Hochdruck verfolgt? Wo sind die Fahndungsplakate, die mobilen Einsatzkommandos, die „Brennpunkt"-Sendungen? Die entscheidende Frage ist: Wird ihre Gewaltbereitschaft unterschätzt oder wird sie kleingeredet, weil sie nur für einen bestimmten Teil der Gesellschaft gefährlich sind?

Rechtsextreme und Rassist:innen sind keine abstrakte Gefahr für migrantische, jüdische und muslimische Communities, sondern sie bedrohen uns konkret. Der willkürliche Terror, der durch Brandanschläge auf Wohnhäuser oder vermeintlich wahllose Erschießungen wie in Halle oder Hanau ausgeübt wird, erfüllt seinen Zweck: dass sich Angst ausbreitet; dass wir uns Sorgen um unsere Sicherheit machen; dass wir nervös werden; dass wir uns nie mit dem Rücken zur Tür setzen.

Würden die Sicherheitsbehörden bei allen Anschlägen und Attentaten sofort mit Nachdruck ermitteln und Rassismus oder generell Hassverbrechen als mögliches Motiv mit einbeziehen, wäre unser Vertrauen in den Rechtsstaat größer. Aber unsere Erfahrung hat gezeigt: Es dauert teilweise Jahre, bis die Polizei die rechtsextremen Motive eines Verbrechens überhaupt anerkennt, wie zum Beispiel beim OEZ-Attentat 2016 in München, dem neun junge Menschen zum Opfer fielen. Dieses Massaker war vom bayerischen Verfassungsschutz als „Amoklauf" eingeordnet worden, ohne die rechtsradikale Gesinnung des Täters zu berücksichtigen. Erst Jahre später – nach vielen Protesten der Angehörigen – wurde der Terrorakt als „politisch motivierte Kriminalität" neu klassifiziert.

Warum ist das relevant? Weil es ein großer Unterschied ist, ob man davon ausgeht, dass solche Attentate hauptsächlich von amoklaufenden, also gestörten Einzelnen ausgeübt werden, oder davon, dass rechtsradikale Motive eine Rolle spielen und – vor allem – die Täter:innen in ein lockeres

Netz oder eine feste Organisation von Gleichgesinnten eingebunden sind. Die Reaktion der Sicherheitsbehörden sollte je nachdem eine ganz andere sein: Bei psychisch gestörten Amokläufer:innen kann man selten vorbeugend einschreiten. Bei Menschen, die sich in einem rechtsextremen Kontext bewegen, muss die Gefahr, die von ihnen ausgeht, immer mitgedacht werden. Gefährderansprachen, Entwaffnung und Entzug von Waffenscheinen, Observation durch das BKA oder den Verfassungsschutz sind nur einige der vielen Möglichkeiten, rechtzeitig einzugreifen, um die Gefahr zu reduzieren.

Tagtägliche Einzelfälle

In diesem Zusammenhang ist der sogenannte „stochastische Terrorismus" von zentraler Bedeutung[1]. Stochastischen Terrorismus nennt man das Phänomen von Einzeltäter:innen, die sich vor allem online radikalisieren: In einem gesellschaftlichen Kontext von Hetze gegen ethnische oder religiöse Minderheiten werden sie durch Hate Speech in einschlägigen Internetforen oder von anonymen Akteur:innen aufgestachelt, bis sie zur Tat schreiten. Sie scheinen zwar isoliert und eigenmächtig zu handeln, sind aber digital in einen ideologischen Kontext eingebunden. Das heißt, sie agieren als Einzelne, sind jedoch Teil rechtsradikaler Netzwerke und müssten entsprechend als Mitglieder von Terrororganisationen betrachtet werden. Damit tun sich die deutschen Sicherheitskräfte jedoch schwer, und deswegen wird die Gefahr, die von diesen Leuten ausgeht, weiterhin unterschätzt.

Jede Woche gibt es neue Fälle, die in den Medien als unzusammenhängende Einzelfälle auftauchen. Die zwei jüngsten Beispiele innerhalb einer Woche, von denen ich erfahren habe (es gibt wahrscheinlich mehr): Am 4. April 2024 wurde in Frankfurt ein Prozess gegen einen Rechtsextremisten eröffnet, der Anschläge auf Minderheiten plante und ein großes Waffenarsenal besaß; am 6. April wurde in Halle ein zündfähiger Sprengsatz in der Wohnung eines Mannes gefunden, der rassistische Parolen schrie. Von derartigen „Einzelfällen" liest man beinahe täglich, aber die Entrüstung darüber bleibt aus. Medien und Politik gehen direkt danach zur Tagesordnung über – die Polizei ermittelt, also geht ja alles seinen richtigen Gang. Oder etwa nicht?

Ein gravierendes Problem der Sicherheitskräfte sind die Rechtsradikalen in ihren eigenen Reihen. Man kann davon ausgehen, dass die bisher aufgedeckten rechtsextremen Chatgruppen und „Einzelfälle" in der Polizei nur die Spitze des Eisbergs sind. Eine Kultur des Schweigens und des Korpsgeistes bei den Sicherheitskräften entmutigt Whistleblower. Die neuesten Zahlen sprechen von 400 mutmaßlich rechtsextremen Polizist:innen, wobei einige Bundesländer keine Daten bereitstellten. Von einer hohen Dunkelziffer ist demnach auszugehen.

1 Stochastischer Terrorismus: Vom Hasskommentar zum Attentat, hateaid.org, 12.9.2023.

Was bedeutet das für unsere Sicherheit? Noch während des laufenden rechtsterroristischen Anschlags am 19. Februar 2020 in Hanau riefen Zeug:innen
die Polizei. Später stellte sich heraus, dass einige der Einsatzkräfte in jener
Nacht ebenfalls zu den rechtsextremen Polizei-Chatgruppen in Hessen
gehörten. Said Etris Hashemi, der bei dem Angriff schwer verletzt und dessen
Bruder ermordet wurde, sagte daraufhin: „Wir wurden von einem Rechtsextremen angegriffen und haben die Polizei gerufen. Und es kamen noch mehr
Rechtsextreme." Wie viel Vertrauen in die Polizei können die Überlebenden,
können wir alle haben, wenn so etwas möglich ist?

Rechtsextreme in höchsten Ämtern

Eine sehr unrühmliche Rolle bei der Bekämpfung des Rechtsextremismus
spielt der Verfassungsschutz. Insbesondere im Fall der NSU-Rechtssterro-
rist:innen ist bis heute unklar, wie viel der Verfassungsschutz wusste und
wen er deckte – oder bis heute deckt. Recherchen von Journalist:innen wie
Ronen Steinke und Heike Kleffner belegen, dass rechtsgerichtete Denkmuster im Verfassungsschutz tief verwurzelt sind.

Am Beispiel von Hans-Georg Maaßen als Präsidenten des Bundesamtes für
Verfassungsschutz kann man deutlich sehen, was in dieser Behörde schief-
läuft. Maaßen wurde nach der Aufdeckung der NSU-Serienmörder:innen
und ihrer Verbindung zum Bundesamt an die Spitze dieser Behörde geholt,
um aufzuräumen. Perfekte Bebilderung des Spruchs „den Bock zum Gärtner
machen": Inzwischen wird Maaßen selbst vom Verfassungsschutz als rechtsextremer Verdachtsfall geführt.

Er ist zwar nicht mehr im Amt, einer seiner langjährigen Freunde und Mitstreiter aber weiterhin: Dieter Romann, Präsident der Bundespolizei. Gerhard Schindler, ein weiterer Kumpel Maaßens, war jahrelang Präsident des
Bundesnachrichtendienstes. Alle drei sind rechtskonservativ oder noch weiter rechts. Das Beispiel Maaßen ist deswegen so erschreckend, weil es zeigt,
dass Rechtsextreme bis an die höchsten Machtpositionen in diesem Land
herangerückt sind. Das verheißt nichts Gutes für unsere Sicherheit.

Aber was bedeutet es für uns im realen Leben? Wie soll man mit dem wachsenden Unbehagen umgehen? Man denkt über einen Plan B nach: Für den
Fall, dass die AfD… Für den Fall, dass die Faschisten wieder… Also für alle
Fälle. Die meisten von uns haben einen solchen Plan B. Wir reden darüber,
wohin man gehen könnte, wann der beste Zeitpunkt dafür wäre.

Aber wieso ist es überhaupt notwendig, einen Plan B zu haben? Weil wir
seit Jahren darauf hinweisen, wie gefährlich die rechte Szene ist. Keine
Reaktion. Das Gefühl, dass unsere Warnungen in den Wind geschlagen werden, ist absolut frustrierend. Wir haben vor rechtsextremer Gewalt gewarnt;
wir sollten nicht übertreiben, hieß es. Wir haben auf den Rassismus bei der
Polizei hingewiesen; wir sollten Beamte nicht unter Generalverdacht stellen,
hieß es. Wir haben protestiert, wenn Rechte zu Podiumsdiskussionen eingeladen wurden; wir sollten dialogbereit sein und Brücken bauen, hieß es. Wir

haben vor der AfD gewarnt, als sie am Horizont auftauchte. Keine Reaktion. Im Gegenteil – ihre Vertreter:innen saßen in jeder Talkshow, um ihre rassistische Ideologie zu verbreiten, bevor die AfD auch nur ein einziges Landtagsmandat hatte. Mit dem Erfolg, dass sie nun eine einflussreiche Partei ist.

Die Normalisierung stoppen

Wir warnen euch jetzt: Es gibt weitverzweigte rechtsextreme Netzwerke in den Sicherheitsbehörden, in der Polizei und in der Bundeswehr – all die „Einzelfälle", die Chatgruppen, die verschwundene Munition, der entwendete Sprengstoff, die fehlenden Waffen.[2] Europaweite Netzwerke von Faschist:innen agieren ungehindert. Da braut sich etwas zusammen. Wenn wir jetzt nicht reagieren, ist es zu spät.

Es gibt genug Möglichkeiten. Auf Regierungsebene zum Beispiel: Das Demokratiefördergesetz könnte verabschiedet werden, eine Reihe anderer Maßnahmen, die im Koalitionsvertrag stehen, müssen endlich realisiert werden. Es müssen konkrete Vorschläge in die Tat umgesetzt werden, die darauf abzielen, den politischen Einfluss der Rechtsradikalen und ihren Zugang zu öffentlichen Geldern zu beschneiden. Und vor allem: die AfD verbieten.

Medien müssen endlich davon Abstand nehmen, rechte Politiker:innen und Meinungen zu normalisieren. Schluss mit dem verständnisvollen „Wir müssen die Leute abholen" – nein, wer sich freiwillig in die rechte Ecke begibt, ist kein verloren gegangenes Kind! Schluss mit den Homestories über AfD-Politiker:innen; Schluss mit den ergebnisoffenen Debatten für und wider Menschenrechte. Wer Menschenrechte zur Disposition stellt, sollte an keiner öffentlichkeitswirksamen Diskussion mehr teilnehmen dürfen.

Aber nichts davon geschieht. Weil wir die Ersten sind, die dran wären, sehen wir die Anzeichen früh. Aber es wird nicht nur uns erwischen. Zuerst geht es gegen diejenigen ohne Rechte und ohne Lobby – Geflüchtete und trans Menschen. Dann gegen Migrant:innen ohne deutschen Pass. Dann sind wir dran – Deutsche aus internationalen Familien; dann Arbeits- und Obdachlose, gegen die schon jetzt gehetzt wird; danach Frauen, die selbstbestimmt leben und über ihren Körper verfügen wollen, die das Recht auf Abtreibung verteidigen; queere und behinderte Menschen; Sexarbeiter:innen; Linke und Anarchist:innen. Und schließlich alle, die nicht in die neurechte, weiße, christliche, heteronormative Welt passen. Faschist:innen gehen immer und überall nach dem gleichen Muster vor.

Die Hetze gegen Geflüchtete ist erst der Anfang. Man kann das Ende schon frühzeitig kommen sehen. Wir haben Euch gewarnt.

---

2 Sebastian Erb, Martin Kaul u.a., Bilanz zum Hannibal-Netzwerk, in: Staatsgewalt, Freiburg i.B. 2023.

Den »Anfängen« wehren, die AfD verbieten

Von **Manfred Pappenberger**

Die „Correctiv"-Enthüllungen über das Potsdamer Geheimtreffen, bei dem über massenhafte Deportation nach rassistischen Kriterien gesprochen wurde, haben auch dem und der Letzten offenbart, wie radikal die AfD denkt – und welche Gefahr von dieser Partei ausginge, sobald sie an die Macht käme. Die AfD verfolgt immer stärker eine völkisch-nationalistische Politik, fordert eine erinnerungspolitische Wende um 180 Grad und gibt rechtsextremer Ideologie eine parlamentarische Plattform mit großer Reichweite.

Zugleich hat die Diskussion über ein AfD-Verbot Fahrt aufgenommen. Zu Recht genießen Parteien als zentraler Bestandteil für das demokratische Entscheidungssystem grundgesetzlichen Schutz und Privilegien. In Staaten mit langer demokratischer Tradition, etwa Großbritannien oder den USA, gelten Parteiverbote als schwerer, unangemessener Eingriff in die Meinungsfreiheit. Und auch bei uns liegen die Hürden dafür bewusst hoch. Allerdings haben die Erfahrungen aus dem Scheitern der Weimarer Republik und aus der totalitären NS-Schreckensherrschaft dem Parlamentarischen Rat einen entscheidenden Impuls dafür geliefert, dass sich Demokratien gegen ihre Feinde wehrhaft erweisen sollen – notfalls auch durch ein Verbot.

Obwohl das Bundesverfassungsgericht im Verfahren gegen die NPD 2017 deren verfassungsfeindliche Ziele feststellte, verhängte es kein Verbot, da die Partei diese Ziele nicht erreichen könne. Dieses Urteil hat dazu beigetragen, dass aus Angst vor dem Scheitern ein Verbotsantrag gegen die AfD bis heute ausgeblieben ist. Dabei ist es der AfD anders als der NPD seit ihrer Gründung im Jahre 2013 gelungen, in den Bundestag, in aktuell 14 Länderparlamente und in das Europaparlament einzuziehen. Und bei den drei kommenden Landtagswahlen schickt sie sich jeweils an, stärkste Partei zu werden, obwohl sie in Thüringen und Sachsen vom Verfassungsschutz als gesichert rechtsextrem eingestuft wurde, in Brandenburg als Verdachtsfall. Schon ihre Erfolge auf kommunaler und regionaler Ebene „machen deutlich, dass die AfD bereits jetzt in der Lage ist, Dominanzansprüche in abgegrenzten Sozialräumen zu verwirklichen".[1] Die AfD hat damit erreicht, was weder NPD noch Republikaner oder DVU seit Ende des Zweiten Weltkriegs

---

1 Hendrik Cremer, Warum die AfD verboten werden könnte. Deutsches Institut für Menschenrechte, Berlin 2023, S. 59.

in der Bundesrepublik geschafft haben: eine ernsthafte politische Größe zu werden.

Die Gefahr beginnt nicht erst, wenn die AfD absolute Mehrheiten erreicht

Der Verweis darauf, dass sich noch immer ein Großteil der Wählerinnen und Wähler gegen die AfD entscheide und fest auf dem Boden des Grundgesetzes stehe,[2] verkennt etwas Entscheidendes: Bereits jetzt verfügt die AfD über eine kritische Masse, mit der die Gefahr wächst, dass sich extrem beschleunigte gesellschaftspolitische Prozesse ereignen könnten, ohne in ihren Ausmaßen erkannt zu werden. Die Geschichte hat gezeigt, dass Instabilität eher die Regel und Stabilität eher die Ausnahme darstellt. Allein in den vergangenen hundert Jahren hat sich erwiesen, dass es jederzeit zu gesellschaftlichen Wandlungsprozessen kommen konnte, die vorher in keiner Weise für möglich gehalten wurden: Von der Machtergreifung Hitlers bis zum Holocaust vergingen weniger als zehn Jahre.

Bei den Landtagswahlen in Sachsen und Thüringen könnte die AfD allerdings schon jetzt nicht nur stärkste Kraft werden, sondern sogar den Ministerpräsidenten stellen, sofern Grüne und FDP an der Fünfprozenthürde scheitern sollten. Doch die Gefahr beginnt nicht erst, wenn die in weiten Teilen rechtsextreme Partei absolute Mehrheiten erreicht. Auch die Fähigkeit zur politischen Blockade kann demokratiegefährdend sein: Sollte die AfD mehr als ein Drittel der Sitze erringen, könnte sie eine Sperrminorität bilden und Entscheidungen verhindern, die eine Zweidrittelmehrheit benötigen.

Darüber hinaus führen veränderte Machtverhältnisse dazu, dass die AfD nur noch mit einer Koalition aus politisch immer heterogeneren Parteien von der Machtausübung ferngehalten werden kann. Solche Regierungen – das zeigt sich bei der Ampelkoalition – bieten der Öffentlichkeit oft ein Bild ständiger Querelen statt politischer Handlungsfähigkeit, was insbesondere in Krisenzeiten mit härteren Verteilungskämpfen die Demokratieunzufriedenheit weiter erhöht. Eine Konstellation, die ein weiteres Wachstum der AfD befürchten lässt.

Zudem wäre es ein großer Fehler, die AfD isoliert zu betrachten. Denn die Partei erfüllt die Funktion eines Scharniers mit weit verzweigten Netzwerken im In- und Ausland. So gibt es Verbindungen zu Pegida, zu neurechten Strategen wie Götz Kubitschek, zur Identitären Bewegung und zu gewaltbereiten Gruppen – und nicht zuletzt zu Verschwörungstheoretikern, Querdenkern und Reichsbürgern. Mitglieder dieser drei Szenen planten um die Person Heinrich XIII. Prinz Reuß einen Staatsstreich, wobei die AfD-Politikerin Birgit Malsack-Winkemann als zukünftige Justizministerin in einer möglichen Putschisten-Regierung vorgesehen war.

Auch wenn historische Vergleiche nur mit größter Vorsicht berechtigt sind, ist festzustellen, dass die NSDAP bei den Reichstagswahlen 1930 schon mit

2   Albrecht von Lucke, Wagenknecht oder AfD-Verbot: Die letzte Chance?, in: „Blätter", 9/2023, S. 5-8, hier: S. 7.

einem Stimmenanteil von 15 Prozent aller Wahlberechtigten eine kritische Masse erreicht hatte, die dazu führte, dass Adolf Hitler nur zweieinhalb Jahre später Reichskanzler wurde. Die AfD kommt aktuell bereits auf 18 bis 19 Prozent.

„Wir gehen in den Reichstag hinein, um uns im Waffenarsenal der Demokratie mit deren eigenen Waffen zu versorgen", schrieb Joseph Goebbels schon 1928: „Wenn die Demokratie so dumm ist, uns für diesen Bärendienst Freifahrkarten und Diäten zu geben, so ist das ihre eigene Sache. Uns ist jedes gesetzliche Mittel recht, den Zustand von heute zu revolutionieren. [...] Wir kommen nicht als Freunde, auch nicht als Neutrale. Wir kommen als Feinde! Wie der Wolf in die Schafherde einbricht, so kommen wir!"[3]

Gewiss, Geschichte wiederholt sich nicht, aber es gibt Ähnlichkeiten, die es zu erkennen gilt. Nicht nur die Weimarer Republik ist in einem Prozess gescheitert, der an der Wahlurne begonnen hat. Seit dem Ende des Kalten Krieges sind die meisten Demokratien nicht durch Staatsstreiche zusammengebrochen, sondern durch Wahlsiege extremistischer Parteien. Während bei einem klassischen Putsch der Tod der Demokratie für alle sofort offensichtlich ist, verläuft deren Aushöhlung durch Erfolge extremistischer Parteien anfangs so unmerklich, dass sie kaum wahrgenommen wird. „Das tragische Paradox des Abgleitens in den Autoritarismus über Wahlen besteht darin, dass die Mörder der Demokratie deren eigene Instrumente benutzen, um sie zu töten – schrittweise, fast unmerklich und legal."[4]

Das Dilemma der Rechtssprechung

Sind extremistische Parteien erst einmal an der Macht, ist es zu spät – dann höhlen sie die demokratische Ordnung systematisch aus, kriminalisieren kritische Haltungen und eliminieren gezielt ihre politischen Gegner. Zugleich wirft die Rechtsprechung des Bundesverfassungsgerichts ein ernsthaftes Dilemma auf: Ist eine Partei zu klein und unbedeutend, wird sie nicht verboten. Wartet man jedoch so lange, bis eine Partei stark genug ist, um ihre verfassungsfeindlichen Ziele durchzusetzen, könnte der Zeitpunkt für ein Verbot verpasst sein. „Kommt es zur Machtausübung auf kommunaler Ebene, möglicherweise im Zuge einer Kooperation mit anderen Parteien, kann dies der Anfang davon sein, dass solche Effekte der Normalisierung sich auf der Landesebene fortsetzen, bis sie möglicherweise auch die Bundesebene erreichen."[5] Dem trägt auch Karlsruhe Rechnung, indem festgestellt wird, dass „sich der Zeitpunkt, ab dem eine konkrete Gefahr [für die freiheitlich-demokratische Grundordnung, d. Verf.] vorliegt", nicht genau bestimmen lasse: „Müsste der Eintritt einer konkreten Gefahr abgewartet werden, könnte ein Parteiverbot [...] erst zu einem Zeitpunkt in Betracht kommen, zu dem die

3   Leitartikel in: „Völkischer Beobachter", 30.4.1928.
4   Steven Levitsky und Daniel Ziblatt, Wie Demokratien sterben. Und was wir dagegen tun können, Bonn 2018, S. 17.
5   Hendrik Cremer, Warum die AfD verboten werden könnte, a.a.O., S. 59.

betroffene Partei bereits eine so starke Stellung erlangt hat, dass das Verbot nicht mehr durchgesetzt werden kann."

Dabei gilt, so die Verfassungsrichter, dass Art. 21 Abs. 2 Grundgesetz darauf abzielt, „nach der Maxime ‚Wehret den Anfängen' frühzeitig die Möglichkeit des Vorgehens gegen verfassungsfeindliche Parteien zu eröffnen […]. Das Parteiverbotsverfahren hat seiner Natur nach den Charakter einer Präventivmaßnahme […]. Es zielt nicht auf die Abwehr bereits entstandener, sondern auf die Verhinderung des Entstehens künftig möglicherweise eintretender Gefahren für die freiheitliche demokratische Grundordnung."[6] Ein Parteiverbot kommt dagegen zu spät, „wenn eine Partei erst einmal reale Zugriffschancen auf politische Macht hat".[7] Genau diese Gefahr ist gegenwärtig jedoch höchst akut.

Parteiverbot: Keine Ersatz für Politik, aber demokratischer Selbstschutz

Gewiss gilt es immer sorgfältig abzuwägen, welche negativen Konsequenzen ein Parteiverbot mit sich brächte. So würde sich die AfD als Opfer stilisieren und behaupten, dass sich die etablierten Parteien nur noch durch das juristische Ausschalten eines politischen Konkurrenten zu helfen wüssten und nicht mehr durch die Kraft der Argumentation. Doch diese Opferinszenierung ist Bestandteil der DNA der AfD, ihrer politischen Strategie und ihres Selbstverständnisses. „Würde ein Verbotsantrag […] nur deshalb gemieden, um der AfD keine Möglichkeit zu bieten, sich als Opfer zu inszenieren, würde dies in der Konsequenz darauf hinauslaufen, eine wichtige Schutzmöglichkeit der freiheitlichen rechtsstaatlichen Demokratie aufzugeben. Damit wäre die Strategie der AfD, sich als Opfer zu inszenieren, vollends aufgegangen."[8] Gegen ein Verbot spräche zudem, dass es zu einer weiteren Radikalisierung führen und manche AfD-Mitglieder sogar in den Untergrund drängen könnte.

Doch auf eine mögliche Eskalation der Gewaltspirale oder den Aufbau von Untergrundorganisationen „muss mit den Mitteln des präventiven Polizeirechts und des repressiven Strafrechts rechtzeitig und umfassend reagiert werden, um die Freiheit des politischen Prozesses […] wirkungsvoll zu schützen".[9]

Oftmals wird auch die Gefahr einer Solidarisierungswelle für die AfD befürchtet, sollte ein Verbotsverfahren scheitern. Doch nicht ein solches Scheitern stärkt die AfD nachhaltig, sondern die mangelhaften politischen Handlungskonzepte und das unzulängliche Erscheinungsbild, das die etablierten Parteien bei der Bewältigung der aktuellen Krisensituationen abgeben. Demgegenüber würde ein Verbot einem drohenden steigenden Einfluss der AfD und einer Ausweitung und Verfestigung ihrer Strukturen wirksam entgegentreten. Es würde die Risiken begrenzen, die von der Existenz dieser Partei mit ihrer verbandsmäßigen Wirkmächtigkeit ausgehen, insbesondere

---

6 BVerfG (2017), S.156f, Rn 583 und Rn 584.
7 Klaus Ferdinand Gärditz, Für ein Verbot der AfD – zum Schutz der Demokratie, in: „Blätter", 11/2023, S. 37-40, hier: S. 37f.
8 Cremer, a.a.O., S. 62.
9 BVerfG (2017), S.261, Rn 1008.

ihre institutionalisierte Verbreitungsmöglichkeit rassistischen und nationalistischen Gedankenguts.

Gewiss, ein Parteiverbot würde das in der Gesellschaft existierende rassistische und rechtsextreme Gedankengut nicht abschaffen. Parteiverbote sind damit auch „kein Ersatz für Politik, die die Menschen überzeugt. Sie sind aber auch kein Panik-Button, sondern sinnvoller institutioneller Selbstschutz"[10] gegen bedenkliche, demokratiegefährdende Entwicklungen. Dieser Selbstschutz ist dringend erforderlich.

Immerhin hat das Bundesverfassungsgericht am 23. Januar 2024 entschieden, die Partei „Die Heimat" (vormals NPD) für die Dauer von sechs Jahren von der Parteienfinanzierung auszuschließen.[11] Man kann nur hoffen, dass von diesem Urteil ein klares Signal zum Schutz der Demokratie ausgeht – auch im Kampf gegen die AfD.

10 Gärditz, a.a.O., S. 40.
11 BVerfG, Urteil des Zweiten Senats vom 23. Januar 2024 – 2 BvB 1/19 –, Rn. 1-510.

Social Media: Die digitale Dominanz der AfD brechen!

Von **Johannes Hillje**

W as antworten Bundeskanzler Scholz, Finanzminister Lindner und Außenministerin Baerbock auf die Frage, was Menschen tun sollten, die mit der Ampel unzufrieden sind? Die drei antworten: „Sie sollen AfD wählen". Das antworten sie in Wirklichkeit natürlich nicht, suggeriert wird es aber durch Fälschungen ihrer Stimmen, die von der AfD-Bundespartei mit Hilfe von künstlicher Intelligenz (KI) produziert wurden. Verbreitet hat die AfD insgesamt 24 solcher Fakes in einem digitalen „Adventskalender" in der Vorweihnachtszeit auf Social Media. Es ist der bislang massivste Einsatz von KI in der Parteienkommunikation der Bundesrepublik. Dass die AfD nun im Einsatz von KI zum „Vorreiter" geworden ist, wobei sie offenkundig in eine demokratieferne Richtung reitet, sollte kaum überraschen. Als „Digital Native" groß geworden, hat die Partei seit ihrer Gründung einen Schwerpunkt auf die Direktkommunikation zu Bürgerinnen und Bürgern gelegt.

Von der heutigen Dominanz der AfD in Social Media ist oft die Rede. In konkreten Zahlen wird der Vorsprung gegenüber anderen Parteien jedoch nur selten verdeutlicht, zumal allein die Fan- oder Followerzahlen noch keine Auskunft über die tatsächlichen Reichweiten geben. Zunächst also ein Blick auf die Reichweiten der Parteien und Fraktionen auf den wichtigsten Social-Media-Plattformen:[1] Auf TikTok wurde jedes Video der AfD-Bundestagsfraktion in den Jahren 2022 und 2023 im Durchschnitt 435 394 Mal aufgerufen. Zum Vergleich: Die CDU/CSU-Fraktion, die für diesen Zeitraum den zweitbesten Wert erzielt, kommt auf durchschnittlich 90 583 Aufrufe pro Clip. Wohlgemerkt, es handelt sich um Durchschnittswerte. Das erfolgreichste TikTok-Video der AfD erreichte 6,6 Mio. Aufrufe, trägt den Titel „Diese Politik ist irre" und enthält einen Ausschnitt aus einer Bundestagsrede von Martin Sichert, der darin fälschlich behauptet, dass in Deutschland ein ukrainischer Flüchtling („mit Mercedes S-Klasse") mehr staatliche Unterstützung bekomme als eine alleinerziehende Mutter.

Auf YouTube ist das Bild ähnlich: Mit durchschnittlich 36 861 Aufrufen pro Video kommt der Kanal „AfD TV" auf den höchsten Wert unter den Bundesparteien. Dahinter folgt die CSU mit rund 11 000 Aufrufen pro Video. Die erfolgreichsten Videos der AfD erreichen auch auf YouTube ein Millionen-

---

1 Die Daten wurden für den Zeitraum 1.1.2022 – 31.12.2023 über die Analysesoftware Fanpage Karma erhoben.

publikum: Das Video mit dem Titel „Politiker-Einkünfte: Schlicht und einfach UNGERECHT!" erhielt mit 3,1 Millionen die meisten Aufrufe, gefolgt von „Der Weidel-Hammer: Bei dieser Rede tobte der Bundestag!" (2,5 Mio.) und „Sie, Herr Habeck, wollen den Untergang Deutschlands! Wir nicht." (1,6 Mio.).

Schließlich erzielt die AfD auch auf den Plattformen Facebook, Instagram und X (früher Twitter) mit ihren Beiträgen im Durchschnitt die meisten Interaktionen und somit die höchste Reichweite. Die AfD ist also der Reichweitenchampion unter den Parteien auf allen relevanten Social-Media-Plattformen. Mit einzelnen Beiträgen ist sie in der Lage, ein Millionenpublikum anzusprechen. Aus strategischer Sicht erscheint für die AfD insbesondere ihre Präsenz auf TikTok von großer Bedeutung. Bei der Bundestagswahl 2021 kam sie bei einem Gesamtergebnis von 10,3 Prozent unter Erstwählenden nur auf 6 Prozent. Seitdem wurden auf Bundes- und Landesebene die TikTok-Aktivitäten deutlich ausgebaut, was mutmaßlich zu den besseren Ergebnissen unter Jungwählenden bei den Landtagswahlen 2023 beigetragen hat.

Die digitale Propagandapartei

Strukturell kann der Erfolg von rechtspopulistischen und -radikalen Kräften in sozialen Netzwerken weitgehend auf eine „Wesensverwandtschaft" von Populismus und Social Media zurückgeführt werden. Zwischen den Relevanzkriterien der Algorithmen und den Merkmalen eines (rechts-)populistischen Kommunikationsstils besteht eine Affinität, sie ziehen sich gegenseitig an: Radikale und Populisten liefern jene emotionalisierenden, polarisierenden und provozierenden Inhalte, die von den Algorithmen mit höherer Sichtbarkeit belohnt werden, weil die User auf sie reagieren, folglich länger auf der Plattform verweilen. Neben den allgemein günstigen Bedingungen gibt es allerdings noch eine Reihe spezifischer Gründe für den Erfolg der AfD in Social Media.

Im Wesentlichen lassen sich fünf Reichweitenfaktoren ausmachen: Erstens wendet die AfD ein hohes Maß an Ressourcen (Finanzen, Personal, Technik) für ihre Digitalkommunikation auf. Als erste Fraktion richtete sie in ihren Räumlichkeiten im Bundestag ein professionelles Studio für die Videoproduktion ein. Häufig verschafft sich die AfD einen Wettbewerbsvorteil auf neuen Plattformen, indem sie zu den ersten Parteien gehört („first mover"), die dort systematisch kommunizieren. TikTok und Telegram sind Plattformen, auf denen die AfD vor allen anderen Parteien auf dem Platz war.

Zweitens folgt die AfD einem Verständnis von Partei-PR, in dem ihre Digitalkommunikation nicht als funktionale Ergänzung neben, sondern als Ersatz für Journalismus steht. Alice Weidel formulierte einst das Ziel, dass „die Menschen irgendwann AfD und nicht ARD schauen".[2] Auf der Website „AfD-TV.de" heißt es, „die Altmedien und Altparteien informieren verzerrt

---

2   Alice Weidel, „Unser ambitioniertes Fernziel ist es, dass die Deutschen irgendwann AfD und nicht ARD schauen", in: „Neue Zürcher Zeitung", 9.5.2018.

und z.T. unwahr. [...] Daher haben wir das Portal www.AfD-TV.de ins Leben gerufen." Die AfD sprengt die für eine Demokratie notwendige Rollenaufteilung zwischen Partei-PR und Journalismus, will Themen selbst „journalistisch sauber für die Öffentlichkeit aufbereiten" und generiert somit dafür die Nachfrage durch die Diffamierung der unabhängigen Presse als „Regierungspapageien".

Produzieren für die digitalen Wutkammern

Drittens wird die strategische Priorisierung von Social Media von der Leitidee einer rechtsorientierten Gegenöffentlichkeit getragen. In dieser Gegenöffentlichkeit inszenieren sich nicht nur AfD-Politiker bezüglich Ästhetik, Stil und Formaten wie bekannte Influencer (die NRW-Landtagsabgeordnete Enxhi Seli-Zacharias und der Bundestagsabgeordnete Roger Beckamp stehen beispielhaft für diese influencerförmige Kommunikation), sondern auch eine Vielzahl junger Aktivisten und Medienschaffende aus einem digitalaffinen rechtsextremen Vorfeld. Die „Junge Alternative" oder die „Identitäre Bewegung" verfügen über reichweitenstarke Kanäle und eigene Influencer. Sie sind ein wichtiger Eckpfeiler eines rechtsextremen digitalen Netzwerks, das laut Correctiv-Recherchen um eine „rechte Influenceragentur" weiter ausgebaut werden soll.[3] Schon heute ist dieses Netzwerk in der Lage, Aktionen und Kampagnen zu koordinieren. Ein Beispiel ist die deutsch-österreichische „Stolzmonat"-Kampagne aus 2023, ein rechtsradikaler Gegenentwurf zum „Pride Month" der LGBTQ-Szene.

Diese Kampagne zeigt auch, dass es hier um rechtsradikales *identity building* geht. Eine kollektive Identität zwischen Partei und Community – das ist der vierte Erfolgsfaktor – konstruiert verstärkt auch die AfD: Für ihre Facebook-Kommunikation konnte eine ausgestaltete „Wir"-Konstruktion in knapp 75 Prozent ihrer Beiträge nachgewiesen werden.[4] Dieses Gemeinschaftsgefühl wird von der Partei einerseits soziokulturell (kulturelle Homogenität, Geschichte, Tradition), anderseits emotional ausgestaltet, letzteres sowohl durch negative (Angst, Wut, Empörung) als auch positive Affekte (Überlegenheit, Moral, Machertum).

Fünftens gelingt der AfD der „Message Transfer" aus dem Parlament auf die Plattformen, indem AfD-Abgeordnete plattformkonforme Plenumsreden halten. Einzelne Redepassagen werden hinsichtlich der Aussage (Radikalität), Länge (60 bis 90 Sekunden) und Form (abgeschlossener, simplifizierender Sinnabschnitt) bewusst so formuliert, dass sie perfekte Kurzvideos für Social Media ergeben.[5] Diese Clips werden anschließend mit zugespitzten Überschriften auf den Plattformen verbreitet. Offenkundig sitzt die primäre Zielgruppe von AfD-Reden nicht im Parlament, sondern in den digi-

3   Geheimplan gegen Deutschland, 10.1.2024, correctiv.org.
4   Johannes Hillje, Das „Wir" der AfD. Kommunikation und kollektive Identität im Rechtspopulismus, Frankfurt 2022.
5   Nadine Lindner, Rhetorik, Schauplätze und Strategien der AfD, 17.1.2024, deutschlandfunk.de.

talen Wutkammern der Partei. Fakes, Falschinformationen, Feindbilder sowie die Vorstellung, dass die eigene Partei-PR den Journalismus ersetzen solle, rechtfertigt die Bezeichnung der AfD als eine digitale Propaganda-partei.[6] Andere Parteien sollten daher in ihren Strategien gegen die digitale Dominanz der AfD nicht etwa versuchen, die Kommunikationsstrategie der radikal Rechten zu kopieren. Es geht darum, eine eigene, effektive und attraktive Ansprache von Menschen in Social Media zu entwickeln.

Was andere Parteien besser machen sollten

Um eine größere digitale Attraktivität zu entwickeln, bieten sich den demo-kratischen Parteien und Organisationen folgende Ansatzpunkte: Erstens müssen politische Akteure zur richtigen Zeit am richtigen digitalen Ort mit relevanten Inhalten präsent sein. Sie dürfen eine Plattform wie TikTok trotz chinesischem Eigentümer nicht der AfD überlassen. TikTok ist mittlerweile die drittpopulärste Plattform in Deutschland und wird von 41 Prozent der 14- bis 29-Jährigen regelmäßig genutzt.[7]

Trotz dieser Verbreitung steckt die TikTok-Kommunikation der ande-ren Parteien größtenteils noch in den Kinderschuhen, manche sind dort gar nicht aktiv. Auch in Messengerdiensten wie WhatsApp oder Telegram, in die sich die Kommunikation teilweise verlagert hat, sind AfD-Inhalte präsenter. Das hat unter anderem damit zu tun, dass die AfD im Gegensatz zur Mehr-heit ihrer Konkurrenten es ermöglicht, ihre Beiträge mit einem Klick in den Messengern zu teilen. Doch allein solche simplen Funktionen zu kopieren, wäre deutlich zu wenig: 86 Prozent der Deutschen nutzen WhatsApp, Abge-ordnete der demokratischen Fraktionen könnten sich die Selbstverpflich-tung auferlegen, dass sie für jeden Wahlkreis eine WhatsApp-Gruppe auf-setzen. In diese Gruppe wären alle Bürgerinnen und Bürger des Wahlkreises eingeladen, um sich mit dem Abgeordneten und seinem/ihrem Team auszu-tauschen.

Neben der Präsenz sind auch das Timing und die Agilität in der Digital-kommunikation entscheidend: Zur Tragödie des Heizungsgesetzes gehört, dass das Bundeswirtschaftsministerium niemals die Deutungshoheit über sein eigenes Gesetz erlangte. Insbesondere am Anfang der Debatte war das Aufkommen von Desinformationen hoch. Die Verfechter des Gesetzes konn-ten diesem nur noch hinterherlaufen, aber die Information muss schneller als die (erwartbare) Desinformation sein. Man nennt das „Prebunking".

Zweitens dürfen auch demokratische Kräfte emotionale Botschaften nicht scheuen. Insbesondere progressive Parteien scheinen geradezu unter einer Emotionsaversion zu leiden. Oft liegt dieser Haltung das Missverständnis zugrunde, Emotionalisierung sei Entsachlichung und bestünde allein im Triggern starker Affekte wie Wut oder Triumph. In der Folge werden die poli-tischen Emotionen den Populisten und Radikalen überlassen. Man sollte sich

---

6 Für eine Diskussion des Begriffs vgl. Johannes Hillje, Propaganda 4.0, Berlin 2017.
7 Ergebnisse der ARD/ZDF-Onlinestudie 2023, in: „Media Perspektiven 26/2023", November 2023.

erinnern: Auch in der Weimarer Republik lehnten Intellektuelle und demokratische Politiker ab, eine Gegenemotion zu den Nazis zu entwickeln.[8]

Die Kognitions- und Kommunikationswissenschaften zeigen, dass emotionales Denken auch das wertebezogene Denken beinhaltet und Menschen
ihre politischen Einstellungen häufig auf Basis ihrer eigenen Wertvorstel-
lungen (und deren Verwirklichung bzw. Verwehrung in Politik) formen.
Das Videostatement von Robert Habeck zum Nahostkonflikt ist ein Beispiel
für wertebasierte, orientierungsstiftende, verständliche, dennoch differen-
zierte, kurz: gelungene emotionale Digitalkommunikation. Und entgegen
dem Glaubenssatz der PR-Branche, dass ein erfolgreiches Social-Media-
Video nicht länger als 60 bis 90 Sekunden sein dürfe, redete sich Habeck in
über neun Minuten zum reichweitenstärksten Politikervideo dieser Legislaturperiode.

Drittens ist Social-Media-Kommunikation von Parteien dann erfolgreich,
wenn es ihnen gelingt, dass andere ihr Narrativ mitverbreiten. Relevant sind
hierfür einerseits Influencer, die eine große Reichweite in bestimmten Zielgruppen haben, für die sie als „Trusted Messenger" gelten. Die Biden-Admi-
nistration sieht Influencer und „Content Creators" mittlerweile als ähnlich
relevant wie Pressevertreter und lädt sie zu speziellen Briefings ein, etwa zur
Impfkampagne oder zum Investitionsprogramm. Auch um der Flut an Desinformationen zum Krieg gegen die Ukraine auf TikTok und X etwas entgegenzusetzen, lud die Sprecherin des Weißen Hauses, Jen Psaki, im März
2022 rund 30 Influencer zu einem Zoom-Call ein.[9]

Andererseits müssen Parteien ihre eigenen Communities erweitern und
stärken. Dazu sollten sie eine Beziehung zu ihren Followern aufbauen, in
Umgangssprache mit ihnen interagieren, aber auch das Gefühl vermitteln,
dass sie Teil einer Bewegung oder Gemeinschaft sind. Wenn Posts durch
lange Hierarchieketten in Fraktionen oder Parteien wandern, bevor sie an
die Community rausgeschickt werden, verkehrt sich die Ansprache häufig
von einer Zielgruppenperspektive in eine Parteiperspektive um. Kurzum:
Parteien müssen lernen, in ihrer Kommunikation viel stärker vom Interesse,
den Emotionen, Werten und Bedürfnissen ihres Publikums, also ihrer Wählerinnen und Wähler, auszugehen.

---

8 Vgl. Martha Nussbaum, Politische Emotionen, Berlin 2016.
9 White House is briefing social media creators on Russia and Ukraine, 11.3.22, cnn.com.

AUTORINNEN UND AUTOREN

Carolin Amlinger, geb. 1984 in Zell, Dr. phil., Literatursoziologin, wiss. Mitarbeiterin an der Universität Basel.

Thomas Assheuer, geb. 1955 in Neheim-Hüsten, Germanist, freier Autor und davor Redakteur im Feuilleton der Wochenzeitung „Die Zeit".

Liane Bednarz, geb. 1974 in Wuppertal, Dr. iur., Juristin und Publizistin.

David Begrich, geb. 1972 in Erfurt, Theologe, Mitarbeiter der Arbeitsstelle Rechtsextremismus bei Miteinander e.V. in Magdeburg.

Seyla Benhabib, geb. 1954 in Istanbul, PhD, Professorin für Politikwissenschaft und Philosophie an der Yale Universität in den USA, Mitherausgeberin der „Blätter".

Micha Brumlik, geb. 1947 in Davos/Schweiz, Dr. phil. Prof. em. für allgemeine Erziehungswissenschaften an der Universität Frankfurt a. M., „Blätter"-Mitherausgeber.

Sarah Churchwell, geb. 1970, PhD, Literaturwissenschaftlerin, Professorin für Amerikanische Literatur an der School of Advanced Study der University of London.

Ida Dominijanni, geb. 1954 in Catanzaro/Italien, Philosophin, unabhängige Wissenschaftlerin und Journalistin.

Tamara Ehs, geb. 1980 in Wien, Dr.phil., Politikwissenschafterin und Demokratieberaterin (Wien – Brüssel – Budapest).

Berthold Franke, geb. 1956 in Mainz, Dr. phil., Sozialwissenschaftler, bis 2022 in Neu-Delhi Regionalleiter der Goethe-Institute in Südasien.

Niklas Franzen, geb. 1988 in Duisburg, Politik- und Lateinamerikawissenschaftler, Journalist und Publizist, Korrespondent in Brasilien u.a. für die „taz".

Norbert Frei, geb. 1955 in Frankfurt a. M., Dr. phil., Seniorprofessor Neuere und Neueste Geschichte an der Friedrich-Schiller-Universität Jena sowie Leiter des Jena Center Geschichte des 20. Jahrhunderts.

Jürgen Habermas, geb. 1929 in Düsseldorf, Dr. phil., Philosoph und Sozialwissenschaftler, Professor em. für Philosophie an der Universität Frankfurt a. M., Mitherausgeber der „Blätter".

Ágnes Heller, geb. 1929 in Budapest, gest. 2019 in Balatonalmádi, Dr. phil., Bis 2001 Professorin an der New School for Social Research in New York, Inhaberin des Hannah Arendt Lehrstuhls für Philosophie.

Johannes Hillje, geb. 1985 in Bremen, Politik- und Kommunikationswissenschaftler, freier Journalist, Politik- und Kommunikationsberater.

Vittorio Hösle, geb. 1960 in Mailand, Dr. phil., Professor für Philosophie an der University of Notre Dame/Indiana.

Ulli Jentsch, Mitarbeiter des Antifaschistischen Pressearchiv und Bildungszentrum Berlin e.V. (apabiz) und freier Journalist.

Susanne Kaiser, geb. 1980 in Berlin, Dr. phil., Literaturwissenschaftlerin, Journalistin und Publizistin.

Ibram X. Kendi, geb. 1982 in New York City, PhD, Professor für Geschichte und Gründungsdirektor des Center for Antiracist Research an der Universität Boston.

Charles King, geb. 1967, Professor für Internationale Beziehungen an der Universität Georgetown.

Heike Kleffner, geb. 1966 in Schenefeld, Journalistin und Rechtsextremismusexpertin.

Steven Levitsky, geb. 1968 in Ithaka/USA, Ph.D., Politikwissenschaftler, Professor für Regierungslehre an der Harvard University.

Markus Linden, geb. 1973 in Cochem, apl. Professor für Politikwissenschaft an der Universität Trier.

Annett Mängel, geb. 1976 in Rodewisch, Politikwissenschaftlerin und Germanistin, „Blätter"-Redakteurin.

Paul Mason, geb. 1960 in Leigh/Großbritannien, Politikwissenschaftler, Autor und Journalist, u.a. für „The Guardian", Gastprofessor an der Universität Wolverhampton/Großbritannien.

Franka Maubach, geb. 1974 in Remscheid-Lennep, PD Dr. phil., Professorin für Deutsche Geschichte im 20. Jahrhundert mit Schwerpunkt im Nationalsozialismus an der HU Berlin.

Matthias Meisner, geb. 1961 in Frankfurt a.M., ist freier Journalist und Buchautor. Von 1999 bis 2021 war er Redakteur des Berliner „Tagesspiegel".

Christina Morina, geb. 1976 in Frankfurt/Oder, Dr. phil., Professorin für Allgemeine Geschichte unter besonderer Berücksichtigung der Zeitgeschichte an der Universität Bielefeld.

Sören Musyal, geb. 1989 in Waren/ Müritz, Kommunikationswissenschaftler, Soziologe und Journalist.

Sheila Mysorekar, Anglistin und Ethnologin, Journalistin, Beraterin für Medien in Konfliktländern und Vorsitzende der Neuen Deutschen Organisationen (ndo).

Oliver Nachtwey, geb. 1975 in Unna, Dr. phil., Wirtschaftswissenschaftler und Soziologe, Professor für Sozialstrukturanalyse an der Universität Basel.

Oskar Negt, geb. 1934 in Königsberg, gest. 2024 in Hannover, Dr. phil., Professor em. für Soziologie an der Universität Hannover.

Oleg Orlow, geb. 1957 in Moskau, Biologe und Menschenrechtsaktivist, Mitbegründer der Menschenrechtsorganisation Memorial.

Manfred Pappenberger, geb. 1958 in Esslingen am Neckar, Pädagoge, Dozent für politische Bildung am Bildungszentrum Bad Staffelstein.

Manfred Quiring, geb. 1948 in Lübz, Journalist, langjähriger Korrespondent der „Berliner Zeitung" und der „Welt" und in Moskau, lebt in Berlin.

Peter Reif-Spirek, geb. 1959 in Bad-Kreuznach, Sozialwissenschaftler, lebt in Erfurt.

Arundhati Roy, geb. 1961 in Shillong/Indien Schriftstellerin, Drehbuchautorin, politische Aktivistin und Globalisierungskritikerin, Trägerin des Booker Prize.

Luiz Ruffato, geb. 1961 in Cataguases/ Brasilien, Journalist und Schriftsteller, Träger des Hermann-Hesse-Preises und des Prêmio Machado de Assis.

Sascha Ruppert-Karakas, geb. 1988 in Mannheim, Dr. rer. sec. für Politikwissenschaft, wiss. Mitarbeiter am Institut für Politikwissenschaft der Universität München.

Irina Scherbakowa, geb. 1949 in Moskau, Germanistin und Kulturwissenschaftlerin, Gründungsmitglied der Menschenrechtsorganisation Memorial, Trägerin des Friedensnobelpreises 2022, lebt im Exil in Deutschland und Israel.

Quinn Slobodian, geb. 1975 in Edmonton/Kanada, Historiker, Associate Professor am Department of History des Wellesley College in Massachusetts/ USA.

Timothy Snyder, geb. 1969 in Ohio/ USA, Historiker, Professor an der Yale Universität in Connecticut/USA, Permanent Fellow am Wiener Institut für die Wissenschaften vom Menschen.

Rebecca Solnit, geb. 1961 in Bridgeport Connecticut/USA, Kulturhistorikerin und Autorin, Mitherausgeberin des „Harper's Magazine", Trägerin des National Book Critics Circle Award 2003.

Jason Stanley, geb. 1969 in Syracuse, New York, PhD, Professor für Philosophie an der Yale Universität in New Haven, Connecticut/USA.

Patrick Stegemann, geb. 1989 in Neubrandenburg, Kommunikationswissenschaftler, Soziologe und Formatentwickler.

Maik Tändler, geb. 1979 in Kassel, Dr. phil., wiss. Mitarbeiter am Max-Planck-Institut für Bildungsforschung in Berlin.

Andreas Umland, geb. 1967 in Jena, Dr. phil., PhD, Politikwissenschaftler, Analyst beim Stockholm Centre for Eastern European Studies (SCEEUS).

Steffen Vogel, geb. 1978 in Siegen, Sozialwissenschaftler, „Blätter"-Redakteur.

Joachim Wagner, geb. 1943 in Hamburg, Dr. jur., Jurist und Journalist, ehem. stellvertretender Leiter des ARD-Hauptstadtstudios.

Christa Wichterich, geb. 1949 in Brühl, Dr. rer. pol., Soziologin, freiberufliche Wissenschaftlerin und Publizistin.

Daniel Ziblatt, geb. 1972, Ph.D., Politikwissenschaftler, Professor für Regierungslehre an der Harvard University.

NACHWEISE

Thomas Assheuer, Rechte Systemsprenger: Die Politik mit dem Mythos, aus: „Blätter", 1/2023.

Paul Mason, Das radikal Böse. Die unheimliche Wiederkehr des Faschismus, aus: „Blätter", 6/2022; basiert auf „Faschismus. Und wie man ihn stoppt", Suhrkamp Verlag 2022. Die Übersetzung aus dem Englischen stammt von Stephan Gebauer.

Berthold Franke, Für einen neuen Faschismusbegriff. Warum wir bei Putin, Orbán und Co. nicht nur von Rechtspopulismus sprechen sollten, aus: „Blätter", 10/2023.

Micha Brumlik, Das alte Denken der neuen Rechten. Mit Heidegger und Evola gegen die offene Gesellschaft, aus: „Blätter", 3/2016.

Seyla Benhabib, Konterrevolution gegen den Kosmopolitismus. Der Hass auf Frauen, die Natur und das Andere, aus: „Blätter", 12/2022; basiert auf dem Eröffnungsvortrag bei der Tagung „Kosmopolitismus von unten", gehalten am 1. Oktober 2022. Die Übersetzung aus dem Englischen stammt von Bettina Engels.

Jason Stanley, Anleitung zum Völkermord: Der Mythos vom »Großen Austausch«, aus: „Blätter", 11/2022; basiert auf „The Politics of Language", Princeton University Press 2023. Die Übersetzung aus dem Englischen stammt von Thomas Greven.

Quinn Slobodian, Staat ohne Macht. Die Geburt des Anarchokapitalismus aus dem Geist des Rechtsradikalismus, aus: „Blätter", 1/2024; basiert auf „Kapitalismus ohne Demokratie. Wie Marktradikale die Welt in Mikronationen, Privatstädte und Steueroasen zerlegen wollen", Suhrkamp Verlag 2023. Die Übersetzung aus dem Englischen stammt von Stephan Gebauer.

Carolin Amlinger und Oliver Nachtwey, Libertär und autoritär. Wie das Ich auf Kosten der Gemeinschaft regiert, aus: „Blätter", 2/2023; basiert auf „Gekränkte Freiheit. Aspekte des libertären Autoritarismus", Suhrkamp Verlag 2022.

Markus Linden, Im Bürgerkrieg: Die neuen Querfrontpartisanen, aus: „Blätter", 11/2021.

Norbert Frei, Maik Tändler, Christina Morina und Franka Maubach, Viel Neues vom Alten. Die AfD und die langen Linien des bundesdeutschen

Rechtsradikalismus, aus: „Blätter", 2/2019; basiert auf: „Zur rechten Zeit. Wider die Rückkehr des Nationalismus", Ullstein Verlag 2019.

Johannes Hillje, It's the identity, stupid! Wie sich der anhaltende Erfolg der AfD erklären lässt, aus: „Blätter", 12/2022; basiert auf „Das ‚Wir' der AfD – Kommunikation und kollektive Identität im Rechtspopulismus", Campus-Verlag 2022.

Sascha Ruppert-Karakas, Die Politik des Zorns. Wie die Vordenker der Neuen Rechten den Umsturz vorbereiten, aus: „Blätter", 5/2024.

Markus Linden, Der Aufstieg der Mosaik-Rechten. Negative Öffentlichkeit und die prekäre Zukunft der Demokratie, aus: „Blätter", 6/2024.

Liane Bednarz, Christen mit Rechtsdrall. Corona oder die Legende von der großen Weltverschwörung, aus: „Blätter", 2/2022.

Sören Musyal und Patrick Stegemann, Christchurch, Halle, Hanau: Vom Online-Hass zum rechten Terror, aus: „Blätter", 4/2020; basiert auf „Die rechte Mobilmachung: Wie radikale Netzaktivisten die Demokratie angreifen", Ullstein Verlag 2020.

Heike Kleffner und Matthias Meisner, Bedrohung von innen. Rechtsextreme in den Sicherheitsbehörden, aus: „Blätter"8/2024.

Joachim Wagner, Lauter verheerende »Einzelfälle«. Die blinden Flecken der Justiz im Umgang mit AfD-Richtern und -Staatsanwälten, aus: „Blätter", 3/2021.

Peter Reif-Spirek, Gefährdete Demokratie oder: Die langen Linien des Thüringer Faschismus, aus: „Blätter", 11/2023.

Annett Mängel, Folgenloses Erschrecken: Sachsen als Exempel, aus: „Blätter", 10/2018.

David Begrich, Ostdeutschland: Was nach den Demos kommen muss, aus: „Blätter", 3/2024.

Charles King, Der neue Aristopopulismus. Wie US-Konservative die Demokratie beerdigen, aus: „Blätter", 9/2023, die englische Fassung erschien zuvor in: „Foreign Affairs". Die Übersetzung stammt von Thomas Greven.

Steven Levitsky und Daniel Ziblatt, Das Ende der amerikanischen Demokratie? Donald Trump und die Politik der Feindschaft, aus: „Blätter", 11/2020, die englische Fassung erschien zuvor auf der Website der US-Gewerkschaft American Federation of Teachers. Die Übersetzung stammt von Steffen Vogel.

Sarah Churchwell, Der amerikanische Faschismus: Vom Ku-Klux-Klan zu Trump, aus: „Blätter", 9/2020, die englische Fassung erschien zuvor in der „New York Review of Books" (www.nybooks.com). Die Übersetzung stammt von Steffen Vogel.

Timothy Snyder, Nach dem Putsch ist vor dem Putsch. Trumps große Lüge und der drohende Faschismus, aus: „Blätter", 2/2021, die englische Fassung erschien zuvor bei der „New York Times". Die Übersetzung stammt von Steffen Vogel.

Ibram X. Kendi, Der amerikanische Albtraum, aus: „Blätter", 7/2020, die englische Fassung erschien zuvor in: „The Atlantic". Die Übersetzung aus dem Englischen stammt von Steffen Vogel.

Oleg Orlow, Sie wollten den Faschismus. Und sie haben ihn bekommen, aus: „Blätter", 4/2024.

Vittorio Hösle, Macht und Expansion. Warum das heutige Russland gefährlicher ist als die Sowjetunion der 1970er Jahre, aus: „Blätter", 6/2015.

Manfred Quiring, Putins Staatsräson: Der Feind steht im Westen, aus: „Blätter", 9/2021.

Andreas Umland, Faschismus à la Dugin, aus: „Blätter", 12/2007.

Dmitri Medwedew, Dokumentiert: Russlands historische Mission, aus: „Blätter", 6/2024.

Irina Scherbakowa, Ist Frieden mit Putin möglich? Eine skeptische Binnensicht, aus: „Blätter", 1/2024; basiert auf „KRIEG! Und Frieden?", Herder-Verlag 2023.

Arundhati Roy, »Wir sind zu Nazis geworden«. Indiens Weg in den Faschismus, aus: „Blätter", 11/2023; basiert auf der Dankesrede der Autorin anlässlich der Verleihung des europäischen Essay-Preises 2023 durch die Charles-Veillon-Stiftung am 12. September 2023. Die Übersetzung aus dem Englischen stammt von Thomas Greven.

Luiz Ruffato, Brasilien: Der neue Faschismus?, aus: „Blätter", 6/2019.

Niklas Franzen und Ulli Jentsch, Isoliert und doch vernetzt: Die AfD, Lateinamerika und die globale Rechte, aus: „Blätter", 7/2024.

Ágnes Heller, Von Mussolini bis Orbán: Der illiberale Geist, aus: „Blätter", 8/2017.

Tamara Ehs, Österreich: Das Drehbuch des Volkskanzlers. Lehren aus der Geschichte des Austrofaschismus, aus: „Blätter", 4/2024.

Ida Dominijanni, Maskierte Ohnmacht: Berlusconi als Ikone des Populismus, aus: „Blätter", 8/2023, die italienische Fassung erschien zuvor in „Internazionale". Die Übersetzung stammt von Catrin Dingler.

Steffen Vogel, Giorgia Meloni: Der schleichende Weg in den autoritären Staat, aus: „Blätter", 6/2024.

Christa Wichterich, Die antifeministische Internationale, aus: „Blätter", 12/2019.

Susanne Kaiser, Gekränkt und militant: Der Angriff der Maskulinisten, 3/21; basiert auf „Politische Männlichkeit. Wie Incels, Fundamentalisten und Autoritäre für das Patriarchat mobilmachen", Suhrkamp Verlag 2020.

Jürgen Habermas, Für eine demokratische Polarisierung. Wie man dem Rechtspopulismus den Boden entzieht, aus: „Blätter", 11/2016.

Rebecca Solnit, Warum wir Nazis nicht entgegenkommen sollten, aus: „Blätter", 1/2021, die englische Fassung erschien zuvor auf: „Literary Hub" (lithub.com). Die Übersetzung stammt von Kathrin Razum.

Oskar Negt, Gegen den autoritären Kältestrom. Lernen wir, utopisch zu handeln!, aus: „Blätter", 3/2024; basiert auf einer Rede, die Oskar Negt beim Treffen von Bundestagsabgeordneten von SPD, Grünen und Linken am 18. Oktober 2016 gehalten hat. Für diese Wiederveröffentlichung aus Anlass seines Todes wurde der Text leicht gekürzt.

Sheila Mysorekar, Rechtsextremismus: Wir haben euch gewarnt, aus: „Blätter", 5/2024.

Manfred Pappenberger, Den »Anfängen« wehren, die AfD verbieten, aus: „Blätter", 3/2024.

Johannes Hillje, Social Media: Die digitale Dominanz der AfD brechen!, aus: „Blätter", 2/2024.